Rolf Dreyer

SPORTKÜSTEN SCHIFFERSCHEIN

und

SPORTBOOT FÜHRERSCHEIN SEE

Mit den amtlichen Fragenkatalogen

Delius Klasing Verlag

Von Rolf Dreyer sind ebenfalls im Delius Klasing Verlag erschienen:
Übungen und Aufgaben Sportküstenschifferschein
Sportküstenschifferschein 10 Fragebogen mit Antworten 12 Karten- und Gezeitenaufgaben mit Lösungen
Begleitheft für die Ausbildung und Prüfung Sportküstenschifferschein
Skippertraining
UKW-Funkbetriebszeugnis und Sprechfunkzeugnis für die Binnenschifffahrt
Sportbootführerschein See

Bibliografische Information der Deutschen Bibliothek
Die Deutsche Bibliothek verzeichnet diese Publikation in der Deutschen Nationalbibliothek;
detaillierte bibliografische Daten sind im Internet
über »http://dnb.ddb.de« abrufbar.

7. Auflage
ISBN 3-7688-1137-9
ISBN 978-3-7688-1137-8
© by Delius, Klasing & Co. KG, Bielefeld

Einbandgestaltung: Ekkehard Schonart
Zeichnungen: Rolf Dreyer
Fotonachweis:
Titelfoto: H+Z; Rückseite: Hallberg Rassy 31, Straßburger
Weitere Fotos: Andrews (S. 210 (8), 212, 213, 214 (2)), Boote-Archiv (S. 29, 164), Bundesamt für Seeschifffahrt und Hydrographie
(S. 72), Cassens & Plath (S. 11), Dantronik (S. 48), DPA (S. 231), Dreyer (S. 50, 77, 163, 218), Eissing (S. 11, 12, 13, 169 (4)),
Erdmann (S. 139 (2), 147 (4)), Ferropilot (S. 11, 12, 53), Greiser (S. 5), Gunkel (S. 44, 60), Hackmann (S. 63), Hagenuk (S. 185 (2)),
Hallberg Rassy (S. 7), Niespor (S. 177), R. Holland (S. 6), Kiesel (S. 12, 40, 41, 88, 92, 138, 140, 165, 172, 184, 187, 212, 222, 243),
Kling (S. 86), Matzek (S. 239), Naujok, (S. 237), Plöhn (S. 231), Riva (S. 176), Röthe (S. 14, 15, 19 (4), 75), Schubert (S. 119, 175),
Schwarzlose (S. 123, 161), Schweizer Wetterdienst (S. 140), Straßburger (S. 45), Wempe (S. 168), Yacht-Archiv (S. 67, 177, 182, 196,
200, 201, 205, 217, 244, 245), YPS (S. 8)

Druck: Kunst- und Werbedruck, Bad Oeynhausen
Printed in Germany 2006

Nachdruck aus Karte 1 (INT 1), der Broschüre Sicherheit im See- und Küstenbereich, dem Gezeitenkalender 2005, den Gezeitentafeln
2005, den Nachrichten für Seefahrer mit freundlicher Genehmigung des Bundesamtes für Seeschifffahrt und Hydrographie

Delius Klasing Verlag, Siekerwall 21, D-33602 Bielefeld
Tel.: 0521/559-0, Fax: 0521/559-1 15
E-Mail: info@delius-klasing.de
www.delius-klasing.de

Vorwort

Das Meer, die großen Ströme, Flüsse und Seen sind in unserer Zeit die einzigen freien Plätze der Welt.

Ernest Hemingway

Im März 1967, also vor fast 40 Jahren, hat der Gesetzgeber den amtlichen Sportbootführerschein eingeführt. Seitdem erfreut sich dieser Führerschein bei Wassersportlern großer Beliebtheit. In den vergangenen fünf Jahren wurden über 150 000 Sportbootführerscheine ausgestellt. Denn wer ein Sportboot mit einer Nutzleistung von mehr als 3,68 kW (5 PS) führen will, kommt daran nicht vorbei.

Als **Sportboot** wird jedes für Sport- oder Erholungszwecke vorgesehene Wasserfahrzeug angesehen (außer bestimmten Traditionsfahrzeugen von über fünfzehn Meter Länge), solange es nicht gewerbsmäßig eingesetzt wird. Dabei wird nicht zwischen Motor- und Segelbooten unterschieden.

Der **Sportbootführerschein See** ist die amtliche Fahrerlaubnis zum Führen von Sportbooten auf den Seeschifffahrtsstraßen. Dieses sind die **3 sm** breiten, zum deutschen Hoheitsgebiet gehörenden Meeresstreifen jenseits der Basislinie so-

wie die inneren Gewässer und Teilstrecken bestimmter Binnenwasserstraßen (s. Seite 81). Er ist Voraussetzung zum Erwerb aller weiterführenden Scheine.

Der **Sportküstenschifferschein** gilt in der **12-sm**-Zone. Anders als beim Sportbootführerschein See wird bei diesem Schein zwischen Fahrzeugen mit Segel und Antriebsmaschine und Fahrzeugen nur mit Antriebsmaschine unterschieden. Der Sportküstenschifferschein für die Antriebsart „Antriebsmaschine und unter Segel" stellt damit eine spezielle Qualifikation zum Führen von Yachten dar, die von Vercharterern und – im Schadensfall – von Versicherern und Behörden gefordert werden kann. Über die bestandenen Prüfungen in Theorie und Praxis hinaus ist ein Nachweis erforderlich, dass der Bewerber mindestens 300 sm außerhalb des Bereiches der Binnenfahrt (und außerhalb des IJsselmeers) gefahren ist.

Beide Scheine enthalten das **Internationale Zertifikat**, der Sportbootführerschein See für die 3-sm-Zone und der Sportküstenschifferschein für die 12-sm-Zone. Es wurde 1999 von der Wirtschaftskommission der Vereinten

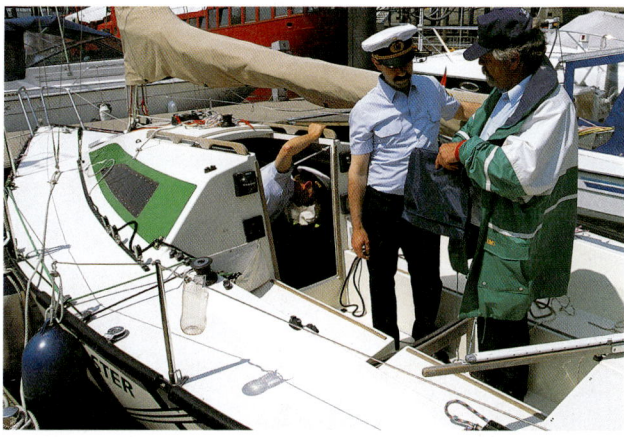

Kontrollen durch die Polizei, den Zoll oder die Küstenwache werden beim Wassersport nur selten durchgeführt. Gleichwohl darf man nicht ohne Sportbootführerschein ein Boot führen. Im Sachschadensfall könnte der Verlust des Versicherungsschutzes drohen, bei Personenschaden der Vorwurf grober Fahrlässigkeit.

Nationen als international einheitlicher Nachweis der Qualifikation in der Sportschifffahrt eingeführt. Die beiden Scheine werden daher weltweit anerkannt.

Dieses **Buch** beschränkt sich nicht auf den derzeit gültigen SKS-Prüfungsstoff. Es orientiert sich vielmehr am SKS-Stoffkatalog – und der weicht eigentlich nur in drei Punkten vom Sportseeschifferstoff ab. So geht dieses Lehrbuch weit über die aktuellen Anforderungen an Sportküstenschiffer hinaus. Zum einen kann es auch für die Praxis viele wertvolle Hinweise geben. Zum anderen

aber deckt es in den Fächern

– Navigation
– Schifffahrtsrecht
– Wetterkunde
– Seemannschaft

auch die grundlegenden Anforderungen an die **Sportseeschifferprüfung** und die **Sporthochseeschifferprüfung** ab. Hierfür werden – über den Stoff dieses Buches hinaus – noch Gezeitenrechnung, elektronische und astronomische Navigation, Radarplotten, Hurrikan-Meteorologie und Meereskunde benötigt.

info@rolf-dreyer.de

Inhalt

1

NAVIGATION

Kompass

Der **Steuerkompass** ist das wichtigste Navigationsinstrument. Er wird zum Kurshalten, der **Peilkompass** zur Ortsbestimmung eingesetzt. Alle Schiffe (auch Yachten und Boote) müssen mit einem Magnetkompass ausgerüstet sein. In der Berufsschifffahrt werden Kreiselkompasse zum Steuern bevorzugt.

Ein **Magnetkompass** nutzt das erdmagnetische Feld. Eine **Magnetnadel** oder eine **Magnetspule** (gleichstromdurchflossene Spule mit Weicheisenkern) richtet sich nach den magnetischen Feldlinien aus.

Trockenkompasse sind leicht, aber sehr empfindlich. Weil sie zittern, werden sie auf Yachten nicht verwendet.

Hier setzt man Schwimmkompasse (**Fluid-Kompasse**) ein. Ihr **Kompasskessel** ist mit einer Flüssigkeit, einem Gemisch aus Wasser und Alkohol, gefüllt. Es dämpft die Bewegungen der **Kompassrose**. So ruht sie mit geringem Auflagedruck auf der **Pinne**.

Unter der Kompassrose ist ein Stabmagnet angeklebt. Er richtet die Kompassrose nach den magnetischen Feldlinien (magnetischer Meridian) aus.

Der Magnetkompass zeigt nicht unbedingt in die geografische Nordrichtung. Denn die magnetischen Feldlinien verlaufen (zwar in Deutschland) aber nicht überall auf der Erde in Nord-Süd-Richtung. Hier spricht man von Missweisung; sie beträgt auf manchen Meeren über 25°. Natürlich können auch Eisen und Lautsprecher Magnetkompasse stören.

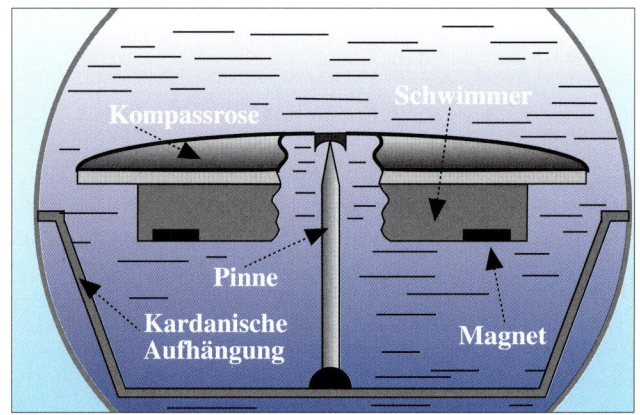

Kugel- oder Fluid-Kompass

Labels within the image: Kompassrose, Schwimmer, Pinne, Kardanische Aufhängung, Magnet

Alte Schiffskompasse hängen kardanisch in einem **Kompasshaus**. So schön ein solcher Kompass ist – für Yachten eignet sich der kompakte **Kugelkompass** besser. Unter der Glaskugel kann sich die Kompassrose auch bei starkem Seegang frei bewegen und der Kurs lässt sich besser ablesen (Lupeneffekt).

Auf Yachten mit Radsteuerung thront der Steuerkompass auf der **Steuersäule**. Diese Konstruktion heißt **Pultkompass**. Vibrationen vom Motor können gut gedämmt werden. Beim Steuern blickt man von oben auf den Kompass. Auf pinnengesteuerten Schiffen findet man häufig **Gegensichtkompasse**. Hier sieht man von der Seite auf die Kompassrose.

Fluxgate-Kompasse sind Induktionskompasse. Als Magnetsonde dient eine Magnetspule, die um eine frei schwenkbare Achse rotiert. Nach dem Induktionsgesetz gibt sie keine Spannung ab, wenn die Achse parallel zu einer magnetischen Feldlinie liegt. So findet ein Induktionskompass die Nord-Süd-

Richtung. Der Kurs des Schiffes kann digital angezeigt werden. Viele Stahlschiffe sind mit einem Fluxgate-Kompass ausgerüstet, weil die Magnetsonde dort eingebaut werden kann, wo sie nur wenig abgelenkt wird. Auch wenn die Nordrichtung als elektrischer Messwert benötigt wird (Radargerät, Autopilot), bietet sich ein Fluxgate-Kompass an.

Die Auswahl eines Magnetkompasses wird von seiner Mechanik, der Rosengröße und der Montagemöglichkeit bestimmt. Die Mechanik beeinflusst die Einschwingzeit, Genauigkeit, Größe und Lebensdauer. Je größer die Rose, umso besser ist der Kompass abzulesen. Der Kompass sollte dort montiert werden, wo er gut ablesbar, frei von schiffsmagnetischen Einflüssen und beleuchtbar ist. Sein Steuerstrich muss parallel zur Kiellinie liegen.

Alle Gegenstände, die ein Magnetfeld beeinflussen (Getränkedosen, Radiolautsprecher oder Werkzeug), können die Kompassanzeige verfälschen. Aber auch Änderungen der Einbauten oder ein Austausch der Maschine können die schiffsmagnetischen Verhältnisse und damit den Kompass stören.

SBS-Fragen 254, 261; SKS-Fragen 104 – 109 (Navigation)

Kompass

Dann muss der Kompass reguliert werden. Dazu werden so genannte Verstellmagnete mit einem Schraubenzieher gedreht.

Im Gegensatz zum Magnetkompass nutzt ein **Kreiselkompass** die Erdrotation zur Bestimmung der Nord-Süd-Richtung.

Nach den Kreiselgesetzen versucht ein in die Horizontalebene gezwungener Kreisel, sich parallel zur Erdachse zu stellen. Der mit etwa 20 000 / min rotierende Kreiselkörper ist frei von jeglicher

magnetischer Ablenkung. Bei einem bewegten Fahrzeug erfordert die Corioliskraft (s. Seite 141) eine „Fahrtfehlerberichtigung" in der Größe von etwa +2° bis -2° (überwiegend auf Nord- und Südkursen; auf Ost- und auf Westkursen gibt es keinen Fahrtfehler).

In hohen Breiten versagen Magnet- und Kreiselkompasse. Die Bestimmung der Himmelsrichtung erfolgt dort durch Beobachtung der Sonne (**Sonnenkompass, Skykompass**) oder anderer Gestirne (**Astrokompass**).

Anzeige eines Fluxgate-Kompasses

Kugelkompass

Gegensichtkompass mit Krängungsmesser

SKS-Fragen 104, 105, 107 (Navigation)

Echolot

Mit einem Lot wird die Wassertiefe bestimmt. Auf alten Schiffen sieht man gelegentlich noch einen **Lotstock**. Er ist etwa fünf Meter lang. Ein Bleigewicht an einer markierten Leine heißt **Handlot**.

Das **Echolot** arbeitet mit Schallwellen. Gemessen wird die Zeitdauer, die ein Schall- oder Ultraschallimpuls benötigt, um als Echo zum Empfangsgerät zurückzukehren. Das Sende- und Empfangsgerät heißt **Echolotgeber**. Auf Segelyachten wird er mittschiffs vor den Kiel eingebaut.

Das zugehörige **Anzeigegerät** sitzt im Cockpit, manche Schiffe verfügen noch über eine Tochteranzeige am Kartentisch. Die Wassertiefe wird (meistens) digital angezeigt. Flachwasseralarm, Ankerwache (Flachwasser- und Tiefenalarm) sowie Trendanzeige (tiefer/flacher) gehören zum technischen Standard. Akustische Signale warnen, sobald die eingestellte Wassertiefe unterschritten wird. Der Flachwasseralarm ist besonders wichtig.

Eine analoge Anzeige mit Lichtblitzen auf einer Leuchtdiode erlaubt Rückschlüsse auf die Beschaffenheit des Meeresgrundes.

Harter Sand erscheint als schmaler Streifen, schlammiger Grund als breiter, nach unten auslaufender Lichtstrich, während Steine breit, nach oben ausgezackt dargestellt werden.

Multifunktionsanzeige für Wassertiefe, Geschwindigkeit sowie Kurs- und Windinformationen

Grafik-Echolote, **Fischfinder** und **Fächersonargeräte** sind der letzte Schrei der Tiefenmessgeräte auf Yachten. Je nach technischer Ausstattung bieten sie

– Voraus- und Querschau
– variable Suchkegel
– 2- oder 3-dimensionale Darstellung
– Fischlupe
– Zoom
– Farbvideotechnik

Echolot mit Analoganzeige

Am Kartentisch

SBS-Frage 261; SKS-Fragen 104, 105 (Navigation)

Log

Ein **Log** oder eine **Logge** misst die Geschwindigkeit, mit der sich ein Schiff *durch das Wasser* bewegt. Sie wird in Knoten (kn, Seemeilen pro Stunde) angegeben. Um die *Fahrt über Grund* zu bestimmen, muss der Strom berücksichtigt werden.

In der einfachsten Form ist dies ein **Handlog**. Es misst die Fahrt mit einer Logleine. Am Ende der Leine ist ein kleines Brett („Logscheit") so angebracht, dass es senkrecht im Wasser stehen bleibt und die Logleine abspult. Die Logleine ist mit Knoten markiert, an denen die Geschwindigkeit abgelesen werden kann. Daraus ist die Bezeichnung „Knoten" für sm/h abgeleitet. Aus der Anzahl der in einer bestimmten Zeit durchgelaufenen Knoten berechnet man die Geschwindigkeit. Früher wurde die Laufzeit mit einer Sanduhr, **Logglas** genannt, gemessen.

Als **Relingslog** wird ein Verfahren bezeichnet, bei dem ein Holzstückchen außenbords geworfen und die Zeit gestoppt wird, in der es eine an der Reling markierte Strecke durchläuft. Das Relingslog eignet sich nur für langsame Geschwindigkeiten, etwa zum Messen des Stromes auf einem vor Anker liegenden Schiff. Die markierte Strecke sollte in **Meridiantertien** ($^1/_{3600}$ sm = 0,514 m) gemessen werden. Eine Meridiantertie ist die Strecke, die ein mit 1 sm/h laufendes Schiff in einer Sekunde zurücklegt. Die Relation „Meridiantertien pro Sekunde = Seemeilen pro Stunde" ist ein einfaches Mittel zur Bestimmung der Geschwindigkeit. (Zum Beispiel: 6 Meridiantertien in 2 Sekunden = 3 sm/h.)

Ein **Patent-** oder **Schlepplog** besteht aus einer nachgeschleppten Leine, die von einer kleinen Schiffschraube wie ein Tachometer gedreht wird. Die Leine mündet in eine Messuhr. Sie zeigt die zurückgelegte Strecke und die Geschwindigkeit an. Bei langsamer Fahrt wird die Messung ungenau.

Heute arbeiten auf Sportbooten nur noch **Sumlogs**. Ein kleiner Propeller oder ein Paddelrad unter dem Rumpf dreht sich im vorbeifließenden Wasser und gibt so die Geschwindigkeit an. In einem Propeller verfängt sich leicht Seegras oder Dreck. Dann funktioniert das Log nicht mehr. Das passiert bei einem Paddelrad wegen seiner geringen Angriffsfläche selten. An ihm setzen sich aber Seepocken an, wenn das Boot längere Zeit im Hafen liegt. Deshalb ist ein Paddelrad in einem Gehäuse mit selbstschließendem Seeboden nützlich.

Eine eingebaute Stoppuhr berechnet die durchschnittliche Geschwindigkeit.

Im Loggeber sitzt oft auch ein Temperatursensor. Damit kann das Log die Wassertemperatur anzeigen.

Wird das Log mit einem Windmesser verbunden, kann die **Luvgeschwindigkeit** (**VMG**, velocity made good) bestimmt werden. Dies ist die gedachte Geschwindigkeit, mit der sich das Boot genau gegen oder in die Windrichtung bewegt. Die VMG-Anzeige hilft Segelyachten, den optimalen Kurs zu finden, wenn sie gegen den Wind kreuzen.

Speedometer messen den Staudruck. In einem in Fahrtrichtung angebrachten Rohr steigt oder sinkt der Druck je nach Geschwindigkeit. Auch das **Stevenlog** überwacht den Staudruck.

Elektromagnetische Logs beruhen auf der elektromagnetischen Induktion; **Dopplerlogs** senden Ultraschallwellen in das Wasser und bestimmen (wie Radar im Kfz-Verkehr) mithilfe des Dopplereffektes die Geschwindigkeit über Grund. Diese beiden Logs werden nicht in der Sportschifffahrt eingesetzt.

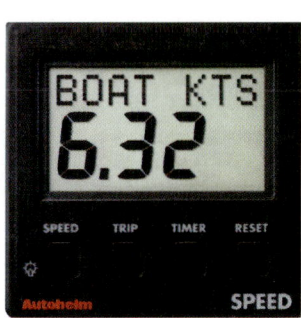

Dieses Digitallog kann nur Speed, VMG und Wassertemperatur anzeigen

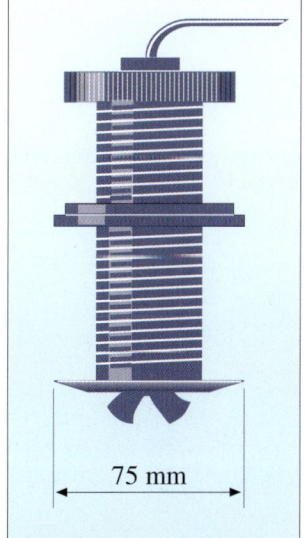

Paddelrad Loggeber mit selbstschließendem Seebodengehäuse

SBS-Fragen 234, 261; SKS-Fragen 44, 104, 105 (Navigation); 108 (Seemannschaft I); 88 (Seemannschaft II)

Geografische Koordinaten

Mit φ (Phi) bezeichnet man in der Navigation die **geografische Breite**, mit λ (Lambda) die **geografische Länge** eines Ortes. φ und λ heißen geografische **Koordinaten**. Die geografische Breite 00° ist der Äquator. Vom Äquator aus werden 90 nördliche Breiten (oder Breitenkreise) zum Nordpol und 90 südliche Breiten zum Südpol gezählt.

Geografische **Längen** werden auch **Meridiane** genannt. Sie sind Halbkreise und verlaufen in Nord-Süd-Richtung von Pol zu Pol. Die Längen stehen senkrecht auf den Breiten. Die Länge durch die alte Sternwarte von Greenwich ist der **Nullmeridian**. Von hier aus werden 180 Längen nach Osten und 180 Längen nach Westen gezählt. Dem Nullmeridian

gegenüber verläuft die **Datumsgrenze** (180°).

An den seitlichen Rändern einer Seekarte findet man die Breite, oben und unten die Länge.

Geografische Koordinaten werden in der Navigation in Grad und Minuten (60' = 1°) angegeben. Minuten schreibt man immer zweistellig, Gradzahlen bei

Breiten zweistellig und bei Längen dreistellig, z. B.:
$$\varphi = 54°\ 04,5'\ N$$
$$\lambda = 007°\ 31,6'\ E$$

40 000 km beträgt der Erdumfang in Nord-Süd-Richtung. Teilt man ihn durch 360, so erhält man 111,111 km, den Abstand zwischen zwei Breitenkreisen. Unterteilt in 60 Minuten ergibt sich die Länge einer **Seemeile** – 1852 Meter.

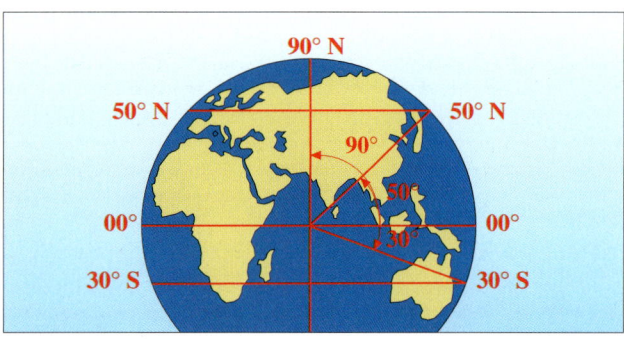

Die Breite wird im Erdmittelpunkt gemessen, als Winkel zwischen der Äquatorebene und dem Radius zu dem Ort.

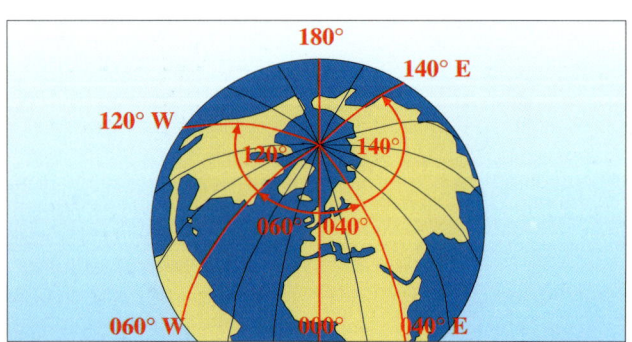

Die Länge wird am Nordpol gemessen. Sie ist der Winkel zwischen Nullmeridian und Meridian durch den Ort.

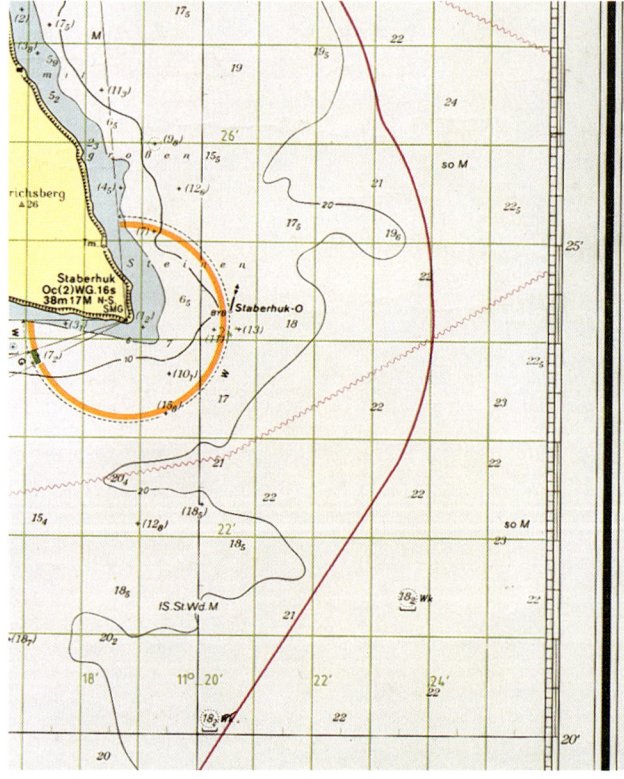

Ausschnitt aus der Breitenskala der Seekarte Nr. 30. 1 Minute (1') ist die Länge einer Seemeile (= 1852 m).

SBS-Fragen 233, 343 – 362; SKS-Frage 3 (Navigation)

Deutsche Seekarten

Aktuelle Seekarten bilden die Grundlage der Navigation. Stellvertretend für amtliche deutsche Seekarten wird hier die Übungskarte Int 1353 30, 2005, 3.IV. beschrieben. Sie wird für die SKS-Prüfung benötigt. Um mit der Karte vertraut zu werden, sollten die folgenden Beschreibungen in der Karte nachgelesen werden.

Der **Kartentitel** „Kieler Bucht" steht auf dem oberen Rand; links daneben Bemerkungen zu Höhen und Tiefen, dem Kartennetz und den Grundlagen (Vermessungsangaben am unteren Rand). Diese Angaben werden als **Legende** bezeichnet. Auf dem oberen Rand findet man weiterhin Bemerkungen zu
– Positionen, die aus einer auf ED 50 basierenden Karte in diese Karte übertragen werden sollen

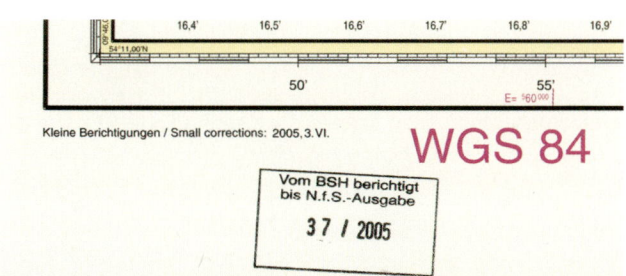

Kleine Berichtigungen / Small corrections: 2005, 3.VI.

WGS 84

Vom BSH berichtigt bis N.f.S.-Ausgabe

37 / 2005

Berichtigungsstempel in einer amtlichen Karte: Vom BSH berichtigt bis zur Ausgabe 37 / 2005 der Nachrichten für Seefahrer (NfS). Eine weitere Berichtigung bis 42 / 2005 hat die Vertriebsstelle auf die Rückseite gestempelt.

– Solltiefen, Steinen und ehemals verminten Gebieten

Der untere Rand enthält Vermerke zu Herausgeber, Urheberrecht, Ausgabe, Berichtigung, Hersteller und Umweltschutz.

Einer Übungskarte fehlt der Berichtigungsstempel. Er gibt die NfS-Ausgabe an, bis zu der eine Karte berichtigt ist. Bei amtlichen deutschen Karten wird der Berichtigungsstand links auf den unteren Rand gestempelt (siehe Abbildung unten).

Am unteren Rand stehen auch Hinweise zu
– Vermessungsgrundlagen
– den Warngebieten Putlos und Todendorf
– dem UTM-Meldesystem (Universal Transverse Mercator, ein 1947 von der US-Army eingeführ-

tes Gradnetz, das die NATO und manche Rettungsdienste für Meldungen von Positionen verwenden; sein Vorteil ist die konstante Skala)
– Verkehrssignale, die z. B. am Leuchtturm Kiel gezeigt werden
– Schießübungssignale

Wann und wo Schießübungen stattfinden, wird in den **Bekanntmachungen für Seefahrer (BfS)** veröffentlicht. Die Wasser- und Schifffahrtsverwaltung gibt die BfS heraus; sie hängen bei Behörden, in Häfen und Schleusen aus. Die BfS enthalten wichtige Maßnahmen und Ereignisse im deutschen Küstenmeer.

Wichtige Meldungen und dringende nautische Warnnachrichten werden auch vom **Seewarndienst Emden** verbreitet (Seite 193).

Die Karte enthält sieben **Indexrahmen** mit Hafenplänen von Schilksee und Strande, Damp, Eckernförde, Wendtorf, Heiligenhafen, Lippe sowie Bagenkop. Magenta Rahmen an diesen Orten weisen auf die Indexrahmen hin.

Angaben zur **Missweisung** findet man auf

$\varphi = 54°\ 45'\ N$
$\lambda = 010°\ 10'\ E$

$\varphi = 54°\ 41'\ N$
$\lambda = 010°\ 56'\ E$

$\varphi = 54°\ 20'\ N$
$\lambda = 011°\ 14'\ E$

Hier sind die Missweisung für das Jahr 2005 und die jährliche Änderung aufgeführt, sodass die Missweisung auf die nachfolgenden Kalenderjahre hochgerechnet werden kann.

Die hauptsächlichen **Farben** der Karte sind:
– Gelb für Land
– Hellblau für Wasser bis 6 m Kartentiefe
– Weiß für Wasser über 6 m Kartentiefe
– Magenta (Rot) für Grenzen, Kabel, Pipelines z. B. Karten größeren Maßstabs (Nr. 12, 14, 26, 31, 32, 36 (Plan A), 43), das Verkehrstrennungsgebiet beim Leuchtturm Kiel, die Basislinie, die Grenze der SeeSchStrO, die Staatsgrenze, der Lübeck-Gedser-Weg, der Kiel-Ostsee-Weg, der Kiel-Flensburg-Weg, der Kiel-Fehmarnsund-Weg und die Wege H und T

Leuchtfeuer werden in **mehrfarbigem Feuerkolorit** (rot, grün, gelb) dargestellt. Man beachte, dass weiße und gelbe Feuerfarben gelb markiert werden. Gelb befeuert sind aber nur Sonderzeichen (Seite 25).

SBS-Fragen 161, 224, 225, 227, 228; SKS-Fragen 6, 15, 30 – 32, 33 – 35, 40, 65 (Navigation)

Britische Seekarten

Als Beispiel einer ausländischen Seekarte wird hier die britische Karte 1875 vorgestellt. Sie wird ebenfalls in SKS-Prüfungen verwendet.

Die Legende ist auf der gegenüberliegenden Seite übersetzt. Rechts daneben der Indexrahmen Helgoland im Maßstab 1:25000, auf der linken Seite eine Tabelle mit Angaben zu Gezeitenströmen. Sie wird auf Seite 66 erläutert. Weiter links, östlich der Jade, noch eine Tabelle mit mittleren Hoch- und Niedrigwasserhöhen zur Spring- und zur Nippzeit (siehe Seite 56 ff.).

In der oberen rechten Ecke eine Skala, um Meter in Fuß (Feet) und Faden (Fms) umzuwandeln. Sie zeigt, dass offensichtlich immer noch einige britische Navigatoren die alten (nichtmetrischen) Einheiten vorziehen.

Farbliche Kennzeichnung

gelb	Land
grün	0 m Kartentiefe (Watt)
cyan	5 m K.-Tiefe
cyan 30 %	10 m K.-Tiefe
magenta	Grenzen und Leuchtfeuer
mag. 30 %	Trennzonen

Darüber auf dem weißen Rand ein Hinweis auf die ergänzend zu dieser Seekarte benötigte nautische Literatur:

– Notices to Mariners, in denen die Berichtigungen für kürzlich eingetretene, kurz bevorstehende und zeitlich befristete Änderungen bekanntgegeben werden (Die Notices to Mariners, NTM, entsprechen den deutschen Nachrichten für Seefahrer, siehe Seite 76.)
– Karte 5011 (Karte 1 INT 1) mit den in Seekarten verwendeten Zeichen und Abkürzungen
– The Mariner's Handbook (Handbuch für Brücke und Kartenhaus, siehe Seite 74)
– Sailing Directions, die Seehandbücher mit Angaben zu den örtlichen Verhältnissen, Anweisungen, Vorschriften und Hafeninformationen
– List of Lights & Fog Signals (Leuchtfeuerverzeichnis)
– List of Radio Signals (Nautischer Funkdienst) mit Angaben zur Verbreitung nautischer Warnnachrichten, Wetterberichten, zur maritimen Verkehrssicherung, zu Hafenbetrieb, Lotsen und Funkfeuern
– Tide Tables (Gezeitentafeln) oder das Elektro-Äquivalent

Der Hinweis schließt mit dem wichtigen Satz: ALWAYS USE THE LARGEST SCALE CHART APPROPRIATE AND KEEP CHARTS AND PUBLICATIONS UPDATED. (Benutzen Sie immer die betreffende Karte mit dem größten Maßstab und halten Sie Seekarten und Seebücher berichtigt.)

Daneben eine Anmerkung zum Urheberrecht und links oben der Hinweis, dass WGS84-Positionen (GPS) direkt in die Karte übernommen werden können.

Die Großtonne GB liegt auf

$$\varphi = 54° \ 10,7' \ N$$
$$\lambda = 007° \ 27,5' \ E$$

GB ist ein bekanntes Objekt (GB = German Bight, illum = illuminated, beleuchtet). Südlich und westlich der Großtonne GB sind verschiedene Verkehrstrennungsgebiete (Traffic Separation Schemes, TSS) eingerichtet. Hier fallen zunächst die breiten, leicht magenta eingefärbten Streifen auf, die „Trennzonen" zwischen den Einbahnwegen. Durchgezogene Pfeile markieren eine festgelegte Verkehrsrichtung, gestrichelte eine empfohlene Verkehrsrichtung. Bei $\varphi = 54° \ 02,0' \ N$ $\lambda = 007° \ 35,0' \ E$ mündet von Norden das Verkehrs-

trennungsgebiet Jade Approach in das von Westen kommende TSS Terschelling-German Bight ein. Zwischen der Küste und der landseitigen Begrenzung des Verkehrstrennungsgebietes liegt eine Küstenverkehrszone (Inshore Traffic Zone).

Auch bei der Zufahrtstonne Elbe, etwa auf

$$\varphi = 54° \ 00,0' \ N$$
$$\lambda = 008° \ 06,5' \ E$$

verläuft ein Verkehrstrennungsgebiet – mit einer Trennzone im westlichen und einer Trennlinie im östlichen Teil. An beiden Verkehrstrennungsgebieten sind Reeden (Ankerplätze) ausgewiesen.

Auffällig ist auch die etwa 5 mm breite magenta Linie, die sich vom oberen an den linken Kartenrand erstreckt. Sie bezeichnet die besonders schutzbedürftigen Gebiete (PSSA). Im nördlichen Teil fällt sie mit der Grenze der Seeschifffahrtsstraßen zusammen (Seite 81). Landwärts davon gelten die Vorschriften der SeeSchStrO (Traffic Regulations).

Den Berichtigungsstempel findet man bei englischen Karten auf der Rückseite: „Corrected up to N.T.M. 4954--05". Die Notices sind fortlaufend nummeriert.

Britische Seekarte 1875

DIE JADE BIS NORDERPIEP
EINSCHLIESSLICH
HELGOLAND

TIEFEN IN METERN

Maßstab 1:100 000 auf Breite 54°00'

Tiefen sind in Metern angegeben und beziehen sich auf das Kartennull, das ungefähr mit dem mittleren Springniedrigwasser übereinstimmt.

Höhen sind in Metern angegeben. Unterstrichene Zahlen sind trockenfallende Höhen über Kartennull; alle anderen Höhen beziehen sich auf den mittleren Wasserstand.

Positionsangaben beziehen sich auf das World Geodetic System 1984 (siehe auch POSITIONEN VON SATELLITEN.

Seezeichen: IALA Maritimes Betonnungssystem – Region A (rot an Backbord)

Projektion: Mercator

Quellen: Amtliche deutsche Karten von 1998 bis 2003. Einzelangaben über die Vermessungsquellen sind nicht verfügbar. Nachträgliche Berichtigungen wurden berücksichtigt.

TIEFEN UND HILFEN

Fahrwasser und Tiefen sind häufigen Änderungen unterworfen. Die Betonnung und andere Navigationshilfen werden dementsprechend verlegt.

POSITIONEN VON SATELLITEN

Durch Satellitennavigation (z. B. GPS) erhaltene Positionen beziehen sich normalerweise auf das Gradnetz des World Geodetic Systems (WGS 84). Solche Positionen können direkt in diese Karte übernommen werden.

POSITIONEN

Positionen aus Karte 1875, die in eine auf dem European Datum 1950 basierende Seekarte übertragen werden sollen, müssen um 0,04 Minuten nordwärts und im 0,08 Minuten ostwärts verlegt werden.

RADARLINIEN

An den Radarlinien kann eine nautische Beratung durch die Elbe-, Weser- oder Jade-Radardienste und Verkehrszentralen erfolgen. Siehe Admiralty List of Radio Signals.

FRÜHER VERMINTE GEBIETE

Innerhalb dieser Seekarte liegen ehemals verminte Gebiete. Minen können immer noch eine Gefahr für ankernde, fischende oder mit Unterwasserarbeiten befasste Fahrzeuge bedeuten.

NATIONALPARKS

Das Befahren der in der Karte ausgewiesenen Nationalparks unterliegt zahlreichen Beschränkungen und Verboten.

BESONDERS SCHUTZ-BEDÜRFTIGE SEEGEBIETE

Die Karte enthält durch Schifffahrt besonders gefährdete Gebiete, die von der IMO als besonders schutzbedürftig eingestuft wurden. Hier ist äußerste Vorsicht geboten, um eine Beschädigung der Meeresumwelt zu vermeiden. Weitere Informationen im Admiralty Seehandbuch.

VERKEHRSUNTERSTÜTZUNG

Zu Verfahren und Inhalten der maritimen Verkehrsunterstützung in der Deutschen Bucht, der Jade, Weser und Elbe siehe Admiralty List of Radio Signals.

VERKEHRSTRENNUNGS-GEBIETE

Alle kartierten Verkehrstrennungsgebiete sind in den Notices to Mariners, Jahresheft Nr. 17 enthalten. Es beschreibt die von der IMO ein gerichteten Verkehrstrennungsgebiete sowie andere wichtige Informationen. Zu Informationen über Zwangswege und empfohlene Strecken für bestimmte Tank- und andere Schiffe siehe Admiralty Seehandbuch.

DEUTSCHE VERKEHRS-VORSCHRIFTEN

Zu den im deutschen Küstenmeer geltenden Verkehrsvorschriften siehe Admiralty Seehandbuch.

PIPELINES

In der Nähe einer Pipeline sollte nicht geankert oder getrawlt werden. Aus einer beschädigten Gas- oder Öl-Pipeline ausgetretenes Gas kann explodieren, die Schwimmfähigkeit eines Schiffes kann verloren gehen oder eine andere ernste Gefahr hervorrufen werden. Pipelines sind nicht immer verschüttet; sie können die kartierte Tiefe um bis zu 2 Meter verringern. Der Meeresboden kann wellenförmig erhoben sein, sodass sich Fischfanggeschirr darin unlösbar verfangen und das Schiff in schwere Gefahr bringen kann.

HOCHGESCHWINDIGKEITS-FAHRZEUGE

Im Bereich dieser Karte operieren Hochgeschwindigkeitsfahrzeuge. Ein sorgfältiger Ausguck wird empfohlen. Manche Hochgeschwindigkeitsfahrzeuge erzeugen große Wellen, die kleine Fahrzeuge gefährden können, wenn sie in der Nähe der Küste oder auf flachen vorgelagerten Bänken ankern.

Aus der britischen Seekarte 1875 – Stand Nov. 2005: Übersetzung des Kartentitels sowie der Bemerkungen und Vermerke

SKS-Fragen 3, 4, 5 (Navigation)

Koppelnavigation

Navigation

Die deutsche Norm DIN 13312 definiert Navigation als „Maßnahmen – Beobachtungen, Messungen und Auswertungsmethoden – zur Fahrzeugführung, mit deren Hilfe ermittelt wird,
– wo sich das Fahrzeug befindet
– wohin das Fahrzeug gelangen würde, wenn keine seine Bewegung verändernden Maßnahmen ergriffen werden und
– was zu tun ist, um ein gewünschtes Ziel sicher zu erreichen, gegebenenfalls auf einem vorgegebenen Weg"

Navigationsverfahren

Die **terrestrische Navigation** (terra = Erde) nutzt Landmarken und Seezeichen, um den Schiffsort zu bestimmen und den Kurs festzulegen. Dabei wird nur mit optischen Mitteln gearbeitet. Zur terrestrischen Navigation zählen
– Koppel- und Stromnavigation
– Kreuzpeilungen
– Doppelpeilungen
– Versegelungspeilungen
– Lotungen sowie
– Horizontal- und Höhenwinkelmessungen (heute nicht mehr üblich).

Die **technische Navigation** (früher Funknavigation)

basiert auf elektromagnetischen Wellen. Solche Funkwellen werden von Satelliten (GPS) und Schiffen (Radar) ausgestrahlt. Ein GPS-Navigator bestimmt vollautomatisch den Kurs und den genauen Schiffsort. Zur technischen Navigation zählt auch die **Radarnavigation**. Auch mit Radar lässt sich der Schiffsort bestimmen. Mit einem GPS-Navigator kann besonders einfach navigiert werden, dieses Verfahren heißt **Wegpunktnavigation** (siehe Seite 46 ff.). Technische Navigation mit Nutzung digitaler Seekarten heißt **elektronische Navigation**.

Früher musste auf Ozeanen **astronomisch** navigiert werden. Dazu misst man mit einem Sextanten die Höhenwinkel von Gestirnen. Jede Messung liefert eine Standlinie. Mathematische Berechnungen oder die genaue Kenntnis des Sternenhimmels sind dabei nicht unbedingt erforderlich.

Die Sportbootführerschein-See-Ausbildung beschränkt sich auf die Grundlagen der terrestrischen Navigation. Sportküstenschiffer erlernen die komplette terrestrische Navigation und ein wenig technische Navigation. Für den Sportsee-schifferschein wird die

ganze elektronische Navigation benötigt; die astronomische Navigation wird von Sporthochseeschiffern verlangt.

Koppelnavigation

In der Koppelnavigation wird der Schiffsort allein mithilfe von Kompass und Log bestimmt. Die zurückgelegten Strecken werden mit Bleistift in die Seekarte gezeichnet, um jederzeit den Schiffsort zu kennen (**zeichnerisches Koppeln**). Dabei muss auch ein möglicher Einfluss von Wind oder Strom berücksichtigt werden.

Ein Ort, den man von einem bekannten Ort ausgehend durch Koppelnavigation erhält, heißt **Koppelort O_k**, wenn der Strom berücksichtigt wurde. Dagegen spricht man von **Loggeort O_l**, wenn der Strom bei der Ortsermittlung unbeachtet blieb. Wird der Schiffsort durch ein Ortsbestimmungsverfahren wie Peilung oder Winkelmessung ermittelt, so nennt man ihn **beobachteten Ort O_b** oder **Fix**. Der Vektor (Pfeil) vom Koppelort O_k zum beobachteten Ort O_b heißt **Besteckversetzung BV**. Sie wird als Richtung und Entfernung angegeben, z. B.: BV = (345˚; 0,7 sm).

In der Seekarte wird nach DIN 13312 wie folgt gearbeitet: Kurs- und Standlinien werden als gerade Linien gezeichnet. Standlinien können eine Pfeilspitze erhalten, die zum gepeilten Objekt zeigt. Wer an Kurs- und Standlinien die Gradzahl (KaK bzw. rwP) schreibt (nach DIN nicht erforderlich), kann das Ergebnis schneller überprüfen. Koppelorte O_k werden durch einen kleinen senkrechten Querstrich auf der Kurslinie gekennzeichnet. Beobachtete Orte O_b werden als kleiner Kreis um den Schnittpunkt der Standlinien kenntlich gemacht. Neben Orte wird die Uhrzeit in vier gleich großen Ziffern (z. B. 1000) oder mit Doppelpunkt (z. B. 10:00) geschrieben. Je näher das Schiff vor einer unbekannten Küste läuft, desto öfter sollte der beobachtete Ort bestimmt werden.

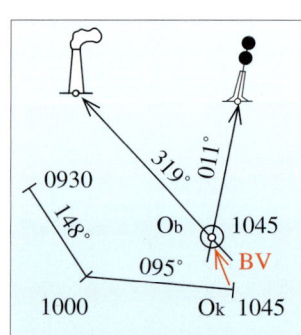

Schematische Darstellung des Koppelns gemäß DIN 13312 „Navigation".

SBS-Fragen 252, 253; SKS-Fragen 47 – 49 (Navigation)

Kursdreieck, Anlegedreieck und Zirkel

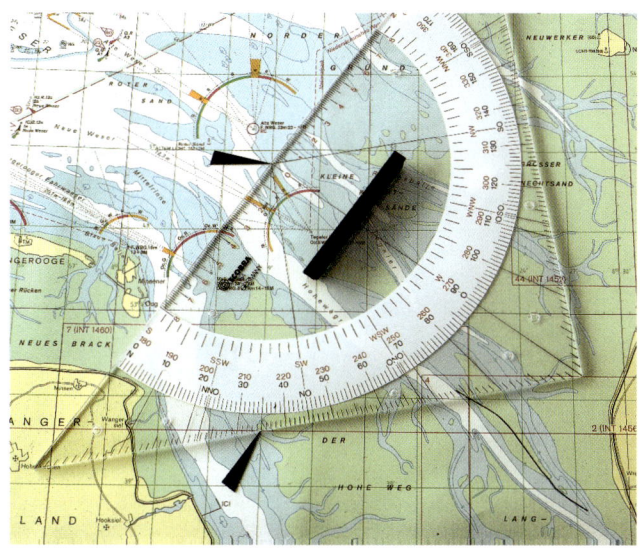

Kursdreieck. Das Zentrum der Gradeinteilung liegt auf einem Meridian; unten wird der Winkel abgelesen.

Kurs 167° (<u>schwarze</u> Zahl) verläuft entlang der Zentimeter-skala nach <u>rechts</u> unten, 347° (<u>rote</u> Zahl) nach <u>links</u> oben.

Das Anlegedreieck an die Winkelskala des Kursdreiecks anlegen. Daran das Kursdreieck verschieben, bis die Zentimeterskala durch den gewünschten Ort verläuft.

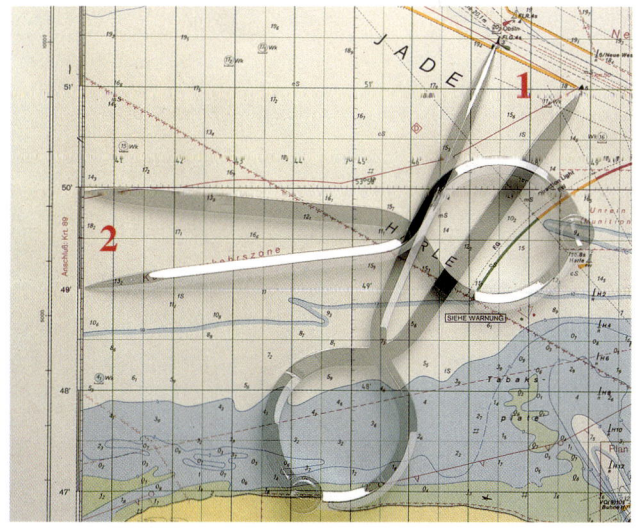

Entfernungen werden mit einem Zirkel auf den seitlichen Kartenrand übertragen. Hier ist eine Minute (1') gleich einer Seemeile (1 sm = 1 852 m).

SBS-Fragen 232, 238, 343 – 362

Aus Karte 1 (INT 1)

Sandküste	Überwasserkabel; Seilbahn	Club, Verein	Pfähle, Rohre unter Wasser
Sandhügel, Dünen	Schleuse	Fähre	Fischstaken; Fischreuse
Steilküste, Felsen	Hochspannungsleitung mit Sicherheitsdurchfahrtshöhe	Priel	Jahresreuse; Frühjahrs- und Herbstreuse
Sumpf, Marsch, Vorland	Dalben; Pfahl	Watt mit Niedrigwasserlinie	Förderanlage, Plattform
Deich	Deviationsdalben	Flachwassergebiet	Unterwasserkabel
Buhne, Stack	Beleuchtetes Objekt	Tiefenlinie, Angabe in Metern	Unterwasserkabelgebiet
Höhenpunkt, Höhe in Metern	Kran mit Tragfähigkeit	Tiefe in Meter und Dezimeter	Unterwasser-Rohrleitung; Abfluss
Auffällige Landmarke	Hafenamt, Hafenmeister	Trockenfallende Höhe über Kartennull	Empfohlener Kurs
Kirche; Kapelle	Zollamt	Gebaggertes Gebiet mit Solltiefe	Deckpeilung; Richtlinie
Turm; Wasserturm	Wasserschutzpolizei	Flutstrom; Ebbstrom	Verkehrstrennungsgebiet
Schornstein; Hochfackel	Sportboothafen, Marina	Gefahr	Meldestelle mit UKW-Kanal
Mast; Funk-, Fernsehmast	Wasserzapfstelle	Fels, Klippe	Lotsenversetzstelle
Windmotor; Windmühle	Treibstoff (Benzin, Diesel)	Wrack; sichtbares Wrack	Rettungsstelle
Flaggenmast; Signalmast	Stromanschluss	Gefährliches Wrack; ungefährliches Wrack	Pegel
Feste Brücke mit Durchfahrtsbreite	Gastliegeplatz	Unrein	Tafel
Bewegliche Brücke mit Durchfahrtshöhe		Schifffahrtshindernis	Pfahl, Stange

Karte 1 (INT 1) enthält sämtliche in deutschen und internationalen Seekarten verwendeten Zeichen und Abkürzungen.

SBS-Frage 230; SKS-Fragen 29, 84 (Navigation)

Aus Karte 1 (INT 1)

Bake	Leuchtfeuer, Leuchtturm		
Spitztonne	Radar-antwortbake		
Stumpftonne	Radar-reflektor		
Kugeltonne	Kreis-funkfeuer		
Bakentonne	Empfohlener Ankerplatz		
Spierentonne, Treibbake	Ankerplatz für Sportboote		
Fasstonne	Ankergebiet		
Leuchttonne	Ankern und Fischen verboten		
Feuerschiff	Militärisches Übungsgebiet		
Leuchtfloß	Unterseeboot-Weg und -Übungsgebiet		
Großtonne	Naturschutzgebiet		
Festmachetonne	Zollgrenze		
Einzelgefahr-Zeichen	Internationale Grenze im Landgebiet		
Mitte-Schifffahrts-weg-Zeichen	Gerade Basislinie mit Basispunkt		
Betonnungs-richtung	Seewärtige Grenze des Küstenmeers		
Nebelschallsignal	Grenze der Anschlusszone		

Leuchtfeuer/*Lights*

Lcht-Tm.	LtHo	**Leuchtturm**/*Lighthouse*
Rcht-F.	Ldg	**Richtfeuer**/*Leading lights*
Lt-F.	Dir	**Leitfeuer**/*Direction light*
Aero	Aero	**Luftfahrtfeuer**/*Aero light*
Warn-F.	RLts	**Warnfeuer**/ *Air obstruction light*
Ob-F.	RearLt	**Oberfeuer**/*Rear light*
U-F.	FrontLt	**Unterfeuer**/*Front light*
N-F.	in fog	**Nebelfeuer**/*Fog light*
F.	F	**Festfeuer**/*Fixed*
Ubr.	Oc	**Unterbrochen**/*Occulting*
Glt.	Iso	**Gleichtakt**/*Isophase*
Blz.	Fl	**Blitz**/*Flashing*
Blk.	LFl	**Blink**/*Long-flashing*
Fkl.	Q	**Funkel**/*Quick*
Fkl. unt.	IQ	**Funkel unterbrochen**/*Interrupted quick*
SFkl.	VQ	**Schnelles Funkel**/*Very quick*
Mo.	Mo	**Morse**/*Morse*
w.	W	**Weiß**/*White*
r.	R	**Rot**/*Red*
gn.	G	**Grün**/*Green*
s.	B	**Schwarz**/*Black*
viol.	Vi	**Violett**/*Violett*
g.	Y	**Gelb**/*Yellow*
or.	Or	**Orange**/*Orange*
sm	M	**Seemeile**/*Sea mile*
wgr.	hor	**Waagerecht**/*Horizontal*
skr.	vert	**Senkrecht**/*Vertical*
ztws.	occas	**Zeitweise**/*Occasional*
ztwl.	temp	**Zeitweilig**/*Temporary*
vrst.	intens	**Verstärkt**/*Intensified*
schw.	faint	**Schwach**/*Faint*
vrd.	obscd	**Verdeckt**/*Obscured*

Nebelschallsignale/*Fog Signals*

N-S.	Horn	**Membransender**/*Horn*
Gl-Tn.	Bell	**Glocke**/*Bell*
Hl-Tn.	Whis	**Heuler**/*Whistle*
Gong	Gong	**Gong**/*Gong*

Sonstiges/*Other*

auff.	**Auffällig**/*Conspicuous*
Bk.	**Bake**/*Beacon*
F-Sch.	**Feuerschiff**/*Light vessel*
Mess-G.	**Messgerät**/*Oceanographic equipment*
Obstn	**Schifffahrtshindernis**/*Obstruction*
Ra	**Radar**/*Radar*
SS	**Signalstelle**/*Signal station*
Unr.Gd.	**Unreiner Grund**/*Foul*
V-S.	**Verkehrssignal**/*Traffic signal*
Wk	**Wrack**/*Wreck*

Aus Karte 1 (INT 1)

SBS-Fragen 185, 230; SKS-Fragen 13, 29 (Navigation)

Befeuerung

Feuer unterscheiden sich voneinander durch ihre
– Verwendung
– Kennung

Leitfeuer sind Sektorenfeuer. Sie markieren ein Fahrwasser, eine Hafeneinfahrt oder tiefes Wasser zwischen Untiefen. Im weißen Leitsektor soll das Schiff fahren. An den Leitsektor grenzen ein grüner und ein roter Warnsektor.

Ein von See kommendes Schiff läuft im weißen Leitsektor des voraus liegenden Leitfeuers. Käme es in den grünen (roten) Warnsektor, so müsste es seinen Kurs nach Backbord (Steuerbord) ändern. Am westlichen Ufer liegen die beiden Feuer einer Hafeneinfahrt. Bei Annäherung an den Hafen wird mithilfe des im Norden liegenden Richtfeuers navigiert. Die Richtlinie ist rechtweisend in Grad in Seekarten angegeben. Bald wird an Steuerbord der weiße Ankündigungssektor des Quermarkenfeuers sichtbar. Beim Übergang vom weißen zum grünen Licht muss ein in Betonnungsrichtung laufendes Schiff den Kurs nach Steuerbord ändern. Eine erneute Kursänderung ist erforderlich, wenn das Torfeuer passiert wird.

Quermarkenfeuer liegen etwa querab zur Fahrtrichtung. Sie bestehen aus weißen Ankündigungs- und farbigen Kursänderungssektoren. Eine Kursänderung wird beim Übergang vom weißen in den farbigen Sektor erforderlich.

Ein **Richtfeuer** besteht aus einem Oberfeuer und einem Unterfeuer und bezeichnet eine in der Seekarte angegebene Richtung in einem Fahrwasser. Wenn Ober- und Unterfeuer in Deckung liegen, befindet sich das Schiff auf der **Richtlinie**.

Torfeuer sind zwei Feuer gleicher Feuerhöhe, gleicher Lichtstärke und gleicher Kennung, die zu beiden Seiten des Fahrwassers einander genau gegenüberliegen.

Leitmarken sind beleuchtete Schirme, auf denen man in der Leitlinie eine Marke (z. B. einen Streifen) sieht, beiderseits der Leitlinie aber Pfeile, die zur Leitlinie hin zeigen.

Uferfeuer machen den Verlauf einer Uferlinie kenntlich.

Luftfahrtfeuer werden in ein Leuchtfeuerverzeichnis nur aufgenommen, wenn sie von See aus sichtbar sind.

Leuchtfeuer besitzen einen charakteristischen Rhythmus von Licht und Dunkel. Man nennt ihn **Kennung**, seine Dauer heißt **Wiederkehr**. Man unterscheidet folgende Kennungen:

– **Festfeuer**, ein gleich bleibendes Licht, in gleicher Farbe und Stärke

– **Unterbrochene Feuer**, das Licht scheint nicht ständig, es wird rhythmisch kurz unterbrochen

– **Gleichtaktfeuer**, Lichtschein und Verdunkelung sind gleich lang

– **Blink**, das Aufleuchten von mindestens zwei Sekunden. Die Dunkelphase muss mindestens eine Sekunde länger als die Leuchtphase dauern

– **Blitz**, das Aufleuchten von weniger als zwei Sekunden Dauer (in Deutschland maximal eine Sekunde)

– **Funkel**, Blitze im Abstand von 1,2 oder einer Sekunde

– **Schnelle Funkel**, Blitze im Abstand von 0,6 oder 0,5 Sekunden

Auch Kombinationen sind möglich, etwa unterbrochene Funkel oder schnelle Funkel mit Blink.

SBS-Fragen 200 – 214; SKS-Fragen 17 – 21 (Navigation)

Befeuerung

Gruppe bedeutet, dass mehrere Blinke, Blitze, Funkel, schnelle Funkel oder Dunkelphasen (bei unterbrochenem Feuer) hintereinander auftreten.

Unter **Tragweite** versteht man denjenigen Abstand, in dem ein Feuer einen eben noch deutlichen Lichteindruck am Auge des Beobachters hervorruft.

Die Tragweite ist abhängig von der **Lichtstärke** des Feuers und dem **Sichtwert** der Atmosphäre.

International ist festgelegt worden, die Tragweite der Feuer für einen Sichtwert von 0,74 (was einer meteorologischen Sichtweite von 10 sm am Tage entspricht) anzugeben und diese Tragweite als **Nenntragweite** zu bezeichnen.

Die **geografische Sichtweite** hängt von der Feuerhöhe und der Augenhöhe des Beobachters ab. Sie gibt den Abstand an, aus dem ein Ziel noch eben über die Kimm (= Horizont) hinweg sichtbar (siehe Seite 38) ist.

Die **Feuerhöhe** bezieht sich in Gewässern mit Gezeiten (Nordsee) auf mittleres Hochwasser, in gezeitenlosen Gewässern (Ostsee) auf mittleren Wasserstand.

Kennungen

Schematische Darstellung	Art der Kennung	Abkürzung International	National
	Festfeuer	F	F.
	Unterbrochenes Feuer	Oc	Ubr.
	Gleichtaktfeuer	Iso	Glt.
	Blinkfeuer	LFl	Blk.
	Blitzfeuer	Fl	Blz.
	Funkelfeuer	Q	Fkl.
	Schnelles Funkelfeuer	VQ	SFkl.
	Blitzfeuer mit Gruppen von 3 Blitzen	Fl(3)	Blz.(3)
	Blitzfeuer mit Gruppen von 2 + 1 Blitzen	Fl(2+1)	Blz.(2+1)
	Schnelles Funkelfeuer mit Gruppen von 6 schnellen Funkeln und einem Blink	VQ(6) +LFl	SFkl.(6) +Blk.

Fl(3)WRG.15s21m15-11M

Fl(3)	Art der Kennung: Blitzfeuer mit Gruppen von drei Blitzen
WRG.	Farben: Weiß, Rot, Grün, die verschiedenen Sektoren darstellend
15s	Wiederkehr: 15 Sek.
21 m	Höhe der Lichtquelle über der jeweiligen Höhenbezugsfläche
15-11M	Nenntragweiten: Weiß 15 sm, Grün 11 sm, Rot zwischen 15 und 11 sm

F	F.	Fest
Oc	Ubr.	Unterbrochen
Iso	Glt.	Gleichtakt
LFl	Blk.	Blink
Fl	Blz.	Blitz
Q	Fkl.	Funkel
VQ	SFkl.	Schnelles Fkl.
B	s.	Schwarz
Y	g.	Gelb
W	w.	Weiß
R	r.	Rot
G	gn.	Grün
M	sm	Seemeile
s	s	Sekunde

Wichtige internationale und nationale Abkürzungen. Auch in den meisten amtlichen deutschen Seekarten werden nur internationale Abkürzungen verwendet.

Links eine Leuchtfeuerbeschreibung aus einer internationalen Seekarte (mit Erklärung).

SBS-Fragen 185, 231, 343 – 362; SKS-Fragen 14, 22 – 27 (Navigation)

Kardinale Betonnung

Schwimmende Schifffahrts-zeichen (Tonnen) sind zumeist nach dem **IALA-System** ausgelegt. IALA steht für International Association of Lighthouse Authorities. Das Betonnungssystem der IALA kennt:
– Kardinale Zeichen
– Einzelgefahrzeichen
– Laterale Zeichen
– Mitteschifffahrtsweg
– Sonderzeichen
Sie können auch kombiniert eingesetzt werden.

Kardinale Zeichen warnen vor ausgedehnten Gefahren. Sie können im Norden, im Osten, im Süden oder im Westen der Gefahr liegen. So ist erkennbar, wo ein Kardinalzeichen gefahrlos passiert werden kann.
Einzelgefahrzeichen liegen auf Gefahrenstellen geringer Ausdehnung und sind von tiefem Wasser umgeben. Sie können an allen Seiten passiert werden.

Mit zwei exakt gleichen Zeichen wird auf eine **neue Gefahr** hingewiesen. Die Gefahr wurde neu entdeckt und noch nicht in den Nachrichten oder Bekanntmachungen für Seefahrer veröffentlicht. In Seekarten findet man dieses Seezeichen daher nicht.

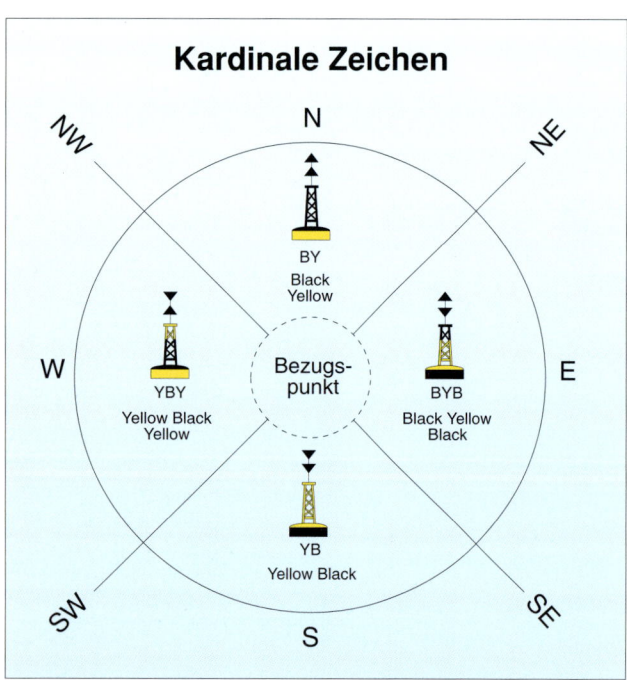

Kardinale Zeichen

Kardinale (richtungsbezeichnende) Zeichen sind Gefahrenstellentonnen. Sie werden weltweit eingesetzt und geben an, an welcher Seite der Bezugspunkt gefahrlos passiert werden kann. Die Kegeltoppzeichen zeigen zu den schwarzen Streifen.

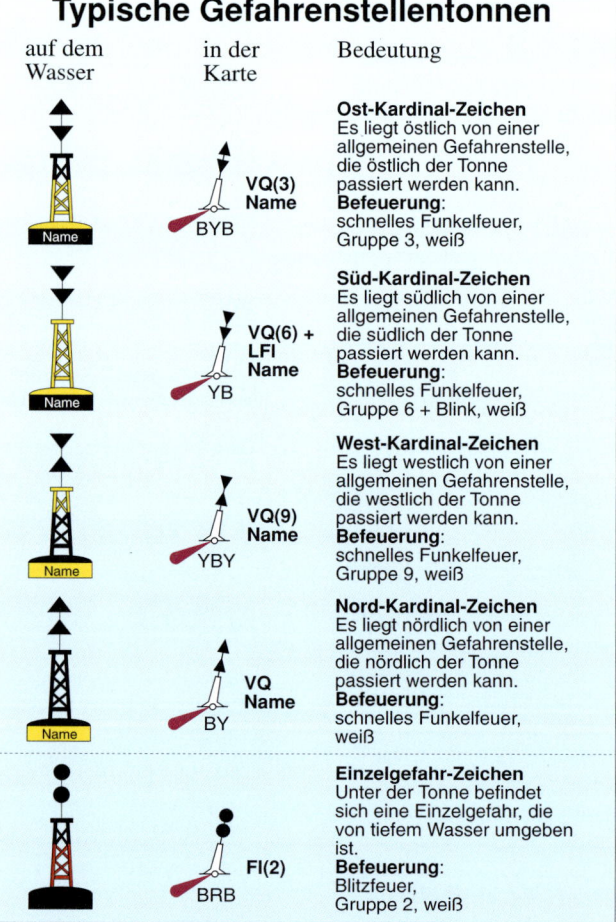

Typische Gefahrenstellentonnen

auf dem Wasser	in der Karte	Bedeutung
	VQ(3) Name BYB	**Ost-Kardinal-Zeichen** Es liegt östlich von einer allgemeinen Gefahrenstelle, die östlich der Tonne passiert werden kann. **Befeuerung:** schnelles Funkelfeuer, Gruppe 3, weiß
	VQ(6) + LFl Name YB	**Süd-Kardinal-Zeichen** Es liegt südlich von einer allgemeinen Gefahrenstelle, die südlich der Tonne passiert werden kann. **Befeuerung:** schnelles Funkelfeuer, Gruppe 6 + Blink, weiß
	VQ(9) Name YBY	**West-Kardinal-Zeichen** Es liegt westlich von einer allgemeinen Gefahrenstelle, die westlich der Tonne passiert werden kann. **Befeuerung:** schnelles Funkelfeuer, Gruppe 9, weiß
	VQ Name BY	**Nord-Kardinal-Zeichen** Es liegt nördlich von einer allgemeinen Gefahrenstelle, die nördlich der Tonne passiert werden kann. **Befeuerung:** schnelles Funkelfeuer, weiß
	Fl(2) BRB	**Einzelgefahr-Zeichen** Unter der Tonne befindet sich eine Einzelgefahr, die von tiefem Wasser umgeben ist. **Befeuerung:** Blitzfeuer, Gruppe 2, weiß

Befeuerte Seezeichen in Karten mit _einfarbigem_ Feuerkolorit (z. B. Karte 1875). Der angehängte Tropfen ist stets magenta. Die Feuerfarbe ist weiß, sofern die Beschreibung nichts anderes angibt. Karten mit _mehrfarbigem_ Feuerkolorit (Karte 30) haben gelbe, rote und grüne Tropfen.

SBS-Fragen 189 – 199, 343 – 362; SKS-Frage 64 (Navigation)

Laterale Betonnung, Sonderzeichen

Laterale Zeichen markieren Fahrwasser. Sie liegen an deren Steuerbord- und Backbordseiten und weisen – von See kommend – den Weg zu einem Hafen, durch einen Fluss oder sie bezeichnen allgemein einen Wasserweg. Lateralzeichen folgen einer festen **Beton-** **nungsrichtung**, die aus der Seekarte zu ersehen ist. An **Gabelungen** zeigen modifizierte laterale Zeichen, wo das durchgehende Fahrwasser weiterläuft. Rot-weiß gestreifte Tonnen markieren die **Mitte von Schifffahrtswegen.** Auch die Zufahrt von See zu einem Fahrwasser kann mit einer solchen Tonne gekennzeichnet werden. Diese Tonnen zeigen tiefes Wasser an. In Deutschland hat die Schifffahrt in Fahrwassern Vorfahrt (siehe Seite 116), wohingegen auf Schiffahrtswegen keine besonderen Vorschriften gelten.

Sonderzeichen sind gelb und können ein gelbes X-Toppzeichen tragen. Sie begrenzen ein besonderes Gebiet, etwa ein Warn- oder Sperrgebiet, oder sie markieren einen Punkt. Die Bedeutung kann der Seekarte oder nautischen Veröffentlichungen entnommen werden. Wenn Sonderzeichen befeuert sind, ist ihr Feuer gelb.

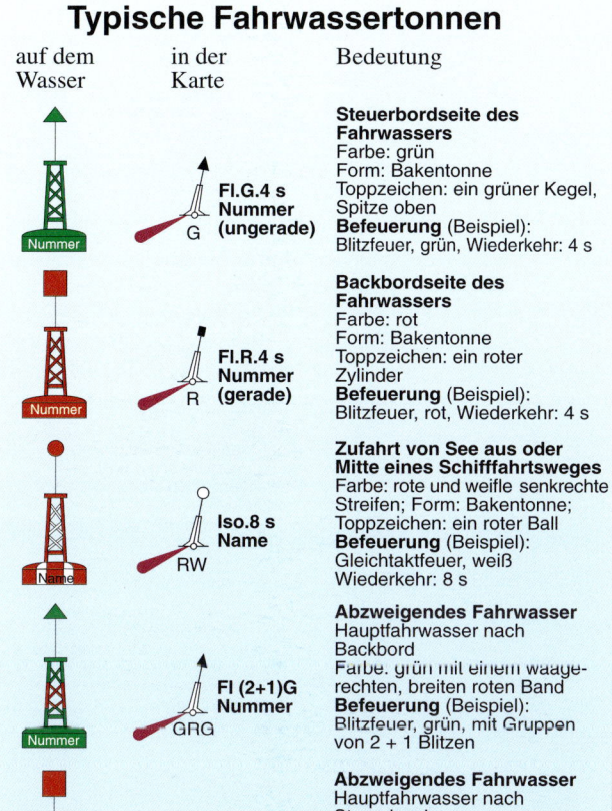

Typische Fahrwassertonnen

auf dem Wasser	in der Karte	Bedeutung
	Fl.G.4 s Nummer (ungerade) G	**Steuerbordseite des Fahrwassers** Farbe: grün Form: Bakentonne Toppzeichen: ein grüner Kegel, Spitze oben **Befeuerung** (Beispiel): Blitzfeuer, grün, Wiederkehr: 4 s
	Fl.R.4 s Nummer (gerade) R	**Backbordseite des Fahrwassers** Farbe: rot Form: Bakentonne Toppzeichen: ein roter Zylinder **Befeuerung** (Beispiel): Blitzfeuer, rot, Wiederkehr: 4 s
	Iso.8 s Name RW	**Zufahrt von See aus oder Mitte eines Schifffahrtsweges** Farbe: rote und weiße senkrechte Streifen; Form: Bakentonne; Toppzeichen: ein roter Ball **Befeuerung** (Beispiel): Gleichtaktfeuer, weiß Wiederkehr: 8 s
	Fl (2+1)G Nummer GRG	**Abzweigendes Fahrwasser** Hauptfahrwasser nach Backbord Farbe: grün mit einem waagerechten, breiten roten Band **Befeuerung** (Beispiel): Blitzfeuer, grün, mit Gruppen von 2 + 1 Blitzen
	Fl (2+1)R Nummer RGR	**Abzweigendes Fahrwasser** Hauptfahrwasser nach Steuerbord Farbe: rot mit einem waagerechten, breiten grünen Band **Befeuerung** (Beispiel): Blitzfeuer, rot, mit Gruppen von 2 + 1 Blitzen

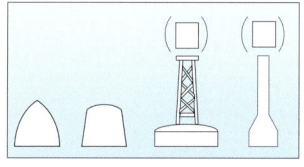

Tonnenformen

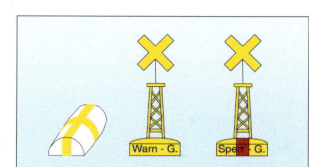

Bade-, Warn-, Sperrgebiete

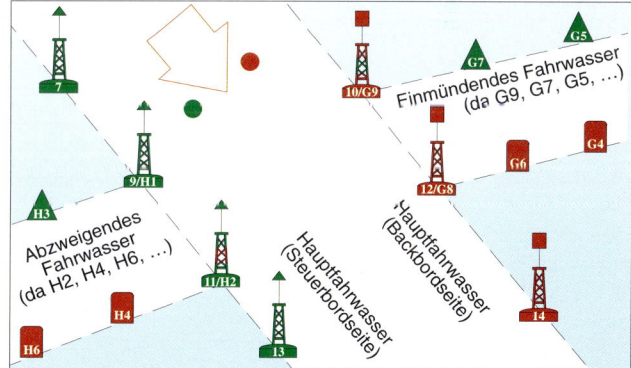

Fahrwassertonnen werden auch laterale Zeichen (Seitenbezeichnung) genannt. In der Region A (Europa u. a.) liegt Grün an Steuerbord und Rot an Backbord, in der Region B (amerikanischer Kontinent, Fernost u. a.) ist umgekehrt Rot an Steuerbord und Grün an Backbord.

Schematisches Beispiel einer Fahrwasserbetonnung mit Angabe der Betonnungsrichtung. Die Tonnen 11/H2 und 12/G9 zeigen an, in welcher Richtung das Hauptfahrwasser verläuft. In Deutschland wird damit die Vorfahrt geregelt (siehe Seite 116, § 25 (4), SeeSchStrO).

SBS-Fragen 151, 156, 162, 174 – 180, 183, 184, 186 – 188, 343 – 362; SKS-Fragen 64 – 69 (Navigation); 78 (Recht)

Kurse

Kurs

Unter Kurs versteht man üblicherweise die Richtung einer Bewegung, in der Navigation jedoch einen Winkel. Kurs bezeichnet

– in der Schifffahrt allgemein die Bewegungsrichtung eines Schiffes in Bezug auf die Nordrichtung („Westkurs")
– im Segelsport die Bewegungsrichtung eines Schiffes bezogen auf die Windrichtung („Halbwindkurs")
– in der Navigation den Winkel zwischen einer Nordrichtung und der Fahrtrichtung des Schiffes

Der Winkel wird im Uhrzeigersinn von 000° bis 360° gezählt und in ganzen Graden dreistellig geschrieben.

In der Navigation werden verschiedene Kursbegriffe verwendet. Sie beziehen sich auf unterschiedliche Nordrichtungen und werden durch magnetische und meteorologische Einflüsse hervorgerufen. Die wichtigsten Kurse sind:

– rechtweisender Kurs (rwK),
– missweisender Kurs (mwK),
– Magnetkompasskurs (MgK),
– Kurs durch das Wasser

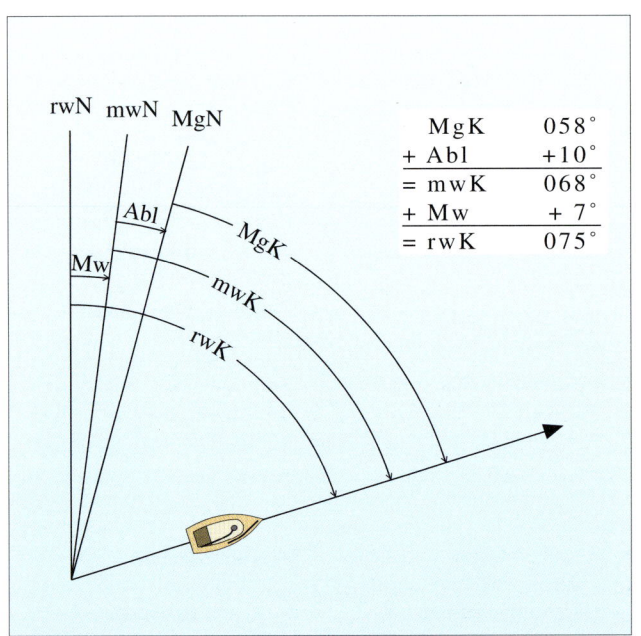

MgK	058°
+ Abl	+10°
= mwK	068°
+ Mw	+ 7°
= rwK	075°

Der Zusammenhang zwischen dem rechtweisenden Kurs, dem missweisenden Kurs und dem Magnetkompasskurs lässt sich durch eine einfache Formel beschreiben. Sie kann von oben nach unten sowie von unten nach oben angewendet werden. Dies wird als Kursbeschickung oder Kursverwandlung bezeichnet. Die Beschickungen für Wind und für Strom sind hier noch nicht berücksichtigt.

(KdW),
– Kurs über Grund (KüG),
– Kartenkurs (KaK).

Rechtweisend Nord
Rechtweisender Kurs

Die geografische Nordrichtung wird in der Navigation als **rechtweisend Nord (rwN)** bezeichnet. Dies ist die Richtung zum geografischen Nordpol (90° N), Sie wird in Seekarten durch Meridiane (Längen) ausgewiesen.

Als **rechtweisender Kurs (rwK)** wird der Winkel zwischen rechtweisend Nord und der Rechtvorausrichtung des Fahrzeugs definiert. Merke: Der rechtweisende Kurs gibt die **Vorausrichtung der Kiellinie** an.

Missweisend Nord
Missweisender Kurs

Mit den geografischen Polen nicht zu verwechseln sind die Magnetpole der Erde. Der magnetische Nordpol lag 2003 bei 82,0° N und 112,4° W. Er wandert derzeit etwa vierzig Kilometer pro Jahr nordwärts.

Unter **missweisend Nord (mwN)** versteht man die Richtung der Horizontalkomponente des erdmagnetischen Feldes (vereinfacht gesprochen die Richtung zum magnetischen Nordpol). Eine Magnetkompassnadel, welche nicht durch andere Einflüsse abgelenkt wird, richtet sich nach dem erdmagnetischen Feld aus und zeigt nach mwN.

Der **missweisende Kurs (mwK)** ist der Winkel zwischen missweisend Nord und der Rechtvorausrichtung des Fahrzeugs. Er wird vom Magnetkompass angezeigt, sofern kein Magnetismus an Bord die Anzeige verfälscht.

Magnetkompass-Nord
Magnetkompasskurs

Die vom Magnetkompass angezeigte Nordrichtung wird **Magnetkompass-Nord (MgN)** genannt. Sie

SBS-Fragen 237, 239, 246, 247, 343 – 362; SKS-Fragen 17, 56 (Navigation)

Beschickungen

kann durch schiffsmagnetische Einflüsse von missweisend Nord abgelenkt werden. Den Winkel zwischen Magnetkompass-Nord und der Rechtvorausrichtung des Schiffes nennt man **Magnetkompasskurs (MgK)**. Der Magnetkompasskurs am Steuerkompass heißt auch **Steuerkompasskurs (STK)**.

Kurs durchs Wasser

Unter Windeinfluss kann ein Schiff vertreiben. Dann bewegt es sich nicht recht voraus, sondern etwas seitlich durch das Wasser. Der Winkel zwischen rechtweisend Nord (rwN) und seiner Bewegungsrichtung durch das Wasser heißt **Kurs durchs Wasser (KdW)**.

Kurs über Grund

Auch Strom kann den Kurs eines Schiffes verändern, sodass sich die Bewegungsrichtung durch das Wasser von der über Grund unterscheidet. Das Schiff kann sich dann auch über Grund etwas seitlich bewegen. Der Winkel zwischen rechtweisend Nord und der Richtung des Weges über Grund heißt

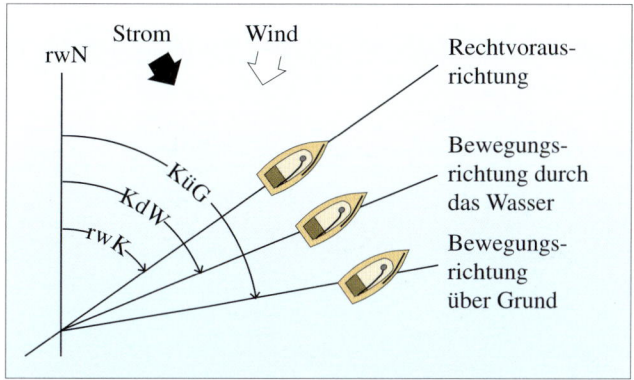

Auf Grund von Wind kann sich ein Schiff „schräg" durch das Wasser, auf Grund von Strom kann es sich „schräg" über Grund bewegen.

Kurs über Grund (KüG). Er wird in der Sportschifffahrt zeichnerisch ermittelt.

Der Kurs über Grund (KüG) gibt die Richtung an, in welche sich das Schiff *tatsächlich* bewegt. Als **Kartenkurs (KaK)** wird der Winkel zwischen rechtweisend Nord und der der Seekarte entnehmbaren, *beabsichtigten* Richtung des Weges über Grund bezeichnet.

Kurs über Grund
gibt die Richtung an, in die sich das Schiff tatsächlich bewegt.

Kartenkurs
gibt die Richtung an, in die sich das Schiff bewegen soll.

Beschickungen

Beschickungen sind Korrekturen, mit denen die jeweiligen Kurse berichtigt werden müssen, um erfassbare, systematische Abweichungen auszuschalten. Diese sind:

– Missweisung (erdmagnetisches Feld),
– Ablenkung (Magnetismus an Bord),
– Beschickung für Wind (Windversatz),
– Beschickung für Strom (Stromversatz).

Missweisung (Mw) ist der Winkel zwischen rechtweisend Nord (rwN) und missweisend Nord (mwN). Sie variiert von Gebiet zu Gebiet und ändert sich mit der Zeit. Die Missweisung und ihre jährliche Änderung

werden der Seekarte entnommen (Kompassrose oder Missweisungsvermerk) und sind auf das aktuelle Jahr hochzurechnen.

Ablenkung (Abl) heißt der Winkel zwischen missweisend Nord (mwN) und Magnetkompass-Nord (MgN). Ablenkung – auch **Deviation** genannt – wird durch schiffsmagnetische Einflüsse hervorgerufen. Sie ist nicht nur schiffs-, sondern auch kursabhängig und kann in Form einer **Ablenkungstafel** und als Kurve dargestellt werden. Ist die Ablenkung größer als 5°, so wird neben der Ablenkungstafel noch eine **Steuertafel** benötigt. Für die SKS-Prüfung werden die Tabellen auf Seite 32 verwendet. Auf Yachten aus Holz oder Kunststoff wird der Steuerkompass in der Regel nicht abgelenkt. Eine Ablenkungstafel gibt es dort nicht, der Steuerkompasskurs (STK) ist gleich dem missweisenden Kurs (mwK). Auch für Peilkompasse existiert in der Regel keine Ablenkungstabelle. Der Peilkompass sollte jedoch gelegentlich überprüft werden (Vergleich mit dem Steuerkompass).

Die Summe aus Missweisung und Ablenkung (magnetische Beschickungen) heißt **Fehlweisung (Fw)**.

SBS-Fragen 240 – 245; SKS-Fragen 41, 57 – 61 (Navigation)

Beschickung für Wind

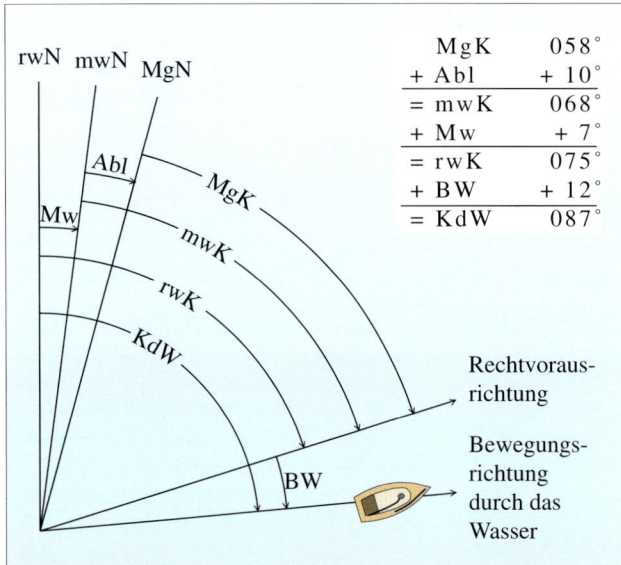

MgK		058°
+ Abl	+	10°
= mwK		068°
+ Mw	+	7°
= rwK		075°
+ BW	+	12°
= KdW		087°

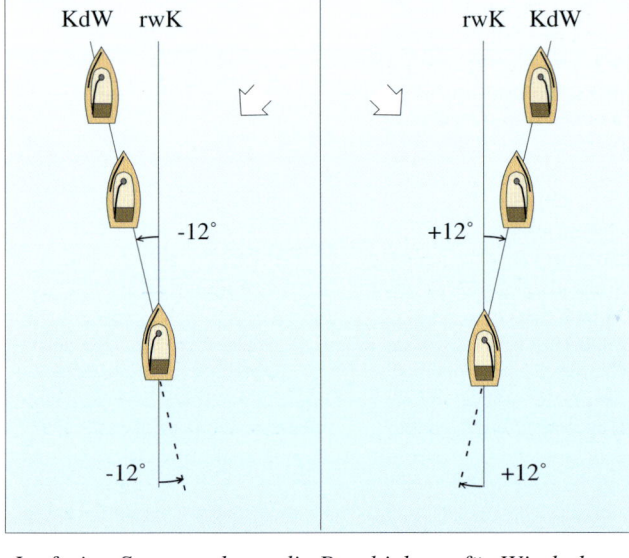

Kursbeschickung mit Berücksichtigung des Windversatzes, aber noch ohne Beschickung für Strom (siehe „Stromnavigation", Seite 33 ff.). Als Beschickung für Wind ist der Winkel zwischen dem rechtweisenden Kurs rwK und dem Kurs durch das Wasser KdW definiert.

Im freien Seeraum kann die Beschickung für Wind, der Winkel zwischen Mitte Kielwasser und Längsschiffsachse, mit der „Fingermethode" geschätzt werden: eine Daumenbreite über den ausgestreckten Arm gepeilt sind ca. 2°. Das Vorzeichen ist „+" auf Stb-Bug und „−" auf Bb-Bug.

Als **Beschickung für Wind (BW)** wird der Winkel zwischen dem rechtweisenden Kurs und dem Kurs durch das Wasser definiert.

Dieser Winkel erhält das **Vorzeichen „+"**, wenn er im Uhrzeigersinn, also nach rechts, gemessen wird (das Boot auf Steuerbord-Bug segelt) und das **Vorzeichen „−"** bei einer Messung gegen den Uhrzeigersinn (siehe Abbildung).

Der Absolutbetrag der Beschickung für Wind |BW|

(Winkel ohne Vorzeichen) wurde früher als **Abdrift** bezeichnet. Er wird zusammen mit der Windrichtung in Prüfungs- und Übungsaufgaben vorgegeben, das Vorzeichen muss bestimmt werden (Skizze).

Die Beschickung für Wind liegt im Bereich von 3° – 6° bei frischem Wind und bis zu 25° bei Sturm. Um sie an Bord zu erkennen, peilt man im Niedergang stehend über das Achterstag achteraus. Dies ist die Rechtachterausrichtung.

Verläuft die Blasenbahn des Kielwassers nicht genau in Verlängerung der Kiellinie (recht achteraus), sondern etwas nach Luv versetzt, so treibt das Boot ab. Der Winkel kann bestimmt werden

– durch zwei Peilungen (Differenz zwischen der Peilung am Kielwasser entlang und der Peilung über das Achterstag),
– durch eine Schätzung (eine Daumenbreite am ausgestreckten Arm entspricht etwa 2°),

– mit einem Radargerät nach Passieren einer Tonne.

Die **Beschickung für Strom (BS)** schließlich korrigiert den Einfluss eines Stroms. Sie ist definiert als Winkel zwischen der Bewegungsrichtung eines Fahrzeugs durch das Wasser und der tatsächlichen oder beabsichtigten Bewegungsrichtung über Grund.

Auch die Beschickung für Strom erhält ein positives Vorzeichen, wenn sie im

Kursverwandlung

Uhrzeigersinn (nach rechts) angegeben wird. Wird der Winkel gegen den Uhrzeigersinn (nach links) gemessen, so ist das Vorzeichen negativ ($-5° = +355°$).

Die „meteorologischen" Beschickungen können auch als **Beschickung für Wind und Strom (BWS)** zusammengefasst werden (Summe aus der Beschickung für Wind und der Beschickung für Strom).

Kursverwandlung Kursbeschickung

Die Ableitung des Kurses über Grund aus dem Magnetkompasskurs oder des Magnetkompasskurses aus dem Kartenkurs wird als **Kursverwandlung** oder **Kursbeschickung** bezeichnet.

Dieses ist eine grundlegende Aufgabe in der Navigation und erfolgt nach dem Schema

	MgK / STK
+	Abl
=	mwK
+	Mw
=	rwK
+	BW
=	KdW
+	BS
=	KüG / KaK

Beschickungen

Angabe im Uhrzeigersinn: Vorzeichen +

Angabe gegen den Uhrzeigersinn: Vorzeichen –

Das Schema wird **von oben nach unten** gerechnet, um festzustellen, wohin das Schiff auf dem anliegenden Kurs gelangt. Dazu wird aus dem Magnetkompasskurs der Kurs über Grund ermittelt und in die Seekarte gezeichnet. Dies ist auf einer Segelyacht erforderlich, wenn der Kartenkurs in Windrichtung liegt, das Schiff sich also mit langen Schlägen auf kreuzenden Kursen seinem Ziel nähern soll.

Zumeist wird das Schema **von unten nach oben** angewendet   nämlich wenn ein Kartenkurs in einen Steuerkompasskurs (Magnetkompasskurs) verwandelt werden soll. Damit wird die Frage beantwortet, mit welchem Magnetkompasskurs ein gewünschtes Ziel angesteuert werden kann.

Die folgenden Übungsaufgaben enthalten noch nicht die Beschickung für Strom. Dieses ist Gegenstand der Stromnavigation.

Übungsaufgabe 1 (Deviationstabelle s. Seite 32)

Bestimmen Sie bei Mw = $-2°$ den KdW!

	MgK	Wind-richtung	|BW|
a)	220°	W	10°
b)	260°	NW	12°
c)	045°	N	12°
d)	320°	N	14°

Bestimmen Sie bei Mw = $+4°$ den MgK!

	KdW	Wind-richtung	|BW|
e)	045°	E	06°
f)	175°	SE	09°
g)	000°	NW	10°
h)	230°	W	11°

Lösungen Übungsaufgabe 1

a) 213°	b) 243°	c) 063°	d) 293°
e) 040°	f) 158°	g) 353°	h) 234°

Man überschätze nicht die an Bord eines Sportfahrzeugs erreichbare Genauigkeit der Navigation: Unter Motor liegen die Kurs- und Distanzfehler bei etwa 5° bzw. 5%, unter Segeln oftmals doppelt so hoch. Das Foto zeigt eine Nimbus 29 Coupé; ein solcher Halbgleiter hat geringen Tiefgang, hohe Formstabilität und einen starken Motor.

Peilungen

Peilung

Mit einer Peilung wird die Richtung zu einem Objekt bestimmt. Eine Peilung ist ein in der Horizontalebene gemessener Winkel. Er wird von einer bestimmten Bezugsrichtung (MgN, rwN oder Vorausrichtung) aus im Uhrzeigersinn von 000° bis 360° gezählt und dreistellig geschrieben.

Merke: Peilungen geben die Richtung vom Schiff zum Peilobjekt an und nicht umgekehrt. Sie können in optische Peilungen und Funkpeilungen unterteilt werden. Als Peilgeräte werden verwendet:

– Magnet(peil)kompass,
– Peilscheibe (sehr selten),
– Radargerät.

Die entsprechenden Peilungen heißen:

– Magnetkompasspeilung (MgP oder Mg↗)
– Seitenpeilung (SP, S↗)
– Radar-Seitenpeilung (RaSP oder RaS↗)

Magnetkompasspeilung

Eine **Magnetkompasspeilung (MgP)** kann mit einem Handpeilkompass, einem Peilaufsatz über den Steuerkompass und auch am Radargerät vorgenom-

men werden. Während mit dem Handpeilkompass in der Regel außerhalb des Bereiches der Ablenkung gearbeitet wird (Abl = 0°), ist bei Magnetkompasspeilungen, die über den Steuerkompass durchgeführt werden, die Ablenkung <u>für den anliegenden Magnetkompasskurs</u> zu berücksichtigen (so auch in der SKS-Prüfung).

Seitenpeilung

Mit einer **Seitenpeilung (SP)** wird der Winkel zu einem Objekt – bezogen auf die Kiellinie des Schiffes (= rwK) – festgestellt. Eine Seitenpeilung wird heute in der Regel mit einem Radargerät vorgenommen; Peilscheiben werden kaum noch verwendet.

Bei einem **Radargerät** wird einfach das Peillineal auf das zu peilende Objekt gelegt und die Radar-Seitenpeilung direkt abgelesen.

Eine **Peilscheibe** besteht aus einem Metallfuß, der genau in Richtung der Kiellinie auf das Kajütdeck geschraubt ist, und einer Vollkreisscheibe mit Peileinrichtung, die zum Peilen auf den Fuß gesteckt wird. Die Seitenpeilung kann unmittelbar abgelesen werden.

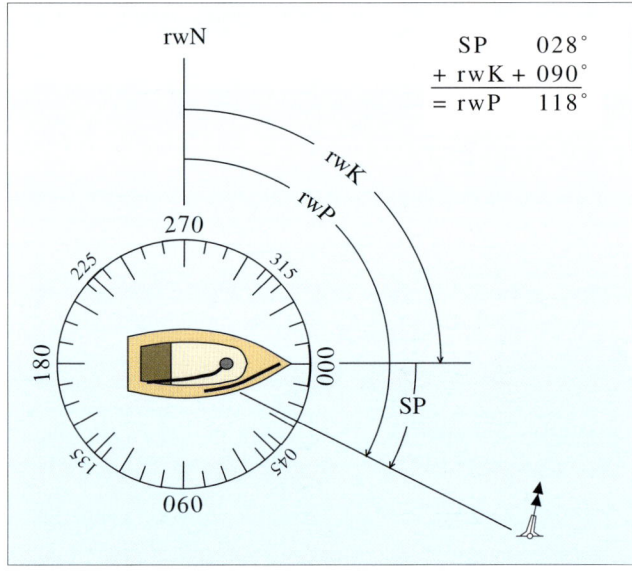

$$\begin{array}{rl} SP & 028° \\ + rwK & + 090° \\ \hline = rwP & 118° \end{array}$$

Um eine Seitenpeilung (SP) in eine rechtweisende Peilung (rwP) zu verwandeln, muss zunächst aus dem Magnetkompasskurs (MgK) der rechtweisende Kurs (rwK) errechnet werden. Die rechtweisende Peilung (rwP) ergibt sich als Summe aus der Seitenpeilung (SP) und dem rechtweisenden Kurs (rwK).

Jede Seitenpeilung sollte von zwei Personen durchgeführt werden. Während eine Person peilt, beobachtet die andere den Steuerkompass und liest zum genauen Peilzeitpunkt den anliegenden Magnetkompasskurs (MgK) ab.

Daraus wird der zunächst rechtweisende Kurs (rwK) und dann die rechtweisende Peilung (rwP) ermittelt.

Magnetkompasspeilung
Winkel zu einem Objekt bezogen auf Magnetkompass-Nord feststellen.

Seitenpeilung
Winkel zu einem Objekt bezogen auf den rechtweisenden Kurs (= Rechtvorausrichtung des Schiffes) feststellen.

SBS-Frage 248; SKS-Frage 62 (Navigation)

Peilungsverwandlung

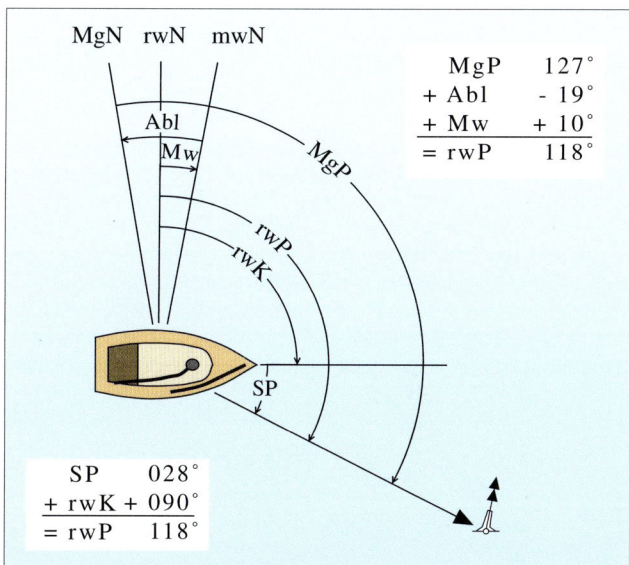

$$\begin{array}{ll} \text{MgP} & 127° \\ + \text{Abl} & -\ 19° \\ + \text{Mw} & +\ 10° \\ \hline = \text{rwP} & 118° \end{array}$$

$$\begin{array}{ll} \text{SP} & 028° \\ + \text{rwK} & +\ 090° \\ \hline = \text{rwP} & 118° \end{array}$$

Eine Seitenpeilung bezieht sich auf die Rechtvorauslinie des Schiffes, eine Magnetkompasspeilung auf Magnetkompass-Nord. Beide Peilungen, die Magnetkompasspeilung (MgP) und die Seitenpeilung (SP), ergeben dieselbe rechtweisende Peilung (rwP). Bei unbekannter Ablenkung des Peilkompasses ist die Seitenpeilung genauer.

Peilungsverwandlung

Bevor eine Peilung in die Seekarte eingezeichnet werden kann, muss sie in eine rechtweisende Peilung (rwP) verwandelt werden.

Unterwasserstarkstromkabel (in den Seekarten verzeichnet) können Magnetkompasse stark (70°) ablenken. Sie sollten rechtwinklig gequert und der Autopilot abgeschaltet werden. Peilungen müssen dann unterbleiben.

Magnetkompasspeilung

$$\begin{array}{ll} \textbf{MgP} & \\ + \textbf{Abl} & \textit{(des MgK)} \\ + \textbf{Mw} & \\ = \textbf{rwP} & \end{array}$$

Seitenpeilung

$$\begin{array}{l} \textbf{SP} \\ + \textbf{rwK} \\ = \textbf{rwP} \end{array}$$

Radar-Seitenpeilung

$$\begin{array}{l} \textbf{RaSP} \\ + \textbf{rwK} \\ = \textbf{rwRaP} \end{array}$$

Übungsaufgabe 2 (Deviationstabelle s. Seite 32)

Bestimmen Sie die rwP (Mw = -3°):

a) MgK = 270°, SP = 135°
b) MgK = 045°, MgP = 078°
c) MgK = 310°, MgP = 045°
d) MgK = 015°, SP = -143° (nach Bb)
e) MgK = 335°, MgP = 132°
f) MgK = 057°, SP = 347°
g) MgK = 313°, MgP = 027°
h) MgK = 355°, SP = 312°

Hinweise
1. Bei den Magnetkompasspeilungen (MgP) ist für die Ablenkung stets der jeweils anliegende Magnetkompasskurs (MgK) zu Grunde zu legen.
2. Bei Seitenpeilungen (SP) muss zuerst der rwK berechnet werden. Sie zählen nicht zum Prüfungsstoff.

Übungsaufgabe 3 (s. Seite 23)

Beschreiben Sie nach den Angaben in der Seekarte Ü 30 die Leuchtfeuer auf:

a) φ = 54° 24,2' N   λ = 011° 18,7' E
b) φ = 54° 50,2' N   λ = 010° 57,8' E
c) φ = 54° 27,4' N   λ = 010° 11,9' E

Lösungen Übungsaufgabe 2
a) 037°   b) 083°   c) 031°   d) 230°
e) 120°   f) 051°   g) 013°   h) 299°

Lösungen Übungsaufgabe 3
a) Staberhuk: Unterbrochenes Feuer, Gruppe 2, weiß-grün, Wiederkehr: 16 s, Feuerhöhe: 25 m, Nenntragweite: 18/14 sm
b) Albuen: Gleichtaktfeuer, weiß-rot-grün, Wiederkehr: 8 s, Feuerhöhe: 11 m, Nenntragweite: 13/9 sm
b) Bülk: Blitzfeuer, weiß-rot-grün, Wiederkehr: 3 s, Feuerhöhe: 29 m, Nenntragweite: 14/10 sm

SBS-Fragen 249, 345 b), 350 b), 357 b); SKS-Frage 62 (Navigation)

Ablenkungstafel, Steuertafel

Ablenkungs-tafel		Steuertafel	
MgK	**Abl**	**mwK**	**Abl**
000	-4	000	-3
010	-1	010	-1
020	+2	020	+2
030	+5	030	+4
040	+7	040	+6
050	+9	050	+7
060	+10	060	+9
070	+11	070	+10
080	+12	080	+11
090	+11	090	+11
100	+10	100	+11
110	+9	110	+10
120	+8	120	+9
130	+8	130	+8
140	+6	140	+7
150	+5	150	+6
160	+4	160	+4
170	+4	170	+4
180	+6	180	+5
190	+7	190	+6
200	+7	200	+7
210	+6	210	+7
220	+5	220	+6
230	+3	230	+4
240	+2	240	+2
250	0	250	0
260	-3	260	-4
270	-5	270	-6
280	-7	280	-9
290	-9	290	-10
300	-10	300	-11
310	-11	310	-11
320	-11	320	-10
330	-10	330	-9
340	-9	340	-8
350	-7	350	-6
360	-4	360	-3

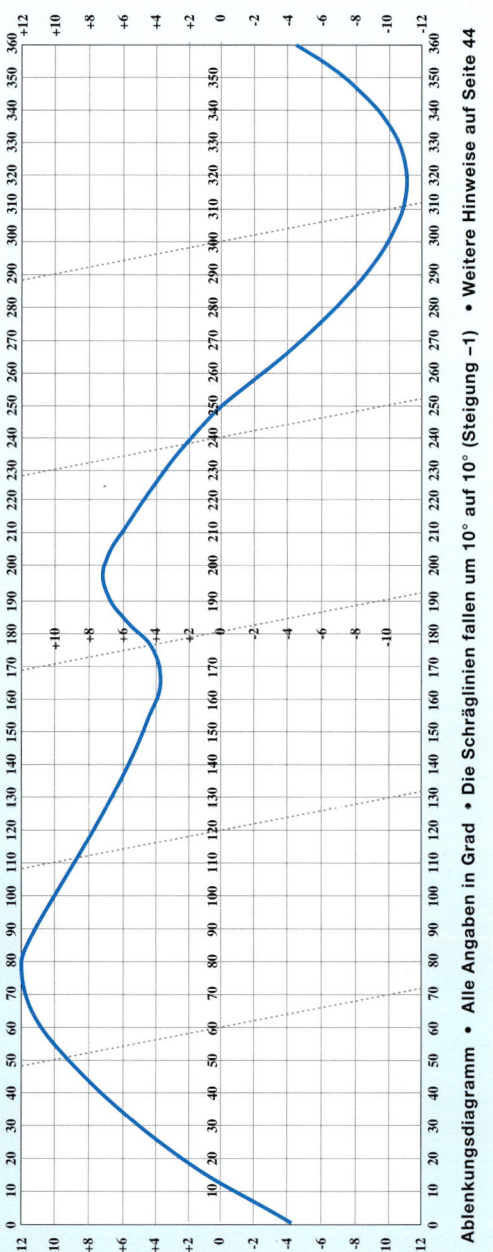

Ablenkungsdiagramm • Alle Angaben in Grad • Die Schräglinien fallen um 10° auf 10° (Steigung –1) • Weitere Hinweise auf Seite 44

SKS-Frage 60, 61 (Navigation)

Stromnavigation

Wenn ein Schiff durch Strom versetzt wird, sollte der Strom navigatorisch berücksichtigt werden.

In der Stromnavigation werden drei typische Stromaufgaben bearbeitet. Sie können zeichnerisch (Konstruktion von Stromdreiecken) oder rechnerisch gelöst werden.

In der Sportschifffahrt ist die zeichnerische Lösung üblich.

– Stromaufgabe 1
  Gegeben:
    Kurs durch das Wasser,
    Fahrt durch das Wasser,
    Strom (Richtung und Stärke).
  Gesucht:
    Kurs über Grund,
    Fahrt über Grund.

– Stromaufgabe 2
  Gegeben:
    Kartenkurs,
    Fahrt durch das Wasser,
    Strom (Richtung und Stärke).
  Gesucht:
    Kurs durch das Wasser,
    Fahrt über Grund.

– Stromaufgabe 3
  Gegeben:
    Kurs über Grund,
    Fahrt über Grund,
    Kurs durch das Wasser,
    Fahrt durch das Wasser.
  Gesucht:
    Strom (Richtung und Stärke).

Die Stromaufgaben 1 und 2 sind im Rahmen der Kursverwandlung (siehe Seite 29) zu lösen. Hierzu werden Stromdreiecke konstruiert.

Mit dem **Stromdreieck 1** wird ermittelt, wohin der Strom das Schiff versetzt.

Mit dem **Stromdreieck 2** wird der Vorhaltewinkel bestimmt, mit dem ein bekannter Strom ausgesegelt werden kann.

Auch in der SKS-Prüfung müssen diese Stromdreiecke gezeichnet werden.

Dazu werden genaue Angaben über die Stromrichtung und Stromstärke benötigt. Man findet sie in der nautischen Literatur und in Seekarten (siehe Seite 66).

Wenn eine Tonne passiert wird, kann der Strom geschätzt werden. Auch mit dem **Stromdreieck 3** lässt sich der Strom bestimmen. Da dieses Stromdreieck aber nicht zum Lehr- und Prüfungsstoff zählt und es auch in der Praxis keine Rolle spielt, wird hier nicht näher darauf eingegangen.

Wie mithilfe von GPS ein unbekannter Strom bestimmt werden kann, ist auf Seite 36 unten links beschrieben.

Dank GPS und Wegpunktnavigation müssen heute keine Stromdreiecke mehr gezeichnet werden. Wer nach der seitlichen Ablage steuert, kann sich die Kursbeschickung ersparen (siehe Seite 47). Trotzdem sollte ein verantwortungsbewusster Schiffsführer die Stromnavigation kennen und auch ohne technische Hilfsmittel klarkommen.

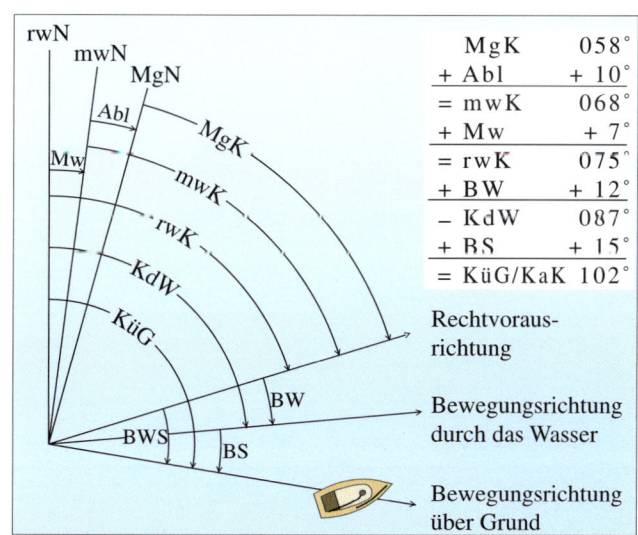

MgK	058°
+ Abl	+ 10°
= mwK	068°
+ Mw	+ 7°
= rwK	075°
+ BW	+ 12°
– KdW	087°
+ BS	+ 15°
= KüG/KaK	102°

Kursbeschickung oder Kursverwandlung: Von oben nach unten rechnend wird der Kurs über Grund mit dem Stromdreieck 1 ermittelt. Von unten nach oben rechnend wird vom Kartenkurs ausgehend mithilfe des Stromdreiecks 2 der Kurs durch das Wasser bestimmt.

Beschickung für Strom
Die Beschickung für Strom ergibt sich rechnerisch als Winkeldifferenz KüG – KdW.

Man beachte:
  Stromversatz nach Stb: Vorzeichen +
  Stromversatz nach Bb: Vorzeichen –

Stromrichtung – Windrichtung
Strom wird mit der Richtung angegeben, in die er setzt – Wind mit der Richtung, aus der er kommt.

Strom 270° setzt *nach* Westen,
Wind 270° kommt *aus* Westen.

Stromdreieck 1

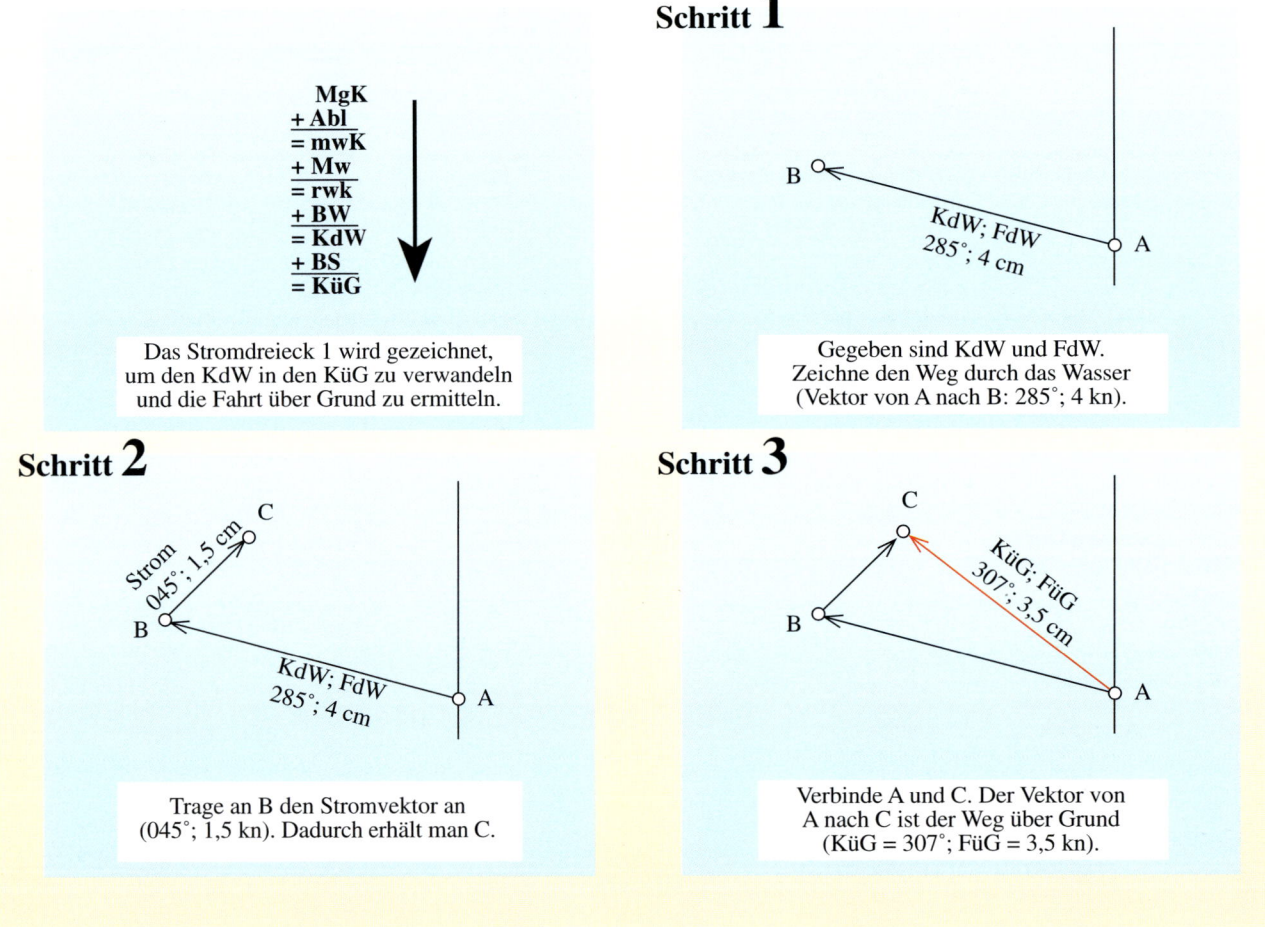

Schritt 1

MgK
+ Abl
= mwK
+ Mw
= rwk
+ BW
= KdW
+ BS
= KüG

Das Stromdreieck 1 wird gezeichnet, um den KdW in den KüG zu verwandeln und die Fahrt über Grund zu ermitteln.

Gegeben sind KdW und FdW. Zeichne den Weg durch das Wasser (Vektor von A nach B: 285°; 4 kn).

Schritt 2

Trage an B den Stromvektor an (045°; 1,5 kn). Dadurch erhält man C.

Schritt 3

Verbinde A und C. Der Vektor von A nach C ist der Weg über Grund (KüG = 307°; FüG = 3,5 kn).

Mit dem ersten Stromdreieck wird bestimmt, wohin ein bekannter Strom das Schiff versetzt. In diesem Beispiel sind KdW = 285°, FdW = 4 kn und Stromrichtung = 045°, Stromstärke = 1,5 kn gegeben.

Mit dem zweiten Stromdreieck wird der Vorhaltewinkel bestimmt, der erforderlich ist, um einen bekannten Strom auszusegeln. In diesem Beispiel sind KaK = 263°, FdW = 3,5 kn und Stromrichtung= 030°, Stromstärke = 2 kn gegeben.

Stromdreieck 2

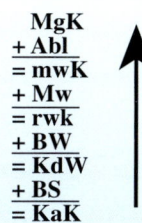

MgK
+ Abl
= mwK
+ Mw
= rwk
+ BW
= KdW
+ BS
= KaK

Das Stromdreieck 2 wird gezeichnet,
um den KaK in den KdW zu verwandeln
und die Fahrt über Grund zu ermitteln.

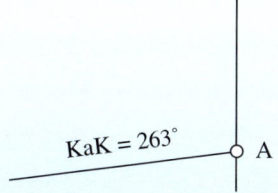

Wähle einen beliebigen Punkt A.
Zeichne ausgehend von A
den Kartenkurs (263˚).

Schritt **2**

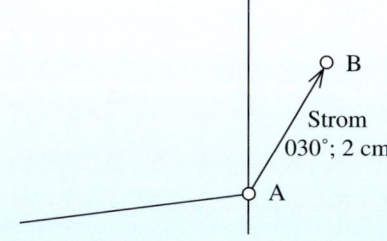

Trage an A ebenfalls den Stromvektor
(030˚; 2 kn) an. Dadurch erhält man B.

Schritt **3**

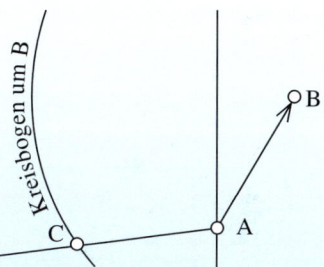

Schlage um B einen Kreisbogen
mit Radius FdW (3,5 cm). Er
schneidet die KaK-Linie in C.

Schritt **4**

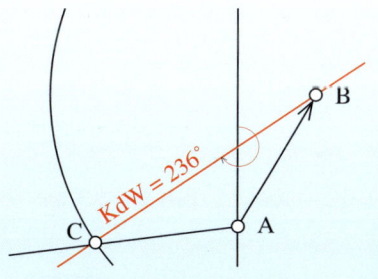

Verbinde B und C. Das ist der
Kurs durchs Wasser (236˚).

Schritt **5**

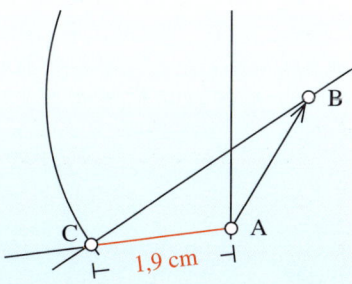

Die Länge der Strecke AC entspricht
der Fahrt über Grund (FüG = 1,9 kn).

Stromdreiecke

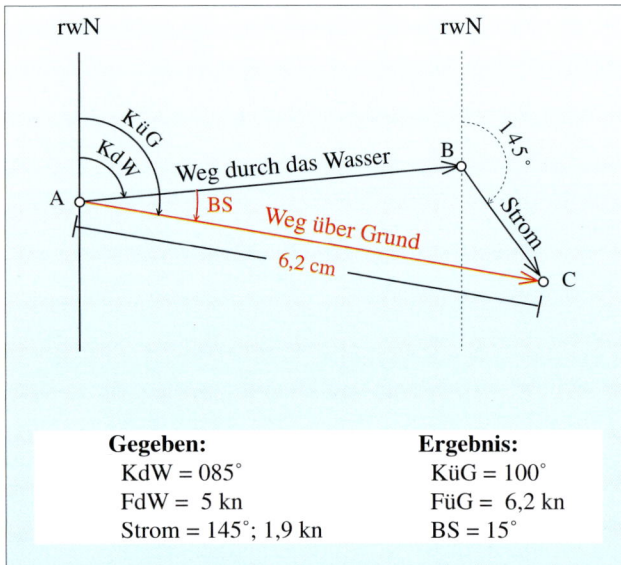

Gegeben:
KdW = 085°
FdW = 5 kn
Strom = 145°; 1,9 kn

Ergebnis:
KüG = 100°
FüG = 6,2 kn
BS = 15°

Beispiel für das erste Stromdreieck

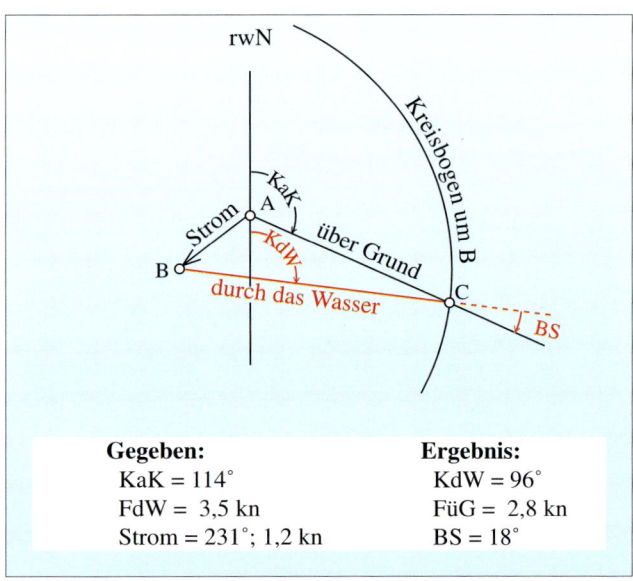

Gegeben:
KaK = 114°
FdW = 3,5 kn
Strom = 231°; 1,2 kn

Ergebnis:
KdW = 96°
FüG = 2,8 kn
BS = 18°

Beispiel für das zweite Stromdreieck

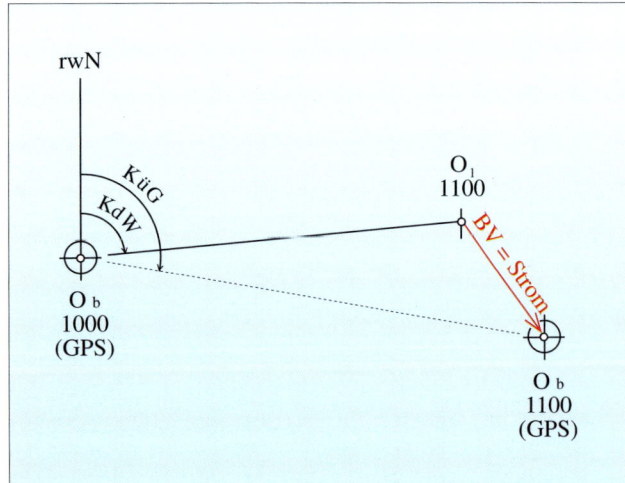

Genaue Bestimmung des Stroms mithilfe von GPS: Vergleicht man den GPS-Ort mit dem Loggeort O_l (sorgfältig gekoppelt unter Berücksichtigung der Beschickung für Wind), so ist die Besteckversetzung gleich dem Strom.

Zur Bearbeitung der folgenden Aufgaben ist die Deviationstabelle (siehe Seite 32) zu verwenden (Mw = - 2°).

Übungsaufgabe 4

a) Sie steuern einen MgK von 27°. Bei E-Wind läuft das Boot 5 kn FdW. Der Strom wird auf S/1,5 kn, der Windversatz auf 5° geschätzt. Bestimmen Sie den KüG und die FüG!

b) Der Seekarte entnehmen Sie einen KaK von 348°. Bei 2 kn Strom (210°) zeigt die Logge 4,6 kn. Der starke NE-Wind verursacht 12° Windversatz. Bestimmen Sie den MgK und die FüG!

c) Laut Seekarte beträgt der Kartenkurs 166°. Bei S-Wind 4 Bft werden 5,2 kn geloggt und 12° Windversatz beobachtet. Der Strom setzt mit 270°/1,5 kn. Welcher MgK ist zu steuern? Wie groß ist die FüG?

d) Sie steuern MgK = 330° und machen 4,8 kn Fahrt durch das Wasser. Der Strom beläuft sich auf 120°/2 kn. Der Westwind versetzt das Schiff mit 11°. Wie lautet der Kurs über Grund? Mit welcher Fahrt wird gekoppelt?

Stromdreiecke

Lösung Aufgabe 4 a)
Stromdreieck 1

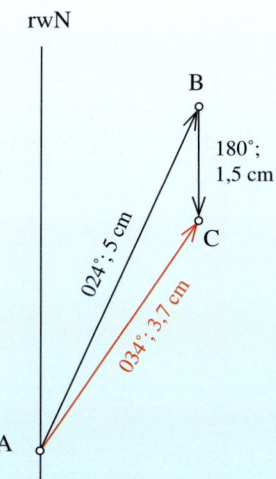

rwN

B

180°;
1,5 cm

C

024°; 5 cm

034°; 3,7 cm

A

MgK	027°
+ Abl	+ 4°
= mwK	031°
+ Mw	- 2°
= rwK	029°
+ BW	- 5°
= KdW	024°
+ BS	+ 10°
= KüG	034°

FüG = 3,7 kn

Lösung Aufgabe 4 b)
Stromdreieck 2

rwN

348°

Kreisbogen um B
Radius 4,6 cm

C

2,9 cm

005°

210°; 2 cm

A

B

MgK	017°
+ Abl	+ 2°
= mwK	019°
+ Mw	- 2°
= rwK	017°
+ BW	- 12°
= KdW	005°
+ BS	- 17°
= KaK	348°

FüG = 2,9 kn

Lösung Aufgabe 4 c)
Stromdreieck 2

rwN

270°; 1,5 cm

B   A

166°

150°

4,6 cm

C

Kreisbogen um B
Radius 5,2 cm

MgK	160°
+ Abl	+ 4°
= mwK	164°
+ Mw	- 2°
= rwK	162°
+ BW	- 12°
= KdW	150°
+ BS	+ 16°
= KaK	166°

FüG = 4,6 kn

Lösung Aufgabe 4 d)
Stromdreieck 1

rwN

B

120°; 2 cm

C

347°; 3,2 cm

329°; 4,8 cm

A

MgK	330°
+ Abl	- 10°
= mwK	320°
+ Mw	- 2°
= rwK	318°
+ BW	+ 11°
= KdW	329°
+ BS	+ 18°
= KüG	347°

FüG = 3,2 kn

Abstand eines Feuers in der Kimm

**Abstand eines Feuers in der Kimm (Sichtweite)
in Seemeilen**

Feuer-höhe in Meter	Augeshöhe in Meter											
	0	1	2	3	4	5	6	7	8	9	10	11
2	2,9	5,0	5,9	6,5	7,1	**7,6**	8,0	8,4	8,8	9,1	9,5	9,8
4	4,1	6,2	7,1	7,7	8,3	**8,8**	9,2	9,6	10,0	10,4	10,7	11,0
6	5,1	7,1	8,0	8,7	9,2	**9,7**	10,1	10,5	10,9	11,3	11,6	11,9
8	5,9	7,9	8,8	9,4	10,0	**10,5**	10,9	11,3	11,7	12,1	12,4	12,7
10	6,5	8,6	9,5	10,1	10,7	**11,2**	11,6	12,0	12,4	12,8	13,1	13,4
12	7,2	9,2	10,1	10,8	11,3	**11,8**	12,2	12,6	13,0	13,4	13,7	14,0
14	7,7	9,8	10,7	11,3	11,9	**12,4**	12,8	13,2	13,6	14,0	14,3	14,6
16	8,3	10,4	11,2	11,9	12,4	**12,9**	13,3	13,8	14,1	14,5	14,8	15,1
18	8,8	10,9	11,7	12,4	12,9	**13,4**	13,9	14,3	14,6	15,0	15,3	15,6
20	9,3	11,3	12,2	12,8	13,4	**13,9**	14,3	14,7	15,1	15,5	15,8	16,1
22	9,7	11,8	12,6	13,3	13,8	**14,3**	14,8	15,2	15,6	15,9	16,3	16,6
24	10,1	12,2	13,1	13,7	14,3	**14,8**	15,2	15,6	16,0	16,4	16,7	17,0
26	10,6	12,6	13,5	14,1	14,7	**15,2**	15,6	16,0	16,4	16,8	17,1	17,4
28	11,0	13,3	13,9	14,5	15,1	**15,6**	16,0	16,4	16,8	17,2	17,5	17,8
30	11,3	13,4	14,3	14,9	15,5	**16,0**	16,4	16,8	17,2	17,5	17,9	18,2
32	11,7	13,8	14,6	15,3	15,8	**16,3**	16,8	17,2	17,6	17,9	18,3	18,6
34	12,1	14,1	15,0	15,7	16,2	**16,7**	17,1	17,5	17,9	18,3	18,6	18,9
36	12,4	14,5	15,3	16,0	16,6	**17,0**	17,5	17,9	18,3	18,6	19,0	19,3
38	12,8	14,8	15,7	16,3	16,9	**17,4**	17,8	18,2	18,6	19,0	19,3	19,6
40	13,1	15,2	16,0	16,7	17,2	**17,7**	18,2	18,6	18,9	19,3	19,6	20,0
42	13,4	15,5	16,3	17,0	17,6	**18,0**	18,5	18,9	19,3	19,6	20,0	20,3
44	13,7	15,8	16,7	17,3	17,9	**18,4**	18,8	19,2	19,6	19,9	20,3	20,6
46	14,0	16,1	17,0	17,6	18,2	**18,7**	19,1	19,5	19,9	20,2	20,6	20,9
48	14,3	16,4	17,3	17,9	18,5	**19,0**	19,4	19,8	20,2	20,6	20,9	21,2
50	14,6	16,7	17,6	18,2	18,8	**19,3**	19,7	20,1	20,5	20,8	21,2	21,5
55	15,4	17,4	18,3	18,9	19,5	**20,0**	20,4	20,8	21,2	21,6	21,9	22,2
60	16,0	18,1	19,0	19,6	20,2	**20,7**	21,1	21,5	21,9	22,2	22,6	22,9
65	16,7	18,8	19,6	20,3	20,8	**21,3**	21,8	22,2	22,5	22,9	23,2	23,6
70	17,3	19,4	20,2	20,9	21,5	**21,9**	22,4	22,8	23,2	23,5	23,9	24,2
75	17,9	20,0	20,9	21,5	22,1	**22,6**	23,0	23,4	23,8	24,1	24,5	24,8
80	18,5	20,6	21,4	22,1	22,7	**23,1**	23,6	24,0	24,4	24,7	25,1	25,4

SKS-Fragen 26 – 28 (Navigation)

Kreuzpeilung

Terrestrische Schiffsortbestimmung

In der terrestrischen Navigation werden folgende Verfahren zur Standortbestimmung angewendet:

– Kreuzpeilung
– Doppelpeilung (Versegelungspeilung)
– Abgestumpfte Doppelpeilung
– Peilung und Abstand
– Peilung und Lotung

Diese Verfahren können gegliedert werden in:

- **Ortsbestimmung mithilfe einer Landmarke**
  – Doppelpeilung (Versegelungspeilung)
  – Peilung und Abstand
  – Peilung und Lotung

- **Ortsbestimmung mithilfe zweier Landmarken**
  – Kreuzpeilung
  – Abgestumpfte Doppelpeilung

- **Ortsbestimmung mithilfe dreier Landmarken**
  – Kreuzpeilung

Kreuzpeilung

Man peile zwei bekannte, feste Objekte kurz nacheinander und wandele die Peilungen (MgP, SP) in rechtweisende Peilungen um. Der Schiffsort ergibt sich als Schnittpunkt der in die Seekarte gezeichneten Standlinien.

Für eine genaue Standortbestimmung sind zwei nahe gelegene Objekte ideal, deren Peilungen sich um etwa 90° unterscheiden (rechtwinklig verlaufende Standlinien).

Dann kann man durch Kreuzpeilungen sogar feststellen, ob der Anker eines Schiffes hält.

Dicht beieinander liegende Peilobjekte dagegen führen zu „schleifenden Peilungen" (Abbildung). Standlinien sollten sich mit mindestens 30° schneiden.

In Gebieten mit starker Missweisung oder bei unbekannter Magnetkompassablenkung sollte man, soweit möglich, immer drei Objekte peilen.

Wenn sich die Standlinien nicht in einem Punkt schneiden, sind Peilfehler oder eine unbekannte Fehlweisung die Ursache. Durch Horizontalwinkelmessungen mithilfe eines Sextanten ließen sich der genaue Schiffsort und sogar die Größe der Fehlweisung bestimmen. Da dieses Verfahren heute nicht mehr angewendet wird und auch nicht zum

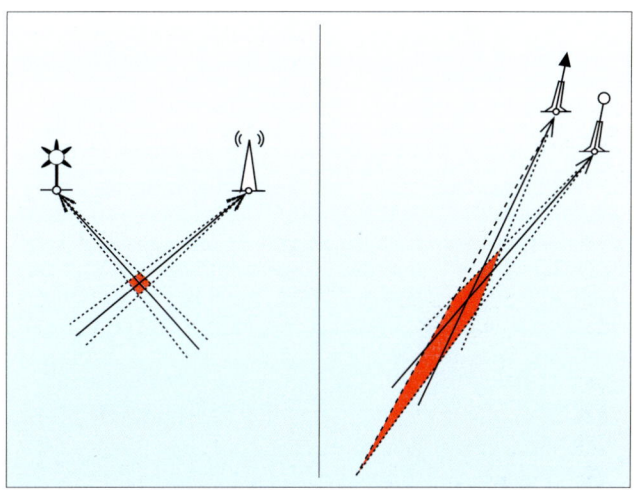

Die besten Ergebnisse liefern Peilungen, deren Standlinien sich nahezu rechtwinklig schneiden. Dicht beieinander liegende Objekte führen zu „schleifenden Peilungen" und sind zur Ortsermittlung ungeeignet. Feste Schifffahrtszeichen wie Leuchttürme und Baken sind schwimmenden (Tonnen) vorzuziehen, weil Tonnen – selten – vertreiben können.

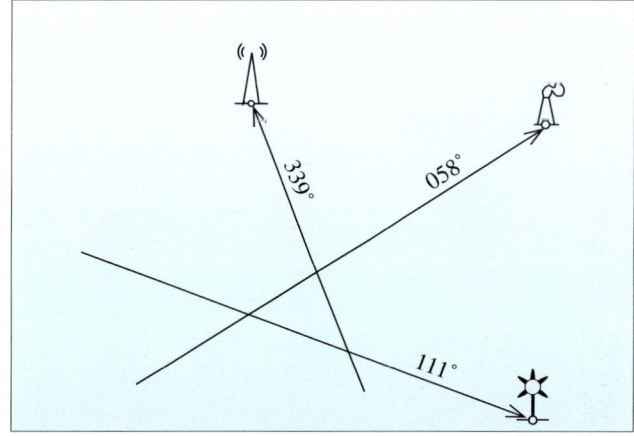

Mehrere Standlinien schneiden sich gelegentlich nicht in einem Punkt. Peilfehler oder eine unbekannte Fehlweisung sind die Ursache.

SBS-Fragen 249 – 251; SKS-Fragen 50, 54, 55 (Navigation)

Versegelungspeilung

Prüfungsstoff gehört, setzte man lange Zeit den Mittelpunkt des Fehlerdreiecks als beobachteten Ort O_b an. Das ist wenig sinnvoll. In der Praxis würde man die Peilungen zunächst wiederholen und – sollte sich wiederum ein Fehlerdreieck ergeben – den für das Schiff ungünstigsten Standort annehmen. Ein grundlegendes Prinzip der Seemannschaft ist, bei Unsicherheit vom ungünstigsten Fall auszugehen. Die Ursache der Peilfehler sollte ermittelt werden.

Peilkompass

Kreuzpeilung
Zwei Objekte zu einer Zeit peilen

Doppelpeilung
Ein Objekt zu zwei Zeiten peilen

Doppelpeilung
Versegelungspeilung

Bei einer Kreuzpeilung werden zwei Objekte zu einer Zeit gepeilt. Bei einer **Doppelpeilung** wird ein Objekt zu zwei verschiedenen Zeiten gepeilt. Wenn nur ein Peilobjekt sichtbar ist, kann der Standort mit einer Doppelpeilung bestimmt werden. Doppelpeilungen heißen auch **Versegelungspeilungen**.

Die beiden Standlinien einer Doppelpeilung schneiden sich nicht. Um den Standort zu erhalten, muss die erste Standlinie entlang der Strecke, die zwischen beiden Peilungen zurückgelegt wurde, parallel verschoben („versegelt") werden. Der Schnittpunkt der versegelten ersten Standlinie mit der zweiten Standlinie ist der Standort.

Versegelungspeilungen sind in der terrestrischen Navigation nicht mehr üblich, weil es mit elektronischen Navigationsgeräten einfacher, schneller und genauer geht. Auch in der SKS-Prüfung kommen sie nicht mehr vor.

In der astronomischen Navigation hingegen werden Versegelungspeilungen häufig gemacht. Wird die Höhe der Sonne gemessen, so erhält man eine Standlinie. Einige Stunden später wird die Sonnenhöhe ein zweites Mal bestimmt und eine zweite Standlinie gewonnen. Der Standort ist der Schnittpunkt der zweiten Standlinie mit der versegelten ersten Standlinie. Sie wird einfach durch den Koppelort zum Zeitpunkt der zweiten Peilung gezeichnet (siehe Seite 42).

Schritt **1**

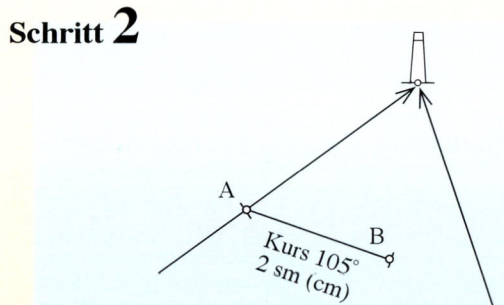

Man wandele beide Peilungen in rechtweisende Peilungen um und zeichne die zugehörigen Standlinien. Bei der ersten Peilung stand das Schiff irgendwo auf der ersten Standlinie, bei der zweiten Peilung irgendwo auf der zweiten Standlinie.

Schritt **2**

Man wähle einen beliebigen Punkt A auf der ersten Standlinie (etwa den Koppelort) und trage an A den zwischen den beiden Peilungen zurückgelegten Weg (Kurs und Distanz) an. Den Endpunkt des Weges nennt man B.

SKS-Frage 104 (Navigation)

Versegelungspeilung

Schritt 3

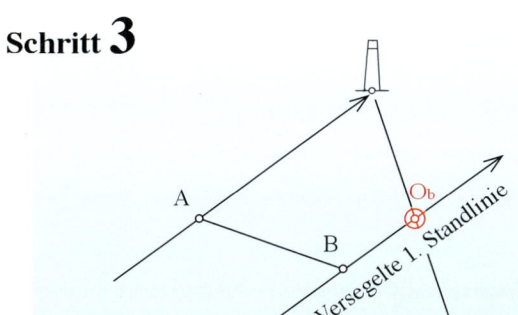

Man verschiebe („versegele") die erste Standlinie parallel von A nach B (sodass sie durch Punkt B verläuft). Damit erhält man die versegelte erste Standlinie. Diese schneidet die zweite Standlinie im beobachteten Ort O_b.

Begründung

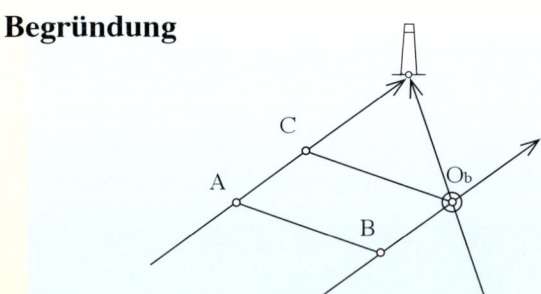

Punkt C war der Standort zum Zeitpunkt der ersten Peilung. Der Weg von A nach B war eine Hilfsstrecke. Die Yacht lief in Wirklichkeit den (gleich langen) Kurs von C zum beobachteten Ort O_b.

Fehlerquellen bei Doppelpeilungen

- Unbekannter Strom
- Ungenaues Log
- Steuerfehler

Dann stimmen Kurs und Distanz zwischen den beiden Peilungen nicht.

Zur Vorbereitung auf eine Nachtfahrt sollten die Seekarten sorgfältig studiert werden. Untiefen und Hindernisse können ggf. markiert, Kurse und Kursänderungspunkte eventuell vorausberechnet werden. Bei guter Sicht können auch die Orte in die Seekarte gezeichnet werden, wo ein Leuchtfeuer voraussichtlich in der Kimm erscheinen wird.

Navigation ist eine Sache und Manövriereigenschaften eine andere. Oben der Steuerstand einer Zweischrauben-yacht, erkennbar an zwei Gashebeln. Auf engem Raum bieten zwei Schrauben beste Manövriereigenschaften. Einen Gashebel mit Fingerspitzengefühl vor, den anderen leicht zurück und das Schiff dreht „auf dem Teller".

SKS-Fragen 53 (Navigation), 74, 81 (Seemannschaft II)

Abgestumpfte Doppelpeilung

Abgestumpfte Doppelpeilung

Eine **abgestumpfte Doppelpeilung** ist eine Versegelungspeilung mit zwei Peilobjekten. Sie ist nötig, wenn das erste Peilobjekt nicht mehr sichtbar ist. Hier werden also zwei Objekte zu zwei Zeiten gepeilt.

Die zeichnerische Konstruktion entspricht der Versegelungspeilung (siehe Abbildung unten). Die erste Standlinie muss nicht in die Seekarte gezeichnet werden. Als versegelte erste Standlinie kann sie einfach an den Koppelort zum Zeitpunkt der zweiten Peilung gezeichnet werden (siehe Abbildung rechts).

Leuchtfeuer auf der Kimm

Der Abstand zu einem Leuchtturm kann leicht bestimmt werden, wenn sein Feuer genau auf der Kimm liegt (siehe Abbildung unten, siehe Seite 38). **Kimm** heißt der Horizont auf dem Meer.

Bei zwei Meter Augeshöhe ist die Kimm drei Seemeilen entfernt. Ob eine Segelyacht vor oder hinter der Kimm liegt, sieht man durch ein Fernglas gut. Bei Nacht und guter Sicht lässt sich genau beobachten, wann das Feuer eines Leuchtturms hinter der Kimm verschwindet. Eine Peilung liefert dann den Schiffsort.

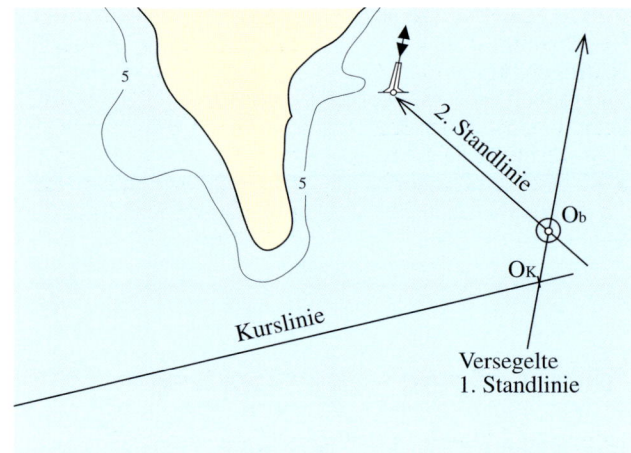

Die typische Versegelungspeilung. Eine erste Standlinie wird gewonnen – etwa durch eine Peilung oder in der Astro-Navigation auch durch die Messung der Höhe eines Gestirns. Später wird eine zweite Standlinie gewonnen und in die Seekarte gezeichnet. Die erste Standlinie wird versegelt, das heißt, an den Koppelort zum Zeitpunkt der zweiten Peilung angetragen. Die versegelte erste Standlinie schneidet die zweite Standlinie im beobachteten Ort.

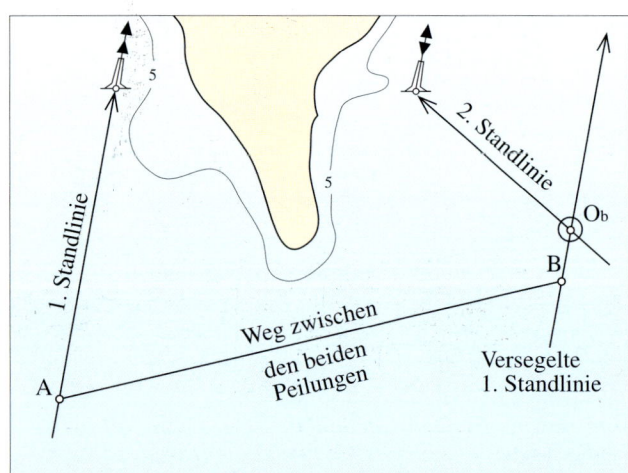

Abgestumpfte Doppelpeilung: Zwei verschiedene Objekte werden zu verschiedenen Zeiten gepeilt.

Feuer in der Kimm: Der Abstand vom Leuchtturm ist abhängig von der Feuerhöhe und der Augeshöhe.

Feuer in der Kimm, Deckpeilung

Den **Abstand zu einem Leuchtfeuer in der Kimm** entnimmt man der Tabelle auf Seite 38. Die Feuerhöhe ist in der Seekarte vermerkt. Die Augeshöhe beträgt auf einer Yacht zwei oder drei Meter.

maßstabsgetreuen Streifen übertragen und mit der Seekarte verglichen. In dichtem Nebel kann dies auf einem Boot ohne GPS oder Radar die einzige Möglichkeit sein, einen ungefähren Standort zu bekommen.

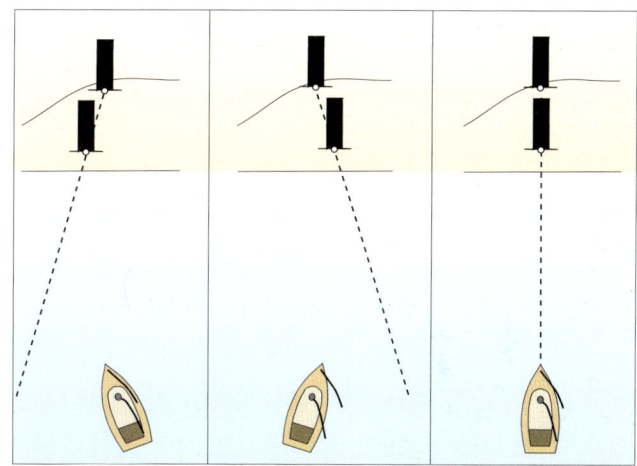

Deckpeilung: Um die Baken zur Deckung zu bringen, muss der Kurs zur vorderen Bake hin korrigiert werden. Wenn die Baken in Deckung sind, kann man leicht den Kompass überprüfen.

Peilung und Lotung

Peilung und Lotung ist ein sicheres Verfahren zur Standortbestimmung bei einem Landfall. Dazu läuft man auf ein Peilobjekt zu und beobachtet gleichzeitig das Lot. Zeigt es die Tiefe einer in der Karte enthaltenen Tiefenlinie – z. B. 20 m – an, so liegt das Schiff genau auf dem Schnittpunkt der Tiefenlinie mit der Kurslinie (zum Peilobjekt).

Standortbestimmung durch Lotstreifen

Bei markanten Änderungen der Wassertiefe kann man versuchen, mit dem Echolot den Grund abzutasten. Sobald sich die Wassertiefe verändert, wird sie zusammen mit dem Loggestand notiert. Die Messergebnisse werden auf einen zur Seekarte

Deckpeilung

Die genaueste und einfachste Form, eine Standlinie zu gewinnen, ist die Deckpeilung. Wenn zwei Peilobjekte in Deckung liegen, ist die Gerade, die beide Peilobjekte verbindet, die Standlinie. Peilgeräte werden nicht benötigt, eine Umwandlung in eine rechtweisende Peilung entfällt.

Bei Nacht kann ein Richtfeuer für eine Deckpeilung genutzt werden, bei Tage eignen sich Baken und Tonnenstriche, manchmal auch Funkmasten, wenn sie mit Tonnen in Deckung gebracht werden können. Deckpeilungen mithilfe von Kaps sind dagegen oftmals ungenau.

Eine Deckpeilung kann auch zur Kontrolle des Kompasses genutzt werden. Nähere Angaben zur Kompasskontrolle auf der nächsten Seite.

Eine Grand Banks (s. auch Seite 8) vor Anker. Diese Motoryachten sind typische „leichte Verdränger", konventionelle Schiffe, deren Gewicht ausschließlich vom hydrostatischen Auftrieb getragen wird und deren Geschwindigkeit dementsprechend beschränkt ist.

Aufstellen einer Ablenkungstafel

Wenn ein Schiff auf zwei hintereinander liegende Objekte zuläuft, lässt sich leicht der Kompass kontrollieren. Beide Objekte müssen in der Seekarte verzeichnet sein. Die Gerade durch die beiden Objekte ist der rechtweisende Kurs.

Ein Beispiel: Eine Yacht läuft auf zwei Fahrwassertonnen so zu, dass beide Tonnen hintereinander („in Deckung") liegen. Dabei wird MgK = 165° gesteuert. Die Kurslinie durch beide Tonnen beträgt laut Seekarte 155°. Die Missweisung −4° wird ebenfalls der Seekarte entnommen. Es gilt also:

$$\begin{array}{ll} \text{MgK} & 165° \\ + \text{ Abl} & \underline{\quad ?} \\ = \text{ mwK} & 159° \\ + \underline{\text{ Mw}} & \underline{\quad −4°} \\ \text{rwK} & 155° \end{array}$$

Bei MgK = 165° beträgt die Ablenkung −6°.

Zwei nahe gelegene kartierte Objekte findet man in Küstennähe vielerorts. Häufig sind es zwei Tonnen, manchmal Richtfeuer oder -baken oder das Schiff läuft so auf eine Tonne zu, dass hinter ihr ein kartiertes Objekt an Land liegt (etwa ein Funkmast). Immer werden die beiden Objekte in der Seekarte miteinander verbunden und schon hat man den rechtweisenden

Kurs. Für den jeweils anliegenden Magnetkompasskurs kann dann die Ablenkung ermittelt werden.

Diese Werte werden zunächst in ein Ablenkungsdiagramm (siehe Seite 32) eingetragen. Sind die Ablenkungen für etwa 20 bis 30 Kurse bestimmt, so kann man sie miteinander verbinden und daraus eine Ablenkungskurve zeichnen. Die Kurve muss eine harmonische Form bekommen, ohne Sprünge oder Kanten. Ablenkungswerte, die nicht in eine solche Kurve passen, sollten überprüft werden; wahrscheinlich ist hier ein Messfehler aufgetreten. Aus dieser Ablenkungskurve entnimmt man die Ablenkungen für die Magnetkompasskurse 010°, 020°, 030° usw. und stellt damit eine Ablenkungstafel auf.

Beträgt die Ablenkung nicht mehr als 5°, so reicht die Ablenkungstafel aus; eine Steuertafel wird dann nicht mehr benötigt. Bei größerer Ablenkung sollte auch eine Steuertafel angefertigt werden. Dazu werden Schräglinien der Steigung −1 in das Ablenkungsdiagramm gezeichnet. Steigung −1 bedeutet, dass die Schräglinie (siehe Seite 32) durch folgende Punkte läuft:

– [MgK 050°; Abl +10°]

– [MgK 060°; Abl 0°]
– [MgK 070°; Abl −10°]
Die zu einem missweisenden Kurs mwK gehörende Ablenkung ist der Schnittpunkt der Schräglinie mit der Ablenkungskurve.

Von Fischern stammt eine Methode, um die Ablenkung auch bei einer nicht kartierten Deckpeilung, etwa an zwei Fischerbojen, zu bestimmen. Dazu laufe man auf 18 verschiedenen Kursen – MgK 020°, 040°, 060° … 360° – an beiden Bojen vorbei und peile die Bojen jedes Mal über den Steuerkompass. Der Mittelwert der 18 Peilungen kann als missweisende Peilung mwP angenommen werden. Nach der Formel MgP + Abl = mwP ergibt sich aus den Peilungen die Ablenkung für den jeweiligen Kurs.

Die Arbeit mit einer Ablenkungstafel ist nicht schwer, aber umständlich. Viele Eigner lassen daher ihren Steuerkompass kompensieren. Dazu müssen Verstellmagnete im Kompass so gedreht werden, dass die Ablenkung verschwindet. Das macht am besten ein Fachbetrieb. In manchen Häfen kann ein Schiff an einem Deviationsdalben auf bekannte (in der Seekarte verzeichnete) Objekte ausgerichtet und dann der Kompass kom-

pensiert werden. Bei einem Fluxgate-Kompass ist das alles unnötig – er kann sich selbst kompensieren.

Übungsaufgabe 6

Um eine Ablenkungstafel aufzustellen, wurde mehrfach auf verschiedenen Kursen eine Richtfeuerlinie von 097° passiert. Dabei wurden zunächst über den Steuerkompass und später über eine Peilscheibe die in Deckung befindlichen Ober- und Unterfeuer gepeilt. Laut Seekarte beträgt die Missweisung Mw = -5°.

Die Kurse und die zugehörigen Peilungen sind:

MgK	MgP	MgK	SP
010°	092°	180°	292°
030°	099°	200°	266°
050°	107°	220°	242°
070°	111°	240°	217°
090°	103°	260°	194°
usw.		usw.	

Berechnen Sie die Ablenkung!

Lösungen:

MgK	Abl	MgK	Abl
010°	+ 10°	180°	- 10°
030°	+ 3°	200°	- 4°
050°	- 5°	220°	0°
070°	- 9°	240°	+ 5°
090°	- 1°	260°	+ 8°
usw.		usw.	

SKS-Frage 51 (Navigation)

GPS

GPS steht für Global Positioning System, sein Vorläufer hieß NAVSTAR. GPS ist ein Navigationssystem des amerikanischen Militärs, aber 1994 wurde es von der U. S. Coast Guard auch für die zivile Schifffahrt offiziell zugelassen. Es wurde garantiert, dass GPS 24 Stunden täglich verfügbar ist und in 95 % aller Fälle Positionen auf 10 – 20 m genau angibt.

Daran hat sich auch während des Irak-Krieges 2003 nichts geändert. Sollte der Betreiber die Genauigkeit von GPS verändern, weil die Sicherheitsbelange der USA betroffen sind, so wird die Schifffahrt rechtzeitig informiert.

Um die Schiff- und Luftfahrt nicht von einem einzigen Navigationssystem abhängig zu machen, hat die EU-Verkehrsministerkonferenz am 26.2.2002 beschlossen, ein eigenes satellitengestütztes Positionsbestimmungssystem aufzubauen. Es wird **Galileo** genannt und soll 2008 betriebsbereit sein.

GPS besteht derzeit aus 30 Satelliten, die auf sechs festen Umlaufbahnen in 20 200 km Höhe die Erde umkreisen und Funksignale auf 1.575,42 MHz (UKW) senden. Ein GPS-Navigator muss mindestens drei dieser

Signale empfangen und die zugehörigen Satelliten identifizieren, um aus der Laufzeit des Signals den Abstand zu den Satelliten und damit den Standort berechnen zu können.

Die Genauigkeit der Positionsangabe hängt von der Anzahl und Lage der Satelliten ab und kann am **HDOP**-Wert (Horizontal Dilution of Precision) abgelesen werden (kleiner Wert = hohe Genauigkeit). Manche Geräte zeigen auch noch ihren Status an – z. B. als grünes, gelbes oder rotes Licht.

Positionsangaben mit sehr viel größerer Genauigkeit sind der militärischen Nutzung vorbehalten (PPS, Precise Positioning Service). Der zivile Dienst SPS, Standard Positioning Service, reicht jedoch für die Bedürfnisse der Sportschifffahrt völlig aus.

POSITIONEN

Durch Satellitennavigation erhaltene Positionen im World Geodetic System 1984 (WGS 84) sind 0,07 Minuten NORDWÄRTS und 0,12 Minuten OSTWÄRTS zu verlegen, um mit dieser Karte übereinzustimmen.

Hinweis zur Verwendung von GPS-Positionen

GPS gibt Positionen in geografischen Koordinaten auf Basis des **World Geodetic System 1984** an. WGS 84 kann sich in der geografischen Länge und Breite jeweils um bis zu 0,1' von anderen Seekarten-Bezugssystemen unterscheiden. Die hydrographischen Dienste haben daher weitgehend ihre Seekarten auf WGS 84 umgestellt. Soweit das noch nicht geschehen ist, sind Abweichungen vom World Geodetic System in den Karten vermerkt.

Nicht immer ist jedoch das **Bezugssystem** einer Seekarte eindeutig zu ermitteln. Von der Hälfte der etwa 7000 teilweise sehr alten britischen Seekarten kennt man das Bezugssystem nicht. Das ist kein Problem, solange hier terrestrisch navigiert wird.

In einige Geräte kann das jeweilige Seekartenbezugssystem – gelegentlich auch als **Kartendatum** bezeichnet – eingegeben werden. Dann gibt das GPS-Gerät die Positionen so an, dass sie direkt in die Seekarte übernommen werden können. Nur das kroatische Bezugssystem ist leider in keinem GPS-Gerät vorhanden.

GPS-Navigatoren werden in verschiedenen Ausfüh-

rungen angeboten. Standard sind Mehrkanal-Geräte. Sie empfangen Satellitensignale parallel auf acht und mehr Kanälen und sind sehr genau. Die früheren Multiplex-Empfänger besaßen nur einen Kanal und mussten ständig umschalten.

GPS-Geräte, die samt Antenne auf einem Chip untergebracht sind, werden in **Pocket-PC**s eingebaut. Auf die Pocket-PCs lassen sich Delius Klasing-Seekarten aufspielen, sodass Kurs und Position des Schiffes immer genau verfolgt werden können. Die Chips verbrauchen wenig Strom und ihre Antennen sind so leistungsstark, dass die Pocket-PCs sogar unter Deck betrieben werden können (mehr dazu auf Seite 75).

GPS-Geräte zeigen den Kurs und die Fahrt über Grund an. Wegpunkte können eingegeben und der Abstand und die Richtung zum nächsten Wegpunkt angezeigt sowie die Fahrtzeit berechnet werden. Auf dem Weg von einem zum nächsten Wegpunkt zeigen sie die seitliche Ablage vom direkten Weg (Track) an. Natürlich kennen sie auch die Uhrzeit und das Datum. Mit einer **Mann-über-Bord-Taste** (MOB, Man Over Board) kann die aktuelle Position gespeichert werden.

SKS-Fragen 2, 3, 5, 89, 90, 92, 96 – 98, 100 (Navigation)

GPS, Wegpunktnavigation

LAT	Latitude	Breite
LON	Longitude	Länge
COG	Course over ground	Kurs über Grund
SOG	Speed over ground	Fahrt über Grund
WPT	Waypoint	Wegpunkt
BRG	Bearing	Peilung
XTE	Cross track error	Seitliche Ablage
DIST	Distance	Entfernung zum nächsten Wegpunkt
TTG	Time to go	Zeitdauer bis zur Ankunft am nächsten Wegpunkt
ETA	Estimated time of arrival	Berechnete Ankunftszeit am Fahrtziel
HDOP	Horizontal dilution of precision	Unschärfegrad der Positionsangabe
NM	Nautical miles	Seemeilen
MOB	Man over board	Mann über Bord

GPS-Navigator für die Montage am Kartentisch. Das Gerät ist einfach zu bedienen, es bietet alle Daten auf einen Blick, die Anzeige ist groß und klar gegliedert.

Wichtige GPS-Anzeigen und ihre Bedeutung. Anstelle von XTE wird gelegentlich auch die DIN-gerechte Bezeichnung XTD (Cross track distance) verwendet.

Fortan zeigt das Gerät die Richtung (rechtweisend) und die Entfernung zur Person im Wasser an. Strom kann sie jedoch von dieser Position vertreiben.

Bei herkömmlichen GPS-Geräten wird der Empfang unterbrochen, wenn die Antenne abgedeckt wird – etwa durch menschliche Körper oder Aufbauten. Radar und UKW-Sprechfunk können GPS stören. Und GPS kann einen Magnetkompass ablenken.

Die Genauigkeit kann mit **Differential GPS (DGPS)** auf drei bis fünf Meter verbessert werden (Spitzenge-

räte erreichen 1,3 Meter). DGPS funktioniert so: An einem genau vermessenen Ort wird ein GPS-Gerät betrieben und ständig der Positionsfehler ermittelt. Daraus wird sofort ein Korrekturwert ermittelt und ausgesendet. DGPS-Geräte korrigieren so den GPS-Fehler. Viele Länder versorgen – nach IALA-Standard – ihre Küstenmeere mit DGPS, so auch Deutschland. Hier gibt es zwei DGPS-Sender mit 285 km Reichweite – auf Helgoland und in Groß-Mohrdorf (Wustrow).

Das russische Satellitennavigationssystem **GLO-**

NASS ist nur wenig verbreitet; es hat sich gegen GPS nicht durchsetzen können. **Loran-C**, einst als Alternative zu GPS gedacht, wurde in Nordwesteuropa zum 31.12.05 abgeschaltet.

Wegpunktnavigation

Wegpunktnavigation ist ein genaues und leicht verständliches Navigationsverfahren. Zuerst müssen die anzulaufenden Wegpunkte in der Seekarte festgelegt werden. Hier muss sorgfältig gearbeitet werden, damit die Strecken zwischen den Wegpunkten,

die **Tracks**, nicht durch Sperrgebiete, über Hindernisse, Gefahrenstellen und auch nicht dicht an gefährlichen Objekten vorbeiführen. Fahrwasser sind zu berücksichtigen und vor allem Verkehrstrennungsgebiete.

Was sich in der Theorie einfach anhört, erfordert in der Praxis ein intensives Kartenstudium und dazu die genaue Kenntnis aller in der Seekarte dargestellten Zeichen und Abkürzungen.

Die geografischen Koordinaten der Wegpunkte müssen dann in das GPS-Gerät eingegeben werden. Und

SKS-Fragen 45, 46, 91, 93 – 95 (Navigation); 110, 113 (Seemannschaft I); 91, 94 (Seemannschaft II)

GPS, Wegpunktnavigation

schließlich sind die Verbindungen der Wegpunkte, die Tracks, in die Seekarte einzuzeichnen und ihre Richtungen zu ermitteln.

Denn das ist die einzige Kontrolle, um Fehler bei der Koordinatenerfassung zu erkennen – und solche Fehler können fatale Folgen haben. Sinn der Wegpunktnavigation ist nämlich, sich anschließend vom GPS-Gerät von Wegpunkt zu Wegpunkt führen zu lassen. „Falsche" Wegpunkte hätten falsche Steuervorgaben zur Folge, was eben daran erkennbar ist, dass die vom Gerät ermittelten Tracks nicht mit denen in der Seekarte übereinstimmen.

Die „GPS-Wegweiser" bestehen aus vier Daten. Ein

GPS-Gerät soll sie gleichzeitig anzeigen und dazu noch Kurs und Fahrt – also sechs Angaben in einer Maske (siehe Abbildung):

– Nummer des nächsten Wegpunkts (WPT)
– Seitliche Ablage (XTE/XTD); sie gibt an, ob sich die Yacht genau auf dem Track befindet oder wie weit sie nach Steuerbord oder Backbord versetzt ist
– Distanz zum nächsten Wegpunkt
– Peilung (Bearing) dorthin
– Kurs über Grund (COG)
– Fahrt über Grund (SOG)

Damit sind im Grunde genommen alle Navigationsaufgaben erledigt. Trotzdem sollten etwa stündlich die vom GPS-Navigator

ermittelten Orte in die Seekarte eingetragen und auf ihre Plausibilität hin überprüft werden. Wenngleich bei korrekter Auswahl und Erfassung der Wegpunkte praktisch keine Fehler auftreten, sollte dem Gerät dennoch niemals blind vertraut werden.

Schließlich ist zu beachten, dass GPS die rechtweisende Peilung zum nächsten Wegpunkt als Steueranweisung angibt. Dieses ist der beabsichtigte Weg über Grund, also der Kartenkurs. Streng genommen müsste jetzt noch die Kursbeschickung (siehe Seite 29) gemacht und der Magnetkompasskurs bestimmt werden.

Doch es brauchen keine Stromdreiecke gezeichnet

zu werden; die ganze Kursumwandlung kann guten Gewissens entfallen.

In der Praxis wird einfach nach „Gefühl und Wellenschlag" ein Winkel vorgehalten (das ist die geschätzte Gesamtbeschickung). Und dann muss die seitliche Ablage (XTE-Anzeige) aufmerksam beobachtet werden. Entfernt sich die Yacht von der Ideallinie nach rechts, so muss mehr nach Backbord gesteuert werden. Der angenommene Magnetkompasskurs war zu groß, 10° bis 20° weniger führen das Boot schnell auf die Ideallinie zurück. Wächst die seitliche Ablage dagegen nach Backbord, so ist die richtige Steueranweisung um 10° bis 20° zu erhöhen.

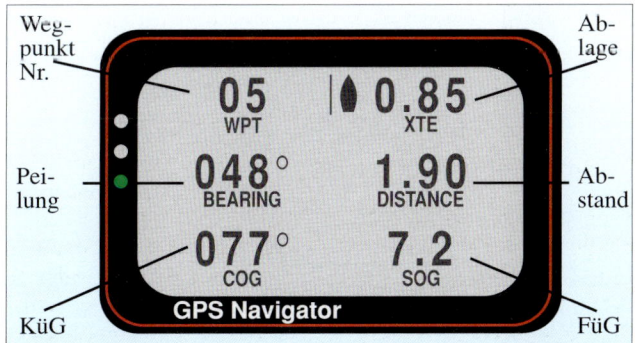

GPS-Anzeige zur Wegpunktnavigation: seitliche Ablage 0,85 sm nach Steuerbord, das Schiff liegt rechts vom Strich; der nächste Wegpunkt ist Nummer 5; er liegt in Richtung 048° und ist 1,90 Seemeilen entfernt.

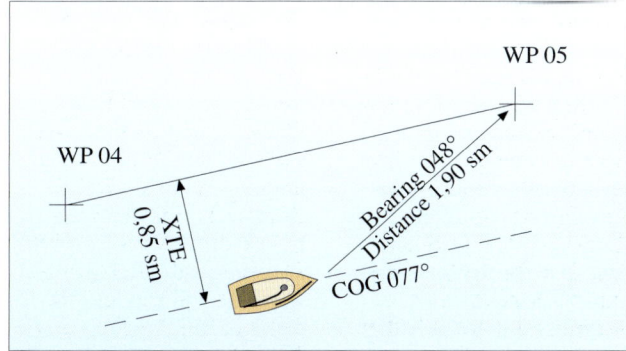

Dieselbe Situation auf Papier. Die seitliche Ablage XTE beträgt 0,85 sm nach Steuerbord. Der nächste Wegpunkt liegt in 048° 1,9 sm entfernt. Derzeit läuft das Schiff 077° (mit 7,2 kn, siehe GPS-Anzeige links).

SKS-Frage 99 (Navigation)

GPS, Wegpunktnavigation

So bemerkt man schnell, wenn sich das Schiff von der direkten Verbindung zwischen den beiden Wegpunkten entfernt, und korrigiert ständig die Gesamtbeschickung – egal wie sich Wind- oder Stromversatz entwickeln.

In der **Koppelnavigation** wird der jeweilige Schiffsort aus dem letzten *(zurückliegenden)* beobachteten Ort abgeleitet; von dem Ort aus wird weitergekoppelt (siehe Seite 18). In der Koppelnavigation kann auf die Kursbeschickung nicht verzichtet werden.

Dagegen wird in der **Wegpunktnavigation** der Schiffsort auf den letzten *zurückliegenden und* den nächsten, *vorausliegenden* Wegpunkt bezogen. Die Wegpunktnavigation ist viel einfacher als die Koppelnavigation. Die Kursbeschickung kann entfallen.

Wird nicht nach der seitlichen Ablage gesteuert, sondern der von GPS angezeigte Kurs (Bearing), so würde das Schiff – bei Wind- oder Stromversatz – auf einer Kurve zum nächsten Wegpunkt laufen. Das ist beim Segeln am Wind schlecht.

GPS kann auch in nicht alltäglichen Situationen eine wertvolle Hilfe sein (siehe Abbildungen).

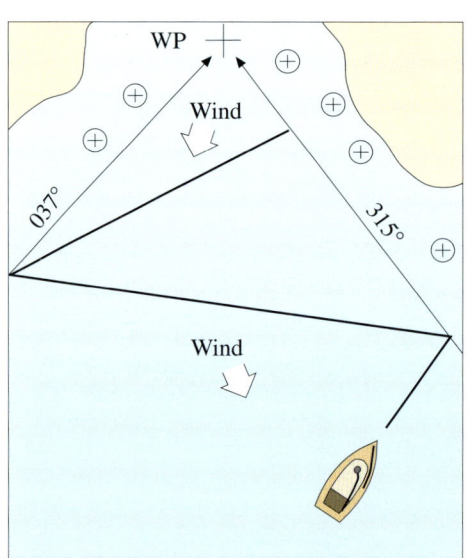

GPS beim Kreuzen: In Schärengewässern zeigt der GPS-Navigator, wann gewendet werden muss – sobald die Peilung 315° beziehungsweise 037° beträgt.

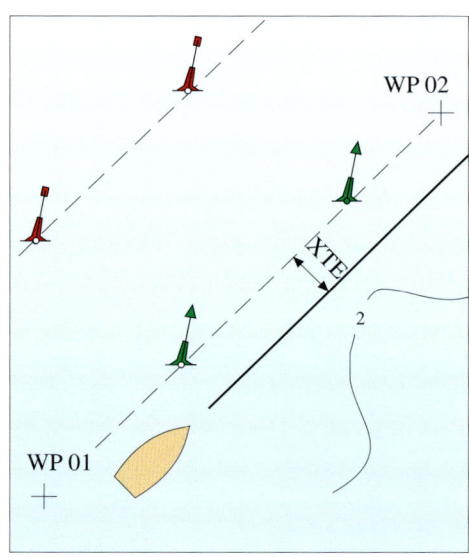

Muss der Kurs bei Nebel außerhalb des Fahrwassers an Untiefen vorbeiführen, so können enge Stellen mithilfe der XTE-Funktion „Seitliche Ablage" am besten durchfahren werden.

Hier löst der GPS-Navigator Alarm aus, wenn ein vorgegebener Abstand zu einer unbefeuerten Tonne erreicht wird.

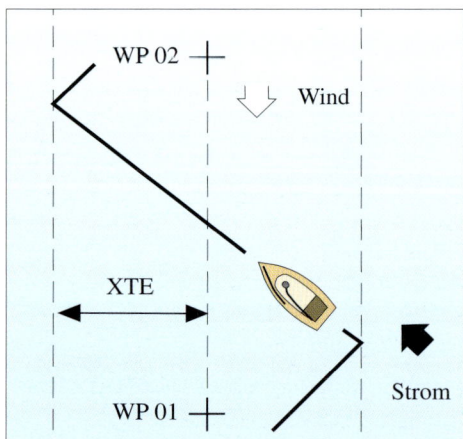

Kreuzen im Strom: Die Anzeige der seitlichen Ablage verhindert, dass man sich zu weit von der Ideallinie entfernt.

Radar

Der Name **Radar** steht für RAdio Detection And Ranging (Funkortung und Abstandsmessung). Ein Radargerät tastet per Funk die Umgebung des Schiffes ab. Sobald ein Objekt ein Echo zurückwirft, wird aus der Laufzeit des Signals der Abstand und aus der Stellung der Antenne die Richtung ermittelt und das Objekt mit Richtung und Abstand am Bildschirm angezeigt.

Mitten im Bildschirm liegt das eigene Schiff. Wie ein Suchscheinwerfer, der bei Nacht um das Schiff kreist, tastet die Antenne die Umgebung ab. Und im gleichen Rhythmus dreht sich der **Schreibstrahl** um die Bildschirmmitte und lässt jedes geortete Objekt kurz als Echospur (**Pip**) aufleuchten. Die Lage eines Pips auf dem Bildschirm entspricht der Position des georteten Objekts – vom eigenen Schiff aus betrachtet.

Die Lage eines Objekts lässt sich schnell abschätzen. Eine 360°-Winkelskala rahmt den Bildschirm ein und **Messringe** unterteilen ihn. Ihre Abstände verändern sich mit dem jeweils eingestellten **Messbereich** (**Range**). Der Messbereich bestimmt den Maßstab, in dem die Umgebung des Schiffes dargestellt wird. Ein Range von

zehn Seemeilen gliedert mit vier Messringen (plus Rand) den Bildschirm in fünf Zonen von je zwei Seemeilen Breite; Umschalten auf eine Seemeile vergrößert die Umgebung zehnfach. Jenseits des gewählten Messbereichs wird nichts angezeigt.

Mit dem **Peillineal** (EBL, Electronic Bearing Line) und dem **variablen Messring** (VRM, Varibale Range Marker) kann ein Objekt gepeilt werden. Zuerst wird der Messbereich so eingestellt, dass der Pip außen liegt; er ist dort größer. Dann wird das Peillineal mitten auf den Pip geschwenkt. Schließlich wird der variable Messring so weit aufgedreht, dass er den inneren Rand des Pips berührt. Nun können Richtung (EBL) und Entfernung (VRM) exakt abgelesen werden.

Darstellungsarten

Die klassische Darstellung ist **Head Up** (HU). Head Up bedeutet vorausorientiert; auf dem Bildschirm zeigt der Bug des Schiffes nach oben. Alles wird so dargestellt, wie es beim Rundumblick zu sehen wäre. Unter Head Up ist jede Radarpeilung eine Seitenpeilung; sie bezieht sich auf die Vorauslinie (rwK). Um eine Radarseitenpeilung (RaSP) in eine Seekarte eintragen zu können, muss sie in eine rechtweisende Radarpeilung (rwRaP) verwandelt werden:

$$\begin{array}{r} \text{RaSP} \\ + \ \ \text{rwK} \\ \hline = \ \ \text{rwRaP} \end{array}$$

Zum Zeitpunkt der Peilung muss der Magnetkompasskurs abgelesen werden.

Head Up hat einen wesentlichen Nachteil: Sobald das Schiff aus dem Ruder läuft, dreht sich auch das Radarbild. Bei starkem Gieren oder einer Kursänderung verschmiert es. Denn ebenso wie sich bei einer Kursänderung die seitliche Lage der Peilobjekte verändert, geschieht dies auf dem Radarbild.

Ist ein Kompass an das Radargerät angeschlossen, so kann auf **North Up**

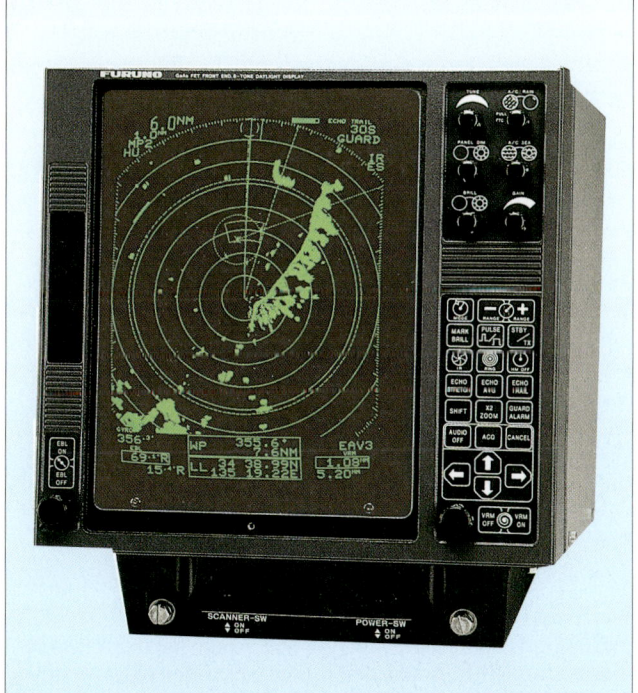

Kleines, BSH-zugelassenes Radargerät. Mit Peillineal und variablem Messring werden Peilung und Distanz bestimmt. Man beachte, dass bei Seegang oder Regen ein kleines Fahrzeug leicht übersehen werden kann.

SKS-Fragen 101, 102 (Navigation)

Radar

(**NU**) umgeschaltet werden. Dann liegt Norden (rwN) oben. Peilungen sind nun rechtweisend und können sofort in die Seekarte eingetragen werden. Das Radarbild entspricht der Seekarte. Kursänderungen beeinflussen das Radarbild nicht; es ruht fest.

Die Rechtvorauslinie wird auf dem Bildschirm als **Steuerstrich** eingeblendet. Er zeigt bei Head Up nach oben. Wird auf North Up umgeschaltet, dreht sich das ganze Radarbild um den Winkel rwK nach rechts.

Head Up und North Up sind **relative Darstellungen**. Das Schiff ruht auf dem Bildschirm; alle Objekte werden so angezeigt, wie sie sich relativ zum eigenen Schiff bewegen. Läuft das Fahrzeug durch ein Fahrwasser, so wandern die Tonnen senkrecht nach unten – genauso schnell wie das Schiff fährt. Ein entgegenkommendes Schiff ist daran erkennbar, dass es schneller als die

Fahrwassertonnen nach unten wandert. Ein Überholer bewegt sich auf dem Radarschirm von unten nach oben und Mitläufer verändern ihre Lage auf dem Radarschirm nicht.

Bei **absoluter Darstellung** bewegt sich das eigene Schiff; Land und Seezeichen ruhen. Hier kann das Radarbild über eine Seekarte gelegt werden, auf der die Schiffe und ihre Bewegungen sichtbar werden (**True Motion**).

Impulslänge

Das Funksignal eines Radargerätes wird **Impuls** genannt. Um das Echo eines Objektes in großer Entfernung empfangen zu können, müssen längere Impulse als im Nahbereich gesendet werden. Die **Impulsdauer** wird automatisch umgestellt, wenn auf einen anderen Messbereich gewechselt wird.

So wie ein langes Schallsignal ein langes Echo verursacht, erzeugt eine längere Impulsdauer keinen Punkt, sondern eine **Echospur** hinter dem Ziel, einen vom Mittelpunkt des Bildschirms weg gerichteten, radialen Streifen. Seine Länge entspricht der halben **Impulslänge** (sie kann 15 bis 450 m betragen). Zwei

hintereinander liegende Objekte können nur dann erkannt und als zwei Pips angezeigt werden, wenn das vordere Objekt nicht das hintere verdeckt und wenn ihr Abstand die halbe Impulslänge übersteigt. Die halbe Impulslänge ist die **radiale Auflösung**. Um sie zu verbessern, muss die Impulsdauer manchmal etwas verringert werden.

Eng verbunden mit der Impulsdauer ist die **Impulsfolgefrequenz**, die Anzahl der pro Sekunde ausgestrahlten Impulse. Sie liegt zwischen 500 und 4000 Hz.

Radarhorizont

Radarstrahlen gehören – wie auch das Licht – zu den elektromagnetischen Wellen. Vom Licht unterscheidet sich Radar in zwei Eigenschaften, der **Ausbreitung** und der Reflexion. Radarstrahlen breiten sich anders als Licht aus, weil sie eine größere Wellenlänge haben. Dadurch werden sie stärker gebrochen und reichen etwa 6 % weiter als die Kimm.

Der Radarhorizont kommt ungefähr der Sichtweite von Tonnen gleich. Je höher die Radarantenne, umso weiter der Radarhorizont – bei fünf Meter Antennenhöhe beträgt er

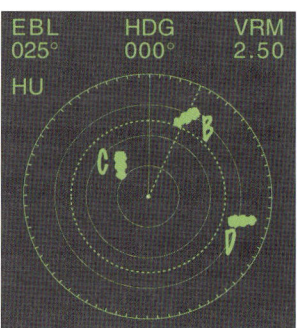

Schematisches Radarbild. Head Up (HU). Der Steuerstrich zeigt nach oben (HDG 000°). Das Bild zeigt drei Echos, die als Fahrzeuge geortet wurden und mit B, C und D markiert sind. Peillineal (EBL 025°) und variabler Messring (VRM 2,50 sm) sind auf B gelegt.

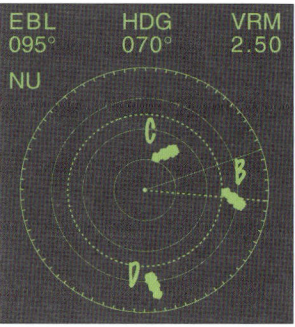

Dieselbe Situation nach dem Umschalten auf North UP (NU). Das ganze Bild ist um den rechtweisenden Kurs 070° nach rechts gedreht. Er wird als HDG (Heading) bezeichnet. Die Peilung ist rechtweisend geworden.

SKS-Frage 103 (Navigation)

Radar

etwa fünf Seemeilen. Ob ein Ziel noch vom Radar erfasst wird, hängt von seiner Höhe ab. Die hohen Felsen Helgolands sind aus größerer Entfernung erkennbar als die flachen Dünen der friesischen Inseln. Mit der Tabelle *Abstand eines Leuchtfeuers in der Kimm* (Seite 38) lässt sich abschätzen, ob

das Radar – bei entsprechender Sendeleistung – ein Objekt noch erfasst. Die Augeshöhe entspricht dabei der Antennenhöhe und die Feuerhöhe der Höhe des Objekts.

Wenn Radarziele weit hinter dem Horizont aufgefasst werden, spricht man von **Überreichweite**. Sie

entsteht bei einer Inversionswetterlage, wenn eine Warmluftmasse stabil auf bodennaher Kaltluft lagert. An der Grenzschicht der beiden Luftmassen und an der Wasseroberfläche werden dann die Radarstrahlen mehrfach reflektiert und folgen der Erdkrümmung viel weiter als sonst.

Reflexion

Auch die **Reflexion** des Radars unterscheidet sich vom Licht. Radarstrahlen werden gut von elektrisch leitenden Materialien reflektiert; Kunststoff- und Holzboote erfasst Radar schlechter. Große Schiffe und Land sind deutlich sichtbar, leider werden

Gain	Eingangsverstärker. Aufdrehen verstärkt eingehende Echos; Zurückdrehen reduziert Störechos, unterdrückt aber gleichzeitig schwache Echos von Booten und Tonnen („Kollisionsknopf"). Zur Kontrolle Gain regelmäßig etwas aufdrehen.
Tune	Feinabstimmung. Passt die Frequenz des Empfängers an die des Senders an. Die Echos werden konturenstärker und kontrastreicher.
Brilliancy	Helligkeitsregelung. Hell bei Tage, schwach bei Nacht.
VRM	Variable Range Marker. Verändert den Radius des variablen Messrings und zeigt die Entfernung zu einem Objekt an.
EBL	Electronic Bearing Line. Das elektronische Peillineal gibt die Peilung zu einem Objekt an.
STC	Sensitivity Time Control. Dient zur Seegangenttrübung und Feinechodämpfung. Achtung: STC kann Feinechos unterdrücken.
FTC	Fast Time Constant. Unterdrückt Regenechos und erleichtert die Auswertung bei

	Nebel. Achtung: Auch FTC kann Feinechos unterdrücken.
Pulse	Verändert die Impulsdauer. Der für entfernt liegende Ziele erforderliche lange Sendeimpuls erzeugt bei Objekten im näheren Bereich einen Radarschatten, in dem dahinterliegende Objekte verschwinden. Verkürzen von Pulse verbessert die radiale Auflösung.
IR	Beseitigt Störungen anderer Radargeräte (Interferenz-Unterdrückung).
Trail	Kielwasser. Zeigt Kurse von Schiffen an.
Echo Stretch	Vergrößert schwache Echos.
Echo Average	Hebt Echos im Seegang hervor.
Cursor	Beweglicher Hilfspunkt. Zur Anzeige von Richtung und Entfernung.
Alarm	Meldet das Auftreten eines Echos in einem vorgegebenen Bereich.
Off Ctr	Off Center. Verschiebt die eigene Schiffsposition aus dem Bildschirmzentrum (z. B. um den Vorausbereich zu vergrößern).
TX	Gerät ist eingeschaltet und arbeitet (TX für transmitting = sendend)
STBY	Strom sparender Stand-by-Modus (Bildschirm ausgeschaltet).
NM	Nautische Meilen (sm).

Bedienelemente eines professionellen Radargerätes.

SKS-Fragen 101, 102 (Navigation)

Radar

aber auch steile Wellen und sogar Regentropfen angezeigt – zwischen solchen Störechos kann ein feines Echo einer Yacht leicht übersehen werden.

S-Band, X-Band

Radar wird auf zwei Frequenzbereichen betrieben: im **X-Band** (wegen der Wellenlänge auch **3-cm-Band** genannt) und im **S-Band** (**10-cm-Band**). X-Band-Geräte werden durch Regen und Seegang stärker gestört. Regen erscheint hier als große Fläche; Nutzziele sind darin nicht zu sehen, nicht einmal in der Nähe. Deshalb verfügen große Schiffe zusätzlich über ein S-Band-Gerät. Nachteilig bei S-Band-Geräten ist die Antennengröße. Um die gleiche Auflösung zu erzielen, muss eine S-Band-Antenne die dreifache Größe besitzen. Auf Yachten gibt es daher keine S-Band-Geräte.

Je höher die Antenne, desto weniger Seegangreflexe werden erzeugt; doch in größerer Höhe verschlechtert die Antenne die Stabilität einer Segelyacht. **Seegangreflexe** und **Regentrübung** sind wetterbedingte Störungen. Sie können durch zwei spezielle Funktionen eines Radargerätes verringert werden:

STC (Sensitivity Time Control) und **FTC** (Fast Time Constant). STC verringert Seegangechos, FTC reduziert Regenechos und macht das Radarbild bei Nebel deutlicher. Aber STC und FTC können auch Echos kleiner Yachten und Tonnen unterdrücken. STC und FTC müssen daher sehr feinfühlig eingesetzt werden.

Das gilt auch für **Gain**. Gain ist ein Eingangsverstärker, er verstärkt alle Echos, leider auch die Störechos. Wird Gain zurückgedreht, so nehmen die Störechos ab, aber dann verschwinden auch schwache Nutzechos. Daher wird die Gain-Regelung auch „Kollisionsknopf" genannt. Um alle Nutzechos zu erkennen, muss Gain regelmäßig wieder aufgedreht werden.

Peilgenauigkeit

Die Laufzeit des Radarimpulses kann exakt gemessen und damit der Abstand zu einem Objekt genau angegeben werden. Bei der Richtung aber setzt die Physik Grenzen. Denn anders als ein Laserstrahl, der ein Objekt punktgenau trifft, breiten sich Radarstrahlen keulenförmig aus. Ein Radargerät tastet seine Umgebung mit einer Keule

Radarkeule. Radarstrahlen breiten sich in Keulenform aus und in Keulenform trifft auch das Echo wieder ein. Das Empfangsgerät registriert aber nur die Halbwertsbreite, das ist der Bereich, in dem die Strahlung mindestens die Hälfte des Maximalwerts erreicht. Alle schwächeren Signale unterdrückt es. Die Halbwertsbreite wird durch den Winkel Φ beschrieben. Φ ist die Auflösung des Radargeräts. – Nebenzipfel entstehen immer; sie können nicht unterdrückt werden und erzeugen im Nahbereich kleine Kreise, die „Nebenzipfelechos".

Einschalten eines Radargerätes

1. Einschalten, zwei Minuten Vorwärmzeit erforderlich.
2. Gain aufdrehen, bis die Bildanzeige nicht verwischt. Gain-Stellung ist richtig, wenn das Bild gerade nicht schwarz wird.
3. Tune so einstellen, dass die Echos maximale Helligkeit und Konturenstärke bekommen.
4. Brilliancy je nach Lichteinfall wählen.
5. Messbereich einstellen; im Allgemeinen sechs bis acht Seemeilen, in engen Gewässern weniger, weit draußen mehr.

Radar

ab. Objekte kann es nur auf eine Keulenbreite genau erkennen. Liegen zwei Targets näher als eine Keulenbreite beieinander, so sind sie nicht von einem breiten Objekt unterscheidbar.

Merke: Eine Radarantenne sendet Radarkeulen aus und erhält alle Echos als Radarkeulen zurück. Die Keulenbreite bestimmt die **azimutale Auflösung** (Azimut = Richtung). Sie hängt allein von der Antennengröße ab und kann leicht berechnet werden: Für X-Band-Geräte beträgt sie ungefähr 222 geteilt durch die Antennenlänge.

Antennen-Durchmesser	Azimutale Auflösung
46 cm	4,8°
61 cm	3,6°
122 cm	1,8°

Dieser Wert wird erreicht, indem der Empfänger alle Signale, die nicht mindestens halb so stark wie das stärkste Signal sind, unterdrückt. Diese so genannte **Halbwertsbreite** – der Bereich der Radarkeule, in dem die Strahlung noch mindestens die Hälfte des Maximums besitzt, ist die azimutale Auflösung. Eine azimutale Auflösung von 4,8° zeigt

– zwei Peilobjekte nur dann als zwei Objekte auf dem Radarschirm,

wenn sie mehr als 4,8° auseinander liegen,
– jedes Objekt immer als 4,8° breiten Pip.

Ein Beispiel: Zwei Fahrwassertonnen in 1 000 m Entfernung liegen 83 Meter weit auseinander. Das sind weniger als 4,8°, also kann das Radargerät die beiden Tonnen nicht als zwei Objekte erkennen. Erst wenn sich das Schiff den Tonnen auf weniger als 1000 Meter angenähert hat, kann es die Tonnen als zwei Objekte auflösen – und das auch nur bei kurzer Impulslänge und kleinem Messbereich.

Antennen von weniger als 61 cm Länge sind zum Peilen unbrauchbar, nur den Abstand kann man damit messen. Selbst ein Radargerät mit 61-cm-Antenne darf nicht dazu benutzt werden, um bei verminderter Sicht einem Kollisionsgegner auszuweichen. Das ist verboten! Vielmehr muss gestoppt und gewartet werden, bis das geortete Fahrzeug vorüber ist. 91 cm ist die kleinste Antennengröße, mit der eine Kollisionssituation richtig eingeschätzt und aus dem Radarbild ein Ausweichmanöver abgeleitet werden kann. Die Radargeräte der Handelsschifffahrt bündeln zwischen 0,65° und 1,8° (3-cm-Band). Für die

Rheinschifffahrt sind Antennen mit mindestens 240 cm Durchmesser vorgeschrieben.

Ein Radargerät mit kleiner Antenne kann den Standort daher genauer anzeigen, wenn er durch zwei Abstandsmessungen anstatt mit Peilung und Abstand ermittelt wurde. Der Schiffsort ergibt sich dann als Schnittpunkt der Abstandskreise um die Peilobjekte. Welcher der beiden Schnittpunkte der richtige ist, lässt sich auch bei einer kleinen Antenne leicht ermitteln.

Doppel-, Mehrfachechos

Manchmal wird ein Echo nicht nur ein Mal, sondern in derselben Peilung nochmals in doppeltem oder mehrfachem Abstand dargestellt. Solche Doppel- und Mehrfachechos entstehen, weil der Sendeimpuls mehrfach zwischen dem Schiff und dem Radarziel hin und her läuft.

Gute Auflösung

– Azimutal: Nebeneinander liegende Objekte werden getrennt dargestellt.
– Radial: Hintereinander liegende Objekte werden getrennt dargestellt.

Racon-Baken

Mit dem Zusatz *Racon* werden in Seekarten diejenigen Seezeichen gekennzeichnet, die den Empfang eines Radarimpulses mit einem Racon-Signal beantworten. Racon-Signale fallen auf dem Radarschirm sofort ins Auge. Sie erscheinen – etwas abgesetzt vom Ort der Raconbake – als radial nach außen gerichteter Balken oder als Morsebuchstabe. Der Buchstabe ist dann hinter dem Wort *Racon* in Klammern angegeben. Racon-Signale sind leicht zu identifizieren und zu peilen. Im Nahbereich kann die Anzeige allerdings durch Interferenz (Wellenüberlagerung) gestört werden. Das Racon-Signal wird dann mehrfach dargestellt. Mit FTC und Gain kann die Störung jedoch in den meisten Fällen unterdrückt werden. Die Wiederkehr gibt an, nach welcher Zeit das Signal auf dem Bildschirm neu aufgebaut wird.

AIS

Das **Automatic Identification System** (AIS) wurde von der IMO entwickelt, damit Schiffe automatisch identifiziert werden können. Durch eine Neufassung von Kapitel 5 des SOLAS-Abkommens haben sich alle Vertragsstaaten verpflichtet, Schiffe mit einer Bruttoraumzahl von 300 und mehr mit AIS-Geräten auszurüsten. Alle Neubauten, Passagier und Tankschiffe sind schon seit längerer Zeit mit AIS ausgerüstet; auch die Nachrüstung kleinerer Fahrzeuge sowie von Schiffen auf nationaler Fahrt ist seit 2005 abgeschlossen.

Ein AIS-Gerät (Klasse A), wie es SOLAS-Fahrzeuge einsetzen müssen, besteht aus vier Komponenten:

1. Steuergerät. Es steuert und verarbeitet alle AIS-Daten.
2. GPS-Navigator. Er erzeugt die dynamischen Daten.
3. Sende-Empfangseinheit. Damit werden die Daten ausgetauscht.
4. Bildschirm. Hier werden die Daten dargestellt.

Die Daten werden auf zwei speziell für das AIS eingerichteten, international einheitlichen UKW-Kanälen, AIS 1 und AIS 2 übermittelt. Auf diesen beiden

Kanälen werden die so genannten Datentelegramme (siehe rechts) verschickt. Das geschieht vollautomatisch nach dem SOTDMA-Verfahren (Self Organising Time Divison Multiple Access).

Die Datentelegramme sind so kompakt, dass auf jedem AIS-Kanal mehr als 2000 Datentelegramme pro Minute übertragen werden können. Die statischen und die reisespezifischen Informationen (siehe blauer Rahmen) werden alle sechs Minuten neu ausgestrahlt. Die dynamischen Informationen werden je nach Geschwindigkeit alle zwei Sekunden (Schiff mit mehr als 23 kn Fahrt) bis alle drei Minuten (Ankerlieger) aktualisiert. Bei schnellen Manövern sendet ein Schiff seine dynamischen Daten mindestens alle drei Sekunden.

Die von AIS gelieferten Daten können auf einem eigenen Bildschirm angezeigt oder in die bordeigenen Navigationssysteme wie Radar und elektronische Seekarte integriert werden. Abhängig von der Antennenhöhe hat ein AIS-Bordgerät eine Reichweite von 20 bis 30 Seemeilen.

Die AIS-Daten werden nicht nur von Schiffen genutzt, sondern auch von

den Verkehrszentralen. In Deutschland wurden alle Verkehrszentralen mit AIS ausgestattet. So können sie kurze Nachrichten – Sicherheitsmeldungen, Navigationswarnungen, Verkehrsregelungen – per AIS an alle Schiffe oder an ein bestimmtes Schiff senden. Möglich wäre dann auch, Positionen von Fahrzeugen ohne AIS-Gerät auszustrahlen, die in den AIS-Geräten der übrigen Schifffahrt abgebildet würden. Das setzt natürlich voraus, dass die betreffenden Fahrzeuge vom Radarsystem der Verkehrszentrale erfasst werden. In den nächsten Jahren sollen sogar einige Leuchttürme und Fahrwassertonnen mit AIS ausgerüstet werden.

Für Sportboote besteht keine Ausrüstungpflicht. Sie können aber freiwillig mit AIS-Geräten (Klasse B) ausgerüstet werden. Dies erhöht deren Sicherheit erheblich, weil Sportboote mit AIS von großen Schiffen besser erkannt werden. Zudem können Sie selbst beobachten, welche Schiffe in Ihrer Nähe fahren – auf welcher Position, mit welchem Kurs und mit welcher Geschwindigkeit. Natürlich sind auch die statischen und die reisespezifischen Informationen interessant.

Die vier AIS-Datentelegramme

1. Statische Informationen
– IMO-Nummer (wenn vorhanden)
– Rufzeichen und Name des Schiffes
– Länge und Breite des Schiffes
– Art des Schiffes

2. Dynamische Informationen
– Position mit zugehöriger Uhrzeit
– Aktueller Kurs über Grund
– Aktuelle Fahrt über Grund
– Gesteuerter Kurs (Kielrichtung/Heading)
– Status (z. B. manövrierbehindert)
– Wendegeschwindigkeit

3. Reisespezifische Informationen
– Derzeitiger Tiefgang
– Ladungskategorie
– Zielhafen und ETA (Ankunftszeit)
– Routenplan (optional)

4. Kurze Sicherheitsmeldungen

Natürlich tauschen auch AIS-Geräte verschiedener Hersteller ihre Daten untereinander aus. Radargeräte mit AIS-Schnittstelle können AIS-Daten auch auf dem Radarschirm darstellen. Die vollständigen AIS-Daten werden auf ECDIS-Geräten (Electronic Chart Display Information System) angezeigt. Dabei werden spezielle Symbole verwendet, die den Nautiker auf einen Blick über die Art des fremden Schiffes, dessen Position und gegenwärtigen Kurs informieren.

Entstehung der Gezeiten

Ein grandioses Naturschauspiel wiederholt sich zweimal täglich an der deutschen Nordseeküste: Der Wasserstand steigt zwei bis drei Meter und dann fällt er wieder ab. **Gezeiten** nennt man dieses Phänomen und weil das Wasser abwärts fließt entstehen die **Gezeitenströme**. Ungeheure Kräfte werden freigesetzt, selbst Gezeitenkraftwerke sind schon gebaut worden. Woher kommen diese Kräfte? Wie entstehen die Gezeiten?

Die eine Ursache sind Schwankungen der Erdanziehungskraft. Schwächt sich die Erdanziehung irgendwo auf dem Meer ab, so steigt dort der Wasserstand an. Nimmt dagegen die Erdanziehung zu, sinkt der Wasserstand. Dass sich die Erdanziehung verändert, bemerken Menschen nicht – so gering sind die Unterschiede. Warum verändert sie sich überhaupt? Dafür sorgt der Mond.

Der Mond

Bekanntlich umkreist der Mond die Erde. Ihre Massenanziehung hält ihn auf seiner Bahn um die Erde gefangen. Doch Mond und Erde wirken wechselseitig aufeinander. In gleichem Maße, wie die Erde ihre Anziehungskraft auf den

Mond ausübt, zieht der Mond die Erde an – und verringert damit die Erdanziehung. Direkt unter dem Mond, also an dem Ort, wo der Mond senkrecht im Zenit steht, wirkt sich die Mondanziehung am stärksten aus; hier ist die Erdanziehung besonders schwach. Je weiter man sich von dieser Stelle entfernt, desto geringer die Mond- und desto stärker die Erdanziehung. Weil der Mond weiterläuft, verändern sich die Schwerkraftverhältnisse auf der Erde ständig. Nach 24 Stunden und 50 Minuten ist der Mond – aus Sicht der Erde – einmal um die Erde gewandert. Wäre die Erde ein einziges Meer, könnte man beobachten, wie in dieser Zeit eine Welle einmal um die Erde läuft, immer genau unter dem Mond.

Wenn der Mond die Erde umkreist, zerrt er ordentlich an ihr. Keineswegs bleibt die Erde dabei ruhig auf ihrer Bahn. Vielmehr reißt der Mond sie ständig hin und her. Das System Erde-Mond dreht sich um einen gemeinsamen Schwerpunkt, der in der Erde, etwa 1700 km unter der Erdoberfläche liegt. Um diesen Schwerpunkt „eiern" Erde und Mond auf ihrer gemeinsamen Bahn um die Sonne. Wie in einem Karussell entste-

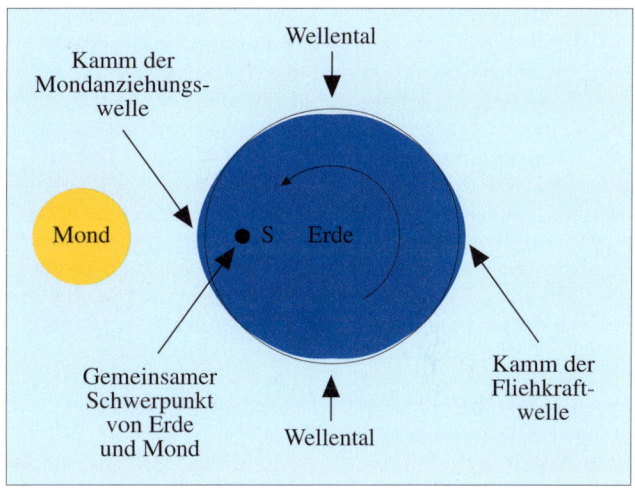

In gleichem Maße wie die Erde den Mond anzieht (Massenanziehung) übt auch der Mond eine Anziehungskraft auf die Erde aus. So bildet sich eine Mondanziehungswelle, die direkt unter dem Mond ihre größte Höhe erreicht. Dem Mond gegenüber entsteht eine Fliehkraftwelle, weil sich das System Erde-Mond um einen gemeinsamen Schwerpunkt dreht. Zwischen diesen beiden Wellen liegen Wellentäler. Die Erde dreht sich unter diesen Wellen hindurch, sodass an einem festen Ort auf dem Meer etwa im Sechs-Stunden-Takt einer Hochwasserwelle ein Wellental folgt. Übrigens, die Gezeitenreibung bremst die Erdrotation; in etwa 225 Millionen Jahren wird ein Tag 25 Stunden dauern. Auch die Erde übt eine Gezeitenreibung auf den Mond aus. Weil er eine viel kleinere Masse besitzt, hat die Erde seine Rotation bereits gestoppt. Deshalb wendet uns der Mond immer dieselbe Seite zu.

hen dabei Fliehkräfte – auf der Erde genau dem Mond gegenüber. Das Bild der unter dem Mond um die Erde laufenden Welle war also noch unvollständig; der ersten Welle, der Mondanziehungswelle, gegenüber läuft eine zweite Welle, die Fliehkraft-

welle. Und zwischen den beiden Wellenkämmen liegt jeweils ein Wellental.

Angenommen, ein Wellental (**Niedrigwasser**) hat gerade einen festen Ort auf dem Meer durchlaufen, so steigt dort der Wasserstand; es herrscht

Entstehung der Gezeiten

Flut. Gut sechs Stunden später ist der Wellenkamm angekommen; der Wasserstand hat seinen höchsten Punkt erreicht (**Hochwasser**). Nun beginnt das Wasser wieder zu sinken (**Ebbe**), bis wiederum gut sechs Stunden später das nächste Wellental über den Ort läuft. Eine **Tide** ist vorbei, sie umfasst eine Flut und eine Ebbe und dauert an der Nordsee ungefähr einen halben Tag. Man spricht von **halbtägigen Gezeiten**, womit genau genommen ein halber **Mondtag** gemeint ist, also die Hälfte der Zeitspanne, nach der der Mond wieder über dem Ort kulminiert (24 h 50 min).

Der Mond umkreist die Erde in etwa vier Wochen („Monat"); von Vollmond bis Vollmond vergehen 29,5 Tage. Doch bewegt sich der Erdtrabant keineswegs gleichförmig. Wie ein Betrunkener torkelt er um die Erde, mal schneller, mal langsamer, mal mehr nach Norden und dann wieder südwärts. Das bewirken die anderen Himmelskörper. Bewegt sich der Mond auf seinem Weg um die Erde zur Sonne hin (von Vollmond über das letzte Viertel zu Neumond), so beschleunigt ihn die Sonnenanziehung. Läuft er von der Sonne weg (von Neumond

über das erste Viertel zu Vollmond), so bremst ihn die Sonnenanziehung ab. Doch die Sonne ist weit weg. Unsere Nachbarplaneten – Venus, Mars und vor allem der Riesenplanet Jupiter – ziehen viel stärker am Mond, wenn sie gerade in Erdnähe stehen. Ebenso ungleichmäßig wie die Mondbahn verlaufen die Gezeiten. Man sagt, die Gezeiten haben **astronomische Ursachen**.

Nicht nur die Mondanziehung wirkt auf die Wassermassen der Erde ein, auch die Sonnenanziehung. Die Sonne hat ja eine viel größere Masse als der Mond, aber sie ist auch sehr viel weiter von der Erde entfernt (Sonne etwa 150 Millionen Kilometer, Mond zwischen 356 000 und 406 000 Kilometer). Deshalb wird die Erdanziehung von der Sonne nur etwa halb so stark beeinflusst wie vom Mond.

Bei **Vollmond** stehen Sonne, Erde und Mond im Winkel 180°. In dieser Stellung addieren sich die Anziehungs- und Fliehkräfte, die Mond und Sonne auf die Wassermassen der Erde ausüben. Das gilt auch bei Neumond, wenn Sonne, Erde und Mond den Winkel 0° bilden. Der Höhenunterschied zwischen Hoch- und Niedrig-

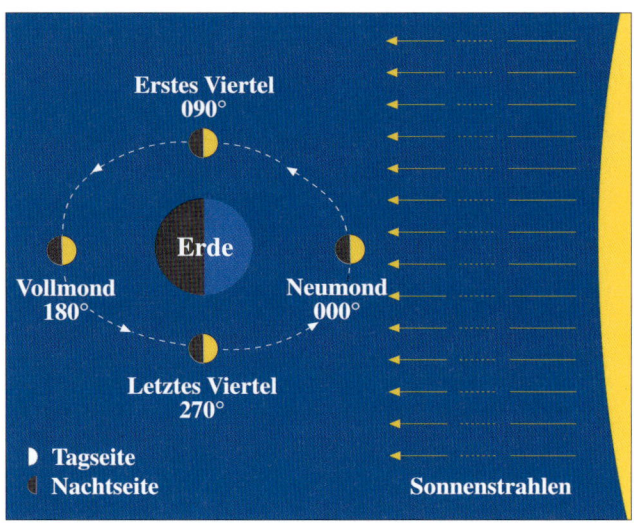

Mondphasen. In ungefähr 29,5 Tagen umrundet der Mond einmal die Erde. Nach einer Vierteldrehung (090°) steht der Mond im „ersten Viertel", er zeigt sich als zunehmender Halbmond. Etwa eine Woche später hat er 180° erreicht, es herrscht Vollmond. Im „letzten Viertel" (270°) sieht man abnehmenden Halbmond. Bei Neumond (000°) steht der Mond am Taghimmel, die Nächte sind mondlos. Der Mond umläuft die Erde nicht auf einer regelmäßigen Kreisbahn. Er torkelt vielmehr um die Erde, verändert ständig seine Bahngeschwindigkeit und seine Entfernung zur Erde. Sie schwankt zwischen 356 000 und 406 000 Kilometern.

wasser, der **Tidenhub**, fällt besonders groß aus. Die Tide springt geradezu (**Springtide**). Auch die Gezeitenströme (die ja nur die Höhenunterschiede ausgleichen wollen) fließen jetzt mit hoher Geschwindigkeit. Als **Springzeit** wird zum einen der genaue Zeit*punkt* bezeichnet, zu dem der Tidenhub den **größten** Wert erreicht; zum

anderen aber auch der etwa viertägige Zeit*raum* um den größten Tidenhub.

Bei **Halbmond** hingegen stehen Sonne, Erde und Mond im Winkel 90° (erstes Viertel) oder 270° (letztes Viertel). Dann versucht die Sonne die Wellenkämme dort aufzubauen, wo der Mond Wellentäler erzeugt und umge-

SBS-Fragen 255 – 258; SKS-Fragen 70, 72, 80

Springverspätung

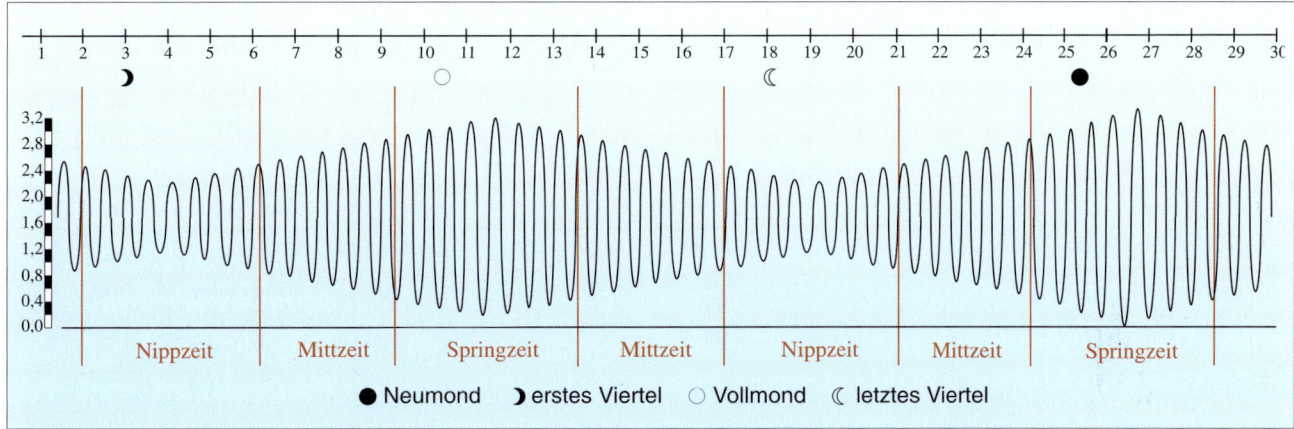

Fiktive Gezeitenkurve für einen Monat: Zwischen den jeweils viertägigen Spring- und Nippzeiten herrschen etwa drei Tage lang mittlere Gezeitenverhältnisse, die Mittzeit. Die Mitte der Springzeit liegt in diesem Beispiel (wie an der deutschen Nordseeküste üblich) etwa einen Tag nach Voll- oder Neumond, die Nippzeitmitte etwa einen Tag nach Halbmond (erstes oder letztes Viertel). Dieser Zeitunterschied (zwischen dem Eintritt des Voll- oder Neumondes und der Mitte der Springzeit) wird als Springverspätung bezeichnet. Das Kartennull ist in Deutschland der örtliche, niedrigstmögliche, vorausberechenbare Gezeitenwasserstand (Lowest Astronomical Tide, LAT). Dieser Wert berücksichtigt alle Faktoren, die die Höhe der Gezeit beeinflussen, mit Ausnahme des Windes und des Luftdrucks. Der niedrigste Wasserstand wird im obigen Beispiel am 26. Tag erreicht. Er ist das Kartennull. Auf das Kartennull beziehen sich die in Seekarten angegebenen Wassertiefen (= Kartentiefen). Die tatsächliche Wassertiefe ergibt sich aus der Kartentiefe plus der Höhe der Gezeit. Sie ist links ablesbar.

kehrt. Der Mond gewinnt dieses Spiel, aber der Höhenunterschied zwischen Hoch- und Niedrigwasser, der Tidenhub, fällt schwächer aus; die Tide nippt nur noch (**Nipptide**). Die Gezeitenströme sind langsam wie sonst nie.

Gezeiten auf den Randmeeren

Natürlich besteht die Erdoberfläche nicht nur aus Wasser. Immerhin 29 % sind Land. So wie be-

schrieben können sich die Gezeiten nur auf Ozeanen entwickeln. Die Rand- und Nebenmeere sind zu klein, um Gezeiten entstehen zu lassen. Die engen Zugänge zur Ostsee und zum Mittelmeer versperren den Gezeiten den Weg. Mittelmeer und Ostsee sind **gezeitenfrei**. Doch auch hier werden Schwingungen der Wassermassen, **Seiches** genannt, beobachtet. Luftdruckschwankungen und Wind lösen sie aus und lassen den Meeresspiegel an Küsten, vor

allem in Buchten fallen und steigen – zum Beispiel an der deutschen Ostseeküste um 0,30 m und in St. Petersburg um einen Meter. Ostseesegler sprechen von **Badewanneneffekt**, um zu beschreiben, wie solche Wellen in der Ostsee hin und her laufen.

Ist ein Rand- oder Nebenmeer aber großflächig mit einem Ozean verbunden, so schwappen die Gezeiten aus dem Ozean hinein. Deshalb herrschen auf der Nordsee Gezeiten – wenn-

gleich mit einem Tag Verzögerung. Der größte Tidenhub wird nicht bei Vollmond oder Neumond erreicht, sondern etwa einen Tag später. Man nennt dies **Springverspätung**, sie beträgt an der deutschen Nordseeküste etwa einen Tag. Aber nicht nur die Springverhältnisse treten verspätet ein, die Nippzeiten ebenso.

Die Springverspätung beträgt in der Deutschen Bucht etwa einen Tag.

SKS-Fragen 52, 73, 80, 81, 88

Meteorologische und geografische Faktoren

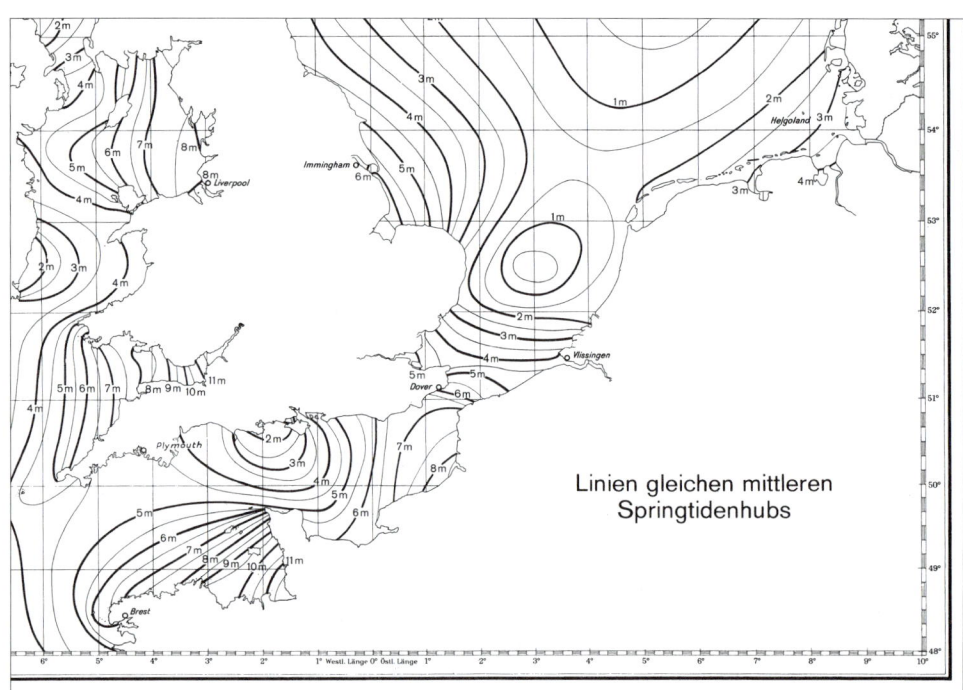

Linien gleichen mittleren
Springtidenhubs

Die Linien gleichen mittleren Springtidenhubs verdeutlichen das Ausmaß der Gezeiten. Sie zeigen die Höhen des durchschnittlichen Tidenhubs zur Springzeit. Seine größten Werte – mehr als elf Meter – erreicht der mittlere Springtidenhub im Bristolkanal, Severn und im Golf von St. Malo. Hier laufen die Küstenlinien wie ein Trichter immer enger zusammen; die Gezeitenwelle baut sich zu enormen Höhen auf. Ähnliche Verhältnisse herrschen auch in vielen anderen trichterförmigen Buchten – etwa in der Deutschen Bucht. Man sagt daher, die Höhe der Gezeiten hat auch geografische Ursachen.

Drückt tagelanger Nordweststurm das Wasser in die Deutsche Bucht, so steigt der Wasserstand durch den Winddruck einige Meter an. Die Küstenbewohner werden nun vor einer **Sturmflut** gewarnt. Andauernder Starkwind aus südöstlichen Richtungen treibt das Wasser aus der Deutschen Bucht

heraus. Jetzt müssen die Schiffe gewarnt werden, dass die in den Seekarten angegebenen Wassertiefen nicht mehr vorhanden sind. Die Gezeiten (*Höhe, Zeit und Strom*) haben auch **meteorologische Ursachen**.

Ein kleines Gebiet mitten in der südwestlichen Nordsee weist weniger als 0,5

Meter mittleren Springtidenhub aus; es ist praktisch gezeitenfrei, ein Ort völliger Gezeitenruhe. Wie ist das zu erklären? – Wellen können sich überlagern, sie interferieren. Laufen zwei Wellensysteme zusammen, so entstehen dort besonders hohe Wellen, wo die Wellenkämme aufeinander treffen. Die Wellenhöhe erreicht die Summe der Höhen der beiden Einzelwellen. Wo ein Wellenkamm auf ein Wellental trifft, verschwindet die Welle – in der südwestlichen Nordsee.

Nautische Literatur

Das Bundesamt für Seeschifffahrt und Hydrographie (BSH) gibt verschiedene Schriften über die Gezeiten und die Gezeitenströme heraus.

Die **Gezeitentafeln** enthalten für europäische Orte die berechneten Zeiten und Höhen der Hoch- und Niedrigwasser.

Der kleinere **Gezeitenkalender** (auch **Tidenkalender** genannt) gilt nur für die deutsche Nordseeküste. Er beinhaltet zwar die täg-

---

Die Gezeiten (Höhe, Zeit und Strom) hängen ab von

- astronomischen Faktoren (Mond, Sonne)
- geografischen Faktoren (Küstenverlauf, Gestalt und Tiefe der Meere)
- meteorologischen Faktoren (Wind)

SKS-Fragen 73, 88 (Navigation)

Gezeitenkalender

lichen Hoch- und Niedrigwasserzeiten, aber nur die Höhen des mittleren Hoch- und Niedrigwassers.

Genaue Angaben über Gezeitenströme im Watt findet man in **Der küstennahe Gezeitenstrom in der Deutschen Bucht**; die Verhältnisse auf der freien See werden im **Gezeitenstromatlas** beschrieben.

Speziell an Wassersportler richtet sich Jan Werners **Törnführer Nordseeküste** – Elbe bis Sylt, erschienen im Delius Klasing Verlag. Dieses Buch enthält detaillierte Gezeitenangaben und ist ein Muss für alle Segler und Motorbootfahrer auf der Nordsee.

Gezeitenkalender

Für viele Nordsee-Skipper ist der Tidenkalender so wichtig wie ein Fahrplan für Bahnfahrer. Dort sehen sie nach, wann Hochwasser und wann Niedrigwasser eintritt. Danach entscheidet sich, wann sie aus einem Hafen auslaufen oder dorthin zurückkehren.

Kurz vor oder nach Hochwasser beginnt vielerorts (nicht überall) die Ebbe; das Wasser läuft seewärts ab. Vom **Ebbstrom** kann sich eine auslaufende Segelyacht gut schieben

lassen. Kurz vor oder nach dem Niedrigwasser setzt der **Flutstrom** ein, der die landwärts laufenden Yachten unterstützt. Gegen den Gezeitenstrom läuft eine Yacht fast niemals an. Da die Gezeitenströme in der ersten und in der letzten Stunde nur langsam setzen, kann eine Yacht schon eine Stunde, bevor der Strom kentert, ein- oder auslaufen.

Der Gezeitenkalender enthält für 13 **Bezugsorte** die berechneten täglichen Zeiten des Hochwassers (HW) und des Niedrigwassers (NW). Für etwa 200 **Anschlussorte** (s. Folgeseite) sind die **Gezeitenunterschiede** zum nächsten Bezugsort angegeben. Es bedeuten „+" später und „–" früher. Die Zahlen für Anschlussorte wurden als Mittelwert von 365 Tagen gebildet und sind dementsprechend ungenau.

In der Datumsspalte wird die Mondphase angegeben, aus der das **Alter der Gezeit** (Springzeit, Mittzeit, Nippzeit) abgeleitet werden kann. Die Mitte der viertägigen Nippzeit ist an der deutschen Nordseeküste einen Tag nach Halbmond (erstes Viertel, letztes Viertel) erreicht, die Mitte der viertägigen Springzeit liegt einen Tag nach Vollmond oder Neumond (Springverspätung).

Tag	HW-Zeit		NW-Zeit		Tag	HW-Zeit		NW-Zeit	
Norderney (Riffgat) 2005 Breite: 53° 42' N, Länge: 007° 10' E									
	Juli					August			
1 Fr	7:59	20:17	1:46	14:05	1 Mo	9:20	22:02	3:03	15:50
2 Sa	9:00	21:24	2:48	15:14	2 Di	10:28	23:07	4:17	17:01
3 So	10:00	22:26	3:50	16:20	3 Mi	11:24	23:58	5:19	17:56
					4 Do		12:08	6:08	18:40
4 Mo	10:55	23:22	4:47	17:19	5 Fr ●	0:40	12:47	6:50	19:19
5 Di	11:43		5:39	18:10	6 Sa	1:18	13:23	7:28	19:56
6 Mi ●	0:12	12:25	6:25	18:54	7 So	1:53	13:56	8:03	20:28
7 Do	0:55	13:02	7:05	19:34					
8 Fr	1:34	13:37	7:41	20:11	8 Mo	2:25	14:27	8:33	20:57
9 Sa	2:10	14:12	8:16	20:45	9 Di	2:54	14:57	9:00	21:25
10 So	2:45	14:46	8:48	21:17	10 Mi	3:25	15:29	9:31	21:59
					11 Do	3:58	16:03	10:05	22:31
11 Mo	3:19	15:20	9:19	21:50	12 Fr	4:30	16:35	10:34	22:55
12 Di	3:53	15:56	9:53	22:27	13 Sa ☽	5:01	17:11	11:01	23:24
13 Mi	4:30	16:33	10:29	23:02	14 So	5:41	18:03	11:46	
14 Do ☽	5:08	17:11	11:03	23:36					
15 Fr	5:47	17:54	11:42		15 Mo	6:43	19:21	0:19	13:00
16 Sa	6:35	18:50	0:17	12:36	16 Di	8:04	20:53	1:42	14:34
17 So	7:36	20:01	1:16	13:47	17 Mi	9:30	22:20	3:16	16:07
					18 Do	10:45	23:33	4:42	17:27
18 Mo	8:45	21:18	2:28	15:04	19 Fr ○	11:47		5:52	18:36
19 Di	9:55	22:30	3:44	16:21	20 Sa	0:34	12:41	6:49	19:27
20 Mi	10:59	23:37	4:54	17:32	21 So	1:27	13:30	7:38	20:15
21 Do ○	11:57		5:58	18:36					
22 Fr	0:38	12:51	6:56	19:34	22 Mo	2:15	14:15	8:23	20:58
23 Sa	1:35	13:43	7:49	20:29	23 Di	2:58	14:59	9:03	21:37
24 So	2:30	14:33	8:39	21:18	24 Mi	3:36	15:39	9:40	22:12
					25 Do	4:10	16:19	10:16	22:45
25 Mo	3:21	15:19	9:23	22:02	26 Fr ☾	4:45	16:59	10:51	23:15
26 Di	4:06	16:04	10:03	22:44	27 Sa	5:22	17:46	11:30	23:52
27 Mi	4:49	16:49	10:45	23:26	28 So	6:09	18:46		12:23
28 Do ☾	5:30	17:36	11:29						
29 Fr	6:14	18:29	0:05	12:16	29 Mo	7:15	20:06	0:50	13:42
30 Sa	7:04	19:32	0:49	13:13	30 Di	8:37	21:33	2:15	15:17
31 So	8:07	20:46	1:49	14:28	31 Mi	9:59	22:48	3:46	16:41

● Neumond ☽ erstes Viertel ○ Vollmond ☾ letztes Viertel
Mitteleuropäische Sommerzeit

Aus dem Gezeitenkalender 2005: Bezugsort Norderney

Achtung: In der SKS-Prüfung (Gezeitenaufgabe) muss das Alter der Gezeit immer Tafel 2 (siehe Seite 62) entnommen werden.

An der Küste werden im Radio häufig Wasserstandsvorhersagen gesendet, etwa:

„*Das Bundesamt für Seeschifffahrt und Hydrographie gibt bekannt, dass das Mittaghochwasser an der deutschen Nordseeküste, in Bremen, Emden und Hamburg drei Dezimeter höher als das mittlere Hochwasser eintreten wird.*"

SBS-Frage 259, 260; SKS-Fragen 71, 88 (Navigation)

Gezeitenkalender

Mittlere Gezeitenunterschiede				
Ort	**Breite** Nord	**Länge** Ost	**HW** h min	**NW** h min
Emden, Große Seeschleuse	**53° 20'**	**7° 11'**		
			. . . . .	. . . . .
Spiekeroog	53° 45'	7° 41'	+0 00	−0 23
Norderney, Riffgatt	53° 42'	7° 09'	−0 27	−0 51
Borkum, Fischerbalje	53° 33'	6° 45'	−0 50	−1 16
Emden, Große Seeschleuse . .	53° 20'	7° 11'	+0 37	+0 07
. . . .	. . . .		. . . . . .	. . . . .

Aus dem Gezeitenkalender 2005: Anschlussorte

Mittleres Hoch- und Niedrigwasser (in Metern)					
Ort	**MHW**		**MTH**	**MHW**	
	NN	SKN		NN	SKN
Ostfriesische Inseln und Küste					
Wangerooge, West	1,5	3,5	2,9	-1,4	0,6
Harlesiel	1,5	3,5	*	*	*
Spiekeroog	1,4	3,4	2,8	-1,4	0,6
Neuharlingersiel	1,5	3,5	2,9	-1,4	0,6
Langeoog	1,4	3,3	2,7	-1,3	0,6
Bensersiel	1,4	3,3	2,9	-1,5	0,5
. . . .	. . . .		. . . .	. . . .	

MHW = Mittleres Hochwasser, MNW = Mittleres Niedrigwasser,
MTH = Mittlerer Tidenhub, SKN = Seekartennull, NN = Normalnull
(s. Seite 65)

Aus dem Gezeitenkalender 2005: Anschlussorte

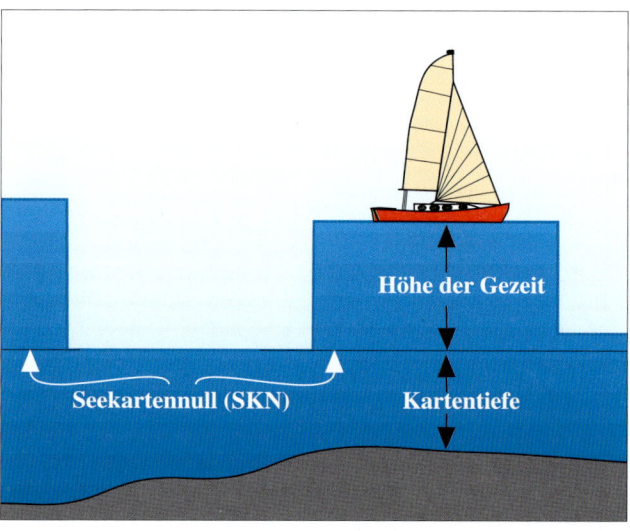

Wassertiefe (WT) = Kartentiefe (KT) + Höhe der Gezeit (H)

Unfreiwilliger Badespaß, das Boot ist auf Grund gelaufen. Eine Barre wird am besten bei Flut passiert. Läuft das Schiff dann auf Grund, so wird es bei steigendem Wasser bald wieder aufschwimmen.

Diese Vorhersagen berücksichtigen auch, wie sich der Wind auf den Wasserstand auswirken wird. Mit dem Gezeitenkalender (siehe Abbildung) lässt sich die Höhe des Hochwassers leicht errechnen. Nach der Vorhersage auf der letzten Seite wird das Hochwasser bei Spiekeroog auf 3,1 m über Seekartennull (SKN) steigen. Mit den Gezeitentafeln kann die Höhe der Gezeit genau bestimmt werden. Für den Wassersport reicht es jedoch aus, den zu erwartenden Wasserstand ungefähr abzuschätzen – und das geht auch mit dem Gezeitenkalender.

SKS-Fragen 75, 78, 79, 85, 88 (Navigation)

Gezeitentafeln

Das Bundesamt für See-
schifffahrt und Hydrogra-
phie (BSH) gibt jährlich
Gezeitentafeln für europäische Gewässer heraus. Sie
bestehen aus vier Teilen:

Teil I: Ausführliche Vor-
ausberechnungen
Teil II: Gezeitenunter-
schiede
Teil III: Hilfstafeln
Teil IV: Gezeitenkarten

Teil I enthält die voraus-
berechneten Zeiten und
Höhen der Hoch- und Nied-
rigwasser an den Bezugs-
orten. Wichtig ist, am Fuß
der Seite nachzusehen, in
welcher Zeit die Hoch-
und Niedrigwasserzeiten
angegeben sind. Bei deut-
schen Bezugsorten ist dies
MEZ (UTC + 1 h). Das ist
die Winterzeit; im Sommer
ist eine Stunde zu addieren.
Bei den SKS-Prüfungsauf-
gaben ist darauf zu achten,
in welcher Zeit die Lösung
angegeben werden soll.

Die Höhen der Hoch- und
Niedrigwasser beziehen
sich immer auf das Seekartennull an dem betreffen-
den Ort. Vor der deutschen
Nordseeküste wurde der
örtliche, niedrigstmögliche,
vorausberechenbare Gezei-
tenwasserstand (LAT, Low-
est Astronomical Tide) als
Seekartennull festgelegt.
Nur bei lang anhaltendem,
ablandigem Starkwind oder
Sturm könnte der Wasser-

stand noch tiefer absinken.
Dann werden die in den
Seekarten angegebenen
Wassertiefen nicht erreicht.

Vor den britischen Inseln,
vor Spanien und Portugal
wurde dasselbe Kartennull
(LAT) gewählt. In Däne-
mark, den Niederlanden,
Belgien und Frankreich
gelten andere Seekarten-
nulls. Das stört jedoch
nicht, weil überall nur die
Höhe der Gezeit zur Kar-
tentiefe addiert werden
muss, um die vorausbe-
rechnete Wassertiefe zu erhalten. Dies gilt für alle
Seekarten – deutsche wie
ausländische.

Für die **Bezugsorte** sind die
Zeiten und Höhen direkt angegeben. Die **Anschluss-
orte** in Teil II beziehen
sich immer auf einen Be-
zugsort. Für sie werden nur
die Unterschiede (in Zeit
und Höhe) zum Bezugsort
genannt. Bei den Höhen
wird zwischen Spring- und
Nippzeit unterschieden
(siehe Folgeseite). Wie
beim Gezeitenkalender
sind auch hier die Angaben
über ein Jahr gemittelt, also
nicht ganz genau. Bei
Anschlussorten müssen
also nur die Zeit- und
Höhenunterschiede zu den
Werten des Bezugsortes
addiert werden – selbst
wenn der Anschlussort in
einer anderen Zeitzone als
der Bezugsort liegen sollte.

Helgoland 2005

Breite: 54° 11' N, Länge: 7° 53' E
Zeiten und Höhen der Hoch- und Niedrigwasser

Mai				Juni			
Zeit	Höhe m	Zeit	Höhe m	Zeit	Höhe m	Zeit	Höhe m
1 4 36	2,7	**16** 4 45	2,7	**1** 1 08	0,4	**16** 0 11	0,6
11 11	0,7	11 08	0,8	6 52	2,7	6 00	2,7
So 16 54	2,9	Mo 16 59	2,9	Mi 13 28	0,6	Do 12 31	0,8
23 57	0,4	23 53	0,5	19 13	3,0	18 16	2,9
2 5 45	2,7	**17** 5 44	2,6	**2** 2 20	0,4	**17** 1 12	0,6
12 23	0,7	12 12	0,9	8 02	2,7	7 01	2,8
Mo 18 09	2,9	Di 18 03	2,9	Do 14 41	0,6	Fr 13 40	0,8
				20 23	3,1	19 23	3,0
3 1 19	0,4	**18** 1 04	0,7	**3** 3 28	0,4	**18** 2 18	0,6
7 07	2,6	6 55	2,6	9 05	2,7	8 04	2,8
Di 13 50	0,7	Mi 13 31	0,9	Fr 15 45	0,5	Sa 14 46	0,8
19 34	2,9	19 18	2,9	21 24	3,1	20 28	3,0
4 2 48	0,4	**19** 2 20	0,6	**4** 4 22	0,3	**19** 3 20	0,6
8 31	2,6	8 08	2,7	9 58	2,8	9 02	2,9
Mi 15 14	0,6	Do 14 47	0,8	Sa 16 39	0,4	So 15 47	0,7
20 53	0,3	20 29	2,9	22 10	3,1	21 27	3,1
5 4 03	0,2	**20** 3 27	0,5	**5** 5 08	0,4	**20** 4 16	0,6
9 40	2,7	9 19	2,8	10 45	2,9	9 54	3,0
Do 16 20	0,4	Fr 15 48	0,7	So 17 29	0,4	Mo 16 44	0,6
21 55	3,1	21 27	3,1	23 05	3,1	22 21	3,2
6 4 57	0,2	**21** 4 19	0,5	**6** 5 54	0,4	**21** 5 09	0,6
10 32	2,8	9 58	2,9	11 30	3,1	10 45	3,1
Fr 17 10	0,3	Sa 16 38	0,6	Mo 18 17	0,4	Di 17 39	0,6
22 44	3,1	22 14	3,1	23 52	3,1	23 11	3,2
7 5 43	0,2	**22** 5 04	0,4	**7** 6 36	0,5	**22** 6 00	0,6
11 16	2,9	10 40	3,0	12 10	3,1	11 35	3,2
Sa 17 57	0,3	So 17 25	0,6	Di 18 58	0,4	Mi 18 31	0,5
22 31	3,1	22 57	3,2				
8 6 27	0,3	**23** 5 46	0,4	**8** 0 33	3,1	**23** 0 02	3,2
11 58	3,0	11 21	3,0	7 10	0,5	6 51	0,5
So 18 43	0,3	Mo 18 08	0,5	Do 12 45	3,2	Do 12 25	3,3
		23 36	3,2	19 35	0,5	19 24	0,4
9 0 16	3,1	**24** 6 26	0,4	**9** 1 09	3,0	**24** 0 57	3,2
7 05	0,3	7 03	0,6	7 42	0,6	7 43	0,5
Mo 12 36	3,1	Di 18 48	0,4	Fr 13 19	3,2	Fr 13 16	3,3
19 21	0,3			20 10	0,5	20 19	0,3
10 0 53	3,1	**25** 0 17	3,2	**10** 1 44	3,0	**25** 1 53	3,1
7 37	0,4	7 09	0,5	8 15	0,6	8 36	0,5
Di 13 07	3,1	Mi 12 39	3,2	Sa 13 55	3,3	Sa 14 08	3,3
19 55	0,3	19 32	0,4	20 46	0,5	21 12	0,4
11 1 26	3,1	**26** 1 04	3,2	**11** 2 21	2,9	**26** 2 46	3,0
8 05	0,5	7 52	0,4	8 49	0,6	9 23	0,4
Mi 13 38	3,1	Do 13 24	3,2	So 14 32	3,2	So 14 57	3,3
20 28	0,4	20 21	0,3	21 22	0,5	22 02	0,5
12 2 00	3,0	**27** 1 55	3,1	**12** 2 59	2,9	**27** 3 36	2,9

● Neumond ☽ erstes Viertel ○ Vollmond ☾ letztes Viertel

UTC + 1h 00min (MEZ)

Aus den Gezeitentafeln für das Jahr 2005

SBS-Fragen 259, 260; SKS-Frage 86 (Navigation); SKS-Kartenaufgaben

Gezeitentafeln

Nr.	Ort	Geografische Lage		Mittlere Zeitunterschiede		Mittlere Höhenunterschiede			
		Breite	Länge	HW	NW	HW		NW	
		° '	° '	h min	h min	m	m	m	m
						Mittlere Höhen des Bezugsortes			
Bezugsort:						**SpHW**	**NpHW**	**SpNW**	**NpNW**
509 A	**Helgoland (Seite 15 -17)**	54 11	7 53			**3,2**	**2,8**	**0,5**	**0,9**
	UTC + 1 h 00min	N	E						
	BUNDESREPUBLIK DEUTSCHLAND								
	Deutsche Bucht								
608	Elbe - Tonne	54 00	8 07	+0 11	*	*	*	*	*
609	Tonne Weser3/Jade2.	53 52	7 47	- 0 11	*	*	*	*	*
611	Borkumriff - Tonne	53 47	6 22	- 2 10	*	*	*	*	*
	Nordfriesische Inseln und Küste								
	Lister Tief								
615	Lister Tief, Tonne	55 05	8 17	+1 47	*	*	*	*	*
616	List West	55 02	8 23	+2 02	+1 37	-0,8	-0,6	0,0	-0,1
617	List	55 01	8 26	+2 50	+2 09	-0,7	-0,5	+0,1	-0,2
618	Munkmarsch	54 55	8 22	+2 59	*	-0,6	-0,5	*	*
618 R	Rickelsbüllkoog	54 55	8 37	+3 08	*	-0,5	-0,3	*	*
620	Westerland	54 54	8 17	+0 58	+1 08	-0,7	-0,6	0,0	-0,1
624 A	Hörnum, West	54 46	8 16	+0 47	+0 56	-0,6	-0,5	-0,1	-0,2

Tafel 2
Spring-, Mitt- und Nipp-Zeiten. 2005
(Springverspätung ist bereits berücksichtigt)

Tag	Jan	Feb	Mrz	Apr	Mai	Jun	Jul	Aug	Sep	Okt	Nov	Dez	Tag
1	Mt	Mt	Mt	Mt	Np	Np	Np	Mt	Mt	Mt	Mt	Sp	1
2	Mt	Np	Mt	Np	Np	Np	Mt	Mt	Mt	Mt	Sp	Sp	2
3	Np	Np	Np	Np	Np	Mt	Mt	Mt	Sp	Sp	Sp	Sp	3
4	Np	Np	Np	Np	Np	Mt	Mt	Mt	Sp	Sp	Sp	Sp	4
5	Np	Np	Np	Np	Mt	Mt	Mt	Sp	Sp	Sp	Sp	Mt	5
6	Np	Mt	Np	Mt	Mt	Mt	Sp	Sp	Sp	Sp	Mt	Mt	6
7	Mt	Mt	Mt	Mt	Mt	Sp	Sp	Sp	Mt	Mt	Mt	Mt	7
8	Mt	Sp	Mt	Sp	Sp	Sp	Sp	Mt	Mt	Mt	Mt	Np	8
9	Mt	Sp	Mt	Sp	Sp	Sp	Sp	Mt	Mt	Mt	Np	Np	9
10	Sp	Sp	Sp	Sp	Sp	Sp	Mt	Mt	Mt	Np	Np	Np	10
11	Sp	Sp	Sp	Sp	Sp	Mt	Mt	Mt	Np	Np	Np	Np	11
12	Sp	Mt	Sp	Mt	Mt	Mt	Mt	Mt	Np	Np	Np	Np	12
13	Sp	Mt	Sp	Mt	Mt	Mt	Mt	Np	Np	Np	Np	Mt	13
14	Mt	Mt	Mt	Mt	Mt	Mt	Np	Np	Np	Mt	Mt	Mt	14

*Aus den Gezeitentafeln, Teil II: * bedeutet keine Angaben; die betreffenden Werte sind unbekannt.*

Beispiel: 5.6.05, List. Mittzeit laut Tafel 2 Die Höhenunterschiede sind aus Springzeit und Nippzeit zu mitteln, d. h. –0,6 m für HW und 0,0 m für NW.

Ort   m   MEZ
Helgol.   2,9 10:45
GU List –0,6 +02:50
List   2,3 13:35

Hochwasser List um 14:35 MESZ: 2,3 m.

Ort   m   MEZ
Helgol.   0,4 05:08
GU List +0,0 +02:09
List   0,4 07:17

Ort   m   MEZ
Helgol.   0,4 17:29
GU List +0,0 +02:09
List   0,4 19:38

Niedrigwasser List um 08:17 MESZ , 0,4 m und um 20:38 MESZ, 0,4 m.

Aus den Gezeitentafeln, Teil III: Tafel 2

Gezeitentafeln

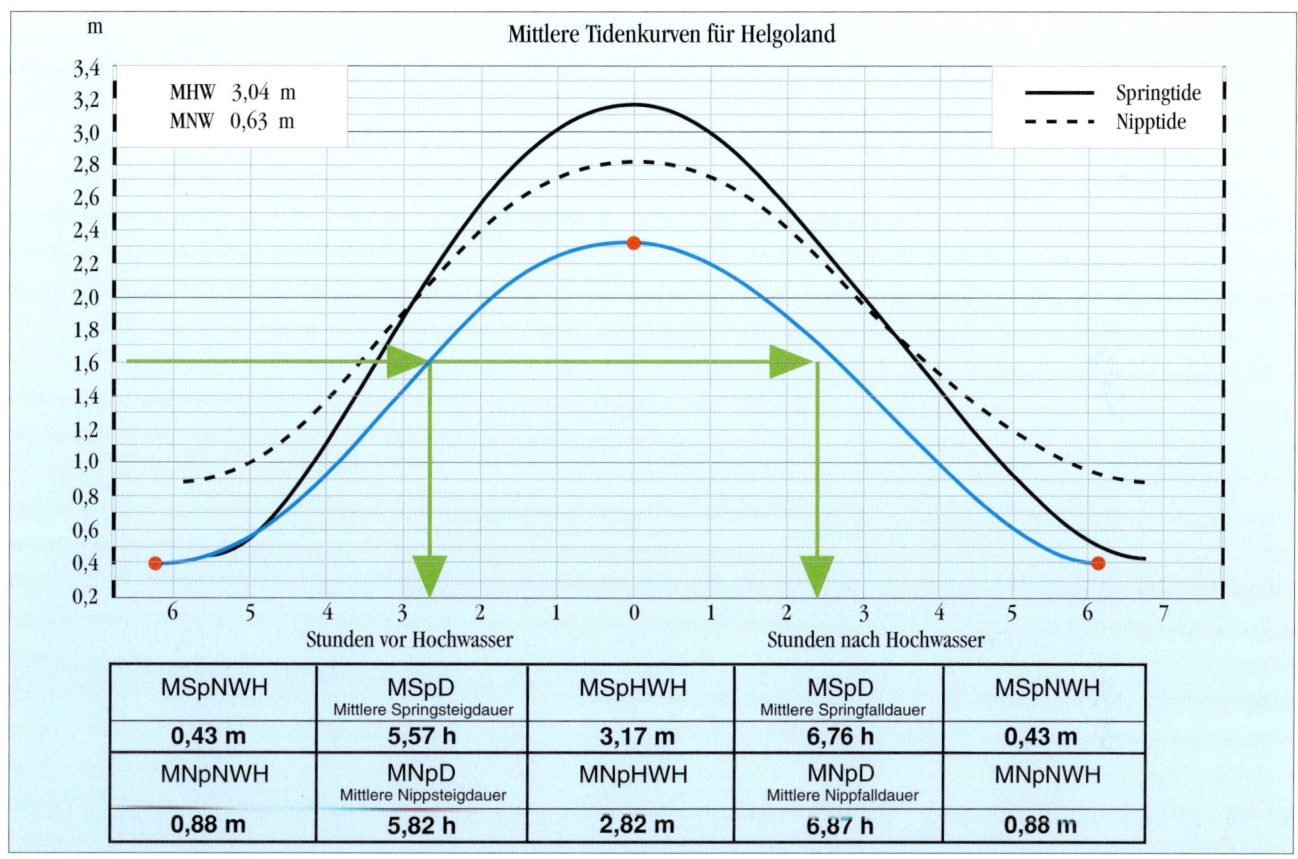

Mittlere Tidenkurven für Helgoland

MHW 3,04 m
MNW 0,63 m

— Springtide
- - - Nipptide

Stunden vor Hochwasser   Stunden nach Hochwasser

MSpNWH	MSpD Mittlere Springsteigdauer	MSpHWH	MSpD Mittlere Springfalldauer	MSpNWH
0,43 m	5,57 h	3,17 m	6,76 h	0,43 m
MNpNWH	MNpD Mittlere Nippsteigdauer	MNpHWH	MNpD Mittlere Nippfalldauer	MNpNWH
0,88 m	5,82 h	2,82 m	6,87 h	0,88 m

Teil I enthält die mittleren Spring- und Nipptidenkurven der Bezugsorte. Damit kann man für die Bezugs- und Anschluss-orte die Höhe zu einer vorgegebenen Zeit oder die Zeit, zu der eine vorgegebene Höhe eintritt, zeichnerisch ermitteln. Zuerst wird nach den Vorausberechnungen die Steig- und Falldauer ermittelt. In das Tidenkurvendiagramm werden dann bei 0 Stunden die vorausberechnete Hochwasserhöhe und im Abstand der Steig- und Falldauer die vorausbe-rechneten Niedrigwasserhöhen eingetragen. In Anlehnung an die beiden mittleren Tidenkurven verbindet man die drei Punkte mit einer ähnlichen Tidenkurve. Daran können die gewünschten Ergebnisse abgelesen werden. Wie genau das Ergebnis ist, hängt von der Güte der ähnlichen Tidenkurve ab.

Beispiel: Von wann bis wann (MESZ) überschreitet am Mittag des 5.6.05 bei List die Höhe der Gezeit 1,6 m? Antwort: Das Mittaghochwasser tritt am 5.6.05 bei List um 13:35 MEZ (= 14:35 MESZ) mit 2,3 m Höhe ein (roter Punkt). Das vorangehende Niedrigwasser um 07:17 MEZ (= 08:17 MESZ) erreicht 0,4 m, wie auch das folgende um 19:38 MEZ (= 20:38 MESZ). Das ergibt eine Steigdauer von 6 h 18 min und eine Falldauer von 6 h 03 min, d. h., die Höhe von 0,4 m ist 6,3 Stunden vor Hochwasser und 6,05 Stunden nach Hochwasser einzutragen (rote Punkte). Durch diese Punkte wird eine ähnliche Tidenkurve (blau) gezeichnet. Die Gerade (grün) durch 1,6 m zeigt, dass von 2 h 40 min vor Hochwasser (11:55 MESZ) bis 2 h 25 min nach Hochwasser (17:00 MESZ) die Höhe der Gezeit 1,6 m überschreitet. Das gleiche Ergebnis liefert auch ein kompliziertes rechnerisches Verfahren, das in den Gezeitentafeln beschrieben wird.

SKS-Fragen 77, 86 (Navigation); SKS-Kartenaufgaben

Begriffsbestimmungen

Allgemeine Begriffe

Gezeiten: [1]
Wasserstandsänderungen, die bei den Bahnbewegungen von Erde, Mond und Sonne durch das Zusammenwirken von Massenanziehung und Fliehkraft in Verbindung mit der Erdrotation entstehen.

Gezeit:
Gezeiten an einem Ort.

Tide:
Teil der Gezeit, der sich aus der Flut und der nachfolgenden Ebbe zusammensetzt.

Hochwasser (HW):
Eintritt des höchsten Wasserstandes beim Übergang vom Steigen zum Fallen.

Niedrigwasser (NW):
Eintritt des niedrigsten Wasserstandes beim Übergang vom Fallen zum Steigen.

Flut:
Steigen des Wassers von einem Niedrigwasser bis zum folgenden Hochwasser.

Ebbe:
Fallen des Wassers von einem Hochwasser bis zum folgenden Niedrigwasser.

Wasserstand:
Abstand der Wasseroberfläche von einer festen Nullmarke. Das Vorzeichen ist positiv, wenn die Wasseroberfläche oberhalb dieser Marke liegt.

Tiefenangaben, Alter der Gezeit

Wassertiefe (WT):
Abstand zwischen Wasserspiegel und Grund; bei Bestimmung mittels Echolot: Summe aus Tiefe des Echolotwandlers und Echolotung.

Tiefe des Echolotwandlers (T_{El}):
Abstand des Echolotwandlers von der Wasseroberfläche.

Echolotung (EL):
Abstand zwischen Echolotwandler und Grund.

Kartennull (KN), Seekartennull (SKN):
Nullfläche, auf die die Tiefenangaben einer Seekarte bezogen sind.

Kartentiefe (KT):
Auf Kartennull bezogene Wassertiefe abzüglich Höhe der Gezeit.

Lowest Astronomical Tide (LAT):
Höhe des niedrigsten Niedrigwassers, das für einen Pegel vorausberechnet werden kann.

Springzeit (SpZ):
Zeit (Tag und Uhrzeit), zu der die halbmonatliche Ungleichheit der Hochwasserhöhen ihren größten Wert annimmt.

Nippzeit (NpZ):
Zeit (Tag und Uhrzeit), zu der die halbmonatliche Ungleichheit der Hochwasserhöhen ihren kleinsten Wert annimmt.

Mittzeit (MtZ):
Eine zwischen Spring- und Nippzeit liegende Zeitspanne; sie beginnt zwei Tage nach Springzeit und dauert drei Tage.

Springverspätung (SpV):
(bei halbtägiger Gezeitenform) Zeitunterschied zwischen Voll- bzw. Neumond und der nächsten Springzeit.

---

[1] Halbtägige Gezeiten (im Laufe eines Tages – Mondtages – zwei Hochwasser und zwei Niedrigwasser) treten in den nordwesteuropäischen Gewässern und in weiten Teilen des Atlantischen Ozeans auf.
Im Pazifischen und im Indischen Ozean weisen die Gezeiten verbreitet einen stärkeren eintägigen Anteil auf (im Laufe eines Tages – Mondtages – ein Hochwasser und ein Niedrigwasser).

SBS-Fragen 255 – 257; SKS-Frage 71 (Navigation)

Begriffsbestimmungen

Gezeitenhöhen und -zeiten

Höhe der Gezeit (H):   Auf das örtliche Kartennull bezogener Wasserstand.

Hochwasserhöhe (HWH):   Höhe der Gezeit bei Hochwasser.

Hochwasserzeit (HWZ):   Zeit (Tag und Uhrzeit), zu der das Hochwasser eintritt.

Niedrigwasserhöhe (NWH):   Höhe der Gezeit bei Niedrigwasser.

Niedrigwasserzeit (NWZ):   Zeit (Tag und Uhrzeit), zu der das Niedrigwasser eintritt.

Steigdauer (SD), Flutdauer: Zeitspanne zwischen einer Niedrigwasserzeit und der folgenden Hochwasserzeit.

Falldauer (FD), Ebbdauer: Zeitspanne zwischen einer Hochwasserzeit und der folgenden Niedrigwasserzeit.

Tidenstieg (TS):   Unterschied zwischen einer Niedrigwasserhöhe und der folgenden Hochwasserhöhe.

Tidenfall (TF):   Unterschied zwischen einer Hochwasserhöhe und der folgenden Niedrigwasserhöhe.

Tidenhub (TH):   Arithmetischer Mittelwert aus Tidenstieg und Tidenfall einer Tide.

Höhenunterschied der Gezeiten (HUG):   Unterschied zwischen Hochwasserhöhe bzw. Niedrighöhe am Anschlussort und Hochwasserhöhe bzw. Niedrigwasserhöhe am Bezugsort.

Zeitunterschied der Gezeiten (ZUG):   Unterschied zwischen Hochwasserzeit bzw. Niedrigwasserzeit am Anschlussort und Hochwasserzeit bzw. Niedrigwasserzeit am Bezugsort.

An einem Schifffahrtspegel ist die Höhe der Gezeit ablesbar.

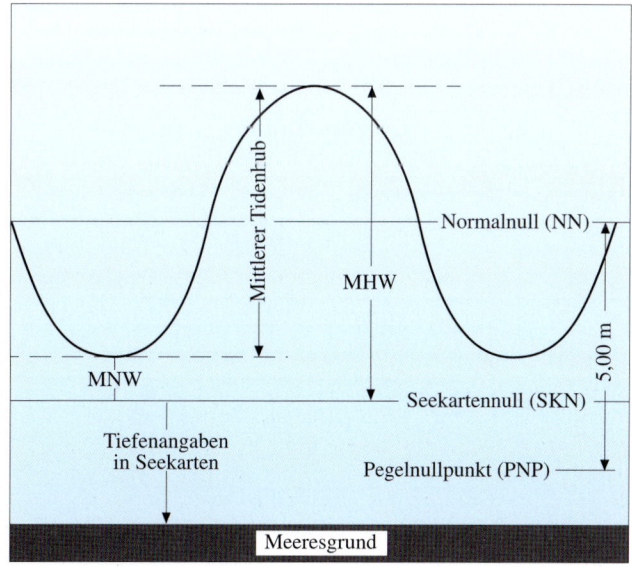

Begriffsbestimmungen aus dem Gezeitenkalender

SBS-Frage 258; SKS-Frage 87 (Navigation)

Gezeitenstrom in der Deutschen Bucht

Die Gezeitenströme der Deutschen Bucht sind im Nordsee-Handbuch und im Atlas der Gezeitenströme ausführlich dargestellt. Wie dort beschrieben läuft das Wasser in die Deutsche Bucht etwa genauso lange hinein, wie der Wasserstand bei Helgoland steigt, und fließt aus der Deutschen Bucht ungefähr zu der Zeit hinaus, zu der der Wasserstand bei Helgoland fällt. Die Gezeitenströme in der Deutschen Bucht korrelieren also mit der Gezeit bei Helgoland.

An den meisten Orten läuft der einlaufende Strom etwas schneller als der auslaufende – und dafür aber auch ein wenig kürzer.

Natürlich erzeugt auch der Wind Strömungen, die zu den Gezeitenströmen hin-zukommen. In der Deutschen Bucht verlängern westliche Winde im Allgemeinen die Dauer des einlaufenden Stromes und erhöhen seine Geschwindigkeit, während Ostwind die Dauer und die Geschwindigkeit des auslaufenden Stromes erhöht.

Angaben über Gezeitenströme in der Deutschen Bucht findet man auch in zahlreichen Seekarten. Die Abbildung unten links zeigt eine Tabelle aus der britischen Seekarte 1875. Wie bereits in der Überschrift vermerkt ist, werden auch hier die Stromverhältnisse auf das Hochwasser Helgoland bezogen. Die unten aufgeführten Orte A und B liegen nördlich von Langeoog und im Verkehrstrennungsgebiet südlich von Helgoland.

Beispiel (Seekarte 1875)

Man entnehme den am 2.8.05 um 13.00 Uhr MESZ an Ort A setzenden Gezeitenstrom den unten abgedruckten Tabellen!

Schritt 1 (Tidenkalender): Zunächst ist das Alter der Gezeit festzustellen. (Mittzeit). 13.00 Uhr ist 2 Stunden nach Hochwasser Helgoland.

Schritt 2 (Tabelle unten): Um 2 Stunden nach HW ist an Ort A die Stromrichtung mit 278° angegeben. Die Stromstärke beträgt zur Springzeit 1,3 kn und zur Nippzeit 0,9 kn, zur Mittzeit also 1,1 kn.

Lösung:
Strom: 278°; 1,1 kn

Übungsaufgabe 7

Entnehmen Sie den unten dargestellten Tabellen den Gezeitenstrom an Ort A am ...

a) 5.8.05, um 10.15 Uhr MESZ
b) 3.7.05, um 14.20 Uhr MESZ
c) 1.7.05, um 14:45 Uhr MESZ

Lösungen:

a) Springzeit, 3 Stunden vor HW Helgoland Strom: 094°; 1,4 kn.
b) Mittzeit, 4 Stunden nach HW Helgoland Strom: 282°; 1,5 kn (Stromstärke als Mittelwert zwischen Spring- und Nippzeit angenommen).
c) Nippzeit, 6 Stunden vor HW Helgoland Strom: 269°; 0,5 kn.

Gezeitenströme
bezogen auf HW Helgoland

Stunden	Geografische Lage			A 53° 47,0' N 7° 27,0' E			B 54° 00,0' N 7° 28,0' E		
				6	269	0.7	0.5	263	0.8	0.6
Vor Hochwasser: 6 5 4 3 2 1	Stromrichtung (Grad)	Geschwindigkeit zur Springzeit (Knoten)	Geschwindigkeit zur Nippzeit (Knoten)	5	245	0.1	0.1		0.0	0.0
				4	093	1.3	0.9	094	0.9	0.7
				3	094	1.4	1.0	087	1.4	1.0
				2	113	1.2	0.8	088	1.4	1.0
				1	119	0.5	0.3	092	1.0	0.8
Hochwasser: 0				0	078	0.2	0.2	095	0.6	0.4
Nach Hochwasser: 1 2 3 4 5 6				1	314	0.5	0.3		0.0	0.0
				2	278	1.3	0.9	272	0.7	0.5
				3	278	1.7	1.3	272	1.2	0.8
				4	282	1.7	1.3	272	1.3	0.9
				5	274	1.4	1.0	272	1.4	1.0
				6	276	0.9	0.7	268	1.0	0.8

Gezeitenstromangaben für ausgewählte Orte in der Deutschen Bucht (Übersetzung aus Seekarte 1875)

Helgoland 2005
Breite: 54° 11' N, Länge: 007° 53' E

Tag	Juli				Tag	August			
	HW		NW			HW		NW	
1 Fr	8:19	20:44	2:36	14:57	1 Mo	9:48	22:28	4:00	16:44
2 Sa	9:21	21:50	3:39	16:06	2 Di	10:57	23:32	5:11	17:51
3 So	10:22	22:51	4:42	17:11	3 Mi	11:53		6:09	18:43
					4 Do	0:22	12:37	6:56	19:27
4 Mo	11:18	23:45	5:37	18:06	5 Fr ●	1:04	13:16	7:38	20:07
5 Di		12:08	6:27	18:56	6 Sa	1:41	13:52	8:15	20:42
6 Mi ●	0:35	12:52	7:12	19:41	7 So	2:13	14:25	8:48	21:14
7 Do	1:19	13:31	7:52	20:20	8 Mo	2:43	14:54	9:18	21:43
8 Fr	1:56	14:07	8:28	20:58					

● Neumond   ☽ erstes Viertel   ○ Vollmond   ☾ letztes Viertel

Die Hochwasserzeiten für Helgoland können auch dem Gezeitenkalender entnommen werden.

Trockenfallen, Festkommen

Häfen in einem Tidegebiet, die nur bei ausreichend hohem Wasserstand angelaufen werden können, heißen **Fluthäfen**. Viele Fluthäfen an der Kanalküste können mit einer Dockschleuse oder Toren verschlossen werden, sodass sie bei Ebbe nicht leer laufen. Solche Häfen heißen **Dockhäfen**. Anders die **trockenfallenden Häfen**. Aber trockenen Fußes kann man in den wenigsten Häfen herumlaufen. Der Grund besteht zumeist aus Schlick oder Schlamm. In weichen Grund ohne Steine können Boote problemlos einsinken. Aber ist der Grund tatsächlich weich und liegen dort wirklich keine Steine? Bevor ein unbekannter Hafen angelaufen wird, müssen alle verfügbaren Unterlagen studiert werden. Am besten fragt man den Hafenmeister – über UKW-Sprechfunk oder per Handy. Einheimische Segler wissen natürlich auch Bescheid. Manchmal trifft man sie schon vorher in einem anderen

Hafen. Ist dies alles nicht möglich, sollte der Hafen gemieden werden. Andernfalls sollte man zunächst in tiefem Wasser ankern und den Hafen bei Niedrigwasser per Beiboot erkunden.

Viele Häfen in Gezeitenrevieren sind mit **Schwimmstegen** ausgestattet. Sie heben und senken sich mit der Gezeit, sodass die Leinen nicht an den Wasserstand angepasst werden müssen. Ist kein Platz an einem Schwimmsteg frei, macht man am besten an einem anderen Schiff fest.

Nur wenn kein anderer Platz mehr zu finden ist, wird an einer Pier festgemacht – dann aber bei einer Leiter. An einer Mauer oder Spundwand liegt man schlecht. Nur mit einem **Fenderbrett** lässt sich ein Boot davon abhalten. Bei größerem Tidenhub müssen Festmacher und Springs zudem ständig an den Wasserstand angepasst werden. Sie können auch an Spundwänden oder an der Reling

hängen bleiben. Festmacher sollen möglichst lang sein und durch geschlossene Lippklüsen geführt werden, offene Lippen sind bei größerem Hub ungeeignet. Werden die Leinen mit Gewichten oder Ankern beschwert, so brauchen sie weniger oft an den veränderten Wasserstand angepasst zu werden. Auf hartem Grund muss ein Schiff sogar gesichert werden, damit es nicht umkippt. Dazu wird eine Querleine an Land belegt. Mit einem Block kann sie auf einem dicht gesetzten Fall auf- und abwärts gleiten. Kurzkieler können nicht nur zur Seite, sondern auch nach vorne oder achtern kippen.

Trockenfallen

Sich mit ihrem Schiff trockenfallen zu lassen – das ist für viele Segler ein ganz besonderer Reiz am Wattensegeln. Die Wattgebiete im Schutz der Inseln eignen sich gut dazu. Der Grund muss zum Trockenfallen eben und fest sein. Große Sandbänke (Platen) sind ideal. Weil Priele ihre Lage häufig verändern, kann der Platz nicht allein nach der Seekarte ausgesucht werden. Zwar kann ein Boot auch an die Kante eines Prieles angelehnt werden – aber das erfordert viel Erfahrung. Kippt es um, so geht es schnell um Kopf und Kragen.

Trockengefallener Hafen mit weichem Schlick

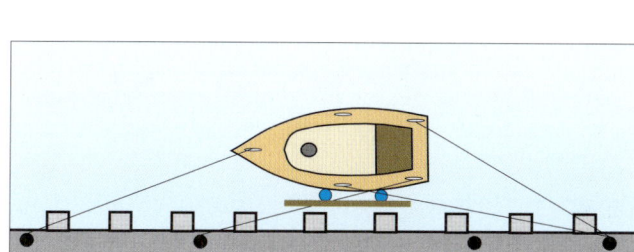

Wichtig an einer Pier: Fenderbrett und lange Leinen

SKS-Fragen 79, 106 (Seemannschaft I); 65, 86 (Seemannschaft II)

Trockenfallen, Festkommen

Völlig ungeeignet zum Trockenfallen sind die Sandbänke vor den Inseln. Auch auf Flachs in der Nähe der Seegatten (starker Strom) und nahe bei den Schifffahrtswegen (Schwell) kann es gefährlich werden. In den Schutzzonen I des deutschen Wattgebietes ist Trockenfallen untersagt.

Trockenfallen ist nur mit einem geeigneten Boot auf ebenem Grund empfehlenswert. Es muss sichergestellt sein, dass Ruder und Propeller nicht beschädigt werden können. Ideal sind Kimmkieler und Plattbodenschiffe mit Seitenschwertern. Wattstützen können verhindern, dass

das Boot umfällt. Legt sich das Boot auf die Seite, so müssen die Batterien auslaufsicher sein oder waagerecht gelagert werden.

Yachten mit großem Tiefgang können sich auf ebenem Wattboden so weit auf die Seite legen, dass sie voll laufen können, wenn das Wasser wieder steigt. Dann müssen unbedingt alle Öffnungen geschlossen werden. Bei Fenstern, Backskisten, Lüftern und dem Niedergang mag dies möglich sein; aber wie steht es mit den Schlitzen für die Motorraumbelüftung? Man bedenke auch, dass Kocher und WC nicht mehr benutzbar sind.

Festkommen

Wohl jeder Wattensegler ist mit seinem Boot schon einmal festgekommen. Steigt das Wasser noch, so wird das Schiff in kurzer Zeit wieder aufschwimmen; fällt es, so muss mit ernsthaften Schwierigkeiten gerechnet werden. Eine Grundregel für Wattensegler lautet daher: Über-

quere eine Wattenhoch nur, solange das Wasser noch steigt, also deutlich vor Hochwasser. Ist ein Boot bei fallendem Wasser (Ebbe) festgekommen, sollte der Bug sofort in den Wind gedreht und die nähere Umgebung ausgelotet werden. Denn auf abfallendem Grund könnte das Boot zur tieferen Seite abkippen. Um das – bei

Balje	Tiefer, breiter Wasserlauf, der auch bei Niedrigwasser noch Wasser führt und als Fahrwasser benutzt werden kann.
Priel	Schmale Rinne, die auch bei Niedrigwasser Wasser führt und manchmal dann sogar noch schiffbar ist.
Wattrinne	Flache, zeitweilig trockenfallende Rinne im Oberlauf eines Prieles.
Gatt, Gat	Teilweise enge Öffnung („Gasse") oder Verbindung zwischen zwei Meeresteilen.
Sand	Wattfläche, auch aufgespülte Inseln im Elbe- oder Wesergebiet.
Grund	Allgemeine Bezeichnung einer Wattfläche.
Plate	Großflächige Sandbank.
Riff	Lang gestreckte, schmale Sand- oder Steinbank, die in der Brandungszone vor einer Küste liegt (zum Teil auch bei ruhigem Wetter durch Brecher erkennbar).
Wattenhoch	Trockenfallende, im Watt gelegene Sandbank.

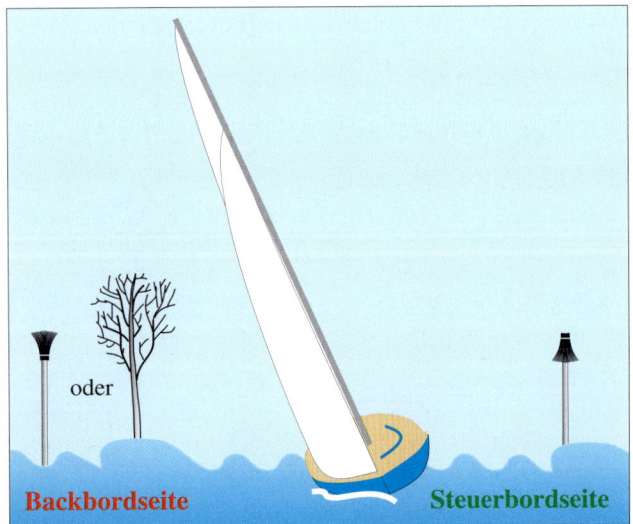

Backbordseite   **Steuerbordseite**

Stangen mit Besentoppzeichen und Pricken, die typische Fahrwasserbezeichnung im Wattenmeer

Begriffe rund um das Watt, das Vokabular der Wattensegler

Wattenmeer, Seegatten

abfallendem Grund – zu verhindern, kann ein Anker seitlich ausgebracht und seine Trosse an das Spi-Fall gesteckt werden. Wer die Lage nicht sicher beherrscht, sollte unverzüglich Bremen Rescue, die zentrale Leitstelle der Deutschen Gesellschaft zur Rettung Schiffbrüchiger, informieren. Das gilt auch für den Fall einer Strandung vor den Inseln oder beim Festkommen in einem Seegatt.

Navigation im Watt

In Gewässern mit Sand- oder Schlickgrund ändern sich die Tiefenverhältnisse häufig. Tonnen und Fahrwasser müssen immer wieder verlegt werden. Die Bekanntmachungen für Seefahrer (Hafenaushang) informieren hierüber. Auch einheimische Segler, Fischer und die Besatzung von Rettungsbooten kennen die aktuelle Situation.

Seekarten geben die Verhältnisse nicht immer exakt wieder. Navigation im Watt heißt fahren auf Sicht; nach Kompass oder Radar wird selten gesteuert. Stangen und Pricken (siehe Abbildung) sind die typische Betonnung. Mal stehen sie direkt an der Kante eines Prieles, mal etwas dahinter; Kurven schnippelt man

besser nicht. Weil oft nur ein Seezeichen ausliegt, muss der Rudergänger die Betonnungsrichtung kennen. Sie ist in der Seekarte angegeben.

Wattensegeln ist Gezeitensegeln. Navigation ist hier vor allem Reiseplanung. Zwei Fragen stellen sich:

1. Komme ich noch vor Hochwasser über alle Flachs?
2. Wie setzt der Strom?

Um die Flachs nur bei steigendem Wasser zu überqueren, berechnet man die geplanten Ankunftszeiten bei verschiedenen Wegpunkten und vergleicht sie mit der tatsächlichen Zeit. Wer zu spät kommt, muss die Route ändern.

Noch wichtiger als Flachs kann ein Strom sein, der gegen den Wind setzt. Der Gezeitenstrom erreicht vor der deutschen Küste folgende Stärken:

Wattenhochs	0,5 kn
Watt	1,5 kn
Priele	2,5 kn
Baljen	3,5 kn
Seegatten	4,5 kn
Flussmündungen	5,5 kn

Wattenhochs und Watt ausgenommen, diese Stromstärken können jede Yacht in Gefahr bringen, wenn ein frischer Wind (Stärke 5)

gegen den Strom setzt. In Seegatten kann Windstärke 5 – gegen den Strom – lebensgefährlich werden.

Zu wissen, wie der Strom setzt, ist für die Reiseplanung immer interessant – wer die Chance hat, sich vom Strom schieben zu lassen, macht dies gerne. Strom gegenan wird nur auf langen Reisen in Kauf genommen, wenn das Ziel nicht im Rahmen einer Ebbe oder einer Flut erreicht werden kann.

Weht der Wind mehrere Tage lang aus einer Richtung, verändert er den Wasserstand erheblich. Wind aus westlicher Richtung erhöht, Wind aus östlicher Richtung verringert ihn. Das BSH verbreitet Wasserstandsvorhersagen über Rundfunk-Wetterberichte. Die sprichwörtliche Handbreit Wasser unter dem Kiel reicht im Watt nicht aus. 0,5 Meter Sicherheitsabstand sollten es schon sein.

Für den Fall einer Havarie oder eines Motorschadens soll in strömenden Gewässern der Anker immer klar zum Fallen sein.

Gefahr in Seegatten

Als Seegatten werden die Durchlässe zwischen den Inseln bezeichnet. Der Ge-

zeitenstrom erreicht hier über vier Knoten und erzeugt bereits bei frischem Nordwestwind (Stärke 5) extrem gefährlichen Seegang. Besonders gefährlich sind die Seegatten kurz vor dem Niedrigwasser. Tückisch ist, dass die Höhe des Seegangs erst im Seegatt erkennbar ist und dann nicht mehr umgekehrt werden kann. Wer unbedingt bei Windstärke fünf von See kommend durch ein Seegatt laufen will, sollte es im letzten Drittel der Flut machen – wenn der Strom mit verminderter Stärke setzt und durch den hohen Wasserstand die Wellen nicht so schnell brechen. Besser als ein Risiko einzugehen ist, einen Rettungskreuzer um Geleitschutz zu bitten.

Nicht weniger gefährlich sind die Sandbänke davor. Dort kann sich eine Grundsee aufbauen, der kein Schiff gewachsen ist.

Es sei an den Rettungskreuzer *Alfried Krupp* erinnert, der 1995 vor Borkum in schwerer Grundsee durchkenterte und dabei zwei Männer verloren hat.

Bei schwerer See ist eine Yacht gut beraten, nicht die deutsche Küste anzulaufen, sondern auf Helgoland zu warten, bis sich das Wetter bessert.

SKS-Fragen 102, 107 (Seemannschaft I); 66 (Seemannschaft II)

Segeln in strömenden Gewässern

In strömenden Gewässern schnell zu segeln, ist eine besondere Herausforderung. Gezeitenströme auf der Nordsee oder im Watt beeinträchtigen oder befördern alle Schiffe mehr oder weniger gleichmäßig. Anders sieht es auf Flüssen oder mit den Triftströmen aus. Auf allen Meeren verursacht anhaltender Wind horizontale Oberflächenströmungen, die als **Triftströme** oder **Triften** bezeichnet werden. In den Belten und Sunden der Ostsee gehören sie zum Alltag, aber auch im Skagerrak und Kattegat setzt häufig Triftstrom. Strom wird erkannt

– mithilfe von GPS (siehe Seiten 36, 45 ff.),
– an Tonnen,

– wenn beim Ansteuern einer festen Landmarke mehrfach der Kurs korrigiert werden muss.

Steht der Strom gegenan, so wird man dicht unter Land am schnellsten sein, weil dort der Strom schwächer setzt oder als **Neerstrom** sogar schiebt.

Strom setzt in tiefem Wasser stärker als in flachem (Bodenreibung). Am besten segelt man daher gegen den Strom in flachem und mit dem Strom in tiefem Wasser. Weil die größere Wassermasse träger reagiert, stoppt oder kentert jeder Strom zuerst auf Flachwasser.

In Krümmungen setzt Strom außen meistens stärker als

innen. Innen kann sich sogar Neerstrom bilden. Auf flachem Wasser besteht natürlich immer Gefahr aufzulaufen. Ohne Revierkenntnis muss verdammt aufgepasst werden – aber das steigert den Reiz am schnellen Segeln noch.

Bei Ausweichmanövern spielt Strom keine Rolle, weil beide Fahrzeuge dem Strom gleichermaßen ausgesetzt sind. Anders hingegen bei Tonnen oder Hafenmolen; bei wenig Wind treibt ein Schiff unter Segeln leicht dagegen.

Querströmungen vor Hafeneinfahrten sind tückisch. Am besten läuft man erst einmal gegen den Strom vor der Einfahrt her, um seine Stärke zu ermitteln.

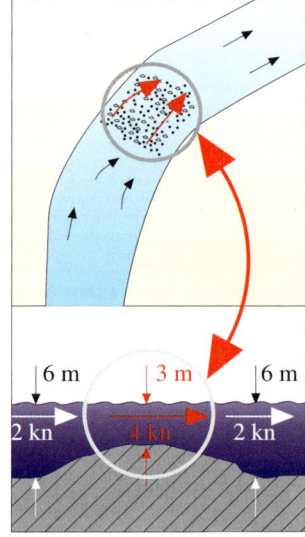

Über einer Barre, in die der Strom keinen Kanal gewaschen hat und an der er auch nicht vorbeifließen kann, nimmt der Strom an Stärke zu.

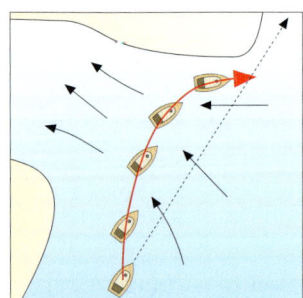

Muss beim Steuern nach Sicht wiederholt der Kurs korrigiert werden, so segelt das Schiff auf einer Hundekurve. Ursache ist meistens Stromversatz. Windversatz ist selten so groß.

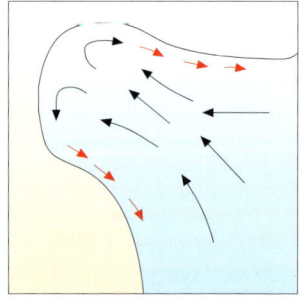

*An den Ufern einer Bucht läuft der Strom manchmal in Gegenrichtung. Er heißt dann **Neerstrom** und kann auch in Buhnenfeldern und Hafeneinfahrten, sogar auf Flüssen vorkommen.*

Die Bodenreibung bremst den Strom in flachem Wasser stärker als in tiefem. Gegen den Strom segelt man auf flachem Wasser schneller, mit dem Strom auf tiefem Wasser.

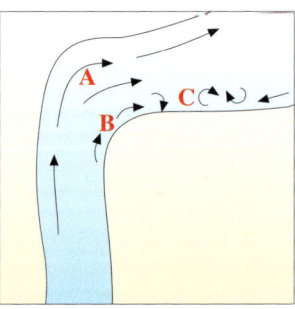

In Krümmungen: Stärkster Strom außen (A); schwächster Strom innen (B); Neerstrom oder Stromwirbel hinter der Krümmung (C), nicht selten ist es dort flach.

SKS-Frage 52 (Navigation)

Seekarten

Ausrüstung mit Seekarten und Seebüchern

Gemäß § 13 der Schiffssicherheitsverordnung (s. Seite 131) *„hat der Eigentümer eines Schiffes, das die Bundesflagge führt, dafür zu sorgen ... dass die für die jeweilige Reise erforderlichen amtlichen Ausgaben von Seekarten und Seebüchern auf der Brücke vorhanden sind; bei Sportbooten im Sinne der Sportbootführerscheinverordnung–See genügt es, wenn an Bord nichtamtliche Ausgaben mitgeführt werden.“*

Seekarten können in amtliche und nichtamtliche Karten unterschieden werden. **Amtliche Karten** werden in Deutschland vom Bundesamt für Seeschifffahrt und Hydrographie und im Ausland vom jeweiligen hydrographischen Dienst herausgegeben. **Nichtamtliche Karten** sind Verlagsprodukte und wurden speziell für die Sportschifffahrt entwickelt. Auch sie beruhen oft auf den amtlichen Vermessungen. Ein einheitliches Kartenbild für in- und ausländische Seegebiete, Erklärungen und Hinweise auf Deutsch und ein günstiger Preis machen diese Karten bei Wassersportlern sehr beliebt. Doch für Prüfungen sind sie nicht zugelassen. Deshalb sollen nun **amtliche Seekarten** vorgestellt werden. Es gibt:

– amtliche deutsche Seekarten (zu denen auch die internationalen Seekarten zählen, z. B. D. 2 INT 1456),
– amtliche ausländische Seekarten sowie
– amtliche Sportbootkarten.

Die amtliche deutsche **Karte 1 (INT 1)** erklärt alle in deutschen und internationalen Seekarten verwendeten Zeichen, Begriffe und Abkürzungen in deutscher (und englischer) Sprache. Sie wird zur Navigation mit amtlichen deutschen oder internationalen Seekarten benötigt.

Amtliche deutsche Seekarten sind die Seekarten, die a) im BSH-Verzeichnis der Nautischen Karten und Bücher aufgeführt sind und b) mit den Nachrichten für Seefahrer berichtigt werden können.

Das deutsche Seekartenwerk deckt seit 1.1.1997 nur noch den Nordostatlantik bis zu den Kapverdischen Inseln einschließlich seiner Randmeere ab (mit Ausnahme einiger Küstengewässer). Das deutsche Kartenwerk muss aus Kostengründen ständig verkleinert werden. Schade, denn mit amtlichen deutschen Karten erlernt jeder Wassersportler in Deutschland die Navigation; ihr Kartenbild, ihre Begriffe und ihre Abkürzungen sind vielen vertraut.

Internationale Seekarten werden unter Verwendung der internationalen Abkürzungen und Symbole der Karte 1 (INT 1) von einem hydrographischen Dienst hergestellt. Alle anderen hydrographischen Ämter können sie übernehmen und nachdrucken. Dadurch vereinheitlichen sich die Kartenbilder allmählich. Eine nachgedruckte internationale Seekarte hat neben der internationalen Nummer (INT) auch eine nationale Nummer.

Deutsche Seekarten internationalen Stils sind:

– INT-Karten, die das BSH als „Producer“ herausgibt (z. B. von der deutschen Küste);
– INT-Karten von anderen hydrographischen Diensten, die das BSH als „Printer“ modifiziert herausgibt (von Küsten des Auslands);
– nationale Karten deutscher und ausländischer Gebiete, die das BSH im Stil der INT-Karten herausgibt.

In Seegebieten, für die es weder deutsche Sportbootkarten noch amtliche deutsche Seekarten gibt, müssen **ausländische Seekarten** benutzt werden.

Die Umstellung auf ausländische Seekarten ist nicht einfach und erfordert größte Aufmerksamkeit. Bevor mit einer solchen Karte navigiert werden kann, müssen zunächst alle Angaben und Hinweise übersetzt werden. Um unbekannte Zeichen oder Abkürzungen zu verstehen, wird die entsprechende nationale Karte 1 benötigt.

Anstatt sich immer wieder in neue Kartendarstellungen einzuarbeiten, ist es einfacher, grundsätzlich **britische Seekarten** zu verwenden. Die Briten besitzen ein weltweites Kartenwerk, sie bieten hervorragende Seebücher und unterhalten ein internationales Vertriebssystem. Die britischen Seekarten sind gut an den internationalen Stil angepasst. Allerdings sind einige ihrer insgesamt etwa 7000 Seekarten sehr alt und in ihnen sind die Tiefen manchmal nicht in Meter sondern noch in Faden und Fuß angegeben. Die britische **Karte 5011** entspricht der Karte 1.

Amtliche Sportbootkarten sind preisgünstiger als die normalen amtlichen Seekarten und von handlichem Format. Wer amtliche Karten vorzieht, wird daher zunächst nach amtlichen Sportbootkarten gucken. Für die Nord- und

SBS-Fragen 223, 230, 261; SKS-Fragen 1, 105 (Navigation)

Seekarten

die Ostsee gibt es amtliche belgische, britische, dänische, deutsche, finnische, französische, niederländische, norwegische, polnische, russische und schwedische Sportbootkarten. Was Vermessungsgenauigkeit und Informationsgehalt betrifft, sind sie insbesondere für küstennahe Gewässer die erste Wahl.

Kleine Kartenkunde

Das **Gradnetz** aller Seekarten ist auf den Äquator und den Greenwicher Nullmeridian bezogen. Die Seekarten der europäischen Gewässer basierten früher überwiegend auf dem europäischen Bezugssystem **European Datum (ED)**. Leider ist das nicht das einzige Gradnetz. Weltweit werden etwa 170 unterschiedliche Bezugssysteme für Seekarten verwendet. Zwar bestehen meist nur geringfügige Netzdifferenzen (Unterschiede in Breite und Länge). Aber wenn eine Position aus einer Seekarte ganz genau in eine Seekarte mit einem anderen Gradnetz übertragen werden soll, so geht dies eben mithilfe der geografischen Koordinaten. Zunächst muss eine Landmarke gefunden werden, die in beiden Karten vorhanden ist. Auf diese Landmarke ist die Position

mit Peilung und Abstand zu beziehen und dann zu übertragen, also z. B. 12,5 sm in Richtung 285° zum Leuchtturm Land's End.

GPS verwendet das **World Geodetic System 1984** (WGS 84), d. h., alle von GPS ermittelten Positionen sind auf dieses Gradnetz bezogen. Soll eine solche Position in eine Seekarte mit einem anderen Gradnetz übertragen werden, so müssen die Breite und Länge vorher korrigiert oder das Gerät auf das Gradnetz dieser Karte umgestellt werden. Die Korrekturwerte sind – soweit bekannt – in den Seekarten angegeben (siehe Seite 45).

Um diese Arbeit zu ersparen, werden neue Karten auf WGS 84 umgestellt. (Werden solche Korrekturen in einem Krieg vergessen, kann versehentlich die chinesische Botschaft in Belgrad von einer Rakete getroffen werden.)

Das Gradnetz der meisten Seekarten beruht auf der **Mercator-Projektion**. Gerhard Mercator (1512 – 1594) entwickelte die **Zylinder-Projektion**. Dazu wird ein Zylinder um den Äquator gelegt und die Erdoberfläche vom Erdmittelpunkt aus auf diesen Zylinder projiziert. Zwar werden Flächen umso stärker verzerrt, je näher sie an den

Polen liegen, doch Mercators Kartenprojektion ist **winkeltreu** – und damit ideal für die Navigation. Kursgerade (Loxodrome) werden in Mercatorkarten als Gerade wiedergegeben und wenn das Schiff eine Kursänderung von 50° nach Steuerbord macht, so knickt auch die Kurslinie in der Mercatorkarte um 50° nach rechts ab. Ein weiterer Vorteil der Mercatorprojektion ist die einfache Möglichkeit, Entfernungen zu messen. Da der Maßstab in Mercatorkarten zum Äquator hin kleiner und zu den Polen hin größer wird, müssen Distanzen am linken oder rechten Kartenrand etwa auf der Breite gemessen werden, auf der man sie der Karte entnommen hat. Mercatorkarten sind auf einen Blick zu erkennen: Alle Längen verlaufen vertikal, alle Breiten horizontal.

Seekarten werden nach ihrem Zweck, Inhalt und Maßstab wie folgt eingeteilt:

– **Ozeankarten**
   1 : 5 000 000 und kleiner
– **Übersichtskarten**
   1 : 1 600 000 bis
   1 : 5 000 000
– **Segelkarten** 1 : 300 000
   bis 1 : 1 600 000
– **Küstenkarten** 1 : 30 000
   bis 1 : 300 000
– **Pläne** 1 : 30 000 und
   größer

Hamburger Dienstgebäude des Bundesamtes für Seeschifffahrt und Hydrographie (BSH), des Herausgebers der amtlichen deutschen Seekarten und Seebücher

SBS-Fragen 223, 232; SKS-Fragen 2, 40, 100 (Navigation)

Seekarten, Seebücher

Auf Karten und Pläne in größerem Maßstab wird in deutschen Seekarten durch farbige Begrenzungslinien hingewiesen. Innerhalb dieser Begrenzungslinien werden nicht alle Einzelheiten dargestellt. Für die Navigation in diesen Gebieten müssen Karten und Pläne größeren Maßstabs benutzt werden.

Das **Kartennull** ist das Niveau der Wasseroberfläche, auf das sich alle Tiefenangaben in den Seekarten beziehen. Es ist so tief angesetzt, dass der Wasserstand nur selten darunter sinkt. In tidenfreien Revieren stimmt das Kartennull etwa mit dem mittleren Wasserstand überein. Das Kartennull in der Deutschen Bucht wurde aufgrund einer internationalen Vereinbarung 2005 neu festgesetzt: als örtlicher, niedrigstmöglicher, vorausberechenbarer Gezeitenwasserstand (**Lowest Astronomical Tide, LAT**). Seit 2005 beziehen sich die Gezeitentafeln und der Tidenkalender auf LAT; bei anhaltend starkem, ablandigem Wind kann der Wasserstand allerdings noch etwas tiefer absinken.

Das neue Seekartennull liegt etwa 0,5 m unter dem alten Seekartennull. Weil es wenig Sinn macht, Tiefenlinien von 4,5 m oder

9,5 m auszuweisen, muss das deutsche Nordseeküstenmeer neu vermessen werden. Das dauert fünf bis sieben Jahre lang. In den Gezeitentafeln und im Tidenkalender mussten die meisten Höhen der Hoch- und Niedrigwasser um etwa 0,5 m erhöht werden. Das ist 2005 geschehen.

Weil sich in Gezeitenrevieren die Wassertiefe aus der Summe von Kartentiefe und Höhe der Gezeit ergibt, erhält man bei Seekarten mit dem alten Kartennull einen etwa 0,5 m zu hohen Wert. Das BSH lässt daher auf neuen Seekarten, die noch das alte Kartennull enthalten, einen Aufkleber anbringen, mit dem auf den Unterschied von ca. 0,5 m und das richtige Anwenden der Gezeitentafeln hingewiesen wird.

Wracke und **Schifffahrtshindernisse** sollten stets in sicherem Abstand umfahren werden. Sie können ihre Lage verändern oder auseinander brechen und ihre Tiefe um mehrere Meter vermindern. Zudem können sich Fischernetze und andere treibende Gegenstände darin verfangen und mehrere Meter über dem Wrack schweben.

Die **Tiefenzahlen** geben die Tiefen (in Metern und Dezimetern) unter Karten-

null an. **Tiefenlinien** sollten als Warngrenzen vor flacherem Wasser, vor Klippen, Riffen, Bänken, Untiefen usw. betrachtet werden. Befindet sich ein Schiff auf einer Tiefenlinie, so reicht eine einzige andere Standlinie aus, um den Schiffsort anzugeben. Der Verlauf der Tiefenlinien hängt von der Gestalt des Meeresbodens, den Vermessungsgrundlagen und dem Maßstab ab. Sind in einer Seekarte die Tiefenlinien nicht ausgezogen, so ist die Tiefendarstellung unsicher.

Durchfahrtshöhen von Brücken beziehen sich in der Regel auf den Hochwasserstand. **Sicherheitsdurchfahrtshöhen** unter Hochspannungsleitungen berücksichtigen noch einen Sicherheitsabstand von zwei bis fünf Metern, um elektrischen Entladungen vorzubeugen.

Amtlichen Seekarten wird zu Recht eine hohe Qualität bescheinigt. Doch auch die hydrographischen Dienste übernehmen **keine Gewähr für die Richtigkeit ihrer Angaben**. Dass Angaben unzutreffend oder veraltet sind, kann nie ausgeschlossen werden. Strom und Seegang ändern – vor allem auf Sand und Schlick – die Tiefen ständig. Schifffahrtszeichen müssen dort oft

mehrmals im Jahr verlegt werden.

Die **Seebücher** ergänzen die Seekarten und sollten deshalb stets gemeinsam benutzt werden. Zu den Seebüchern zählen

– die Seehandbücher
– das Ozeanhandbuch
– die Monatskarten
– das Leuchtfeuerverzeichnis
– der Nautische Funkdienst
– der Revierfunkdienst
– der Jachtfunkdienst
– die Gezeitentafeln
– das Nautische Jahrbuch
– das Handbuch für Brücke und Kartenhaus
– das Handbuch für Suche und Rettung
– das Internationale Signalbuch
– das Verzeichnis von Auffanganlagen
– das englische Seefahrt-Standard-Vokabular

Die **Seehandbücher** dienen der Küstennavigation und sind in drei Teile gegliedert: Der Teil A enthält wichtige Schifffahrtsangelegenheiten, insbesondere Verkehrsvorschriften (z. B. Brückensignale). In Teil B werden die Naturverhältnisse beschrieben: Klima und Wetter, Gezeiten, Strömungen und Missweisung. Der Hauptteil C (Küstenkunde und Segelanweisungen) ergänzt die Seekarte und enthält wichtige Informatio-

SBS-Fragen 223, 226, 229; SKS-Fragen 15, 16, 74 – 76, 78, 79 (Navigation)

Seebücher

nen zu Ansteuerung, Fahrwasser, Ankerplätzen und Häfen. Auch Küstenansichten und wichtige Objekte sind abgebildet.

Das **Handbuch der Ozeanwege** soll bei der Planung von Ozeanreisen helfen. Es beschreibt die Schifffahrtswege über den Atlantischen, den Indischen und den Pazifischen Ozean und die maritimen Naturverhältnisse.

In den zwölf **Monatskarten** werden Strömungen, die typische Wetterlage, Luft- und Wassertemperatur, Eisberg- und Treibeisgrenzen, charakteristische Wellenhöhen, Sichtigkeit, Missweisung, Schifffahrtsrouten und Großkreisentfernungen dargestellt.

Das Handbuch der Ozeanwege und die Monatskarten sammeln den Schatz an Erfahrungen, den Generationen von Seefahrern zusammengetragen haben.

Das deutsche **Leuchtfeuerverzeichnis** wird in drei Teilen nur für die östliche Nordsee und die Ostsee herausgegeben. Es enthält die Beschreibungen der Leuchtfeuer und Großtonnen sowie Informationen über Nebelschallzeichen.

Die gleichen Angaben macht die britische **Admi-**ralty List of Lights and Fog Signals**. Tonnen werden in beiden Verzeichnissen erst ab acht Meter Höhe aufgeführt.

Das Handbuch **Nautischer Funkdienst** und das Handbuch **Revierfunkdienst** sind für ausrüstungspflichtige Schiffe gedacht. Der **Jachtfunkdienst für Nord- und Ostsee** bzw. **Mittelmeer** ist für nichtausrüstungspflichtige Schiffe vorgesehen. Er erscheint jährlich im Frühjahr und wird nicht berichtigt.

Auch die **Gezeitentafeln** (nur europäische Gewässer) sind ein Jahr gültig.

Das **Nautische Jahrbuch** erscheint ebenfalls jährlich und wird benötigt, um die Zeit, Breite und Länge auf See nach astronomischen Beobachtungen zu bestimmen.

Das **Handbuch für Brücke und Kartenhaus** soll der Schiffsführung als Ratgeber und Informationsquelle in Ergänzung zu den Seekarten und übrigen Seebüchern dienen. Es beschreibt Schifffahrtsbehörden und -organisationen, Seekarten und Seebücher, nautische Anlagen, Geräte, Schifffahrtszeichen, Hinweise zur Schiffsführung, Suche und Rettung, Küs-

tenmeere und Anschlusszonen, Meeresumweltschutz, Schiffssicherheit, Schiffsverkehr, Zoll und Quarantäne. Es enthält Gesetzestexte und die Bekanntmachungen der Wasser- und Schifffahrtsdirektionen (WSD).

Das **Handbuch für Suche und Rettung** ist die amtliche deutsche Übersetzung der IMO-Veröffentlichung Merchant Ship Search and Rescue Manual (MERSAR). Es wendet sich speziell an die Sport- und Kleinschifffahrt und soll helfen, Notfälle auf See zu bewältigen.

Wenn die Sicherheit der Schifffahrt und der Menschen auf See bedroht ist und keine Sprachverbindung möglich ist, sollte man sich mithilfe des **Internationalen Signalbuchs** verständigen.

Das **Verzeichnis von Auffanganlagen** enthält die beim BSH verfügbaren Angaben über weltweit vorhandene Entsorgungsanlagen gemäß MARPOL- und Helsinki-Übereinkommen in den Häfen der verschiedenen Staaten.

Das **Seefahrtstandardvokabular** enthält Vokabeln und Standard-Redewendungen in der Schifffahrt.

Außerhalb der vom deutschen Seekartenwerk abgedeckten Seegebiete muss auf **ausländische Seebücher** zurückgegriffen werden. Empfohlen werden wiederum die britischen Seehandbücher, die **Admiralty Sailing Directions** sowie die **Admiralty List of Radio Signals** und die **Admiralty List of Lights and Fog Signals**.

Neben den Seebüchern gibt das Bundesamt für Seeschifffahrt und Hydrographie zahlreiche Sonderveröffentlichungen heraus, die zum Teil ebenfalls zu den amtlichen Seebüchern zählen. An die Sportschifffahrt richten sich verschiedene Broschüren:

– Sicherheit im See- und Küstenbereich,
– Entsorgungsmöglichkeiten für Öl, Schiffsmüll und Schiffsabwasser,
– Flaggendokumente und Vermessung von Sportfahrzeugen

sowie diverse Schriften des Bundesverkehrsministeriums und seiner nachgeordneten Behörden.

Wichtiger und informativer für die Sportschifffahrt sind die **Törnführer** des Delius Klasing Verlages und die **nautischen Reiseführer** der Edition Maritim.

SBS-Fragen 219, 226, 231, 260; SKS-Fragen 11 – 13, 15 (Navigation); 95, 103 (Recht); 31 (Seemannschaft I); 18 (Seemannschaft II)

Elektronische Seekartensysteme

Digitale Seekarten

Nicht alle Menschen können sich leicht vorstellen, was die vom GPS-Gerät angegebenen Daten bedeuten. Auch wer nur wenige Tage im Jahr an Bord ist, kann die GPS-Daten möglicherweise nicht gleich in der Karte umsetzen. Hier kann ein digitales Seekartensystem, ein **Electronic Chart System** (ECS) helfen. Die Entwicklung hat in den vergangenen Jahren große Fortschritte gemacht. Zwar ist der Verzicht auf gedruckte Papierkarten in der Sportschifffahrt noch nicht zulässig, digitale Karten dürfen also immer nur zusätzlich zu papiernen Seekarten eingesetzt werden. Aber sie können eine wertvolle Hilfe sein. Die Vorteile liegen in der

– ständigen Anzeige des Schiffsorts in der Seekarte, fehlerfrei, aktuell und vollautomatisch,
– Erfassung von Wegpunkten durch Mausklick, keine manuelle (manchmal fehlerhafte) Eingabe der Koordinaten und keine zeichnerische Kontrolle mehr,
– Anzeige zusätzlicher Informationen, z. B. aus dem Hafenhandbuch,
– Integration des Radarbildes, gleichzeitige Anzeige von Seekarte und Radarbild.

Einfach und preisgünstig lässt sich ein PC mit Delius Klasing Seekarten zu einem Electronic Chart System aufrüsten. Ein angeschlossener GPS-Navigator zeigt immer die aktuelle Position des Schiffes sowie den zurückgelegten Weg. Die Navigation wird durch das einheitliche Bild der digitalen und gedruckten Karten spürbar erleichtert. Das funktioniert sogar auf einem Pocket-PC (s. Seite 45).

Bereits zu Hause können Routen geplant und alternative Strecken eingegeben werden. Das erhöht nicht nur die Vorfreude, sondern auch die Sicherheit.

ECDIS

ECDIS (Electronic Chart Display and Information System) heißen die elektronischen Seekartensysteme der Berufsschifffahrt. Sie können Seekarten und -bücher aus Papier ersetzen. Auf einem einzigen Bildschirm zeigen sie:

– Seekarte,
– Teile der Seehandbücher des Nautischen Funkdienstes und des Leuchtfeuerverzeichnisses,
– Radaranzeige,
– Kurslinie und momentaner Standort des Schiffes,
– Planungsdaten, aktuelle

Navigationsdaten, aufgezeichnete Informationen.

ECDIS „weiß", wann das Schiff eine für seinen speziellen Tiefgang ungefährliche Tiefe bedenkenlos überfahren kann und ob bei Annäherung z. B. an eine 10-m-Tiefenlinie als Gefahrengrenze ein Alarm auszulösen ist. ECDIS kennt die Eigenschaften aller Objekte und hilft, sie für die Navigation zu nutzen oder auch gefährliche Annäherungen zu vermeiden.

Diese Funktionen können durch elektronische Karten, die sich auf objektorientierte Daten stützen, gewährleistet werden. Eine solche „Intelligenz" besitzen Rasterkarten nicht, solange sie nur digitale Kopien einer Papierseekarte sind und keine zusätzlichen Informationen (in einer verdeckten Ebene) bieten. Demzufolge hat auch eine ECDIS-Anlage nur noch begrenzten Funktionsumfang, wenn sie mit den üblichen Rasterkarten versorgt wird.

Natürlich wird auch hier der eigene Schiffsort fortlaufend angezeigt; der Kartenausschnitt „fährt" mit dem Schiff automatisch mit, ohne dass Karten gewechselt werden müssen. Die Position wird per GPS laufend bestimmt und im ECDIS gespeichert. Da

auch die Kurse des Schiffes eingegeben werden können, ist eine kontrollierte Bahnführung des Schiffes möglich.

Die ECDIS-Anzeige lässt sich mit dem Radarbild überlagern. Auch AIS-Symbole (siehe Seite 54) können angezeigt und so die Bewegungen anderer Schiffe auf dem Bildschirm beobachtet werden.

Ein wesentliches Plus von ECDIS ist, dass die zeitraubende manuelle Berichtigungsarbeit entfällt. Die Änderungsdaten, die auch über das Internet abgerufen werden können, brauchen nur in das System eingelesen zu werden und führen zu einer automatischen Berichtigung der ECDIS-Datenbasis.

Der Standard, nach dem der ECDIS-Datendienst arbeitet, nennt sich **S-57**. Ein Datensatz, der dem S-57-Standard entspricht, wird als **ENC** (Electronic Navigational Chart) bezeichnet. ENCs werden von den nationalen hydrographischen Diensten erstellt und – für nordeuropäische Gewässer – von **Primar Stavanger** flächendeckend zusammengefasst. Primar Stavanger ist ein so genanntes **RENC** (Regional Electronic Navigational Chart Co-ordination Centre).

Nachrichten für Seefahrer NfS

Die Nachrichten für Seefahrer (NfS) sind das Amtsblatt des Bundesamtes für Seeschifffahrt und Hydrographie (BSH). Sie erscheinen wöchentlich in **Heftform** und können auch aus dem **Internet** heruntergeladen werden.

2006 erscheinen die NfS im 137. Jahrgang. Sie dienen zur Berichtigung deutscher und einiger ausländischer Seekarten. Auch Seehandbücher, das Leuchtfeuerverzeichnis und das Verzeichnis der Nautischen Karten und Bücher werden mit den NfS berichtigt. Die NfS sind komplett zweisprachig, Deutsch und Englisch, gehalten.

Die NfS gliedern sich in fünf Teile und Anlagen:

Teil 1: Kartenberichtigungen
Teil 2: Handbuchberichtigungen
Teil 3: Katalogberichtigungen
Teil 4: Mitteilungen
Teil 5: Nautische Warnnachrichten.

In Teil 4 werden wichtige Ereignisse bekannt gegeben – von den Seeschifffahrtsstraßen, der hohen See und den Hoheitsgewässern anderer europäischer Staaten. Auch über neue Gesetze und Verordnungen wird informiert.

Besonders interessant ist Heft 1 eines jeden Jahrgangs, weil hier alle wichtigen Mitteilungen zusammen dargestellt werden.

Jede NfS-Ausgabe wird mit einer Übersicht der Seekarten eingeleitet, die nach diesem Heft zu berichtigen sind. Hier ist mit einem Blick erkennbar, ob Änderungen in Seekarten des zu befahrenden Seegebietes eingetreten sind. Daran schließen sich die eigentlichen Kartenberichtigungen an, die nach Seegebieten aufsteigend geordnet sind.

Seegebiet 10: Ostsee und Gewässer zwischen Nord- und Ostsee;

Seegebiet 20: Nordsee und europäisches Nordmeer;

Seegebiet 30: Kanal und westeuropäische Meere;

Seegebiet 40: Mittelmeer und Schwarzes Meer;

Seegebiet 50: Nordatlantischer Ozean;

Seegebiet 60: NW-afrikanische Gewässer und Rotes Meer.

Nachrichten und Mitteilungen, die international zum ersten Mal veröffentlicht werden, sind mit einem Stern * versehen. Nachrichten, die eine bevorstehende Maßnahme ankündigen, werden durch ein **P** (P = Preliminary) gekennzeichnet. **T** (T = Temporary) bedeutet, dass die Nachricht nur vorübergehend gilt.

Wegen der begrenzten Geltungsdauer werden keine Berichtigungen auf der Grundlage von **P-** oder **T-Nachrichten** vom BSH bzw. amtlichen Seekartenberichtigungsstellen durchgeführt. Deshalb müssen vor Gebrauch jeder Seekarte die noch gültigen P- und T-Nachrichten erfasst und – mit Bleistift – in der Karte vermerkt werden.

Wer deutsche Seekarten und Seebücher von einer **Vertriebsstelle mit eigenem Berichtigungsdienst** bezieht, bekommt den aktuellen Stand. Lediglich die P- und T-Nachrichten (siehe oben) müssen noch eingetragen werden. Wird das Material hingegen bei anderen Vertriebsstellen oder dem Buchhandel gekauft, müssen die Käufer ihre Seekarten selbst auf den Stand des neuesten NfS-Heftes bringen. Bis zu welcher NfS-Ausgabe eine Seekarte berichtigt wurde, ist auf die linke Seite des unteren Kartenrandes gestempelt (siehe Seite 15).

Sportbootkarten werden nach dem Druck nicht mehr berichtigt. Sie müssen immer vom Nutzer auf den aktuellen Stand gebracht werden. Sie enthalten daher keinen Berichtigungsstempel. Amtliche deutsche Sportbootkarten können ebenfalls über die NfS berichtigt werden. Der Delius Klasing Verlag bietet für seine Sportbootkarten einen besonderen Service: kostenloser Internet Download der Berichtigungen. Die NfS und die Berichtigungssätze anderer Verlage sind kostenpflichtig.

Britische Seekarten und Seebücher werden nach den **Notices to Mariners** (siehe Seite 16) berichtigt.

Seekartenberichtigung

Zunächst ist anhand des Berichtigungsstempels zu klären, bis wann die vorliegende Seekarte berichtigt ist. Umständlich wäre, jetzt alle anschließenden NfS-Ausgaben durchzusehen, ob eine Berichtigung für die vorliegende Karte enthalten ist. Einfacher ist, von der neuesten NfS-Ausgabe an rückwärts zu suchen. Sobald das Heft mit der letzten Berichtigung gefunden ist, findet man hier auch die Nummer des Heftes mit der vorletzten Berichtigung (siehe Bei-

SBS-Fragen 224, 227; SKS-Fragen 9, 10, 36 – 39, 42 (Navigation)

Berichtigungen

spiel einer Kartenberichtigung). So können alle versäumten Berichtigungen schnell nachgeholt werden.

Die Nachrichten für Seefahrer geben genau an, wie die Seekarte zu berichtigen ist (siehe unten). Die Angaben müssen mit einem feinen, radierfesten Stift – exakt auf dem angegebenen Ort – in die Seekarte eingetragen werden. Ist das amtliche Zeichen für den Berichtigungsgegenstand – z. B. eine Spierentonne – nicht bekannt, kann es in Karte 1 nachgeschlagen werden. Müssen Seezeichen verlegt werden, so ist der neue Ort mit einem kleinen Kreis zu markieren und ein geschwungener Pfeil vom alten Seezeichen zum neuen Ort zu zeichnen. Schwierige und umfangreiche Kartenberichtigungen sind mithilfe von **Deckblättern** ganz einfach – sie müssen nur in die Seekarte geklebt werden. Die Deckblätter sind in die NfS eingeheftet. **Berichtigungspausen** sind auf Transparentpapier gedruckte Berichtigungsanweisungen. Schließlich ist die durchgeführte Berichtigung links auf den unteren Kartenrand zu stempeln (siehe Abbildung Seite 15).

Seekarten, deren Kartenbild infolge zahlreicher Berichtigungen oder umfangreicher Änderungen (wie Gefahren, Fahrwasser und Schifffahrtszeichen) veraltet ist, werden durch **neue Ausgaben** ersetzt.

Vorherige Ausgaben können dann nicht mehr berichtigt werden und sind für die Navigation nicht mehr verwendbar. Dies wird als Katalogberichtigung mitgeteilt.

Für Nachrichten für Seefahrer (NfS) besteht (in der Berufsschifffahrt) eine Aufbewahrungspflicht von zwei vollen Jahren, d. h., die NfS der zwei abgelaufenen Kalenderjahre und des laufenden Jahres müssen aufbewahrt werden.

Seebücher berichtigen

Der Stand eines Handbuchs oder Leuchtfeuerverzeichnisses ergibt sich aus den beiliegenden Berichtigungen. Spätere Eigenberichtigungen werden handschriftlich vermerkt.

Handbuchberichtigungen (des Leuchtfeuerverzeichnissen eines Seehandbuchs) sind entweder einseitig bedruckt – ausschneiden und einkleben – oder als Austauschseiten beigeheftet.

Katalogberichtigungen beziehen sich auf Veränderungen im aktuellen Verzeichnis der Nautischen

Der Autor an der Pinne seines Bootes (Hallberg Rassy 31)

Karten und Bücher, z. B. bei Neuausgaben.

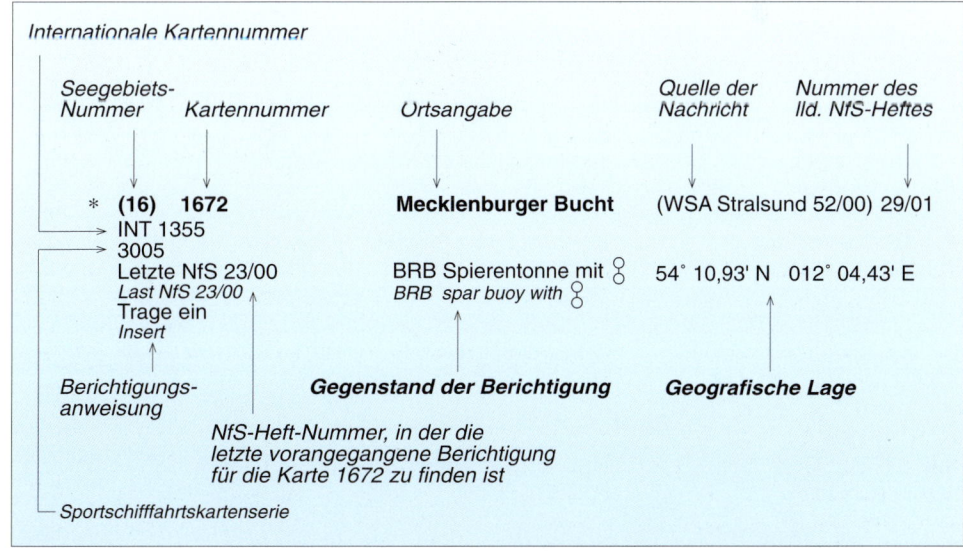

Beispiel einer Kartenberichtigung aus den Nachrichten für Seefahrer (NfS)

2

SCHIFFFAHRTSRECHT

Übersicht

Für die Sportbootführerschein-Prüfung müssen viele gesetzliche Bestimmungen auswendig gelernt werden. Neulingen im Wassersport sei gesagt, dass das Schifffahrtsrecht in der Praxis weniger wichtig ist als in der Prüfung. Wie man in Gesprächen feststellen kann, sind selbst erfahrene Wassersportler mit den schifffahrtsrechtlichen Vorschriften oftmals nur in den Grundzügen vertraut.

Wer die Sportbootführerschein- oder die SKS-Prüfung bestehen will, muss die Prüfungsfragen beantworten können. Der ganze Stoff dieses Kapitels wird nur von Sportseeschiffern und Sporthochseeschiffern verlangt.

Die **Kollisionsverhütungsregeln** (KVR, International Regulations for Preventing Collisions at Sea, COLREG) stellen das internationale Seeverkehrsrecht dar. Sie wurden 1972 von der **IMO**, der UN-Organisation für die Seeschifffahrt, verabschiedet und seitdem mehrfach ergänzt.

Die Kollisionsverhütungsregeln sind von 63 Staaten in nationales Recht umgesetzt worden. Sie gelten für alle Fahrzeuge auf hoher See und auf den damit zusammenhängenden, von Seeschiffen befahrbaren Gewässern.

Recht	Geltungsbereich
KVR	international
SeeSchStrO	national
AnlBV	national
EmsSchO	regional (grenzübergreifend)
Befahrensregelungen	regional
Hafenordnungen	lokal
WSD-Bekanntmachungen	lokal

Geltungsbereiche des Seeverkehrsrechts

Die KVR bestehen aus 38 Regeln zu den Themen

– Fahren und Ausweichen
– Lichter und Signalkörper
– Schall- und Lichtsignale

Die KVR wurden durch die **Verordnung zu den Kollisionsverhütungsregeln** (**VO KVR**) in deutsches Recht umgesetzt. Diese Verordnung gilt nicht nur im deutschen Küstenmeer, sondern für Schiffe unter deutscher Flagge auch darüber hinaus – sofern nicht in Hoheitsgewässern anderer Länder abweichende Regelungen gelten. Die VO KVR beinhaltet ein **Alkoholverbot** (0,5‰) und verbietet das Befahren von **Sicherheitszonen**. Die erstrecken sich in einem Abstand von 500 Meter um Plattformen, Bohrinseln, Forschungsanlagen u. a.

Die **Seeschifffahrtsstraßen-Ordnung** (SeeSchStrO) gilt im Wesentlichen nur auf den deutschen Seeschifffahrtsstraßen (siehe nebenstehende Abbildung) und beinhaltet einige über die KVR hinausgehende Vorschriften

– zum Fahren und zur Vorfahrt im Fahrwasser
– zum Transport bestimmter gefährlicher Güter
– zum Alkohol am Steuer
– zur maritimen Verkehrslenkung im deutschen Küstenmeer
– zur Ausrüstung mit und zur Verwendung von Positionslaternen und Schallsignalanlagen

Die **Schifffahrtsordnung Emsmündung** (EmsSchO) setzt ein bilaterales Abkommen zwischen Deutschland und Holland um. Damit wurde eine einheitliche Schifffahrtsordnung beiderseits der gemeinsamen Grenze geschaffen. Die Regelungen der EmsSchO sind weitgehend mit denen der SeeSchStrO identisch. Die

EmsSchO gilt im Mündungsgebiet der Ems, auf der Ems bis Papenburg und auf der Leda bis Leer. Dort gilt nicht die SeeSchStrO.

In Deutschland hat **spezielleres Recht Vorrang** vor allgemeinem Recht. Deshalb sind die SeeSchStrO beziehungsweise die EmsSchO vor den KVR anzuwenden (siehe Seiten 82, 110 und 117). Noch spezieller sind die **Hafenordnungen** (Hamburgische Hafenverkehrsordnung, Bremische Hafenordnung, Allgemeine Hafenordnung Niedersachsen, Sporthafenverordnung Schleswig-Holstein u. a.).

Die **Wasser- und Schifffahrtsdirektionen** Nord in Kiel und Nordwest in Aurich sind Mittelbehörden des Bundes. In den **Bekanntmachungen** der WSD Nord zur SeeSchStrO und der WSD Nordwest zur SeeSchStrO und zur EmsSchO sind Fahrwasser, Reeden, Liegestellen, Überhol- und Ankerverbotsgebiete festgelegt.

Zum Seeverkehrsrecht zählen auch **Befahrensregelungen** in Nationalparks und Naturschutzgebieten sowie die **Anlaufbedingungsverordnung**, die das Anlaufen der inneren Gewässer der Bundesrepublik und das Auslaufen aus ihnen im Wesentlichen für die Handelsschifffahrt regelt.

SBS-Fragen 1, 3, 6, 106; SKS-Fragen 1 – 3, 58, 59 (Recht)

Geltungsbereiche

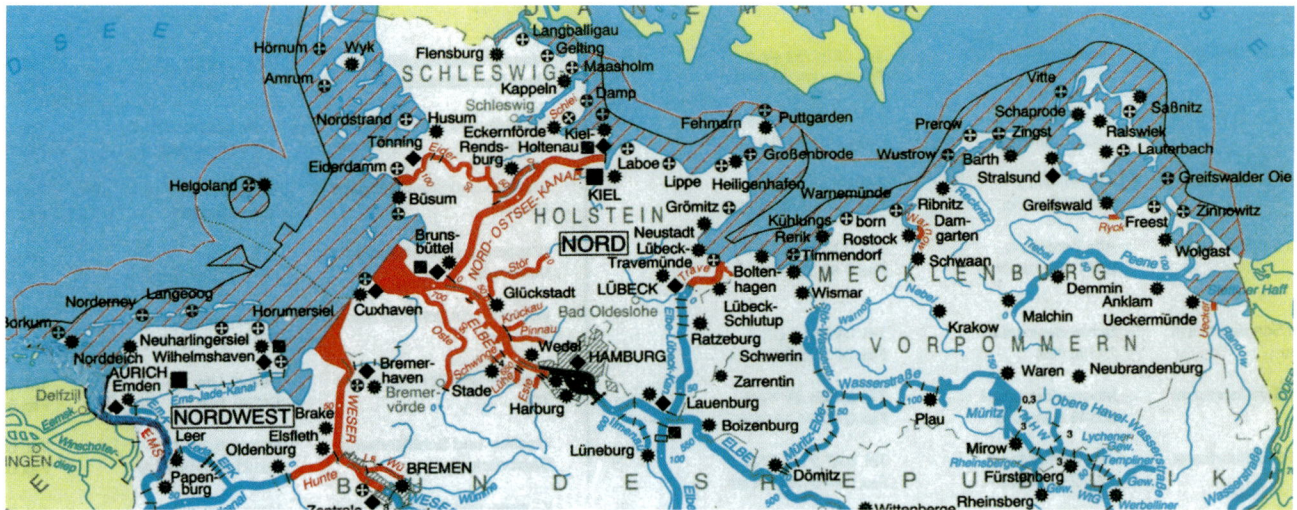

Diese Karte zeigt den Geltungsbereich der SeeSchStrO und die Grenze des deutschen Küstenmeers. Der Geltungsbereich der SeeSchStrO – die **Seeschifffahrtsstraßen** – besteht aus den rot schraffierten, durch eine schwarze Linie seewärts begrenzten Wasserflächen sowie den rot markierten Teilen der Binnenwasserstraßen. Auf diesen Wasserflächen darf ein Sportboot mit dem Sportbootführerschein See geführt werden. Die seewärtige Grenze der Seeschifffahrtsstraßen liegt drei sm von der Basislinie entfernt – mit Ausnahme der Ausbuchtungen, wo betonnte Fahrwasser über die 3-sm-Zone hinausführen (u. a. Fahrwasser „Alte Weser" und „Neue Weser"). Auch um Helgoland herum verläuft die Grenze der Seeschifffahrtsstraßen in drei sm Abstand von der Basislinie.

Die **Basislinie** wurde entsprechend dem UN-Seerechtsübereinkommen festgelegt. Vor den Ostfriesischen und den Nordfriesischen Inseln, vor Helgoland sowie an der deutschen Ostseeküste ist dies die Niedrigwasserlinie (d. h. 0 m Kartentiefe) entlang der Küste, wie sie in den amtlichen deutschen Seekarten großen Maßstabs eingetragen ist. Wo die Küste tiefe Einbuchtungen macht, wurde eine gerade Basislinie gezogen (in der Nordsee z. B. zwischen den Inseln sowie zwischen der Gruppe der Ostfriesischen Inseln, dem Scharhörner Watt und der Gruppe der Nordfriesischen Inseln; in der Ostsee z. B. in der Hohwachter Bucht und im Fehmarnsund – siehe hierzu die SKS-Übungskarten). Die landwärts der

Basislinie liegenden Gewässer heißen **innere Gewässer**. Die seewärtige Grenze des deutschen **Küstenmeer**s verläuft – gemäß dem UN-Seerechtsübereinkommen – in maximal zwölf sm Abstand von der Basislinie. Sie ist durch eine rote Linie gekennzeichnet und ist gleichzeitig die Grenze des Geltungsbereichs des Sportküstenschifferscheins. Das Küstenmeer – auch **Territorialgewässer** genannt – darf von Schiffen aller Staaten friedlich durchfahren werden („Recht der friedlichen Durchfahrt").

In einer an sein Küstenmeer angrenzenden Zone, der **Anschlusszone**, kann jeder Küstenstaat die erforderlichen Kontrollen ausüben und Verstöße gegen seine Zoll- und sonstigen Finanzgesetze, Einreise- oder Gesundheitsgesetze in seinem Hoheitsgebiet oder Küstenmeer verhindern und ahnden. Die Anschlusszone darf sich nicht weiter als 24 Seemeilen über die Basislinien hinaus erstrecken.

Die jenseits der Küstenmeere liegenden Meeresteile heißen **hohe See**. Die Freiheit der hohen See wird nach den Regeln des Völkerrechts ausgeübt und umfasst die Freiheit der Schifffahrt und der Fischerei sowie das Recht, Kabel und Rohrleitungen zu verlegen. Die **KVR** gelten auf der hohen See ebenso wie auf allen damit verbundenen, von Seeschiffen befahrbaren Gewässern, also auf dem deutschen Küstenmeer, den inneren Gewässern und den rot markierten Teilen der Binnenwasserstraßen.

SBS-Fragen 2, 4, 105; SKS-Frage 56, 86 – 88 (Recht)

Aufbau der KVR, Allgemeines

Die KVR bestehen aus 38 Regeln und vier Anlagen. Sie sind in fünf Teile gegliedert. Teil B ist der wichtigste Teil, er ist in drei Abschnitte unterteilt.

Bei der Auslegung der KVR ist der Vorrang des spezielleren Falls zu beachten, d. h., die speziellere Regel geht der allgemeineren vor. Allgemeine Regeln stehen vorne, hinten aufgeführte Regeln können oftmals als deren Spezialisierung angesehen werden (siehe z. B. Teil B). Dieses Prinzip ist auch innerhalb einer Regel anzuwenden. (Dies wird z. B. an Regel 1 deutlich: Buchstabe e beschreibt den speziellsten Fall, wie mit einzelnen, dort definierten Fahrzeugen abweichend von Buchstabe a zu verfahren ist. Buchstabe c stellt klar, dass von der Regierung eines IMO-Mitgliedstaates erlassene Sondervorschriften über zusätzliche Positionslichter für Kriegsschiffe als spezielleres Recht vor den KVR anzuwenden sind. Buchstabe b sagt, dass auch Sondervorschriften für Reeden, Häfen, Flüsse u. a. als lex specialis Vorrang vor den KVR haben.)

---

[1] nach Dr. Wolfgang Paul, Kollisionsverhütungsregeln, Hamburg 1998

Teil A Allgemeines Anwendung, Verantwortlichkeit, Begriffsbestimmungen (Regeln 1 – 3)		
Teil B Ausweich- und Fahrregeln (Regeln 4 – 19)	Teil C Lichter und Signal-körper (Regeln 20 – 31)	Teil D Schall- und Lichtsignale (Regeln 32 – 37)
Abschnitt 1 Verhalten von Fahrzeugen bei allen Sichtverhältnissen (Regeln 4 – 6)	Anlage 1 Anordnung und technische Einzelheiten der Lichter und Signalkörper	Anlage 3 Technische Einzelheiten der Schall-signalanlagen
Abschnitt 2 Verhalten von Fahrzeugen, die einander in Sicht haben (Regeln 11 – 18) / Abschnitt 3 Verhalten von Fahrzeugen bei verminderter Sicht (Regel 19)	Anlage 2 Zusatzsignale für nahe beieinander fischende Fahrzeuge	Anlage 4 Notzeichen
Teil E Befreiungen (Regel 38)		

Gliederung der KVR [1]

KVR Teil A, Allgemeines

Regel 1 Anwendung
a) Diese Regeln gelten für alle Fahrzeuge auf hoher See und auf den mit dieser zusammenhängenden, von Seeschiffen befahrbaren Gewässern.

b) Diese Regeln berühren nicht die von einer zuständigen Behörde erlassenen Sondervorschriften für Reeden, Häfen, Flüsse, Seen oder Binnengewässer, die mit der hohen See zusammenhängen und von Seeschiffen befahrbar sind. Sol-

che Sondervorschriften müssen mit diesen Regeln so weit wie möglich übereinstimmen.

c) Diese Regeln berühren nicht die von der Regierung eines Staates erlassenen Sondervorschriften über zusätzliche Positions- oder Signallichter, Signalkörper oder Schallsignale für Kriegsschiffe und Fahrzeuge im Geleit oder über zusätzliche Positions- oder Signallichter oder Signalkörper für fischende Fahrzeuge in einer Fangflotte. Diese zusätzlichen Positions- oder

Signallichter, Signalkörper oder Schallsignale müssen nach Möglichkeit so beschaffen sein, dass sie nicht mit einem anderen, nach diesen Regeln zulässigen Licht, Signalkörper oder Schallsignal verwechselt werden können.

d) Die Organisation kann für die Zwecke dieser Regeln Verkehrstrennungsgebiete festlegen.

e) In allen Fällen, in denen eine Regierung feststellt, dass ein Fahrzeug besonderer Bauart oder Verwendung eine Regel ... nicht in vollem Umfang erfüllen kann, ...

Regel 2 Verantwortlichkeit
a) Diese Regeln befreien ein Fahrzeug, dessen Eigentümer, Kapitän oder Besatzung nicht von den Folgen, die durch unzureichende Einhaltung dieser Regeln oder unzureichende sonstige Vorsichtsmaßnahmen entstehen, welche allgemeine seemännische Praxis oder besondere Umstände des Falles erfordern.

b) Bei der Auslegung und Befolgung dieser Regeln sind stets alle Gefahren der Schifffahrt und des Zusammenstoßes sowie alle besonderen Umstände einschließlich Behinderungen der betroffenen Fahrzeuge gebührend zu berücksichtigen, die zum Abwenden unmittelbarer Gefahr ein Abweichen von diesen Regeln erfordern.

Allgemeine Bestimmungen der KVR

Regel 2 a besagt z. B.: Befolgt ein Fahrzeug A die KVR, ein anderes Fahrzeug B aber nicht oder nur unzureichend, sodass A ein Schaden zugefügt wird, so wird A von den Folgen nicht befreit – d. h. A trägt eine Teilschuld –, wenn es A möglich gewesen wäre, durch sonstige Vorsichtsmaßnahmen oder allgemeine seemännische Praxis den Schaden abzuwenden. Regel 2 verlangt also, nicht nur die Regeln, sondern darüber hinaus auch sonstige Vorsichtsmaßnahmen und allgemeine seemännische Praxis zu beachten.

Buchstabe b verpflichtet insbesondere dazu, von den KVR abzuweichen, wenn eine Gefahr nicht anders abgewendet werden kann.

Es würde den Rahmen dieses Buches sprengen, die praktische Bedeutung dieser Generalklausel umfassend zu beschreiben.

*Regel 3 **Allgemeine Begriffsbestimmungen***
Soweit sich aus dem Zusammenhang nicht etwas anderes ergibt, gilt für diese Regeln Folgendes:
*a) Der Ausdruck **Fahrzeug** bezeichnet alle Wasserfahrzeuge einschließlich nicht wasserverdrängender Fahrzeuge, Bodeneffektfahrzeuge und Wasserflugzeuge, die als Beförderungsmittel auf dem*

Wasser verwendet werden oder verwendet werden können.

*b) Der Ausdruck **Maschinenfahrzeug** bezeichnet ein Fahrzeug mit Maschinenantrieb.*

*c) Der Ausdruck **Segelfahrzeug** bezeichnet ein Fahrzeug unter Segel, dessen Maschinenantrieb, falls vorhanden, nicht benutzt wird.*

*d) Der Ausdruck **fischendes Fahrzeug** bezeichnet ein Fahrzeug, das mit Netzen, Leinen, Schleppnetzen oder anderen Fanggeräten fischt, welche die Manövrierfähigkeit einschränken, nicht jedoch ein Fahrzeug, das mit Schleppangeln oder anderen Fanggeräten fischt, welche die Manövrierfähigkeit nicht einschränken.*

*e) Der Ausdruck **Wasserflugzeug** bezeichnet ein zum Manövrieren auf dem Wasser eingerichtetes Luftfahrzeug.*

*f) Der Ausdruck **manövrierunfähiges Fahrzeug** bezeichnet ein Fahrzeug, das wegen außergewöhnlicher Umstände nicht so manövrieren kann, wie es diese Regeln vorschreiben, und daher einem anderen Fahrzeug nicht ausweichen kann.*

Ein Maschinenfahrzeug mit Maschinen- oder Ruderschaden ist manövrierunfähig. Eine Segelyacht in einer Flaute ist nicht manövrierunfähig – Flaute ist kein

außergewöhnlicher Umstand. Auch eine Segelyacht mit Maschinenschaden ist nicht manövrierunfähig, solange sie noch segeln kann. Mit Ruderbruch jedoch kann eine Segelyacht manövrierunfähig sein.

*g) Der Ausdruck **manövrierbehindertes Fahrzeug** bezeichnet ein Fahrzeug, das durch die Art seines Einsatzes behindert ist, so zu manövrieren, wie diese Regeln es vorschreiben, und daher einem anderen Fahrzeug nicht ausweichen kann. Der Ausdruck „manövrierbehinderte Fahrzeuge" umfasst, ohne darauf beschränkt zu sein:*
i) ein Fahrzeug, das ein Seezeichen, Unterwasserkabel oder eine Rohrleitung auslegt, versorgt oder aufnimmt;
ii) ein Fahrzeug, das baggert, Forschungs- oder Vermessungsarbeiten oder Unterwasserarbeiten ausführt;
iii) ein Fahrzeug in Fahrt, das Versorgungsmanöver ausführt oder mit der Übergabe von Personen, Ausrüstung oder Ladung beschäftigt ist;
iv) ein Fahrzeug, auf dem Luftfahrzeuge starten oder landen;
v) ein Fahrzeug beim Minenräumen;
vi) ein Fahrzeug während eines Schleppvorganges, bei dem das schleppende Fahrzeug und sein Anhang erheblich behindert sind, vom Kurs abzuweichen.

*h) Der Ausdruck **tiefgangbehindertes Fahrzeug** bezeichnet ein Maschinenfahrzeug, das durch seinen Tiefgang im Verhältnis zu der vorhandenen Tiefe und Breite des befahrbaren Gewässers erheblich behindert ist, von seinem zu verfolgenden Kurs abzuweichen.*

*i) Der Ausdruck **in Fahrt** bedeutet, dass ein Fahrzeug, weder vor Anker liegt noch an Land festgemacht ist, noch auf Grund sitzt.*

*j) Die Ausdrücke **Länge** und **Breite** eines Fahrzeugs bedeuten die Länge über alles und die größte Breite.*

*k) Fahrzeuge gelten nur dann als **einander in Sicht befindlich**, wenn jedes vom anderen optisch wahrgenommen werden kann.*

*l) Der Ausdruck **verminderte Sicht** bezeichnet jeden Zustand, bei dem die Sicht durch Nebel, dickes Wetter, Schneefall, heftige Regengüsse, Sandstürme oder ähnliche Umstände eingeschränkt ist.*

*m) Der Ausdruck **Bodeneffektfahrzeug** (BEF) bezeichnet ein in verschiedenen Betriebsweisen einsetzbares Fahrzeug, das in seiner Hauptbetriebsweise unter Ausnutzung des Bodeneffektes in nächster Nähe zur Oberfläche fliegt.*

SBS-Fragen 10, 14 – 16, 18, 27, 52, 56; SKS-Fragen 7 – 9, 15 (Recht)

Verhalten bei allen Sichtverhältnissen

Teil B, Abschnitt I Verhalten von Fahrzeugen bei allen Sichtverhältnissen

Regel 4 Anwendung
Die Regeln dieses Abschnitts gelten bei allen Sichtverhältnissen.

Die Regeln des Abschnitts I beinhalten die Maßnahmen, die von Schiffen immer – bei allen Sichtverhältnissen – durchzuführen sind, um Kollisionen zu verhüten. Die Vorschriften zur Kollisionsverhütung betreffen:

– Ausguck
– sichere Geschwindigkeit
– Feststellen, ob die Möglichkeit der Gefahr eines Zusammenstoßes besteht
– richtiges Durchführen von Manövern zur Vermeidung von Zusammenstößen
– Verhalten in engen Fahrwassern
– Fahrregeln für Verkehrstrennungsgebiete

Anders als im Kfz-Verkehr ist auf See jede Kollision lebensgefährlich. Viele Yachten sind nach einer Kollision so schnell gesunken, dass Personen unter Deck nicht mehr aus dem Boot entkommen konnten.

Regel 5 Ausguck
Jedes Fahrzeug muss jederzeit durch Sehen und Hören sowie durch jedes andere verfügbare Mittel, das den gegebenen Umständen und Bedingungen entspricht, gehörigen Ausguck halten, der einen vollständigen Überblick über die Lage und die Möglichkeit der Gefahr eines Zusammenstoßes gibt.

Einhandsegeln von über zwölf Stunden Dauer kann als Verstoß gegen die KVR angesehen werden. Aber auch auf Yachten unter Autopilot sowie auf manchen Handelsschiffen wird gelegentlich gegen Regel 5 verstoßen.

Regel 6 Sichere Geschwindigkeit
Jedes Fahrzeug muss jederzeit mit einer sicheren Geschwindigkeit fahren, sodass es geeignete und wirksame Maßnahmen treffen kann, um einen Zusammenstoß zu vermeiden und innerhalb einer Entfernung zum Stehen gebracht werden kann, die den gegebenen Umständen und Bedingungen entspricht. Zur Bestimmung der sicheren Geschwindigkeit müssen unter anderem folgende Umstände berücksichtigt werden:
a) Von allen Fahrzeugen:
  i) die Sichtverhältnisse;
  ii) die Verkehrsdichte einschließlich Ansammlungen von Fischerei- und sonstigen Fahrzeugen;
  iii) die Manövrierfähigkeit des Fahrzeugs unter besonderer Berücksichtigung der Stoppstrecke und der Dreheigenschaften unter den gegebenen Bedingungen;
  iv) bei Nacht eine Hintergrundhelligkeit, z. B. durch Lichter an Land oder eine Rückstrahlung der eigenen Lichter;
  v) die Wind-, Seegangs- und Strömungsverhältnisse sowie die Nähe von Schifffahrtsgefahren;
  vi) der Tiefgang im Verhältnis zur vorhandenen Wassertiefe.
b) Zusätzlich von Fahrzeugen mit betriebsfähigem Radar:
  i) die Eigenschaften, die Wirksamkeit und die Leistungsgrenzen der Radaranlagen;
  ii) jede Einschränkung, die sich aus dem eingeschalteten Entfernungsbereich des Radars ergibt;
  iii) der Einfluss von Seegang, Wetter und anderen Störquellen auf die Radaranlage;
  iv) die Möglichkeit, dass kleine Fahrzeuge, Eis und andere schwimmende Gegenstände durch Radar nicht innerhalb einer ausreichenden Entfernung geortet werden;
  v) die Anzahl, die Lage und die Bewegung der vom Radar georteten Fahrzeuge;
  vi) die genauere Feststellung der Sichtweite, die der Gebrauch des Radars durch Entfernungsmessung in der Nähe von Fahrzeugen oder anderen Gegenständen ermöglicht.

Regel 7 Möglichkeit der Gefahr eines Zusammenstoßes
a) Jedes Fahrzeug muss mit allen verfügbaren Mitteln entsprechend den gegebenen Umständen und Bedingungen feststellen, ob die Möglichkeit der Gefahr eines Zusammenstoßes besteht. Im Zweifelsfall ist diese Möglichkeit anzunehmen.

b) Um eine frühzeitige Warnung vor der Möglichkeit der Gefahr eines Zusammenstoßes zu erhalten, muss eine vorhandene und betriebsfähige Radaranlage gehörig gebraucht werden, und zwar einschließlich der Anwendung der großen Entfernungsbereiche, des Plottens oder eines gleichwertig systematischen Verfahrens zur Überwachung georteter Objekte.

Plotten bedeutet, die Radarbilder systematisch auszuwerten und so zu erkennen, wie sich andere Schiffe dem eigenen Fahrzeug annähern. Plotten beantwortet Fragen wie

– Besteht Kollisionsgefahr?
– In welchem Abstand wird uns ein geortetes Schiff passieren?
– Welchen Kurs und welche Geschwindigkeit

SBS-Fragen 28, 262, 265, 281; SKS-Fragen 10, 23 (Recht)

Verhalten bei allen Sichtverhältnissen

läuft ein geortetes Schiff?
– Wie sind Kurs und/oder Geschwindigkeit zu ändern, damit ein vorgegebener Passierabstand eingehalten wird?

Die Radargeräte der Großschifffahrt plotten automatisch (ARPA, Automatic Radar Plotting Aid). Manche Yacht-Radars besitzen eine MARPA-Funktion (Mini-ARPA). Ohne eine solche Hilfe *muss* wegen Regel 7 b) zeichnerisch geplottet werden. Das ist Inhalt der Sportseeschiffer- und der Sporthochseeschifferausbildung und wird hier nicht behandelt.

c) *Folgerungen aus unzulänglichen Informationen, insbesondere aus unzulänglichen Radarinformationen, müssen unterbleiben.*

Unzulänglich sind Radarinformationen von Geräten mit kleinen Antennen. Die Antennengröße bestimmt die Auflösung eines Radargerätes (siehe Seite 54) und davon hängt ab, wie genau geplottet werden kann. Antennen von 61 cm Durchmesser oder weniger sind nur begrenzt verwendbar. Damit kann Kollisionsgefahr festgestellt werden, aber sie gelten als ungeeignet, um daraus ein Ausweichmanöver abzuleiten.

d) *Bei der Feststellung, ob die Möglichkeit der Gefahr eines Zusammenstoßes besteht, muss unter anderem Folgendes berücksichtigt werden:*

i) *Eine solche Möglichkeit ist anzunehmen, wenn die Kompasspeilung eines sich nähernden Fahrzeugs sich nicht merklich ändert;*

ii) *eine solche Möglichkeit kann manchmal auch bestehen, wenn die Peilung sich merklich ändert, insbesondere bei der Annäherung an ein sehr großes Fahrzeug, an einen Schleppzug oder ein Fahrzeug nahebei.*

Regel 8 beschreibt, wie Manöver zur Vermeidung von Zusammenstößen durchgeführt werden müssen. Diese Vorschriften gelten immer – bei Sicht ebenso wie bei verminderter Sicht. Es gibt Fälle, in denen nur ein Fahrzeug ausweichen muss und Situationen, wo beide Fahrzeuge manövrieren müssen. Die Regeln

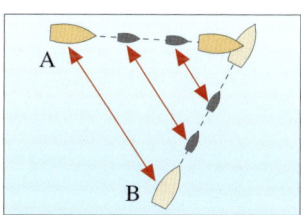

Kollisionsgefahr – die <u>Kompasspeilung</u> eines sich nähernden Fahrzeugs ändert sich nicht merklich.

12, 13 und 15 beschreiben die Fälle, in denen ein Fahrzeug ausweichen und das andere Kurs halten muss; in den Fällen von Regeln 14 und 19 müssen beide Fahrzeuge handeln.

*Regel 8 **Manöver zur Vermeidung von Zusammenstößen***
a) *Jedes Manöver zur Vermeidung eines Zusammenstoßes muss in Übereinstimmung mit den Regeln dieses Teiles erfolgen und, wenn es die Umstände zulassen, entschlossen, rechtzeitig und so ausgeführt werden, wie gute Seemannschaft es erfordert.*

b) *Jede Änderung des Kurses und/oder der Geschwindigkeit muss, wenn es die Umstände zulassen, so groß sein, dass ein anderes Fahrzeug optisch oder durch Radar sie schnell erkennen kann; aufeinander folgende kleine Änderungen des Kurses und/oder der Geschwindigkeit sollen vermieden werden.*

c) *Ist genügend Seeraum vorhanden, so kann eine Kursänderung allein die wirksamste Maßnahme zum Meiden des Nahbereichs sein, vorausgesetzt, dass sie rechtzeitig vorgenommen wird, durchgreifend ist und nicht in einen anderen Nahbereich führt.*

d) *Ein Manöver zur Vermeidung eines Zusammenstoßes mit einem anderen Fahrzeug muss zu einem sicheren Pas-*

sierabstand führen. Die Wirksamkeit des Manövers muss sorgfältig überprüft werden, bis das andere Fahrzeug endgültig vorbei und klar ist.

e) *Um einen Zusammenstoß zu vermeiden oder mehr Zeit zur Beurteilung der Lage zu gewinnen, muss ein Fahrzeug erforderlichenfalls seine Fahrt mindern oder durch Stoppen oder Rückwärtsgehen jegliche Fahrt wegnehmen.*

f) i) *Ein Fahrzeug, das aufgrund einer dieser Regeln verpflichtet ist, die Durchfahrt oder die sichere Durchfahrt eines anderen Fahrzeugs nicht zu behindern, muss, wenn es die Umstände erfordern, frühzeitig Maßnahmen ergreifen, um genügend Raum für die sichere Durchfahrt des anderen Fahrzeugs zu lassen.*

ii) *Ein Fahrzeug, das verpflichtet ist, die Durchfahrt oder die sichere Durchfahrt eines anderen Fahrzeugs nicht zu behindern, ist von dieser Verpflichtung nicht befreit, wenn es sich dem anderen Fahrzeug so nähert, dass die Möglichkeit der Gefahr eines Zusammenstoßes besteht, und muss, wenn es Maßnahmen ergreift, in vollem Umfang die Maßnahmen berücksichtigen, die nach den Regeln dieses Teiles vorgeschrieben sind.*

SBS-Fragen 72, 88; SKS-Fragen 34 – 36, 44 (Recht)

Verhalten bei allen Sichtverhältnissen

iii) Ein Fahrzeug, dessen Durchfahrt nicht behindert werden darf, bleibt in vollem Umfang verpflichtet, die Regeln dieses Teils einzuhalten, wenn die beiden Fahrzeuge sich einander so nähern, dass die Möglichkeit der Gefahr eines Zusammenstoßes besteht.

Buchstabe f beschreibt das **Nicht-Behinderungsgebot.** Es gilt gegenüber

– Längsfahrern in engen Fahrwassern
– tiefgangbehinderten Fahrzeugen und
– auf Einbahnwegen von Verkehrstrennungsgebieten

Es ist in sechs Fällen anzuwenden – den Regeln 9 b, c und d, 10 i, j und 18 d. Einem nicht zu behindernden Fahrzeug ist

– frühzeitig genügend Raum zu lassen, sodass es nicht zu einer Ausweichsituation kommt (Ziffer i),
– auch dann noch genügend Raum zu lassen, wenn sonst (gegenüber anderen Fahrzeugen) schon Kurshaltepflicht (Regel 17 a i) bestände; dabei sind jedoch die übrigen Regeln des Teils B weiterhin zu beachten. Das heißt, die Kurshaltepflicht ist aufgehoben, die übrigen Regeln des Teils B aber nicht (Ziffer ii).

Ziffer iii verpflichtet das nicht zu behindernde Fahrzeug die Regeln 4 bis 19 einzuhalten, *wenn Kollisionsgefahr besteht. Dann ist es wichtiger, eine Kollision zu vermeiden, als das Nicht-Behinderungsgebot zu beachten.*

Regel 9 **Enge Fahrwasser**
a) Ein Fahrzeug, das der Richtung eines engen Fahrwassers oder einer Fahrrinne folgt, muss sich so nahe am äußeren Rand des Fahrwassers oder der Fahrrinne an seiner Steuerbordseite halten, wie dies ohne Gefahr möglich ist.

b) Ein Fahrzeug von weniger als 20 m Länge oder ein Segelfahrzeug darf nicht die Durchfahrt eines Fahrzeugs behindern, das nur innerhalb eines engen Fahrwassers oder einer Fahrrinne sicher fahren kann.

Bei verminderter Sicht kann das Nicht-Behinderungsgebot nur mit einem Radargerät erfüllt werden, mit dem eine mögliche Behinderung frühzeitig erkannt werden kann (Antennengröße ≥ 90 cm). Ohne entsprechendes Radargerät darf ein Fahrzeug von weniger als 20 m Länge oder ein Segelfahrzeug allenfalls am äußersten rechten Rand, wenige Meter vom Tonnenstrich entfernt, in einem engen Fahrwasser fahren.

c) Ein fischendes Fahrzeug darf nicht die Durchfahrt eines anderen Fahrzeugs behindern, das innerhalb eines engen Fahrwassers oder einer Fahrrinne fährt.
d) Ein Fahrzeug darf ein enges Fahrwasser oder eine Fahrrinne nicht queren, wenn dadurch die Durchfahrt eines Fahrzeugs behindert wird, das nur innerhalb eines solchen Fahrwassers oder einer solchen Fahrrinne sicher fahren kann. Das letztere Fahrzeug darf das in Regel 34 Buchstabe d vorgeschriebene Schallsignal (•••••) geben, wenn es über die Absichten des querenden Fahrzeugs im Zweifel ist.
e) i) Kann in einem engen Fahrwasser oder in einer Fahrrinne nur dann sicher überholt werden, wenn das zu überholende Fahrzeug mitwirkt, so muss das überholende Fahrzeug seine Absicht durch das entsprechende Signal nach Regel 34 Buchstabe c Ziffer i anzeigen. Ist das zu überholende Fahrzeug einverstanden, so muss es das entsprechende Signal nach Regel 34 Buchstabe c Ziffer ii geben und Maßnahmen für ein sicheres Passieren treffen. Im Zweifelsfall darf es die in Regel 34 Buchstabe d vorgeschriebenen Signale geben.
ii) Diese Regel befreit das überholende Fahrzeug nicht von seiner Verpflichtung nach Regel 13.

f) Ein Fahrzeug, das sich einer Krümmung oder einem Abschnitt eines engen Fahrwassers oder einer Fahrrinne nähert, wo andere Fahrzeuge durch ein dazwischen liegendes Sichthindernis verdeckt sein können, muss mit besonderer Aufmerksamkeit und Vorsicht fahren und das entsprechende Signal nach Regel 34 Buchstabe e geben.

g) Jedes Fahrzeug muss, wenn es die Umstände zulassen, das Ankern in einem engen Fahrwasser vermeiden.

§ 2 SeeSchStrO legt fest, dass die Fahrwasser als eng im Sinne der KVR gelten. Daraus ergibt sich z. B. ein Rechtsfahrgebot in deutschen Fahrwassern (siehe Seite 114).

Verkehrstrennungsgebiete

Auf Basis von Regel 1 d richtet die IMO in stark befahrenen Seegebieten Verkehrstrennungsgebiete (VTG) ein. VTG sind zwei Einbahnwege, die durch Trennlinien oder Trennzonen getrennt werden. Um Schiffskollisionen zu vermeiden, soll gegenläufiger Verkehr auseinander gehalten werden. VTG gibt es in der Deutschen Bucht, beim Leuchtturm Kiel und vor Rostock (Ansteuerung). Hier muss nach Regel 10 gefahren werden.

SBS-Frage 307; SKS-Fragen 24, 44, 45, 52, 71 (Recht)

Fahrregeln für Verkehrstrennungsgebiete

**Regel 10 Verkehrstrennungs-
gebiete**
a) Diese Regel gilt in Verkehrstrennungsgebieten, die von
der Organisation festgelegt
worden sind; sie befreit ein
Fahrzeug nicht von seiner
Verpflichtung aufgrund einer
anderen Regel.

b) Ein Fahrzeug, das ein Verkehrstrennungsgebiet benutzt,
muss
i) auf dem entsprechenden
Einbahnweg in der allge-
meinen Verkehrsrichtung
dieses Weges fahren,
ii) sich, soweit möglich,
von der Trennlinie oder
Trennzone klarhalten,

Ein Schiff darf in der Mitte
des Einbahnweges, deutlich
entfernt von der Trennzone,
fahren. Es darf vorausfahrende Fahrzeuge rechts
oder links überholen und
dabei auch kurzzeitig die
Trennzone befahren. Der
Kurs muss stets der allgemeinen Verkehrsrichtung
folgen. Sportboote sollten
gleichwohl so weit rechts
wie möglich fahren.

iii) in der Regel an den Enden
des Einbahnweges ein-
oder auslaufen; wenn es
jedoch von der Seite ein-
oder ausläuft, muss dies
in einem möglichst kleinen
Winkel zur allgemeinen
Verkehrsrichtung erfolgen.

c) Ein Fahrzeug muss so weit
wie möglich das Queren von

Einbahnwegen vermeiden; ist es
jedoch zum Queren gezwungen,
so muss dies möglichst mit
der Kielrichtung im rechten
Winkel zur allgemeinen Verkehrsrichtung erfolgen.

Küstenverkehrszone heißt
das Gebiet zwischen der
Küste und der landseitigen
Begrenzung eines Verkehrstrennungsgebietes.

d) i) Ein Fahrzeug darf eine
Küstenverkehrszone nicht
benutzen, wenn es den
entsprechenden Einbahn-
weg des angrenzenden
Verkehrstrennungsgebietes
sicher befahren kann.
Fahrzeuge von weniger
als 20 m Länge, Segel-
fahrzeuge und fischende
Fahrzeuge dürfen die
Küstenverkehrszone je-
doch benutzen.
ii) Ungeachtet der Ziffer i
darf ein Fahrzeug eine
Küstenverkehrszone be-
nutzen, wenn es sich auf
dem Weg zu oder von ei-
nem Hafen, einer Ein-
richtung oder einem
Bauwerk vor der Küste,
einer Lotsenstation oder
einem sonstigen, innerhalb
der Küstenverkehrszone
gelegenen Ort befindet,
oder zur Abwendung einer
unmittelbaren Gefahr.

e) Außer beim Queren oder
beim Einlaufen in einen Einbahnweg oder beim Verlassen
eines Einbahnweges darf ein
Fahrzeug in der Regel nicht in

eine Trennzone einlaufen oder
eine Trennlinie überfahren,
ausgenommen
i) in Notfällen zur Abwendung
einer unmittelbaren Gefahr;
ii) zum Fischen innerhalb
einer Trennzone.

h) Ein Fahrzeug, das ein Verkehrstrennungsgebiet nicht
benutzt, muss von diesem einen möglichst großen Ab-
stand halten.

i) Ein fischendes Fahrzeug
darf die Durchfahrt eines
Fahrzeugs auf dem Einbahnweg nicht behindern.

j) Ein Fahrzeug von weniger
als 20 m Länge oder ein
Segelfahrzeug darf die sichere
Durchfahrt eines Maschinenfahrzeugs auf dem Einbahnweg nicht behindern …

Das Nicht-Behinderungs-
gebot gemäß Regel 8 f be-
steht nur gegenüber Ma-
schinenfahrzeugen. Es darf
nicht mit der Ausweich-
pflicht nach den Regeln 11
bis 18 verwechselt werden
(siehe Seite gegenüber).

Nach dem Prinzip des Vor-
rangs der spezielleren Regelung sind die Ausweich-
regeln 11 bis 19 vorrangig
vor Regel 10 anzuwenden.
Hieraus ergibt sich z. B.,
dass ein Segelfahrzeug,
das einen Einbahnweg in
der allgemeinen Verkehrs-
richtung mit Wind von
Backbord befährt, einem
querenden Segelfahrzeug
mit Wind von Steuerbord
ausweichen muss. Dies
wird auch durch Regel 10,
Buchstabe a) ausgedrückt.

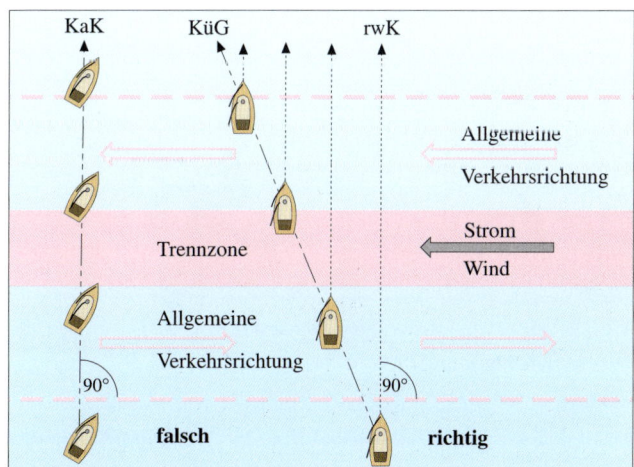

Queren eines Verkehrstrennungsgebietes (Kielrichtung
im rechten Winkel zur allgemeinen Verkehrsrichtung)

SBS-Fragen 26, 96 – 99; SKS-Fragen 6, 25, 26, 32, 45 (Recht)

Fahrzeuge, die einander in Sicht haben

Abschnitt II Verhalten von Fahrzeugen, die einander in Sicht haben

Die KVR kennen keine Vorfahrt! Wer im Zusammenhang mit den KVR von „Vorfahrt" spricht, bekommt bei SKS-Prüfungsfragen null Punkte.

Abschnitt 2 enthält die Ausweichregeln. Diese beinhalten keine Vorfahrtsrechte, sondern Ausweich- und Kurshaltepflichten. Diese Regeln sind nur anzuwenden, wenn die Fahrzeuge einander in Sicht haben.

Nicht in Sicht haben sich Fahrzeuge im Nebel, die einander nur durch Nebelsignale oder nur mit Radarhilfe wahrnehmen können. Dann ist allein Regel 19 anzuwenden (Seite 93).

Maßgeblich für die Beurteilung einer Ausweichsituation im freien Seeraum ist die Lage, wie sie beim ersten Insichtkommen bzw. beim Eintritt in den Nahbereich besteht. Eine spätere Änderung der Lage der Fahrzeuge zueinander verändert nicht die Ausweichpflicht.

Regel 11 Anwendung
Die Regeln dieses Abschnitts gelten für Fahrzeuge, die einander in Sicht haben.

Das heißt nach Regel 3 k),

... wenn jedes (Fahrzeug) *vom anderen optisch wahrgenommen werden kann.*

Regel 12 Segelfahrzeuge
Wenn zwei Segelfahrzeuge sich einander so nähern, dass die Möglichkeit der Gefahr eines Zusammenstoßes besteht, muss das eine dem anderen wie folgt ausweichen:
i) Wenn sie den Wind nicht von derselben Seite haben, muss das Fahrzeug, das den Wind von Backbord hat, dem anderen ausweichen;
ii) wenn sie den Wind von derselben Seite haben, muss das luvwärtige Fahrzeug dem leewärtigen ausweichen;
iii)wenn ein Fahrzeug mit Wind von Backbord ein Fahrzeug in Luv sichtet

und nicht mit Sicherheit feststellen kann, ob das andere Fahrzeug den Wind von Backbord oder von Steuerbord hat, muss es dem anderen ausweichen. Im Sinne dieser Regel ist die Luvseite diejenige Seite, die dem gesetzten Großsegel gegenüberliegt. ...

Viele Segler verwenden immer noch fälschlicherweise die früher gebräuchliche Kurzform von Regel 12 i) „Backbordbug vor Steuerbordbug". Auch für diese Formulierung gibt es bei SKS-Prüfungsfragen null Punkte.

Szene vor dem Start zu einer Regatta: Beide Fahrzeuge haben den Wind von derselben Seite. Das linke Schiff liegt in Luv und war ausweichpflichtig.

Die italienische „Mandrake" mit Wind von Backbord kollidiert mit der niederländischen „Promotion", die den Wind von Steuerbord hat. Beide Schiffe erlitten Totalschaden.

SBS-Fragen 19, 27, 73 – 75, 89; SKS-Fragen 37, 38, 41, 43 (Recht)

Fahrzeuge, die einander in Sicht haben

Regel 13 *Überholen*

a) Ungeachtet der Regeln des Teiles B Abschnitte I und II muss jedes Fahrzeug beim Überholen dem anderen ausweichen.

b) Ein Fahrzeug gilt als überholendes Fahrzeug, wenn es sich einem anderen aus einer Richtung von mehr als 22,5° achterlicher als querab nähert und daher gegenüber dem zu überholenden Fahrzeug so steht, dass es bei Nacht nur dessen Hecklicht, aber keines der Seitenlichter sehen könnte.

c) Kann ein Fahrzeug nicht sicher erkennen, ob es ein anderes überholt, so muss es dies annehmen und entsprechend handeln.

d) Durch eine spätere Änderung der Peilung wird das überholende Fahrzeug weder zu einem kreuzenden im Sinne dieser Regeln noch wird es von der Verpflichtung entbunden, dem anderen Fahrzeug auszuweichen, bis es dieses klar passiert hat.

> Ein Überholer ist immer und unter allen Umständen ausweichpflichtig.

> Einmal Überholer, immer Überholer.

Ausweichregeln Überholer

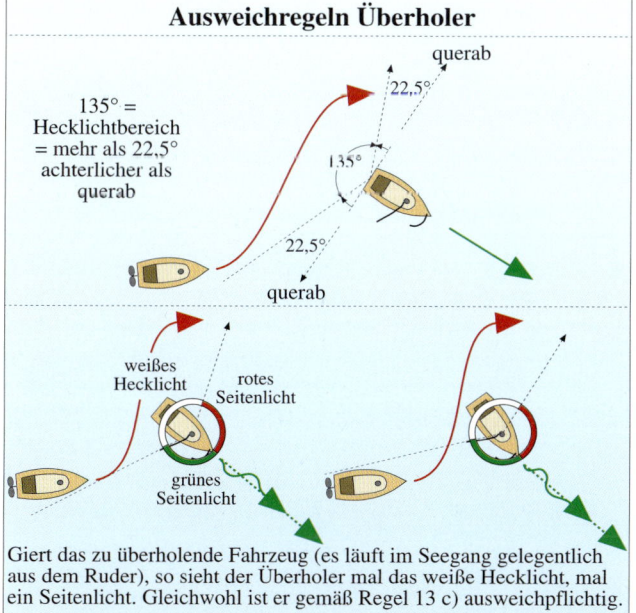

Giert das zu überholende Fahrzeug (es läuft im Seegang gelegentlich aus dem Ruder), so sieht der Überholer mal das weiße Hecklicht, mal ein Seitenlicht. Gleichwohl ist er gemäß Regel 13 c) ausweichpflichtig.

Ausweichregeln für Segelfahrzeuge

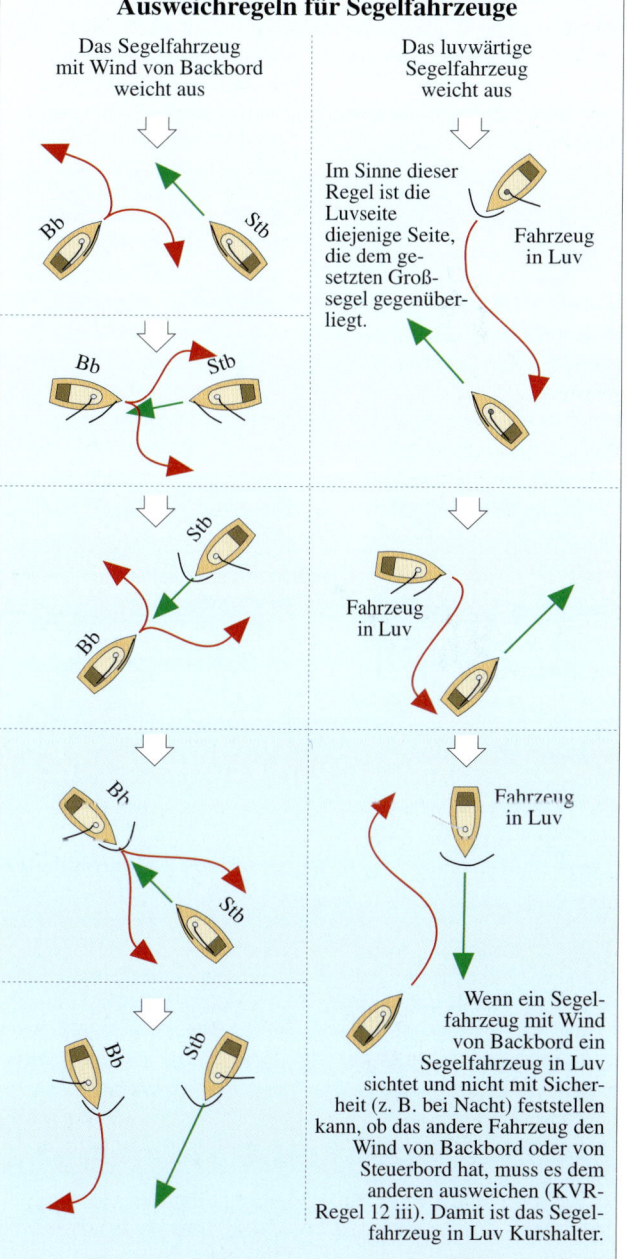

SBS-Fragen 13, 19, 73 – 75; SKS-Frage 39, 40 (Recht)

Fahrzeuge, die einander in Sicht haben

*Regel 14 **Entgegengesetzte Kurse***
a) Wenn zwei Maschinenfahrzeuge auf entgegengesetzten oder fast entgegengesetzten Kursen sich einander so nähern, dass die Möglichkeit der Gefahr eines Zusammenstoßes besteht, muss jedes seinen Kurs nach Steuerbord so ändern (und dies gemäß Regel 34 mit einem kurzen Ton anzeigen), dass sie einander an der Backbordseite passieren.

b) Eine solche Lage muss angenommen werden, wenn ein Fahrzeug das andere recht voraus oder fast recht voraus sieht, bei Nacht die Topplichter des anderen in Linie oder fast in Linie und/oder beide Seitenlichter sieht und am Tage das andere Fahrzeug dementsprechend ausmacht.

c) Kann ein Fahrzeug nicht sicher erkennen, ob eine solche Lage besteht, so muss es von dieser ausgehen und entsprechend handeln.

*Regel 15 **Kreuzende Kurse***
Wenn die Kurse zweier Maschinenfahrzeuge einander so kreuzen, dass die Möglichkeit der Gefahr eines Zusammenstoßes besteht, muss dasjenige ausweichen, welches das andere an seiner Steuerbordseite hat; wenn die Umstände es zulassen, muss es vermeiden, den Bug des anderen Fahrzeugs zu kreuzen.

Entgegengesetzte Kurse

Schiffe liegen auf entgegengesetzten Kursen, wenn für beide bei Nacht beide Seitenlichter des anderen sichtbar sind.

In dem Fall schneiden sich die Kurslinien in einem Winkel von weniger als 6°.

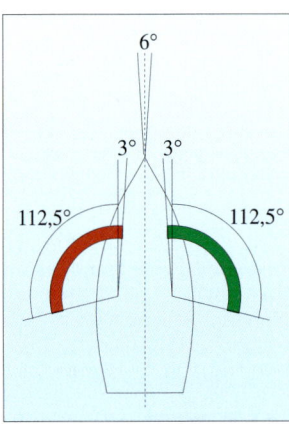

Der vordere Überlappungsbereich jedes Seitenlichtes beträgt 3° – bei abnehmender Helligkeit. Beide Seitenlichter gleichzeitig können also höchstens von 3° Steuerbord bis 3° Backbord der Rechtvorauslinie gesehen werden. Zwei Fahrzeuge liegen auf entgegengesetzten Kursen, wenn bei Nacht jedes Fahrzeug beide Seitenlichter des jeweils anderen Schiffes sehen kann.

Entgegengesetzte Kurse

Bei Nacht sind von einem recht voraus liegenden Fahrzeug beide Seitenlichter gleichzeitig sichtbar.

Kreuzende Kurse

Bei Nacht ist nur ein Seitenlicht sichtbar.

Überholer
Bei Nacht ist das Hecklicht sichtbar.

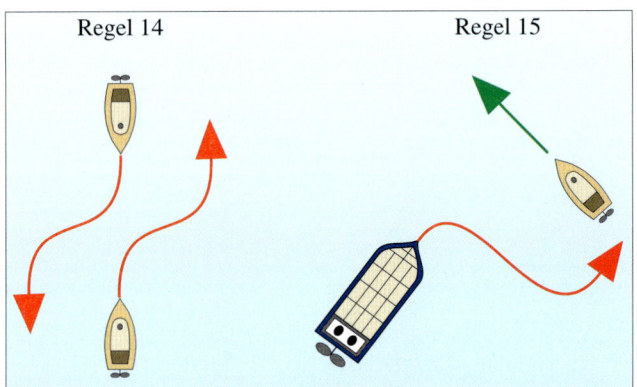

Ausweichregeln zwischen zwei Maschinenfahrzeugen.

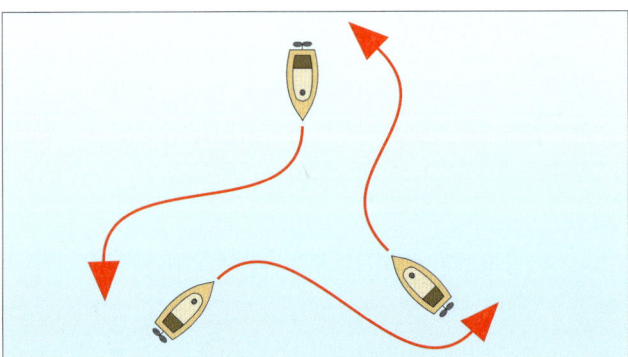

Ausweichen zwischen drei Maschinenfahrzeugen analog Regel 15 durch Kursänderungen nach Steuerbord. Eine Kurshaltepflicht nach Regel 17 a) i) besteht bei mehr als zwei Fahrzeugen nicht. Schallsignal nicht vergessen!

SBS-Fragen 76, 77; SKS-Fragen 31, 47 – 50 (Recht)

Fahrzeuge, die einander in Sicht haben

Regel 16 *Maßnahmen des Ausweichpflichtigen*
Jedes ausweichpflichtige Fahrzeug muss möglichst frühzeitig und durchgreifend handeln, um sich gut klar zu halten (**Ausweichpflicht**).

Nicht immer weichen Berufsschiffe Segelbooten gemäß Regel 16 aus. Segelboote handeln dann nach Regel 17 a ii).

Regel 17 *Maßnahmen des Kurshalters*
a) i) Muss von zwei Fahrzeugen eines ausweichen, so muss das andere Kurs und Geschwindigkeit beibehalten (**Kurshalter**).
ii) Der Kurshalter darf jedoch zur Abwendung eines Zusammenstoßes selbst manövrieren, sobald klar wird, dass der Ausweichpflichtige nicht angemessen nach diesen Regeln handelt. (Ein solches Manöver heißt **Manöver des vorletzten Augenblicks**.)

b) Ist der Kurshalter dem Ausweichpflichtigen aus irgendeinem Grunde so nahe gekommen, dass ein Zusammenstoß durch Manöver des letzteren allein nicht vermieden werden kann, so muss der Kurshalter so manövrieren, wie es zur Vermeidung eines Zusammenstoßes am dienlichsten ist. Ein solches Manöver heißt **Manöver des letzten Augenblicks.**

Bevor der Kurshalter ein Manöver des letzten Augenblicks einleitet, muss er den Ausweichpflichtigen auf die Ausweichpflicht hinweisen und ein Schallsignal (5 oder mehr kurze Töne) abgeben.

c) Ein Maschinenfahrzeug, das bei kreuzenden Kursen nach Buchstabe a Ziffer ii manövriert, um einen Zusammenstoß mit einem anderen Maschinenfahrzeug zu vermeiden, darf seinen Kurs, sofern die Umstände es zulassen, gegenüber einem Fahrzeug an seiner Backbordseite nicht nach Backbord ändern.

d) Diese Regel befreit das ausweichpflichtige Fahrzeug nicht von seiner Ausweichpflicht.

Wann ist ein Manöver des letzten Augenblicks oder des vorletzten Augenblicks einzuleiten? Das hängt von den Manöviereigenschaften des anderen Fahrzeugs ab. Ein Containerschiff von ca. 200 m Länge läuft nach Hartruderlage noch etwa 2,5 bis 3,5 Schiffslängen nahezu unverändert geradeaus weiter, bevor die Drehung beginnt. Dabei schwenkt das Heck zunächst zur entgegengesetzten Seite aus – bei einer Kursänderung nach Steuerbord also nach Backbord, (siehe Seiten 92, 223).

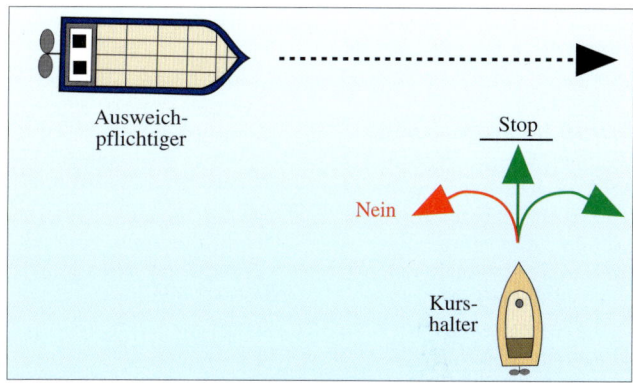

Manöver des vorletzten Augenblicks: Ein Kurshalter unter Maschine darf, sofern die Umstände es zulassen, gegenüber einem Schiff (Maschinenfahrzeug) an seiner Backbordseite seinen Kurs nicht nach Backbord ändern.

Rechte und Pflichten

Der Kurshalter	Der Ausweichpflichtige
• **muss** Kurs und Geschwindigkeit beibehalten;	• **muss** möglichst frühzeitig und durchgreifend handeln (deutliche Kursänderung oder Aufstoppen), um sich gut klarzuhalten;
• **darf** (nur) zur Abwehr eines Zusammenstoßes selbst manövrieren, sobald klar wird, dass der Ausweichpflichtige nicht angemessen handelt (Manöver des vorletzten Augenblicks); dies gilt rechtlich nicht als Ausweichen;	• **muss** jede Änderung des Kurses und/oder der Geschwindigkeit zur Vermeidung eines Zusammenstoßes so groß machen, dass ein anderes Fahrzeug optisch oder durch Radar sie schnell erkennen kann (im Falle von Radar ist eine Kursänderung von 50° bis 60° erforderlich);
• **muss** so manövrieren, wie es zur Vermeidung eines Zusammenstoßes am dienlichsten ist, sobald der Kurshalter dem Ausweichpflichtigen so nahe gekommen ist, dass ein Zusammenstoß durch Manöver des Letzteren allein nicht vermieden werden kann (Manöver des letzten Augenblicks).	• **muss** Ausweichmanöver durch Manöversignale nach Regel 34 anzeigen (nur Maschinenfahrzeug).

SBS-Fragen 12, 87, 88, 91; SKS-Fragen 30, 42, 48, 50 (Recht); 159, 161 (Seemannschaft I); 142, 144 (Seemannschaft II)

Fahrzeuge, die einander in Sicht haben

*Regel 18 **Verantwortlichkeiten der Fahrzeuge untereinander***

Sofern in den Regeln 9, 10 und 13 nicht etwas anderes bestimmt ist, gilt Folgendes:

a) Ein Maschinenfahrzeug in Fahrt muss ausweichen
   i) einem manövrierunfähigen Fahrzeug;
   ii) einem manövrierbehinderten Fahrzeug;
   iii) einem fischenden Fahrzeug;
   iv) einem Segelfahrzeug.

b) Ein Segelfahrzeug in Fahrt muss ausweichen
   i) einem manövrierunfähigen Fahrzeug;
   ii) einem manövrierbehinderten Fahrzeug;
   iii) einem fischenden Fahrzeug.

c) Ein fischendes Fahrzeug in Fahrt muss, soweit möglich, ausweichen
   i) einem manövrierunfähigen Fahrzeug;
   ii) einem manövrierbehinderten Fahrzeug.

d) i) Jedes Fahrzeug mit Ausnahme eines manövrierunfähigen oder manövrierbehinderten muss, sofern die Umstände es zulassen, vermeiden, die sichere Durchfahrt eines tiefgangbehinderten Fahrzeugs zu behindern, das Signale nach Regel 28 (Seite 97) zeigt.

ii) Ein tiefgangbehindertes Fahrzeug muss unter Berücksichtigung seines besonderen Zustands mit besonderer Vorsicht navigieren.

e) Ein Wasserflugzeug auf dem Wasser muss sich in der Regel von allen Fahrzeugen gut klarhalten und vermeiden, deren Manöver zu behindern. Sobald jedoch die Möglichkeit der Gefahr eines Zusammenstoßes besteht, muss es die Regeln dieses Teils befolgen.

f) i) Ein Bodeneffektfahrzeug muss sich bei Start, Landung und oberflächennahem Flug von allen Fahrzeugen gut klar halten und vermeiden, deren Manöver zu behindern;
   ii) ein Bodeneffektfahrzeug, das auf der Wasseroberfläche betrieben wird, muss die Regeln dieses Teiles für Maschinenfahrzeuge erfüllen.

Der „Crash Stop Astern Test" mit einem leeren Containerschiff (3. Generation, L = 290 m, B = 32,5 m) in Ballast ergab, dass bei 23 kn Fahrt die Maschine erst nach etwa 6 min auf rückwärts geht (Stoppstrecke ≈ 1,7 sm; Stoppzeit ≈ 10,5 min). In beladenem Zustand sind diese Werte natürlich noch größer. Zudem geht der Trend zu immer größeren Schiffen. Seit 2006 werden die deutschen Küstengewässer – und auch die Elbe – von Containerschiffen mit einer Kapazität von 12000 TEU (ISO-Container von 20 Fuß Länge und 8 Fuß Breite; TEU = Twenty-feet Equivalent Unit) befahren. Solche Schiffe sind über 400 m lang und mehr als 50 m breit!

Regel 18 ordnet die Rangordnung der Verantwortlichkeit der Fahrzeuge untereinander hierarchisch. Beim Auslegen von Regel 18 ist der Vorrang der spezielleren Regelung zu beachten. Der speziellste Fall ist f); es folgen e), d) usw.

Absatz d) verlangt, tiefgangbehinderte Fahrzeuge nicht zu behindern. Was genau zu tun ist, wird in Regel 8 f) beschrieben. Das Nicht-Behinderungsgebot darf nicht mit der Ausweichpflicht verwechselt werden. Es gilt nicht für manövrierunfähige und manövrierbehinderte Fahrzeuge.

Satz 1 gibt den Regeln 9, 10 und 13 Vorrang. Hieraus folgt z. B., dass ein manövrierbehindertes Fahrzeug, das ein Segelfahrzeug überholt, dem Segelboot ausweichen muss – entgegen Buchstabe b).

Im deutschen Küstenmeer (Nordsee) gibt es **keine tiefgangbehinderten Fahrzeuge**. Gemäß § 2 Abs. 13 SeeSchStrO (Seite 111) gelten Fahrzeuge, die wegen ihres Tiefgangs, ihrer Länge oder wegen anderer Eigenschaften gezwungen sind, den tiefsten Teil des Fahrwassers für sich in Anspruch zu nehmen, als **manövrierbehindert**.

SBS-Fragen 78 – 86; SKS-Fragen 40, 43, 44, 49 (Recht); 160 (Seemannschaft I); 143 (Seemannschaft II)

Verhalten bei verminderter Sicht

Abschnitt III Verhalten von Fahrzeugen bei verminderter Sicht

Solange die Fahrzeuge einander nicht in Sicht haben, gelten nicht die Ausweichregeln aus Teil II, sondern Regel 19. Tauchen die Schiffe aus dem Nebel auf, haben sie einander also in Sicht, so muss nach den Ausweichregeln aus Teil II gehandelt werden.

Verminderte Sicht (siehe Seite 83) beginnt bei tausend Meter Sichtweite. Dann müssen die vorgeschriebenen Lichter geführt und Nebelsignale gegeben werden. Alle Maßnahmen, die für die Nebelfahrt ergriffen werden, sollen in das Logbuch eingetragen werden. Alle Arbeiten am Schiff beenden.

Sportboote dürfen sich bei verminderter Sicht nicht in einem Fahrwasser aufhalten, sofern sie nicht über ein Radargerät verfügen, mit dem sie sicher beurteilen können, ob sie die durchgehende Schifffahrt behindern (siehe Seite 86).

Regel 19 Verhalten von Fahrzeugen bei verminderter Sicht
a) Diese Regel gilt für Fahrzeuge, die einander nicht in Sicht haben, wenn sie in oder in der Nähe eines Gebietes mit verminderter Sicht fahren.

b) Jedes Fahrzeug muss mit sicherer Geschwindigkeit fahren, die den gegebenen Umständen und Bedingungen der verminderten Sicht angepasst ist. Ein Maschinenfahrzeug muss seine Maschinen für ein sofortiges Manöver bereithalten.

c) Jedes Fahrzeug muss bei der Befolgung der Regeln des Abschnitts I die gegebenen Umstände und Bedingungen der verminderten Sicht gehörig berücksichtigen.

d) Ein Fahrzeug, das ein anderes Fahrzeug lediglich mit Radar ortet, muss ermitteln, ob sich eine Nahbereichslage entwickelt und/oder die Möglichkeit der Gefahr eines Zusammenstoßes besteht. Ist dies der Fall, so muss es frühzeitig Gegenmaßnahmen treffen; ändert es deswegen seinen Kurs, so muss es nach Möglichkeit Folgendes vermeiden:

i) eine Kursänderung nach Backbord gegenüber einem Fahrzeug vorlicher als querab, außer beim Überholen;
ii) eine Kursänderung auf ein Fahrzeug zu, das querab oder achterlicher als querab ist.

e) Außer nach einer Feststellung, dass keine Möglichkeit der Gefahr eines Zusammenstoßes besteht, muss jedes Fahrzeug, das anscheinend

Wenn in dichtem Nebel das Schallsignal eines größeren Fahrzeugs anscheinend vorlicher als querab gehört wird

1. Möglichst aufstoppen! Sonst so langsam wie möglich fahren, sodass das eigene Schiff gerade noch steuerfähig bleibt.
2. Nebelsignal geben.
3. Maschine klarmachen, um sofort ausweichen zu können, falls das andere Schiff plötzlich aus dem Nebel auftauchen sollte.
4. Abwarten, bis das andere Schiff vorüber ist und keine Kollisionsgefahr mehr besteht.
5. Keinesfalls ein Ausweichmanöver durchführen, solange nicht das andere Fahrzeug sichtbar ist.

vorlicher als querab das Nebelsignal eines anderen Fahrzeugs hört oder das eine Nahbereichslage mit einem anderen Fahrzeug vorlicher als querab nicht vermeiden kann, seine Fahrt auf das für die Erhaltung der Steuerfähigkeit geringst mögliche Maß verringern. Erforderlichenfalls muss es jegliche Fahrt wegnehmen und in jedem Fall mit äußerster Vorsicht manövrieren, bis die Gefahr eines Zusammenstoßes vorüber ist.

Bei verminderter Sicht

1. Lichter führen.
2. Nebelsignale geben.
3. Mit allen Mitteln Ausguck gehen, Störgeräusche vermeiden. Ggf. Radargerät ständig benutzen.
4. Mögliche Fahrrouten großer Schiffe meiden.
5. Ohne entsprechendes Radargerät nicht in einem Fahrwasser aufhalten, erst recht kein Fahrwasser queren. Fahren am äußersten rechten Rand oder auf dem Tonnenstrich ist gestattet (Seite 86).
6. Langsam, mit sicherer Geschwindigkeit fahren.
7. Schiff (einschließlich Maschine) für ein sofortiges Manöver bereithalten; Autopilot ausschalten.
8. Radarerkennbarkeit verbessern (Radarreflektoren, aufrechte Schwimmlage).
9. Standort regelmäßig in die Seekarte eintragen.
10. In Gebieten mit Radarberatung: Radarberatung mithören, eigenes Schiff gegebenenfalls anmelden (UKW).
11. Rettungswesten anlegen.
12. Luken, Skylights, Niedergang schließen.
13. Rettungsinsel für einen sofortigen Einsatz vorbereiten.

SBS-Fragen 16, 17, 28, 90, 307, 308; SKS-Fragen 27– 29 (Recht); 77 (Wetter)

Anwendung, Begriffe, Tragweite

Die Teile C bis E der KVR werden nachfolgend – unkommentiert und bis auf Regel 24 ungekürzt – wiedergegeben. Lichter, Signalkörper und Schallsignale – leichter lesbar und in übersichtlicher Darstellung – findet der Leser auf den Seiten 98 ff.

**Teil C
Lichter und Signalkörper**

*Regel 20 **Anwendung***
a) Die Regeln dieses Teils müssen bei jedem Wetter befolgt werden.

b) Die Regeln über Lichter müssen zwischen Sonnenuntergang und Sonnenaufgang befolgt werden; während dieser Zeit dürfen keine Lichter geführt oder gezeigt werden, die mit den in diesen Regeln genannten Lichtern verwechselt werden können, deren Sichtbarkeit oder Unterscheidungsmöglichkeit beeinträchtigen oder den gehörigen Ausguck behindern.

c) Die in diesen Regeln vorgeschriebenen Lichter müssen, wenn sie mitgeführt werden, bei verminderter Sicht auch zwischen Sonnenaufgang und Sonnenuntergang geführt oder gezeigt werden; in allen anderen Fällen dürfen sie geführt oder gezeigt werden, wenn es für erforderlich gehalten wird.

d) Die Regeln über Signalkörper müssen am Tage befolgt werden.

e) Die in diesen Regeln genannten Lichter und Signalkörper müssen den Bestimungen der Anlage I entsprechen.

*Regel 21 **Begriffsbestimmungen***
*a) „**Topplicht**" bedeutet ein weißes Licht über der Längsachse des Fahrzeugs, das unbehindert über einen Horizontbogen von 225° scheint, und von recht voraus bis 22,5° achterlicher als querab nach jeder Seite.*

*b) „**Seitenlichter**" bedeutet ein grünes Licht an der Steuerbordseite und ein rotes Licht an der Backbordseite, die jeweils unbehindert über einen Horizontbogen von 112,5° scheinen, und zwar nach der betreffenden Seite von recht voraus bis 22,5° achterlicher als querab. Auf einem Fahrzeug von weniger als 20 Meter Länge dürfen die Seitenlichter in einer Zweifarbenlaterne über der Längsachse geführt werden.*

*c) „**Hecklicht**" bedeutet ein weißes Licht, das so nahe wie möglich am Heck angebracht ist und das unbehindert über einen Horizontbogen von 135° scheint, und zwar von recht achteraus 67,5° nach jeder Seite.*

*d) „**Schlepplicht**" bedeutet ein gelbes Licht mit den Eigenschaften des unter c) beschriebenen Hecklichts.*

*e) „**Rundumlicht**" bedeutet ein Licht, das unbehindert über einen Horizontbogen von 360° scheint.*

*f) „**Funkellicht**" bedeutet ein Licht mit 120 oder mehr regelmäßigen Lichterscheinungen in der Minute.*

*Regel 22 **Tragweite der Lichter***
Die in diesen Regeln vorgeschriebenen Lichter müssen die in Abschnitt 8 der Anlage I angegebenen Lichtstärken haben, sodass folgende Mindesttragweiten erreicht werden:

a) Auf Fahrzeugen von 50 und mehr Meter Länge
– Topplicht, 6 Seemeilen;
– Seitenlicht, 3 Seemeilen;
– Hecklicht, 3 Seemeilen;
– Schlepplicht, 3 Seemeilen;
– weißes, rotes, grünes oder gelbes Rundumlicht, 3 Seemeilen;

b) Auf Fahrzeugen von 12 und mehr, jedoch weniger als 50 Meter Länge
– Topplicht, 5 Seemeilen; auf Fahrzeugen von weniger als 20 Meter Länge, 3 Seemeilen;
– Seitenlicht, 2 Seemeilen;
– Hecklicht, 2 Seemeilen;
– Schlepplicht, 2 Seemeilen;
– weißes, rotes, grünes oder gelbes Rundumlicht, 2 Seemeilen;

c) Auf Fahrzeugen von weniger als 12 Meter Länge
– Topplicht, 2 Seemeilen;
– Seitenlicht, 1 Seemeile;
– Hecklicht, 2 Seemeilen;
– weißes, rotes, grünes oder gelbes Rundumlicht, 2 Seemeilen;

d) Auf schwer erkennbaren, teilweise getauchten Fahrzeugen oder Gegenständen, die geschleppt werden
– weißes Rundumlicht, 3 Seemeilen.

*Regel 23 **Maschinenfahrzeuge in Fahrt***
a) Ein Maschinenfahrzeug in Fahrt muss führen
i) ein Topplicht vorn;
ii) ein zweites Topplicht, achterlicher und höher als das vordere; ein Fahrzeug von weniger als 50 Meter Länge kann ein solches Licht führen, ist jedoch nicht dazu verpflichtet;
iii) Seitenlichter;
iv) ein Hecklicht.

b) Ein Luftkissenfahrzeug, das im nichtwasserverdrängenden Zustand navigiert, muss außer den unter Buchstabe a vorgeschriebenen Lichtern ein gelbes Rundumlicht als Funkellicht führen.

c) Nur bei Start, Landung und oberflächennahem Flug muss ein Bodeneffektfahrzeug zusätzlich zu den unter Buchstabe a vorgeschriebenen Lichtern ein leistungsstarkes,

SBS-Fragen 21, 24, 29 – 31, ; SKS-Frage 16, 47, 48 (Recht)

Maschinen- und Segelfahrzeuge

rotes Rundumlicht als Funkellicht führen.

d) i) Ein Maschinenfahrzeug von weniger als 12 Meter Länge darf an Stelle der unter Buchstabe a vorgeschriebenen Lichter ein weißes Rundumlicht und Seitenlichter führen;

ii) Ein Maschinenfahrzeug von weniger als 7 Meter Länge, dessen Höchstgeschwindigkeit 7 Knoten nicht übersteigt, darf anstelle der unter Buchstabe a vorgeschriebenen Lichter ein weißes Rundumlicht und muss, wenn möglich, außerdem Seitenlichter führen.

iii) Das Topplicht oder das weiße Rundumlicht auf einem Maschinenfahrzeug von weniger als 12 Meter Länge darf außerhalb der Längsachse des Fahrzeugs geführt werden, wenn die Anbringung über der Längsachse nicht möglich ist, vorausgesetzt, dass die Seitenlichter in einer Zweifarbenlaterne über der Längsachse des Fahrzeugs geführt oder so nahe wie möglich in derselben Längsachse wie das Topplicht oder das weiße Rundumlicht angebracht werden.

Regel 24 Schieben und Schleppen

a) Ein schleppendes Fahrzeug muss führen

i) anstelle des in Regel 23 Buchstabe a Ziffer i oder ii vorgeschriebenen Lichtes zwei Topplichter senkrecht übereinander. Wenn der Schleppzug vom Heck des schleppenden Fahrzeugs bis zum Ende des Anhangs länger als 200 Meter ist, drei solche Lichter senkrecht übereinander;

ii) Seitenlichter;

ii) ein Hecklicht;

iv) ein Schlepplicht senkrecht über dem Hecklicht;

v) wenn der Schleppzug länger als 200 Meter ist, einen rhombusförmigen Signalkörper dort, wo er am besten gesehen werden kann.

b) Sind ein schiebendes und ein geschobenes Fahrzeug zu einer zusammengesetzten Einheit starr miteinander verbunden, so gelten sie als ein Maschinenfahrzeug und müssen die in Regel 23 vorgeschriebenen Lichter führen.

c) Ein schiebendes oder längsseits schleppendes Maschinenfahrzeug muss, ausgenommen im Fall einer zusammengesetzten Einheit, führen

i) anstelle des in Regel 23 Buchstabe a Ziffer i oder ii vorgeschriebenen Lichtes zwei Topplichter senkrecht übereinander;

ii) Seitenlichter;

iii) ein Hecklicht.

d) Ein Maschinenfahrzeug, für das die Buchstaben a oder c dieser Regel gilt, muss auch Regel 23 Buchstabe a Ziffer i befolgen.

e) Ein geschlepptes Fahrzeug oder ein geschleppter Gegenstand mit Ausnahme der unter Buchstabe g genannten muss führen

i) Seitenlichter;

ii) ein Hecklicht;

iii) wenn der Schleppzug länger als 200 Meter ist, einen rhombusförmigen Signalkörper dort, wo er am besten gesehen werden kann ...

Sportboote unter Maschine, die ein anderes Sportboot schleppen, gelten nicht als schleppende Fahrzeuge im Sinne der KVR und führen nur die Lichter eines Maschinenfahrzeugs.

Regel 25 Segelfahrzeuge in Fahrt und Fahrzeuge unter Ruder

a) Ein Segelfahrzeug in Fahrt muss führen

i) Seitenlichter;

ii) ein Hecklicht.

b) Auf einem Segelfahrzeug von weniger als 20 Meter Länge dürfen die unter Buchstabe a vorgeschriebenen Lichter in einer Dreifarbenlaterne vereinigt werden, die an oder nahe der Mastspitze dort angebracht ist, wo sie am besten gesehen werden kann.

c) Ein Segelfahrzeug in Fahrt darf zusätzlich zu den unter Buchstabe a vorgeschriebenen Lichtern an oder nahe der Mastspitze zwei Rundumlichter senkrecht übereinander dort führen, wo sie am besten gesehen werden können, und zwar das obere rot und das untere grün; diese Lichter dürfen jedoch nicht zusammen mit der Dreifarbenlaterne nach Buchstabe b geführt werden.

d) i) Ein Segelfahrzeug von weniger als 7 Meter Länge muss, wenn möglich, die unter Buchstabe a und b vorgeschriebenen Lichter führen; andernfalls muss eine elektrische Lampe oder eine angezündete Laterne mit einem weißen Licht gebrauchsfertig zur Hand gehalten und rechtzeitig gezeigt werden, um einen Zusammenstoß zu verhüten.

ii) Ein Fahrzeug unter Ruder darf die in dieser Regel für Segelfahrzeuge vorgeschriebenen Lichter führen; andernfalls muss eine elektrische Lampe oder eine angezündete Laterne mit einem weißen Licht gebrauchsfertig

SBS-Fragen 32 – 35, 53 – 60; SKS-Fragen 15, 17, 37 – 39, 79 (Recht)

Fischend, manövrierunfähig, -behindert

zur Hand gehalten und rechtzeitig gezeigt werden, um einen Zusammenstoß zu verhüten.

e) Ein Fahrzeug unter Segel, das gleichzeitig mit Maschinenkraft fährt, muss im Vorschiff einen Kegel – Spitze unten – dort führen, wo er am besten gesehen werden kann.

Regel 26 Fischereifahrzeuge
a) Ein fischendes Fahrzeug in Fahrt oder vor Anker darf nur die in dieser Regel vorgeschriebenen Lichter oder Signalkörper führen.

b) Ein fischender Trawler, das heißt, ein Fahrzeug, das ein Schleppnetz oder ein anderes Fanggerät durchs Wasser schleppt, muss führen
 i) zwei Rundumlichter senkrecht übereinander, das obere grün und das untere weiß, oder ein Stundenglas;
 ii) ein Topplicht achterlicher und höher als das grüne Rundumlicht; ein Fahrzeug von weniger als 50 Meter Länge kann ein solches Licht führen, ist jedoch nicht dazu verpflichtet;
 iii) bei Fahrt durchs Wasser zusätzlich zu den unter diesem Buchstaben vorgeschriebenen Lichtern Seitenlicht und ein Hecklicht.

c) Ein fischendes Fahrzeug, das nicht trawlt, muss führen
 i) zwei Rundumlichter senkrecht übereinander, das obere rot und das untere weiß, oder ein Stundenglas;
 ii) bei ausgebrachtem Fanggerät, das waagerecht mehr als 150 Meter ins Wasser reicht, ein weißes Rundumlicht oder einen Kegel – Spitze oben – in Richtung des Fanggerätes;
 iii) bei Fahrt durchs Wasser zusätzlich zu den unter diesem Buchstaben vorgeschriebenen Lichtern Seitenlicht und ein Hecklicht.

d) Die zusätzlich zu diesen Regeln in Anlage II beschriebenen Signale gelten für ein fischendes Fahrzeug, das sich in nächster Nähe anderer fischender Fahrzeuge befindet.

e) Ein nicht fischendes Fahrzeug darf die in dieser Regel vorgeschriebenen Lichter oder Signalkörper nicht führen, sondern nur die für ein Fahrzeug seiner Länge vorgeschriebenen.

Regel 27 Manövrierunfähige und manövrierbehinderte Fahrzeuge
a) Ein manövrierunfähiges Fahrzeug muss führen
 i) zwei rote Rundumlichter dort, wo sie am besten gesehen werden können;

 ii) zwei Bälle oder ähnliche Signalkörper senkrecht übereinander dort, wo sie am besten gesehen werden können;
 iii) bei Fahrt durchs Wasser zusätzlich zu den unter diesem Buchstaben vorgeschriebenen Lichtern Seitenlichter und ein Hecklicht.

b) Ein manövrierbehindertes Fahrzeug, ausgenommen ein Fahrzeug beim Minenräumen, muss führen
 i) drei Rundumlichter senkrecht übereinander dort, wo sie am besten gesehen werden können. Das obere und das untere Licht müssen rot, das mittlere muss weiß sein;
 ii) drei Signalkörper senkrecht übereinander dort, wo sie am besten gesehen werden können. Der obere und der untere Signalkörper müssen Bälle, der mittlere muss ein Rhombus sein;
 iii) bei Fahrt durchs Wasser zusätzlich zu den unter Ziffer i vorgeschriebenen Lichtern ein Topplicht oder mehrere Topplichter sowie Seitenlichter und ein Hecklicht;
 iv) vor Anker zusätzlich zu den unter Ziffer i und ii vorgeschriebenen Lichtern oder Signalkörpern das Licht, die Lichter oder den Signalkörper nach Regel 30.

c) Ein schleppendes Maschinenfahrzeug muss während eines Schleppvorganges, bei dem das schleppende Fahrzeug und sein Anhang erheblich behindert sind, vom Kurs abzuweichen, zusätzlich zu den in Regel 24 Buchstabe a vorgeschriebenen Lichtern oder Signalkörpern die unter Buchstabe b Ziffern i und ii dieser Regel vorgeschriebenen Lichter oder Signalkörper führen.

d) Ein manövrierbehindertes Fahrzeug, das baggert oder Unterwasserarbeiten ausführt, muss die unter Buchstabe b Ziffern i, ii und iii vorgeschriebenen Lichter oder Signalkörper führen, bei Behinderung außerdem
 i) zwei rote Rundumlichter oder zwei Bälle senkrecht übereinander, um die Seite anzuzeigen, an der die Behinderung besteht;
 ii) zwei grüne Rundumlichter oder zwei Rhomben senkrecht übereinander, um die Passierseite für ein anderes Fahrzeug anzuzeigen;
 iii) vor Anker anstelle der Lichter oder des Signalkörpers nach Regel 30 die unter diesem Buchstaben vorgeschriebenen Lichter oder Signalkörper.

e) Macht die Größe eines Fahrzeugs bei Taucharbeiten

SBS-Fragen 36 – 43, 49 – 51, 100 – 103; SKS-Fragen 13 – 15, 20 – 22, 40, 51, 76, 77 (Recht)

Tiefgangbehinderte und Lotsenfahrzeuge

es unmöglich, alle unter Buchstabe d vorgeschriebenen Lichter und Signalkörper zu führen, so sind zu führen

   i) drei Rundumlichter senkrecht übereinander dort, wo sie am besten gesehen werden können. Das obere und das untere Licht müssen rot, das mittlere muss weiß sein;

   ii) die Flagge „A" des Internationalen Signalbuches als Tafel von mindestens 1 Meter Höhe. Ihre Rundumsichtbarkeit muss sichergestellt sein.

f) Ein Fahrzeug beim Minenräumen muss zusätzlich zu den in Regel 23 vorgeschriebenen Lichtern für Maschinenfahrzeuge oder zu den Lichtern oder dem Signalkörper nach Regel 30 für ein Fahrzeug vor Anker drei grüne Rundumlichter oder drei Bälle führen. Eines dieser Lichter oder einer dieser Signalkörper muss nahe dem Vormasttopp und eines oder einer an jedem Ende der vorderen Rah geführt werden. Diese Lichter oder Signalkörper zeigen an, dass es für andere Fahrzeuge gefährlich ist, sich dem Minenräumfahrzeug auf weniger als 1000 Meter zu nähern.

g) Fahrzeuge von weniger als 12 Meter Länge, mit Ausnahme solcher Fahrzeuge, die Taucherarbeiten durchführen, brauchen die in dieser Regel

vorgeschriebenen Lichter und Signalkörper nicht zu führen.

h) Die in dieser Regel vorgeschriebenen Signale sind keine Notsignale, durch die Hilfeleistung verlangt wird. Solche Signale sind in Anlage IV aufgeführt.

Regel 28 **Tiefgangbehinderte Fahrzeuge**
Ein tiefgangbehindertes Fahrzeug darf zusätzlich zu den in Regel 23 für Maschinenfahrzeuge vorgeschriebenen Lichtern drei rote Rundumlichter senkrecht übereinander oder einen Zylinder dort führen, wo sie am besten gesehen werden können.

Regel 29 **Lotsenfahrzeuge**
a) Ein Fahrzeug im Lotsdienst muss führen

   i) an oder nahe dem Masttopp zwei Rundumlichter senkrecht übereinander, das obere weiß, das untere rot;

   ii) in Fahrt zusätzlich Seitenlichter und ein Hecklicht;

   iii) vor Anker zusätzlich zu den unter Ziffer i das Licht oder die Lichter oder den Signalkörper, die in Regel 30 für Fahrzeuge vor Anker vorgeschrieben sind.

b) Ein Lotsenfahrzeug, das nicht im Lotsdienst ist, muss

die für ein Fahrzeug seiner Länge vorgeschriebenen Lichter oder Signalkörper führen.

Regel 30 **Fahrzeuge vor Anker oder auf Grund**
a) Ein Fahrzeug vor Anker muss dort, wo sie am besten gesehen werden können, führen

   i) im vorderen Teil ein weißes Rundumlicht oder einen Ball;

   ii) an oder nahe dem Heck ein weißes Rundumlicht niedriger als das Licht nach Ziffer i.

b) Ein Fahrzeug vor Anker von weniger als 50 Meter Länge darf anstelle der unter Buchstabe a vorgeschriebenen Lichter ein weißes Rundumlicht dort führen, wo es am besten gesehen werden kann.

c) Ein Fahrzeug vor Anker darf auch die vorhandenen Decklichter oder gleichwertige Lichter zur Beleuchtung des Decks einschalten; ist das Fahrzeug 100 und mehr Meter lang, so ist es dazu verpflichtet.

d) Ein Fahrzeug auf Grund muss die unter Buchstabe a oder b vorgeschriebenen Lichter führen und zusätzlich dort, wo sie am besten gesehen werden können,

   i) zwei rote Rundumlichter senkrecht übereinander;

   ii) drei Bälle senkrecht übereinander.

e) Ein Fahrzeug von weniger als 7 Meter Länge vor Anker, das sich nicht in einem engen Fahrwasser, einer Fahrrinne oder auf einer Reede oder in der Nähe davon befindet, wo andere Fahrzeuge in der Regel fahren, braucht nicht die unter den Buchstaben a und b vorgeschriebenen Lichter oder den dort vorgeschriebenen Signalkörper zu führen.

f) Ein Fahrzeug von weniger als 12 Meter Länge auf Grund braucht nicht die unter Buchstabe d Ziffern i und ii vorgeschriebenen Lichter oder Signalkörper zu führen.

Regel 31 **Wasserflugzeuge**
Kann ein Wasserflugzeug oder ein Bodeneffektfahrzeug keine Lichter oder Signalkörper führen, deren Eigenschaften oder Anordnung den Regeln dieses Teils entsprechen, so muss es Lichter und Signalkörper führen, deren Eigenschaften und Anordnung diesen so weit wie möglich vergleichbar sind.

Fortsetzung der KVR (Regeln 32 bis 37) siehe Seite 106.

SBS-Fragen 40, 44 – 48, 61, 62, 85, 86, 104; SKS-Fragen 11, 46, 51 (Recht)

Lichter der Fahrzeuge

KVR, SeeSchStrO und EmsSchO verpflichten alle Fahrzeuge, bei Nacht und bei verminderter Sicht Lichter zu führen.

Schiffe unter deutscher Flagge dürfen nur Positionslaternen verwenden, die vom Bundesamt für Seeschifffahrt und Hydrographie (oder einer vergleichbaren Organisation in der EU) geprüft und zugelassen wurden. Die Prüfung umfasst die Tragweite, die Farbwerte und die Sichtwinkel. Zugelassene Laternen sind an ihrer Baumusternummer (z. B. BSH/00/01/03) zu erkennen.

Die wichtigsten Positionslaternen sind:

– zwei **Seitenlichter** rot und grün, jedes über einen Sektor von 112,5° scheinend,
– ein **Hecklicht** weiß, über einen Sektor von 135° scheinend,
– ein oder zwei **Topplichter** weiß, über einen Sektor von 225° scheinend,
– weiße, rote oder grüne **Rundumlichter**, die über den ganzen Horizont (360°) fest scheinen oder funkeln.

Segelnde Fahrzeuge, Ruderboote und geschleppte Fahrzeuge führen nur die Seitenlichter (rot und grün) und das Hecklicht (weiß). Auf Maschinenfahrzeugen unter 20 m Länge können die beiden Seitenlichter zu einer **Zweifarbenlaterne** zusammengefasst werden. Segel- und Ruderboote unter 20 m Länge dürfen anstelle der Seitenlichter und des Hecklichtes eine **Dreifarbenlaterne** auf dem Masttopp führen (um Strom zu sparen).

Auf dem Masttopp wird die Laterne nicht von Segeln oder Flaggen verdeckt. Sie ist dort gut erkennbar und vor Seewasser geschützt (Korrosion). Eine Dreifarbenlaterne darf bei Maschinenfahrt nicht geführt werden.

Ein Segelfahrzeug in Fahrt darf zusätzlich am Masttopp zwei Rundumlichter, **rot über grün**, führen, je-doch nicht zusammen mit einer Dreifarbenlaterne.

Im Geltungsbereich der SeeSchStrO müssen Segelfahrzeuge unter 12 m Länge sowie Ruder- und offene Fischerboote, die die vorgeschriebenen Lichter nicht führen können, mindestens ein **weißes Rundumlicht** führen.

Ein Fahrzeug, das die vorgeschriebenen Lichter nicht führen kann, darf bei Nacht oder bei verminderter Sicht nicht fahren. Das gilt nicht in einem Notstand, etwa wenn ein Segelboot bei Flaute nicht rechtzeitig in den Hafen zurückkehren konnte. Nähert sich dann ein anderes Fahrzeug, so muss ein weißes Licht ge-

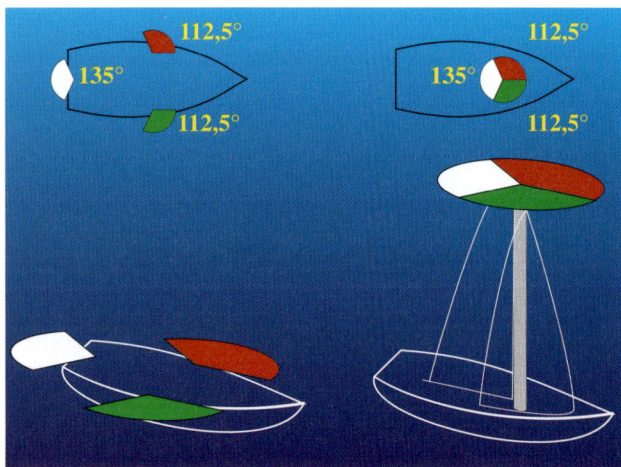

Ein Segelfahrzeug bis 20 m Länge führt Seitenlichter und Hecklicht oder eine Dreifarbenlaterne.

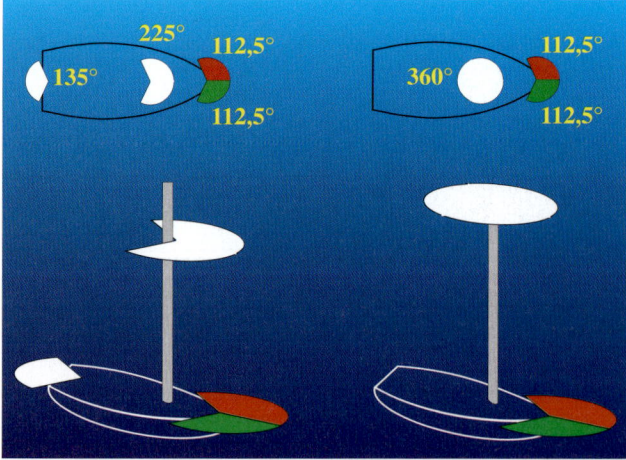

Lichterführung auf Maschinenfahrzeugen von weniger als 12 m Länge

SBS-Fragen 21, 24, 25, 34, 53 – 56, 114 – 117

Lichter der Fahrzeuge

zeigt werden (mit einer Taschenlampe in das Segel leuchten). Lichter *führen* bedeutet dagegen, dass die Positionslaternen eingeschaltet und fest angebracht sein müssen. Positionslaternen sind ständig gebrauchsfertig an Bord mitzuführen; sie dürfen andere nicht blenden.

Die **Mindesttragweite** der vom BSH zugelassenen Positionslaternen beträgt 2 sm; bei Fahrzeugen zwischen 12 und 20 m Länge muss die Tragweite des Topplichtes 3 sm betragen. Die hohe Tragweite wird mit Fresnellinsen erzielt. Sie bündeln das Licht und strahlen es – in aufrechter Schwimmlage – horizontal ab. Bei Krängung aber strahlen solche Laternen in Luv in den Himmel und in Lee auf das Wasser (siehe Abbildung unten rechts). Aus größerer Entfernung sind sie dann schlecht zu sehen.

Maschinenfahrzeuge

Maschinenfahrzeuge in Fahrt (Seite 83) werden durch das weiße **Topplicht** gekennzeichnet. Das Topplicht ist mindestens 1 m höher als die Seitenlichter zu führen.

Maschinenfahrzeuge ab 50 m Länge müssen ein **zweites Topplicht** deutlich weiter achtern und mindestens 4,5 m höher als das erste Topplicht führen. Ein Maschinenfahrzeug in Fahrt von weniger als 50 m Länge darf ein zweites Topplicht führen, es ist jedoch nicht dazu verpflichtet. An der Lage der beiden Topplichter zueinander lässt sich bei Nacht die Fahrtrichtung des Schiffes gut abschätzen.

Die Mindesthöhe des Topplichtes über den Seitenlichtern richtet sich nach der Länge:

Schiffslänge	Topplichthöhe
< 12 m	1 m
12 – 20 m	2,5 m
20 – 50 m	6 m

Ein Segel- oder Ruderboot gilt als Maschinenfahrzeug, sobald eine Maschine das Boot antreibt. Bei Nacht und bei verminderter Sicht muss es zusätzlich zu Seitenlichtern und Hecklicht ein Topplicht führen (nicht zulässig in Verbindung mit einer Dreifarbenlaterne).

Zur Unterscheidung der verschiedenen Fahrzeuge bei Nacht sind diverse Kombinationen von Positionslichtern international (in den KVR) und national (in der SeeSchStrO) festgelegt worden. Sie sind als Übersicht auf der folgenden Doppelseite dargestellt. Fahrzeuge von weniger als zwölf Meter Länge brauchen im Falle von Manövrierunfähigkeit oder Manövrierbehinderung die entsprechenden Lichter nicht zu führen.

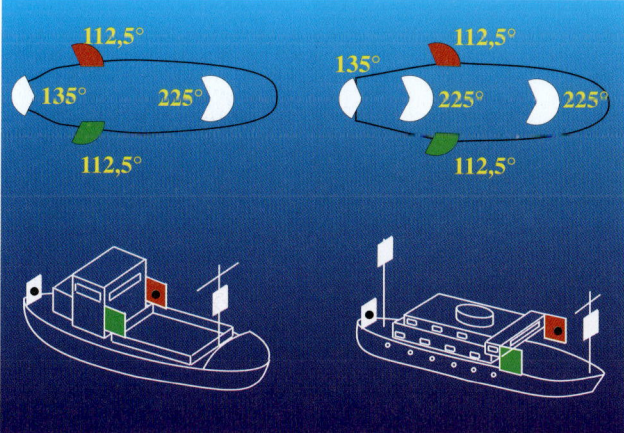

Maschinenfahrzeuge in Fahrt ab 50 m Länge müssen ein zweites Topplicht deutlich weiter achtern und mindestens 4,5 m höher als das erste Topplicht führen.

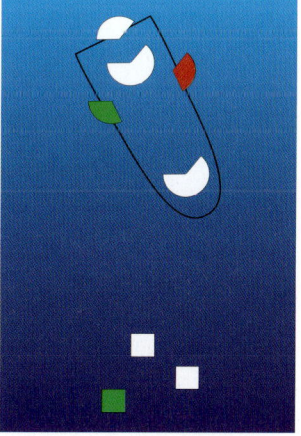

Aufsicht und Ansicht der Lichter eines Maschinenfahrzeugs

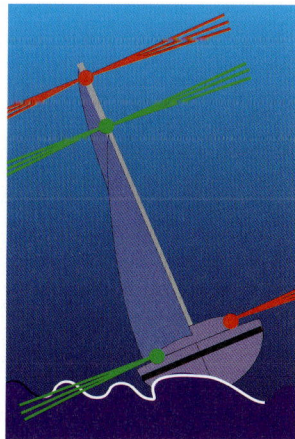

Eingeschränkte Sichtweite der Lichter auf einer krängenden Segelyacht

Lichter nach KVR

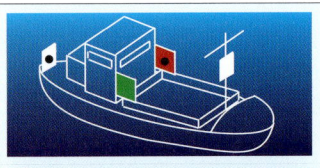
Maschinenfahrzeug in Fahrt von weniger als 50 m Länge.

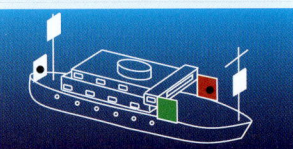
Maschinenfahrzeug in Fahrt (Angabe zur Länge nicht möglich; ein Fahrzeug von weniger als 50 m Länge kann ein zweites Topplicht führen, ist jedoch nicht dazu verpflichtet).

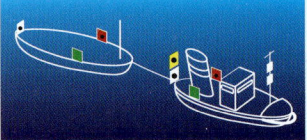
Schleppverband in Fahrt mit Anhang von 200 m Länge oder weniger.

Schleppverband in Fahrt mit Anhang von 200 m Länge oder weniger. Der Schleppverband kann nicht vom Kurs abweichen.

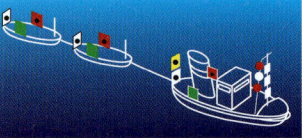
Schleppverband in Fahrt mit Anhang von mehr als 200 m Länge. Der Schleppverband kann nicht vom Kurs abweichen.

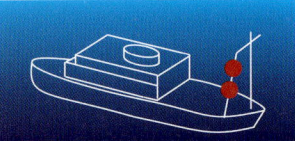
Manövrierunfähiges Fahrzeug ohne Fahrt durchs Wasser (nicht vorgeschrieben für Fahrzeuge von weniger als 12 m Länge).

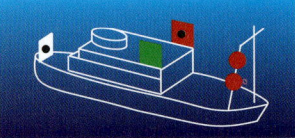
Manövrierunfähiges Fahrzeug mit Fahrt durchs Wasser (nicht vorgeschrieben für Fahrzeuge von weniger als 12 m Länge).

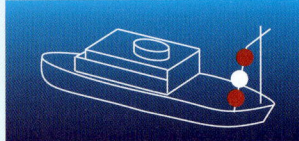
Manövrierbehindertes Fahrzeug ohne Fahrt durchs Wasser (nicht vorgeschrieben für Fahrzeuge von weniger als 12 m Länge).

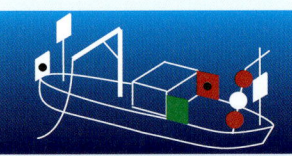
Manövrierbehindertes Fahrzeug mit Fahrt durchs Wasser (nicht vorgeschrieben für Fahrzeuge von weniger als 12 m Länge).

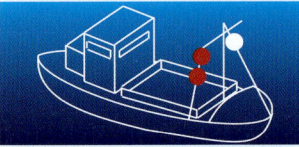
Fahrzeug auf Grund von weniger als 50 m Länge (nicht vorgeschrieben für Fahrzeuge von weniger als 12 m Länge).

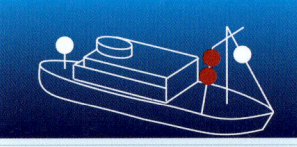
Fahrzeug auf Grund (wahrscheinlich 50 m oder länger; definitive Angabe über die Länge nicht möglich).

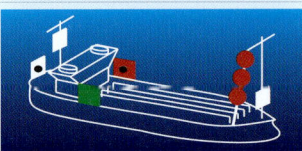
Tiefgangbehindertes Fahrzeug in Fahrt (Angabe zur Länge nicht möglich).

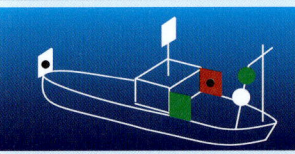
Fischender Trawler mit Fahrt durchs Wasser (wahrscheinlich 50 m oder länger; definitive Angabe über die Länge nicht möglich).

Fischendes Fahrzeug in Fahrt, das nicht trawlt, ohne Fahrt durchs Wasser (Angabe zur Länge s. oben).

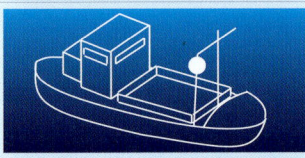
Fahrzeug vor Anker von weniger als 50 m Länge.

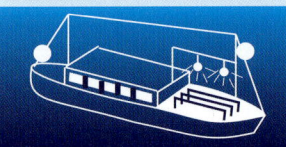
Fahrzeug vor Anker (Länge mindestens 50 m).

SBS-Fragen 30 – 33, 36, 37, 40 – 42, 44, 46, 47, 49, 50, 61, 62, 86

Lichter nach KVR oder SeeSchStrO

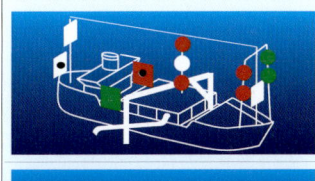 Manövrierbehindertes Fahrzeug mit Fahrt durchs Wasser; Passieren an der Seite mit zwei grünen Lichtern möglich.

 Fahrzeug des öffentlichen Dienstes bei der Erfüllung polizeilicher Aufgaben.

 Segelfahrzeug in Fahrt.

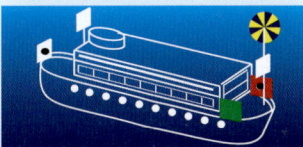 Luftkissenfahrzeug, das in nicht wasserverdrängendem Zustand navigiert.

 Fahrzeug beim Minenräumen; Annäherung auf weniger als 1000 m ist für andere Fahrzeuge gefährlich.

 Lotsenfahrzeug in Fahrt.

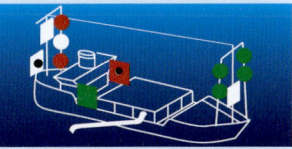 Manövrierbehindertes Fahrzeug, das im Fahrwasser baggert oder Unterwasserarbeiten ausführt; keine Behinderung; Vorbeifahrt in Fahrtrichtung rechts (im Geltungsbereich der SeeSchStrO).

 Fahrzeuge und Schub- und Schleppverbände, die bestimmte gefährliche Güter befördern und bestimmte leere Fahrzeuge (im Geltungsbereich der SeeSchStrO).

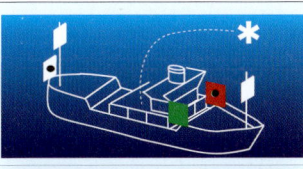 Fahrzeug der Bundeswehr und des Bundesgrenzschutzes sowie Maschinenfahrzeuge, die Schießscheiben schleppen (im Geltungsbereich der SeeSchStrO).

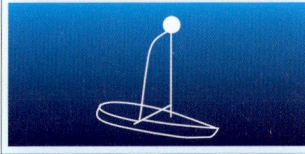 Fahrzeug unter Segel von weniger als 12 m Länge oder Fahrzeug unter Ruder (im Geltungsbereich der SeeSchStrO).

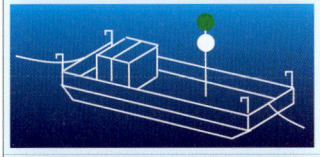 Nicht frei fahrende Fähre in Fahrt (im Geltungsbereich der SeeSchStrO).

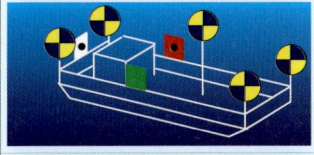 Frei fahrende Fähre auf dem Nord-Ostsee-Kanal, der Trave oder der Warnow in Fahrt (im Geltungsbereich der SeeSchStrO).

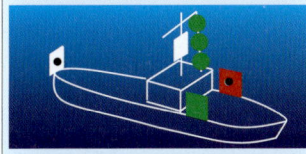 Zollfahrzeug (im Geltungsbereich der SeeSchStrO).

 Am Ufer festgemachtes Fahrzeug von weniger als 50 m Länge (im Geltungsbereich der SeeSchStrO).

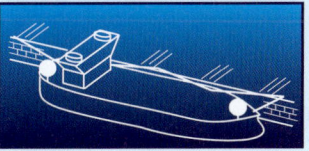 Am Ufer festgemachtes Fahrzeug von 50 und mehr m Länge (im Geltungsbereich der SeeSchStrO).

 Festes Rundumlicht.

 Gleichtaktlicht.

 Festes Licht über begrenzten Sektor.

 Licht für den Beobachter nicht sichtbar.

SBS-Fragen 102, 103, 107, 108, 113, 114, 118; SKS-Frage 61 (Recht)

Grenzkurse bestimmen

Grenzkurse bestimmen heißt, bei Nacht aus den Lichtern eines anderen Fahrzeugs dessen mögliche Kurse zu ermitteln – eine allnächtliche Aufgabe in der Praxis. Trotzdem wird die Grenzkursbestimmung nicht in der SKS-Prüfung verlangt, zum SSS- und SHS-Prüfungsstoff gehört sie aber.

Die Überlappung der Lichter ist dabei nicht zu berücksichtigen. Der Einfachheit halber wird angenommen, dass die Lichter einander nicht überlappen.

Wird ein Segelfahrzeug beobachtet, so ist auch die Windrichtung zu beachten. Eine Yacht kann bis 45° am wahren Wind laufen.

Übungsaufgabe 1

a) Bei ESE-Wind laufen Sie rwK = 075°. Sie peilen das rote Seitenlicht eines Segelfahrzeugs B in rwP = 161°. Bestimmen Sie die Grenzkurse!

b) Bei ENE-Wind steuern Sie rwK = 315. Sie peilen das grüne Seitenlicht eines Seglers B in rwP = 269°. Bestimmen Sie die Grenzkurse!

Lösungen von Aufgabe 1

a) Mögliche Kurse: 341° – 093,5°, wegen des Windes aber nur 341° – 067,5°.
b) Mögliche Kurse: 336,5° – 089°, wegen des Windes aber nur 336,5° – 022,5°.

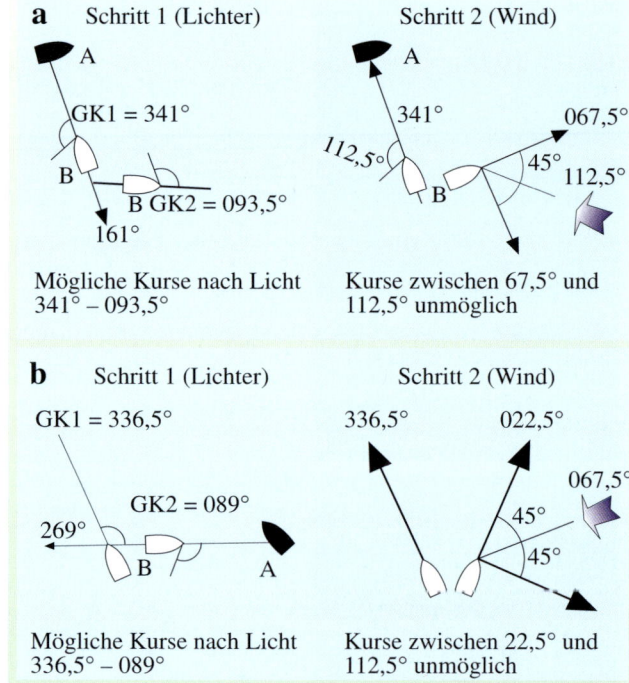

a Schritt 1 (Lichter)

GK1 = 341°

B GK2 = 093,5°

161°

Mögliche Kurse nach Licht 341° – 093,5°

Schritt 2 (Wind)

341°

112,5°

067,5°

45°

112,5°

Kurse zwischen 67,5° und 112,5° unmöglich

b Schritt 1 (Lichter)

GK1 = 336,5°

GK2 = 089°

269°

B A

Mögliche Kurse nach Licht 336,5° – 089°

Schritt 2 (Wind)

336,5°   022,5°

067,5°

45°

45°

Kurse zwischen 22,5° und 112,5° unmöglich

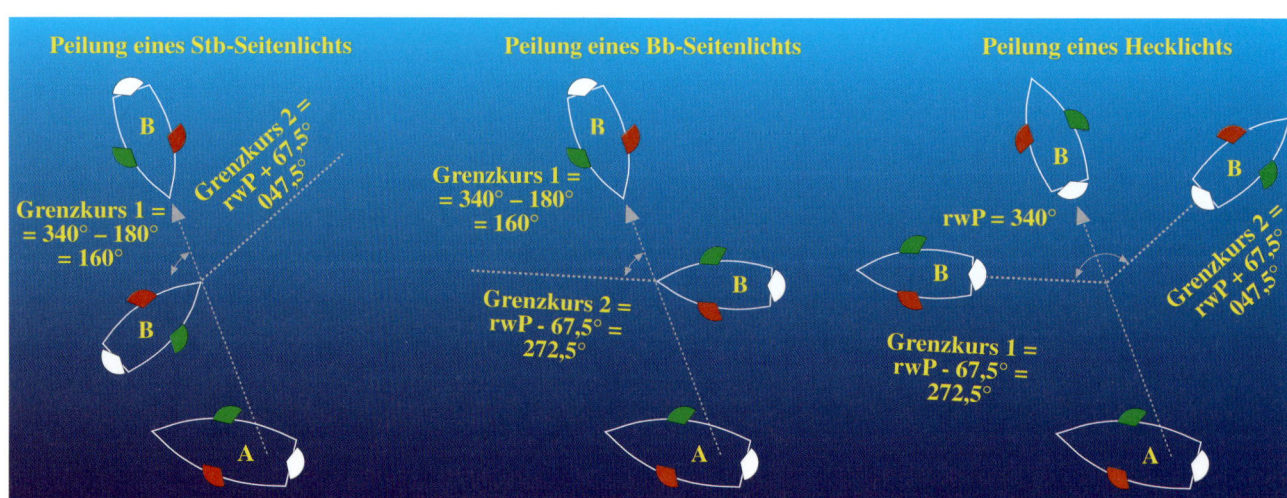

Peilung eines Stb-Seitenlichts

Grenzkurs 2 = rwP + 67,5° = 047,5°

Grenzkurs 1 = = 340° – 180° = 160°

Peilung eines Bb-Seitenlichts

Grenzkurs 1 = = 340° – 180° = 160°

Grenzkurs 2 = rwP - 67,5° = 272,5°

Peilung eines Hecklichts

rwP = 340°

Grenzkurs 2 = rwP + 67,5° = 047,5°

Grenzkurs 1 = rwP - 67,5° = 272,5°

Die Grenzkurse ergeben sich aus den Seitenlichtsektoren (112,5°) und dem Hecklichtsektor (135°).

Verhalten bei Nacht

Übungsaufgabe 2

Segelyacht A segelt nachts bei guter Sicht in der Ostsee mit rwk = 180°. A peilt in SP 160° ein Fahrzeug B mit zwei weißen Lichtern und einem roten Licht. Die Lichter kommen schnell näher, die Peilung wandert rasch in Richtung 90° aus.

A sieht gleichzeitig ein weiteres Fahrzeug C mit einem roten über einem weißen Licht und rechts, tiefer, einem grünen Licht.

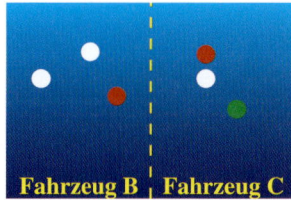

Fahrzeug B | Fahrzeug C

a) Machen Sie eine Aufsicht-Skizze von den drei Fahrzeugen!
   Was sind B und C für Fahrzeuge?

b) Wie hat sich A gegenüber B zu verhalten? (Antwort begründen)
   Wie hat sich B gegenüber A zu verhalten? (Antwort begründen)

c) Wie hat sich A gegenüber C zu verhalten? (Antwort begründen)
   Wie hat sich C gegenüber A zu verhalten? (Antwort begründen)

Lösungen von Aufgabe 2

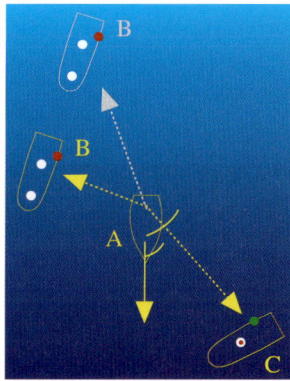

a) B ist ein Maschinenfahrzeug in Fahrt (vermutlich) über 50 Meter Länge. C ist ein Treibnetzfischer mit Fahrt durch das Wasser.
b) A muss gegenüber B nichts unternehmen, da keine Kollisionsgefahr besteht. B muss gegenüber A aus gleichem Grund auch nichts unternehmen. Insbesondere besteht für kein Fahrzeug Kurshaltepflicht.
c) Es besteht Kollisionsgefahr mit dem Fahrzeug C. Nach KVR Regel 18 b iii muss A ausweichen. Gemäß Regel 16 muss A frühzeitig und durchgreifend handeln, z. B.
– Geschwindigkeit deutlich verringern, sodass die Peilung von C nach vorne auswandert
– Kursänderung nach Bb und Fahrt mindern, um hinter dem Heck von C herzulaufen

– Kursänderung nach Stb und dann ebenfalls hinter dem Heck von C passieren
C ist kurshaltepflichtig.

Übungsaufgabe 3

Bei N-Wind segelt A nachts bei guter Sicht im Mittelmeer mit rwk = 70°. A peilt in SP 310° ein Fahrzeug B mit einem grünen Licht. A sieht gleichzeitig in SP 045° die Lichter eines Fahrzeugs C (siehe unten). Beide Fahrzeuge kommen rasch näher, beide Peilungen stehen.

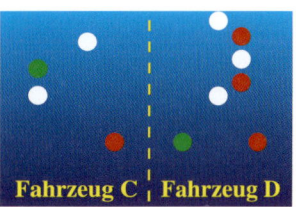

Fahrzeug C | Fahrzeug D

Etwa zwei Stunden später sieht A recht achteraus das Fahrzeug D.

a) Was für Fahrzeuge sind B und C?

b) Wie muss sich A gegenüber B und gegenüber C verhalten? (Beide Antworten begründen.) Wie müssen B und C handeln?

c) Erläutern Sie die Lichter, die Sie auf Fahrzeug C sehen!

d) Was für ein Fahrzeug ist B? Wie müssen sich A und D verhalten? (Antwort begründen)

Lösungen von Aufgabe 3

a) B ist ein Segelfahrzeug, C ist ein Schleppnetzfischer (Trawler) mit Fahrt durch das Wasser. Vermutlich ist C über 50 Meter lang, das ist aber nicht sicher, weil auch Trawler unter 50 Meter Länge ein Topplicht achterlicher und höher als die Rundumlichter führen dürfen.
b) A muss den Fahrzeugen B und C ausweichen. A muss B nach KVR Regel 12 iii) und C nach Regel 18 b) iii) ausweichen. B und C müssen Kurs und Geschwindigkeit beibehalten.
c) Grün über weiß sind Rundumlichter; sie zeigen an, dass C trawlt. Rot ist ein Seitenlicht; C macht Fahrt durch das Wasser. Das obere weiße Licht ist ein Topplicht; es muss von Trawlern über 50 Meter Länge geführt werden, kleinere Fahrzeuge dürfen es auch führen, sind aber nicht dazu verpflichtet.
d) D ist ein manövrierbehindertes Fahrzeug (vermutlich) über 50 Meter Länge mit Fahrt durch das Wasser. D muss als Überholer ausweichen (Regeln 13 a und 18). A muss Kurs und Fahrt beibehalten.

Signalkörper

Signalkörper müssen **schwarz** sein und folgende Abmessungen haben:

– **Ball**: Durchmesser mindestens 0,6 m;

– **Kegel**: Grundfläche mindestens 0,6 m Durchmesser; Höhe wie sein Durchmesser;

– **Zylinder**: Durchmesser mindestens 0,6 m; Höhe doppelt so groß wie sein Durchmesser;

– **Rhombus**: zwei Kegel mit einer gemeinsamen Grundfläche.

Der senkrechte Abstand zwischen Signalkörpern muss mindestens 1,5 Meter betragen.

Auf einem Fahrzeug von weniger als 20 Meter Länge dürfen Signalkörper geringerer Abmessungen verwendet werden, die dem Größenverhältnis des Fahrzeugs angemessen sind. Manövrierunfähige Fahrzeuge unter zwölf Meter Länge brauchen keine Signalkörper zu führen.

Hier die wichtigsten Signalkörper der KVR und der SeeSchStrO:

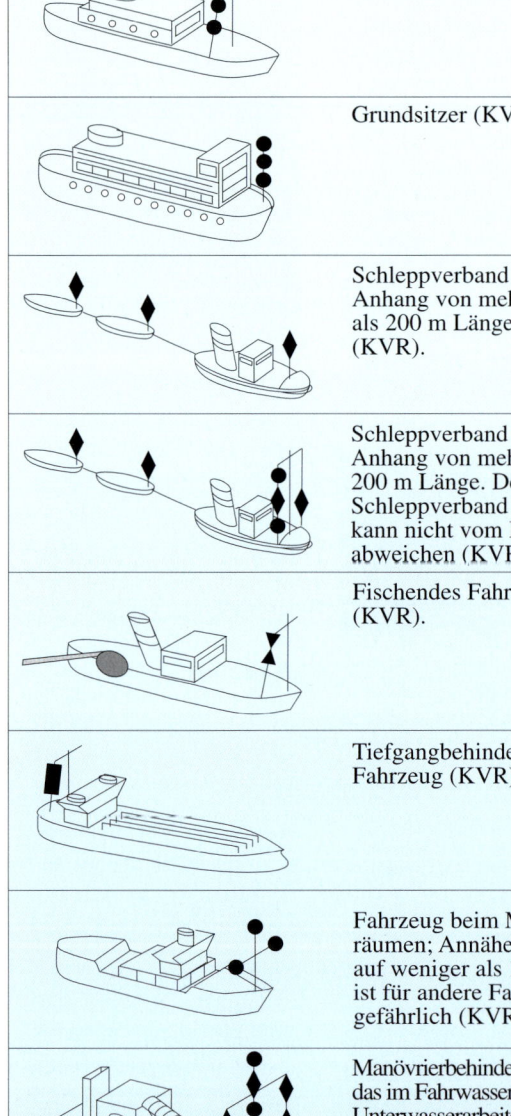

Manövrierunfähiges Fahrzeug (KVR).

Grundsitzer (KVR).

Schleppverband mit Anhang von mehr als 200 m Länge (KVR).

Schleppverband mit Anhang von mehr als 200 m Länge. Der Schleppverband kann nicht vom Kurs abweichen (KVR).

Fischendes Fahrzeug (KVR).

Tiefgangbehindertes Fahrzeug (KVR).

Fahrzeug beim Minenräumen; Annäherung auf weniger als 1000 m ist für andere Fahrzeuge gefährlich (KVR).

Manövrierbehindertes Fahrzeug, das im Fahrwasser baggert oder Unterwasserarbeiten ausführt; keine Behinderung; Vorbeifahrt in Fahrtrichtung rechts (im Geltungsbereich der SeeSchStrO).

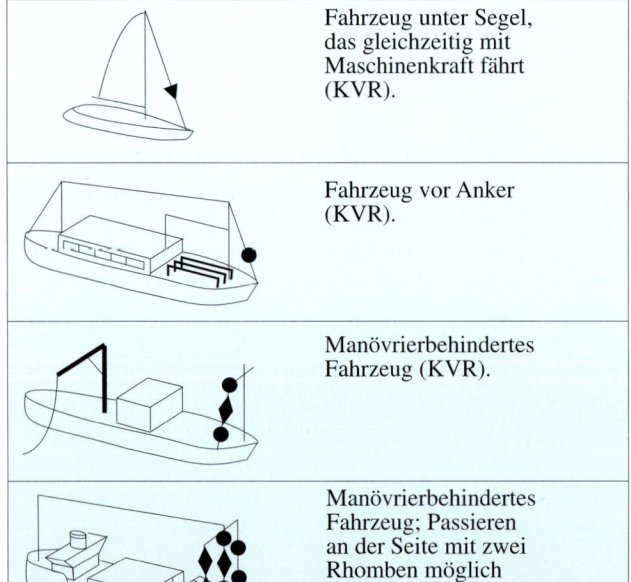

Fahrzeug unter Segel, das gleichzeitig mit Maschinenkraft fährt (KVR).

Fahrzeug vor Anker (KVR).

Manövrierbehindertes Fahrzeug (KVR).

Manövrierbehindertes Fahrzeug; Passieren an der Seite mit zwei Rhomben möglich (KVR).

SBS-Fragen 18, 35, 38, 39, 43, 45, 48, 51, 85, 100, 101

Schallsignale

Schifffahrtszeichen (SeeSchStrO)

Anhalten (SeeSchStrO). ● ▬ ▬ ● ●

Durchfahren/Einfahren verboten Brücke / Sperrwerk / Schleuse kann vorübergehend nicht geöffnet werden (SeeSchStrO). ● ● ● ●

Durchfahren/Einfahren erlaubt Brücke / Sperrwerk / Schleuse geöffnet (SeeSchStrO).
a) für seewärts fahrende Fahrzeuge ▬ ▬ ▬ ● ●
b) für binnenwärts fahrende Fahrzeuge ▬ ▬ ▬ ● ● ▬

Hubbrücken dürfen jedoch nur von Fahrzeugen durchfahren werden, für die die Durchfahrtshöhe der letzten Hubstufe mit Sicherheit ausreicht.

Sperrung der Seeschifffahrtsstraße (SeeSchStrO). ▬ ▬ ▬ ▬ ▬ ▬

Schallsignale der Fahrzeuge

Ich ändere meinen Kurs nach Steuerbord (KVR). ●

Ich ändere meinen Kurs nach Backbord (KVR). ● ●

Ich arbeite rückwärts (KVR). ● ● ●

Verstehe Ihr Verhalten nicht. Ich habe Zweifel, ob Sie ausweichen (KVR). ● ● ● ● ● (mind. 5)

Achtung (KVR, SeeSchStrO). ▬

Allgemeines Gefahr- und Warnsignal (SeeSchStrO). ▬ ▬ ● ● ●

Bleib-weg-Signal (SeeSchStrO). ● ▬ (5 x / min)

Ich beabsichtige, Sie an Stb zu überholen (KVR). ▬ ▬ ●

Ich beabsichtige, Sie an Bb zu überholen (KVR). ▬ ▬ ● ●

Ich bin einverstanden, dass Sie überholen (KVR). ▬ ● ▬ ●

Aufforderungssignal „Brücke / Sperrwerk / Schleuse öffnen" (SeeSchStrO). ▬ ▬

Schallsignale bei verminderter Sicht, Nebelsignale

Maschinenfahrzeug in Fahrt mit Fahrt durchs Wasser (KVR) ▬ / 2 min

Maschinenfahrzeug in Fahrt ohne Fahrt durchs Wasser (KVR). ▬ ▬ / 2 min

Manövrierunfähiges, manövrierbehindertes, tiefgangbehindertes, segelndes, fischendes, schiebendes oder schleppendes Fahrzeug (KVR). ▬ ● ● / 2 min

Geschlepptes Fahrzeug (KVR). ▬ ● ● ● / 2 min

Fahrzeug vor Anker unter 100 m Länge (KVR). 🔔 / min (5 s)

Fahrzeug vor Anker von 100 und mehr m Länge (KVR). 🔔 🔔 / min (5 s) (5 s)

Zusätzliches Warnsignal eines Ankerliegers (KVR). ● ▬ ●

Grundsitzer unter 100 m Länge (KVR). 🔔🔔🔔🔔 (5 s) 🔔🔔🔔 / min

Grundsitzer von 100 und mehr m Länge (KVR). 🔔🔔🔔🔔 (5 s) 🔔 (5 s)

Lotse (KVR). ● ● ● ● (zusätzlich)

Bugsierte Maschinenfahrzeuge in Fahrt (SeeSchStrO). ▬ ▬ ● ▬ ▬

Nicht freifahrende Fähren: dauernde Einzelschläge (SeeSchStrO). 🔔🔔🔔🔔🔔🔔 ...

Freifahrende Fähren (SeeSchStrO). ● ▬ ● ▬

Schallsignale werden mit einer **Pfeife** (Signalhorn), einer **Glocke** oder einem **Gong** gegeben. Schiffe unter 12 m Länge müssen nur über ein

„Gerät zur Abgabe eines kräftigen Schallsignals" verfügen; ab 12 m Länge ist eine Pfeife, ab 20 m Länge zusätzlich eine Glocke vorgeschrieben.

Ein langer Ton (etwa 4 – 6 s). ▬

Ein kurzer Ton (etwa 1 s). ●

Glockenschlag. 🔔

Rasches Läuten der Glocke. 🔔 (5 s)

Rasches Schlagen des Gongs.

SBS-Fragen 11, 63 – 71, 92 – 95, 119 – 123, 148, 164, 168; SKS-Fragen 61, 62 (Recht)

Schall- und Lichtsignale

Teil D, Schall- und Lichtsignale

Regel 32 *Begriffsbestimmungen*

a) Der Ausdruck „Pfeife" bezeichnet eine Schallsignalanlage, mit der die vorgeschriebenen Töne gegeben werden können und die den Anforderungen der Anlage III entspricht.

b) Der Ausdruck „kurzer Ton" bezeichnet einen Ton von etwa einer Sekunde Dauer.

c) Der Ausdruck „langer Ton" bezeichnet einen Ton von vier bis sechs Sekunden Dauer.

Regel 33 *Ausrüstung für Schallsignale*

a) Ein Fahrzeug von 12 und mehr Meter Länge muss mit einer Pfeife, ein Fahrzeug von 20 und mehr Meter Länge zusätzlich zur Pfeife mit einer Glocke und ein Fahrzeug von 100 und mehr Meter Länge zusätzlich mit einem Gong versehen sein, der nach Ton und Klang nicht mit der Glocke verwechselt werden kann. Die Pfeife, die Glocke und der Gong müssen den Anforderungen der Anlage III entsprechen. Die Glocke oder der Gong oder beide dürfen durch eine andere Einrichtung mit entsprechenden Schalleigenschaften ersetzt werden, sofern die Abgabe der vorgeschriebenen Signale auch von Hand jederzeit möglich ist.

b) Ein Fahrzeug von weniger als 12 Meter Länge braucht keine Schallsignalanlagen nach Buchstabe a mitzuführen, muss dann aber mit einem anderen Gerät zur Abgabe eines kräftigen Schallsignals versehen sein.

Regel 34 *Manöver- und Warnsignale*

a) Haben Fahrzeuge einander in Sicht, so muss ein Maschinenfahrzeug in Fahrt beim Manövrieren nach diesen Regeln das Manöver durch folgende Pfeifensignale anzeigen:
– ein kurzer Ton mit der Bedeutung „Ich ändere meinen Kurs nach Steuerbord";
– zwei kurze Töne mit der Bedeutung „Ich ändere meinen Kurs nach Backbord";
– drei kurze Töne mit der Bedeutung „Ich arbeite rückwärts".

b) Ein Fahrzeug darf die unter Buchstabe a vorgeschriebenen Pfeifensignale durch Lichtsignale ergänzen, die während der Dauer des Manövers, soweit erforderlich, wiederholt werden.
   i) Diese Lichtsignale haben folgende Bedeutung:
   – ein Blitz: „Ich ändere meinen Kurs nach Steuerbord";
   – zwei Blitze: „Ich ändere meinen Kurs nach Backbord";
   – drei Blitze: „Ich arbeite rückwärts";
   ii) die Dauer eines Blitzes muss etwa eine Sekunde betragen, die Pause zwischen den Blitzen etwa eine Sekunde und die Pause zwischen aufeinander folgenden Signalen mindestens 10 Sekunden;
   iii) das für dieses Signal verwendete Licht muss, wenn es geführt wird, ein weißes Rundumlicht sein, das mindestens 5 Seemeilen sichtbar ist und den Bestimmungen der Anlage I entspricht.

c) Haben Fahrzeuge in einem engen Fahrwasser oder einer Fahrrinne einander in Sicht, so gilt Folgendes:
   i) Ein überholendes Fahrzeug muss nach Regel 9 Buchstabe e Ziffer i seine Absicht durch folgende Pfeifensignale anzeigen:
   – zwei lange und ein kurzer Ton mit der Bedeutung „Ich beabsichtige, Sie an Ihrer Steuerbordseite zu überholen";
   – zwei lange und zwei kurze Töne mit der Bedeutung „Ich beabsichtige, Sie an Ihrer Backbordseite zu überholen".
   ii) Das zu überholende Fahrzeug muss, wenn es nach Regel 9 Buchstabe e Ziffer i handelt, seine Zustimmung durch folgende Pfeifensignale anzeigen:
   – ein langer, ein kurzer, ein langer, ein kurzer Ton.

d) Wenn Fahrzeuge in Sicht sich einander nähern und eines aus irgendeinem Grund die Absicht oder die Maßnahmen des anderen nicht versteht oder zweifelt, ob das andere zur Vermeidung eines Zusammenstoßes ausreichend manövriert, muss es dies sofort durch mindestens fünf kurze, rasch aufeinander folgende Pfeifentöne anzeigen. Dieses Signal darf durch ein Lichtsignal von mindestens fünf kurzen, rasch aufeinander folgenden Blitzen ergänzt werden.

e) Ein Fahrzeug, das sich einer Krümmung oder einem Abschnitt eines Fahrwassers oder einer Fahrrinne nähert, wo andere Fahrzeuge durch ein Sichthindernis verdeckt sein können, muss einen langen Ton geben. Jedes sich nähernde Fahrzeug, das dieses Signal jenseits der Krümmung oder des Sichthindernisses hört, muss es mit einem langen Ton beantworten.

f) Sind auf einem Fahrzeug Pfeifen in einem Abstand von mehr als 100 Meter angebracht, so darf nur eine Pfeife zur Abgabe von Manöver- und Warnsignalen verwendet werden.

SBS-Fragen 11, 91 – 94; SKS-Fragen 30, 31, 47, 50 (Recht)

Schall-, Licht-, Notsignale; Befreiungen

Regel 35 **Schallsignale bei verminderter Sicht**
Innerhalb oder in der Nähe eines Gebietes mit verminderter Sicht müssen am Tag oder bei Nacht folgende Signale gegeben werden:

a) Ein Maschinenfahrzeug, das Fahrt durchs Wasser macht, muss mindestens alle 2 Minuten einen langen Ton geben.

b) Ein Maschinenfahrzeug, das seine Maschine gestoppt hat und keine Fahrt durchs Wasser macht, muss mindestens alle 2 Minuten zwei aufeinander folgende lange Töne mit einem Zwischenraum von etwa zwei Sekunden geben.

c) Ein manövrierunfähiges Fahrzeug, ein manövrierbehindertes Fahrzeug, ein tiefgangbehindertes Fahrzeug, ein Segelfahrzeug, ein fischendes Fahrzeug und ein Fahrzeug, das ein anderes Fahrzeug schleppt oder schiebt, muss anstelle der unter Buchstabe a oder unter Buchstabe b vorgeschriebenen Signale mindestens alle zwei Minuten drei aufeinander folgende Töne – lang, kurz, kurz – geben.

d) Ein fischendes Fahrzeug vor Anker und ein manövrierbehindertes Fahrzeug, das bei der Ausführung seiner Arbeiten vor Anker liegt, müssen anstelle der unter Buchstabe g vorgeschriebenen Signale das unter Buch-

stabe c vorgeschriebene Signal geben.

e) Ein geschlepptes Fahrzeug oder das letzte Fahrzeug eines Schleppzugs muss, wenn bemannt, mindestens alle zwei Minuten vier aufeinander folgende Töne – lang, kurz, kurz, kurz – geben. Dieses Signal muss möglichst unmittelbar nach dem Signal des schleppenden Fahrzeugs gegeben werden.

f) Sind ein schiebendes und ein geschobenes Fahrzeug miteinander zu einer zusammengesetzten Einheit starr verbunden, so gelten sie als ein Maschinenfahrzeug und müssen die unter Buchstabe a oder b vorgeschriebenen Signale geben.

g) Ein Fahrzeug vor Anker muss mindestens jede Minute etwa 5 Sekunden lang die Glocke rasch läuten. Ein Fahrzeug von 100 und mehr Meter Länge muss die Glocke auf dem Vorschiff läuten und unmittelbar danach auf dem Achterschiff etwa 5 Sekunden lang den Gong rasch schlagen. Ein Fahrzeug vor Anker darf außerdem drei aufeinander folgende Töne – kurz, lang, kurz – geben, um einem sich nähernden Fahrzeug seinen Standort anzuzeigen und es vor einem möglichen Zusammenstoß zu warnen.

h) Ein Fahrzeug auf Grund muss das Glockensignal und,

soweit vorgeschrieben, das Gongsignal nach Buchstabe g geben, sowie zusätzlich unmittelbar vor und nach dem raschen Glockenläuten drei scharf voneinander getrennte Glockenschläge. Ein Fahrzeug auf Grund darf zusätzlich ein geeignetes Pfeifensignal geben.

i) Ein Fahrzeug mit einer Länge von 12 und mehr, aber weniger als 20 Meter muss die unter den Buchstaben g) und h) vorgeschriebenen Glockensignale nicht geben. Es muss dann allerdings mindestens alle zwei Minuten ein anderes kräftiges Schallsignal geben.

j) Ein Fahrzeug von weniger als 12 Meter Länge braucht die oben erwähnten Signale nicht zu geben, muss dann aber mindestens alle 2 Minuten ein anderes kräftiges Schallsignal geben.

k) Ein Lotsenfahrzeug im Lotsendienst darf zusätzlich zu den unter Buchstabe a, b oder g vorgeschriebenen Signalen ein Erkennungssignal mit vier kurzen Tönen geben.

Regel 36 **Aufmerksamkeitssignale**
Ist es erforderlich, die Aufmerksamkeit eines anderen Fahrzeugs zu erregen, so darf ein Fahrzeug Licht- oder Schallsignale geben, die nicht mit anderen Signalen nach diesen Regeln verwechselt

werden können; es darf auch seinen Scheinwerfer auf die Gefahr richten, wenn es dadurch andere Fahrzeuge nicht verwirrt. Jedes Licht, das die Aufmerksamkeit eines anderen Fahrzeugs erregen soll, muss so beschaffen sein, dass es nicht mit einem Schifffahrtszeichen verwechselt werden kann. Für die Zwecke dieser Regel ist die Verwendung von hoher Lichtstärke bei unterbrochenen Lichtern oder Drehlichtern mit umlaufender Blendscharte zu vermeiden.

Regel 37 **Notsignale**
Ist ein Fahrzeug in Not und fordert es Hilfe an, so muss es die in Anlage IV (siehe nächste Seite) beschriebenen Signale benutzen oder zeigen.

Teil E, Befreiungen

Regel 38 **Befreiungen**.
Ein Fahrzeug (oder eine Fahrzeugklasse), das (die) vor dem Inkrafttreten dieser Regeln auf Kiel gelegt wurde oder sich in einem entsprechenden Bauzustand befand, kann, wenn es (sie) den Vorschriften der Internationalen Regeln von 1960 zur Verhütung von Zusammenstößen auf See entspricht, von der Befolgung der vorliegenden Regeln wie folgt befreit werden: …

Es folgen Buchstaben a) bis h).

Notzeichen, Flaggensignale

KVR Anlage IV Notzeichen

1. Die folgenden Signale, die zusammen oder einzeln verwendet oder gezeigt werden, bedeuten Not und die Notwendigkeit der Hilfe:

a) Kanonenschüsse oder andere Knallsignale in Zwischenräumen von ungefähr einer Minute;

b) anhaltendes Ertönen eines Nebelsignalgeräts;

c) Raketen oder Leuchtkugeln mit roten Sternen einzeln in kurzen Zwischenraumen;

d) das durch Telegrafiefunk oder eine andere Signalart gegebene Morsesignal SOS ●●● ▬▬▬ ●●● *;*

e) das Sprechfunksignal aus dem gesprochenen Wort „Mayday";

f) das Notzeichen NC des Internationalen Signalbuchs;

g) ein Signal aus einer viereckigen Flagge, darüber oder darunter ein Ball oder etwas, das einem Ball ähnlich sieht;

h) Flammensignale auf dem Fahrzeug, z. B. brennende Teertonnen, Öltonnen oder dergleichen;

i) eine rote Fallschirm-Leuchtrakete oder eine rote Handfackel;

j) ein Rauchsignal mit orangefarbenem Rauch;

k) langsames und wiederholtes Heben und Senken der nach beiden Seiten ausgestreckten Arme;

l) das Telegrafiefunk-Alarmzeichen;

m) das Sprechfunk-Alarmzeichen;

n) von einer Seenotfunkboje ausgestrahlte Funksignale;

o) zugelassene Signale, die über Funksysteme einschließlich Radartransponder auf Überlebensfahrzeugen übermittelt werden.

2. Die oben genannten Signale dürfen nur verwendet oder gezeigt werden, wenn Not und die Notwendigkeit der Hilfe vorliegen; die Verwendung von Signalen, die mit diesen Signalen verwechselt werden können, ist verboten.

3. Auf die betreffenden Abschnitte des Internationalen Signalbuchs, des Handbuchs für Suche und Rettung und auf folgende Signale wird hingewiesen:
a) ein Stück orangefarbenes Segeltuch mit einem schwarzen Quadrat oder Kreis oder mit einem anderen entsprechenden Zeichen (zur Erkennung aus der Luft);
b) ein Seewasserfärber.

Flaggensignale

Flaggensignale sind die preiswerteste (und wohl auch älteste) Form, auf Schiffen Nachrichten zu übermitteln. Wegen der geringen Störanfälligkeit haben sie ihre Berechtigung nicht verloren. Der Aufmerksamkeitswert von Signalflaggen ist – bei den auf Sportbooten üblichen Flaggenmaßen – jedoch gering.

Das **Internationale Signalbuch** stellt zahlreiche Nachrichten, die zwischen Schiffen oder Land und Schiff ausgetauscht werden können, als Buchstabencodes dar. Rechts sind die Einflaggensignale wiedergegeben. (Eine Verwendung als Schallsignal ist nur möglich, wenn es mit dem entsprechenden Signal der KVR oder der SeeSchStrO übereinstimmt, z. B. die Zeichen E oder I, nicht aber B.)
Hilfsstander werden eingesetzt, um einen Buchstaben zu wiederholen. Der 3. Hilfsstander (Zollgut an Bord) dient auch als Zollzeichen. Eine von Behördenfahrzeugen gezeigte **Flagge L** zählt zu den Schifffahrtszeichen gemäß SeeSchStrO (s. Seite 123). Flaggen werden auch bei Regatten eingesetzt. Der **Antwortwimpel** z. B. bedeutet Startverschiebung.

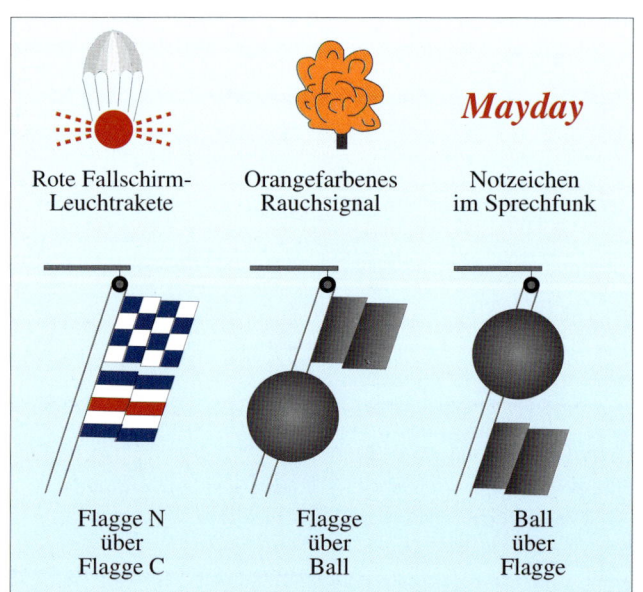

Notzeichen gemäß KVR (Auszug)

Rote Fallschirm-Leuchtrakete

Orangefarbenes Rauchsignal

Mayday

Notzeichen im Sprechfunk

Flagge N über Flagge C

Flagge über Ball

Ball über Flagge

Signalflaggen

A Alfa •▬	Ich habe Taucher unten; halten Sie sich bei langsamer Fahrt gut frei von mir.	**B** Bravo ▬••• Ich lade, lösche oder befördere gefährliche Güter.	**C** Charlie ▬•▬• Ja.	**D** Delta ▬•• Halten Sie frei von mir; ich manövriere unter Schwierigkeiten.
E Echo • Ich ändere meinen Kurs nach Steuerbord.	**F** Foxtrot ••▬• Ich bin manövrierunfähig; treten Sie mit mir in Verbindung.	**G** Golf ▬▬• Ich benötige einen Lotsen.	**H** Hotel •••• Ich habe einen Lotsen an Bord.
I India •• Ich ändere meinen Kurs nach Backbord.	**J** Juliett •▬▬▬ Halten Sie gut frei von mir. Ich habe Feuer im Schiff und gefährliche Ladung an Bord.	**K** Kilo ▬•▬ Ich möchte mit Ihnen in Verbindung treten.	**L** Lima •▬•• Bringen Sie Ihr Fahrzeug sofort zum Stehen.
M Mike ▬▬ Meine Maschine ist gestoppt, und ich mache keine Fahrt durch das Wasser.	**N** November ▬• Nein.	**O** Oscar ▬▬▬ Mann über Bord.	**P** Papa •▬▬• Im Hafen: Alle Mann an Bord, Fahrzeug will auslaufen. Auf See: Meine Netze sind an einem Hindernis festgekommen.
Q Quebec ▬▬•▬ An Bord ist alles gesund, und ich bitte um freie Verkehrserlaubnis.	**R** Romeo •▬• Ich arbeite rückwärts.	**S** Sierra ••• Ich arbeite rückwärts.	**T** Tango ▬ Halten Sie frei von mir; ich bin beim Gespannfischen (nur als Flaggensignal erlaubt).
U Uniform ••▬ Sie begeben sich in Gefahr.	**V** Victor •••▬ Ich benötige Hilfe.	**W** Whiskey •▬▬ Ich benötige ärztliche Hilfe.	**X** X-ray ▬••▬ Unterbrechen Sie Ihr gegenwärtiges Vorhaben (Manöver), und achten Sie auf meine Signale.
Y Yankee ▬•▬▬ Ich treibe vor Anker.	**Z** Zoulou ▬▬•• Ich benötige einen Schlepper. Fischerei: Ich setze Netze aus.	Antwortwimpel.	1. Hilfsstander. 2. Hilfsstander. 3. Hilfsstander.
1	2	3	4	5
6	7	8	9	0

SBS-Fragen 104, 113, 163, 164

Geltungsbereich

Die Seeschifffahrtsstraßen-Ordnung (SeeSchStrO) geht über die KVR hinaus. Sie enthält Vorschriften

– zum Fahren und zur Vorfahrt im Fahrwasser
– zum Alkohol am Steuer
– zum Transport bestimmter gefährlicher Güter
– zur maritimen Verkehrslenkung
– zur Ausrüstung mit und zur Verwendung von Positionslaternen und Schallsignalanlagen

Sie wurde erstmals 1971 erlassen und ist seitdem ständig an die veränderten Verhältnisse angepasst worden. Der Geltungsbereich der SeeSchStrO (§ 1) ist auf Seite 81 abgebildet.

1. Abschnitt Allgemeine Bestimmungen

§ 1 Geltungsbereich

(1) Die Verordnung gilt auf den Seeschifffahrtsstraßen mit Ausnahme der Emsmündung, die im Osten durch eine Verbindungslinie zwischen dem Pilsumer Watt (53° 29' 08'' N; 07° 01' 52'' O), Borkum (53° 34' 06'' N; 06° 45' 31'' O) und dem Schnittpunkt der Koordinaten 53° 39' 35'' N; 06° 35' 00'' O begrenzt wird. Seeschifffahrtsstraßen im Sinne dieser Verordnung sind
1. die Wasserflächen zwischen der Küstenlinie bei mittlerem Hochwasser oder der seewärtigen Begrenzung der Binnenwasserstraßen und einer Linie von 3 Seemeilen Abstand seewärts der Basislinie,
2. die durchgehend durch Sichtzeichen B.11 der Anlage 1 begrenzten Wasserflächen der seewärtigen Teile der Fahrwasser im Küstenmeer (das sind die durch laterale Zeichen betonnten, aus der 3-sm-Zone herausführenden Fahrwasser – z. B. Elbe, Alte Weser, Neue Weser). Darüber hinaus sind Seeschifffahrtsstraßen im Sinne dieser Verordnung die Wasserflächen zwischen den Ufern der nachstehend bezeichneten Teile der angrenzenden Binnenwasserstraßen:
3. Weser bis zur Nordwestkante der Eisenbahnbrücke in Bremen mit den Nebenarmen Schweiburg, Rechter Nebenarm, Rekumer Loch und Westergate;
4. Lesum und Wümme ...
21. Uecker bis zur ...

(2) Auf den Wasserflächen zwischen der seewärtigen Begrenzung im Sinne des Absatzes 1 Satz 2 und der seewärtigen Begrenzung des Küstenmeeres sind lediglich §2 Abs. 1 Nr. 3, Nr. 13 Buchstabe b, Nr. 22 bis 25 und 27, die §§ 3, 4, 5, 7 und § 32 Abs. 3, § 35 Abs. 1 und 2 sowie die §§ 55 bis 61 anzuwenden.

(3) Die Verordnung gilt im Bereich der Seeschifffahrtsstraßen auch auf den bundeseigenen Schifffahrtsanlagen, den dem Verkehr auf den Bundeswasserstraßen dienenden Grundstücken und in den öffentlichen bundeseigenen Häfen.

(4) Im Geltungsbereich dieser Verordnung gelten die Internationalen Regeln von 1972 zur Verhütung von Zusammenstößen auf See – Kollisionsverhütungsregeln ... soweit diese Verordnung nicht ausdrücklich etwas anderes bestimmt.

(5) Die Wasserflächen und Seegebiete, die vom Geltungsbereich dieser Verordnung (§1 Abs.1 bis 3) erfasst werden, sind aus der als Anlage III zu dieser Verordnung beigefügten Karte ersichtlich (Seite 81).

§ 2 Begriffsbestimmungen

(1) Für diese Verordnung gelten die Begriffsbestimmungen der Regeln 3, 21 und 32 der Kollisionsverhütungsregeln; im Übrigen sind im Sinne dieser Verordnung:

1. **Fahrwasser**
   die Teile der Wasserflächen, die durch die Sichtzeichen B.11 und B.13 der Anlage I begrenzt oder gekennzeichnet sind oder die, soweit dies nicht der Fall ist, auf den Binnenwasserstraßen für die durchgehende Schifffahrt bestimmt sind;
   die Fahrwasser gelten als eng im Sinne der Kollisionsverhütungsregeln;

Sichtzeichen B.11 (Steuerbordseite) und B.13 (Backbordseite) sind die Fahrwassertonnen (Seite 25). Schifffahrtswege, die lediglich durch „Mitte-Tonnen" bezeichnet sind (z. B. Kiel-Flensburg-Weg) sind keine Fahrwasser im Sinne der SeeSchStrO mit der Folge, dass dort nicht der wichtige § 25 (Vorfahrt im Fahrwasser) gilt, sondern allein die KVR.

2. **Steuerbordseiten der Fahrwasser**
   die Seiten, die bei den von See einlaufenden Schiffen an Steuerbord liegen. Verbindet ein Fahrwasser zwei Meeresteile oder zwei durch Gründe voneinander getrennt liegende Wasserflächen, so gilt als Steuerbordseite eines Fahrwassers die Seite, die von den Fahrzeugen an Steuerbord gelassen wird, wenn sie aus westlicher Richtung kommen, d. h. von Nord (einschließlich) über West bis Süd (ausschließlich). Ist ein solches Fahrwasser stark gekrümmt, so ist die am weitesten nördlich liegende Einfahrt für das gesamte zusammenhängende Fahrwasser maßgebend;

Die Steuerbordseiten der Fahrwasser sind durch grüne Tonnen – im Watt auch durch Stangen mit spitzen Toppzeichen (siehe Seite 68) – gekennzeichnet.

SBS-Fragen 105, 109, 110; SKS-Fragen 24, 52, 56, 57 (Recht)

Begriffsbestimmungen

3. **Reeden**
durch Sichtzeichen B.14 der Anlage I gekennzeichnete, nach § 60 Abs. 1 bekannt gemachte oder in den Seekarten eingetragene Wasserflächen zum Ankern;

4. **schwimmende Geräte**
manövrierbehinderte Fahrzeuge im Sinne von Regel 3 Buchstabe g der Kollisionsverhütungsregeln auch dann, wenn sie nicht in Fahrt sind, insbesondere Kräne, Rammen, Hebefahrzeuge einschließlich ihres schwimmenden Zubehörs; ...

7. **Schleppverbände**
die Zusammenstellung von einem oder mehreren schleppenden Maschinenfahrzeugen (Schlepper) und einem oder mehreren dahinter oder daneben geschleppten Anhängen, die keine oder keine betriebsbereite Antriebsanlage besitzen oder in ihrer Manövrierfähigkeit eingeschränkt sind; Motorsportfahrzeuge, die andere Sportfahrzeuge schleppen, gelten nicht als schleppende Maschinenfahrzeuge im Sinne der Kollisionsverhütungsregeln; ...

Schleppverbände müssen bei Nacht und bei verminderter Sicht die in Regel 24 KVR festgelegten Lichter und Signalkörper führen, hiervon ausgenommen sind schleppende Sportfahrzeuge.

11. **Fahrgastschiffe**
Fahrzeuge, die mehr als 12 Personen gewerblich befördern oder hierfür zugelassen oder eingesetzt sind; ...

Eine gewerblich eingesetzte Yacht mit 13 Kojen ist ein Fahrgastschiff; nur mit einem Sportbootführerschein darf sie nicht geführt werden.

13. **Wegerechtschiffe**
a) Fahrzeuge der mit Ausnahme der auf dem Nord-Ostsee-Kanal befindlichen, die die für eine Seeschifffahrtsstraße nach § 60 Abs. 1 bekannt gemachten Abmessungen überschreiten oder die wegen ihres Tiefgangs, ihrer Länge oder wegen anderer Eigenschaften gezwungen sind, den tiefsten Teil des Fahrwassers für sich in Anspruch zu nehmen;
b) Fahrzeuge im Bereich der Wasserflächen zwischen der seewärtigen Begrenzung im Sinne des § 1 Abs. 1 Satz 2 Nr. 1 und 2 und der seewärtigen Begrenzung des Küstenmeeres, die die nach § 60 Abs. 1 bekannt gemachten Voraussetzungen erfüllen; sie gelten als manövrierbehinderte Fahrzeuge im Sinne von Regel 3 Buchstabe g der Kollisionsverhütungsregeln; ...

Vor der ostfriesischen Küste laufen zwei Verkehrstrennungsgebiete zusammen; sie bilden hier einen kritischen Kreuzungsbereich. Da treffen nicht nur große Schiffe aufeinander, auch viele Yachten auf dem Weg zwischen Helgoland und den ostfriesischen Inseln müssen durch dieses Gebiet laufen.

Große Schiffe können schlechter manövrieren. Deshalb gelten Fahrzeuge, die bestimmte Abmessungen überschreiten – insbesondere Großtanker und tiefgangbehinderte Fahrzeuge – im deutschen Küstenmeer als manövrierbehindert. Sie müssen die entsprechenden Lichter oder Signalkörper führen, sind also gut erkennbar.

Segel- und Motorboote müssen manövrierbehinderten Fahrzeugen nach KVR Regel 18 ausweichen – tiefgangbehinderte Fahrzeuge müssten sie „nur" nicht behindern (Seiten 86, 92).

Die Verkehrszentrale »German Bight Traffic« informiert viertelstündlich über die Bewegungen der Wegerechtschiffe. Auch Sportboote müssen diese Meldungen regelmäßig abhören und bei ihrer Fahrt berücksichtigen – siehe SeeSchStrO, § 3 (1).

15. **Freifahrer**
Fahrzeuge, die von der Verpflichtung zur Annahme eines Seelotsen befreit sind; ...

21. **Wassermotorräder**
motorisierte Wassersportgeräte, die als Personal Water Craft wie „Wasserbob", „Wasserscooter", „Jetbike" oder „Jetski" bezeichnet werden, oder sonstige gleichartige Geräte; sie gelten nicht als Fahrzeuge im Sinne dieser Verordnung;
a) Parasailing
Drachenfliegen und Fallschirmfliegen hinter einem ziehenden Wasserfahrzeug
b) Wassersportanhänge von Wassersportfahrzeugen gezogene aufblasbare Schwimmkörper, auf denen sich Personen befinden
c) Kitesurfen
Surfen mit einem von einem Drachen gezogenen Surfbrett

Wassermotorräder haben Wasserstrahlantrieb (Jet). Sie sind – wie die übrigen Geräte – keine Fahrzeuge. Deshalb müssen sie nicht mit Lichtern und Signalkörpern ausgerüstet werden. Sie dürfen allerdings auch nicht bei Nacht und bei verminderter Sicht fahren. Um sie zu führen, wird ein Sportbootführerschein benötigt (zur Kennzeichenpflicht siehe Seite 126).

SBS-Frage 111; SKS-Fragen 12 (Recht)

Grundregeln

22. **Maritime Verkehrs-
sicherung**
die von der Verkehrszentrale zur Verhütung von Kollisionen und Grundberührungen, zur Verkehrsablaufsteuerung oder zur Verhütung der von der Schifffahrt ausgehenden Gefahren für die Meeresumwelt gegebenen Verkehrsinformationen und Verkehrsunterstützungen sowie erlassenen Verfügungen zur Verkehrsregelung und -lenkung;

23. **Verkehrsinformationen**
nautische Warnnachrichten sowie Mitteilungen der Verkehrszentrale über die Verkehrslage, Fahrwasser- sowie Wetter- und Tidenverhältnisse, die zu festgelegten Zeiten in regelmäßigen Abständen oder auf Anforderung einzelner Schiffe gegeben werden; ...

27. **Verkehrslenkung**
Maßnahmen der Verkehrszentralen am Nord-Ostsee-Kanal, durch die der Verkehr zum Zweck der Gefahrenabwehr oder der Verkehrsablaufsteuerung gelenkt wird;

27. **Verkehrszentralen**
die von der Wasser- und Schifffahrtsverwaltung des Bundes eingerichteten Revierzentralen.

(2) Im Sinne dieser Verordnung bedeutet:
1. am Tage die Zeit von

Sonnenaufgang bis Sonnenuntergang;
2. bei Nacht die Zeit von Sonnenuntergang bis Sonnenaufgang.

§ 3 Grundregeln für das Verhalten im Verkehr

(1) Jeder Verkehrsteilnehmer hat sich so zu verhalten, dass die Sicherheit und Leichtigkeit des Verkehrs gewährleistet ist und dass kein anderer geschädigt, gefährdet oder mehr, als nach den Umständen unvermeidbar, behindert oder belästigt wird. Er hat insbesondere die Vorsichtsmaßnahmen zu beachten, die Seemannsbrauch oder besondere Umstände des Falles erfordern. Der Führer eines mit einer UKW-Sprechfunkanlage ausgerüsteten Fahrzeugs ist verpflichtet, bei der Befolgung der Vorschriften über das Verhalten im Verkehr die von einer Verkehrszentrale aus in deutscher, auf Anforderung in englischer Sprache gegebenen Verkehrsinformationen und -unterstützungen abzuhören und unverzüglich entsprechend den Bedingungen der jeweiligen Verkehrssituation zu berücksichtigen.

(2) Zur Abwehr einer unmittelbar drohenden Gefahr müssen unter Berücksichtigung der besonderen Umstände auch dann alle erforderlichen Maßnahmen ergriffen werden, wenn diese ein Abweichen von

den Vorschriften dieser Verordnung notwendig machen.

(3) Wer infolge körperlicher oder geistiger Mängel oder des Genusses alkoholischer Getränke oder anderer berauschender Mittel in der sicheren Führung des Fahrzeugs oder in der sicheren Ausübung des Brücken-, Decks- oder Maschinendienstes behindert ist, darf ein Fahrzeug nicht führen oder als Mitglied der Schiffsbesatzung eine andere Tätigkeit des Brücken-, Decks- oder Maschinendienstes nicht ausüben. Dies gilt für das Fahren mit einem Wassermotorrad oder einem Kite- und Segelsurfbrett entsprechend.

(4) Wer 0,25 mg/l oder mehr Alkohol in der Atemluft oder 0,5 Promille oder mehr Alkohol im Blut oder eine Alkoholmenge im Körper hat, die zu einer solchen Atem- oder Blutalkoholkonzentration führt, darf ein Fahrzeug nicht führen oder als Mitglied der Schiffsbesatzung eine andere Tätigkeit des Brücken-, Decks- oder Maschinendienstes nicht ausüben. Dies gilt für das Fahren mit einem Wassermotorrad oder einem Kite- und Segelsurfbrett entsprechend.

Die Grundregeln sind die **wichtigste Vorschrift** der SeeSchStrO für das Verhalten im Verkehr. Sie sind so formuliert, dass alle nachfolgenden Einzelregelungen

als Konkretisierung der Grundregeln angesehen werden können. Dies bedeutet, dass in Fällen ohne besondere Verhaltensvorschrift die Grundregeln zur Anwendung kommen. Alle Verkehrsteilnehmer müssen die Grundregeln beachten – auch Surfer und Jetskifahrer, obwohl sie kein Fahrzeug im Sinne der SeeSchStrO führen. Wer die Grundregeln nicht beachtet, begeht eine **Ordnungswidrigkeit**.

Die **Sicherheit** des Verkehrs ist nicht gewährleistet, wenn die Möglichkeit einer Kollision besteht oder es sogar dazu kommt. Wird z. B. durch ein langsam mitten im Fahrwasser fahrendes Fahrzeug der nachfolgende Verkehr gezwungen, die Fahrt zu verlangsamen oder gar aufzustoppen, so ist die **Leichtigkeit** nicht gewährleistet. Eine **Belästigung** kann durch übermäßig lautes Motorengeräusch entstehen.

Die Verpflichtung, Vorsichtsmaßregeln nach **Seemannsbrauch** zu beachten, ist eine Generalklausel. Sie verpflichtet alle Fahrzeugführer mehr für die Sicherheit zu tun, als in der SeeSchStrO ausdrücklich gefordert ist. Das beginnt mit den zehn Sicherheitsregeln für Wassersportler (siehe Seite 224).

SBS-Fragen 6 – 8, 22, 112, 308; SKS-Fragen 35 (Navigation), 54, 82 (Recht)

Verantwortlichkeit

Es bedeutet aber auch, allgemein anerkannte Standards zur Sicherheitsausrüstung zu beachten. Sie sind für den Wassersport in den DSV-Sicherheitsrichtlinien, der BSH-Broschüre „Sicherheit im See- und Küstenbereich, Sorgfaltsregeln für Wassersportler" und in Normen beschrieben. Die seemännischen Sorgfaltspflichten erstrecken sich schließlich auf die Schiffsführung, den Wachdienst, die Navigation und auf das Verhalten im Verkehr. Zu ihnen gehört auch, dass eine Reise nur angetreten werden darf, wenn das Fahrzeug

– mit den erforderlichen Sicherheitseinrichtungen ausgerüstet ist
– ausreichende Stabilität und den erforderlichen Auftrieb besitzt
– wasserdicht verschlossen werden kann.

Einzelheiten dazu stehen in Kapitel 4 dieses Buches sowie in der oben erwähnten BSH-Broschüre. Bei den Routinekontrollen der Schifffahrtspolizei spielt die Einhaltung der seemännischen Vorsichtsmaßregeln keine große Rolle. Doch nach einem Seeunfall kann es ganz anders aussehen. Wenn sich dann herausstellt, dass der Unfall bei Beachtung der seemännischen Sorgfalts-

pflicht vermieden worden wäre, so kann dem Schiffsführer **grobe Fahrlässigkeit** vorgeworfen werden. Bei Sachschaden droht dann der Verlust des Versicherungsschutzes, bei Personenschaden strafrechtliche Ermittlungen.

Der Führer eines mit einem **Funkgerät** ausgerüsteten Sportbootes muss nicht nur in den Sendebereichen der Verkehrszentralen die Verkehrsinformationen abhören, sondern auch Inhaber des entsprechenden Funkzeugnisses sein.

Darf der Fahrzeugführer wegen **Alkoholgenusses** das Fahrzeug nicht führen, so kann eine andere berechtigte Person (Inhaber eines Sportbootführerscheins See) zum Fahrzeugführer bestimmt werden.

§ 4 Verantwortlichkeit

(1) Der Fahrzeugführer und jeder sonst für die Sicherheit Verantwortliche haben die Vorschriften dieser Verordnung über das Verhalten im Verkehr und über die Ausrüstung der Fahrzeuge mit Einrichtungen für das Führen und Zeigen der Sichtzeichen und das Geben von Schallsignalen zu befolgen. Auf Binnenschiffen ist neben dem Fahrzeugführer hierfür auch jedes Mitglied der Besatzung

verantwortlich, das vorübergehend selbstständig den Kurs und die Geschwindigkeit des Fahrzeugs bestimmt.

(2) Verantwortlich ist auch der Seelotse; er hat den Fahrzeugführer oder dessen Stellvertreter so zu beraten, dass sie die Vorschriften dieser Verordnung befolgen können.

(3) Bei Schub- und Schleppverbänden ist unbeschadet der Vorschrift des Absatzes 1 der Führer des Verbandes für dessen sichere Führung verantwortlich. Führer des Verbandes ist der Führer des Schleppers oder Schubschiffes; die Führer der beteiligten Fahrzeuge können vor Antritt der Fahrt auch einen anderen Fahrzeugführer als Führer des Verbandes bestimmen.

(4) Steht der Fahrzeugführer nicht fest und sind mehrere Personen zur Führung eines Fahrzeugs berechtigt, so haben sie vor Antritt der Fahrt zu bestimmen, wer verantwortlicher Fahrzeugführer ist.

(5) Die Verantwortlichkeit anderer Personen, die sich aus dieser Verordnung oder sonstigen Vorschriften ergibt, bleibt unberührt.

Abs. 4 wendet sich vor allem an die Sportschifffahrt. Er stellt auch klar, dass der **Rudergänger** nicht automatisch der Fahrzeugführer ist. Ein Rudergän-

ger braucht nicht im Besitz einer Fahrerlaubnis zu sein. Der **Fahrzeugführer** ist für die Sicherheit des Fahrzeugs und aller Personen an Bord verantwortlich.

§ 5 Schifffahrtszeichen

(1) Schifffahrtszeichen im Sinne dieser Verordnung sind Sichtzeichen und Schallsignale, die Gebote, Verbote, Warnungen oder Hinweise enthalten. Die im Geltungsbereich dieser Verordnung verwendeten Schifffahrtszeichen, die Gebote und Verbote enthalten, sind in der Anlage I zu dieser Verordnung abschließend aufgeführt oder in den nach § 60 Abs. 2 erlassenen Rechtsverordnungen enthalten ...

Auf den Abdruck des

– § 6 (Sichtzeichen und Schallsignale der Fahrzeuge)
– § 7 (Fahrzeuge des öffentlichen Dienstes)
– Zweiten Abschnitts (Sichtzeichen und Schallsignale der Fahrzeuge; siehe Seiten 100, 101 und 104, 105)

wird verzichtet. Die §§ 11 bis 20 sind aufgehoben.

Zu den Schifffahrtszeichen der SeeSchStrO siehe auch Seiten 124 und 125.

SBS-Frage 5; SKS-Frage 55 (Recht)

Grundsätze, Rechtsfahrgebot

Die Fahrregeln der SeeSchStrO gelten – wie die der KVR – bei allen Sichtverhältnissen. Im Gegensatz zu den Bestimmungen der KVR sind im Fahrwasser die Ausweichregeln für Überholer und entgegenkommende Fahrzeuge auch dann anzuwenden, wenn sich die Fahrzeuge nicht in Sicht, aber mittels Radar geortet haben.

Die Fahrregeln der SeeSchStrO übernehmen das Rechtsfahrgebot der KVR, gestatten in bestimmten Fällen aber auch das Fahren auf der linken Fahrwasserseite.

Im Gegensatz zu den KVR, die auf offene Seegewässer zugeschnitten sind, muss im Fahrwasser grundsätzlich links überholt werden. Dabei können unter bestimmten Voraussetzungen die nach KVR vorgeschriebenen Schallsignale durch eine Absprache über UKW-Sprechfunk ersetzt werden.

4. Abschnitt Fahrregeln

§ 21 Grundsätze

(1) Die Fahrregeln dieses Abschnitts sowie des siebenten Abschnitts (Ergänzende Vorschriften für den Nord-Ostsee

Kanal) *gelten unabhängig von den Sichtverhältnissen. Abweichend von den Regeln 11 und 19 der Kollisionsverhütungsregeln gelten die Regel 13 Buchstabe a und c und Regel 14 Buchstabe a und c der Kollisionsverhütungsregeln im Fahrwasser auch dann, wenn die Fahrzeuge einander nicht in Sicht, aber mittels Radar geortet haben.*

Für Fahrzeuge ohne Radar gilt bei verminderter Sicht ausschließlich Regel 19 KVR.

(2) Beim Begegnen, Überholen und Vorbeifahren an Fahrzeugen und Anlagen ist ein sicherer Passierabstand nach Regel 8 Buchstabe d der Kollisionsverhütungsregeln einzuhalten.

(3) Im Fahrwasser müssen die Buganker klar zum sofortigen Fallen sein. Dies gilt nicht für Fahrzeuge von weniger als 20 Meter Länge.

Im Grundsatz besteht auf deutschen Fahrwassern Rechtsfahrgebot. Denn weil nach § 2 Abs. 1 Nr. 1 die Fahrwasser als eng im Sinne der KVR gelten, kommt Regel 9 KVR zur Anwendung, die in Buchstabe a das Rechtsfahrgebot enthält. Daher beschränkt sich die SeeSchStrO auf die Ausnahmen vom Rechtsfahrgebot.

§ 22 Ausnahmen vom Rechtsfahrgebot

(1) Abweichend vom Gebot, im Fahrwasser gemäß Regel 9 Buchstabe a der Kollisionsverhütungsregeln so weit wie möglich rechts zu fahren, darf innerhalb von nach § 60 Abs. 1 bekannt gemachten Fahrwasserabschnitten von allen oder von einzelnen Fahrzeuggruppen links gefahren werden. Nach § 60 Abs. 1 bekannt gemachte Fahrzeuggruppen haben die einmal gewählte linke Fahrwasserseite beizubehalten.

(2) Außerhalb des Fahrwassers ist so zu fahren, dass klar erkennbar ist, dass das Fahrwasser nicht benutzt wird.

(3) Auf den nach § 60 Abs. 1 bekannt gemachten Wasserflächen außerhalb des Fahrwassers haben sich alle bekannt gemachten Fahrzeuggruppen an der in ihrer Fahrtrichtung rechts vom Fahrwasser liegenden Seite zu halten.

Absatz 3 betrifft nur die Weser auf der Strecke von Bremerhaven Geestemündung bis Vegesack. Dies gilt nicht für Fahrzeuge unter zwölf Meter Länge.

Segelnde Fahrzeuge dürfen im Fahrwasser kreuzen, um gegen den Wind voranzukommen. Ein kreuzendes Segelboot verstößt nicht gegen das Rechtsfahrgebot. Ein langer Kreuz

schlag darf auch auf die linke Fahrwasserseite führen, wenn vorfahrtberechtigte Fahrzeuge nicht behindert werden. In Abschnitten mit starkem Schiffsverkehr kann eine Behinderung der vorfahrtberechtigten Schifffahrt generell gegeben sein. Die WSD sind ermächtigt, in solchen Fällen das Kreuzen einzuschränken (z. B. auf die rechte Fahrwasserseite) oder zu untersagen.

§ 23 Überholen

(1) Grundsätzlich muss links überholt werden. Soweit die Umstände des Falles es erfordern, darf rechts überholt werden.

(2) Das überholende Fahrzeug muss unter Beachtung von Regel 9 Buchstabe e und Regel 13 der Kollisionsverhütungsregeln die Fahrt so weit herabsetzen oder einen solchen seitlichen Abstand vom vorausfahrenden Fahrzeug einhalten, dass kein gefährlicher Sog entstehen kann und während des ganzen Überholmanövers jegliche Gefährdung des Gegenverkehrs ausgeschlossen ist. Das vorausfahrende Fahrzeug muss das Überholen so weit wie möglich erleichtern.

*(3) Das Überholen ist verboten
1. in der Nähe von in Fahrt befindlichen, nicht freifahrenden Fähren,*

SBS-Fragen 126, 127, 129, 267; SKS-Fragen 71, 72 (Recht)

Überholen, Begegnen

2. an engen Stellen und in unübersichtlichen Krümmungen,

3. vor und innerhalb von Schleusen sowie innerhalb der Schleusenvorhäfen und Zufahrten des Nord-Ostsee-Kanals mit Ausnahme von schwimmenden Geräten im Einsatz,

4. innerhalb von Strecken und zwischen Fahrzeugen, die nach § 60 Abs. 1 bekannt gemacht sind.

(4) Kann in einem Fahrwasser nur unter Mitwirkung des zu überholenden Fahrzeugs sicher überholt werden, so ist das Überholen nur erlaubt, wenn das zu überholende Fahrzeug auf eine entsprechende Anfrage oder Anzeige des überholenden Fahrzeugs hin eindeutig zugestimmt hat. Das überholende Fahrzeug kann abweichend von Regel 9 Buchstabe e Ziffer i der Kollisionsverhütungsregeln seine Absicht über UKW-Sprechfunk dem zu überholenden Fahrzeug mitteilen, wenn

1. eine eindeutige Identifikation der Kommunikationsteilnehmer erfolgt,

2. eine eindeutige Absprache über UKW-Sprechfunk möglich ist,

3. durch die Wahl des UKW-Kanals sichergestellt wird, dass möglichst alle betroffenen Verkehrsteilnehmer die UKW-Absprache mithören können, und

5. die Verkehrslage es erlaubt.

Ist das zu überholende Fahrzeug einverstanden, so kann es seine Zustimmung abweichend von Regel 34 Buchstabe c Ziffer ii der Kollisionsverhütungsregeln über UKW-Sprechfunk geben und Maßnahmen für ein sicheres Passieren treffen. Liegen die Voraussetzungen für die Absprache über UKW-Sprechfunk nicht vor, gilt ausschließlich Regel 9 Buchstabe e der Kollisionsverhütungsregeln.

Abs. 5 behandelt das Überholen durch Berufsschiffe auf dem Nord-Ostsee-Kanal.

§ 24 Begegnen
(1) Beim Begegnen auf entgegengesetzten oder fast entgegengesetzten Kursen im Fahrwasser ist nach Steuerbord auszuweichen ...

Überholverbot

1. In der Nähe von in Fahrt befindlichen, nicht freifahrenden Fähren,

2. an engen Stellen und in unübersichtlichen Krümmungen,

3. vor und innerhalb von Schleusen sowie innerhalb der Schleusenvorhäfen und Zufahrten des Nord-Ostsee-Kanals,

4. innerhalb von Strecken, die nach § 60 Abs. 1 bekannt gemacht sind.

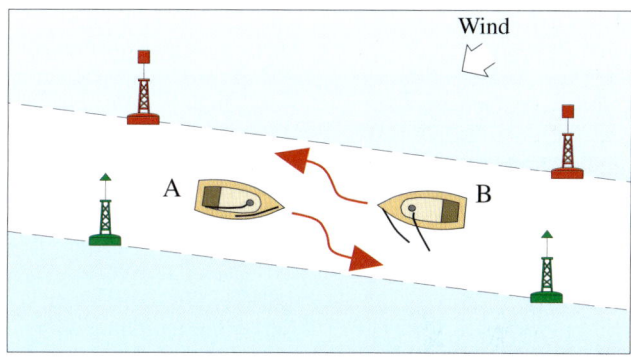

Vorrang der SeeSchStrO vor den KVR: Im Fahrwasser ist nicht Fahrzeug A mit Wind von Backbord (das auf Steuerbord-Bug segelt) ausweichpflichtig (Regelung nach KVR), sondern beide Fahrzeuge müssen nach Steuerbord ausweichen (Regelung nach SeeSchStrO, § 24 Abs. 1).

In § 24 ist weiter festgelegt, dass die WSD Strecken bekannt machen dürfen, wo nach Backbord ausgewichen werden darf. Wer nach Backbord ausweichen will, muss dies den Entgegenkommern per Schallsignal oder – wie in § 23 Abs. 4 beschrieben – über UKW-Sprechfunk mitteilen.

Überholen in einem Fahrwasser oder in einer Fahrrinne (Regelung nach KVR ohne UKW-Sprechfunk)

Kann nur dann sicher überholt werden, wenn das vorausfahrende Fahrzeug mitwirkt, so muss der Überholer seine Absicht durch ein Schallsignal mitteilen:

Ich will Sie an Stb überholen. ▬▬ ●

Ich will Sie an Bb überholen. ▬▬ ● ●

Das Überholen ist verboten, solange das vorausfahrende Fahrzeug nicht seine Zustimmung durch das nachfolgende Schallsignal gegeben hat:

Ich bin mit dem Überholen einverstanden. ▬ ● ▬ ●

Überholen nicht möglich. ● ● ● ● ● ...

SBS-Fragen 129, 265, 267; SKS-Frage 73 (Recht)

Vorfahrt im Fahrwasser

§ 25 Vorfahrt der Schifffahrt im Fahrwasser

(1) Die in den nachfolgenden Absätzen enthaltenen Regelungen gelten für Fahrzeuge im Fahrwasser abweichend von der Regel 9 Buchstabe b bis d und den Regeln 15 und 18 Buchstabe a bis c der Kollisionsverhütungsregeln.

(2) Im Fahrwasser haben dem Fahrwasserverlauf folgende Fahrzeuge unabhängig davon, ob sie nur innerhalb des Fahrwassers sicher fahren können, Vorfahrt gegenüber Fahrzeugen, die
1. *in das Fahrwasser einlaufen,*
2. *das Fahrwasser queren,*
3. *im Fahrwasser drehen,*
4. *ihre Anker- oder Liegeplätze verlassen.*

(3) Sofern Segelfahrzeuge nicht deutlich der Richtung eines Fahrwassers folgen, haben sie sich untereinander nach den Kollisionsverhütungsregeln zu verhalten, wenn sie dadurch vorfahrtberechtigte Fahrzeuge nicht gefährden oder behindern.

(4) Fahrzeuge im Fahrwasser haben unabhängig davon, ob sie dem Fahrwasserverlauf folgen, Vorfahrt vor Fahrzeugen, die in dieses Fahrwasser aus einem abzweigenden oder einmündenden Fahrwasser einlaufen.

(5) Nähern sich Fahrzeuge einer Engstelle, die nicht mit Sicherheit hinreichenden Raum für die gleichzeitige Durchfahrt gewährt, oder einer durch das Sichtzeichen A.2 der Anlage I (Begegnungsverbot, Seite 125) gekennzeichneten Stelle des Fahrwassers von beiden Seiten, so hat Vorfahrt
1. *in Tidegewässern und in tidefreien Gewässern mit Strömung das mit dem Strom fahrende Fahrzeug, bei Stromstillstand das Fahrzeug, das vorher gegen den Strom gefahren ist,*
2. *in tidefreien Gewässern ohne Strömung das Fahrzeug, das grundsätzlich die Steuerbordseite des Fahrwassers zu benutzen hat.*
Das wartepflichtige Fahrzeug muss außerhalb der Engstelle so lange warten, bis das andere Fahrzeug vorbeigefahren ist.

(6) Ein Fahrzeug, das die Vorfahrt zu gewähren hat, muss rechtzeitig durch sein Fahrverhalten erkennen lassen, dass es warten wird. Es darf nur weiterfahren, wenn es übersehen kann, dass die Schifffahrt nicht beeinträchtigt wird.

Die Vorfahrtregelung der Schifffahrt im Fahrwasser wurde 1999 neu gefasst. Sie ist wohl die wichtigste Einzelbestimmung der See-SchStrO.

Die Vorfahrtregeln sind nur in Fahrwassern anzuwenden und die sind – auf See – an der Betonnung zu erkennen. Sie schreiben in den genannten Fällen vor, die Vorfahrt der dem Fahrwasserverlauf folgenden Fahrzeuge (Längsfahrer) zu beachten. Dies gilt selbst dann, wenn der Längsfahrer auf der falschen Fahrwasserseite fährt.

Außerhalb eines Fahrwassers gelten die Vorfahrtregeln nicht. Hier kommen nur die Ausweichregeln der KVR zur Anwendung.

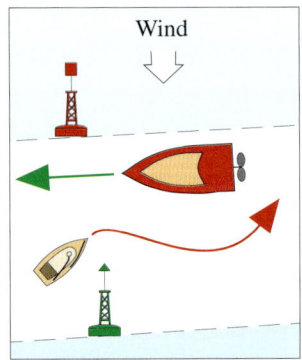

Vorrang der SeeSchStrO vor den KVR. Da das Maschinenfahrzeug dem Fahrwasserverlauf folgt, hat es Vorfahrt.

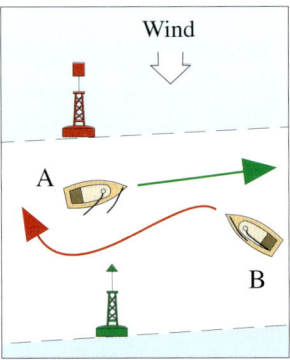

A ist Längsfahrer, während B das Fahrwasser quert. Nach § 25 Abs. 2 hat A Vorfahrt (obwohl er auf der linken Seite läuft).

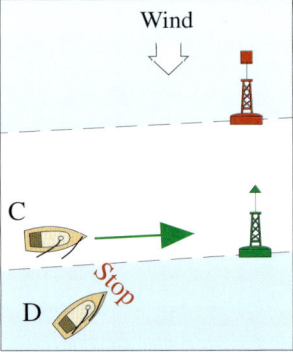

C segelt im Fahrwasser und folgt dem Fahrwasserverlauf. C hat Vorfahrt vor D, der in das Fahrwasser einlaufen möchte.

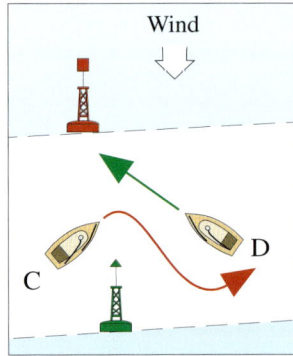

Da beide Segler das Fahrwasser queren (mehr als 10° vom Fahrwasserverlauf abweichen), müssen sie nach KVR ausweichen.

SBS-Fragen 124, 125, 128; SKS-Fragen 59, 60, 69, 70 (Recht)

Vorfahrt im Fahrwasser

Dies gilt auch auf Schiff-fahrtswegen, die keine Fahrwasser im Sinne der SeeSchStrO sind, die z. B.

- nur mit „Mittezeichen" (Seite 25) betont sind
- außerhalb des Geltungs-bereichs der SeeSch-StrO verlaufen (Ver-kehrstrennungsgebiete)

Im Gegensatz zu den Aus-weichregeln der KVR, nach denen nur ausgewichen wird, wenn die Fahrzeuge einander in Sicht haben, gelten die Vorfahrtregeln auch dann, wenn die Fahr-zeuge sich nicht in Sicht, aber mittels Radar geortet haben (§ 21, Abs. 1).

Das Vorfahrtsrecht und die Wartepflicht nach SeeSch-StrO rangieren im Fahr-wasser vor der Kurshalte- und der Ausweichpflicht nach KVR. Wer Vorfahrt hat, darf seine Vorfahrt aber nicht erzwingen.

Beachtet das wartepflichtige Schiff – z. B. ohne Radar bei verminderter Sicht – die Vorfahrt des Längsfahrers nicht, so muss dieser selbst manövrieren, um einen Zu-sammenstoß zu vermeiden. In diesem Fall ist nach KVR-Regel 2 und in ana-loger Anwendung von Re-gel 17 zu verfahren!

<u>Zu Abs. 1:</u> § 25 setzt Re-geln der KVR in bestimm-ten Fällen, die in den Ab-sätzen 2 bis 5 beschrieben sind, außer Kraft:

- das Nicht-Behinderungs-gebot in einem engen

Fahrwasser (Regel 9 b bis d); dies bedeutet aber nicht, dass Fahrzeuge von weniger als 20 Meter Länge oder Segelfahrzeu-ge bei verminderter Sicht ohne entsprechendes Ra-dargerät ein Fahrwasser befahren dürfen (siehe Seite 86);
- die Ausweichregel für Maschinenfahrzeuge auf kreuzenden Kursen (Regel 15) und
- die Verantwortlichkeit der Fahrzeuge unterein-ander (Regel 18 a bis c).

<u>Zu Abs. 2:</u> Queren ist jedes deutliche (mehr als 10°) Abweichen von der durch das Fahrwasser vorgegebe-nen Fahrtrichtung. Dabei kommt es nicht darauf an, ob das ganze Fahrwasser oder nur ein Teil davon

gequert wird – etwa beim Einlaufen in den gegen-überliegenden Fahrweg. Auch wer ein Fahrwasser verlässt, muss in der Regel mehr als 10° von der allge-meinen Verkehrsrichtung abweichen. Ein solches Schiff gilt damit als que-rendes Fahrzeug und muss die Vorfahrt der mitlaufen-den und entgegenkommen-den Fahrzeuge beachten. Ebenso hat ein Fahrzeug, das seinen Anker- oder

Im Fahrwasser gibt es nur:

- Längsfahrer, deren Kurs über Grund nicht mehr als 10° von der Fahrwasser-richtung abweicht – auch als durchgehende Schiff-fahrt bezeichnet –, und in
- querende Fahrzeuge.

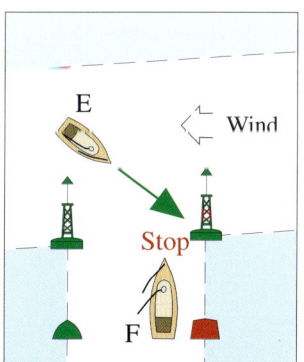

Aus einem abzweigenden Fahrwasser kommend muss F, unabhängig davon, ob E dem Fahrwasserverlauf folgt, Vorfahrt beachten.

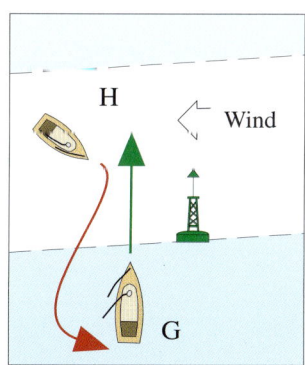

In dieser Situation sind nach § 25 Abs. 3 die KVR anzuwenden. H als Fahr-zeug mit Wind von Back-bord ist ausweichpflichtig.

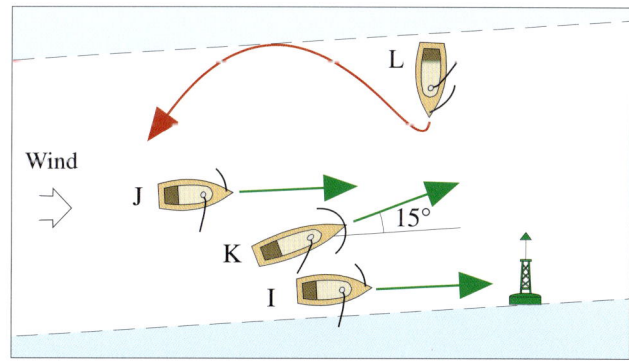

I und J haben als Längsfahrer Vorfahrt vor K und L. Würden K und L untereinander nach KVR ausweichen, so würde ein Ausweichmanöver von K eines der Fahrzeuge I oder J gefährden oder behindern. Dies ist nach § 25 Abs. 3 untersagt, weshalb auch K Vorfahrt vor L hat.

SKS-Fragen 33, 53, 60, 74 (Recht)

Vorfahrt im Fahrwasser

Liegeplatz verlässt, den Längsfahrern Vorfahrt zu gewähren, selbst wenn sich der Anker- oder Liegeplatz im Fahrwasser befindet. Dies gilt auch für Wegerechtschiffe, weil ihr Wegerecht erst in Fahrt einsetzt.

Zu Abs. 3: Wenn zwei Segelfahrzeuge ein Fahrwasser queren, also keines von beiden Längsfahrer ist, haben sie sich untereinander nach den KVR zu verhalten. Diese Verpflichtung ist nicht auf die Ausweich- und Kurshaltepflicht begrenzt, sondern umfasst die KVR insgesamt. Sie gilt allerdings nur, solange dabei ein vorfahrtberechtigtes Fahrzeug nicht behindert oder gefährdet wird – unabhängig von seiner Größe und Antriebsart. Man beachte auch den Umkehr-

schluss: Wenn ein vorfahrtberechtigtes Fahrzeug gefährdet oder behindert würde, dürfen sich Segelfahrzeuge untereinander nicht nach den KVR verhalten. Dies unterstreicht die vorrangige Bedeutung, die der Verordnungsgeber dem Vorfahrtrecht der SeeSchStrO einräumt.

Zu Abs. 4: Abzweigende und einmündende Fahrwasser sind an den Fahrwassertonnen erkennbar (siehe Seite 25). Sobald ein Fahrzeug aus einem abzweigenden oder einmündenden Fahrwasser in ein Hauptfahrwasser einläuft, muss es die Vorfahrt aller Fahrzeuge im Fahrwasser beachten – von Querfahrern wie von Längsfahrern. Man beachte die Reihenfolge der Absätze; sie gibt

die Spezialisierung und damit den Vorrang an. Absatz 4 ist vor Absatz 3 anzuwenden. Deshalb weichen zwei segelnde Querfahrer im Fahrwasser nicht nach KVR aus, wenn einer aus einem Nebenfahrwasser in das Hauptfahrwasser einläuft. Vielmehr muss das einlaufende Fahrzeug die Vorfahrt des Fahrzeugs im Hauptfahrwasser beachten.

Zu Abs. 5: Alle Seeschifffahrtsstraßen der Nordsee sind Tidegewässer, die der Ostsee sind tidefrei. Auch der Nord-Ostsee-Kanal ist tidefrei. Die Steuerbordseite eines Fahrwassers ist mit grünen Spitz- oder Leuchttonnen oder mit Stangen bezeichnet.

Zu Abs. 6: **Vorfahrt** haben bedeutet, mit sicherer

Geschwindigkeit dem Fahrwasserverlauf folgen und darauf vertrauen, dass die Vorfahrt von den anderen wartepflichtigen Fahrzeugen beachtet wird.

Ein Schiff, das Vorfahrt hat, darf die Vorfahrt jedoch **nicht erzwingen**. Wenn der Wartepflichtige nicht wartet, muss es selbst manövrieren, um einen Zusammenstoß zu vermeiden. In diesem Fall ist allein nach KVR zu verfahren (Regel 2 und analoge Anwendung von Regel 17; siehe vorige Seite)!

Warten bedeutet, die Geschwindigkeit zu mindern oder zu stoppen oder rückwärts zu gehen oder erforderlichenfalls frühzeitig und durchgreifend den Kurs zu ändern. **Vorfahrt beachten** bedeutet warten und Warten verlangt auch, durch das eigene Fahrverhalten rechtzeitig erkennen zu lassen, dass man warten wird.

§ 26 Fahrgeschwindigkeit
(1) Jedes Fahrzeug, Wassermotorrad und Segelsurfbrett muss unter Beachtung von Regel 6 der Kollisionsverhütungsregeln mit einer sicheren Geschwindigkeit fahren. Fahrzeuge und Wassermotorräder haben ihre Geschwindigkeit rechtzeitig so weit zu vermindern, wie es erforderlich ist, um Gefährdungen durch

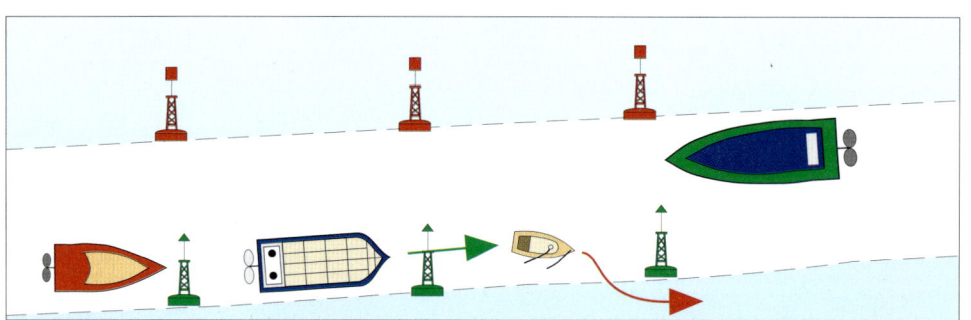

Sofern für den Segler auch außerhalb des Fahrwassers eine ausreichende Wassertiefe vorhanden ist, muss er das Fahrwasser verlassen, um die Leichtigkeit und Sicherheit des Verkehrs zu gewährleisten. Würde der Segler den nachfolgenden Verkehr zum Aufstoppen zwingen, so wäre die Leichtigkeit des Verkehrs nicht mehr gegeben. Auch die Sicherheit könnte dadurch gefährdet werden. Die Aufhebung des Nicht-Behinderungsgebotes für segelnde Fahrzeuge (KVR-Regel 9 b) bezieht sich nicht auf diesen Fall.

Sonstige Fahrregeln

Sog und Wellenschlag zu vermeiden, insbesondere beim Vorbeifahren an

1. Häfen, Schleusen, Sperrwerken,
2. festliegenden Fähren,
3. manövrierunfähigen und festgekommenen Fahrzeugen sowie an manövrierbehinderten Fahrzeugen nach Regel 3 g der KVR,
4. schwimmenden Geräten und schwimmenden Anlagen,
5. außergewöhnlichen Schwimmkörpern, die geschleppt werden, sowie
6. an Stellen, die durch die Sichtzeichen über Geschwindigkeitsbeschränkung oder durch die Flagge „A" des Internationalen Signalbuches (s. Seite 109) gekennzeichnet sind ...

(4) Fahrzeuge und Wassermotorräder dürfen vor Stellen mit erkennbarem Badebetrieb außerhalb des Fahrwassers in einem Abstand von weniger als 500 m von der jeweiligen Wasserlinie des Ufers eine Höchstgeschwindigkeit durch das Wasser von 8 km (4,3 sm) in der Stunde nicht überschreiten.

(5) Segelsurfer und Kitesurfer müssen vor Stellen mit erkennbarem Badebetrieb oder gekennzeichneten Badegebieten im Wasser außerhalb des Fahrwassers einen Abstand von mindestens 50 m von der seeseitigen Begrenzung des Badegebietes und gegenüber allen Badenden einhalten. Die Geschwindigkeit ist so anzupassen, dass eine Ge-

fährdung, Schädigung oder Behinderung der Badenden ausgeschlossen ist und Belästigungen auf ein nach den Umständen vermeidbares Maß reduziert werden.

§ 28 Durchfahren von Brücken und Sperrwerken

(1) Vor und unter Brücken ist das Begegnen und Überholen nur gestattet, wenn das Fahrwasser mit Sicherheit hinreichenden Raum für die gleichzeitige Durchfahrt gewährt. Andernfalls ist die Vorfahrt entsprechend § 25 Abs. 5 zu beachten. Ein wartepflichtiges Fahrzeug muss in ausreichender Entfernung vor der Brücke anhalten. Dabei darf es vorübergehend an Festmachedalben, jedoch nicht an Leitwerken und Abweisedalben festmachen. ...

§ 29 Einlaufen in Schleusen und Auslaufen

(1) Schleusen dürfen nur von Fahrzeugen durchfahren werden, für die die Abmessungen der Schleuse mit Sicherheit ausreichen. Solange die Einfahrt in eine Schleuse nicht freigegeben ist, muss in ausreichender Entfernung vor der Schleuse angehalten werden. Dabei darf ein Fahrzeug vorübergehend an Festmachedalben, jedoch nicht an Leitwerken oder Abweisedalben festmachen.

(2) Die Fahrzeuge haben in der Reihenfolge ihrer Ankunft vor der Schleuse einzulaufen. Am Nord-Ostsee-Kanal be-

stimmt sich die Reihenfolge des Einlaufens in die Schleusen in Brunsbüttel und Kiel-Holtenau durch die Reihenfolge an der Grenze der Zufahrt.

(3) Vor dem Einlaufen in die Schleuse sind rechtzeitig alle Maßnahmen zu treffen, die sicherstellen, dass das Fahrzeug auch bei einem Ausfall der Maschinenanlage sofort gestoppt werden kann.

(4) Innerhalb der Schleusen ist verboten

1. zu ankern oder Anker, Ketten oder Trossen schleifen zu lassen,
2. ohne Erlaubnis der Schleusenaufsicht umzuschlagen.

(5) Die Fahrzeuge dürfen erst nach dem vollständigen Öffnen der Schleusentore auslaufen. Die Schleusenkammer ist unverzüglich zu verlassen. Bei dem Ablegen sind die Leinen so zu bedienen, dass das Fahrzeug bei Aufnahme einer falschen Fahrtrichtung sofort aufgestoppt werden kann. Die Fahrzeuge haben aus der Schleuse in der Reihenfolge ihres Einlaufens auszulaufen, es sei denn, die beteiligten Fahrzeugführer vereinbaren eine andere Reihenfolge.

§ 31 Wasserskilaufen, Schleppen von Wassersportanhängen, Wassermotorradfahren und Kite- und Segelsurfen

(1) Im Fahrwasser ist das Wasserskilaufen und das Schleppen von Wassersportanhängen sowie das Fahren

mit einem Wassermotorrad oder einem Kite- und Segelsurfbrett mit Ausnahme auf den nach § 60 Abs. 1 bekannt gemachten oder durch Sichtzeichen freigegebenen Wasserflächen verboten. Außerhalb des Fahrwassers ist das Wasserskilaufen und das Schleppen von Wassersportanhängen sowie das Fahren mit einem Wassermotorrad oder einem Segelsurfbrett erlaubt; dies gilt nicht auf den nach § 60 Abs. 1 bekannt gemachten Wasserflächen.

(2) Die Führer von Zugbooten der Wasserskiläufer und von Wassersportanhängen sowie die Wassermotorradfahrer und Kite- und Segelsurfer haben allen Fahrzeugen auszuweichen; untereinander haben sie entsprechend den KVR auszuweichen. Bei der Begegnung mit Fahrzeugen, Wassermotorrädern und Segelsurfern haben die Wasserskiläufer sich im Kielwasser ihrer Zugboote zu halten. Die Führer von Zugbooten, die Wassersportanhänge schleppen, haben diese bei der Begegnung mit Fahrzeugen, Wassermotorrädern und Segelsurfern in ihrem Kielwasser zu halten.

(3) Bei Nacht, bei verminderter Sicht und während der nach § 60 Abs. 1 bekannt gemachten Zeiten darf nicht Wasserski gelaufen, Wassersportanhänge geschleppt oder mit einem Wassermotorrad oder einem Segelsurfbrett gefahren werden.

SBS-Fragen 133 – 136, 152, 281; SKS-Frage 75 (Recht)

Ankern, Anlegen, Festmachen

§ 32 Ankern

(1) Das Ankern ist im Fahrwasser mit Ausnahme auf den Reeden verboten. Dies gilt nicht für manövrierbehinderte Fahrzeuge nach Regel 3 Buchstabe g Ziffer i und ii der Kollisionsverhütungsregeln. Außerhalb des Fahrwassers ist das Ankern auf folgenden Wasserflächen verboten:

1. an engen Stellen und in unübersichtlichen Krümmungen,

2. in einem Umkreis von 300 m von schwimmenden Geräten, Wracks und sonstigen Schifffahrtshindernissen und Leitungstrassen sowie von Warnstellen, Kabeln und Rohrleitungen,

3. bei verminderter Sicht in einem Abstand von weniger als 300 m von Hochspannungsleitungen,

4. in einem Abstand von 100 m vor und hinter Sperrwerken,

5. vor Hafeneinfahrten, Anlegestellen, Schleusen und Sielen sowie in den Zufahrten zum Nord-Ostsee-Kanal,

6. innerhalb von Fähr- und Brückenstrecken sowie

7. an Stellen und innerhalb von Wasserflächen, die nach § 60 Abs. 1 bekannt gemacht sind.

(2) Der Gebrauch des Ankers für Manövrierzwecke gilt nicht als Anker. Im Bereich der im Absatz 1 Nr. 2 und 4 bezeichneten Wasserflächen ist auch der Gebrauch des Ankers verboten.

(3) Auf den nach § 60 Abs. 1 bekannt gemachten Reeden dürfen nur die Fahrzeuge ankern, denen nach der Zweckbestimmung der Reede das Liegen dort gestattet ist.

(4) Auf einem in der Nähe des Fahrwassers oder auf einer Reede vor Anker liegenden Fahrzeug oder außergewöhnlichen Schwimmkörper sowie auf Fahrzeugen, für die nach Abs. 3 das Ankerverbot nicht gilt, muss ständig Ankerwache gegangen werden. Das gilt nicht für Fahrzeuge von weniger als 12 m Länge auf den nach § 10 Abs. 4 bezeichneten Wasserflächen.

Dies sind die von der WSD speziell für Sportfahrzeuge ausgewiesenen Ankerplätze. Hier brauchen Fahrzeuge von weniger als 12 m Länge auch kein Ankerlicht zu führen.

Brücken und Hochspannungsleitungen verursachen eine Radarabdeckung, sodass in ihrer Nähe ein Fahrzeug nicht immer geortet werden kann.

§ 33 Anlegen und Festmachen

(1) Die Schifffahrt darf durch das Anlegen und Festmachen nicht beeinträchtigt werden. Hat ein Fahrzeug mit dem Manöver des Anlegens begonnen, hat die übrige Schifffahrt diesen Umstand zu berücksichtigen und mit der gebotenen Sorgfalt zu navigieren.

(2) Das Anlegen und Festmachen ist verboten

1. an Sperrwerken, Strombauwerken, Leitwerken, Pegeln, festen und schwimmenden Schifffahrtszeichen,

2. an brüchigen Stellen am Ufer,

3. an Stellen, an denen das Ankern nach § 32 Abs. 1 Nr. 1 und 5 verboten ist,

4. innerhalb von Strecken, in denen das Ankern nach § 32 Abs. 1 Nr. 6 verboten ist, sowie

5. an nach § 60 Abs. 1 bekannt gemachten Stellen.

(3) Nebeneinander festgemachte Fahrzeuge sind, soweit es möglich ist, an beiden Enden ausreichend am Ufer zu befestigen.

(4) Festgemachte Fahrzeuge dürfen die Schiffsschraube nur drehen

1. probeweise mit der geringst möglichen Kraft,

2. unmittelbar vor dem Ablegen und

3. wenn andere Fahrzeuge oder Anlagen nicht gefährdet werden.

Anker-, Festmache- und Liegeverbot; Liegen heißt ankern oder festmachen.

Ankerverbot

1. Im Fahrwasser
2. An engen Stellen und in unübersichtlichen Krümmungen
3. Im Umkreis von 300 m von schwimmenden Geräten, Wracks, sonstigen Schifffahrtshindernissen und Leitungstrassen sowie von Warnstellen, Kabeln und Rohrleitungen
4. Bei verminderter Sicht im Abstand von weniger als 300 m von Hochspannungsleitungen
5. In einem Abstand von 100 m vor und hinter Sperrwerken
6. Vor Hafeneinfahrten, Anlegestellen, Schleusen und Sielen sowie in den Zufahrten zum Nord-Ostsee-Kanal
7. Innerhalb von Fähr- und Brückenstrecken
8. An Stellen und innerhalb von Wasserflächen, die nach § 60 (1) bekannt gemacht sind

Auf allen Fahrzeugen, die in der Nähe eines Fahrwassers oder auf einer Reede ankern, muss ständig Ankerwache gegangen werden. Nicht vorgeschrieben ist die Ankerwache nur auf Fahrzeugen unter zwölf Meter Länge und auch hier nur auf den Ankerplätzen speziell für die Sportschifffahrt.

SBS-Fragen 132, 137, 138

Schiffsunfälle, Verlust von Gegenständen

§ 37 Verhalten bei Schiffs-unfällen und bei Verlust von Gegenständen

(1) Bei Gefahr des Sinkens ist das Fahrzeug möglichst so weit aus dem Fahrwasser zu schaffen, dass die Schifffahrt nicht beeinträchtigt wird. Nach einem Zusammenstoß ist hierzu auch der Führer eines beteiligten schwimmfähig gebliebenen Fahrzeugs verpflichtet.

(2) Wird der für die Schiff-fahrt erforderliche Zustand der Seeschifffahrtsstraße oder die Sicherheit und Leichtigkeit des Verkehrs durch
1. in der Seeschifffahrtsstraße hilflos treibende, fest-gekommene, gestrandete oder gesunkene Fahrzeuge, schwimmende Anlagen oder außergewöhnliche Schwimmkörper oder durch andere treibende Gegenstände oder
2. Schiffsunfälle, Brände oder sonstige Vorkomm-nisse auf Fahrzeugen, schwimmenden Anlagen und außergewöhnlichen Schwimmkörpern beeinträchtigt oder gefährdet, so ist das zuständige Wasser- und Schifffahrtsamt oder die Verkehrszentrale unverzüg-lich zu unterrichten.

(3) Der Ort eines gesunkenen Fahrzeugs ist vom Fahrzeug-führer unverzüglich behelfs-mäßig zu bezeichnen. Nach

einem Zusammenstoß ist hierzu auch der Führer eines beteiligten schwimmfähig gebliebenen Fahrzeugs ver-pflichtet. Er darf die Fahrt erst nach Genehmigung des zuständigen Wasser- und Schifffahrtsamtes fortsetzen.

(4) Ein festgekommenes Fahr-zeug darf seine Maschine zum Freikommen benutzen, es sei denn, dass dies ohne Beschädigung der Seeschiff-fahrtsstraße einschließlich der Ufer, Strombauwerke und Schifffahrtsanlagen nicht möglich ist oder die Schiff-fahrt gefährdet wird.

(5) Auf Fahrzeugen, die das Bleib-weg-Signal nach Nr. 2.2 der Anlage II.2 wahrnehmen, sollen unverzüglich alle er-forderlichen Maßnahmen zur Abwendung der drohenden Gefahr getroffen werden, insbesondere

1. alle nach außen führenden und nicht zur Aufrecht-erhaltung des Schiffs-betriebes erforderlichen Öffnungen geschlossen,
2. alle nicht zur Gewährleis-tung der Sicherheit von Schiff, Besatzung und Ladung erforderlichen Hilfsmaschinen abgestellt,
3. nicht geschützte offene Feuer gelöscht, insbeson-dere das Rauchen einge-stellt, sowie
4. Geräte mit glühenden oder Funken gebenden Teilen stillgelegt werden.

Ein Wrack kann ein poten-zielles Schifffahrtshinder-nis darstellen. Um zu ver-meiden, dass ein Tank- oder Frachtschiff durch eine Unterwasserkollision manövrierunfähig wird und in Richtung Küste treibt, darf sich kein gefährliches Wrack im Fahrwasser be-finden.

Wenn ein Schiff zu sinken droht, sollte daher immer mit allen möglichen Mit-teln versucht werden, das sinkende Schiff aus dem Fahrwasser zu bringen. – Die Sicherheit der Men-schen an Bord geht natür-lich vor.

Auf Segelyachten, deren Mast gebrochen ist, ist es üblich, Wanten, Stage und Fallen zu kappen und den Mast zu versenken. Der gebrochene Mast könnte ja ein Leck in die Bordwand schlagen. Natürlich kann auch ein Mast das Ruder eines tiefgehenden Fahr-zeugs blockieren. Es könn-te dadurch manövrierun-fähig werden und in Rich-tung Küste treiben. Des-halb darf ein Mast nicht im Fahrwasser versenkt werden.

Ist eine Segel- oder Motor-yacht gesunken, so ordnet die Schifffahrtsverwaltung in der Regel die Hebung und Bergung an – und sei es nur, um zu verhindern,

dass Kraftstoff austritt und die Meeresumwelt ver-schmutzt. Ist die Wrack-stelle unbekannt, so muss das Wrack zunächst ge-sucht werden. Die Kosten für die Suche, Hebung, Bergung, Beseitigung und Entsorgung des Wracks trägt der Eigner. Jeder Bootseigner sollte daher darauf achten, dass seine Kaskoversicherung diese Kosten zusätzlich zum Wert des verlorenen Schif-fes, über die Versiche-rungssumme hinaus, er-stattet.

Schon alleine, um sich nicht dem Verdacht des Versicherungsbetruges auszusetzen, sollte die Wrackstelle – etwa mit-hilfe von GPS – festgehal-ten werden. Und wie kann gemäß Abs. 3 eine Wrack-stelle behelfsmäßig ge-kennzeichnet werden?

Sinkt ein Schiff relativ langsam, so kann eine lan-ge Leine mit einem Schwimmkörper (leerer Kanister) am sinkenden Schiff befestigt werden. Ist das nicht möglich, wird ein Anker an der Wrack-stelle versenkt. An das freie Ende der Ankerleine wird wieder ein Schwimm-körper gebunden.

Jeder Schiffsuntergang im deutschen Küstenmeer ist anzeigepflichtig.

SBS-Fragen 139, 140; SKS-Fragen 61, 96 (Recht)

Nord-Ostsee-Kanal

Nord-Ostsee-Kanal

Der Nord-Ostsee-Kanal (NOK) führt von der Unterelbe bei Brunsbüttel zur Ostsee bei Kiel-Holtenau. Er ist 98,6 km lang. Schiffe, die zwischen Nord- und Ostsee verkehren, können 250 sm sparen und müssen nicht um Jütland herum durch das Skagerrak und das Kattegat laufen. 2002 fuhren 38562 Schiffe durch den NOK. – Zehn Hochbrücken und vierzehn Fährstellen verbinden die gegenüberliegenden Ufer. Die Durchfahrtshöhe beträgt 40 Meter. – Bei km 40,7 (von Brunsbüttel aus gesehen) zweigt der Gieselaukanal ab; er führt durch die Eider in die Nordsee.

Kanalfahrt

Ein unterbrochenes, weißes Licht vor den Kanalschleusen gibt die Einfahrt für Sportboote frei. Den Kanal dürfen Sportboote nur bei guter Sicht – und ohne Lotse – nur zu den Tagfahrzeiten befahren. Ggf. müssen sie rechtzeitig eine der acht Liegestellen ansteuern. An Liegestellen brauchen keine Lichter geführt zu werden. Das Ruder darf nur von zuverlässigen, in der Revierfahrt geübten Besatzungsmitgliedern bedient werden.

Selbststeueranlagen (Autopiloten) dürfen im NOK nicht benutzt werden.

Um Beschädigungen der Böschung zu vermeiden, wurde die Höchstgeschwindigkeit auf 15 km/h festgesetzt (Kontrollen).

Segeln ist auf dem NOK untersagt, jedoch dürfen Segel zusätzlich zum Maschinenantrieb gesetzt sein. Dabei muss ein schwarzer Kegel, Spitze nach unten, über dem Vorschiff geführt werden.

Der durch Schifffahrtszeichen angegebene Mindestabstand vom Ufer (Seite 125) ist auch von Sportbooten einzuhalten, weil hier der Kanal zum Schutz der Böschung aufgeschüttet ist („Bermen").

Ein Sportboot darf ein anderes Sportboot nur dann schleppen, wenn das geschleppte Boot weniger als 15 Meter lang ist und eine Mindestgeschwindigkeit von 9 km/h erreicht wird.

Bei verminderter Sicht dürfen Sportboote bekanntlich nicht im Kanal fahren. Denn wenn sie näher als achtzehn Meter an einer Böschung oder einem Kai laufen, können sie vom Radar eines anderen Schiffes nicht erfasst werden. Bei verminderter Sicht ist

daher an einer Liegestelle oder hinter den Dalben einer Weiche festzumachen.

Weichen

Damit auch sehr breite Schiffe den NOK benutzen können, wurde der Kanal an zwölf Stellen („Weichen") verbreitert. Hier können große Schiffe einander passieren. Der Verkehr an Weichen wird durch Lichtsignale geregelt. Sportboote müssen hier auf drei unterbrochene, rote Lichter achten. Dann nähert sich ein sehr großes Schiff. Jetzt müssen alle Fahrzeuge – auch Sportboote – aufstoppen und warten, bis ein unterbrochenes grünes Licht erscheint und die Weiterfahrt freigibt. Bei viel Verkehr warten Sportboote am besten hinter den Dalben.

Die Verkehrszentralen in Brunsbüttel und Kiel-Holtenau planen präzise die Passage großer Fahrzeuge durch den NOK und regeln den Verkehr über UKW-Sprechfunk.

Solche Fahrzeuge haben sich genau an die jeweils vorgegebene Geschwindigkeit zu halten. Alle Fahrzeuge mit UKW-Sprechfunk – auch Sportboote – müssen die Verkehrsregelung mithören; es besteht Funkbenutzungspflicht.

Auf dem NOK gilt die SeeSchStrO, die in Abschnitt 7 „Ergänzende Vorschriften für den Nord-Ostsee-Kanal" enthält. Weitere Regelungen zum NOK sind in den Bekanntmachungen der Wasser- und Schifffahrtsdirektionen (WSD) veröffentlicht worden.

Weiche mit Dalbenreihe und Signal „drei rote unterbrochene Lichter": Ausfahren für alle Fahrzeuge verboten

Schifffahrtszeichen

Schifffahrtszeichen

Schifffahrtszeichen im Sinne der SeeSchStrO sind Schallsignale und Sichtzeichen, die Gebote, Verbote, Warnungen und Hinweise enthalten.

Schallsignale

Schallsignale können als Schifffahrtszeichen und als Signale der Fahrzeuge gegeben werden. Wichtige Schifffahrtszeichen sind:

– Aufforderung zum Anhalten durch Behördenfahrzeuge
– Sperrung einer Seeschifffahrtsstraße (etwa nach einem Unfall)
– Durchfahren/Einfahren verboten (Brücke, Sperrwerk, Schleuse kann vorübergehend nicht geöffnet werden)

Zu den Schallsignalen siehe Seite 105.

Sichtzeichen

Man unterscheidet die Sichtzeichen in

– Flaggenzeichen
– Körperzeichen
– Feuer
– Lichtsignale
– Tafelzeichen

Flaggenzeichen

Es werden einfarbige Flaggen (rot, grün) oder Flaggen des Internationalen Signalbuches verwendet. Flaggenzeichen im Sinne der SeeSchStrO ist nur Flagge L (Aufforderung zum Anhalten durch Fahrzeuge des öffentlichen Dienstes, siehe Seite 109).

Körperzeichen, Feuer

Körperzeichen sind Tonnen (Seiten 24, 25), Pricken, Stangen, Bälle, Kegel und Zylinder. Körperzeichen und Feuer sind ein wichtiges Hilfsmittel der terrestrischen Navigation.

Tafelzeichen

Tafelzeichen, die ein Gebot oder Verbot aussagen, gelten im Bereich des Standortes der Tafel oder in der Strecke, die durch Zusatzzeichen für Entfernungs- oder Streckenangaben oder durch das Tafelzeichen „Ende einer Gebots- oder Verbotsstrecke" begrenzt wird. Sie gelten im Allgemeinen über die ganze Breite der Seeschifffahrtsstraße.

Gebotszeichen sind rechteckige weiße Tafeln mit rotem Rand.

Verbotszeichen sind rechteckige weiße Tafeln mit rotem Rand und rotem Schrägstrich von links oben nach rechts unten. Ein schwarzes Symbol im Mittelfeld stellt das verbotene Verhalten dar.

Warn- und Hinweiszeichen sind rechteckige Tafeln mit verschiedener, meistens blauer Farbgebung und zum Teil mit einem Symbol.

Lichtzeichen

Zu Lichtzeichen der SeeSchStrO siehe Folgeseite.

Wassereinbruch durch ein offenes Vorluk. Dieses sinkende Boot wurde in letzter Minute von einem Regatta-Begleitfahrzeug geborgen. Auf Seeschifffahrtsstraßen kann jedes Wrack – auch das einer Segelyacht – ein Schifffahrtshindernis werden. Ein sinkendes Fahrzeug muss soweit möglich aus dem Fahrwasser gebracht und die Wrackstelle behelfsmäßig gekennzeichnet werden. Die Schifffahrtspolizei ist zu benachrichtigen (§ 37, SeeSchStrO).

SBS-Fragen 139, 140; SKS-Frage 13 (Navigation)

Verkehrsregelnde Lichtsignale

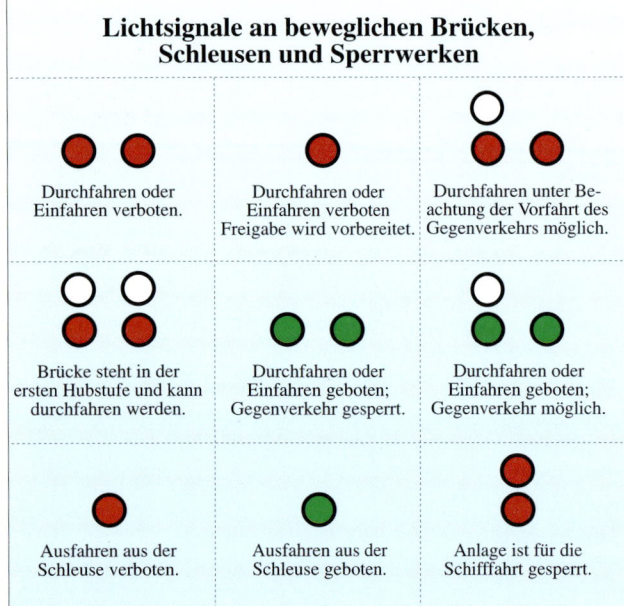

Lichtsignale der SeeSchStrO

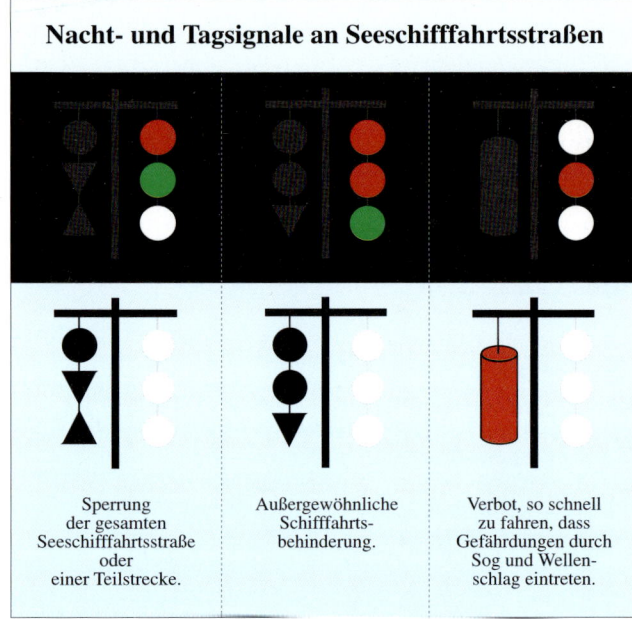

Lichtsignale und zugehörige Signalkörper

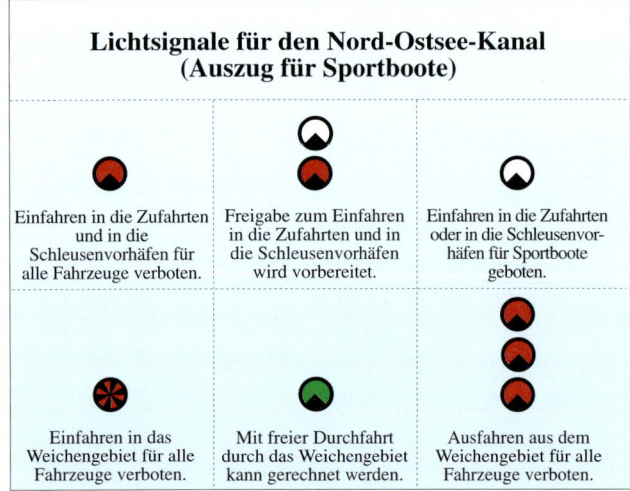

Lichtsignale für Zufahrten und Weichengebiete des Nord-Ostsee-Kanals, die auch für die Sportschifffahrt gelten

Vorübergehende Sperrung einer Seeschifffahrtsstraße

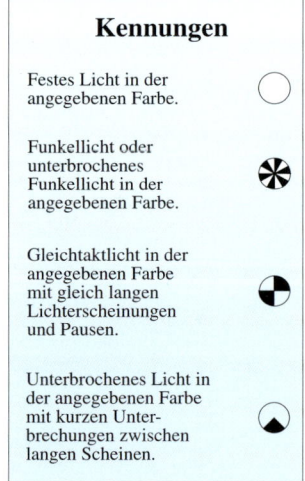

Darstellung der Kennungen

SBS-Fragen 147, 165, 166, 169, 170, 173; SKS-Fragen 66, 81 (Recht)

Tafelzeichen

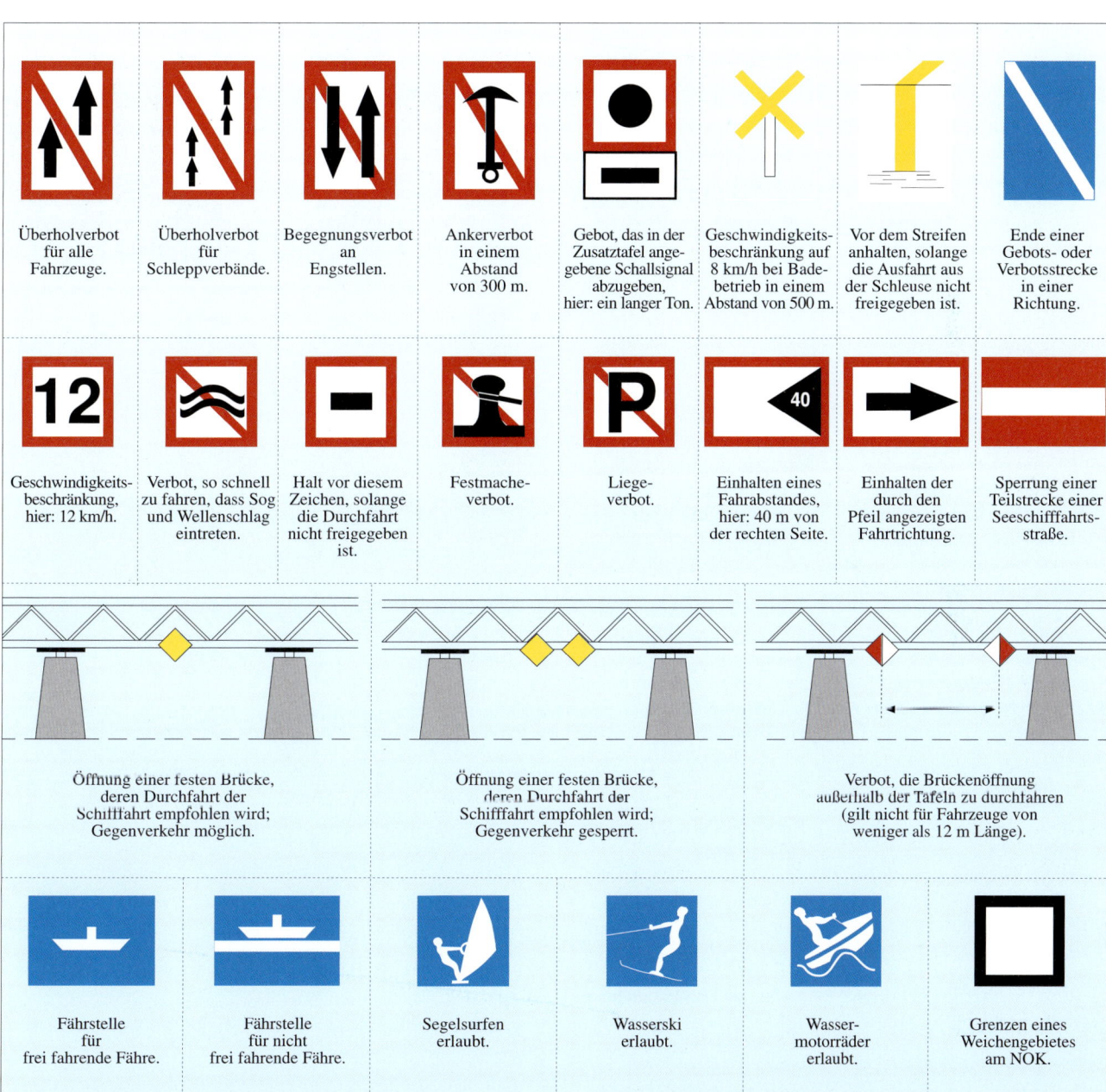

Überholverbot für alle Fahrzeuge.

Überholverbot für Schleppverbände.

Begegnungsverbot an Engstellen.

Ankerverbot in einem Abstand von 300 m.

Gebot, das in der Zusatztafel angegebene Schallsignal abzugeben, hier: ein langer Ton.

Geschwindigkeitsbeschränkung auf 8 km/h bei Badebetrieb in einem Abstand von 500 m.

Vor dem Streifen anhalten, solange die Ausfahrt aus der Schleuse nicht freigegeben ist.

Ende einer Gebots- oder Verbotsstrecke in einer Richtung.

Geschwindigkeitsbeschränkung, hier: 12 km/h.

Verbot, so schnell zu fahren, dass Sog und Wellenschlag eintreten.

Halt vor diesem Zeichen, solange die Durchfahrt nicht freigegeben ist.

Festmacheverbot.

Liegeverbot.

Einhalten eines Fahrabstandes, hier: 40 m von der rechten Seite.

Einhalten der durch den Pfeil angezeigten Fahrtrichtung.

Sperrung einer Teilstrecke einer Seeschifffahrtsstraße.

Öffnung einer festen Brücke, deren Durchfahrt der Schifffahrt empfohlen wird; Gegenverkehr möglich.

Öffnung einer festen Brücke, deren Durchfahrt der Schifffahrt empfohlen wird; Gegenverkehr gesperrt.

Verbot, die Brückenöffnung außerhalb der Tafeln zu durchfahren (gilt nicht für Fahrzeuge von weniger als 12 m Länge).

Fährstelle für frei fahrende Fähre.

Fährstelle für nicht frei fahrende Fähre.

Segelsurfen erlaubt.

Wasserski erlaubt.

Wassermotorräder erlaubt.

Grenzen eines Weichengebietes am NOK.

SBS-Fragen 130, 131, 133, 145, 146, 149, 150, 153 – 155, 157 – 160, 167, 171, 172

Seesportboot-Verordnung

See-Sportbootverordnung

Die See-Sportbootverordnung (**SeeSpbootV**) wurde 2002 erlassen; sie regelt die Inbetriebnahme, Vermietung und gewerbsmäßige Nutzung von Sportbooten und Wassermotorrädern. Sie gilt nicht nur für alle Sportboote im deutschen Küstenmeer und auf den Seeschifffahrtsstraßen, sondern auch für Sportboote, die die Bundesflagge führen und ihren ständigen Liegeplatz im Ausland haben.

Der Gesetzgeber definiert hier den Begriff **Sportboot** – wie bereits in der SchSV-98 – als Wasserfahrzeug, das für Sport- oder Freizeitzwecke *gebaut* worden ist (im Gegensatz zum **Sportschiff**, das nicht als Sportboot gebaut wurde, jetzt aber zu Sport- oder Freizeitzwecken eingesetzt wird).

Die SeeSpbootV bestimmt, dass

– Sportboote, die nach dem 15.6.98 erstmals auf den EU-Markt gekommen sind, nur in Betrieb genommen werden dürfen, wenn sie ein **CE-Zeichen** (siehe Seite 195) besitzen
– **Wassermotorräder** (Jetski) im Inland nur in Betrieb genommen werden

dürfen, wenn sie mit einem amtlichen **Kennzeichen** versehen sind (damit ist nicht das Kennzeichen der Miet- und Charterboote gemeint, sondern das Kennzeichen der Kleinfahrzeuge auf Binnenschifffahrtsstraßen)
– ein Sportboot oder Wassermotorrad nur **vermietet** werden darf, wenn es
1. das vorgeschriebene Kennzeichen und ggf. das CE-Zeichen besitzt
2. ein Bootszeugnis ausgestellt wurde
3. die in dem Bootszeugnis genannten Bedingungen und Auflagen eingehalten werden[1]
4. die in dem Bootszeugnis aufgeführte Ausrüstung an Bord vorhanden ist und fehlerfrei funktioniert[1]
5. in verkehrssicherem Zustand ist
– ein **Bootszeugnis** erteilt wird, wenn das zuständige Wasser- und Schifffahrtsamt (WSA) das Boot zur Vermietung zugelassen hat
– der Vermieter an beiden Außenseiten des Bugs das vom WSA zugeteilte **Kennzeichen** anzubringen hat (die ersten Buchstaben des Kraftfahrzeug-

---
[1] dafür sind auch der Mieter und der Bootsführer verantwortlich

kennzeichens des Ortes des WSA und die zugeteilte Nummer)
– der Vermieter ein Sportboot mit mehr als 5 PS nur an Inhaber eines gültigen **Sportbootführerscheins** übergeben darf und nicht an Personen, die die notwendigen Kenntnisse offensicht-

lich nicht besitzen oder infolge Alkoholgenusses in der Führung behindert sind
– kleine Sportboote (offene Boote) bei einsetzendem **Nebel, Sturm** oder aufziehendem **Gewitter** sofort zur Betriebsstätte zurückkehren oder am Ufer anlegen müssen

Besetzung von gewerbsmäßig genutzten Sportbooten	
Rumpflänge Fahrtgebiet	Besetzung
Bis 15 Meter Küstengewässer [3] Küstennahe Seegewässer [4] Weltweite Fahrt	1 x SSS-Schein [1] 1 x SHS-Schein [2] 1 x SHS- + 1 x SSS-Schein
15 bis 25 Meter Küstengewässer [3] Küstennahe Seegewässer [4] Weltweite Fahrt	1 x SHS-Schein [2] 1 x SHS- + 1 x SSS-Schein 2 x SHS-Schein
Über 25 Meter Küstengewässer [3] Küstennahe Seegewässer [4] Weltweite Fahrt	1 x SSS-Schein 1 x SHS- + 1 x SSS Schein 2 x SHS-Schein

Anmerkungen:
[1] Sportboote, die innerhalb von 24 Stunden länger als 10 Stunden fahren, müssen zusätzlich mit einem Inhaber des Sportbootführerscheins See besetzt werden, der den Nachweis nach § 6 Abs. 2 Nr. 2 der Sportseeschifferscheinverordnung führt.
[2] Sportboote, die innerhalb von 24 Stunden länger als 10 Stunden fahren, müssen zusätzlich mit einem Inhaber des Sportküstenschifferscheins besetzt werden.
[3] Küstengewässer sind die Gewässer, die mit dem SKS-Schein befahren werden dürfen (12-sm-Zone).
[4] Küstennahe Seegewässer sind die Gewässer, die mit dem SSS-Schein befahren werden dürfen (europäische Seegewässer und 30-sm-Zone weltweit).

Seesportboot-Verordnung

– ein Sportboot nur dann gewerbsmäßig genutzt werden darf, wenn es ein **Sicherheitszeugnis** oder eine Prüfbescheinigung der See-Berufsgenossenschaft besitzt (sie ersetzt dann das Bootszeugnis)

– Führer eines gewerblich genutzten Sportbootes eine Fahrerlaubnis (**SSS- oder SHS-Schein**) und ein für die Funkstelle gültiges **Funkzeugnis** besitzen müssen und dafür sorgen müssen, dass die **Mannschaft** über die vorgeschriebenen Fahrerlaubnisse verfügt – siehe Tabelle gegenüber

§ 1 Geltungsbereich

(1) Diese Verordnung gilt für die Sportboote und Wassermotorräder im Bereich der deutschen Seeschifffahrtsstraßen und der seewärts angrenzenden Gewässer des deutschen Küstenmeeres.

(2) Diese Verordnung gilt außerdem für Sportboote, die die Bundesflagge führen und ihren ständigen Liegeplatz im Ausland haben.

(3) Dieser Verordnung unterliegen

1. die Eigentümer der Sportboote oder Wassermotorräder,

2. die Personen, die Sportboote oder Wassermotorräder vermieten (Unternehmer) und deren Gehilfen, wenn diese den Unternehmer selbstständig vertreten,

3. die Mieter, Bootsführer und Insassen der Sportboote oder Wassermotorräder.

(4) Diese Verordnung gilt, mit Ausnahme der §§ 14, 15, 17 und 19, nicht für Sportboote, die mit Gestellung eines Bootsführers oder einer Besatzung gegen Entgelt überlassen werden und der Schiffssicherheitsverordnung … unterliegen.

§ 2 Begriffsbestimmungen

Im Sinne dieser Verordnung sind

1. Sportboote

Wasserfahrzeuge mit oder ohne Maschinenantrieb, die für Sport- oder Freizeitzwecke gebaut worden sind und dafür verwendet werden und die für nicht mehr als zwölf Personen zugelassen sind,

2. große Sportboote

Sportboote mit Kajüte und Übernachtungsmöglichkeit, die für Fahrten seewärts der Basislinie (Küstenmeer, küstennahe Gewässer, Hohe See) geeignet und bestimmt sind, insbesondere Segel- und Motoryachten,

3. kleine Sportboote

Sportboote, die für Fahrten binnenwärts der Basislinie (andere Gewässer) oder in Strandnähe geeignet und bestimmt sind, insbesondere offene Segel-, Motor-, Ruder-, Falt-, Schlauch- und Wassertretboote,

4. Wassermotorräder

Wasserfahrzeuge mit weniger als vier Meter Länge,

die einen Verbrennungsmotor und Strahlpumpenantrieb als Hauptantriebsquelle verwenden und die dazu ausgelegt sind, von einer oder mehreren Personen gefahren zu werden, die nicht in, sondern auf dem Rumpf sitzen, stehen oder knien,

5. Vermietung

die gegen Entgelt erfolgende Überlassung eines Sportbootes oder Wassermotorrades zum Gebrauch an laufend wechselnde Mieter ohne Gestellung eines Bootsführers oder einer Besatzung und ohne dass der Mieter das Sportboot gewerblich nutzt,

6. gewerbsmäßige Nutzung

der Einsatz von Sportbooten für die Ausbildung zum Führen von Sportfahrzeugen oder für ähnliche Sport- und Freizeitzwecke, der auf Gewinnerzielung ausgerichtet ist …

§ 3 CE-Kennzeichnung

Soweit Sportboote, die nach dem 15. Juni 1998 erstmalig auf den Markt gelangen, zugleich kennzeichnungspflichtig sind, dürfen sie nur in Betrieb genommen werden, wenn sie mit der CE-Kennzeichnung versehen sind.

§ 4 Kennzeichnung von Wassermotorrädern im Inland

(1) Wassermotorräder dürfen nur in Betrieb genommen werden, wenn sie mit einem

gültigen amtlichen Kennzeichen … versehen sind.

§ 5 Bootszeugnis

(1) Das Bootszeugnis wird auf Antrag des Unternehmers erteilt. Es wird auf die Dauer von zwei Jahren, bei Werftneubauten auf die Dauer von drei Jahren befristet; eine anschließende Verlängerung um jeweils zwei Jahre ist nach vorheriger Untersuchung möglich.

(3) Die Erteilung eines Bootszeugnisses ist ausgeschlossen, wenn das Sportboot bereits mit einem gültigen Sicherheitszeugnis der See-Berufsgenossenschaft ausgestattet ist. Das Sicherheitszeugnis ersetzt in diesem Fall das Bootszeugnis im Sinne des Absatzes 1.

(5) Zulassungsbehörde ist das Wasser- und Schifffahrtsamt, in dessen Bezirk das Sportboot oder Wassermotorrad seinen ständigen Liegeplatz hat oder in dem sich die Betriebsstätte des Unternehmers befindet.

§ 6 Zulassungsverfahren

(1) Die Erteilung eines Bootszeugnisses setzt eine Untersuchung des Sportbootes oder Wassermotorrades durch die Zulassungsbehörde voraus…

(5) Die Zulassungsbehörde darf das Bootszeugnis nur für ein verkehrssicheres und mit den erforderlichen Kennzeichnungen versehenes Sportboot oder Wassermotorrad erteilen…

Seesportboot-Verordnung

§ 7 Vermietung

Ein Sportboot oder Wassermotorrad darf nur vermietet werden, wenn es

1. die vorgeschriebenen Kennzeichnungen [CE-Zeichen] und Kennzeichen besitzt,
2. ein von der Zulassungsbehörde für dieses Sportboot oder Wassermotorrad ausgestelltes Bootszeugnis nach dem Muster der Anlage 1 besitzt,
3. die in dem Bootszeugnis nach Nummer 2 festgelegten Bedingungen und Auflagen erfüllt und
4. die in dem Bootszeugnis vorgeschriebene Ausrüstung an Bord hat.

§ 8 Amtliche Kennzeichen

(1) Der Unternehmer muss bei vermieteten Sportbooten vor Inbetriebnahme auf der Innenseite deutlich sicht- und lesbar Name und Wohnsitz oder Sitz des Unternehmers und die von der Zulassungsbehörde festgesetzte höchstzulässige Anzahl der zu befördernden Personen anbringen. Er muss bis zu diesem Zeitpunkt an den Außenseiten des Bugs der Sportboote die deutlich sicht- und lesbaren, mindestens zehn Zentimeter hohen Buchstaben des amtlichen Kraftfahrzeugkennzeichens des Ortes der Zulassungsbehörde und eine von der Zulassungsbehörde bestimmte Nummer anbringen...

§ 9 Unterhaltung

(1) Der Unternehmer hat das Sportboot oder Wassermotor-

rad stets in verkehrssicherem Zustand zu unterhalten. Ein Sportboot oder Wassermotorrad, das sich nicht mehr in verkehrssicherem Zustand befindet oder dessen Ausrüstung nicht mehr vollständig oder unbrauchbar ist, darf nicht mehr vermietet werden.

(2) Nach jedem Umbau, Unfall oder einer sonstigen Veränderung, die die Verkehrssicherheit des Sportbootes oder Wassermotorrades beeinträchtigen kann, muss der Unternehmer es erneut der Zulassungsbehörde zur Untersuchung vorführen. Das Sportboot darf erst wieder vermietet werden, wenn seine Verkehrssicherheit erneut bescheinigt worden ist,..

§ 11 Pflichten des Unternehmers

(1) Der Unternehmer darf ein Sportboot oder Wassermotorrad nicht übergeben an

1. Personen, die die notwendigen Kenntnisse und Fähigkeiten zur Bedienung und Führung des Sportbootes oder Wassermotorrades offensichtlich nicht besitzen,
2. Personen, die infolge körperlicher oder geistiger Mängel oder des Genusses alkoholischer Getränke oder anderer berauschender Mittel offensichtlich in der sicheren Führung des Sportbootes oder Wassermotorrades behindert sind,
3. Kinder unter zwölf Jahren An Jugendliche unter 16 Jahren darf ein großes Sportboot

nicht übergeben werden.

(2) Abs. 1 Nr. 3 ist nicht anzuwenden, wenn die Übergabe eines Sportbootes zu Ausbildungszwecken erforderlich ist und der Gebrauch des Sportbootes unter Aufsicht einer Person erfolgt, die mindestens 18 Jahre alt und Schwimmer ist.

§ 12 Pflichten der Mieter und Bootsführer

(1) Ein Mieter darf ein Sportboot oder Wassermotorrad nicht Personen zum selbstständigen Gebrauch überlassen, an die eine Übergabe nach § 11 Abs. 1 ausgeschlossen ist. § 11 Abs. 2 findet entsprechende Anwendung.

(2) Mieter und Bootsführer haben dafür zu sorgen, dass

1. die höchstzulässige Personenzahl nicht überschritten wird,
2. die in dem Bootszeugnis angegebenen Fahrtgrenzen nicht überschritten und die erteilten Auflagen eingehalten werden,
3. die vorgeschriebene Ausrüstung an Bord ist,
4. ein Kind unter zwölf Jahren in einem Sportboot oder Wassermotorrad nur mitgenommen wird, wenn ein Benutzer mindestens 18 Jahre alt und Schwimmer ist.

§ 14 Sicherheitszeugnis

Ein Sportboot darf nur gewerbsmäßig genutzt werden, wenn es ein Sicherheitszeugnis oder eine Prüfbescheinigung ... besitzt und den übri-

gen Anforderungen der Schiffssicherheitsverordnung entspricht.

§ 15 Fahrerlaubnis [1]

(1) Wer ein Sportboot zum Zwecke der gewerbsmäßigen Nutzung führt, bedarf einer Fahrerlaubnis sowie eines für die Funkstelle ausreichenden gültigen Funkzeugnisses. Ist das Sportboot in Küstengewässern [12-sm-Zone] eingesetzt, ist die Fahrerlaubnis durch Vorlage des Sportseeschifferscheines ... nachzuweisen. Ist das Sportboot in küstennahen Seegewässern [Geltungsbereich des SSS-Scheins] oder in der weltweiten Fahrt eingesetzt, ist die Fahrerlaubnis durch den Sporthochseeschifferschein ... nachzuweisen. Inhaber eines Sportsee- oder eines Sporthochseeschifferscheines benötigen ein Funkzeugnis nach § 13 Abs. 4a in Verbindung mit Anlage 3 der Schiffssicherheitsverordnung ...

(2) Der Bootsführer muss dafür sorgen, dass gewerbsmäßig genutzte Sportboote entsprechend ihrer Antriebsart mindestens die sich aus Anlage 4 ergebende Besetzung mit Inhabern von Fahrerlaubnissen nach Absatz 1 haben.

---

[1] Das gilt auch für Deutsche mit Wohnsitz im Geltungsbereich des Grundgesetzes, die im Ausland ein Sportboot zum Zwecke der gewerbsmäßigen Nutzung führen.

Grenzübertritt, Schiffspapiere

Die seewärtige Grenze der Bundesrepublik ist Außengrenze nach dem Schengener Durchführungsübereinkommen. Auf dem Seeweg darf das Bundesgebiet nur aus Häfen verlassen werden, die als **Grenzübergangsstelle** zugelassen sind. Um von anderen Häfen aus ausreisen zu können, ist eine **Grenzerlaubnis** erforderlich.

Im besuchten Land ist i. A. als erster Hafen ein **Zollhafen** anzulaufen. Dies ist ein Hafen, in dem die Einreise-, Zoll- und Gesundheitsformalitäten erledigt werden können (**einklarieren**).

Internationaler Bootsschein

Der Internationale Bootsschein wird vom DSV, DMYV und ADAC für Wassersportfahrzeuge ausgestellt und ist sinngemäß mit dem Kraftfahrzeugschein zu vergleichen. Obwohl kein amtliches Dokument, wird er von allen europäischen und vielen nicht-europäischen Ländern für Binnen- und Küstengewässer anerkannt.

Auch Frankreich akzeptiert inzwischen den Internationalen Bootsschein für seine gesamten Binnen- und Küstengewässer.

Flaggenzertifikat

Das Flaggenzertifikat ist ein amtlicher Ausweis für Seeschiffe bis zu fünfzehn Meter Rumpflänge, die einem deutschen Eigner gehören. Es wird durch das BSH für einen Zeitraum von acht Jahren ausgestellt und kann danach verlängert werden. Es wird wie gesagt zum Befahren französischer Seegewässer benötigt.

Schiffszertifikat

Schiffe, die in ein Schiffsregister eingetragen sind, erhalten ein **Schiffszertifikat** mit **Unterscheidungssignal**. Schiffsregister werden von einigen Amtsgerichten geführt. Nach der Schiffsregisterverordnung sind deutsche Seeschiffe von über fünfzehn Meter Rumpflänge registerpflichtig; kleinere Boote können in ein Schiffsregister eingetragen werden. Die privatrechtliche Bedeutung eines Schiffsregisters ist dem Grundbuch ähnlich; Eintragungen von Schiffshypotheken und Nießbrauchrechten sind möglich. Voraussetzung für eine Eintragung ist, dass

– der Eigner Deutscher ist
– ein Eigentumsnachweis erbracht und
– das Schiff vermessen wurde.

Das Vermessungsergebnis und weitere allgemeine Angaben zum Schiff sind im **Schiffsmessbrief** enthalten. Die Vermessung erfolgt nach dem Internationalen Schiffsvermessungs-Übereinkommen von 1969. Für Yachten unter 24 Meter Länge muss nur die Rumpflänge festgestellt werden (Werftangabe).

Registrierte Schiffe stehen im Ausland unter dem Schutz der diplomatischen Vertretungen. Sie sind zur Führung der Bundesflagge verpflichtet und müssen ihren Namen und am Heck ihren Heimathafen führen.

Im UKW-Sprechfunk sind eingetragene Schiffe an ihrem Rufzeichen erkennbar. Dieses ist mit dem **Unterscheidungssignal** identisch und besteht bei deutschen Schiffen aus einer vierstelligen Buchstabenkombination zwischen DAAA und DRZZ.

Genehmigungsurkunde für Funkanlagen

Betreiber von Funkanlagen auf Schiffen (z. B. UKW-Sprechfunk) müssen bei der Regulierungsbehörde für Telekommunikation und Post eine Frequenzzuteilung beantragen und die Urkunde an Bord mitführen.

Logbuch, Bootszeugnis

Ob auch auf Sportbooten ein Logbuch geführt werden muss, ist umstritten – eher nein. Wenn doch, müssen aufgezeichnet werden:

– Namen und Funktionen der Crewmitglieder
– Beginn und Ende der Fahrt
– Kurs, Geschwindigkeit Position, Strömung
– Wetter und Luftdruck
– wichtige Vorkommnisse

Im eigenen Interesse sollte der Schiffsführer alle Sicherheitsbelehrungen, Creweinweisungen und Sicherheitsüberprüfungen eintragen. Die Logbuchseiten müssen nummeriert sein und täglich unterschrieben werden. Das Logbuch ist dann drei Jahre lang aufzubewahren.

Für Yachten, die gewerbsmäßig vermietet werden, muss gemäß See-Sportbootverordnung ein **Bootszeugnis** ausgestellt werden (siehe Seite 126). Es bescheinigt die amtliche Sicherheitsüberprüfung und listet die vorgeschriebene Sicherheitsausrüstung auf. Für gewerblich genutzte Boote (Ausbildungs-, Sport- oder Freizeitzwecke) wird ein **Sicherheitszeugnis** und für Ausbildungsyachten zudem ein **Fahrterlaubnisschein** benötigt (siehe Seite 131).

SKS-Fragen 83 – 85 (Recht); 83 (Seemannschaft I); 69 (Seemannschaft II)

Umweltschutz

MARPOL- und Helsinki-Übereinkommen

MARPOL steht für Marine Pollution. Die Bundesrepublik gehört zu den Unterzeichnerstaaten des internationalen MARPOL-Übereinkommens von 1973 und 1978 sowie des Helsinki-Übereinkommens von 1979 zum Schutz der Ostsee.

Das Helsinki-Übereinkommen wurde seitdem durch mehrere Anlagen ergänzt. In Deutschland wurden diese Verträge und ihre Anlagen durch Verordnungen in nationales Recht umgesetzt. Die Bestimmungen zu Schiffsmüll, Altöl, Kraftstoff und Schiffsabwasser betreffen auch Wassersportler.

Schiffsmüll

Schiffsmüll, Glas, Kunst- und Kraftstoffe jeglicher Art dürfen in Sondergebieten nicht im Meer entsorgt werden. **Sondergebiete** sind Nord- und Ostsee, Mittelmeer, Schwarzes und Rotes Meer, das Gebiet der Golfe, die Antarktis und die Karibik.

Lebensmittelabfälle ohne Verpackung dürfen in Sondergebieten in mindestens 12 sm Entfernung vom nächsten Land über Bord geworfen werden.

Altöl, Betriebsstoffe

Das MARPOL-Übereinkommen verbietet, Öl oder Betriebsstoffe aus dem Maschinenraum in das Meer einzuleiten, es sei denn, der Ölgehalt des Ausflusses beträgt nicht mehr als 15 ppm. Auf Segelyachten könnte Öl aus der Maschine austreten. Um es aufzufangen, befindet sich unter der Maschine zumeist eine Wanne, aus der das Öl in ein Abscheidegefäß gesaugt werden muss. Sollte Altöl in die Bilge gelangen, so muss sie mit einem Ölbindemittel gereinigt werden. Keinesfalls darf das ölhaltige Bilgewasser in das Meer gepumpt werden. In vielen Yachthäfen gibt es Altölsammelstellen.

Schiffsabwasser

Bestimmungen zu Schiffsabwasser gibt es für die gesamte Ostsee und den deutschen Teil der Nordsee.

Die 2. Ostseeschutz-Änderungsverordnung schreibt vor, dass Sportboote, die die Ostsee befahren und eine Toilette an Bord haben, mit einem Rückhaltesystem (Fäkalientank) und einem Anschluss (entsprechend ISO 8099) für die Entsorgung an Land ausgestattet sein müssen. Das gilt seit dem 1. Januar 2005.

Davon ausgenommen sind Sportboote, die vor 2003 gebaut wurden und maximal 10,50 Meter lang oder höchstens 2,80 Meter breit sind, sowie (unabhängig von ihrer Größe) alle vor 1980 gebauten Sportboote.

Schiffsabwasser dürfen in die Ostsee und in den deutschen Teil der Nordsee eingeleitet werden, wenn

– das Schiffsabwasser in einer zugelassenen Abwasseraufbereitungsanlage aufbereitet wurde und in dem das Schiff umgebenden Wasser keine schwimmenden Stoffe oder Verfärbungen sichtbar sind oder wenn
– das Abwasser mit einer zugelassenen Anlage mechanisch behandelt und desinfiziert wurde und mindestens 4 sm vom nächstgelegenen Land entfernt eingeleitet wird.

Unbehandeltes, in Sammeltanks aufbewahrtes Schiffsabwasser darf in einer mäßigen (von der Verwaltung zugelassenen) Rate eingeleitet werden, wenn

– das nächstgelegene Land mindestens 12 sm entfernt ist und
– das Schiff auf seinem Kurs mindestens 4 kn läuft.

Nationalparks im Wattenmeer

Die Nationalparks im Wattenmeer sind in drei Zonen aufgeteilt; sie sind in den Seekarten ausgewiesen:

–Zonen I   Ruhezonen
–Zonen II Zwischenzonen
–Zonen III Erholungszonen

In den **Zonen I** befinden sich die besonders schutzbedürftigen Seehund- und Robbenschutzgebiete, die Vogelschutzgebiete sowie die Brut- und Mausergebiete. Sie sind zeitweise oder ganzjährig gesperrt. Während der Schutzzeiten – sie sind in den Seekarten angegeben – darf das Fahrwasser nicht verlassen werden. Die Höchstgeschwindigkeit beträgt in den Fahrwassern der Zonen I 12 kn und 8 kn außerhalb der Fahrwasser. Es darf in der Zeit zwischen drei Stunden nach einem Hochwasser und drei Stunden vor dem folgenden Hochwasser nicht verlassen werden – etwa zum Trockenfallen. Wasser- und Jetskifahren sind in den Zonen I grundsätzlich verboten.

Die Zonen II und III dürfen jederzeit befahren werden. Hier beträgt die zulässige Höchstgeschwindigkeit 16 kn in den Fahrwassern und 12 kn außerhalb der Fahrwasser.

SBS-Fragen 215 – 222; SKS-Fragen 97 – 102, 104 – 106 (Recht)

SOLAS

Die Abkürzung **SOLAS** steht für Safety of Life at Sea. Das SOLAS-Abkommen[1], das Internationale Übereinkommen zum Schutz des menschlichen Lebens auf See, beschreibt die Sicherheitsanforderungen, die beim Bau und der Ausrüstung von Seeschiffen erfüllt werden müssen. Es besteht aus zwölf Kapiteln; Kapitel V ist 2002 neugefasst worden. Damit sind erstmalig Vorschriften auch für Sportboote erlassen worden. Sie betreffen

– Magnetkompass
– Peileinrichtung
– Seekarten und -bücher
– GPS-Gerät
– Radarreflektor.

In Regel 19 heißt es:

Alle Schiffe (hier sind ausdrücklich auch Boote und sonstige Wasserfahrzeuge, unabhängig von Art und Verwendungszweck eingeschlossen) *unabhängig von ihrer Größe müssen ausgerüstet sein*
.1 mit einem ordnungsgemäß kompensierten Magnetregelkompass oder mit einer anderen von jeder Stromversorgung unabhängigen Vorrichtung zur Bestimmung des Kurses des Schiffes und zur Anzeige der er-

mittelten Werte am Hauptsteuerstand;
.2 mit einem Peildiopter oder einer Kompass-Peileinrichtung oder mit einer anderen von jeder Stromversorgung unabhängigen Vorrichtung zur Vornahme von Peilungen über einen Bogen des Horizonts von 360°;
.3 mit einer Vorrichtung zum jederzeitigen Korrigieren der angezeigten Kurs- und Peilwerte auf rechtweisende Werte; (Ablenkungstafel)
.4 mit Seekarten und nautischen Veröffentlichungen zum Planen und zur Anzeige der Bahn des Schiffes für die vorgesehene Reise sowie zum Mitplotten und Überwachen der Schiffsposition während der gesamten Reise; ein elektronisches Seekartendarstellungs- und Informationssystem (ECDIS) kann als Erfüllung der Vorschriften dieses Absatzes über das Mitführen von Seekarten anerkannt werden;
.5 mit Ersatzvorrichtungen zur Erfüllung der Funktionsanforderungen des Absatzes .4, falls diese Funktion teilweise oder ganz von elektronischen Vorrichtungen erfüllt wird (etwa ein angemessenes Sortiment von Papier-Seekarten);
.6 mit einem Empfänger für ein weltweites Satellitennavigationssystem oder ein terrestrisches Funknavigationssystem oder einer anderen Vorrichtung, die

während der beabsichtigten Reise jederzeit dazu benutzt werden kann, die Position des Schiffes selbsttätig zu bestimmen und zu aktualisieren;
.7 falls die Bruttoraumzahl des Schiffes weniger als 150 beträgt und sofern praktisch durchführbar, mit einem Radarreflektor oder einer anderen Vorrichtung, die das Auffinden durch andere Schiffe ermöglicht, deren Navigations-Radaranlage auf dem 9-GHz- oder dem 3-GHz-Frequenzband arbeitet …

Regel 27 lautet:

Seekarten[1] und nautische Veröffentlichungen wie Seehandbücher[1], Leuchtfeuerverzeichnisse, Nachrichten für Seefahrer, Gezeitentafeln und alle sonstigen für die beabsichtigte Reise erforderlichen nautischen Veröffentlichungen müssen angemessen und auf dem neuesten Stand sein.

Nach Ansicht des Bundesverkehrsministeriums soll Regel V/34 angeblich auch die Sportschifffahrt zur Reiseplanung verpflichten – eine umstrittene Auslegung, denn Regel V/34 wendet sich ausdrücklich an den Kapitän und an den Reeder.

Schiffssicherheitsverordnung (SchSV)

Die SchSV beinhaltet die Durchführungs- und Ergänzungsbestimmungen. Danach müssen kleine Sportboote (im Sinne der SeeSpbootV, Seite 127) die SOLAS-Regel 19 nicht erfüllen.

Traditionsschiffe zwischen 15 und 55 Meter Rumpflänge und Traditionsschife, die mehr als 25 Personen befördern, müssen nur die Richtlinien des Bundesverkehrsministeriums nach § 6 SchSV erfüllen.

Für **Ausbildungsfahrzeuge** zwischen 8 und 24 Meter Länge gilt § 52a SchSV. Sie müssen danach die „Richtlinie über Sicherheitsvorschriften für gewerbsmäßig zu Ausbildungszwecken genutzte Sportfahrzeuge" erfüllen. Die Einhaltung der SchSV wird von der See-Berufsgenossenschaft (See-BG) überwacht. Sie überprüft Ausbildungsfahrzeuge und bestätigt die Erfüllung der Vorschriften durch ein **Sicherheitszeugnis**. Auch der **Fahrterlaubnisschein** wird von der See-BG ausgestellt. Er gibt die für das Schiff vorgeschriebene Mindestbesatzung an und bescheinigt die Einhaltung der Unfallverhütungsvorschriften.

---

[1] auch als Schiffssicherheitsvertrag bezeichnet

[1] auch nicht-amtliche Ausgaben sind zulässig (Seite 71)

Sicherung der Seefahrt

Verordnung über die Sicherung der Seefahrt

§ 1 Anwendungsbereich
(1) Diese Verordnung gilt für Seeschiffe, die berechtigt sind, die Bundesflagge zu führen ...

§ 2 Meiden von Eisgebieten
Der Schiffsführer oder sonst für die Sicherheit Verantwortliche hat, soweit die Umstände es zulassen, Gebiete zu meiden, in denen eine Gefährdung durch Eis besteht oder anzunehmen ist.

§ 3 Meiden von Fischgründen
Der Schiffsführer oder sonst für die Sicherheit Verantwortliche hat die Fischgründe von Neufundland nördlich von 43° N zu meiden. Dies gilt nicht, wenn besondere Umstände vorliegen, die ein Befahren der Fischgründe rechtfertigen.

§ 4 Gefahrmeldungen
(1) Ein Schiffsführer oder sonst für die Sicherheit Verantwortlicher, der auf See eine unmittelbare Gefahr für die Schifffahrt (zum Beispiel Eis, Wrack, Mine, Wirbelsturm) oder eine Windgeschwindigkeit von 50 kn (25,7 m/s, Windstärke 10 der Beaufortskala) oder mehr feststellt, hat hiervon unverzüglich und mit allen zur Verfügung stehenden Nachrichtenmitteln die in der Nähe befindlichen Schiffe sowie die nächsterreichbare zuständige Stelle an Land zu unterrichten ...

§ 5 Hilfeleistung in Seenotfällen
(1) Ein Schiffsführer oder sonst für die Sicherheit Verantwortlicher eines auf See befindlichen Schiffes, dem gemeldet wird, dass Menschen sich in Seenot befinden, hat ihnen mit größtmöglicher Geschwindigkeit zu Hilfe zu eilen und ihnen oder dem betreffenden Such- und Rettungsdienst nach Möglichkeit hiervon Kenntnis zu geben. Den Anordnungen der Stellen, die sich gegenüber dem Schiffsführer oder sonst für die Sicherheit Verantwortlichen als die mit der Koordinierung der Suche und Rettung in Seenotfällen nach ... beauftragten Organisationen zu erkennen geben, ist Folge zu leisten.

(2) Ist ein Schiffsführer ... zur Hilfeleistung außerstande oder erweist sich seine Hilfeleistung als nicht erforderlich, so hat er dies unter Angabe der Gründe in das Schiffstagebuch einzutragen, soweit er zur Führung eines solchen verpflichtet ist, und den betreffenden Such- und Rettungsdienst entsprechend zu unterrichten ...

§ 6 Besondere Vorschriften für das Verhalten nach Zusammenstößen
(1) Sind Schiffe zusammengestoßen, so haben die beteiligten Schiffsführer oder sonst für die Sicherheit Verantwortlichen allen von dem Unfall Betroffenen Beistand zu leisten, soweit sie dazu ohne erhebliche Gefahr für ihr Schiff und die darauf befindlichen Personen imstande sind.
(2) Die Schiffsführer oder sonst für die Sicherheit Verantwortlichen haben mit ihren Schiffen so lange beieinander zu bleiben, bis sie sich darüber Gewissheit verschafft haben, dass weiterer Beistand nicht mehr erforderlich ist. Setzen sie ihre Fahrt fort, so haben sie den anderen am Zusammenstoß beteiligten Fahrzeugen ihren Namen und Anschrift sowie Namen, Unterscheidungssignal, Heimat-, Abgangs- und Bestimmungshafen ihres Schiffes mitzuteilen ...

Der 2002 eingefügte § 6a regelt die Meldepflicht von „Vorkommnissen", die dann ggf. auf Grundlage des Seesicherheits-Untersuchungsgesetzes (SUG) untersucht werden.

§ 7 Meldung bestimmter schaden- oder gefahrverursachender Vorkommnisse
(1) Der Schiffsführer eines Schiffes, das die Bundesflagge führt, oder bei dessen Verhinderung ein anderes Besatzungsmitglied oder, sofern keine dieser Personen dazu in der Lage ist, der Betreiber des Schiffes hat der Bundesstelle für Seeunfalluntersuchung unverzüglich jedes das Schiff betreffende schaden- oder gefahrverursachende Vorkommnis im Sinne von Absatz 2 zu melden und möglichst folgende Angaben zu übermitteln:
1. *Name und derzeitiger Aufenthalt des Meldenden,*
2. *Ort (geografische Position) und Zeit des Unfalls,*
3. *Name, IMO-Identifikationsnummer, Rufzeichen und Flagge des Schiffes sowie Rufnummer des zu diesem Schiff gehörenden mobilen Seefunkdienstes (MMSI),*
4. *Typ, Verwendungszweck, Länge und Tiefgang des Schiffes,*
5. *Name des Betreibers des Schiffes,*
6. *Name des verantwortlichen Schiffsführers,*
7. *Herkunfts- und Zielhafen des Schiffes,*
8. *Anzahl der Besatzungsmitglieder und weiterer Personen an Bord,*
9. *Umfang des Personen- und Sachschadens,*
10. *Angaben über beförderte Güter*
11. *Darstellung des Ablaufs des Vorkommnisses,*
12. *Angaben über andere Schiffe, die am Unfall beteiligt sind,*
13. *Wetterbedingungen,*
14. *Darstellung der Gefahr einer Meeresverschmutzung*
(2) Als Vorkommnis im Sinne des Absatzes 1 gilt jedes Ereignis beim Betrieb des Schiffes in der Seefahrt, wenn aufgrund des Betriebes

SBS-Fragen 323 – 325, 332 – 339; SKS-Fragen 91 – 93 (Recht)

Seesicherheitsuntersuchung

1. eine Person tödlich oder schwer verletzt worden ist oder vermisst wird oder die Besatzung erheblich gefährdet wird,

2. a) das Schiff einen Schaden durch Aufgrundlaufen, Zusammenstoß, Feuer, Wetter oder Explosion erlitten hat oder
   b) Ausfälle in einem System aufgetreten sind, das für die Stabilität oder sichere Fahrt unverzichtbar ist, und dadurch die sichere Schiffsführung beeinträchtigt wird oder worden ist oder

3. eine erhebliche Gefährdung oder Schädigung der Meeresumwelt eingetreten ist…

(4) Die Schifffahrtspolizeibehörden des Bundes unterrichten die Bundesstelle für Seeunfalluntersuchung unverzüglich über jedes schaden- oder gefahrverursachende Vorkommnis im Sinne des Absatzes 2, das Gegenstand ihrer Tätigkeit im Rahmen der Abwehr oder Bekämpfung von Gefahren im Sinne des Seeaufgabengesetzes ist.
(5) Zur Vervollständigung der Meldung ist der Betreiber des Schiffes auf Verlangen der Bundesstelle für Seeunfalluntersuchung verpflichtet, auf zugesandtem Formularblatt einen ausführlichen Bericht vorzulegen…

Seesicherheits-Untersuchungsgesetz (SUG)

Das Seesicherheits-Untersuchungsgesetz (SUG) hat 2002 das frühere Seeunfalluntersuchungsgesetz (SeeUG) abgelöst. Es hatte fünf rechtliche Mängel:

1. Seeunfalluntersuchungen entsprachen nicht dem IMO-Code zur Untersuchung von Unfällen und anderen Vorkommnissen auf See. Er verlangt, dass Seeunfälle nach den gleichen (international einheitlichen) Verfahren untersucht werden wie Flugunfälle. Deutschland ist völkerrechtlich verpflichtet, den IMO-Code anzuwenden.

2. Seeunfalluntersuchungen konnten nicht außerhalb Deutschlands vorgenommen werden.

3. Die Seeämter hatten bisher die Seeunfalluntersuchungen durchgeführt. Sie waren nicht unabhängig, sondern Weisungen von Regierungsstellen unterstellt. (Hintergrund: Das 1877 geschaffene Seeunfalluntersuchungsgesetz hatte rechtlich unabhängige Seeämter, die in Wirklichkeit Gerichte waren, geschaffen. 1969 entschied das Bundesverwaltungsgericht jedoch, dass Seeämter

Verwaltungsbehörden sind und Verwaltungsakte im Sinne des § 9 VwVfg erlassen. Damit wurden die Seeämter weisungsabhängig.)

4. Es gab keine Trennung zwischen der objektiven Ursachenfeststellung und möglichen Konsequenzen für den Betroffenen. Seeämter durften auch Patente einziehen – das geschah aber nur bei Alkohol am Steuer.

5. Seeamtsverhandlungen mussten öffentlich geführt werden, selbst wenn – bei Alkohol am Steuer – die Persönlichkeit des Betroffenen zu beurteilen war. Sie verstießen damit gegen grundgesetzlich garantierte Datenschutzrechte.

Das SUG hat diese Mängel beseitigt. Das bisherige Bundesoberseeamt wurde zur **Bundesstelle für Seeunfalluntersuchung (BSU)** umgewandelt. Unabhängige Untersuchungsführer und Untersuchungsfachkräfte arbeiten dort nach den gleichen Verfahren wie ihre Kollegen in der Bundesstelle für Flugunfalluntersuchung. Untersucht werden alle „schaden- oder gefahrverursachenden **Vorkommnisse**". Das sind gemäß § 1 Absatz 2 SUG

im Zusammmenhang mit dem Betrieb eines Schiffes verur-

sachte Ereignisse, durch die

1. der Tod, das Verschwinden oder eine schwere Verletzung eines Menschen,

2. der Verlust, vermutliche Verlust oder Schiffbruch, das Aufgrundlaufen, die Aufgabe oder eine Kollision eines Schiffes,

3. ein maritimer Umweltschaden als Folge einer Beschädigung eines oder mehrerer Schiffe oder ein sonstiger Sachschaden,

4. eine Gefahr für einen Menschen oder ein Schiff oder

5. die Gefahr eines schweren Schadens an einem Schiff, einem meerestechnischen Bauwerk oder der Meeresumwelt verursacht worden ist.

Vorkommnisse sind also nicht nur Unfälle, sondern auch Beinahe-Unfälle – wie dies auch dem IMO-Code entspricht (die aber nach dem alten SeeUG nicht untersucht werden konnten). § 9 Absatz 2 SUG:

Die amtliche Untersuchung nach diesem Abschnitt dient ausschließlich folgenden Zwecken:

1. Ermittlung
   a) der Umstände der Vorkommnisse
   b) der unmittelbaren und mittelbaren Ursachen, durch die es zu dem Vorkommnis gekommen ist, und

Seesicherheitsuntersuchung

c) *der Faktoren, die den Schadens- oder Gefahreintritt begünstigt haben – einschließlich von Schwachstellen des Seesicherheitssystems,*

2. *Herausgabe von Untersuchungsberichten und insbesondere Sicherheitsempfehlungen zur Verhütung künftiger schaden- oder gefahrverursachender Vorkommnisse sowie*

3. *im Interesse erhöhter Sicherheit Stärkung der maritimen Zusammenarbeit und Sicherheitspartnerschaft der für die Sicherheit Verantwortlichen.*

Sie dient weder der Ermittlung von Tatsachen zum Zwecke der Zurechnung von Fehlern, um Nachteile für den Einzelnen herbeizuführen, noch dient sie der Feststellung von Verschulden, Haftung oder Ansprüchen. Jedoch sollte sie nicht deshalb von der uneingeschränkten Darstellung der Ursachen absehen, weil aus den Untersuchungsergebnissen Rückschlüsse auf ein schuldhaftes Verhalten oder auf eine haftungsrechtliche Verantwortlichkeit gezogen werden könnten.

Die Seesicherheitsuntersuchung beeinflusst nicht Unfalluntersuchungen von Polizei, Staatsanwaltschaft oder der SeeBG. Unfälle, an denen nur Kriegsschiffe beteiligt sind, werden nicht untersucht.

Die veröffentlichten Abschlussberichte der Bundesstelle enthalten keine ausdrücklichen Hinweise auf Fehlverhalten des Betroffenen. Dennoch können sie u. U. daraus erkennbar werden. Die WSD-Nordwest kann dann eine seeamtliche Untersuchung einleiten (mit dem Ziel, den Sportbootführerschein durch ein Seeamt entziehen zu lassen). Die Wasserschutzpolizei kann den Bericht für eigene Ermittlungen verwenden und der Staatsanwaltschaft übermitteln.

Ein Beispiel: In einer kroatischen Bucht fährt ein deutsches Sportboot mit seiner Schraube über einen Badenden und tötet ihn. Gemäß § 6a Verordnung über die Sicherung der Seefahrt ist der Skipper verpflichtet, das Vorkommnis unverzüglich der Bundesstelle für Seeunfalluntersuchung in Hamburg zu melden. (Auch die kroatischen Behörden informieren gemäß IMO-Code die Bundesstelle.) Sie sendet daraufhin einen Bevollmächtigten nach Kroatien und untersucht zusammen mit kroatischen Stellen gemäß IMO-Code den Unfall. Der Schiffsführer sollte frühzeitig auf Fehler anderer hinweisen, damit dies in die Untersuchung einfließen kann. Er sollte sich aber nicht selbst belasten,

ggf. von seinem Aussageverweigerungsrecht Gebrauch machen und rechtlichen Rat einholen.

Die Bundesstelle verfasst am Ende einen Abschlussbericht und veröffentlicht ihn. Ergibt sich daraus, dass der Schiffsführer möglicherweise fahrlässig oder grob fahrlässig gehandelt hat, so muss er mit straf-, zivil- und versicherungsrechtlichen Konsequenzen rechnen.

In der Vergangenheit befassten sich die Seeämter mit vielen Sportbootunfällen. Auch das neue Gesetz gilt grundsätzlich für die gesamte Seefahrt. Ob die Bundesstelle aber wie angekündigt in der Sportschifffahrt nur Unfälle mit Todesfolge und großem Schaden untersuchen wird, bleibt abzuwarten.

Wenn Anhaltspunkte bestehen, dass ein Patent oder Sportbootführerschein zu entziehen ist (**Alkohol am Steuer**), wird nach Abschnitt 4 SUG verfahren. Zunächst prüft die WSD Nordwest, ob ein öffentliches Untersuchungsinteresse nach § 22 SUG besteht. § 23 Absatz 2 SUG:

Die Untersuchung nach diesem Abschnitt ist einzustellen, wenn der Beteiligte gegenüber einer nach diesem Ab-

schnitt zuständigen Behörde unwiderruflich erklärt hat, dass er während der nächsten dreißig Monate ... von seiner Berechtigung keinen Gebrauch machen wird, und wenn er dieser Behörde die entsprechenden Berechtigungsurkunden ... übergeben hat.

Bei öffentlichem Untersuchungsinteresse untersucht eines der fünf **Seeämter** den Fall. Seeämter sind Untersuchungsausschüsse bei den WSD. Wenn der Sachverhalt es erfordert, sind Beweise außerhalb der mündlichen Verhandlung aufzunehmen. Die benutzten Seekarten und Aufzeichnungen sowie Logbücher müssen bis zum Abschluss der Verhandlung aufbewahrt und auf Verlangen dem Seeamt herausgegeben werden.

Im Untersuchungsverfahren findet eine mündliche Verhandlung statt, soweit nicht alle Beteiligten widersprechen. Die mündliche Verhandlung ist öffentlich, soweit nicht ein Betroffener dem widerspricht. Das Untersuchungsverfahren wird durch einen Spruch abgeschlossen. Er lautet auf Einstellung des Verfahrens, wenn kein Befähigungszeugnis entzogen wird. Gegen den Spruch kann Widerspruch bei der WSD eingelegt und Klage erhoben werden.

SBS-Frage 323; SKS-Fragen 89, 91, 94 (Recht)

Seefunk

Seit dem 1.2.1999 wird der Seefunk nach den Regeln des **GMDSS** (Global Maritime Distress and Safety System, weltweites Seenot- und Sicherheitsfunksystem für die Schifffahrt) betrieben.

GMDSS wurde von den zuständigen UN-Unterorganisationen ITU und IMO 1987/1988 geschaffen und vom 1.2.92 bis 31.1.99 weltweit eingeführt. Mit dem GMDSS können

– in einem Notfall eine Rettungsleitstelle und die umliegende Schifffahrt schnell, sicher und umfassend alarmiert und eine koordinierte Suche und Rettung unverzüglich eingeleitet werden,

– alle für eine sichere Durchführung der Reise notwendigen Sicherheitsmeldungen, nautischen Warnungen sowie Wetterberichte (maritime Sicherheitsinformationen, MSI) umgehend, schriftlich und weltweit an die Schifffahrt übermittelt werden.

Durch eine Änderung des SOLAS-Übereinkommens wurde allen ausrüstungspflichtigen Schiffen vorgeschrieben, über Funkeinrichtungen für folgende Zwecke zu verfügen (siehe Seite 193):

– Sendeeinrichtungen zur Alarmierung einer Rettungsleitstelle (MRCC); hierfür sind zugelassen:
– DSC-Controller für UKW/GW/KW,
– Satellitenseefunkanlagen des Typs INMARSAT-A, -B oder -C,
– Satelliten-Seenotfunkbaken (EPIRB) für COSPAS-SARSAT,
– UKW-DSC-Seenotfunkbaken;

– Empfangseinrichtungen, um bei den Rettungsleitstellen eingegangene und an die Schifffahrt weiterzuleitende Alarme empfangen zu können; hierfür sind zugelassen:
– DSC-Controller für UKW/GW/KW,
– Satellitenfunkanlagen INMARSAT-A/B/C;

– Sendeeinrichtungen, um im Notfall die umliegenden Schiffe selbst alarmieren zu können; hierfür sind zugelassen:
– DSC-Controller für UKW/GW,
– UKW-DSC-Seenotfunkbaken;

– Einrichtungen, um Notalarme anderer Schiffe empfangen zu können; hierfür sind zugelassen:
– DSC-Controller für UKW/GW;

– Funkgeräte für die Suche und Rettung (UKW-/GW-/ KW-Sprechfunkgeräte, Satellitenfunkanlagen INMARSAT-A/B/C);

– Funkverkehr vor Ort zwischen Helfern und Havaristen (UKW-Sprechfunkgeräte);

– Geräte zur Abgabe (Radartransponder) und zum Empfang (Radargerät) von Ortungssignalen;

– Geräte zum Empfang maritimer Sicherheitsinformationen und nautischer Warnnachrichten (NAVTEX-Empfänger, Satellitenfunkanlagen INMARSAT-EGC, KW-Funkfernschreiber);

– Funkeinrichtungen für den allgemeinen Verkehr zwischen Schiff und Land und für den Verkehr zwischen den Brücken der Schiffe.

Da seit 1999 der Seenot- und Sicherheitsfunkverkehr ausschließlich im GMDSS abgewickelt wird, besteht auch für die nicht ausrüstungspflichtige Schifffahrt, also auch für die Sportschifffahrt, die Notwendigkeit, sich mit geeigneten Komponenten auszurüsten (Seite 193).

Welche Funkausrüstung für ein Schiff vorgeschrieben (oder für ein Sport-boot sinnvoll) ist, hängt vom Seegebiet ab, das befahren werden soll. Dazu wurden vier Seegebiete A1 bis A4 wie folgt definiert:

A1 Ein von der zuständigen Verwaltung festgelegtes Gebiet innerhalb der Sprechfunkreichweite mindestens einer UKW-KüFuSt, die ununterbrochen für DSC-Alarmierungen zur Verfügung steht.

A2 Ein von der zuständigen Verwaltung festgelegtes Gebiet (ohne Seegebiet A1) innerhalb der Sprechfunkreichweite mindestens einer GW-KüFuSt, die ununterbrochen für DSC-Alarmierungen zur Verfügung steht.

A3 Ein Gebiet (ohne Seegebiete A1 und A2) innerhalb der Überdeckung eines geostationären INMARSAT-Satelliten, der ununterbrochen für Alarmierungen zur Verfügung steht (70° N bis 70° S).

A4 Ein Gebiet außerhalb der Seegebiete A1, A2 und A3.

Bis auf weiteres ist – sofern möglich – auf UKW-Kanal 16 Hörwache sicherzustellen (siehe Seite 236).

3

WETTERKUNDE

GRUNDLAGEN, BEGRIFFE

WOLKEN

METEOROLOGISCHE ERSCHEINUNGEN

WETTERREGELN

NORDSEE-, OSTSEE-, MITTELMEER-WETTER

SEEGANG

METEOROLOGISCHE MESSGERÄTE

SEEWETTERBERICHTE

Wie entsteht das Wettergeschehen?

Die Atmosphäre

Die Atmosphäre umhüllt die Erde. Sie setzt sich aus verschiedenen Schichten zusammen und in jeder Schicht spielen sich ganz bestimmte Naturvorgänge ab. Die unterste Schicht heißt **Troposphäre**. Das besondere an der Troposphäre ist das Wasser. Die Troposphäre ist die einzige Schicht der Atmosphäre, in der Wasser vorkommt. Die höheren Schichten enthalten kein Wasser mehr.

Über der Troposphäre lagert die **Tropopause**. Sie ist der Deckel der Troposphäre. Das Besondere an der Tropopause ist die **Wärme**. Unten, in der Troposphäre wird die Luft mit zunehmender Höhe immer kälter; oben in der Tropopause steigt die Temperatur plötzlich an. Luft, die aus der Troposphäre aufsteigt, kommt nicht höher. Sobald es über ihr wärmer wird, sinkt sie wieder abwärts. Die Tropopause deckelt die Troposphäre ab.

Weil sich warme Luft ausdehnt, erreicht die Troposphäre über den besonders heißen Gebieten der Erde eine **Höhe** von etwa 17 km. Über den Polargebieten ist die Troposphäre nur noch etwa 7 km hoch. Und bei uns ändert sie ihre Höhe mit den Jahreszeiten.

Cumuluswolken, auch Haufenwolken genannt, gehören zu den Quellwolken. Wie bei einem Raketenstart oder Großfeuer machen sie sichtbar, dass Warmluft zügig aufsteigt.

Ohne Wasser gibt es kein Wetter. Deshalb spielt sich das ganze Wettergeschehen nur in der Troposphäre ab. **Wasser**, der Ursprung allen Lebens, ermöglicht auch das Wettergeschehen. Wasser tritt in der Troposphäre in allen drei Aggregatzuständen auf:

– fest: als Hagel, Graupel oder Schnee
– flüssig: als Regen oder Nebeltröpfchen (Wolke)
– gasförmig: als Wasserdampf (unsichtbar)

Die Menge des in der Luft enthaltenen Wasserdampfes wird **Luftfeuchte** genannt. Warme Luft kann viel Wasserdampf aufnehmen, kalte Luft nur wenig. Erwärmt sich Luft, ohne dass ihr Wasser zugeführt wird, so sinkt die **relative Luftfeuchte** (Ein Haarföhn erwärmt und trocknet Zimmerluft). Kühlt Luft ab, so steigt die relative Luftfeuchte (kalte Scheiben beschlagen). Auf welche Temperatur muss eine Luftmasse abgekühlt werden, damit sie 100% Luftfeuchte hat? Diese Temperatur heißt **Taupunkt**. Kühlt in einer kalten Herbstnacht eine Autoscheibe oder ein Grashalm unter den Taupunkt ab, so bildet sich Tau. Steigt warme Luft so weit auf, dass ihre Temperatur unter den Taupunkt sinkt, entstehen Wolken.

Die **Sonne** liefert die Energie für das Wettergeschehen. Sie erwärmt die Erde ja nicht gleichmäßig, sodass sich Luftmassen unterschiedlicher Temperatur bilden, etwa die polaren Kaltluftmassen und die subtropischen Warmluftmassen. Doch Luftmassen unterscheiden sich nicht nur durch ihre Temperatur, sondern auch durch Druck und Feuchte. Warme, feuchte Luftmassen unter hohem Druck sind energiereich, kalte trockene Luftmassen unter geringem Druck energiearm. Unterschiedliche Energiezustände bleiben in der Natur nicht lange erhalten – eine heiße Tasse Kaffee kühlt ab, ein Eiswürfel schmilzt. Auch in der Troposphäre geben energiereiche Luftmassen Energie ab und energieärmere Luftmassen nehmen Energie auf. Dieser Energieausgleich verursacht großräumige Luftbewegungen und damit das Wettergeschehen.

Der **Luftdruck** entsteht durch das Eigengewicht der auf der Erdoberfläche lastenden Luft. Er wird in **Hektopascal** (**hPa**, 1 hPa = 100 kg $\cdot$ m^{-1} $\cdot$ s^{-2}) angegeben. Der Normaldruck beträgt 1013 hPa. Dies ist der Druck einer 10,13 m hohen Wassersäule und entspricht dem Gewicht,

SBS-Frage 286; SKS-Fragen 2, 3 (Wetter)

Luftdruck

> Wenn Luft aufsteigt, kühlt sie ab. Wenn Luft zu Boden sinkt, erwärmt sie sich.

> Sinkt der Luftdruck, verschlechtert sich das Wetter. Steigt der Luftdruck, bessert es sich.

Schönwetter-Cumuli. Die Luft wird von der Erde erwärmt und steigt aufwärts; sie bildet Wolken, sobald sie auf ihren Taupunkt abgekühlt ist (typisch ist der glatte Unterrand). Schönwetter-Cumuli wachsen nicht hoch hinaus; bei steigendem Luftdruck sinkt kalte Luft von oben abwärts und verhindert, dass die Wolke wächst.

das durch 1013 g auf einen cm^2 ausgeübt wird. Der Luftdruck wird mit einem **Barometer** gemessen.

Luft, Sonne, Wasser

Drei Elemente – Luft, Sonne, Wasser – erzeugen das Wetter. Luft umhüllt die Erde; ihr Gewicht bewirkt den Luftdruck. Die Sonne erwärmt das Land und darüber die Luft. Warme Luft steigt auf – der Luftdruck sinkt dadurch und die Luft kühlt mit zunehmender Höhe ab. Ist die Luft auf ihren Taupunkt abgekühlt, so bilden sich Wolken. Kleinste Wassertröpfchen schweben in der Luft. Steigt die Luft noch hoher auf, so werden die Wassertropfen so groß, dass sie als Regen zur Erde fallen. Lange bevor das schlechte Wetter einsetzt, sinkt bereits der Luftdruck.

Es **hagelt**, wenn Luft mit sehr hoher Geschwindigkeit aufsteigt (zeitweise mit über 100 km/h), sodass die Wassertropfen nach oben gerissen werden, zu Eisklumpen gefrieren und erst nach mehrmaligem Auf und Ab zu Boden fal-

len (z. B. Gewitter). Ist eine Wolke dunkelgrau, so hat sie tausende von Tonnen Wasser geladen. Wegen des starken Aufwindes in der Wolke fällt es aber noch nicht zur Erde.

Sinkt kalte Luft aus großer Höhe herab, so steigt der Luftdruck. Absinkende Luft erwärmt sich; dabei trocknet sie. Kein Wölkchen bedeckt den Himmel, die Sonne lacht. Doch zuerst steigt der Luftdruck.

Hoch und Tief

Ein Gebiet hohen Luftdrucks nennt man **Hoch**, eines mit tiefem Druck heißt **Tief**. Dabei kommt es nicht auf die absolute Höhe des Luftdrucks an, sondern nur darauf, dass in größerem Umkreis nicht noch höherer oder tieferer Luftdruck herrscht. In Wetterkarten (Bodendruckkarten) werden die (stets großen) **Zentren** der Hochs mit **H** und die (immer kleinen) **Kerne** der Tiefs mit **T** bezeichnet. Um sie verlaufen **Isobaren**, das sind Linien, die Orte gleichen Luftdrucks miteinander verbinden.

Cumulus congestus-Wolken (aufgetürmte Haufenwolken). Sie können aus zwei Gründen hoch hinauswachsen: Entweder ist die Erde sehr heiß geworden, dann lösen sich die Wolken gegen Abend wieder auf. Oder keine absinkende Luft bremst ihr Wachstum. Dann steigt der Luftdruck nicht weiter an und das schöne Wetter geht schon bald zu Ende.

Wind

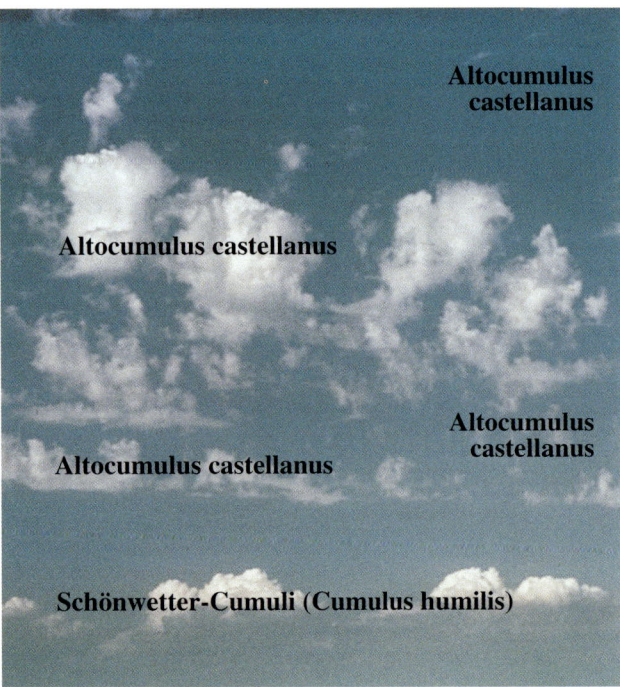

Altocumulus castellanus

Altocumulus castellanus

Altocumulus castellanus

Altocumulus castellanus

Schönwetter-Cumuli (Cumulus humilis)

Altocumulus castellanus (mittelhohe Cumuli mit türm-chenartigen Quellungen) erinnern an Zinnen einer Burg-mauer. Sie bilden sich nur über Land oder in Landnähe, vor allem in den frühen Morgenstunden, selten am Vor-mittag. Altocumulus castellanus gelten als Vorboten eines Gewitters am Nachmittag.

Warum scheint an der Küste so oft die Sonne?
An der Küste lacht die Sonne schneller. Cuxhaven mel-det im Sommerhalbjahr durchschnittlich 115 Sonnen-stunden mehr als Bremen. Warum?

Im Sommer erwärmt sich das Land mehr als das Wasser. Auch die Luft ist über Land wärmer als die über Wasser. Erwärmte Luft steigt auf. Dabei kühlt sie ab, wird feucht und schon bilden sich Wolken. Über dem Wasser ist die Luft kühler. Kühle Luft sinkt ab. Dabei erwärmt sie sich und trocknet; die Bewölkung lockert auf. Die Küste und die Inseln profitieren davon.

Unterschiedliche Drücke bleiben nicht lange beste-hen. Das zeigt sich auch beim Aufpumpen einer Luftmatratze. Pumpt man in eine Einkammermatrat-ze etwas Luft, so entsteht ein kleiner Luftberg, ein Hoch. Am anderen Ende bleibt die Matratze zu-nächst platt, hier befindet sich jetzt ein Tief. Die Druckunterschiede halten sich nicht lange, bald ist der Luftberg verschwun-den. Die Luft hat sich in der Matratze gleichmäßig verteilt; sie ist vom Hoch zum Tief geströmt – sozu-sagen ein Matratzenwind.

Wind ist bewegte Luft. Er entsteht, weil Luft aus ei-nem Hoch in ein Tief fließt. Je größer der Druckunter-schied, desto stärker der Wind. Große Druckunter-schiede sind in Wetterkar-ten an eng verlaufenden Isobaren erkennbar. Der Druckunterschied wird als **Luftdruckgradient** be-zeichnet. Er wird quer zu den Isobaren gemessen und auf eine Strecke von 60 sm bezogen. Wo die Isobaren mit großem Ab-stand verlaufen, weht der Wind schwach. Im Zentrum eines Hochs und im Kern eines Tiefs herrscht Stille. Da bewegt sich die Luft nur nach oben oder unten.

Meteorologen bestimmen die Windstärke, indem sie in Wetterkarten den Isoba-renabstand messen. Dabei sind jedoch auch die geo-grafische Breite, die örtli-chen Verhältnisse und die Krümmung der Isobaren zu berücksichtigen. In höheren Breiten nimmt der Wind – bei gleichem Gradient – ab (siehe unten); Berge kön-nen den Wind stauen oder beschleunigen (Fallwind). Nach außen gekrümmte Isobaren (Hoch) beschleu-nigen, nach innen ge-krümmte Isobaren (Tief) bremsen den Wind.

An Bord eines Schiffes ist fallender Luftdruck mit ei-nem Barografen (Luft-druckschreiber) gut er-kennbar. Sinkt der Luft-druck auf der Nord- oder Ostsee in drei Stunden um mindestens vier hPa (in Wetterberichten wird dann von „stark vertiefend" ge-sprochen), so ist mit Stark-wind oder Sturm zu rech-nen. Auf das Mittelmeer ist diese Regel nicht immer übertragbar; wo Gebirge dicht an die Küsten rei-chen, kann sich das Wetter sehr schnell ändern.

Windstärken werden nach der **Beaufortskala** ange-geben. Beaufort (sprich: Bohfohr) war Anfang des 19. Jahrhunderts englischer Admiral; auf ihn gehen die **Windstärken 0 – 12** zu-rück. Beaufort besaß so viel Erfahrung, dass er nur

SBS-Fragen 285, 287 – 289; SKS-Fragen 1, 20, 30, 66 (Wetter)

Corioliskraft

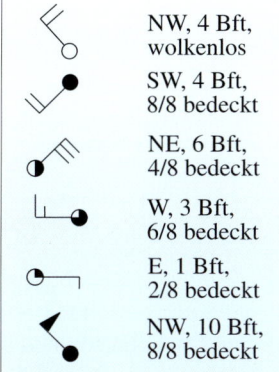

NW, 4 Bft, wolkenlos

SW, 4 Bft, 8/8 bedeckt

NE, 6 Bft, 4/8 bedeckt

W, 3 Bft, 6/8 bedeckt

E, 1 Bft, 2/8 bedeckt

NW, 10 Bft, 8/8 bedeckt

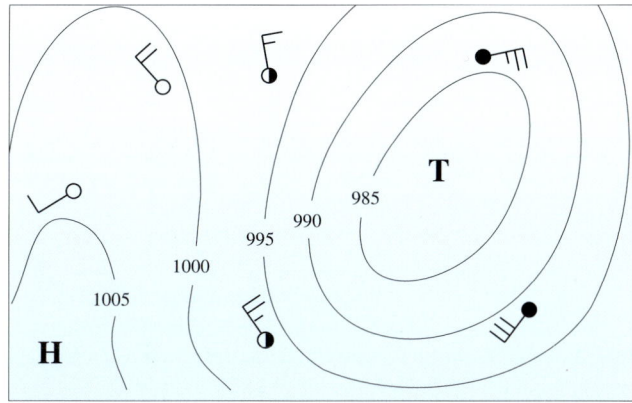

Windfiedern werden in die Richtung gezeichnet, aus welcher der Wind weht. Die Fiedern zeigen immer zum Tief (mit dem Rücken zum Wind nach links).

Wind weht auf der Nordhalbkugel rechts herum (im Uhrzeigersinn) aus einem Hoch heraus und gegen den Uhrzeigersinn in ein Tief hinein. Er schneidet bei mittlerer Windstärke die Isobaren in einem Winkel von etwa 20°. Bei stärkerem Wind wird dieser Winkel kleiner, bei schwachem Wind größer. Je enger die Isobaren verlaufen, umso stärker ist der Wind. Die Isobaren enthalten Druckangaben in hPa.

aus dem Fenster gucken musste und schon wusste er, welche Segel gesetzt werden mussten. Daran erkannte Beaufort, dass sich die Windstärke am Aussehen der Wellen ablesen lässt. Damals konnte die Windgeschwindigkeit noch nicht gemessen werden. Heute werden Windstärken in zehn Meter Höhe gemessen und immer noch nach der Beaufortskala angegeben. An Bord misst man in m/s oder Knoten (kn = sm/h). Dabei gilt ungefähr: 1 m/s ≈ 2 kn.

Die Windrichtung gibt an, *woher* der Wind weht. Die Winddrehung lässt sich

Auf einem Karussell, einer Scheibe, die sich wie die Erde links herum dreht, will ein innen stehendes Kind ein anderes, das sich außen befindet, mit einer Wasserpistole bespritzen. Bei hoher Drehgeschwindigkeit wird der Wasserstrahl sein Ziel verfehlen, da sich das Karussell unter dem Wasserstrahl hinwegdreht. Vom Karussell aus gesehen scheint der Strahl nach rechts abgelenkt zu werden.

So einer Kraft ist auch der Wind auf der nördlichen Erdhälfte ausgesetzt. Aus einem Hoch heraus wird er nach rechts abgelenkt und weht im Uhrzeigersinn. Auch auf dem Weg in ein Tief wird der Wind nach rechts gelenkt, doch hier bedeutet das gegen den Uhrzeigersinn.

Die rechtsgerichtete Kraft wirkt so lange, bis der Wind völlig parallel zu den Isobaren weht. Merke: Lang andauernder Höhenwind („Gradientwind") weht immer isobarenparallel, er ist dann im Gleichgewicht zwischen Druckgradientenkraft und Corioliskraft. Am Boden wird der Anteil der rechtsablenkenden Kraft durch Bodenreibung verringert. Merke: Nur am Boden schneidet der Wind die Isobaren.

Auf der Südhalbkugel (Karussellunterseite) wird der Wind nach links abgelenkt. Er weht dort gegen den Uhrzeigersinn aus einem Hoch und im Uhrzeigersinn in ein Tief.

leicht am Wetterhahn auf einem Kirchturm erklären: Dreht sich der Hahn nach rechts, so hat der Wind **rechtgedreht**, dreht sich der Hahn zurück, spricht man von **rückdrehendem Wind**.

Andauernder Wind weht nicht auf dem direkten Weg aus einem Hoch in ein Tief, er wird vielmehr durch die Erdumdrehung abgelenkt. Die Erde dreht sich nach links und verursacht auf der nördlichen Halbkugel eine rechtsablenkende, auf Südbreite eine linksablenkende Kraft (**Corioliskraft**). Auf Nordbreite strömt daher der Wind im Uhrzeigersinn aus einem Hoch heraus und gegen den Uhrzeigersinn in ein Tief hinein; auf Südbreite umgekehrt – gegen den Uhrzeigersinn aus dem Hoch und im Uhrzeigersinn in das Tief. Die Stärke der Corioliskraft hängt von der geografischen Breite ab – von null am Äquator wächst sie mit der Breite und erreicht an den Polen ihr Maximum. Als ablenkende Kraft bremst sie die Luftbewegung und verringert die Windstärke. Daher verursacht ein Druckunterschied von 5 hPa auf 250 km Breite auf

30°: Windstärke 9 Bft,
55°: Windstärke 7 Bft,
70°: Windstärke 6 Bft.

SBS-Fragen 284, 286 – 288, 290 – 292; SKS-Fragen 43 (Navigation); 5, 6, 21, 24 – 27, 31, 33, 50, 61 (Wetter)

Beaufortskala

Stärke	Wind Bezeichnung	Auswirkungen der Windstärke auf die See	Knoten m/s
		BEAUFORTSKALA	
0	Stille	Spiegelglatte See.	<1 0-0,2
1	Leiser Zug	Kleine, schuppenförmig aussehende Kräuselwellen ohne Schaumkämme.	1-3 0,3-1,5
2	Leichte Brise	Kleine Wellen, noch kurz, aber ausgeprägter. Die Kämme sehen glasig aus und brechen sich nicht.	4-6 1,6-3,3
3	Schwache Brise	Die Kämme beginnen zu brechen. Schaum überwiegend glasig, ganz vereinzelt können kleine weiße Schaumköpfe auftreten.	7-10 3,4-5,4
4	Mäßige Brise	Wellen sind noch klein, werden aber länger. Weiße Schaumköpfe treten schon ziemlich verbreitet auf.	11-15 5,5-7,9
5	Frische Brise	Mäßige Wellen, die eine ausgeprägtere Form annehmen. Überall weiße Schaumkämme. (Ganz vereinzelt kann auch schon Gischt vorkommen.)	16-21 8,0-10,7
6	Starker Wind	Die Bildung großer Wellen beginnt; Kämme brechen und hinterlassen größere weiße Schaumflächen; etwas Gischt.	22-27 10,8-13,8
7	Steifer Wind	See türmt sich; der beim Brechen entstehende weiße Schaum beginnt sich in die Windrichtung zu legen.	28-33 13,9-17,1
8	Stürmischer Wind	Mäßig hohe Wellenberge mit Kämmen von beträchtlicher Länge. Von den Kanten der Kämme beginnt Gischt abzuwehen. Der Schaum legt sich in gut ausgeprägten Streifen in die Windrichtung.	34-40 17,2-20,7
9	Sturm	Hohe Wellenberge; dichte Schaumstreifen in Windrichtung; „Rollen" der See beginnt. Der Gischt kann die Sicht schon beeinträchtigen.	41-47 20,8-24,4
10	Schwerer Sturm	Sehr hohe Wellenberge mit langen überbrechenden Kämmen. See weiß durch Schaum. Sicht durch Gischt beeinträchtigt.	48-55 24,5-28,4
11	Orkanartiger Sturm	Außergewöhnlich hohe Wellenberge. Die Kanten der Wellenkämme werden überall zu Gischt zerblasen. Die Sicht ist herabgesetzt.	56-63 28,5-32,6
12	Orkan	Luft mit Schaum und Gischt angefüllt. See vollständig weiß. Die Sicht ist sehr stark herabgesetzt; jede Fernsicht hört auf.	>63 >32,7

SBS-Fragen 285, 294, 295, 299 – 304; SKS-Fragen 5, 11, 101 (Wetter)

Landwind, Seewind

Wenn sich mit steigendem Luftdruck das Wetter bessert, wenn die Wolken verschwinden und die Sonne endlich wieder lacht, freuen sich alle. Für Segler hat dieses Wetter auch eine Schattenseite – im Zentrum eines ausgeprägten Hochs weht nur flauer Wind.

Dies gilt allerdings nur für das Landesinnere und die offene See. An Küsten, Seeufern und vor größeren Inseln weht trotz Hochdrucklage häufig schöner Segelwind. Dieser **Seewind** setzt schwach ein, mittags frischt er mäßig auf und am späten Nachmittag erreicht er seine größte Stärke. Er entsteht durch die unterschiedliche Erwärmung von Land und Wasser.

Die Sonne erwärmt das Land schnell; das Wasser aber ändert seine Temperatur im Tagesgang kaum. Wenn sich das Land erwärmt, steigt hier die Luft auf, ein **Hitzetief** entsteht. In der Höhe strömt die aufgestiegene Luft über das kühlere Wasser und sinkt dort nieder. So bildet sich ein **Kältehoch**.

Aus dem Hoch, also vom Wasser, weht der Seewind zurück an die Küste; hier erfrischt der Seewind und schafft etwas Kühlung.

Seewind kann in unseren Breiten Windstärke vier bis fünf erreichen, aber nur wenn die Lufttemperatur an Land viel höher ist als die Wassertemperatur. Das kommt im Mai nicht selten vor; an Land wird es nachmittags über 25° warm, das Wasser kommt über 10° nicht hinaus. Der Seewind reicht dann zehn Seemeilen weit vor die Küste.

Sobald die Sonne nachlässt, also gegen Abend oder wenn sich größere Wolken bilden, schwächt sich auch

der Seewind ab, und die **Abendflaute** breitet sich aus. (Nimmt der Wind am Abend zu, so steht eine Wetterverschlechterung bevor, es muss mit Regen, Starkwind oder sogar Sturm gerechnet werden.)

Bei wolkenloser, windstiller Nacht wendet sich das Blatt. An Land gehen die Temperaturen deutlich zurück, das Wasser aber kühlt kaum ab. Nun entsteht über Land ein Kältehoch. Nach demselben Prinzip entwickelt sich

dann leichter **Landwind**; er erreicht jedoch kaum mehr als Stärke zwei und ist auf einen Streifen von zwei bis fünf Seemeilen vor der Küste begrenzt.

Watt, gewässerreiches Hinterland, größere Waldgebiete oder schmale Landzungen erhitzen sich in der Sonne weniger, hier zirkulieren Land- und Seewind schwächer.

Der Herbst ist die hohe Zeit des Landwindes, wenn es nachts an Land richtig kalt wird, das Wasser aber noch warm ist. In den frühen Morgenstunden, vor Sonnenaufgang herrscht dann Landwind. Erwärmt sich das Land, schläft der Landwind ein. Sobald es wärmer als das Wasser wird, setzt wieder Seewind ein – anfangs nur in Küstennähe, schwach und auf 50 bis 100 Meter Höhe begrenzt.

Seewind kann – wie gesagt – nur bei stabiler Hochdrucklage entstehen, wenn woanders überall Flaute herrscht. Das Ende der Schönwetterperiode kündigt sich oft durch Wärmegewitter oder Wind am Abend an. Mit den Gewitterböen endet der Seewind und der Abendwind beendet auch das schöne Wetter. Doch die Segler sind nun nicht mehr auf Land- und Seewind angewiesen.

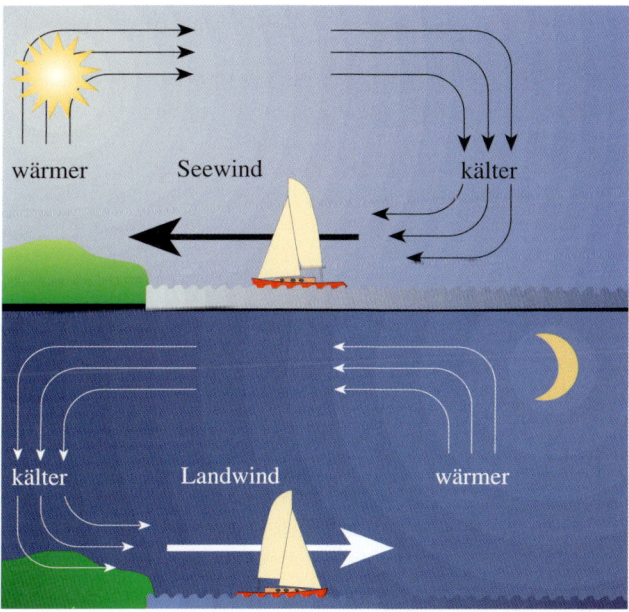

Tagsüber, besonders in den Nachmittagsstunden, weht ein kühler Seewind zum erhitzten Land, während sich zum Ende der Nacht, am frühen Morgen, ein schwacher Landwind entwickeln kann.

SBS-Fragen 296, 297; SKS-Fragen 42 – 49, 56, 73 (Wetter)

Entstehung von Wolken und Nebel

Wie entstehen Wolken

Aufsteigende Luft dehnt sich aus und kühlt ab. Dadurch nimmt ihre relative Feuchte zu (Seite 138). Unterschreitet die Lufttemperatur ihren Taupunkt (100 % relative Feuchte), so kondensiert der überschüssige Wasserdampf an Kondensationskernen zu Wassertröpfchen. Kondensationskerne sind mikroskopisch kleine Teilchen, die in der Luft schweben – etwa Staubpartikel oder Aerosole. Vereisung setzt – wegen des geringen Drucks in höheren Luftschichten – erst bei Temperaturen unterhalb von –10 °C ein. Bei tiefen Temperaturen sublimiert der überschüssige Wasserdampf zu Eiskristallen.

Die Wassertröpfchen und Eiskristalle werden als Wolke sichtbar. Sie sind so leicht, dass bereits eine schwache Aufwärtsbewegung ausreicht, um sie schweben zu lassen.

Wachsen die Wassertröpfchen, sodass ihr Gewicht die Kraft des Auftriebs übersteigt, dann fallen sie. Auf ihrem Weg zur Erde verkleinern sich die Tropfen (Verdunstung), manchmal erreichen sie gar nicht den Boden. Das erklärt die Fallstreifen, die manchmal unter einer Wolke hängen.

Die Höhe, in der sich Wolken bilden, heißt **Kondensationsniveau**.

Luft kann aus verschiedenen Gründen aufsteigen

- warmer Untergrund erwärmt die Luft; sie steigt dann auf
- Luft strömt über Berge und wird nach oben gedrückt
- Rauer Untergrund (Bäume, Bauten, Hügel) wirbelt Luft auf
- eine Kaltfront schiebt sich unter Warmluft und hebt sie an
- eine Warmfront gleitet auf Kaltluft in die Höhe

Wie entsteht Nebel

Wenn das Kondensationsniveau am Boden liegt, entsteht Nebel. Nebel bildet sich aus drei Gründen

- Luft kühlt ab
- Luft reichert sich mit Wasserdampf an
- Luftmassen vermischen sich

1. Luft kühlt ab
Wenn warme Luft über kaltem Wasser unter ihren Taupunkt abkühlt, entsteht **Advektionsnebel** – auch **Kaltwassernebel** genannt. Advektionsnebel bildet sich bei Südwind in jedem Frühjahr auf der Nord- und Ostsee. Wenn der warme Wind auf dem Meer unter seinen Taupunkt abkühlt (weil die Wassertemperatur unter dem Taupunkt liegt), entsteht Nebel.

Helgoland liegt oft im Nebel, da südlich der Insel die Wassertiefe auf über fünfzig Meter abfällt. Der Gezeitenstrom spült kaltes Tiefenwasser an die Oberfläche („kalte Eier"), sodass die Luft hier unter ihren Taupunkt abkühlt und die Insel in Nebel hüllt. Aus kalten Eiern können **driftende Nebelbänke** entstehen. So entwickelt sich auch der **Neufundland-Nebel** im Grenzbereich zwischen dem Labradorstrom (kalt) und dem Golfstrom (warm).

Luft kann nachts abkühlen und neblig werden. Bei wenig Wind entsteht Bodennebel – oder Hochnebel, wenn die Luft von oben nach unten abkühlt. Dieser Nebel heißt **Abstrahlungsnebel**, weil die Luft ihre Wärme abstrahlt. Abstrahlungsnebel entsteht auf See kaum, da Wasser Wärme besser speichert. Er kann aber von Land aus in küstennahe Seegebiete wehen (**Küstennebel**).

2. Zufuhr von Feuchte
Wenn umgekehrt kalte Luft (im Herbst) über warmes Wasser streicht, sättigt sie sich allmählich mit Wasserdampf. So kommt **Warmwassernebel** auf. **Arktischer Seerauch** hat dieselbe Ursache, er bildet sich aber nur in (sub)arktischen Gewässern oder im Winter, wenn die Wassertemperatur mehr als 10 °C über der Lufttemperatur liegt (die See „kocht").

3. Mischungsnebel
An Fronten können sich Luftmassen vermischen und **Frontnebel** bilden. Typisch für Warmfronten ist, dass sich die Sicht verschlechtert. Frontnebel kann auch entstehen, wenn Warmluft auf kalte Luft aufgleitet und Regen die darunter liegende Kaltluft mit Feuchte sättigt (Zufuhr von Feuchte).

Einteilung der Wolken

Wolken entwickeln und verändern sich fortlaufend und zeigen einen unerschöpflichen Formenreichtum. Dennoch können Wolken nach unterschiedlichen Kriterien und Formen eingeteilt werden.

Eine einfache Unterteilung der Wolken kann nach ihrer Form in Haufen- und Schichtwolken erfolgen. **Haufenwolken**, auch **Cumuluswolken (Cu)** genannt, sind einzelne scharf begrenzte Wolken. Jedes Kind, das Wolken zeich-

Einteilung der Wolken

nen möchte, malt Cumuluswolken. Cumuli mit ihren runden, blumenkohlartigen Formen entstehen, wenn Luft *rasch* vertikal aufsteigt (emporquillt) und dabei ihren Taupunkt erreicht. Haufenwolken sind typische **Konvektionswolken** (Konvektion = freier Auftrieb aufgrund von Wärmeüberschuss).

Schicht- oder **Stratuswolken (St)** sind struktur- und formenlose, großräumige Wolkendecken. Stratuswolken bilden sich, wenn Luft *sehr langsam* (wie auf einer schrägen Ebene) aufgleitet oder infolge nächtlicher Wärmeabstrahlung großräumig auskühlt (Hochnebel). Schichtwolken sind meist auch **Advektionswolken** (Advektion = durch Heranführen erzwungene, großräumige Hebung).

Labile Schichtung
Luft tendiert zum Aufsteigen (Cumulus).

Stabile Schichtung
Aufsteigende Luft wird gebremst (Stratus).

Cumuluswolken
Ausdruck eines *zügigen*, unregelmäßigen, stets vertikalen Aufsteigens der Luft.

Stratuswolken
Zeichen eines *langsamen* Aufgleitens feucht-warmer Luft über großen Gebieten.

Wolken können auch nach ihrer Zusammensetzung oder Temperatur unterschieden werden. **Wasserwolken** bestehen nur aus Wassertröpfchen. Dies sind kompakte Wolken mit scharfen Rändern. Wasserwolken kommen nur in Höhen vor, in denen es wärmer als −10 °C ist.

Mischwolken enthalten Wassertropfen und Eiskristalle (Schnee, Graupel, Hagel). Sie sind je nach Wolkendicke hell- bis dunkelgrau. Ihre Ränder sind mal fest umrissen, teilweise ausgefranst. Mischwolken bringen Niederschläge. Sie liegen in einem Höhenbereich mit Temperaturen von −10 °C bis −35 °C. **Eiswolken** sind weiß glän-

zend und an faserigen, schleierförmigen oder diffusen Umrissen erkennbar. Ihre Ränder sind ausgefranst. Sie enthalten nur Eiskristalle. Die Temperatur liegt unter −35 °C.

Aus der Einteilung in Wasser-, Misch- und Eiswolken ergeben sich drei **Wolkenstockwerke**

– das untere
– das mittlere
– das obere

Die Lufttemperatur hängt von der Jahreszeit und der geografischen Breite ab. Bei mittlerer Temperatur ergeben sich für die gemäßigten Breiten etwa folgende Stockwerkhöhen

– unteres   0 – 2 km
– mittleres   2 – 7 km
– oberes   5 – 13 km

Das mittlere und das obere Wolkenstockwerk überschneiden sich. Merke: Wasserwolken kommen nur im unteren Wolkenstockwerk vor, Mischwolken nur im mittleren und Eiswolken nur im oberen Stockwerk.

Böen – ein Gruß von oben
Böen sind Fallwinde. Wenn ein Luftpaket aufsteigt, kommt ein anderes herunter, als Bö. Aufsteigende Luftpakete sind an großen Cumuluswolken erkennbar. Damit sie entstehen können, muss labile Schichtung vorherrschen. Labile Schichtung, also große Cumuli, also Böen.

Die **Wolkenfarbe** zeigt, wie viel Wasser in der Wolke ist. In einer dunklen Gewitterwolke schüttet es wie aus Eimern, doch wegen des starken Auftriebs (bis 100 km/h) fliegt der Regen nach oben. Die Wolkenfarbe variiert auch mit dem Lichteinfall. Sie ist aber kein Hinweis auf die Heftigkeit von Böen oder Gewittern.

Böenwalze
Dunkelgraue Farbe zeigt große Feuchte (Auftrieb) an – wo die Wolke weiß ist, kommt die Bö – von oben.

Beschaffenheit	Temperatur	Stockwerk	Höhe	Wolkentyp (s. Folgeseite)						
Eiswolken	kälter als −35 °C	Oberes	5 – 13 km	Ci	Cc	Cs	↑		↑	
Mischwolken	−10 °C bis −35 °C	Mittleres	2 – 7 km			Ac	As			
Wasserwolken	wärmer als −10 °C	Unteres	0 – 2 km		Cu	Sc	St	Ns	Cb	

SKS-Fragen 15, 17, 18, 43 (Wetter)

Wolkenbezeichnung

Die Bezeichnung von Wolken beruht auf fünf lateinischen Wörtern

– **Cirrus** (Haar)
– **Cumulus** (Haufen)
– **Stratus** (ausgebreitet)
– **Nimbus** (Regen)
– **Altus** (hoch)

Daraus setzen sich die zehn international einheitlichen **Wolkenhaupttypen** zusammen.

1. Unteres Stockwerk
Cumulus (Cu)
Dichte, scharf abgegrenzte Wolke, flacher Unterrand quillt blumenkohlförmig in die Höhe, leuchtet weiß in der Sonne. Cumuluswolken, auch Haufenwolken genannt, gehören zu den Quellwolken und zeigen, dass Luft aufsteigt (labile Schichtung).

Stratus (St)
Formlose, graue Wolkendecke ohne Konturen, sieht aus wie dunkler Hochnebel, hängt niedrig (bis 600 Meter) am Himmel, Sprühregen möglich, Stratuswolken werden auch Schichtwolken genannt, sie zeigen an, dass keine Luft aufsteigt (stabile Schichtung).

Stratocumulus (Sc)
Großflächige Wolkenschicht aus vielen Haufenwolken mit unscharfen Rändern.

Nimbostratus (Ns)
Tiefe graue bis dunkelgraue Stratusdecke mit anhaltendem Niederschlag (Landregen).

Cumulonimbus (Cb)
Haufenwolke von beträchtlicher Höhe, oben oft ambossförmig abgeflacht (die Wolke erstreckt sich dann über die gesamte Höhe der Troposphäre und stößt an die Tropopause); bringt oft Schauer oder Gewitter.

2. Mittleres Stockwerk
Altostratus (As)
Hohe, konturlose, graue Wolkenschicht, die Sonne ist nur noch verwaschen erkennbar, keine Halos.

Altocumulus (Ac)
Höhere, grobe, wenig scharf abgegrenzte Wolkenfelder in Form von Ballen, Walzen oder Wolkenschäfchen; kommen als Einzelwolken und auch als Schichten vor.

3. Oberes Stockwerk
Cirrus (Ci)
Aus einzelnen Fasern oder Büscheln bestehende weiße Eiswolke. Sie entsteht aus Turbulenz oder Kondensstreifen von Flugzeugen. Merke: Wetterprognosen aus Cirren sind unsicher; sie können eine Warmfront ankündigen, aber auch harmlose Reste von Kondensstreifen sein.

Cirrocumulus (Cc)
Sehr hohe, dünne Cumulusfelder oder -flocken.

Cirrostratus (Cs)
Sehr hoher, durchscheinender weißer Wolkenschleier – auch Schleierwolke genannt –, der sich über den ganzen Himmel erstreckt und im Allgemeinen einen Halo erzeugt.

Kranz und Halo

Ein **Kranz** besteht aus mehreren farbigen Ringen um Sonne oder Mond; der innerste ist bläulich-weiß, der äußerste, die Aureole, leuchtet schwach rötlich. Der Kranz wird durch Wasser- oder Mischwolken hervorgerufen und ist kleiner als ein Halo.

Ein **Halo** (gr. halos = Hof um die Sonne) ist ein Ring um Sonne oder Mond. Der kleine Ringhalo (Radius = 23°) ist farbig, hat einen rötlichen Innenrand und ist relativ häufig sichtbar. Der große Ring (Radius = 46°) ist seltener. Kranz und Halo entstehen wie ein Regenbogen (Lichtbrechung).

Aprilwetter

Das Nordpolargebiet ist im dunklen Winterhalbjahr besonders kalt. Die tiefsten Temperaturen werden zum Ende des Winters erreicht. Die kalte Luft erzeugt – besonders über dem Eispanzer Grönlands – ein Hoch, das sich Ende März am weitesten ausgedehnt hat und dann eine „meridionale" Hochdruckbrücke mit dem Azorenhoch bildet. Diese Wetterlage bringt Deutschland das Aprilwetter. Während in Irland unter der Hochdruckbrücke schönstes Wetter herrscht, strömt aus Norden – im Uhrzeigersinn um das Hoch bei Irland – eine Kaltluftmasse nach Deutschland.
Diese Luftmasse ist labil geschichtet – unten schon etwas erwärmt, doch oben sehr kalt. Wird bodennahe Luft weiter erwärmt oder durch Berge nach oben gedrückt, gerät sie in die sehr kalte Höhenluft und steigt dort immer schneller auf. Rasch stößt sie in große Höhen vor, kühlt stark ab, unterschreitet den Taupunkt und schüttet heftige Regen- oder Schneeschauer aus. Nachrückende Kaltluft bringt schnell wieder Hochdruckeinfluss und sonnige Abschnitte – eben Aprilwetter.
Im Wonnemonat Mai hat sich das Hoch von Irland nach Skandinavien verlagert und bringt Deutschland schönes Wetter. Nach weiteren vier Wochen ist es abgezogen, sodass wieder eine Phase schlechteren Wetters bevorsteht.

Wolkenbezeichnung

Stratus (St)

Cirrostratus (Cs) mit Halo

Nimbostratus (Ns)

Cumulonimbus (Cb)

SKS-Fragen 14, 19 (Wetter)

Zyklogenese

Planetarischer Wärme-ausgleich

In den Tropen steht die Sonne beinahe senkrecht am Himmel. Hier empfängt die Erde viel mehr Wärme, als sie in den Weltraum abstrahlt. Über den Polen dagegen hat die Erde eine negative Strahlungsbilanz. Sie verliert mehr Wärme, als ihr von der Sonne zugeführt wird.

Damit die Tropen nicht immer wärmer und die Pole nicht ständig kälter werden, wird die überschüssige Wärme von den Tropen zu den Polen befördert. Der Transport erfolgt durch Meeresströme – wie Golf- und Labradorstrom – und durch Luftmassen.

Aus den subtropischen Hochdruckgebieten strömt feucht-warme Luft polwärts und aus den polaren Hochdruckgebieten fließt trocken-kalte Luft zurück. In den gemäßigten Breiten treffen diese Luftmassen aufeinander. Sie fließen zunächst ungestört aneinander vorbei – getrennt von einer Zone flauen Windes. Bald jedoch fallen sie einander in den Rücken (Wellenstörung) und daraus entstehen Tiefs, die sich zu großen Tiefdrucksystemen (Wolkenspiralen) auswachsen. In diesen Tiefs wird die Warmluft angehoben, sodass sie anschließend weiter polwärts strömen, dort absinken und die Polargebiete von oben mit Wärme versorgen kann. Der „Zweck" eines Tiefs ist also nur, die warme Luft nach oben zu verfrachten. Danach ist das Tief vollständig okkludiert und löst sich wenig später auf.

Zyklogenese

Die wandernden Tiefdruckgebiete in den gemäßigten Breiten heißen **Zyklonen**. Als **Zyklogenese** bezeichnet man ihre Entstehung. Der Lebenslauf der Zyklonen wird auf der gegenüberliegenden Seite beschrieben. Er beginnt mit einer so genannten **Wellenstörung,** oft im Nordatlantik, auch dort, wo der warme Golfstrom und der kalte Labradorstrom aufeinander treffen.

Reißt der Jetstream (starker Westwind in großer Höhe) die subtropische Warmluft mit sich, so entwickelt sich daraus ein **flaches Tief.**

Für die weitere Entwicklung ist wichtig, dass a) die Luftmassen sich kaum vermischen und b) die Kaltluft schneller voranströmt als die Warmluftmasse. Um den Tiefdruckkern rotierend holt die kalte Luftmasse die warme ein (**junge Zyklone mit umfangreichem Warmsektor**) und schiebt sich dann, da sie schwerer ist, unter die warme Luft (**Beginn des Okklusionsprozesses**). Gleichzeitig saugt der Jetstream die Warmluft weiter nach oben. Der Okklusionspunkt wandert immer weiter nach außen.

Während die warme Luft angehoben wird, kühlt sie ab, kondensiert und erzeugt die aus Wetterfilmen bekannte, riesige Wolkenspirale. Das Druckgebilde wird nunmehr als **umfangreiches** oder **steuerndes Tief** bezeichnet. Über ihm ist der Jetstream S-kurvenförmig deformiert.

In diesem Stadium entwickeln sich an lang gestreckten Kaltfronten häufig **Randtiefs.** Sie entstehen aus einer Wellenstörung und umkreisen das Muttertief **zyklonal** (auf der Nordhalbkugel gegen den Uhrzeigersinn). Mit dem Jetstream ziehen die Tiefs meist in nordöstliche Richtungen und prägen das Wettergeschehen.

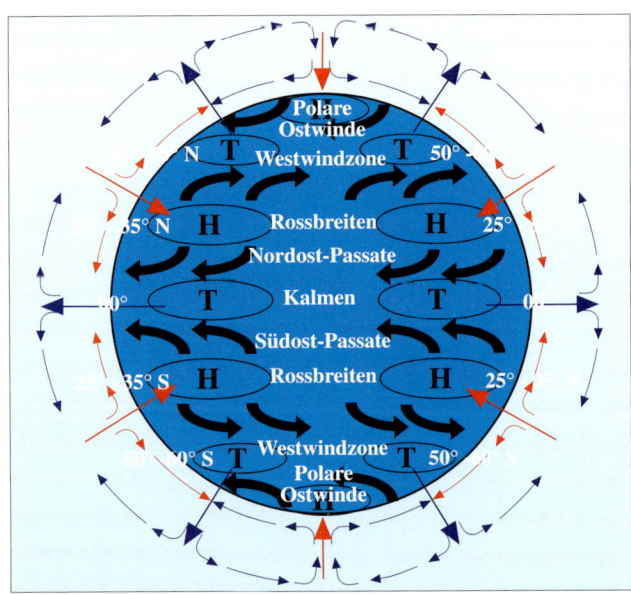

Schematische Darstellung der globalen Luftbewegungen. Die Druckgebilde wandern mit den Jahreszeiten nord- und südwärts. Man beachte, dass der Wind auf der Nordhalbkugel nach rechts und auf der Südhalbkugel nach links abgelenkt wird.

Zyklogenese

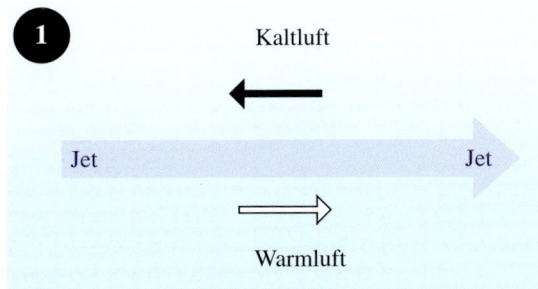

Polar- und Subtropikluft strömen ungestört.

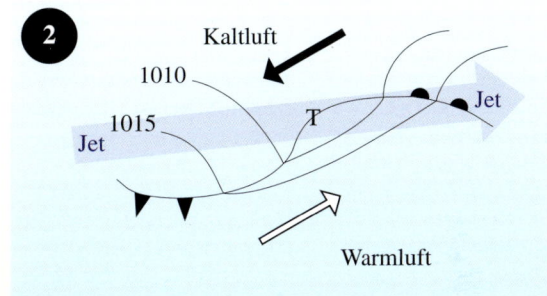

Wellenstörung

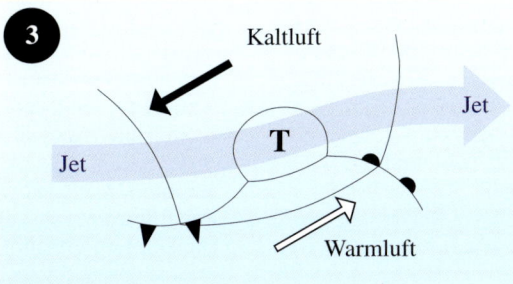

Flaches Tief

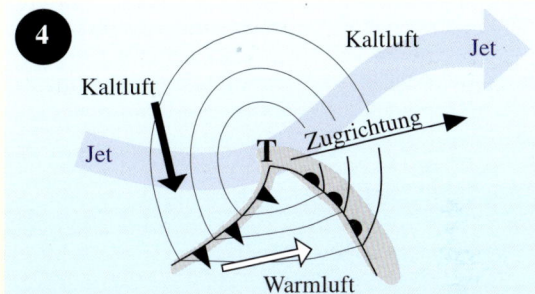

Junge Zyklone mit umfangreichem Warmsektor

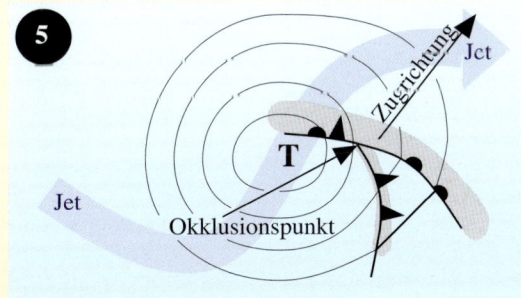

Beginn des Okklusionsprozesses

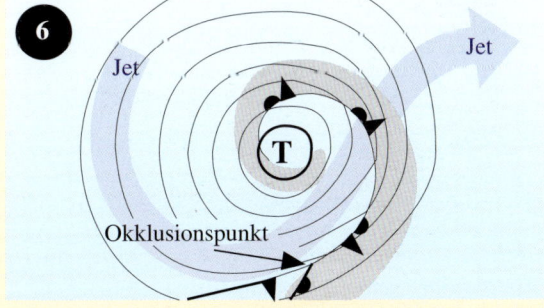

Umfangreiches, steuerndes Tief mit Wolkenspirale

Energiereiche Subtropikluft und energiearme Polarluft strömen zunächst ungestört aneinander vorbei. Aus einer Wellenstörung kann dann ein flaches Tief entstehen, das rasch – im Winter mit bis zu 50 kn – mit dem Jet (Höhenwind) in östliche Richtungen zieht. Junge Zyklonen mit umfangreichem Warmsektor ziehen in Richtung der Isobaren im Warmluftsektor und erreichen dabei noch Geschwindigkeiten von 25 – 30 kn. Okkludierte Tiefs ziehen anfangs noch mit etwa 10 kn, werden aber immer langsamer und schließlich stationär; der Jet ist am Ende stark verformt.

SBS-Frage 298; SKS-Fragen 28, 29 (Wetter)

Hoch- und Tiefdruckgebiete

Hoch, Hochdruckgebiet oder **Antizyklone** nennt man ein Gebiet relativ hohen Luftdrucks. Es entsteht häufig aus absinkender Kaltluft, die sich erwärmt und dabei trocknet. Man unterscheidet zwei Hochdrucktypen

– warmes oder umfangreiches Hoch
– kaltes oder flaches Hoch

Das **warme Hoch** ist subtropischen Ursprungs; es reicht weit – bis zur Tropopause – nach oben, besitzt eine große Ausdehnung und verändert seine Lage nur langsam. Der Himmel erscheint durch

Siebenschläfer

Am 27. Juni ist Siebenschläfer. Nach einer Bauernregel wird sich das Wetter nun sieben Wochen lang wenig ändern. Meteorologisch lässt sich das so erklären: Wechselhaftes Wetter herrscht, weil ständig Tiefs über uns hinwegziehen. Davor kann uns am besten ein Azorenhochkeil (warmes Hoch) schützen, er blockiert den Tiefs den Weg und verdrängt sie nach Norden.
Am 21. Juni (Sommeranfang) erreicht die Sonne ihre größte nördliche Breite (höchster Stand). Danach wandert sie wieder südwärts – und mit ihr das Azorenhoch. Wenn es sich nicht bis Ende Juni weit nach Nordosten ausgedehnt hat, so wird dies jetzt wahrscheinlich auch nicht mehr geschehen. Norddeutschland ist dann schutzlos den atlantischen Tiefs ausgeliefert. Erst Mitte August wird sich erfahrungsgemäß unter dem Einfluss eines neuen umfangreichen Skandinavienhochs das Wetter wieder bessern.
Hat sich hingegen kurz nach Sommeranfang ein Azorenhochkeil bis zu uns ausgebildet und vielleicht sogar eine Brücke zum Russlandhoch gebildet, so hält er sich meistens bis in die zweite Augusthälfte. Erst dann verschlechtert sich das Wetter wieder. Die Siebenschläfer-Regel trifft in sieben von zehn Jahren zu.

den großen Anteil an Wasserdampf milchig blass.

Das **Azorenhoch** und das **Russlandhoch** sind warme oder umfangreiche Hochs. Typisch für ein warmes Hoch ist ein langsamer, aber dauerhafter (manchmal tagelanger) Druckanstieg. Im Sommer beschert ein warmes Hoch lange gutes Wetter. Die Sicht ist nicht übermäßig gut, und am Himmel zeigt sich manchmal ein leichter Wolkenschleier. Am Tage können flache Cumuluswolken aufkommen, die sich abends auflosen. Sein Ende kündigt sich mit fallendem Luftdruck an.

Die Abwärtsbewegung in einem Hoch reicht nicht immer bis zum Boden. An der kalten Seite des Hochs (Nordwind) ist die Bodenluft manchmal kälter als die absinkende Höhenluft. Es entsteht dann eine warme Grenzschicht (**Temperaturinversion**) mit Stratuswolken. Daher bringt nicht jedes Hoch blauen Himmel.

Eine **Hochdruckbrücke** verbindet zwei Hochs miteinander. Sie entsteht nur bei einer stabilen Hochdrucklage. Eine Brücke zwischen dem Azorenhoch und dem Russlandhoch bringt Deutschland wochenlang gutes Wetter (Siebenschläfer). Hochs sind häufig asymmetrisch. Eine horizontale Auswölbung eines warmen Hochs heißt **Keil**. Auch Keile bringen gutes Wetter – und schwachen Wind.

Das **kalte Hoch** kommt häufig als **Zwischenhoch** zwischen zwei Tiefdruckgebieten vor; es verändert seine Lage rasch. Seine Höhe reicht nicht über 1500 Meter hinaus. Es kündigt sich mit kräftigem, nicht lange anhaltendem Luftdruckanstieg an und erzeugt dann sehr gute Sicht und strahlend blauen Himmel. Weil es rasch wandert, ist das gute Wetter schnell – oft nach einem Tag – wieder vorbei.

Ein **Tief**, auch **Zyklone** genannt, wird durch relativ niedrigen Luftdruck, der zu seinem Kern hin abnimmt, charakterisiert. Tiefs sind unterschiedlich große Luftwirbel mit einer leicht rückwärts geneigten Achse. Tiefs verwirbeln zyklonal (auf Nordbreite gegen den Uhrzeigersinn). Nach ihrer Entstehung lassen sich zwei Tiefdrucktypen unterscheiden: das kalte (statische) Tief und das warme (dynamische) Tief.

Als **warmes Tief** wird ein Tief bezeichnet, welches durch aufsteigende Warmluft entsteht. Es charakterisiert den Entstehungsprozess der Zyklone und wird auch flaches Tief genannt. Es hat je eine aktive Warm- und Kaltfront.

Das **kalte Tief** ist der Endzustand der Tiefdruckentwicklung. Kalte Tiefs, die auch umfangreiche Tiefs genannt werden, ziehen langsam – auf der Nordhalbkugel meistens nach NE bis N –, wobei ihre Zugrichtung durch warme Hochdruckgebiete (Russland- oder Azorenhoch) abgelenkt werden kann.

Ein Tief bringt schlechtes Wetter (kühle Luft im Sommer, milde im Winter). Tritt in seinem Einflussbereich verbreitet Windstärke 8 auf, so heißt

Hoch- und Tiefdruckgebiete

es **Sturmtief**, ab Windstärke 10 **Orkantief**. Ein Tief mit nur einer geschlossenen Isobare wird als **flaches Tief** bezeichnet.

Das **Randtief** ist ein kleineres Tief, das am Rand (Kaltfront) eines gealterten Tiefs entsteht und es zyklonal umkreist. Dabei dreht es sich viel schneller als das Muttertief; es kann sich mit ihm vereinigen oder – bei starker Vertiefung – polwärts ziehen.

Während in einem Randtief die Warmluft (wie beim Muttertief) durch den Jet-stream angehoben wird, geschieht dies bei einem **Teiltief** meistens durch ein Gebirge. Nicht selten entsteht es am Okklusionspunkt. Strömt Warmluft über die nördliche Nordsee ostwärts, so gelangt sie an die norwegische Südküste und wird dann am skandinavischen Gebirge angehoben. Hohe Luftschichten können nun schon vom Jet-stream erfasst und mitgerissen werden. Hinter dem Gebirge sinkt die Luft wieder abwärts zum Skagerrak und Oslofjord. Ein Teil nach oben, ein anderer nach unten, die Luft wird quasi auseinander gezogen, Dichte und Druck nehmen ab und wenn jetzt noch eine Kaltluftmasse nachströmt, kann sich das bekannte **Skagerraktief** bilden. Nicht selten zieht es ESE-wärts und bringt der Ostsee schlechtes Wetter. Weitere Beispiele für Teiltiefs sind das **Genuatief**, das **Adriatief** und das Tief südlich Grönlands. Im Gegensatz zum Randtief entwickeln Teiltiefs also später ein Eigenleben. Rand- und Teiltiefs sind zunächst mit dem Muttertief durch eine gemeinsame Isobare verbunden.

Eine **Tiefdruckrinne** verbindet zwei Tiefs, die hantelförmig um einen gemeinsamen Schwerpunkt kreisen.

Ähnlich wie eine Welle weitere Wellen hervorruft, löst die Entstehung eines kalten Tiefs oft weitere **Wellenstörungen** aus. Aus ihnen können sich wiederum neue Tiefs entwickeln. So entsteht eine **Zyklonenfamilie**. Sie kann vier bis fünf Zyklonen umfassen, die – jeweils von einem Zwischenhoch getrennt – über uns hinwegziehen.

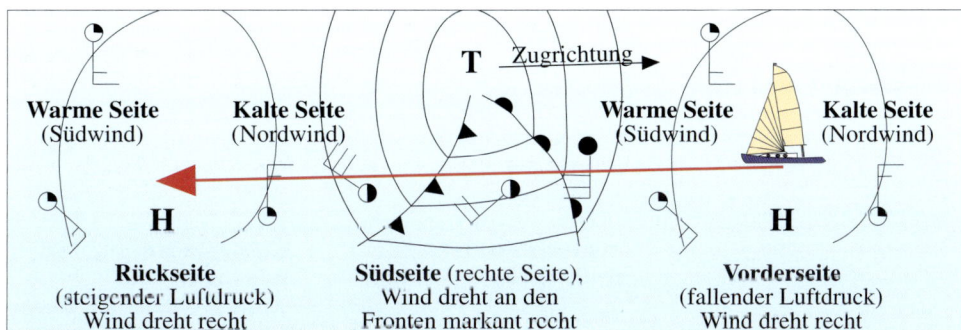

Tief mit Zwischenhochs, eine typische Wetterlage in unseren Breiten (vereinfacht dargestellt). Auf der Vorderseite eines Tiefs – noch im Einfluss des Zwischenhochs – herrscht schönes Wetter, Sonne und schwacher bis mäßiger E- oder SE-Wind. Fallender Luftdruck kündigt das nahende Tief an. Auf der rechten Seite der Druckgebilde dreht der Wind langsam recht (siehe Seite 153). Die Windverhältnisse – Windrichtung und Windstärke – ergeben sich aus dem Verlauf und Abstand der Isobaren (siehe Seite 141). Hinter der Kaltfront entwickelt sich das typische Rückseitenwetter: frischer NW-Wind mit aufgelockerter Cumulus- und Cumulus congestus-Bewölkung (siehe Seite 139). Unter dem Einfluss des nächsten Hochs dreht der Wind weiter recht und nimmt ab. Die Nordseite heißt auch Abladeseite. Dort fällt sehr viel Niederschlag, aber es gibt keine Fronten. Die Luft bleibt kalt. Der Wind dreht rück, ohne schnelle Winddreher. Der Luftdruck verändert sich gleichmäßig. Die Hochs und Tiefs wechseln sich ungefähr im 24-Stunden-Rhythmus ab.

Nach der **Guilbert-Großmann-Regel** zieht ein Tief häufig binnen 24 Stunden an die Stätte des vorangehenden Zwischenhochs und umgekehrt. Beim Durchzug einer Zyklonenfamilie folgt einem Tag mit schlechtem Wetter häufig ein Tag mit besserem Wetter, der nächste bringt wieder Regen usw., bis die Zyklonenfamilie durchgezogen ist.

Der Volksmund formulierte dies als Regel vom **Freitags-Sonntags-Wetter**, wonach das Wetter am Sonntag oft dem vom vorigen Freitag ähnlich ist.

SKS-Fragen 33, 39 (Wetter)

Warmfront und Kaltfront

Fronten

Luftmassen unterschiedlicher Temperatur vermischen sich kaum, sondern bleiben unter dem Einfluss eines Tiefs lange erhalten. Die schmalen Zonen, die die Luftmassen voneinander trennen, heißen **Fronten**.

Wenn Kaltluft Warmluft verdrängt, spricht man von einer **Kaltfront**. Wenn eine Warmluftmasse kalte Luft wegschiebt, wird die Grenzzone **Warmfront** genannt. Beide Fronten reichen häufig vom Boden bis zur Tropopause.

Eine **Okklusionsfront** ist eine Höhenfront. Sie entsteht in einer ausgereiften Zyklone, wenn eine Kaltfront eine Warmfront aufgeholt, unterlaufen und angehoben hat. Okklusionsfronten können Warmfrontcharakter (**Warmfrontokklusion**) und Kaltfrontcharakter (**Kaltfrontokklusion**) haben. Im Einflussbereich eines Hochs lösen sich alle Fronten auf.

In Gebieten mit starkem Druckgefälle – in einer Wetterkarte daran erkennbar, dass zahlreiche Isobaren die Frontlinie schneiden – verursacht eine Front oftmals sehr heftiges Wettergeschehen (Regen, Böen, Gewitter).

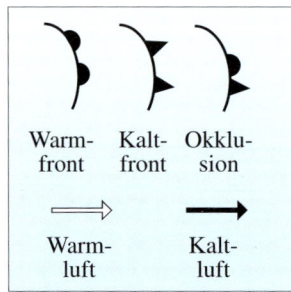

Darstellung in Wetterkarten

Um die Wetterabläufe in Fronten zu verstehen, muss man wissen, wie Kalt- und Warmluftmassen einander verdrängen.

– Warmluft gleitet auf einer gering geneigten Grenzschicht *sehr langsam* aufwärts und verdrängt mit dieser schrägen Fläche die Kaltluft vor und unter ihr.

– Eine *rasch* ziehende Kaltluftmasse bildet eine fast senkrechte Grenzschicht; daran *wirbelt* sie die Warmluft *heftig auf* und schiebt sie vor sich her.

Daraus ergeben sich grundsätzlich unterschiedliche Wolkenbilder:

Warmfront: stratusförmige Bewölkung,

Kaltfront: cumulusförmige Bewölkung.

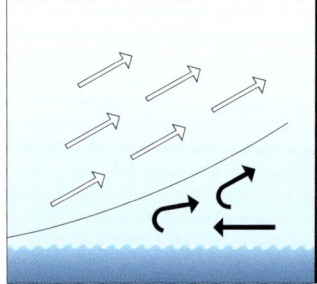

Warmluft gleitet langsam auf ...

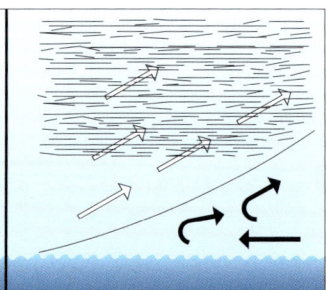

... und verursacht dichte Stratus-Bewölkung.

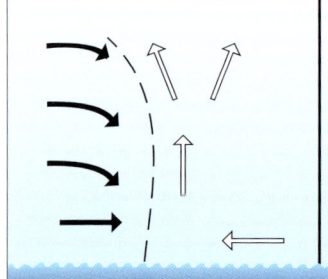

Kaltluft wirbelt Warmluft heftig nach oben ...

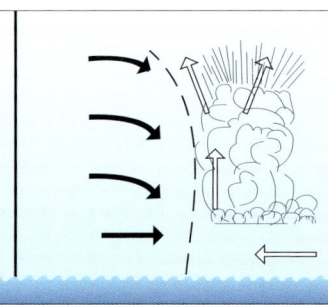

... und erzeugt Cumulus-Bewölkung.

Warmfront = Stratus-Bewölkung
Zeichen eines *langsamen* Aufgleitens von feuchtwarmer Luft über großen Gebieten.

Keine Böen, ergiebiger Regen.

Kaltfront = Cumulus-Bewölkung
Ausdruck eines *zügigen*, unregelmäßigen, stets vertikalen Aufsteigens der Luft.

Oft starke Böen, Schauer, manchmal Gewitter.

Dementsprechend gibt es an Warmfronten kaum Böen, jedoch ausgeprägte, oft vier bis sechs Stunden lange Niederschläge. An Kaltfronten dagegen treten oft starke Böen, Schauer und Gewitter auf.

SBS-Frage 292; SKS-Fragen 22, 34, 35 (Wetter)

Warmfront und Kaltfront

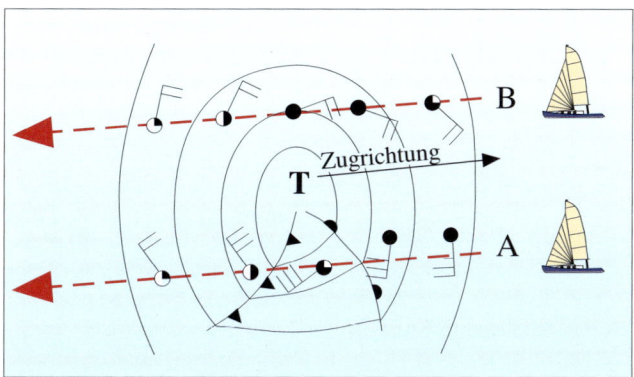

Die rechte Seite eines Tiefs ist gefährlicher, da hier der im Tief wehende Wind durch die Eigenbewegung des Tiefs verstärkt wird. Links ist er schwächer, weil der Wind hier der Eigenbewegung entgegengerichtet ist. Auf welcher Seite man steht, erkennt man an der Winddrehung: Rechts dreht der Wind recht, auf der linken Seite rück.

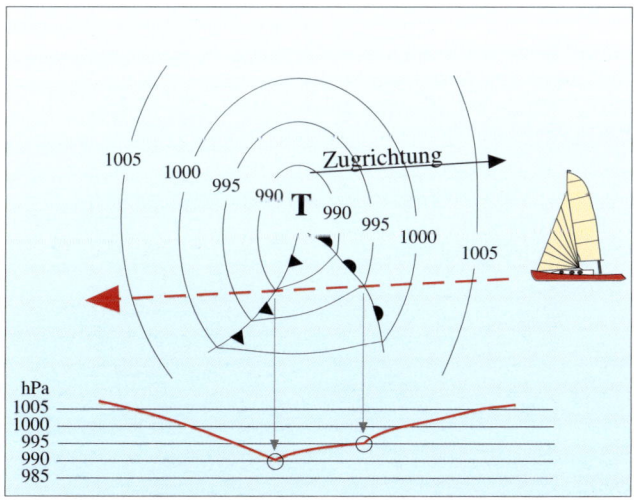

Der Luftdruck nimmt ab, wenn sich das Tief nähert. Isobarenknicke an den Fronten erscheinen als Knicke in der Druckkurve. Hinter der Warmfront stabilisiert sich der Luftdruck etwas; er steigt nach dem Durchzug der Kaltfront deutlich erkennbar an (Zwischenhoch). Fallender Druck kündigt das nächste Tief an.

Wetterregeln über Warm- und Kaltfronten

1. Warmfronten verlagern sich im Sommer mit bis zu 25 kn, Kaltfronten können 35 kn erreichen. Im Winter kann sich die Geschwindigkeit fast verdoppeln. Warmfronten ziehen langsamer als Kaltfronten.
2. Fronten verlagern sich in Richtung des Windes hinter ihnen.
3. Je mehr Isobaren ein Frontabschnitt schneidet, umso schneller bewegt sich die Front. Je spitzer also der Winkel, in dem die Isobaren den Frontabschnitt schneiden, umso geringer ist seine Geschwindigkeit.

Windregeln über Kaltfronten

Der Wind in Kaltfronten

– weht zunächst frontparallel
– frischt häufig vor der Front auf (heftige Böen, sogar Sturmböen möglich)
– flaut bei Frontdurchgang ab
– frischt hinter der Front rechtgedreht wieder auf

Stärkere Windsee nach dem Durchzug einer Kaltfront.

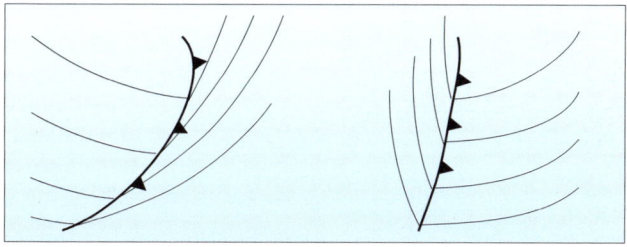

Aus dem Isobarenabstand ist ersichtlich, wie sich der Wind an der Front entwickeln wird: links Vorderseitensturm, der Wind nimmt nach Durchgang der Front ab, weil vor der Front die Isobaren eng verlaufen und dahinter ihr Abstand größer wird; rechts umgekehrt Rückseitensturm, da sich die Isobaren hinter der Front verengen.

SBS-Fragen 288, 292, 298; SKS-Fragen 23, 67 (Wetter)

Warmfront

Aufzug einer Warmfront

Wie beschrieben verdrängt die Warmluft an einer *schrägen* Ebene kalte Luft. Diese Ebene reicht bis an die Tropopause. Zuerst ist daher die vordere Oberkante dieser Ebene sichtbar – Cirren in etwa zehn km Höhe. Erste Anzeichen einer Warmfront sind also Cirrus-Wolken. Die eigentliche Warmfront liegt dann noch 500 bis 800 km entfernt und wird erst neun bis zwölf Stunden später den Beobachter erreichen.

Am Anstieg der Warmluft hat der Jetstream großen Anteil; er zieht die Warmluft hoch. Anschaulich dargestellt hüpft die Warmluft da oben wie ein Stein, der über einen Teich geschleudert wird. Beim Hüpfen kühlt sie ab, kondensiert und wird als Cirre sichtbar. Gelegentlich können lockenförmige Cirren beobachtet werden; die Locken zeigen in die Richtung des Jetstreams.

Zwar geht jeder Warmfront eine Cirrus-Bewölkung voraus, aber nicht allen Cirren folgt auch eine Warmfront. Aus Cirren allein kann also noch nicht auf eine Warmfront ge-

In Menschen und Cirren kann man sich irren.

schlossen werden; erst die weitere Wetterentwicklung gibt genaueren Aufschluss.

Zieht eine Warmfront auf, verdichten sich etwa zwei Stunden später die Cirren zu einer hohen, dünnen Cirrostratus-Bewölkung. Bei geeignetem Sonnenstand werden ein Halo oder Nebensonnen erkennbar, sie entstehen durch Brechung des Lichtes an Eiskristallen. Die Verdichtung nimmt weiter zu, weil sich die Bewölkung nach

Cirrostratus am Abend – Regen am Morgen.

unten ausdehnt. Es entsteht eine hohe graue Wolkenschicht (Altostratus); die Sonne ist noch verwaschen sichtbar. Der Halo verschwindet bald wieder. Der Luftdruck fällt langsam.

Mit der Bewölkung frischt der Wind auf, ohne seine Richtung zu ändern (im Sommer meist SE 4). Die Front kommt in der Regel aus Südwesten. Die Wolkendecke verdichtet sich und kommt immer weiter herunter. Etwa drei bis fünf

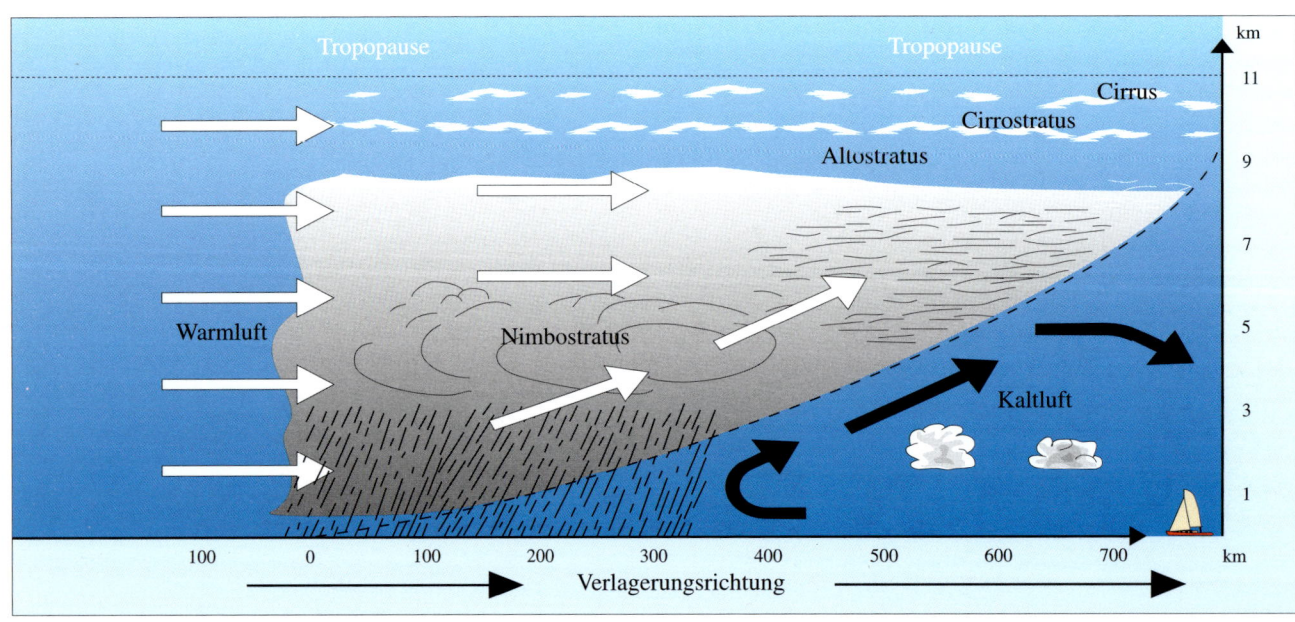

Bewölkung und Niederschlag an der Warmfront

Die aktive Kaltfront

Stunden nach der Cirrostratus-Bewölkung hat sich eine ausgeprägte Nimbostratus-Bewölkung entwickelt, also eine niedrige, dichte, graue, strukturlose Wolkenschicht. Es fängt an zu regnen. Die Wolken sinken immer tiefer und es regnet unaufhörlich weiter – insgesamt vier bis sechs Stunden lang. Die Wolken können sogar die See erreichen (Nebel). Im Sommer gibt es gelegentlich Schauer und Gewitter. Der Luftdruck sinkt stetig.

Kurz bevor die Front durchzieht, schläft der Wind ein. Nun fällt auch der Luftdruck nicht weiter, die Warmfront ist da. Die Lufttemperatur steigt um einige Grad an und auch der Wind setzt – rechtgedreht – wieder ein. Er weht nun aus SW. Wenig später hört es auf zu regnen. Nun lockert die Bewölkung wieder auf, das Schietwetter ist erst einmal vorbei. Der Beobachter befindet sich im Warmsektor der Zyklone.

Aufzug einer aktiven Kaltfront (Typ A)

Der Warmsektor endet mit der Kaltfront. Das Wettergeschehen an einer Kaltfront hängt von der Geschwindigkeit der Front ab. Hier unterscheidet man aktive und passive Kaltfronten (Typ A und B).

Die **aktive Kaltfront** verlagert sich rasch. Sie liegt relativ **nahe am Tiefkern**. In Wetterkarten wird dieser Kaltfronttyp von mehreren Isobaren geschnitten. Die hohe Geschwindigkeit erzeugt einen **steilen vertikalen Frontverlauf**. Daher entwickeln sich die Wolken *vor* der Front: Cumuli verdichten sich zu einer geschlossenen Cumulonimbus-, manchmal aber auch nur zu Nimbostratus-Bewölkung. Für etwa zwei Stunden kann es zu Regenschauern kommen.

Nach Durchzug der Front klart es rasch auf, die Sicht wird deutlich besser. Später können erneut Schauer und auch Gewitter niedergehen. Mit Gewittern ist zu rechnen, wenn der Luftdruck nicht deutlich ansteigt, das Rückseitenwetter sich nicht bessert, sondern unbeständig bleibt.

Bodenreibung kann die Front nahe am Boden verlangsamen, sodass die Kaltluft in der Höhe vorauseilt. Die Grenzfläche kippt dann

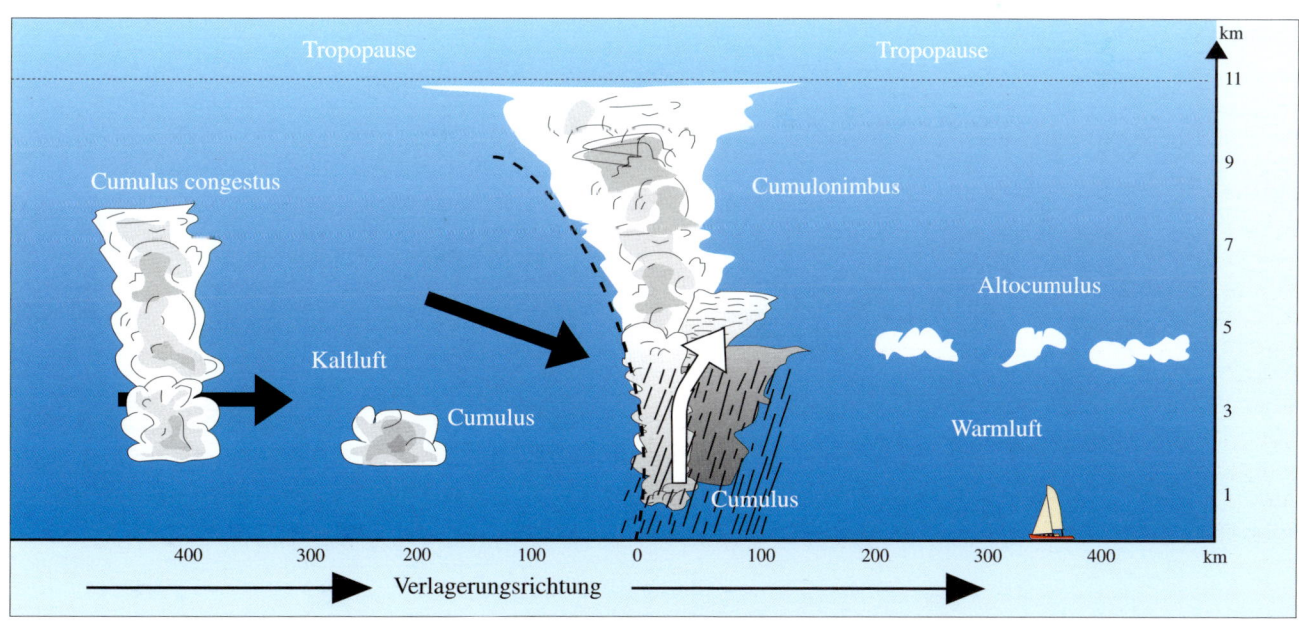

Bewölkung und Niederschlag an der sich rasch verlagernden, aktiven Kaltfront (Typ A)

SKS-Frage 32 (Wetter)

Die passive Kaltfront

nach vorne über, sodass kalte Luft über warmer liegt. Das erzeugt hohe Labilität. Wird Warmluft aufgewirbelt, so beschleunigt sich der Auftrieb erheblich, sobald die warme Luft in die Kaltluftmasse gerät. Eine solche Front ist an einer Kette mächtiger Cumulonimben erkennbar. Sie kündigen heftige Böen, Schauer und Gewitter an. Die Front wird auch **Gewitterfront** genannt. Ein **Böenkragen** weist auf gefährliche Windstöße hin. Sie entstehen durch Fallwinde hinter dem Böenkragen. Erst wenn die Sicht aufklart, ist die Böengefahr vorüber.

Aufzug einer passiven Kaltfront (Typ B)

Die Kaltfront B verlagert sich nur langsam. Sie tritt im **Randbereich** oder **außerhalb von Zyklonen** auf. Ihre **Grenzschicht** ist **flach nach hinten geneigt**. Die Kaltluft schiebt sich viel langsamer, wie ein flacher Keil, unter die Warmluft. Passiv gleitet die Warmluft daran in die Höhe. Daher heißt dieser Fronttyp auch **passive Front**. Die Frontneigung erzeugt keine Bewölkung vor, sondern hinter der Front. Schauerartiger Regen setzt hinter der Front

Aktive Kaltfront (A)
Erst Wolken, dann Regen, dann Front.

Passive Kaltfront (B)
Erst Front, dann Wolken und Regen.

ein. Nicht selten geht er später in gleichförmigen Niederschlag über.

Bei beiden Typen schläft der **Wind** ein, wenn die Front durchzieht. Später frischt er **rechtgedreht** wieder auf; bei Fronttyp A frischt er eher und stärker auf, bei Fronttyp B dreht er stärker recht.

An einer langsamen, fast stationären Kaltfront entwickelt sich nicht selten eine Wellenstörung und daraus dann ein Randtief.

Die Wetterentwicklung lässt sich auf See viel besser beobachten als an Land, weil hier der Blick frei ist und das Wetter nicht durch die Landschaft beeinflusst wird. Anstatt jedoch zu versuchen, allein aus den Wolken den Aufzug einer Front vorherzusagen, sollte man vorher wissen, was kommt. Dann lassen sich die Wetterzeichen gut deuten und konkrete Vorhersagen machen.

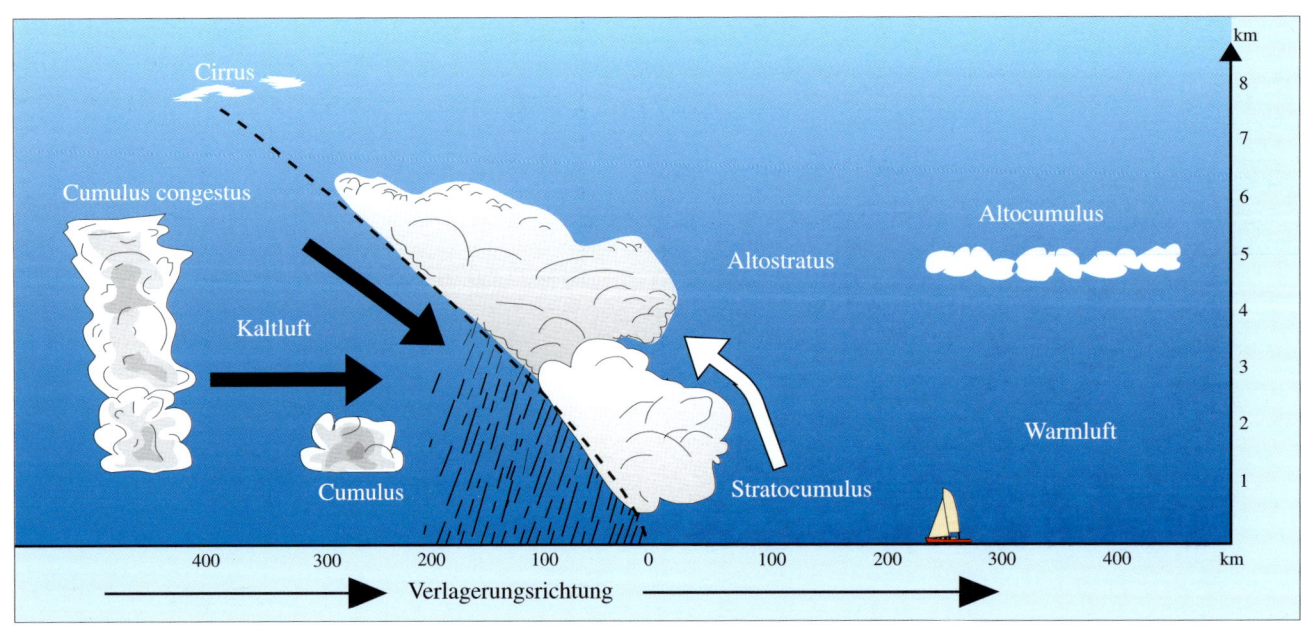

Bewölkung und Niederschlag an der langsam ziehenden, passiven Kaltfront (Typ B)

Trog

Zu den schwersten und gefährlichsten Stürmen außerhalb der Tropen gehören die Orkane im Zusammenhang mit Trögen. Auch der Orkan, der im Fastnet-Rennen 1979 viele Todesopfer forderte, war ein **Trogorkan**.

Auf der Rückseite einer gut entwickelten, okkludierten Zyklone kann ein Trog entstehen, wenn die Okklusionsfront bereits den Tiefkern umrundet hat (sich also hinter dem Kern befindet). Er wird daher auch **Rückseitentrog** genannt. In der zugehörigen Wetterkarte fällt auf, dass hinter der Kaltfront der typische Isobarenknick fehlt, die Isobaren vielmehr unverändert weiterlaufen und der Druck weiter abnimmt.

Ein zuverlässiges Indiz für eine bevorstehende Troglage ist daher eine **Flautefront**. Nach dem Durchgang der Kaltfront frischt der Wind weder auf noch dreht er nennenswert recht. Stattdessen nimmt er ab und dreht allenfalls ein wenig recht, einige Stunden später aber wieder rück. Einer solchen Flautefront kann etwa zwölf Stunden später ein Trog folgen.

Der Flautefront schließt sich eine zwei- bis achtstündige Aufheiterungsphase mit einem erneuten Aufzug an – Cirren, Cirrostratus, Altostratus und starker Quellbewölkung. Der Wind dreht meist auf SW bis S rück und wird mit einsetzender Quellbewölkung böig. In der Trogachse kann der Wind sogar kurzzeitig abnehmen. In einem *Sturmtief* mit seinen eng beieinander liegenden Isobaren folgt dann ein Hammer. Der Wind dreht auf NW und bringt Böenwalzen bis **Orkanstärke** – bis zu vier Stärken über dem Mittelwind.

Vom Tiefkern aus verläuft durch die Punkte der stärksten Isobarenkrümmung die **Trogachse**. Sie stellt den eigentlichen **Trog** dar.

Hier erreicht der Luftdruck seinen Tiefpunkt, doch mit dem Druckanstieg steht erst der heftigste Teil des Sturms bevor. Die Trogachse ist keine Kaltfront. Zwar dreht der Wind um bis zu 90° recht (siehe Isobarenverlauf) – aber vor der Trogachse liegt bodennah auch schon Kaltluft. Doch wird sie durch die hoch reichende, rückseitige Kaltluft ersetzt und das löst die gefährlichen Böen aus.

Starkwindsysteme vor und hinter der Trogachse erzeugen zwei verschiedene Wellensysteme. Sie überlagern sich und so entstehen äußerst gefährliche **Kreuzseen**. Sogar großen Schiffen können diese Wellen gefährlich werden. Kreuzseen bilden die größte Gefahr eines Trogorkans – Yachten können hier durchaus kentern.

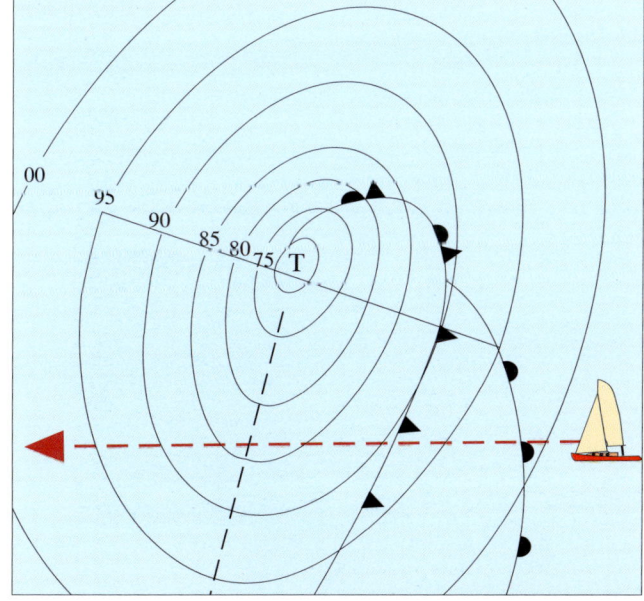

Troglage, die Trogachse ist gestrichelt dargestellt

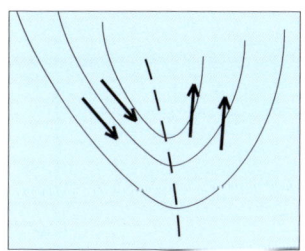

Typische Trogachse (eigentlicher Trog) mit Windpfeilen

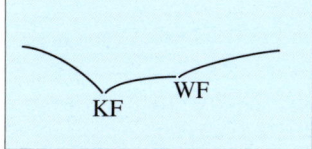

Luftdruckkurve in einer Zyklone mit Warmfront (WF) und Kaltfront (KF) ...

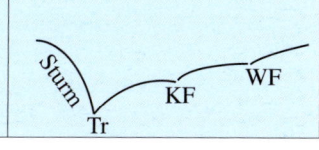

... und mit einem Trog (Tr) mit schweren Böen und gefährlichen Kreuzseen

SKS-Fragen 40, 74, 75, 99 (Wetter)

Gewitter

Angenommen nach einigen heißen Sommertagen ist die Luft schwül geworden und nun strömt sehr kalte Höhenluft über die feucht-warme Bodenluft. Kalte Luft zieht sich zusammen, sie hat eine höhere Dichte und ein höheres Gewicht. Schwer lastet sie auf der Warmluft unter ihr. Man sagt dann, es ist drückend.

Gelangt eine feucht-warme Luftblase in diese kalte Höhenluft, so steigt sie sehr schnell auf. Sie ist ja viel wärmer als ihre Umgebung. Je kälter es um sie herum ist, umso schneller wird die warme Luft aufsteigen. Gleichzeitig zieht sie immer mehr feucht-warme Bodenluft nach.

In einer voll entwickelten Gewitterwolke (Cumulonimbus) kann Warmluft mit über 100 km/h emporschießen, bis an die Tropopause. Der Wasserdampf kondensiert schlagartig und schlagartig bildet sich Regen – nicht selten viele tausend Tonnen.

Doch kein Tropfen fällt zu Boden. Die aufwärts stürmende Luft reißt alle Regentropfen mit nach oben. In großer Höhe gefriert der Regen zu Eis. Durch das viele Wasser ist die Wolke jetzt dunkelgrau geworden. Erst wenn der Auftrieb nachlässt oder die Eisklum-

pen schwer genug sind, fällt Niederschlag.

Damit es zu einem Gewitter kommt, müssen die Wassertropfen zerstäuben und in positiv und negativ geladene Teilchen getrennt werden. Positiv geladene Tröpfchen gelangen in den höchsten und den untersten Teil der Wolke, die negativ geladenen sammeln sich in der Mitte. Wenn sich die Spannung entlädt, blitzt es. Entladungen zwischen Wolken bewirken **Wolkenblitze**, Entladungen zwischen Wolken und Erde **Erdblitze**.

Luftmassengewitter entstehen wie beschrieben aus feucht-warmer Bodenluft. An Land gehen sie zumeist in den Nachmittagsstunden schwüler Sommertage nieder. Sie kündigen oft das Ende einer Schönwetterpe-

riode an. Denn solange ein warmes Hoch noch das Wetter bestimmt, sinkt Luft abwärts und verhindert, dass Warmluft hoch genug aufsteigen kann. Auf See können Luftmassengewitter nur über sehr warmem Wasser vorkommen, etwa auf dem Mittelmeer im Spätsommer, wenn nachts die Luft stark abkühlt.

Auch an manchen Fronten wird feucht-warme Luft kräftig und turbulent angehoben. **Frontgewitter** kommen meistens an Kaltfronten vor, selten – und dann auch schwächer – an Warmfronten. Sie erstrecken sich auf ein größeres Gebiet als Wärmegewitter. Frontgewitter können sich in einer Art Kettenreaktion 100 km an der Front entlang entwickeln, das Gewittergebiet kann bis zu 20 km breit werden.

Gewittergefahren

– Böen bis Orkanstärke
– plötzliche Winddrehung
– so starke Regen- oder Hagelschauer, dass jede Sicht verschwindet
– Blitzschlag

Bei **orografischen Gewittern** wird warme Luft von Bergen nach oben gedrängt.

Entwicklung und Ablauf

Damit Gewitter entstehen können, muss die **Troposphäre labil geschichtet** sein. Wärmegewitter entwickeln sich in drei Stufen:

– das Cumulus- oder Aufbaustadium
– das Cumulonimbus- oder Reifestadium

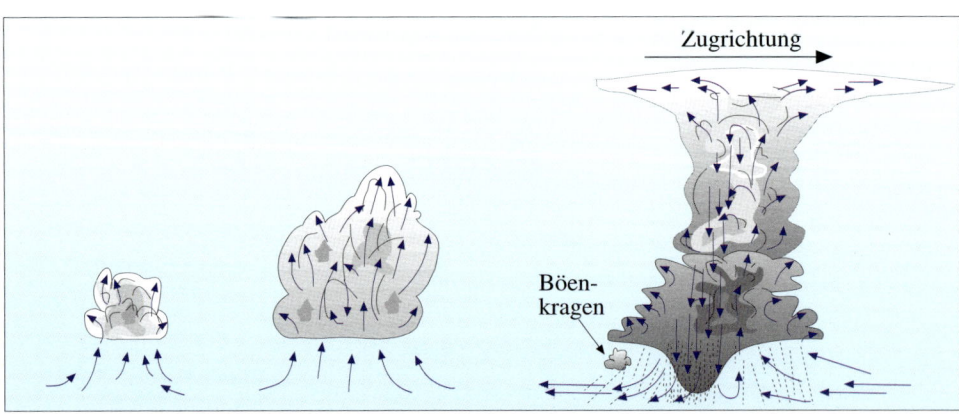

Schritt 1 Cumulus – Schritt 2 Cumulus congestus – Schritt 3 Cumulonimbus.

SBS-Fragen 305, 306; SKS-Fragen 7, 8, 19, 38, 54 (Wetter); 91 (Seemannschaft I)

Gewitter

– das Auflösestadium, in dem sich die Wolke zurückbildet

Intensive Sonnenstrahlung erhitzt feuchte Bodenluft. Sie steigt auf und bildet Cumuluswolken. Schnell wachsen sie an und bauen sich zu Cumulus congestus auf. Auch in ihnen erreicht der Aufwind schon beinahe 100 km/h. Von unten und den Seiten wird Luft nachgesaugt.

Bald hat sich der Cumulus congestus zu einer mächtigen Wolke ausgebildet, einer **Cumulonimbuswolke**. Sie reicht bis an die Tropopause. Die Tropopause ist deutlich wärmer als die Luft, die von unten kommt. Die aufgestiegene Luft prallt an diesem warmen Deckel ab und strömt nun seitwärts. So entsteht die typische Ambossform.

Wenig später setzt das eigentliche Gewitter mit Blitz, Donner und heftigem Niederschlag ein. Zuerst fällt er an der Rückseite des Gewitters. Denn hier bildet sich ein starker Abwind und reißt den Niederschlag mit zu Boden. Die Erdanziehung beschleunigt den Abwind so stark, dass Böen bis Orkanstärke niederkrachen können. Damit ist auch das **Auflösestadium** eingeleitet. Es ist erreicht, wenn es in der Wolke so stark regnet, dass der Auftrieb versiegt. Die Wolke fällt dann in sich zusammen.

Gewitter ziehen auf See mit dem Höhenwind. An ihrer Vorderseite strömt der Bodenwind hinein, an seiner Rückseite tritt die herabstürzende Kaltluft aus. Hier ist oft ein Böenkragen zu sehen.

Als gefährlichster Teil einer Gewitterzelle wird das **Hagelgebiet** angesehen, das sich in den meisten Fällen auf der linken Rückseite eines nahenden Gewitters befindet. Um einem Gewitter auszuweichen, sollte daher nach Steuerbord abgelaufen werden; das Gewitter soll also an der Backbordseite des Schiffes bleiben.

Welche Stärke die Gewitterböen erreichen, kann an Bord nicht vorhergesehen werden. Sofern möglich sollte jede Gewitterzelle großräumig umfahren werden.

Blitze sind Funken (Entladungen) sehr großen Ausmaßes. Blitze laufen ruckweise durch einen oft zickzackförmig verzweigten **Blitzkanal**. Er wurde durch schwächere Vorentladun-

gen zuvor aufgebaut. Der Blitzkanal ist nur wenige Zentimeter groß; nicht selten wird er von mehreren Blitzen genutzt.

Wenn Luft von einem Blitz getroffen wird, erhitzt sie auf 40 000 °C. Dadurch dehnt sie sich explosionsartig aus. Es entsteht eine Druckwelle, die in der Nähe des Blitzes als starkes Krachen, in mittlerer Entfernung als **Donner** und weit entfernt als Rollen zu hören ist. Donner und Rollen werden durch die Reflexion der Schallwellen an Wolken hervorgerufen; sie können bis zu 30 km weit hörbar sein.

Im Gegensatz dazu haben **Kugelblitze** das Aussehen eines leuchtenden Tennis- bis Fußballs, der sich relativ langsam rollend oder springend in Erdnähe fortbewegt und gelegentlich auch mit lautem Knall explodiert. Kugelblitze sind äußerst selten.

Die **Häufigkeit von Gewittern** nimmt von den Tropen zu den höheren Breiten hin ab. Während in der Äquatorialzone bis zu 160 Gewitter pro Jahr gezählt werden, rechnet man in mittleren Breiten mit etwa 15 bis 30 Gewittertagen. In Polargegenden gibt es nur sehr selten Gewitter.

Verhaltensregeln bei Gefahr von Blitzschlag

– Unter Deck ist der sicherste Platz. Anders als ein Auto ist ein Kunststoffboot aber kein faradayscher Käfig; die Kajüte bietet keinen absolut sicheren Schutz vor Blitzschlag.
– Möglichst zwei Meter Abstand vom Mast (unter Deck auch von Püttings), Wanten, Stagen und Baum halten. Schuhe mit Gummisohlen tragen.
– Nicht ankern; die Kette kann zum Blitzableiter werden.
– Badende müssen das Wasser verlassen (Lebensgefahr).
– Blitzschlag (auch in der Nähe des Schiffes) kann Navigationsanlagen, Maschine, Kompass und auch das Ruder beschädigen.
– Im Hafen: Elektro-Landanschluss einholen; falls elektrisch leitende Festmacher ausgebracht sind, diese ebenfalls ersetzen.

Vorhersage an Bord

Wetterregeln

Wetterregeln sind für zwei Fälle gedacht – um

– das örtliche Wettergeschehen zu deuten und vorherzusagen
– Wetterkarten zu interpretieren

Diese Wetterregeln fassen dieses Kapitel noch einmal zusammen. Sie gelten auf der Nord- und Ostsee mit hoher Wahrscheinlichkeit, sind jedoch auf dem Mittelmeer nicht immer anwendbar. Eine kurze Beschreibung des typischen Wetters auf der Nordsee, der Ostsee und dem Mittelmeer findet der Leser auf Seite 162 ff.

1. Böen
– In stabiler Schichtung sind Böen von einer Windstärke über dem Mittelwind möglich.
– Labile Luftmassen kommen aus dem West- bis Nordsektor und bringen Böen mit zwei Windstärken über dem Mittelwind.
– In Böenwalzen weist die dunkle Farbe nur auf große Feuchte hin; die weiße Farbe der Wolke zeigt, wo die Bö zu erwarten ist.
– In einem Trog sind Böen von vier Windstärken über dem Mittelwind möglich.

2. Windregeln
(nur für die Nordhalbkugel)

Die Windregeln mit ✳ ergeben sich aus der Abbildung unten.

✳ Solange sich das Tief von West nach Ost bewegt, wird der auf der Südseite in das Tief wehende Wind um die Zuggeschwindigkeit des Tiefs verstärkt. Die gefährlichere Seite eines Tiefs ist dann seine Südseite.
✳ Dreht der Wind in der Höhe recht, so liegt man auf der Vorderseite des Tiefs.
✳ Hinter dem Tief dreht der Höhenwind rück.

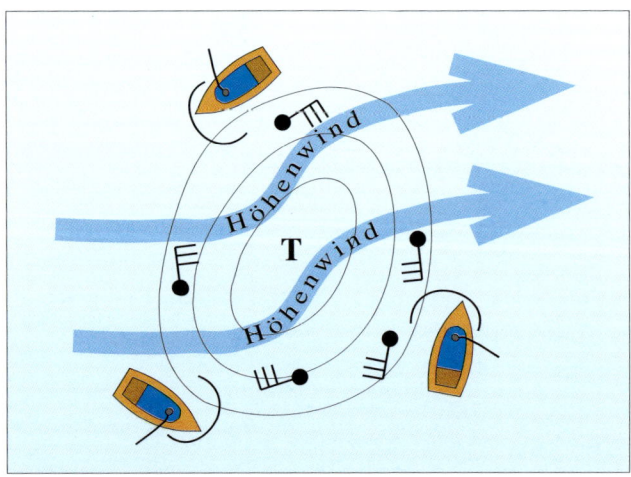

Die Zugbahn eines Tiefs ist am Höhenwind (Zugrichtung der hohen Wolken) erkennbar. Daraus ergeben sich die oben mit ✳ gekennzeichneten Windregeln.

✳ Südlich des Tiefs wehen Boden- und Höhenwind etwa in gleicher Richtung.
✳ Nördlich des Tiefs wehen Boden- und Höhenwind fast in entgegengesetzter Richtung.
✳ Nördlich des Tiefs dreht der Wind kontinuierlich rück; im Süden des Tiefs dreht der Wind (an Fronten deutlich) recht.
✳ Der Kern des Tiefs liegt vor dem Wind segelnd an Backbord etwa 20° vorlicher als querab (Barisches Windgesetz).
– **Kapeffekt**: In Luv eines Kaps oder einer Steilküste nimmt der Wind zu und verläuft oft parallel zur Küste; in Lee kann er umlaufen und abnehmen (Ausnahme: Fallwinde).

– **Düseneffekt**: Zwischen zwei Inseln kann Wind um zwei – in seltenen Extremfällen bis fünf – Windstärken zunehmen. Typische Regionen mit Düseneffekt sind die Straßen von Gibraltar, von Bonifacio und von Messina, die Inseln der Ägäis und der Westausgang des Skagerraks.
– **Leeeffekt**: In Lee von Gebirgen verändert sich das Windfeld. Auswirkungen sind bis zum 10- bis (maximal) 30-fachen der Gebirgshöhe messbar.

3. Wetterentwicklung
– Ändert tagelang konstant wehender Wind seine Richtung, so ändert sich auch das Wetter.
– Abends auffrischender Wind bringt häufig eine Wetterverschlechterung.
– Schneller Bewölkungsaufzug aus einer vom Bodenwind abweichenden Richtung bringt schlechtes Wetter.

4. Luftdruckregeln
– In einem stationären Hoch schwankt der Luftdruck alle zwölf Stunden um 0,5 bis 1 hPa. Ist der Tagesgang (Hoch am Vormittag, Tief am Nachmittag) nicht gestört, hält das gute Wetter an.
– Ziehen Tiefs und Zwischenhochs über uns hinweg, so ist die tägliche Luftdruckschwankung

SKS-Frage 56, 66, 70 – 72 (Wetter)

Wetterkarten auswerten

nicht mehr erkennbar.
– Schneller Druckanstieg bringt eine kurzzeitige Wetterbesserung (kaltes Hoch), langsamer, andauernder Anstieg eine dauerhafte Wetterbesserung (warmes Hoch).
– Ein Druckfall von vier hPa in drei Stunden führt in der Regel zu Windstärke sechs bis acht. Zehn hPa Druckfall in drei Stunden ergeben Windstärke zehn bis elf.

5. Guilbert-Großmann-Regel
– Ein Tief zieht häufig binnen 24 Stunden an die Stätte des ihm vorausziehenden Zwischenhochs (und umgekehrt).
– Freitags-Sonntags-Regel: Freitags und sonntags herrscht oft das gleiche Wetter.

Die folgenden Wetterregeln helfen bei der Deutung von Wetterkarten. Informationen zur Auswertung eines amtlichen Wetterberichts findet der Leser auf Seite 171.

1. Zyklonen
– Zyklonen kommen von Westen und ziehen nach E–NE–N.
– Flache Tiefs können sich rasch (mit 30 – 40 kn) verlagern.
– Junge Tiefs erreichen ca. 20 kn. Dabei bewegen sie sich in Richtung

der Isobaren im Warmluftsektor.
– Okkludierte Tiefs verlagern sich langsam (ca. 10 kn) nach Norden.
– Im Sommer ziehen alle Tiefs etwa 5 – 10 kn langsamer.
– Okkludierte Tiefs können auch zu einem steuernden Tief werden, an dessen Rand (Kaltfront) sich neue, flache Randtiefs entwickeln. Sie kreisen rasch gegen den Uhrzeigersinn um das Muttertief, bis sie sich mit ihm vereinigen.
– Eine sich auffüllende Zyklone zieht langsamer als eine sich vertiefende.
– Je mehr Isobaren ein Tief besitzt oder je stärker die Isobaren ge-

Mistral auf dem Mittelmeer; das Foto entstand vor der französischen Küste bei ablandigem Wind. Auf offener See sind die Wellen deutlich höher und der Wind ist stärker.

krümmt sind, umso träger bewegt es sich voran.
– Nähert sich ein Tief einem Hoch, so wird es stationär und schwächt sich ab. Gleichzeitig nimmt an seiner Vorderseite der Wind zu.
– Voll entwickelte Sturmtiefs bewegen sich in Richtung des stärksten Windes.
– Tiefs kommen häufig in Familien mit vier bis fünf Mitgliedern vor, die jeweils durch ein Zwischenhoch voneinander getrennt sind.
– Eine Tiefdruckrinne verbindet zwei etwa gleich große Tiefs; sie kreisen hantelförmig umeinander.
– Ein Rand- oder ein Teil-

tief ist mit dem Muttertief durch eine gemeinsame Isobare verbunden.

2. Fronten
– Fronten verlagern sich in Richtung des Windes hinter ihnen.
– Kaltfronten verlagern sich mit der Geschwindigkeit des Bodenwindes hinter ihnen, Warmfronten etwas langsamer als Kaltfronten.
– Je mehr Isobaren eine Front schneidet, umso rascher bewegt sie sich; je weniger sie schneidet, umso langsamer ist sie.
– Isobarenparallele Fronten verlagern sich nicht.
– Bei Annäherung an ein Hochdruckgebiet wird eine Front langsamer und löst sich dann auf.
– Bei Annäherung an einen Trog intensiviert sich eine Front.

3. Hochs
– Kalte Hochs bewegen sich schneller als warme.
– Ein festliegendes Hoch wird oft von kleinen Hochs im Uhrzeigersinn umkreist.
– Ein Hochdruckkeil ist oft ein Zeichen für anhaltend gutes Wetter.

SKS-Fragen 68, 69 (Wetter)

Das Wetter auf der Nordsee

Typisches Nordsee-Wetter

Die Nordsee liegt in der Westwindzone. Dennoch gibt es kein einheitliches Wetter. Die **mittlere Windstärke** nimmt von Südost nach Nordwest zu. Im Sommer weht in küstennahen Gebieten meist **schwacher Wind** (höchstens Windstärke drei mit 65 % Wahrscheinlichkeit). Auf freier See herrscht nur noch in 50 % aller Fälle Schwachwind. **Stürme** dauern zumeist nicht länger als einen Tag. Der erste Sommersturm kommt im Allgemeinen erst im Juli oder August. Im Oktober herrscht im statistischen Mittel an vier Tagen Sturm. Im Winter ist auf der Nordsee mit lang anhaltendem, schwerem Sturm zu rechnen.

Nebel kann – außer im Hochsommer – immer auftreten. Er dauert im Mittel jedoch höchstens drei Stunden an. Die driftenden Nebelbänke auf See werden – wie erwähnt – von kalten Eiern, eng begrenzten Kaltwasserzonen, hervorgerufen. Die über das kalte Wasser strömende Luft kühlt ab, wird feucht und kondensiert schließlich. Hiervon ist auch das **Helgoländer Seegebiet** betroffen, wo die Gezeitenströme aus fünfzig Meter Tiefe kaltes Tiefenwasser

an die Oberfläche spülen (siehe Seite 144). Im Spätsommer und Herbst verhüllt oft dichter Nebel die Insel (Nebelschallsignal auf der Mole des Vorhafens).

Wenn im Frühsommer das Wasser noch deutlich kälter als die Luft ist, kühlt der warme SW-Wind über der Nordsee ab und erzeugt **Frühjahrsnebel**. Im Herbst dagegen wärmen sich polare Kaltluftmassen über der noch warmen Nordsee auf und sättigen sich mit Feuchtigkeit. So entsteht eine flache, dauerhafte **Herbstnebelschicht**, die oft erst vom nächsten Hoch beseitigt wird.

Sommergewitter gehen in Küstenregionen regelmäßig nieder; mit zwei bis drei Gewittertagen pro Monat muss immer gerechnet werden; auf See sind Gewitter seltener. Die Gewitter sind zwar nur von kurzer Dauer, oft aber sehr heftig.

Gefährlich sind die **Seegatten** zwischen den Inseln bei westlichem Starkwind. Wegen des **Düseneffektes** kann hier die Windstärke noch zunehmen. Wenn dann der Gezeitenstrom gegen den Wind läuft (Ebbe), entsteht hier ein katastrophaler Seegang, der schon bei Windstärke sechs Fischkutter versenken kann.

Man sollte bei solchem Wetter besser Helgoland anlaufen. Immense **Grundseen** können sich auch auf den Sandbänken vor den Inseln und Flussmündungen bilden. Die Wellen brechen häufig an der Zehn-Meter-Tiefenlinie. Hier sei an den deutschen Seenotkreuzer *Alfried Krupp* erinnert, der 1995 vor Borkum durchkenterte und dabei zwei Männer verlor.

An der **holländischen Nordseeküste** ist das Wetter häufig besser als an der deutschen. Nirgends auf der ganzen Nordsee scheint die Sonne länger als hier. Aber in Holland gibt es auch viele Flautentage – dreimal so viel wie bei Helgoland. Typisch sind auch hier die Wärmegewitter. Im IJsselmeer überraschen steile Wellen manche Wassersportler.

Das **englische Wetter** ist besser als sein Ruf. England – besonders das „grüne Paradies im Südwesten" – profitiert vom Azorenhoch und dem Golfstrom. Dessen Ausläufer erreichen sogar die Orkneyinseln.

Die englische und die schottische Nordseeküste bieten bei Westwindlagen etwas Schutz vor den atlantischen Tiefs, die ja immer wieder über die Nordsee hinwegziehen.

Skandinavien ist ihnen schutzlos ausgesetzt. Die Verhältnisse vor der **dänischen Nordseeküste** sind zwar mit denen vor der britischen Nordseeküste vergleichbar. Allerdings weht der Wind hier auflandig und es gibt nur wenige Häfen, die man notfalls anlaufen könnte. Die „Jammerbucht" vor dem nördlichen Jütland spricht Bände.

Das **Skagerrak** ist aus mehreren Gründen gefürchtet. Zunächst wegen seiner Wellen, die bei anhaltendem SW-Wind ausgehend vom Ärmelkanal eine etwa 800 km lange Anlaufstrecke haben. Gleichzeitig setzt vor der südnorwegischen Küste ein starker SW-Strom und baut hier an verschiedenen Stellen Seegang auf, dem eine Yacht eindeutig nicht mehr gewachsen ist.

Am gegenüberliegenden Ufer, nördlich von Skagen, treffen die Wellensysteme aus der Nordsee und dem Kattegat aufeinander – ein Schiff, das dann auf die Sandbank nördlich der Halbinsel Grenen kommt, ist kaum mehr zu retten.

Schließlich ist das **Skagerraktief** zu erwähnen. Von Island heranziehende Tiefdruckgebiete teilen sich manchmal: Eines läuft die westnorwegische Küste nordwärts. Der andere Teil

Das Wetter auf der Ostsee

entwickelt sich zum Skagerraktief, einem klassischen Teiltief, das dem Westausgang des Skagerraks und der mittleren Nordsee Sturm (Gefahr von Trogbildung) und der Ostsee stürmischen Wind beschert. An der südnorwegischen Küste muss dann mit gefährlichen Böen gerechnet werden. Sogar im geschützten Oslofjord kann es äußerst unangenehm werden.

Auch ein kräftiges Hoch über Skandinavien kann dem Oslofjord, dem Skagerrak und der norwegischen Küste Sturm bringen.

Meteorologische Begriffe

Streng genommen versteht man unter **Wetter** den Zustand der Atmosphäre zu einem bestimmten Zeitpunkt an einem bestimmten Ort. Der zeitliche Ablauf des Wetters wird auch **Wettergeschehen** genannt.

Mit dem Begriff **Witterung** meint man das typische oder vorherrschende Wettergeschehen innerhalb eines bestimmten Zeitraums. Er kann sich über wenige Tage erstrecken, aber auch eine ganze Jahreszeit umfassen.

Das Wort **Klima** stammt aus dem Griechischen und bedeutet eigentlich Neigung der Erde zu den Polen. Es bezeichnet die Gesamtheit der meteorologischen Erscheinungen oder Witterungen in einem Gebiet. Das Klima ergibt sich aus langjährigen Wetterbeobachtungen. Das Klima auf einem Meer oder Ozean wird in **Monatskarten** (Seite 74) beschrieben. Die Angaben zu Windrichtung und -stärke, Luft- und Wassertemperaturen, zu Treibeisgrenzen, Wellenhöhen, Meeresströmen usw. sind Durchschnittswerte jahrzehntelanger Beobachtungen.

Ostsee-Wetter

Durchschnittlich Windstärke drei weht im Sommerhalbjahr auf der Ostsee. Starkwind hat 7 bis 11 %, Sturm nur 1 % Wahrscheinlichkeit. Lokale Wind- und Wettersysteme sind häufig anzutreffen. Über der Dänischen Südsee lacht oft die Sonne, während an der deutschen Ostseeküste viele Wolken den Himmel bedecken.

Auf der Ostsee überwiegen westliche Winde. Bei Westwindlage herrscht wechselhaftes Wetter. Es wird dann von Tiefs und Zwischenhochs geprägt, die im steten Wechsel über die Ostsee hinwegziehen. Ostwind bläst aus einem Hoch über Skandinavien oder Osteuropa und bringt schönes Urlaubswetter. Die Ostsee ist geschützter als die Nordsee, die Wellen sind kleiner, der Wind oft um ein bis zwei Stärken schwächer. Nebel verhüllt die Ostsee selten und dann meist nur in Küstennähe.

Die Ostsee ist ein reizvolles Revier mit einer riesigen Anzahl schöner Häfen. Damit ist sie für den Einstieg in den Yachtsport – insbesondere für Familien mit Kindern – sehr gut geeignet, allerdings besser nicht im April oder Oktober.

Bei Südwestwind ist auf der Nord- und der Ostsee mit Frühjahrsnebel zu rechnen.

SKS-Frage 78 (Wetter)

Das Wetter auf dem Mittelmeer

Die Westwinddrift beeinflusst das Mittelmeerwetter im Sommer nicht. Das Azorenhoch und die bis zu 3000 Meter hohen Pyrenäen und Alpen schützen es vor Kaltluftvorstößen und den Tiefdruckgebieten, die über den Atlantik ostwärts ziehen. **Stürme** treten seltener auf als auf dem Nordatlantik, dauern nicht so lange und breiten sich nicht so weit aus.

Die für den Westwindgürtel typischen Wolkenformationen, die den Aufzug einer Front ankündigen, kommen im Mittelmeer kaum vor. **Aufzüge schlechten Wetters** entwickeln sich

sehr rasch. Sie kündigen sich oftmals durch fallenden Luftdruck und dichte Bewölkung an.

Nebel gibt es auf dem Mittelmeer nur selten. Starker Dunst ist dagegen auch im Sommer relativ häufig und auch er kann die Sicht etwas einschränken.

Gewitter sind im Frühjahr über dem Mittelmeer die Ausnahme, sie können im Sommer und verstärkt im Herbst auftreten. Im Sommer kann der Scirocco Gewitter mit starkem Niederschlag bringen. Regen dämpft zwar den Seegang, vermindert aber auch die

Sicht. Die Adria ist berüchtigt wegen ihrer unwetterartigen Sommergewitter. Während im Sommer die meisten Gewitter in Küstennähe vorkommen, ist auf See der Herbst für Gewitter prädestiniert (labile Schichtung, kalte Luft über warmem Wasser).

Im **Winterhalbjahr** können alle Regionen des Mittelmeers von orkanartigen Stürmen heimgesucht werden. Yachten sollten das Mittelmeer dann grundsätzlich nicht befahren. Von Mai bis September ist das Mittelmeer ein sehr reizvolles Revier.

Ein einheitliches Mittelmeerwetter gibt es nicht. Stattdessen bestimmen die vielerorts bis an die Küste heranreichenden Gebirgszüge das Wetter. Zusammen mit Buchten und hohen Steilküsten erzeugen sie lokale Effekte und damit saisonal sehr unterschiedliche Wetter- und Windverhältnisse.

Ein erstes Beispiel ist der woanders harmlose nächtliche **Landwind** (Seite 143). Im Mittelmeer kann er durch **Bergwind** deutlich verstärkt und mit heftigen Böen sogar gefährlich werden. Zwischen der milden Luft über dem Meer und der Kaltluft auf den Bergen klafft ein großer Tem-

peraturunterschied. Dazu beschleunigt die Schwerkraft den bergab wehenden Wind ganz erheblich. Davon sind die griechischen, kroatischen, ligurischen, südspanischen und marokkanischen Küsten betroffen.

Ein weiteres Beispiel sind die französischen Alpen und die Pyrenäen. Sie bilden einen Trichter; in dessen Mitte liegt das Zentralmassiv. Deshalb können südwärts strömende Luftmassen nur durch das Rhônetal und die Senke bei Carcassonne fließen. Diese Düsen beschleunigen die Luft mächtig. So entsteht **Mistral**, der im Februar den Golfe du Lion zu einem der stürmischsten Seegebiete der Erde macht – mit mehr und schwereren Stürmen als vor dem winterlichen Kap Hoorn!

Mistral

Die Römer tauften ihn ventus magistralis (Meisterwind), Mistral heißt er bei den Franzosen, Maestral in Spanien, Maestrale auf Italienisch.

Mistral erstreckt sich gewöhnlich nicht weit (10 bis 15 sm) auf das Mittelmeer hinaus. Wenn aber ein Tief über Italien oder der Adria und gleichzeitig

Sommerliche Gleitfahrt auf dem Mittelmeer. Die flache, breite Rumpfkonstruktion wird überwiegend von hydrodynamischen Auftriebskomponenten getragen und erreicht auf glattem Wasser hohe Geschwindigkeiten. Bei höheren Wellen schlägt sie hart auf, was Boot und Insassen entsprechend beansprucht. Das Boot ist leicht achterlich getrimmt, sodass die benetzte Rumpffläche klein und der Reibungswiderstand gering ist.

SKS-Fragen 36 – 38 (Wetter); 2, 28, 29 (Seemannschaft II)

Das Wetter auf dem Mittelmeer

ein Hoch über Spanien oder der Biskaya liegt, dann beherrscht der Mistral fast das ganze westliche Mittelmeer.

Mistral dauert im Mittel 3,5 Tage. Er tritt verstärkt im Winter auf, seine Böen können aber auch im Sommer Orkanstärke erreichen. Er verändert sich durch thermische Effekte im Verlauf eines Tages und erreicht seine größte Stärke gegen 12:00 Uhr Ortszeit.

Seine Richtungen sind im Golfe du Lion N–NW, um die Balearen N–NNE, im Golf von Genua W–SW und in der Straße von Bonifacio (Korsika) NW–W. Der Mistral ist auch in der Bucht von Ciotat zwischen Marseille und Toulon sowie im Hafen von Bastia (Korsika) berüchtigt, wo schon Windstärke elf gemessen wurde. Er kann lokale Effekte hervorrufen – etwa stürmische Fallwinde an Steilküsten Kataloniens –, sich aber auch als Starkwind bis Nordafrika oder Sizilien auswirken.

Bora

Die Bora ist ein gefürchteter Fallwind in der nördlichen Adria. An der kroatischen Küste, wo hohe Berge dicht am Meer liegen, ist sie äußerst gefährlich;

vorgelagerte Küstenebenen vermindern die Windstärke. In manchen Tälern dagegen verstärken Düseneffekte die Bora so sehr, dass dort nicht einmal mehr Bäume wachsen können. Fallwinde und Düseneffekte verlieren aber drei bis fünf sm vor der Küste deutlich an Wirkung. Dennoch kann die Bora bis an die italienische Küste wehen – der Abschnitt zwischen Ancona und Venedig ist besonders betroffen.

Im Winter kann Bora einige Tage lang andauern, im Sommer sind wenige Stunden typisch. Gelegentlich ist die Bora nur eine einzige Sturmbö, vor- und nachher herrscht schwacher Wind. Die Bora weht in den Wintermonaten besonders heftig (bis 100 kn!), wenn sich ein kaltes Hoch über dem Festland und ein Tief über dem warmen Mittelmeer bilden.

Bei **zyklonaler Bora** bestimmt die Mittelmeerzyklone das Wetter. Dann beherrschen Fronten mit ihren typischen Wolkenbildern (Seite 152 ff.) das Wettergeschehen. Die Warmfront bringt ergiebige Niederschläge, während an der Kaltfront Orkanböen auftreten können. Warnzeichen sind deutliche Luftdruckabnahme und warme, diesige Luft.

Dominiert der Einfluss des Hochs, nennt man die Bora antizyklonal. Die Bora ist dann frontenfrei und gilt als weniger gefährlich, obgleich auch die **antizyklonale Bora** schweren Sturm (50 kn) und Orkanböen mit sich bringen kann.

Die aus dem Hoch strömende kalte Festlandsluft bildet Wolkenbänke, die an den Bergkämmen hängen und von der Küste aus sichtbar sind. Weil die Luft bergab weht, erwärmt sie sich. Sie trocknet und wird völlig wolkenlos. Erst weit vor der Küste, nachdem die Luft lange über das warme Wasser geweht ist, bilden sich wieder Cumuluswolken. Der Himmel ist tiefblau, es herrscht ausgezeichnete Fernsicht. Es gibt daher kaum eine War-

nung vor den plötzlich einsetzenden, heftigen Fallböen, die von Kaltluftvorstößen ausgelöst werden. Die Bora kann für Yachten äußerst gefährlich werden. Weht sie quer über die Adria, bietet auch die italienische Küste keinen Schutz.

Etesien (griechisch) oder Meltemi (türkisch)

Dies sind nordöstliche Winde in der nördlichen Ägäis und nordwestliche Winde nahe Rhodos und der türkischen Südküste. Sie bringen sehr gute Sicht und wolkenlosen Himmel. Meltemi/Etesien kommt von Mai bis September vor und ist im Juli und August am stärksten (morgens Windstärke drei bis vier, abends bis Stärke zehn).

Nachmittägliche Thermik über Palma de Mallorca

Das Wetter auf dem Mittelmeer

Scirocco

Scirocco nennt man die sehr warmen oder heißen südlichen Winde, die in den Wüsten Nordafrikas und Arabiens entstehen und in alle Teile des Mittelmeers wehen können. Scirocco kommt im April und Mai besonders oft vor, kann sich aber auch in den übrigen Monaten bilden. Der italienische Name Scirocco ist die allgemeine Bezeichnung, der Wind heißt auch

– Samun im Libanon
– Sharki in Israel
– Khamsin in Ägypten
– Ghibli in Libyen
– Chili in Tunesien, Algerien und Marocco
– Leveche in Spanien
– Marin in Frankreich

Vor der afrikanischen Küste ist der Scirocco ein Sandsturm; die Sicht beträgt weniger als hundert Meter. Auf hoher See vermischen sich Sand und Regen und überziehen das Deck mit einer rutschigen Dreckschicht.

Als Wüstenwind ist der Scirocco zunächst sehr heiß und extrem trocken. Der Himmel ist dann wolkenlos, aber der Sand lässt ihn grau und die Sonne dunkelrot erscheinen. Über dem Meer nimmt die Luft große Mengen an Feuchtigkeit auf; es bildet sich eine schwüle, feucht-warme Luftmasse. Auf den Balearen sind die Straßen bei Scirocco manchmal genauso feucht wie nach einem Regen. Die in der Wüste aufgeheizte Luft ist vor allem am Boden sehr heiß, in der Höhe nimmt die Temperatur ab. Diese Schichtung heißt **feucht-labil**; die warme, feuchte Luft kann leicht bis in große Höhe aufsteigen.

Das erklärt auch, warum sich bei Scirocco viele Gewitterzellen (mit schweren Böen) bilden und warum in den nördlichen Teilen des Mittelmeers niedrige Wolkendecken und ergiebige Niederschläge typisch für Scirocco sind.

Der quer über das Mittelmeer laufende Seegang erreicht im Golf von Genua die größte Höhe (charakteristische Wellenhöhe vier bis sechs Meter). Durch den Winddruck kann zudem der Wasserstand um drei bis vier Meter ansteigen. So ist im Hafen von Genua schon erheblicher Schaden entstanden. Auch in der Adria sowie zwischen den Meerengen des Dodekanes können schwere Stürme und hohe Seen auftreten.

Scirocco-Auswirkungen sind gelegentlich sogar in Süddeutschland zu beobachten, wenn „Blutregen" rötlichen Saharastaub auf Autos ablagert.

Vendaval und Levanter

Das afrikanische Atlasgebirge und das spanische Hochland formen einen Engpass. In der Straße von Gibraltar kann der Düseneffekt den Wind um zwei bis drei Stärken erhöhen.

Westliche Winde werden hier **Vendaval**, östliche Winde **Levanter** genannt. Auf der Höhe Gibraltars können starke Böen und erhebliche Strömungen vorkommen. Sie verursachen steile, hohe Seen. Östliche Winde rufen vor Gibraltar stürmische Fallwinde mit Verwirbelungen hervor. Sie können bei der Ansteuerung Gibraltars sogar für kleinere Frachtschiffe unangenehm werden.

Libeccio, Gregale

Der **Libeccio** beherrscht das Tyrrhenische und das Ligurische Meer. Er weht das ganze Jahr über beständig aus West bis Südwest und kann an der Süd- und der Westküste Italiens raue See erzeugen. In der Straße von Bonifacio erreicht er durch den Düseneffekt sogar Sturmstärke. An der Westküste Korsikas tritt unangenehmer Seegang auf. Berüchtigt sind die heftigen Böenwalzen (Raggiature).

Der **Gregale** ist ein starker Nordostwind, der in der kühlen Jahreszeit im westlichen Mittelmeer und bei Malta weht. Er kommt aus dem griechischen oder albanischen Bergland und kann vor Malta Wellen von bis zu sieben Meter Höhe erzeugen. Häfen im Nordosten der Insel bieten dann keinen guten Schutz. Der Gregale kommt nicht im Sommer vor.

Herbststürme bei den Balearen

Im September und Oktober können um die Balearen Herbststürme von Stärke elf mit schwerem Seegang auftreten. Sie haben sogar schon im Hafen Schiffe versenkt.

Steganlagen sind aus der Verankerung gerissen, ankernde Schiffe vertrieben und Buchten in kurzer Zeit versandet. Die **gota fria** (kalter Tropfen) genannten Stürme dauern zwar oft nur eine halbe bis eine Stunde, können aber gleichwohl verheerenden Schaden anrichten.

Seegang

Wind erzeugt Seegang. Der Wind wird durch Bodenreibung abgebremst; die Energie geht aber nicht verloren, sie verlagert sich vom Wind auf das Wasser und zeigt sich dort als Wellen. Eine Welle transportiert Energie, kein Wasser; das Wasser wird nur angehoben. Die Energie einer Welle äußert sich in ihrer Höhe und in ihrer Geschwindigkeit. Je höher oder schneller die Welle, desto mehr Energie enthält sie. Welche Energie in Wellen stecken kann, offenbart sich, wenn an einer Hafenmole Tonnen von Wasser meterhoch aufspritzen.

Seegang, der durch den herrschenden Wind gebildet wird, heißt **Windsee**. Charakteristisch für Windsee sind spitze Wellenkämme. Flaut der Wind ab, verschwinden zuerst die Spitzen der Wellen. Übrig bleiben schließlich längere, abgerundete Wellen, die so genannte **Dünung**.

Die Wellen der Windsee unterscheiden sich in Länge und Höhe. Je größer die Länge, desto schneller die Welle. Deshalb überholen – und überlagern – sich Wellen ständig; sie interferieren. Wellenkamm auf Wellenkamm addiert die Höhe, Wellenkamm auf Wellental lässt die Welle verschwinden.

Dünung und Windsee aus verschiedenen Richtungen erzeugt **Kreuzsee**. In Trögen, beim Kern eines Tiefs und hinter Kaltfronten kann Kreuzsee auftreten. Sehr hohe Einzelwellen (Summe der beiden Einzelwellen) können gefährlich werden.

Flaches Wasser bremst die Wellen. Weil die Energie nicht verloren geht, wachsen die Wellen in die Höhe. Und weil sich die Wellenlänge infolge der geringeren Geschwindigkeit verkürzt, werden die Wellen steiler. Dieser Seegang heißt **Grundsee**. Sie entsteht, wenn die Wassertiefe die halbe **Wellenlänge** λ unterschreitet. Übersteigt die Höhe der Wellen ein Siebtel ihrer Länge, brechen Wellen (**Brandung**).

Das erklärt auch **Tsunamis** (japan. Hafenwellen). Sie entstehen durch Erdbeben auf dem Meeresgrund. Von dort aus breiten sich kreisförmig Wellen aus – etwa einen halben Meter hoch, mit einem Wellental voran und extrem schnell. Bis zu 1000 km/h können sie erreichen – je tiefer das Beben, desto schneller die Wellen und je stärker das Beben, desto höher die Wellen. An flachen Küsten bremsen die Wellen ab und wachsen in die Höhe; doch zuerst zieht das Wellental voran das Wasser zurück.

Die **charakteristische (oder kennzeichnende) Wellenhöhe Hc** bezeichnet die durchschnittliche Höhe des höchsten Drittels aller Wellen im Seegang. Etwa 13,5 % aller Wellen sind höher als die charakteristische Wellenhöhe, 1 % übersteigt das 1,5-fache der charakteristischen Wellenhöhe. Die charakteristische Wellenhöhe in ausgereifter Windsee bei Windstärke fünf kann zwei Meter, bei Windstärke sieben sechs Meter und bei Windstärke neun zwölf Meter betragen.

Drei Faktoren beeinflussen die Höhe der Windsee: die Wassertiefe, wie lange der Wind weht und der **Fetch** (Anlaufstrecke der Wellen). Windstärke sieben erzeugt eine charakteristische Wellenhöhe von sechs Meter – bei 72 Stunden Wirkdauer, 60 Meter Wassertiefe und 800 km Fetch.

Weil in flachem Wasser Wellen langsamer werden, ändert sich auch ihre Laufrichtung. Auf flachem Wasser bleiben die landwärtigen Wellenteile hinter den seewärtigen zurück (**Refraktion**). Die Wellen richten sich parallel zu den Tiefenlinien aus. Wellen, die in tiefem Wasser parallel zur Küste laufen, schwenken auf flacherem Wasser zur Küste hin und kommen quer zum Wind an Land.

Ist es in Lee einer kleineren Insel flach, so laufen bei hohem Seegang dort die Wellen zusammen. Sie überlagern sich und es entstehen kurze, steile Wellen.

Setzt Strom in Windrichtung, bleiben die Wellen kleiner, weil die Bodenreibung des Windes geringer ist. Wellen, die in ein Gebiet hineinlaufen, in dem Strom setzt, werden mit dem Strom flacher und länger. Gegen einen Strom nimmt die Länge ab und die Wellenhöhe steigt, die Wellen sind steiler. Die See ist **kabbelig**. Das ist typisch für Flüsse und die Seegatten in der Nordsee.

Besonders hohe Einzelwellen heißen **Kaventsmänner**. Geschichten über Kaventsmänner wurden lange Zeit für Seemannsgarn gehalten – bis an Bohrinseln Messeinrichtungen installiert wurden. Seitdem ist nachgewiesen, dass auf der Nordsee Wellenhöhen von 28 Metern vorkommen können – ein zehngeschossiges Haus!

Nach Berechnungen von Prof. Al Osborne (Los Angeles) kann eine drei Meter hohe Welle mit einer Kraft von 1,5 Tonnen pro Quadratmeter gegen ein Schiff schlagen und eine Zwölf-Meter-Welle sechs Tonnen Seeschlag erzeugen.

SBS-Frage 275; SKS-Fragen 59, 60, 82– 96 (Wetter); 102, 107 (Seemannschaft I); 84, 87 (Seemannschaft II)

Luftdruck- und Windmessung

Allgemeine meteorologische Messgeräte

Früher wurde der Luftdruck mit einem **Quecksilber-Barometer** gemessen. Die Höhe einer Quecksilbersäule beträgt bei Normaldruck 760 mm. Heute werden **Aneroid-** oder **Dosenbarometer** verwendet. Hier verformt der Luftdruck luftleere Metalldosen. Die Verformung wird durch ein Hebelsystem verstärkt und mit einem Zeiger wird der Luftdruck angezeigt. Die Einheit ist Hektopascal (hPa); bei 1 013,25 hPa herrscht Normaldruck.

Dosenbarometer zählen zum Standardangebot aller Schiffsausrüster. Doch die meisten reagieren nur träge. Damit sich überhaupt etwas bewegt, klopfen manche gegen die Scheibe – keine gute Messmethode. Die Feuchte an Bord bekommt vielen Dosenbarometern auch nicht gut. Zudem wird das glänzende Messing an Bord schnell unansehnlich. Dosenbarometer sind für eine Yacht nur eine Notlösung.

Hygrometer messen die Feuchte über die Längenänderung eines entfetteten menschlichen Haares. An Bord sind sie nicht einsetzbar, weil sich Salzkristalle am Haar ablagern und die Messung verfälschen.

Bordtaugliche meteorologische Messgeräte

Ideal für die Luftdruckbeobachtung an Bord ist ein **Marine-Barograf**. Er zeichnet eine Druckkurve auf. An ihr wird deutlich, wie sich der Luftdruck verändert hat. Die Druckkurve der vergangenen ein bis zwei Tage sollte immer sichtbar sein. Auch hier wird mit Dosen gemessen, ein guter Barograf arbeitet mit acht hochwertigen Dosen.

Sinkender Luftdruck kündigt an, dass sich das Wetter verschlechtern wird. Steigender Luftdruck weist auf eine Wetterbesserung hin. Fällt der Luftdruck um mehr als ein hPa pro Stunde, muss mit starkem Wind gerechnet werden. Auf der Nord- und Ostsee führen drei hPa Druckfall in zwei Stunden zu Windstärke sechs, zehn hPa Druckfall in drei Stunden zu Windstärke zehn.

Ein **Anemometer** misst die Windstärke. Auf dem Masttopp vieler Yachten rotiert ein Schalenkreuz (siehe Foto rechts außen). Die Windgeschwindigkeit wird in m/s oder kn angezeigt.

Die Windgeschwindigkeit nimmt mit der Höhe stark zu. Amtliche Messungen werden daher in genau zehn Meter Höhe durchgeführt und über zehn Minuten gemittelt. Welcher Mast ist genau zehn Meter hoch? Außerdem ändert sich bei jeder Krängung die Höhe des Schalenkreuzes. Stampft die Yacht, so pendelt das Schalenkreuz oben auf dem Mast ständig hin und her. Natürlich verfälscht auch der Fahrtwind das Messergebnis. Nur wenn das Anemometer mit dem Log verbunden ist, kann der wahre Wind angezeigt werden. Schließlich verwirbeln die Segel den Wind, vor dem Wind stärker als am Wind. Dennoch gehören Windmesser zu den beliebtesten Instrumenten auf Segelyachten.

Auf den meisten Handelsschiffen wird die Windstärke mithilfe der Beaufort-Skala aus dem Erscheinungsbild der Meeresoberfläche abgeleitet (siehe Seite 142). Manche Schiffe müssen regelmäßig Wetterdaten von See aus an die Wetterämter übermitteln. Auch dazu wird allein mit der Beaufort-Skala gearbeitet.

Bei labiler Schichtung treten häufig Böen auf. Böen sind Teile des Höhenwindes. Er ist erheblich stärker als der Bodenwind und gegenüber dem Bodenwind rechtgedreht. In Böen dreht der Wind daher auch am Boden immer etwas recht.

Bei schwacher bis mäßiger Labilität nimmt der Wind in Böen um zwei Windstärken zu, in einem Trog bekanntlich sogar um bis zu vier Windstärken. Es wäre natürlich falsch, dieses Maximum als Windstärke anzunehmen.

Auf einem bewegten Fahrzeug kann nur der **schein-**

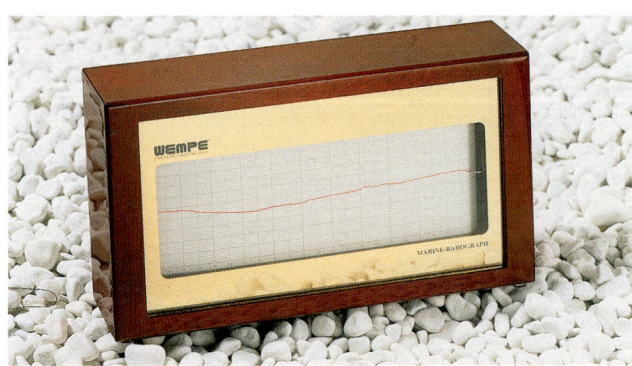

Marine-Barograf

Taupunktbestimmung

bare Wind gemessen werden. Dies ist die Vektorsumme aus **wahrem Wind** und **Fahrtwind** (Winddreieck, siehe Seite 196). Der scheinbare Wind kann an der Windanzeige, der Fahrtwind am Log abgelesen werden. Integrierte Geräte können daraus den wahren Wind berechnen.

Die meteorologischen Daten – Richtung und Stärke des wahren Windes, Luftdruck, Bewölkung, Niederschlag, Seegang, Strom – sollen alle zwei Stunden und bei jeder markanten Änderung im Logbuch vermerkt werden.

Auch an Bord kann die Temperatur von Luft und Wasser gemessen werden. Ein **Wasserthermometer** kann in das Log integriert sein, Badewasserthermometer und Pütz tun es auch. Die **Lufttemperatur** und

die **Luftfeuchte** werden an Bord mit einem **Schleuderpsychrometer** gemessen. Ein um einen Griff drehbares Gestell enthält zwei Thermometer. Über eines wird ein feuchter Strumpf gezogen und das Gestell 2 Minuten lang um den Griff gedreht. Dabei verdunstet Wasser aus dem Strumpf und kühlt das Thermometer darunter ab (Verdunstungskälte). Das freie Thermometer zeigt nach zwei Minuten die Lufttemperatur, das andere die Feuchttemperatur an. Einer Tabelle kann die relative Luftfeuchte und der Taupunkt entnommen werden.

Der **Taupunkt** gibt die Temperatur an, bei der die vorhandene Luft kondensiert (100 % Luftfeuchte). Liegt die Wassertemperatur unter dem Taupunkt, so ist mit Nebel zu rechnen.

Nebelvorhersage an Bord

Im Frühjahr wird sich bei ablandigem Wind über dem noch kalten Wasser Advektions- oder Kaltwassernebel bilden, wenn die warme Festlandsluft über freiem Wasser unter ihren Taupunkt abkühlt. Im Hafen ist die Sicht zwar noch gut, auf See dagegen stark eingeschränkt.

Bei einer Taupunkttemperatur von 14 °C ist mit Sichteinschränkung zu rechnen, wenn die Wasseroberflächentemperatur unter 14 °C liegt. Dann wird die über das Wasser streichende Luft unter ihren Taupunkt abgekühlt und bildet Nebel. Ist die Wasseroberflächentemperatur hingegen höher als der Taupunkt, so gibt es keinen Nebel. Liegt beispielsweise die Wasseroberflächentemperatur

7 °C unter dem Taupunkt, so bildet sich Nebel bei ablandigem Wind von 20 kn bereits nach 500 Metern.

Schwitzwasser

Ist die See noch kalt, kann sich in der Kajüte Schwitzwasser bilden. Die warme Innenluft wird an der kalten Bordwand (und den Scheiben) abgekühlt und kondensiert. Das Schwitzwasser läuft an der Bordwand in die Bilge. Da der Rumpf etwa so kalt wie das Wasser ist, bildet sich an ihm Schwitzwasser, sobald der Taupunkt der aufgeheizten Kajütluft über der Wassertemperatur liegt. Transportiert ein Schiff Getreide (Schüttgut), wird der Taupunkt der Laderaumluft bestimmt. Bei einer Fahrt durch zu kaltes Wasser würde das Getreide feucht und schimmeln.

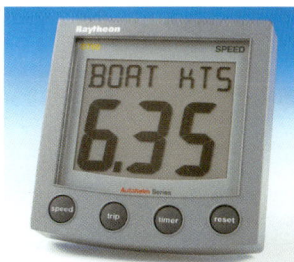  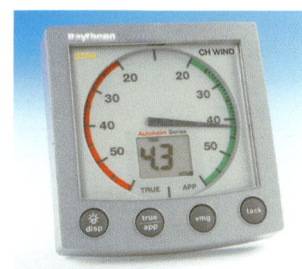 

Von links: Log, Windanzeige, Windlupe und Masteinheit. Das Log kann auch die Wassertemperatur anzeigen. Es liefert der Windanzeige den Fahrtwind, sodass diese wahlweise den wahren Wind oder den scheinbaren Wind angibt (Taste „TRU/APP"). Die Windlupe erlaubt genauestes Amwindsegeln; „VMG KNOTS" ist die Luvgeschwindigkeit. Die Masteinheit des Anemometers besteht aus Schalenkreuz und Windfahne, sie wird vor dem Topp montiert.

SKS-Fragen 51, 98 (Wetter)

Seewetterberichte empfangen

Vor jeder Fahrt sollte ein aktueller Seewetterbericht eingeholt werden. Er hängt oft am Hafenbüro aus. Dauert die Reise länger als einige Stunden, so sollten Wetterberichte sowie Starkwind- und Sturmwarnungen an Bord empfangen werden können. Wie man deutsche Seewetterberichte empfangen kann, steht im DWD-Merkblatt „Sturmwarnungen und Seewetterberichte für die Sport- und Küstenschifffahrt". Hier eine Übersicht über die grundsätzlichen Empfangsmöglichkeiten für Yachten.

1. Radiosender (z. B. NDR 4, DLF, DW) bringen auf Mittel- und Kurzwelle ausführliche Wetterberichte. Sie übertragen für die deutschen Seegebiete auch nautische Warnmeldungen. Der Empfang ist in weiten Teilen der Ost- und Nordsee möglich. Andere Länder bieten ähnliche Dienste, zumeist aber nur in der Landessprache.

2. Schriftliche Wettervorhersagen auf Englisch, die per NAVTEX (Navigational Telex, Seite 193) gesendet werden. Es wird ein NAVTEX-Empfänger benötigt.

3. Kürzer gefasste, gesprochene Wetterberichte. Sie werden von Küsten-

funkstellen über UKW-Sprechfunk ausgestrahlt. Hierfür ist ein UKW-Sprechfunkgerät erforderlich. Die Reichweite liegt bei etwa 30 sm.

4. Gedruckte Wetterberichte und Wetterkarten. Sie werden als Funkfernschreiben (F1B) auf Kurzwelle gesendet. Voraussetzung hierfür ist ein spezielles Empfangsgerät.

5. Wetterberichte für weit abgelegene Seegebiete werden über Satelliten ausgestrahlt und können weltweit zwischen 65° N und 65° S empfangen werden. Dazu sind ein INMARSAT-C-Empfänger und ein PC nötig.

6. Wetterkarten und Wetterberichte können per Telefon abgerufen und über Modem und PC angezeigt und ausgedruckt werden. Dazu werden ein Handy, Modem, PC (Laptop) sowie die SEEWIS-Software des Deutschen Wetterdienstes benötigt.

7. Seewetterberichte im Internet unter www.dwd.de Wetterkarten mit Vorhersagen, Analysen, Bodendruck und Höhenwetter, Wind, Wolken und Temperaturen bei wetter.com

8. Fax-Service des DWD.

9. Individuell erstellte, meteorologische Törnberatung durch den Deutschen Wetterdienst in Hamburg (geringe Gebühr). Die Törnberatung umfasst einen Zeitraum von 5 Tagen und wird telefonisch oder per Fax erteilt. Um einen reibungslosen Ablauf zu gewährleisten und ggf. individuelle Besonderheiten zu berücksichtigen, sollte die Beratung mindestens am Tag vorher angemeldet werden (Tel. 040 / 6690-1811; Fax -1947).

Auf der Nord- und Ostsee sind die erste und die dritte Möglichkeit üblich, da Radio- und Funkgeräte meist vorhanden sind. Auf dem Mittelmeer ist die vierte Möglichkeit interessant: aussagekräftige, gut gegliederte Wetterberichte in deutscher Sprache. NAVTEX und INMARSAT werden zunehmend auch in der Sportschifffahrt genutzt. Vorteil: weltweiter, vollautomatischer Empfang von Wettervorhersagen, keine Vorhersage wird mehr versäumt. Nachteil: Wetterlage und Stationsmeldungen sind nicht enthalten.

SEEWIS bietet zweifellos die umfassendsten Wetterinformationen für meteorologisch besonders interessierte Personen.

Die Admiralty List of Radio Signals Vol 3 (weltweit), der Jachtfunkdienst, der Nautische Funkdienst und die Merkblätter des DWD (nur Europa) enthalten die Sendezeiten, Frequenzen, Vorhersagegebiete der Seewetterberichte. Deutsche Seewetterberichte sind wie folgt gegliedert:

1. Starkwindwarnungen (near gale warning, ab 6 Bft), Sturmwarnungen (gale warning, ab 8 Bft), und Orkanwarnungen (ab 10 Bft); sie werden normalerweise sechs bis acht Stunden, bevor der Wind einsetzt, verbreitet
2. Wetterlage
3. Vorhersage für die nächsten 12 Stunden
4. Aussichten für die folgenden 12 Stunden
5. Stationsmeldungen

Bei Windvorhersagen sind Schwankungen möglich in

– Richtung: bis zu 2 Strich nach jeder Seite (bei NW von WNW bis NNW)
– Stärke: Böen bis zu 1 bis 2 Stärken über dem Mittelwind

Starke Böen (bei Kaltfronten und Troglagen) können Sturm- oder Orkanstärke erreichen. Sie werden als Schauer- und Gewitterböen angekündigt. Recht- oder rückdrehend bedeutet mindestens 45° Winddrehung.

SBS-Frage 293 – 295; SKS-Fragen 10, 12, 13, 52 – 55, 57, 58, 62, 64, 65 (Wetter)

Seewetterberichte auswerten

In Seewetterberichten gebräuchliche Beschreibung der Druckgebilde

Hoch
Druckwert im Schwerpunkt

festliegend,
verlagernd oder wandernd (100 – 150 sm / 24 h),
rasch wandernd (200 – 300 sm / 24 h),
abschwächend (fallender Druck),
verstärkend (steigender Druck),
ausweitend (mit Richtungsangabe)

Tief, Teiltief, Randtief, Trogtief
Druckwert im Schwerpunkt

festliegend,
langsam ziehend (ca. 5 –10 kn),
ziehend (ca. 20 kn),
rasch ziehend (ca. 30 – 40 kn),
abschwächend (steigender Druck),
rasch abschwächend (Anstieg mind. 4 hPa / 3 h),
vertiefend (fallender Druck),
stark vertiefend (Druckfall mind. 4 hPa / 3 h),
auffüllend (innerhalb von 12 Stunden keine
geschlossene Isobare mehr vorhanden)

Hochkeil, Keil
mehrere Druckwerte entlang der Keilachse

schwenkend, verlagernd, festliegend,
abschwächend (Druckfall),
verstärkend (Druckanstieg)

Kaltfront, Warmfront, Trog
Druckangabe entlang der Front

schwenkend, ziehend, festliegend,
abschwächend (Wetterwirksamkeit lässt nach,
Winddrehung schwächer),
verstärkend (Wetterwirksamkeit nimmt zu,
Winddrehung stärker)

Ausläufer
Druckangabe entlang der Front

oft für Okklusion benutzt,
Begriffe s. o.

Wettersymbole

=	diesig
☰	Nebel
؟	Sprühregen
•	Regen
•̽	Regenschauer
✳	Schnee
✳̽	Schneeschauer
▲	Hagel
△	Graupel
↦	Schneetreiben
⚡	Gewitter
⚡	Wetterleuchten

Stationsmeldungen (Beispiele)

16   1004

WNW 6, Regen, 16 Grad,
1004 hPa, Bedeckung: 4/8

18   1012

NE 5, diesig, 18 Grad,
1012 hPa, Bedeckung: 6/8

Sichtweite in Seewetterberichten

Dichter oder starker Nebel	0 – 200 m
Mäßiger Nebel	200 – 500 m
Leichter Nebel	500 – 1000 m
Stark diesig, schlechte Sicht	0,5 – 2 sm
Diesig, mäßige Sicht	2 – 5 sm
Mittlere Sicht	5 – 10 sm
Gute Sicht	über 10 sm

Himmel	Bedeckungsgrad
wolkenlos	0
sonnig	0 – 1/8
heiter	1/8 – 2/8
gering bewölkt	2/8 – 3/8
wolkig	4/8 – 6/8
stark bewölkt	6/8
fast bedeckt	7/8
bedeckt / trüb	8/8
wechselnd bewölkt	Rückseitenwetter

SBS-Frage 284; SKS-Fragen 4, 9, 41, 63 (Wetter)

4

SEEMANNSCHAFT

YACHTBAU, AUSRÜSTUNG

AUS DER THEORIE DES SEGELNS

AUS DER PRAXIS DES SEGELNS

UNTER MASCHINE

SICHERHEIT AN BORD

SEEMÄNNISCHE ARBEITEN

YACHTGEBRÄUCHE

KOMMANDOTAFEL DES DSV

Baumaterial

Kunststoffbau

Die meisten Yachten werden heute aus **glasfaserverstärktem Kunststoff (GFK)** gebaut. Wegen seiner hervorragenden Festigkeit und Beständigkeit hat dieser Werkstoff die anderen Materialien mehr und mehr verdrängt.

Vor Beginn einer GFK-Serienproduktion muss eine Negativform des Rumpfes gebaut werden. In dieser Form wird der Rumpf von außen nach innen aufgebaut. Zuerst wird sie mit einem Trennmittel sorgfältig poliert. Dann wird die äußerste Schicht des späteren Bootes, das **Gelcoat**, eingebracht. Das Gelcoat hat eine Schichtdicke von nur 0,5 mm; es schützt den Kunststoff vor Feuchtigkeit.

Anschließend beginnt das **Laminieren**. Auf das Gelcoat wird eine dünne Polyesterharzschicht aufgestrichen und in sie ein Vlies oder eine Glasfasermatte eingedrückt. Solche Einlagen verstärken den Kunststoff. Wichtig ist, dass keine Luftblasen in der Matte verbleiben. Ebenso wichtig sind die richtige Raumtemperatur und Luftfeuchte in der Werkstatt.

Das Laminierharz beginnt nach etwa 30 Minuten auszuhärten. Ungefähr zwei Stunden später kann die nächste Schicht aufgetragen werden. Jede Lage ist maximal 1 mm dick; sie wird als **Laminat** bezeichnet. Je höher ein Rumpfteil belastet wird, umso mehr Schichten müssen laminiert werden (Kielbereich). Um den Rumpf auszusteifen, werden Längsstringer und Querschotten eingebaut.

Auch das Deck wird in einer Negativform laminiert. Die zahlreichen Ecken und Kanten erfordern eine besonders sorgfältige Arbeit.

Besonders wichtig ist die Verbindung von Rumpf und Deck. Manche Werften bauen erst einen Großteil der Einrichtung ein, bevor sie das Deck auf den Rumpf setzen.

Ein Rumpf oder Deck aus massivem Kunststoff (**Massivbau**) ist schwer. Im **Sandwich-** oder **Verbundbau** können ebenso feste, aber viel leichtere Bauteile hergestellt werden. Hier wird zwischen zwei massive Deckschichten eine Trägerschicht aus Balsaholz, Hartschaum oder ein Wabenkern einlaminiert. Manchmal wird der Rumpf in Massiv- und das Deck in Sandwichbauweise gebaut; das verbessert die Gewichtsverteilung. Für hochwertige Regattayachten werden statt Glasfasern Kohle- oder Aramidfasern verwendet. Das senkt das Gewicht und erhöht sogar noch die Festigkeit.

Nachteilig im Kunststoffbau ist, dass die Polyesterharze nicht wasserbeständig sind. Nur das Gelcoat schützt den Kunststoff. Bei mangelhafter Pflege oder schlechter Verarbeitung kann nach jahrelanger Benutzung Seewasser in das Unterwasserschiff eindringen. Durch chemische Reaktionen bilden sich dann zahlreiche Blasen zwischen ein und zehn Millimeter Größe (**Osmoseschaden**).

Auch über Wasser sollte jeder Gelcoatschaden umgehend behoben werden. Behelfsmäßig kann das GFK etwa mit Nagellack versiegelt werden.

Durch Sonne und Regen wird Gelcoat matt und unansehnlich. Um seinen Glanz zu behalten, muss es mehrmals pro Saison poliert werden.

Metallbau

Stahl ist ein zuverlässiges, problemloses Schiffbaumaterial. Stahlbau schafft sehr hohe Festigkeit und lange Lebensdauer. Nachteilig sind der Rost und das hohe Gewicht. Hochwertige Stahlyachten werden sandgestrahlt und dauergrundiert. Das hält den Rost in Grenzen. Wesentlich leichter als Stahl sind **Aluminiumyachten**. Bei gleicher Festigkeit haben sie nur das halbe Gewicht eines Stahlrumpfes, kosten aber auch etwa ein Drittel mehr. Ihr Vorteil: Sie segeln besser. Vor allem bei leichtem Wind sind Stahlyachten sehr träge.

Holzbau

Bis in die 1960er-Jahre war die typische Segelyacht aus massiven Tropenholzplanken gebaut. Diese Bauweise ist heute unbezahlbar. Der moderne Holzbau arbeitet mit Bootsbausperrholz. Es kann gut verformt und verleimt werden. Eine Diagonalverleimung bringt sehr hohe Festigkeit. Zweikomponentenlacke versiegeln das Holz und verhindern Fäulnis.

Wenn hohe Lebensdauer und günstiges Gewicht verlangt sind, übertrifft fachmännischer Holzbau jede andere Bauweise. Konventionell gebaute Schiffe sind bei entsprechender Pflege nach mehr als 50 Jahren noch in hervorragendem Zustand; bei formverleimten Booten wird eine ebenso hohe Lebensdauer erwartet.

SKS-Fragen 1 – 4, 82 (Seemannschaft I); 1, 5 – 8 (Seemannschaft II)

Risse, Wasserlinie

Die Konstruktionszeichnung für den Bau eines Rumpfes heißt **Linienriss**. Er stellt die äußere Form des Rumpfes in verschiedenen Schnitten und Ebenen dar und setzt sich aus drei Rissen zusammen.

Der **Längsriss** zeigt den Rumpf in einer seitlichen Projektion verschiedener vertikaler Schnitte.

Der **Wasserlinienriss** gibt die horizontalen Schnitte wieder und die Querschnitte bilden den **Spantriss**. Der Spant mit der größten eingetauchten Fläche heißt **Hauptspant**, dies ist meist der Spant an der breitesten Stelle. Auf der rechten Seite des Spantrisses werden die vor dem Hauptspant liegenden Querschnitte, links die dahinter liegenden Querschnitte dargestellt.

Je nach **Spantform** werden Boote unterteilt in **Rundspanter**, **Knickspanter** und **S-Spanter**.

Die Linie am Rumpf, an der der Wasserspiegel das schwimmende Boot berührt, heißt **Wasserlinie** (WL). Sie verändert sich durch Ladung, aber auch durch einen anderen Salzgehalt des Wassers. Die berechnete Wasserlinie heißt **Konstruktionswasserlinie** (CWL).

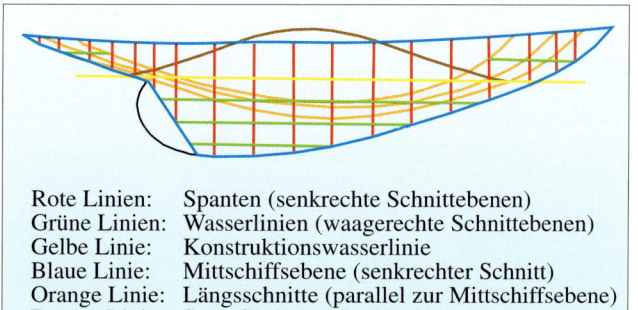

Rote Linien:	Spanten (senkrechte Schnittebenen)
Grüne Linien:	Wasserlinien (waagerechte Schnittebenen)
Gelbe Linie:	Konstruktionswasserlinie
Blaue Linie:	Mittschiffsebene (senkrechter Schnitt)
Orange Linie:	Längsschnitte (parallel zur Mittschiffsebene)
Braune Linie:	Spantflächen- oder Verdrängungskurve

Längsriss

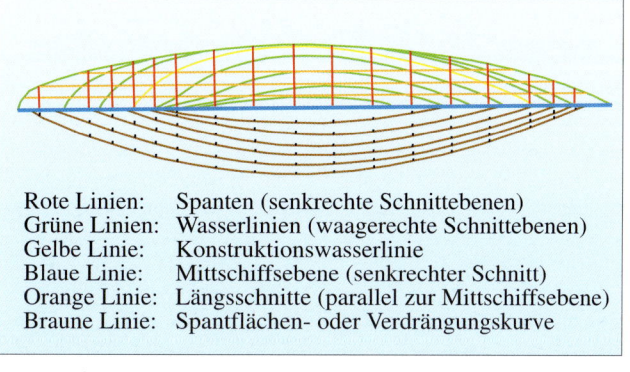

Rote Linien:	Spanten (senkrechte Schnittebenen)
Grüne Linien:	Wasserlinien (waagerechte Schnittebenen)
Gelbe Linie:	Konstruktionswasserlinie
Blaue Linie:	Mittschiffsebene (senkrechter Schnitt)
Orange Linie:	Längsschnitte (parallel zur Mittschiffsebene)
Braune Linie:	Spantflächen- oder Verdrängungskurve

Wasserlinienriss

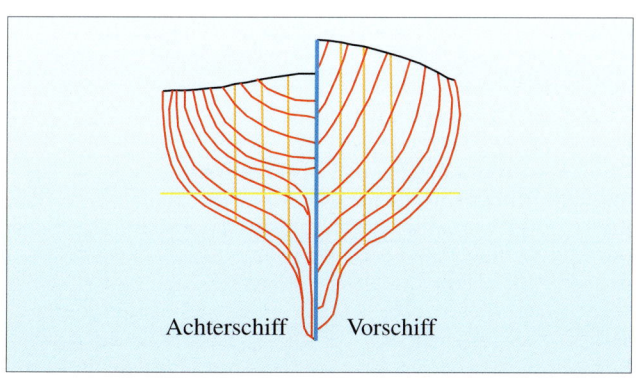

Achterschiff   Vorschiff

Spantriss

Die Höchstgeschwindigkeit, die in Verdrängerfahrt (ohne zu gleiten) erreichbar ist, hängt nur von der Länge der Wasserlinie ab. Dies ist die **Rumpfgeschwindigkeit**, sie wird nach folgender Formel berechnet:

$$v_{max} \text{ (kn)} = 2{,}43 \cdot \sqrt{\text{WL (m)}}$$

Der unterhalb der Wasserlinie liegende Teil des Schiffes (mit Kiel und Ruder) wird **Unterwasserschiff** genannt, seine seitliche Ansicht **Lateralplan**.

Bug und **Heck** heißen die Schiffsenden, **Steven** das abschließende Bauelement (**Vorsteven**, **Achtersteven**). Ein platter Abschluss des Rumpfes heißt **Spiegel**.

Sprung oder **Decksprung** heißt die Seitenansicht der Deckslinie. Ein **positiver Sprung** steigt zum Bug und zum Heck hin an.

Eine Yacht ohne Aufbauten bezeichnet man als **Glattdecker** oder **Flushdecker**. Kleinere Fahrtenyachten wurden gelegentlich als **Backdecker** gebaut. Da hier das Kajütdach bis an die Außenhaut reicht, ist der Innenraum vergrößert. Sehr selten findet man bei älteren Booten noch ein **Waldeck**, ein stark gerundetes Deck, dessen seitliche Wölbung direkt in die Bordwand übergeht.

SKS-Fragen 43 (Seemannschaft I); 30 (Seemannschaft II)

Formen

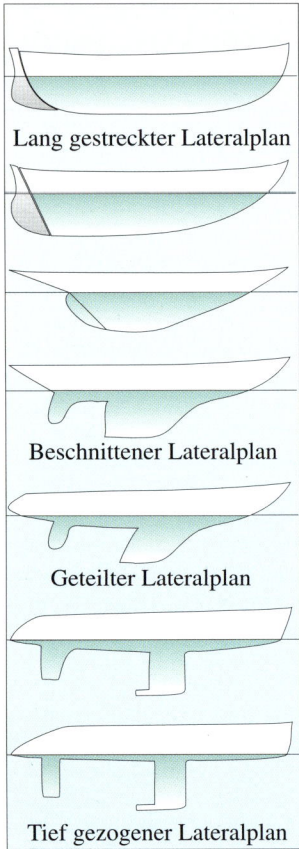

Lang gestreckter Lateralplan

Beschnittener Lateralplan

Geteilter Lateralplan

Tief gezogener Lateralplan

Die Lateralpläne wurden dank neuer Schiffbautechniken im Laufe der Zeit immer weiter verkleinert. Diese Entwicklung hat zwar zu schnelleren Yachten geführt; doch Seetüchtigkeit und angenehmes Seegangsverhalten sind dabei vielfach in den Hintergrund getreten.
Gerade diese beiden Eigenschaften sind jedoch bei langen Reisen besonders wichtig.

S-Spant

Knickspant

Rundspant

Spantformen

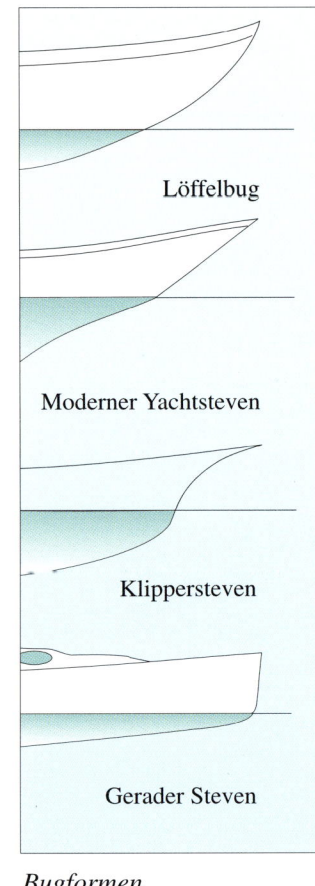

Löffelbug

Moderner Yachtsteven

Klippersteven

Gerader Steven

Bugformen

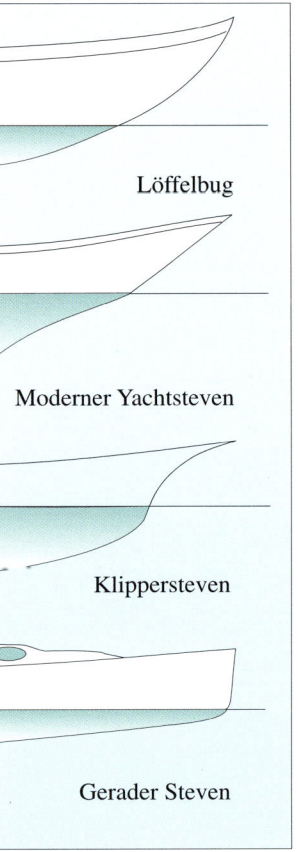

Spitzgattheck

Plattgatt- oder Spiegelheck

Yachtheck

Einfallender Spiegel

Heckformen

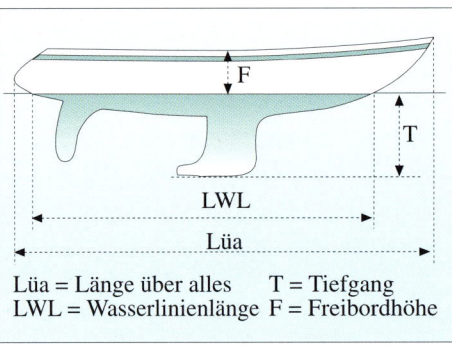

Lüa = Länge über alles   T = Tiefgang
LWL = Wasserlinienlänge F = Freibordhöhe

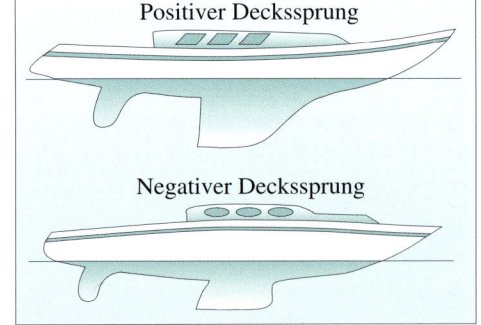

Positiver Deckssprung

Negativer Deckssprung

SKS-Frage 43 (Seemannschaft I)

Bootstypen

Als **Jolle** bezeichnet man ein offenes Boot ohne Kiel; ein offenes Boot mit Kiel heißt **Kielboot**. Bei **Segeljollen** hängt ein Schwert unter dem Rumpf; es kann bei Bedarf hochgezogen werden. Das Schwert kann wohl ein Abtreiben, nicht aber eine Kenterung verhindern.

Yacht ist ein geschlossenes Fahrzeug (z. B. Motoryacht),

wohingegen unter **Kielyacht** ein geschlossenes Fahrzeug mit Kiel verstanden wird. Jollen können gleiten; Yachten können im Allgemeinen ihre Rumpfgeschwindigkeit (siehe Seite 175) kaum überschreiten. Nur Regattayachten mit geringer Verdrängung, großer Segelfläche und flachem, jollenförmigem Unterwasserschiff werden erheblich schneller.

Kielschwerter besitzen einen flachen Kiel, aus dem ein Schwert herausgelassen werden kann, um die Abdrift zu verringern.

Kimmkieler haben zwei Kiele; sie bleiben aufrecht stehen, wenn sie im Watt trockenfallen. Da sie langsamer als vergleichbare Einkielboote sind, sind sie sonst nicht besonders beliebt.

Mehrrumpfboote, auch **Multihulls** genannt, segeln oftmals schneller als vergleichbare Einrumpfboote.

Mehr und mehr Segler entscheiden sich für einen **Fahrtenkatamaran**. Wie ein Motorrad mit Beiwagen fahren sie immer aufrecht und sie bieten auch mehr Platz. In Häfen mit Boxen finden sie aber nur schlecht einen Liegeplatz.

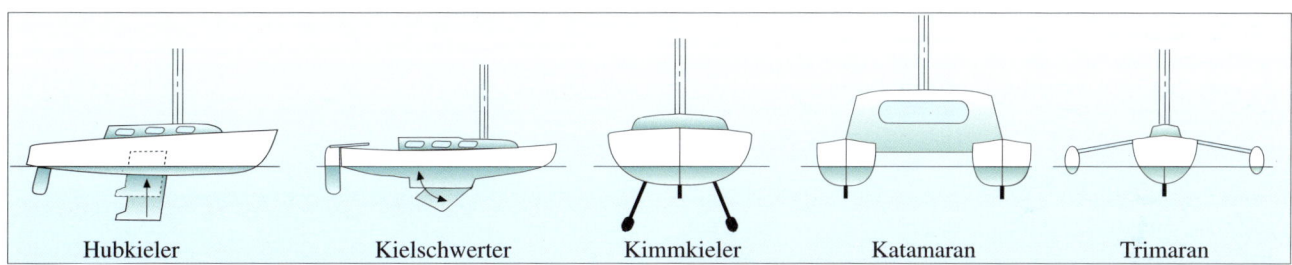

| Hubkieler | Kielschwerter | Kimmkieler | Katamaran | Trimaran |

Diese Yacht ist nicht die schnellste, aber sie bringt ihren Eigner sicher um die Welt (Lüa 11,25 m; 12,5 t).

Auch mit solchen Schiffen wird um die Welt gesegelt – allerdings mit mehr Risiko (Isabelle Autissier, einhand).

Stabilität

Wind, Gewichtsverlagerung oder hohe Wellen können ein Schiff krängen (neigen). **Stabilität** (**Querstabilität**) heißt das Vermögen des Schiffes, dem entgegenzuwirken und danach wieder aufrecht zu schwimmen.

Auf einen Rumpf, der ruhig in glattem Wasser schwimmt, wirken zwei Kräfte ein – die Gewichtskraft F_G und die Auftriebskraft F_B. Beide Kräfte kann man sich in jeweils einem Punkt angreifend vorstellen – die Gewichtskraft F_G am Massenschwerpunkt G, die Auftriebskraft F_B am Verdrängungs- oder Formschwerpunkt B. Beide Kräfte sind gleich groß; die Gewichtskraft wirkt nach unten und die Auftriebskraft nach oben. Massenschwerpunkt G und Verdrängungsschwerpunkt B liegen senkrecht übereinander.

Krängt das Boot, so gelangt auf einer Seite ein größerer Teil des Bootskörpers unter Wasser. Dadurch wandert der Verdrängungsschwerpunkt seitlich aus (siehe Abbildung); es wird ein aufrichtendes Moment erzeugt. Die seitliche Verschiebung ist der **Hebelarm h**. Das aufrichtende Moment, das **Stabilitätsmoment**, ist das Produkt aus Hebelarm und

Auftriebskraft. Um das Stabilitätsmoment zu erhöhen, kann das Gewicht (und damit die Auftriebskraft) oder der Hebelarm vergrößert werden. Hohes Gewicht ist unerwünscht, es macht eine Yacht langsam. Wie aber kann der Hebelarm verlängert werden?

Wie nebenstehende Abbildung zeigt, hängt die Hebelarmlänge von der Lage des Massenschwerpunktes und des Verdrängungsschwerpunktes ab. Der Massenschwerpunkt muss möglichst tief liegen; ein hoher Massenschwerpunkt verkürzt die Hebelarmlänge. Die Rumpfform bestimmt die Lage des Verdrängungsschwerpunktes. Bei Schräglage wandert der Verdrängungsschwerpunkt eines breiten Rumpfes weiter nach außen als der eines schmalen.

Stabilität, die durch eine breite Rumpfform erzeugt wird, nennt man **Formstabilität**. Leichte Jollen (mit wenig Auftriebskraft) brauchen einen breiten, flachen Rumpf. Sie besitzen hauptsächlich Formstabilität. Schon bei wenig Krängung wandert der Verdrängungsschwerpunkt weit nach außen. Schnell wächst die Hebelarmlänge. Man spricht dann von hoher **Anfangsstabilität**. Mit zunehmender Krängung

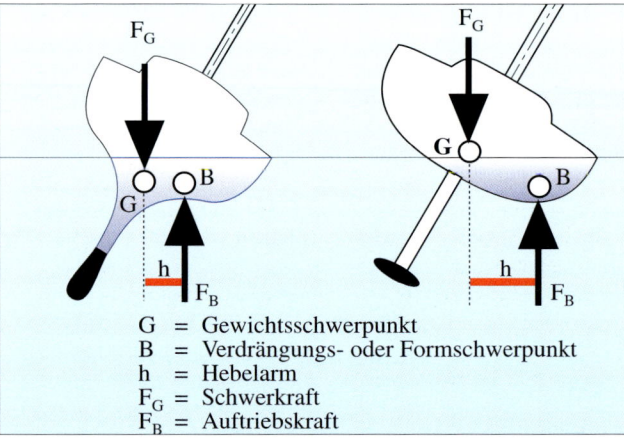

G = Gewichtsschwerpunkt
B = Verdrängungs- oder Formschwerpunkt
h = Hebelarm
F_G = Schwerkraft
F_B = Auftriebskraft

Auf den Massenschwerpunkt G wirkt die Schwerkraft F_G ein, auf den Verdrängungsschwerpunkt B die Auftriebskraft F_B. In aufrechter Schwimmlage liegen G und B senkrecht übereinander. Bei Krängung wandert der Verdrängungsschwerpunkt B zur Seite, weil dort ein größerer Teil des Rumpfes unter Wasser gelangt. Der Betrag der seitlichen Verschiebung ist der Hebelarm h, seine Länge bestimmt die Stabilität. Eine schmale Yacht hat bei wenig Schräglage einen kürzeren Hebelarm als ein breites Schiff. Wenn das Seitendeck unter Wasser taucht, verlängert sich der Hebelarm bei zunehmender Krängung nicht mehr. Spätestens dann muss gerefft werden.

muss die Crew einer Jolle ausreiten; sie verlagert durch ihr Körpergewicht den Massenschwerpunkt nach Luv und verlängert so den Hebelarm.

Eine schmale Kielyacht bezieht ihre Stabilität überwiegend aus ihrem Kielgewicht (vergleichbar einem Stehaufmännchen). Das Kielgewicht bringt den Massenschwerpunkt nach unten, sodass bei Krängung die Länge des aufrichten-

den Hebelarms ebenfalls zunimmt. Hier spricht man von **Gewichtsstabilität**.

Breite Yachten haben viel Formstabilität – und damit auch eine große Anfangsstabilität. Solche Schiffe nennt man **steif**, sie können eine große Segelfläche tragen. Schmale Schiffe mit geringer Anfangsstabilität heißen **rank**, bei ihnen überwiegt die gewichtsstabile Komponente. Eine Bö krängt sie stärker.

SKS-Fragen 36 – 40 (Seemannschaft I); 23 – 27 (Seemannschaft II)

Stabilität

Die Hebelarmlänge bei Krängung wird in einer **Hebelarmkurve** dargestellt. Wie den nebenstehenden Abbildungen zu entnehmen ist, besitzen steife Schiffe eine höhere Anfangsstabilität als ranke. Die Hebelarmkurve zeigt auch den Stabilitätsumfang. Er gibt einen Hinweis darauf, ob sich eine Yacht aus einer Kieloben-Schwimmlage wieder befreien kann.

Endstabilität ist die Krängung, bei der der Hebelarm – und damit auch die Stabilität – den größten Wert erreicht. Sie wird bei steifen Yachten früher erreicht als bei ranken. Wird eine Yacht durch Wind oder durch eine große Welle über ihre Endstabilität hinaus gekrängt, so hat sie keine Stabilitätsreserve mehr. Sie kann dann leicht **kentern** (wenn das krängende Moment größer als das aufrichtende ist).

Auf Amwindkursen krängt eine Yacht selten mehr als 30°; das ist bei allen Segelyachten unproblematisch. Doch sobald das Seitendeck unter Wasser gerät, sollte gerefft werden. Denn wenn das Schiff weiter krängt, nimmt die Hebelarmlänge nicht mehr zu.

Wind kann eine Segelyacht bis maximal 90° krängen. Nach einer Patenthalse bei starkem Wind könnte der Mast flach auf das Wasser gedrückt werden. Doch viel gefährlicher als Wind sind hohe, *brechende* Wellen.

Untersuchungen an der Universität Southampton haben gezeigt, dass *brechende* Wellen eine Yacht umwerfen können, sobald die Wellenhöhe die Breite der Yacht überschreitet. Und nahezu jede Yacht kentert durch, wenn ein *Brecher*, dessen Höhe 60 % der Schiffslänge erreicht, sie erfasst. Solche Brecher kommen bei Sturm auch an der Nordseeküste vor. Sturmseen brechen im Bereich der 10-m-Tiefenlinie. Hier kenterte sogar der Rettungskreuzer *Alfried Krupp*. Auf der Ostsee gibt es solche Wellen nicht.

Ob sich eine Yacht nach einer Durchkenterung wieder aufrichtet oder in einer stabilen Kieloben-Schwimmlage (Seite 231) verharrt, hängt von ihrem **Stabilitätsumfang** ab. Ein Stabilitätsumfang von unter 150° kann – wie in Southampton festgestellt wurde – eine stabile Kieloben-Schwimmlage nicht verhindern.

Nicht nur extreme Regattaboote, auch die meisten modernen Serienbauten haben einen Stabilitätsumfang von weniger als 130°!

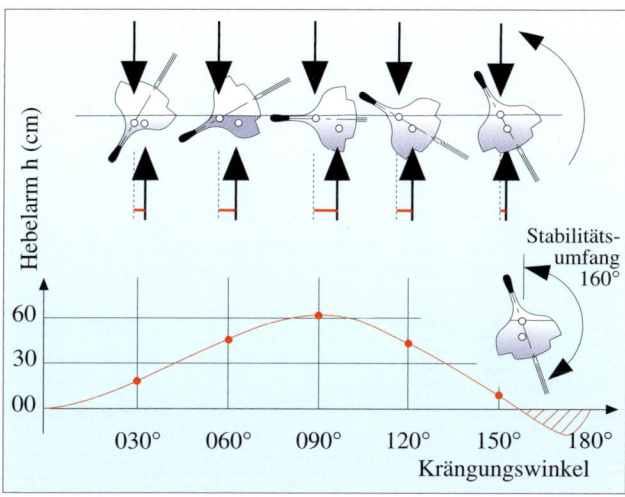

Hebelarmkurve für eine ranke Kielyacht. 90° Endstabilität bürgt für hohe Stabilitätsreserven. Der Stabilitätsumfang liegt bei 160°. Aus Kielobenschwimmlage muss das Boot nur 20° geneigt werden, um sich wieder aufzurichten.

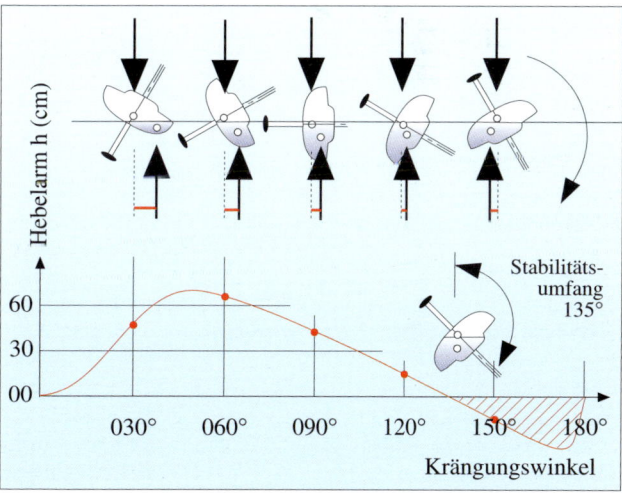

Eine Yacht mit hohem Anteil an Formstabilität verfügt über eine große Anfangsstabilität (steif), erreicht aber auch wesentlich früher – hier bei 50° – ihre Endstabilität. Im Bereich negativer Stabilität verharrt das Schiff in stabiler Kieloben-Schwimmlage (Stabilitätsumfang 135°).

Takelung, Segel

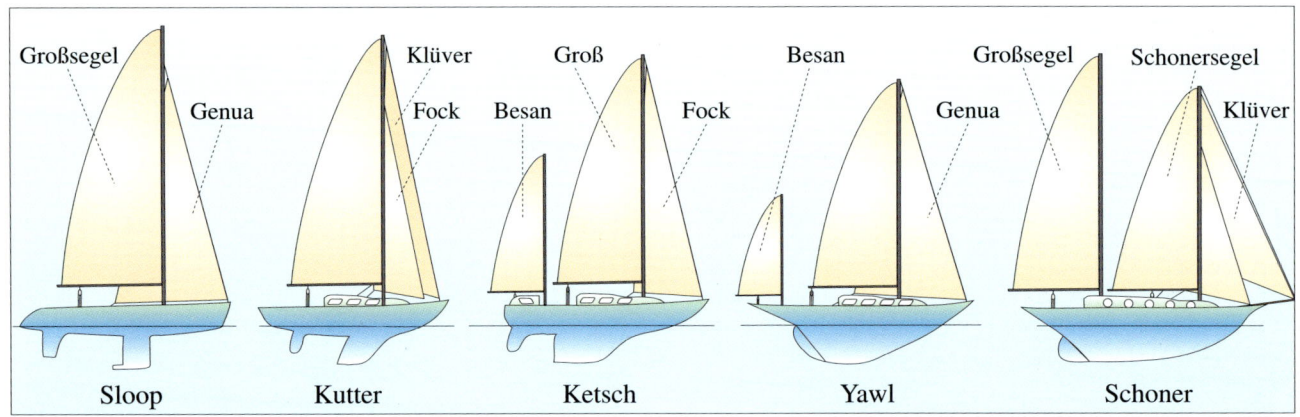

Großsegel — Genua — **Sloop**

Klüver — Fock — **Kutter**

Besan — Groß — Fock — **Ketsch**

Besan — Großsegel — Genua — **Yawl**

Schonersegel — Klüver — **Schoner**

7/8-Takelung — Hochtakelung oder Bermudatakelung (löste die Gaffeltakelung ab) — 1/1-Takelung

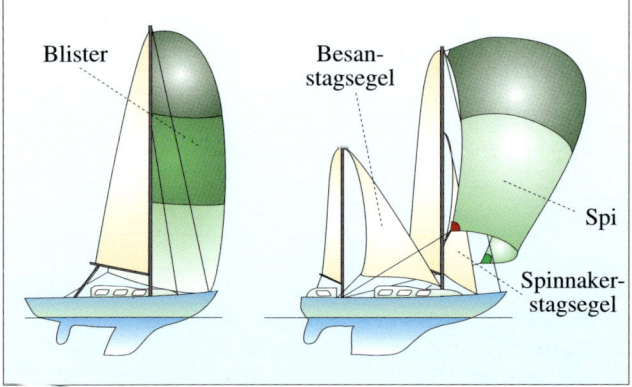

Blister — Besanstagsegel — Spi — Spinnakerstagsegel

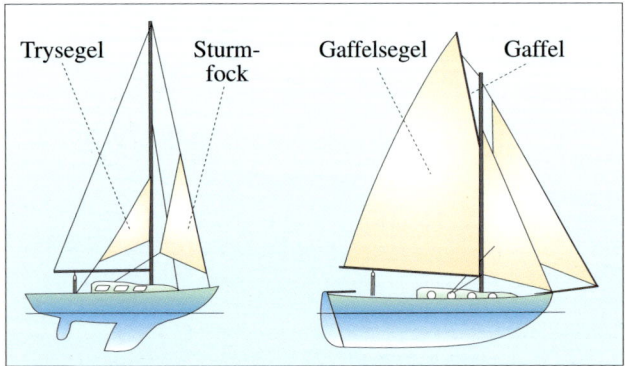

Trysegel — Sturmfock — Gaffelsegel — Gaffel

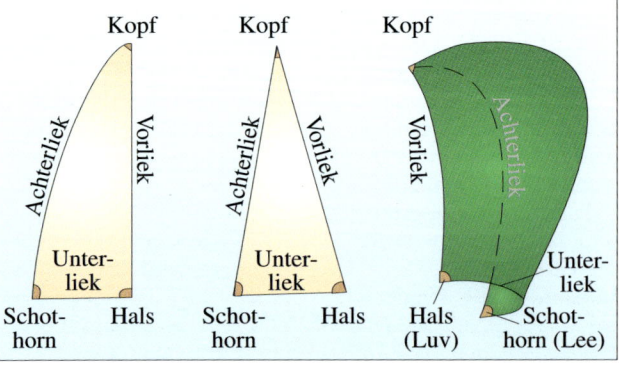

Kopf — Kopf — Kopf

Achterliek — Vorliek — Unterliek — Schothorn — Hals

Achterliek — Vorliek — Unterliek — Schothorn — Hals

Vorliek — Achterliek — Unterliek — Hals (Luv) — Schothorn (Lee)

Takelage

Die **Takelage** (auch **Rigg** genannt) besteht aus

– Mast(en)
– Bäumen (Großbaum, Spinnakerbaum)
– Gut

Das Prinzip der Takelage heißt **Takelung**. Fahrtenyachten sind häufig sloopgetakelt. Bei Ketsch und Kutter ist die Segelfläche auf drei Segel aufgeteilt. Diese Takelungen sind weniger effizient als die einer Sloop, nur raumschots ist eine Ketsch mit Besanstagsegel einer Sloop überlegen. Yawl und Schoner sind selten. Klassische Takelungen wie z. B. Gaffel- und Rahtakelungen (hier nicht abgebildet) sieht man auf Traditionsschiffen.

Das Aufstellen der Takelage nennt man **Auftakeln** oder **Aufriggen**. Unter **Gut** versteht man alles Tauwerk (Draht, Chemie- oder Naturfasern) in der Takelage, es wird unterteilt in stehendes und laufendes Gut. Im Gegensatz zum laufenden Gut wird das **stehende Gut** nicht zum Bedienen der Segel verwendet, es dient allein zur Versteifung des Mastes (siehe Abbildung). Zum **laufenden Gut** gehören Schoten, Fallen, Niederholer, Dirk, Liekstrecker und Flaggleinen.

Das stehende Gut leitet die auf die Segel wirkenden Kräfte auf den Rumpf über. Dazu werden in den Rumpf lange **Püttingeisen** gebolzt, auf Kunststoffyachten sogar einlaminiert. Sie werden durch das Deck geführt und daran werden die Wanten und Stage befestigt.

Die Spannung der Wanten kann über **Wantenspanner** (Spannschrauben) eingestellt werden. Sie sitzen am unteren Ende der Wanten und werden über Gelenkstücke (**Toggles**) mit den Püttingeisen verbunden (siehe Abbildung). Da die Oberwanten länger sind, recken sie auch stärker als die Unter- oder Mittelwanten. Deshalb müssen sie häufiger nachgespannt werden.

Das Achterstag wird auf größeren Yachten mit einem hydraulischen Achterstagspanner, auf kleineren mit einer Talje (Flaschenzug) gespannt. Am Wind wird das Achterstag sehr hart durchgesetzt, um dem Mast eine bogenförmige Krümmung zu geben und damit die Form des Großsegels zu verändern (flacher, offener Trimm). Auch die Spannung des Vorstags wird über das Achterstag und – falls vorhanden – über Backstage reguliert.

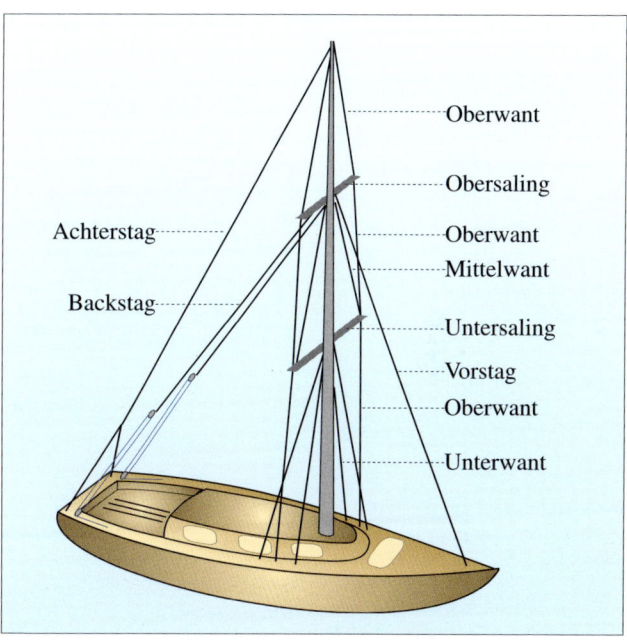

Stehendes Gut. Backstage sind verstellbar; sie werden unter Segeln nur in Luv gefahren. In Lee werden sie gelöst, damit die Großschot gefiert werden kann.

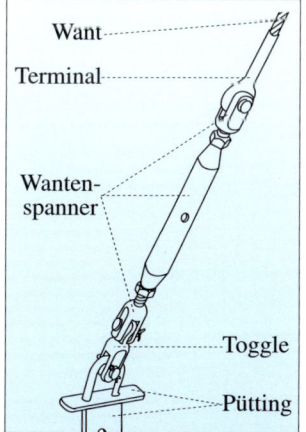

Toggles und Wantenspanner müssen gesichert sein.

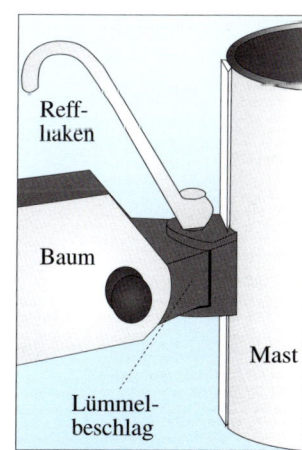

Lümmel, Verbindung von Mast und Großbaum

SKS-Fragen 9 – 11, 86 (Seemannschaft I)

Ruderarten

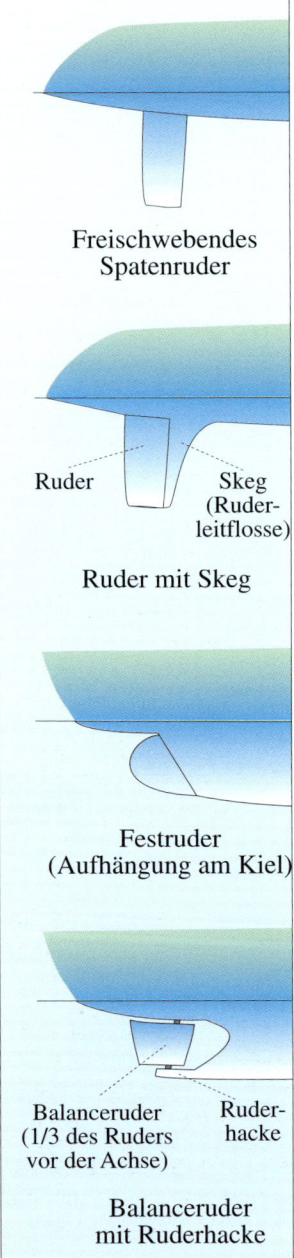

Freischwebendes
Spatenruder

Ruder   Skeg
(Ruder-
leitflosse)

Ruder mit Skeg

Festruder
(Aufhängung am Kiel)

Balanceruder   Ruder-
(1/3 des Ruders   hacke
vor der Achse)

**Balanceruder
mit Ruderhacke**

Freischwebende **Spatenruder** sind auf Regatta-yachten üblich. Sie müssen aus hochfesten Materialien gefertigt sein, um den in schwerer See auftretenden Belastungen standzuhalten. Fahrtenyachten sind oft mit einem **Skeg** ausgestattet. An dieser Ruderleitflosse kann das Ruder zusätzlich aufgehängt werden. Auch bietet sie bei Grundberührungen etwas Schutz. Viele Langzeitsegler bevorzugen ein Ruder, das **fest** am Kiel oder an einer Ruderhacke **aufgehängt** ist.

Balanceruder verringern den Ruderdruck; hier liegt etwa ein Drittel der Ruderblattfläche vor der Ruderachse. Das Schiff steuert sich viel leichter, auch beim Rückwärtsfahren.

Das ist bei einem nicht vorbalancierten Ruder anders. Hier liegt bei Rückwärtsfahrt das ganze Ruder vor der Drehachse. Wenn dann nur etwas Ruder gelegt wird, drückt das anströmende Wasser das Ruder mit voller Kraft zur Seite. Wer jetzt das Rad oder die Pinne nicht gut festhält, dem wird sie aus der Hand geschlagen.

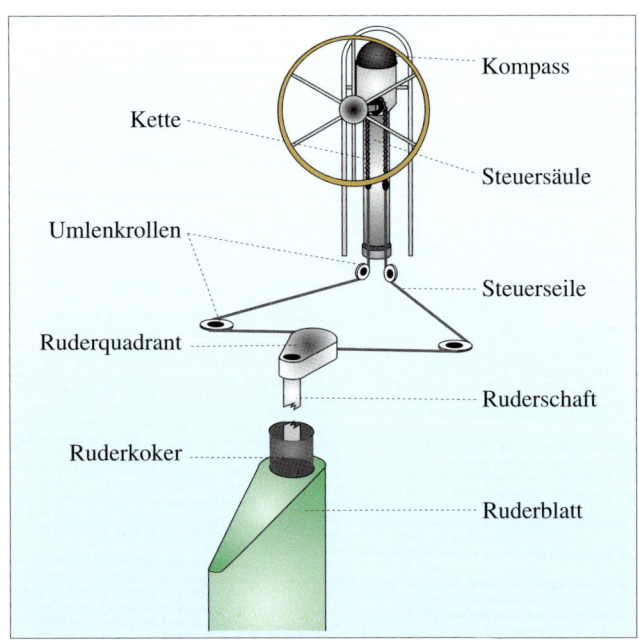

Kompass

Kette

Steuersäule

Umlenkrollen

Steuerseile

Ruderquadrant

Ruderschaft

Ruderkoker

Ruderblatt

Prinzip einer Radsteuerung mit Seilzügen

*Maxi-Yacht
mit zwei Rädern*

SKS-Fragen 8 (Seemannschaft I); 12 (Seemannschaft II)

Rad- oder Pinnensteuerung

Eine Yacht kann direkt mit einer Pinne oder indirekt mit einem Rad gesteuert werden. Eine **Pinnensteuerung** ist einfach und robust. Mit Pinne kann gefühlvoll gesteuert werden, mit einem Ausleger auch vom Seitendeck aus.

Bei der **Radsteuerung** wird das Ruder meistens mit Steuerseilen gedreht. Sie laufen vom Rad zum Ruderquadranten. Seilzüge und Umlenkrollen machen eine Radsteuerung weniger feinfühlig als eine Pinne. Mittelcockpityachten brauchen eine Radsteuerung, weil der Steuerstand nicht direkt über dem Ruder liegt. Das Gleiche gilt, wenn ein Steuerstand im Deckssalon gewünscht wird. Auch wenn – auf großen Yachten – die Ruderkräfte zu groß werden, wird eine Radsteuerung benötigt.

Beim technischen Aufbau einer Radsteuerung sind vier Möglichkeiten üblich:

– Das Rad dreht ein Zahnrad, über das eine Kette in der Steuersäule nach unten verläuft. Von dort führen Seilzüge über Umlenkrollen zum Ruderquadranten.
– Bei Mittelcockpityachten werden Bowdenzüge (Fahrradbremse) statt Seilzügen verwendet.

Sie können besser an der Inneneinrichtung vorbeigeführt werden.
– Steht das Rad weit achtern, können stabile Gestänge mit Zahnrädern statt Seilzügen eingebaut werden.
– Für einen zweiten Steuerstand im Deckssalon wird oft eine hydraulische Steuerung genommen.

Eine Radsteuerung erfordert also erheblich höheren technischen Aufwand als eine Pinnensteuerung. Damit ist sie natürlich auch störanfälliger. Funktioniert die Radsteuerung nicht mehr, so muss das Schiff mit einer **Notpinne** gesteuert werden – auf manchen Yachten ein schwieriges Unterfangen. Mal sitzt die Notpinne in der Achterkajüte, mal ist die Notpinne viel zu kurz,

um die Ruderkräfte beherrschen zu können. Wer ein Schiff mit Radsteuerung übernimmt, muss sich mit der Steuertechnik und auch mit der Lage und dem Einsatz der Notpinne vertraut machen.

Bei einem kleinen Rad kann der Rudergänger seinen Platz nicht verlassen. Das macht ihn unbeweglich; er kann kaum seitlich am Schiff vorbei oder in die Genua gucken. Ein großes Rad hat diesen Nachteil nicht; es erlaubt, mittschiffs, aber auch weit außen zu steuern. Dafür nimmt es aber sehr viel Platz ein und versperrt den Durchgang nach vorne. Damit es nicht zu hoch aufragt und der Großbaum darüber hinwegschwingen kann, läuft es unten durch einen Radgraben – und der

ist ständig verschmutzt. Manche Yachten werden daher mit zwei Rädern ausgerüstet. Das ist natürlich technisch noch aufwändiger. Aber der Rudergänger kann gut in Luv und in Lee steuern, der Durchgang zwischen Heck und Cockpit ist frei und der Radgraben entfällt auch.

Bei Autopiloten zeigen sich ebenfalls deutliche Unterschiede. Auf die Pinne wird der Autopilot einfach aufgesteckt, eine einfache und preisgünstige Lösung. Gegen Spritz- und Regenwasser kann er mit einer Plastiktüte geschützt werden. Allerdings sind Pinnenpiloten den starken Belastungen beim Segeln in schwerer See nicht gewachsen. Autopiloten für eine Radsteuerung werden fest eingebaut. Sie sind viel teurer und auch für stärkere Beanspruchung ausgelegt, fallen aber trotzdem häufig aus.

Radsteuerungen sind sehr beliebt. Selbst auf kleineren Yachten mit Achtercockpit sieht man sie oft. Die Entscheidung für eine Radsteuerung gründet vermutlich weniger auf seemannschaftliche Argumente als auf das Image. Ein „richtiges Dickschiffgefühl" bietet eben nur ein möglichst großes Steuerrad.

Pinnensteuerung auf einer Knarr (Börrensen-Bau, 1968)

SKS-Frage 30 (Seemannschaft I)

Maschinenanlage

Eine Maschinenanlage besteht aus zahlreichen Aggregaten. Hier sollen nur Maschine, Antrieb und Propeller kurz beschrieben werden. Denn sie bestimmen das Fahrverhalten einer Yacht.

Maschine

Bootsmotoren können in Außenborder und Einbaumaschinen (Innenborder) unterteilt werden.

Außenborder sind gute Antriebe für Boote bis etwa acht Meter Länge. Sie kosten weniger, sind leichter und kleiner als Innenborder. Wartung und Reparatur sind unkomplizierter. Für ein Boot, das überwiegend gesegelt werden soll und Motorhilfe lediglich bei Flaute oder in Häfen benötigt, ist ein Außenborder ideal. An einer Halterung auf dem Achterdeck oder Spiegel wird der Außenborder befestigt (siehe Seite 222). Wenn der Motor nicht gebraucht wird, verschwindet beides in einer Backskiste.

Wegen ihrer kleinen Propeller erzeugen Außenborder relativ wenig Schub. Für schwere Schiffe sind sie daher nicht verwendbar.

In stärkerem Seegang, wenn das Boot stampft, wird das Heck so weit aus dem Wasser gehoben, dass ein Außenborder – selbst bei langem Schaft – leerschlagen und dann nicht mehr genutzt werden kann.

Einbaumaschinen gibt es als Diesel- und als Benzinmotoren. Benzinmotoren sind wegen der Brand- und Explosionsgefahr auf Segelbooten grundsätzlich abzulehnen. Benzin an Bord erfordert ähnliche Sicherheitsvorkehrungen wie Gas (siehe Seite 219).

Auf vielen Yachten bis etwa zwölf Meter Länge lagert der Motor unter dem Kajütboden oder in einem engen Kasten hinter dem Niedergang. Wichtig ist, dass man für Wartung und Reparatur gut an die Maschine herankommen kann. Das Problem haben große Yachten nicht. Sie besitzen einen begehbaren Maschinenraum. Egal ob großer oder kleiner Maschinenraum, jeder Verbrennungsmotor braucht frische Luft.

Manches Motorproblem hat in der Maschinenraumbelüftung seine Ursache.

Eine Maschinenleistung von 5 PS pro Tonne Verdrängung ist für eine Segelyacht ausreichend, auch in schwerer See. Dann kann noch ein ganz anderes Problem auftreten. Wenn die Yacht in eine tiefe Welle stürzt, kann die Maschine von ihrem Fundament abreißen. Deshalb muss sie sicher verankert werden.

Antrieb

Antriebsformen für Einbaumotoren sind:

– Z-Antrieb (Motorboote)
– S-Antrieb (Saildrive für Segelyachten mit flachem Unterwasserschiff)

Das Bugstrahlruder, ein Propeller in einer Röhre am Bug, erzeugt Querschub. Das ist beim An- und Ablegen hilfreich und ermöglicht, auf engem Raum zu drehen.

Zwillingsschrauben einer Riva Ferrari. Die Schrauben drehen gegenläufig (beide nach außen), sodass sich die Radeffekte (siehe Seite 222) gegenseitig aufheben.

SKS-Fragen 98 – 100 (Seemannschaft I); 76, 82, 83 (Seemannschaft II)

Maschinenanlage

– Wellenantrieb bei V-för-
migem Unterwasser-
schiff und bei schweren
Schiffen
– V-Antrieb, wenn die Ma-
schine weit achtern ein-
gebaut werden soll

Z- und S-Antriebe bieten
zahlreiche Vorteile:

– kostengünstiger Einbau
– kompakte Bauweise
– kein Lecken
– leiser, vibrationsarmer
Lauf
– keine Stopfbuchse
– keine separate Kühl-
wasserleitung, also auch
kein zusätzliches See-
ventil
– neutrales Fahrverhalten

Wegen der enormen Kräf-
te, die auf den Antrieb ein-
wirken, sind S-Antriebe
auf Motoren bis etwa 50
PS und Z-Antriebe auf et-
wa 250 PS beschränkt.

Auch bei schweren Schif-
fen wird die Kraft besser
über eine **starre Welle** (L-
Antrieb) übertragen. Sie
ist mehrfach gelagert und
wird durch das **Steven-
rohr** nach außen geführt.
Es wird zumeist mit einer
Stopfbuchse abgedichtet.
Die Stopfbuchse muss ge-
legentlich nachgestellt
werden, damit kein Was-
ser in das Schiff läuft. Die
Metalllager müssen regel-
mäßig geschmiert werden
(siehe Betriebsanleitung).

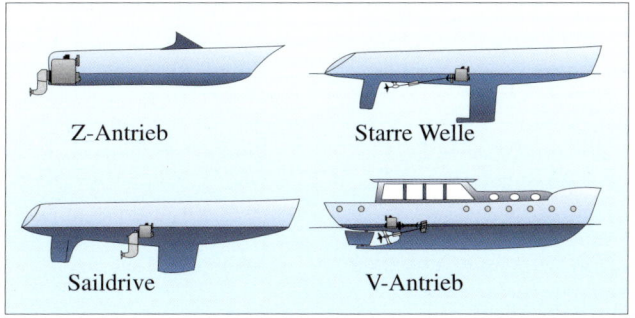

*Typische Antriebsformen auf Segel- und Motorbooten. Es
fehlt der Jet- oder Wasserstrahlantrieb. Auf Motorbooten
ist er selten, auf Segelyachten kommt er gar nicht vor.*

V-Antrieb wird häufiger
auf Motoryachten als auf
Segelyachten verwendet.
Damit kann der Motor weit
nach achtern über den Propeller eingebaut werden.
Bei starrer Welle und bei
V-Antrieb muss mit **Rad-
effekt** gerechnet werden
(siehe Seite 222).

Propeller

Propeller oder **Schrauben**
werden beschrieben durch

– die Zahl ihrer Flügel
– die Größe ihrer Fläche
– den Durchmesser
– die Steigung

Die **Steigung** bezeichnet
die Länge der Strecke, die
mit einer Propellerdrehung
zurückgelegt wird. Vereinfacht gesprochen entspricht
die Propellersteigung dem
Gang im Auto.

Die **Auswahl** des Propellers sollte einem Fachmann
übertragen werden. Der
Propeller muss sowohl zur
Maschine als auch zum
Schiff passen. Liegt der
Propeller dicht unter der
Wasseroberfläche und
dreht er zu schnell, kann
Kavitation entstehen.
Dann bilden sich Wasser-
dampfbläschen. Sie fressen
den Propellerrand an und
senken die Schubkraft. Mit
einem falschen Propeller
können auch die Wellen-
lager beschädigt werden.
Selbst ein Motorschaden
ist bei einem ungeeigneten
Propeller nicht auszuschließen, ganz zu schweigen
von hohem Verbrauch und
schlechtem Fahrverhalten.
Je nach Drehrichtung des
Antriebs unterscheidet man
rechtsgängige und **linksgängige** Propeller. Für viele Segler ist jedoch die
Antriebsleistung des Pro-

pellers weniger wichtig als
sein Wasserwiderstand
beim Segeln.

Ein **Festflügelpropeller**
hat auf Segelyachten zwei
bis vier feste Flügel. Er ist
preisgünstig und zum Mo-
toren gut geeignet, aber
beim Segeln bremst er die
Fahrt bis zu einem Knoten.

Die zwei Flügel eines
Faltpropellers falten sich
beim Segeln zusammen
und bremsen kaum. Das
wird mit einem schlechten
Wirkungsgrad erkauft.
Auch ist der Aufstoppweg
länger, weil sich der Propeller gegen das anströ-
mende Wasser erst mal
entfalten muss.

Ein **Drehflügelpropeller**
bietet bei Maschinenfahrt
die Leistung eines Fest-
flüglers, unter Segeln drehen sich seine Flügel und
bieten dem anströmenden
Wasser nur geringen Widerstand.

Bei einem **Verstellpro-
peller** lässt sich die Steigung verstellen. In glatter
See läuft das Schiff mit
hoher Steigung schnell. In
starkem Seegang oder
beim Schleppen wird
Schubkraft benötigt. Dann
ist eine kleine Steigung
besser. Auch ein Verstellpropeller hat beim Segeln
nur wenig Wasserwider-
stand.

SKS-Fragen 65 – 67 (Seemannschaft I)); 72 (Seemannschaft II)

Elektroanlage

Die **Elektroanlage** einer Yacht besteht aus:

– Stromspeicher (Akkus)
– Stromgenerator (Lichtmaschine)
– Ladegerät
– Landanschlusssteckdose
– Schalttafel
– Kontrollinstrumenten
– Verkabelung

Batterien

Strom wird an Bord – wie in Kraftfahrzeugen – meistens in Bleiakkumulatoren gespeichert. 12-Volt-Batterien bestehen aus sechs in Reihe geschalteten Zellen von je zwei Volt Spannung. Auf großen Yachten wird 24 Volt Spannung benötigt. Dazu werden zwei 12-Volt-Akkus hintereinander geschaltet. Merke: Reihenschaltung addiert die Spannung, Parallelschaltung die Strommengen.

Für den Bordbetrieb sind folgende Akkus besonders gut geeignet:

– kippsichere Akkus
– wartungsfreie Akkus
  Hier muss kein destillier-

tes Wasser mehr nachgefüllt werden.
– Akkus für die Ladung durch Solargeneratoren,
– Gelakkus
  Sie enthalten Schwefelsäure in gelierter Form und können daher tief entladen werden und im Winter an Bord bleiben.

Technischer Standard sind zwei getrennte Stromquellen für Maschine und Verbraucher. Dann kann die Maschine auch mit leeren Verbraucherakkus noch gestartet werden (und die Verbraucherbatterien wieder laden).

Die **Nennkapazität** wird in Amperestunden (Ah) angegeben. De facto stehen jedoch nur etwa 60 % der Nennkapazität zur Verfügung, da ein Akku kaum über 80 % seiner Nennkapazität geladen werden kann und nicht tiefer als 20 % entladen werden darf. Es liefern also zwei 60-Ah-Verbraucherakkus netto nur 72 Ah.

Akkus sollten kentersicher befestigt sein. Auch eine 180°-Kenterung darf sie nicht bewegen.

Stromverbrauch

Stromverbraucher an Bord sind

– Positionslichter
– Navigations-, Funkgeräte
– Beleuchtung
– Druckwasserpumpe
– Kühlgerät

Der Stromverbrauch der einzelnen Geräte wird als Leistung (Watt) angegeben.

Die erforderliche Nettokapazität wird ermittelt, indem nach der Formel Ampere = Watt : Volt die Stromstärke bestimmt und mit der erwarteten Einschaltzeit multipliziert wird. Division durch 0,6 ergibt die benötigte Batteriekapazität (siehe unten).

Ladung

Mit dem Voltmeter wird der Ladezustand gemessen. Die Ladung erfolgt über den Bordgenerator (Lichtmaschine) oder per Landanschluss über die Landanschlusssteckdose mit einem Ladegerät. Dauer und Umfang der Ladung hängen von der Kennlinie des Ladegerätes ab. Optimal für Blei- wie auch für Gelakkus ist die IUoU-Kennlinie.

Zur Ladung von Akkus können – ohne Berücksichtigung der jeweiligen Kennlinie – folgende Hinweise gegeben werden:

1. Die Leistung der Lichtmaschine hängt von der Drehzahl des Motors ab.

Größe	Einheit
Leistung	Watt
Stromstärke	Ampere
Spannung	Volt

Stromstärke = Leistung geteilt durch Spannung

Ampere = Watt : Volt

Kapazitätsberechnung für einen 3-tägigen Segeltörn
(12-Volt-Anlage; Watt : 12 = Ampere)

Verbraucher	W	A	h	Ah
Dreifarbenlaterne	25	2,08	16	33,2
Instrumente (Nav.)	7	0,60	60	36,0
Autopilot	25	2,08	15	31,2
Radio		0,05	2	0,1
Decksbeleuchtung	25	2,08	1	2,1
				102,6

Hierfür benötigte Batteriekapazität = 171,2 Ah

2 Salonlampen	50	4,16	2	9,3
2 Kabinenlampen	50	4,16	2	9,3
Kühlgerät	80	6,66	12	80,0
Druckwasserpumpe	100	8,33	2	16,7
				218,0

Hierfür benötigte Batteriekapazität = 363 Ah

SKS-Fragen 72, 73 (Seemannschaft I); 55 – 58 (Seemannschaft II)

Elektroanlage

Ein üblicher 35-A-Generator bringt etwa 20 – 25 Ampere Ladestrom.

2. Ein Akku kann stündlich mit 10 % bis maximal 30 % seiner Nennkapazität geladen werden.

3. Je voller die Batterie, desto weniger Ladestrom kann sie aufnehmen.

4. Um genau zu ermitteln, wie viel Ampere die Batterie aufgenommen hat, wird ein spezielles Messgerät benötigt. Es misst die Lade- und die Verbraucherströme und multipliziert sie mit der jeweiligen Zeit. Das Ergebnis ist eine fortlaufende Energiebilanz.

5. Eine Ladung dauert acht bis zwölf Stunden, ei-

Akkutest – Wie gut ist die Starterbatterie?

1. Man lasse den Anlasser bei betätigtem Absteller zehn Sekunden „orgeln". Der Motor soll nicht anspringen!

2. Danach ist die Akkuspannung deutlich abgefallen.

3. Zeigt das Voltmeter nach einigen Minuten wieder mehr als 12 V an, so ist der Akku o. k.

ne Vollladung bis zu 24 Stunden. Dies gilt aber nur für neuwertige Akkus. Alte Akkus haben weniger Kapazität und sind schlechter zu laden. Während der Ladung kann sich Knallgas bilden. Ein Funke führt zu einer ordentlichen Verpuffung. Daher muss beim Laden der Batterieraum belüftet werden.

Schalttafel

Hinter der Schalttafel läuft die komplette Verdrahtung zusammen. Jeder Stromkreis hat einen eigenen Sicherungsautomaten. Er

Akkuspannung

10,5 V	Totale Entladung, Akku zerstört
11,4 V	Entladeschlussspannung. Akku darf nie tiefer entladen werden.
11,6 V	Ruhespannung bei entladenem Akku
12,1 V	Ruhespannung bei 25 % Ladung
12,3 V	Ruhespannung bei 50 % Ladung
12,5 V	Ruhespannung bei 75 % Ladung
12,7 V	Ruhespannung bei 100 % Ladung
13,8 – 14,1 V	Ladeschlussspannung. Akku darf nicht voller geladen werden.
14,4 V	Gasungsspannung Explosionsgefahr

dient gleichzeitig als Schalter. Mit zwei **Hauptschaltern** (Verbraucher und Maschine) kann das ganze Bordnetz ausgeschaltet werden. Oft sind in die Schalttafel Überwachungs- und Anzeigeinstrumente eingebaut. Ein **Amperemeter** zeigt die Stärke des fließenden Stroms an. Wird die Batterie geladen, steht die Anzeige im Bereich „+", Stromentnahme wird mit „–" angegeben. Beim Laden erkennt man, wie die Stromstärke immer kleiner wird. Wird gleichzeitig geladen und entnommen, gibt es die Differenz an.

Kabelnetz

Elektrische Leitungen setzen dem Strom Widerstand entgegen. Je länger die Leitung, umso mehr Strom geht verloren (Spannungsabfall), weil der Widerstand mit der Länge der Leitung steigt. Der Widerstand kann reduziert werden, indem der Querschnitt der Leitung vergrößert oder die Bordspannung erhöht wird. Die erforderlichen Kabelquerschnitte werden einer Tabelle entnommen. Bei langen Leitungswegen empfiehlt sich ein **24-Volt-Bordnetz**.

Die Schalttafel befindet sich häufig neben dem Kartentisch. Auf diesem Foto liegt sie neben dem Kopf und Rücken des Funkers. Rechts daneben, in einer eigenen Tafel die Sicherungsautomaten. So viele Schalter, Anzeigen und Geräte hat nur eine große Yacht.

SKS-Fragen 81 (Seemannschaft I); 67 (Seemannschaft II)

Flüssiggasanlage

Gas verbrennt, ohne zu riechen oder zu rußen und sein Heizwert ist hoch. Gaskocher sind einfach zu bedienen. Kein Wunder, dass auf vielen Yachten mit Gas gekocht und manchmal auch geheizt wird.

Jedoch sind Gas-Luft-Gemische mit einem Gasanteil von zwei bis zehn Prozent hoch explosibel und leicht entzündlich. Propan- und Butangas sind schwerer als Luft. Bei einer Leckage sammelt es sich in der Bilge und ein kleiner Funken führt zu einer entsetzlichen Gasexplosion.

Daher sind Gasanlagen auf Booten als technische Arbeitsmittel im Sinne des Gerätesicherheitsgesetzes eingestuft worden. Sie sind nach den **technischen Regeln „Arbeitsblatt G 608"** zu errichten, zu prüfen und zu betreiben.

Die **Gasflaschen** unterliegen der Druckbehälterverordnung. Sie dürfen nur in speziellen Schächten („Flaschenkästen") oder an Deck gelagert werden – mit mindestens 50 cm Abstand zu Niedergängen, Luken und Zündquellen, damit bei einer Leckage kein Gas unter Deck gelangen oder explodieren kann.

Die **Flaschenkästen** dürfen nur von oben aus zu-

gänglich sein und nach außen entlüftet werden. Damit auch hier kein Gas in das Bootsinnere eindringen kann, muss jeder Flaschenkasten einen Abfluss nach außen haben, der oberhalb der Wasserlinie mündet. Der Abfluss muss mindestens zwei cm² Querschnittsfläche besitzen. Die Gasflaschen im Kasten müssen arretiert werden, sodass sie unverrückbar stehen und fest mit dem Boot verbunden sind.

Im Bootsinneren oder in Backskisten dürfen überhaupt keine Gasflaschen aufgestellt oder gelagert werden.

Auf die Gasflasche wird ein Sicherheitsventil geschraubt, das **Hauptabsperrventil** der Gasanlage. Es wird mit einem **Druckminderer** verbunden, der den Druck auf 50 mbar reduziert. Ein weiteres **Sicherheitsventil** überwacht den Druckminderer. Es öffnet bei 100 bis 120 mbar Druck. Das ausströmende Gas muss direkt nach außenbords fließen.

Diese Ventilkombination mit einer Schlauchleitung nach DIN 4815 von höchstens 400 mm Länge mit der Rohrleitung verbunden. Die Rohrleitungen und deren Verlegung müssen dem Arbeitsblatt G 608 entsprechen.

Koch-, Back- oder Grillgeräte müssen vom DVGW geprüft und zugelassen werden. Thermoelektrische Zündsicherungen sollen verhindern, dass Gas ausströmt, wenn die Flamme erlischt. Brennbare Bauteile, die beim Betrieb heiß werden können, müssen geschützt werden.

Über den Koch-, Back- oder Grillgeräten müssen **Lüftungsöffnungen** mit einem freien Querschnitt von mindestens 150 cm² vorhanden sein. Während des Betriebes sind sie zu öffnen. Offene Brennstellen dürfen nicht zum Heizen verwendet werden (Kohlenmonoxid-Vergiftung).

Vor der ersten Inbetriebnahme muss die Gasanlage durch einen Sachkundigen auf Einhaltung der Regeln geprüft werden. Dabei ist auch eine Dichtheitsprüfung nach der Druckabfallmethode durchzuführen. Über die **Prüfung** ist eine Bescheinigung auszustellen. Alle zwei Jahre und nach allen Änderungen ist die Gasanlage erneut zu prüfen. Dafür ist der Eigner verantwortlich. Nur ein Sachkundiger darf die Gasanlage reparieren.

Nach jedem Kochen muss das Hauptabsperrventil geschlossen werden. Bei ei-

ner elektromagnetischen Fernabsperrung muss nur ein Schalter in der Pantry umgelegt werden.

Flüssiggasflaschen dürfen nur durch eingewiesene Personen ausgewechselt werden (nicht rauchen, kein offenes Feuer).

Im Winterlager werden die Gasflaschen von Bord genommen; die Anlage wird gasdicht verschlossen.

Wer die genannten Vorsichtsmaßnahmen beachtet, braucht sich um eine Gasexplosion keine Sorgen zu machen. **Gaswarngeräte** als zusätzliche Sicherheit werden nur selten eingebaut. Sie sollten nicht nur explosionsgeschützt, sondern amtlich zugelassen (PTB) sein. Die Gassensoren altern und sind wasserempfindlich – einmal mit Wasser in Berührung gekommen, müssen sie ausgewechselt werden. Gaswarngeräte sollen kontinuierlich in Betrieb sein. Sonst könnte z. B. ein sehr hoch konzentriertes Gemisch beim Einschalten gar nicht angezeigt werden. Ist ein kontinuierlicher Betrieb nicht möglich, müsste nach längerer Abwesenheit das Fahrzeug zunächst mit **tragbaren Gasspürgerät** untersucht werden – insgesamt ein hoher Aufwand.

SBS-Fragen 314 – 316; SKS-Fragen 33 (Seemannschaft I); 20 (Seemannschaft II)

Bord-Toilette

Als Bord-Toilette findet man auf den meisten Yachten ein **Seewasserklosett**. Die Toilette wird mit Seewasser gespült. Mit einer kleinen Hand- oder Elektropumpe wird es in das Becken gepumpt. Mit derselben Pumpe werden gleichzeitig die Fäkalien abgepumpt – nach außenbords oder in einen Fäkalientank. Die Pumpe hat also eine Doppelfunktion, sie entleert das WC und sie spült Seewasser zur Reinigung nach.

An der Pumpe befindet sich ein Hebel. Wird er umgelegt, so fließt kein Seewasser mehr nach. Die Pumpe entleert dann nur noch das WC-Becken.

Die Fäkalien im WC-Becken durchlaufen zunächst die Pumpe, dann das Abflussrohr und schließlich ein Rückschlagventil am Borddurchlass. Damit es hier nicht zu Ablagerungen oder sogar zu Verstopfungen kommt, muss das WC nach jeder Benutzung reichlich und ausgiebig gespült werden. Es ist dringend davon abzuraten, Essensreste oder Abfälle durch das WC zu spülen.

Die Toilette sollte nicht mit handelsüblichen Toilettenreinigern gereinigt werden. Gummiteile in der Pumpe könnten ange-

Bedienelemente eines Bord-WC

1. Seeventil für Seewasserspülung (manchmal außerhalb des WC-Raumes)
2. Handpumpe für Toilettenspülung mit dem
3. Hebel zur Unterbrechung der Seewasserzufuhr (Becken wird leergepumpt)
4. Hebel zum Öffnen und Schließen des Fäkalientanks
5. Seeventil Fäkalienleitung

Bedienung eines Bord-WC

1. Seeventil für Seewasserspülung öffnen
2. Handpumpe betätigen, sodass Seewasser in das Becken läuft und gleichzeitig die Fäkalien abfließen
3. Das leere Toilettenbecken ausgiebig spülen (20 bis 30 Pumpenhübe)
4. Seewasserzufuhr unterbrechen (Hebel umlegen)
5. Becken leerpumpen
6. Offene Seeventile schließen

griffen werden. Gegen Ablagerungen kann das WC gelegentlich mit Essigwasser gespült werden.

Trotzdem verschmutzen die Innenteile im Laufe der Zeit. Die Pumpe geht dann immer schwerer. Nun sollten die Schläuche ausgewechselt werden.

Auf den meisten Yachten liegt das WC unterhalb der Wasserlinie. Nach dem Prinzip der kommunizierenden Röhren kann durch die Seewasser- und durch die Fäkalienleitung Wasser zurück in die Toilette und damit auch in das Schiff laufen.

Damit kein Wasser durch die Fäkalienleitung in die

Toilette fließt, wird sie als Schwanenhals über die höchstmögliche Wasserlinie gezogen. Das allein reicht aber nicht aus, vielmehr muss an der höchsten Stelle ein Schnüffelventil eingebaut werden.

Dadurch dringt Luft in die Leitung ein, das Vakuum wird unterbrochen und die Saugheberwirkung (kommunizierende Röhren) gestoppt. Sicherheitshalber ist der Borddurchlass noch mit einem Rückstauventil gegen eindringendes Wasser geschützt.

In die meisten Yachten ist ein **Fäkalientank** eingebaut. Dann werden die Fäkalien zunächst in den Tank geleitet. Ist der Ab-

fluss geöffnet, fließen sie unmittelbar wieder in das Meer ab; bei geschlossenem Abfluss verbleiben sie im Tank. So kann die Toilette auch in Häfen und Ankerbuchten benutzt werden. Einrichtungen, um die Fäkalien abzusaugen, findet man nur in wenigen Häfen. Daher muss der Tank auf freiem Wasser in ausreichender Entfernung vom nächsten Land in das Meer entleert werden (siehe Seite 130).

Jeder Borddurchlass muss mit einem Seeventil absperrbar sein. Für die Bord-Toilette gibt es zwei Seeventile, eines für frisches Seewasser, das andere für die Fäkalienleitung. Beide Seeventile sollten nach jeder Toilettenbenutzung geschlossen werden.

Chemie-Toiletten werden nur auf kleinen Booten eingebaut. Sie besitzen drei Vorteile:

– kostengünstiger Einbau
– keine Rumpfdurchlässe
– geringer Platzbedarf

Aber viele Chemie-Toiletten stinken und auch nicht jeder Hafen bietet eine Entsorgungsmöglichkeit. Fäkalien aus einer Chemie-Toilette dürfen nicht in eine Toilette gekippt werden.

SKS-Fragen 34, 35, 129 (Seemannschaft I); 21, 22, 110 (Seemannschaft II)

Sicherheitsausrüstung

Die Sicherheitsrichtlinien für die Ausrüstung und Sicherheit von Segelyachten der Kreuzer-Abteilung des DSV beschreiben Baumerkmale und Ausrüstung:

– Sturmsegel
– Kollisionsschott
– abdichtbarer Niedergang
– gesicherte Steckschotten
– Lenzpumpen, Pützen
– Seeventile, Leckstopfen
– Notsteuereinrichtung
– Anker mit Kette/Trosse
– Positionslaternen
– Notpositionslichter mit eigener Stromversorgung
– Radarreflektor
– Pyrotechnische Signale
– Feuerlöschmittel
– Rettungsinsel
– Rettungswesten, Lifebelts
– Mann-über-Bord-Signal- und Rettungsmittel
– Erste-Hilfe-Ausrüstung
– Funkanlage
– GMDSS-Ausrüstung
– Seenotfunkboje (EPIRB)

Als **Sturm- und Schwerwettersegel** sind Trysegel, Sturmfock und Schwerwetterfock mitzuführen – mit hoch geschnittenem Unterliek, damit überkommende See nicht in das Segel schlägt.

Es muss ein wasserdichtes **Kollisionsschott** vorhanden sein. Es darf nicht mehr als fünfzehn Prozent der Länge über alles vom Bug entfernt sein, muss jedoch hinter der Wasserlinie liegen.

Niedergänge aus Cockpits müssen bis zur Hauptdecksebene abdichtbar sein. Wird der Niedergang mit **Steckschotten** verschlossen, so müssen sie gesichert werden können und mit dem Boot fest zu verbinden sein.

Als **Lenzpumpen** werden eingesetzt

– Handpumpen (selbst ansaugende Membranpumpen; Förderleistung bei 45 Hüben pro Minute 20 bis 100 Liter)
– elektrische Tauchpumpen (nicht selbst ansaugend, liegen in der Bilge. Förderleistung 30 bis 125 Liter pro Minute). Sie werden oft mit einem Schwimmschalter gesteuert und laufen dann automatisch an.
– Maschinengetriebene oder elektrische Impellerpumpen (50 bis 700 Liter pro Minute).

Der Germanische Lloyd fordert für Yachten zwischen acht und zehn Meter Länge eine Handpumpe mit fünf m^3/h und eine kraftbetriebene Pumpe mit mindestens sechs m^3/h Leistung.

Mit Lenzpumpen kann ein Wassereinbruch nur bekämpft werden, wenn das Leck so gut wie möglich verstopft ist. Durch ein nur 5 cm großes Leck, das 40 cm unter Wasser liegt,

dringen pro Minute 330 Liter Wasser ein (Seite 233).

Neben den Lenzpumpen müssen zwei **Pützen** (Eimer) starker Konstruktion an Bord sein, jede mit mindestens neun Litern (zwei Gallonen) Fassungsvermögen. Die Pützen müssen eine Leine haben.

Rumpf, Deck und Aufbau müssen zu einer wasserdichten Einheit verschlossen werden können. Alle unter Wasser befindlichen Rumpfdurchbrüche (mit

Offenes Seeventil heißt: Das Schiff schwimmt auf der dünnen Schlauchleitung statt auf der festen Bordwand.

Ausnahme von Logwellen, Echolot …) müssen durch **Seeventile** verschlossen werden können. Konisch angespitzte Weichholzpflöcke (**Leckstopfen**) müssen an jedem Rumpfdurchlass vorhanden sein.

Eine **Notsteuereinrichtung** ist bei Radsteuerung eine Notpinne und bei Pinnensteuerung eine Ersatzpinne.

Gesetzliche Ausrüstungspflicht nach KVR
Positionslaternen, Signalkörper, Schallsignalgeräte.

Gesetzliche Ausrüstungspflicht nach SOLAS Kapitel V
Magnetkompass, Magnetpeilkompass, Ablenkungstabelle, auf den neuesten Stand berichtigte Seekarten und Seebücher, Empfänger für ein weltweites Satellitennavigationssystem (z. B. GPS-Navigator), Radarreflektor.

Vom BSH und der BSU empfohlene Mindestausrüstung
– Navigation: Echolot oder Handlot, Log, Transponder, Fernglas, Bleistift, Zirkel, Kursdreiecke, Seefunkanlage, Empfangsanlage für Schiffssicherheitsinformationen, Internationales Signalbuch, Rundfunkanlage, SeeSchStrO mit Bekanntmachungen der WSD, KVR, Barometer, Sextant, Chronometer, Logbuch, Signalflaggen.
– Schwerwetter: Sturmfock, Trysegel, Reffeinrichtung, Reserveruderpinne, Treibanker, Drahtschere, Kappbeil.
– Schiffsbetriebssicherheit: Anker mit Kettenvorläufer und Leine, Feuerlöscher, Lenzpumpe, Eimer, Ösfass, Bordapotheke, Erste-Hilfe-Kasten, Riemen, Paddel, Bootshaken, Taschenlampe, Ersatzteile, Reservekanister, Werkzeug, Drahtschere.
– Seenot: ohnmachtssichere Rettungsweste mit Signalpfeife für jede Person, Lifebelts mit Karabinerhaken, Rettungsring mit Wurfleine und Leuchte, Seenotsignalmittel, Streichhölzer.

SBS-Frage 317; SKS-Fragen 55 (Recht); 13, 14, 22, 23, 30, 32, 114, 115 (Seemannschaft I); 14, 15, 19, 95, 96 (Seemannschaft II)

Sicherheitsausrüstung

Eine seegehende Yacht muss zwei **Anker** mit Ketten oder Trossen mit mindestens sechs Meter Kettenvorlauf haben. Ein **Reitgewicht** an der Trosse erhöht die Haltekraft des Ankers und wirkt ruckdämpfend. Eine Ankerkette darf nicht direkt im Ankerkasten befestigt werden, sondern an einem Taustropp. Er muss so lang sein, dass er notfalls an Deck geholt und gekappt werden kann.

Positionslaternen müssen vom BSH zugelassen sein. Reserveglühlampen sind vorrätig zu halten. **Notpositionslaternen** müssen den gleichen Anforderungen entsprechen und über eine eigene, vom normalen Laternenbetrieb getrennte Stromversorgung und Verkabelung verfügen.

Fahrzeuge ab zwölf Meter Länge müssen mit einer **Pfeife** der Klasse IV, ab zwanzig Meter Länge mit einer **Glocke** der Klasse II ausgerüstet sein. Die Pfeife muss nach vorne gerichtet und so hoch angebracht sein, dass sich der Schall ungehindert ausbreiten kann und die Besatzung keinen Hörschaden erleidet. Auf Fahrzeugen unter zwölf Meter Länge muss ein Gerät zur Abgabe eines kräftigen Schallsignals vorhanden sein.

Mit einem **Radarreflektor** (Katzenauge für Radarstrahlen) sollen kleine Fahrzeuge im Radar besser erkennbar sein. Achtflächige Radarreflektoren müssen einen Mindestquerschnitt von 457 mm (18") besitzen; nichtachtflächige Reflektoren müssen Reflexionsfläche von mindestens 10 m^2 besitzen. Aber selbst damit kann nicht garantiert werden, dass das Radarecho stark genug ist. Das leistet nur ein **Aktiv-Radarreflektor** (Radarziel-Verstärker). Er empfängt Impulse fremder Radargeräte, verstärkt sie und sendet sie auf gleicher Frequenz zurück. Das entspricht einer Reflexionsfläche von 80 m^2.

Pyrotechnische Seenotsignale sind rote Leuchtsterne, rote Handfackeln, orangefarbene Rauchsignale und Knallsignale. Sie dürfen nur im Seenotfall verwendet werden, wenn Gefahr für Leib und Leben und die Notwendigkeit zur Hilfe besteht.

Leuchtsterne können als Raketen und mit einer Signalpistole abgeschossen werden. **Fallschirmsignale** sinken langsamer und fallen besser auf. Sie steigen 300 Meter hoch auf, sind 12,5 Seemeilen weit sichtbar und brennen 30 Sekunden lang.

Erwerb, Aufbewahrung, Verwendung und Beförderung dieser Seenotsignalmittel werden durch das Sprengstoffgesetz und durch das Waffengesetz geregelt. Als Mindestausstattung wird empfohlen:

– 12 rote Fallschirmsignale
– 4 rote Handfackeln
– 4 weiße Handfackeln
– 2 orangefarbene Rauchsignale

Ein **Leinenwurfgerät** kann bei Seenot, Mann über Bord oder im Falle einer Bergung äußerst wertvoll sein. Manche Pistole kann zu einem Leinenwurfgerät umgerüstet werden.

Feuerlöschmittel sind Feuerlöscher, Feuerlöschdecken, Eimer mit Wasser. Mit solchen Feuerlöschmitteln können nur Entstehungsbrände gelöscht werden. Sobald sich ein Feuer ausgebreitet hat, kann es mit Feuerlöschern nicht mehr gelöscht werden.

Feuerlöscher können mit Pulver, CO$_2$, Wasser oder Schaum gefüllt sein. **Pulver** soll das Feuer abdecken und ersticken; das Pulver hinterlässt erhebliche Rückstände. Wird mit Pulver ein Kajütbrand gelöscht, muss die ganze Inneneinrichtung erneuert werden.

Mit **CO$_2$** wird einem Feuer der Sauerstoff entzogen. Offenes Feuer erstickt, Glut kann jedoch bestehen bleiben. CO$_2$ eignet sich daher besonders gut zum Löschen eines Feuers ohne Glut (Maschinenraum).

Kleinere Brände, etwa in der Pantry, können gut mit einer **Feuerlöschdecke** bekämpft werden.

Eine 10-m-Yacht sollte folgende Feuerlöschmittel griffbereit an Bord haben:

– eine Feuerlöschdecke in Pantrynähe
– ein CO$_2$-Löscher nahe am Maschinenraum
– ein Wasserlöscher in der Backskiste

Auf Motoryachten werden häufig **Feuerlöschanlagen** (automatisch auslösende Feuerlöscher) in den Maschinenraum eingebaut.

Eine **Rettungsinsel** wird gebraucht, wenn die Yacht brennt oder sinkt. Sie kann niemals eine Alternative zu einer schwimmfähigen Yacht sein. Die Rettungsinsel wird am Heckkorb gefahren oder an Deck (Diebstahlsicherung vor dem Auslaufen entfernen) oder leicht zugänglich in einer Backskiste oder am Niedergang. Sie muss in fünfzehn Sekunden einsatzbereit sein.

SBS-Fragen 317, 319 – 322; SKS-Fragen 114, 115, 119, 120 (Seemannschaft I); 95, 96, 100, 101, 146 (Seemannschaft II)

Sicherheitsausrüstung

Rettungsinseln müssen entsprechend den Herstellerangaben gewartet werden; die Wartungsintervalle betragen zwölf oder 24 Monate, für vakuumverpackte Inseln 36 oder 48 Monate.

Im Notfall muss zusätzliche Ausrüstung mit in die Rettungsinsel genommen werden, etwa: Trinkwasser, Lebensmittel, Tabletten gegen Seekrankheit, warme Kleidung, Notsignale, UKW-Handsprechfunkgerät, Dosenöffner, Angelzeug, Decken, Schlafsäcke, Kartenspiel.

Jede Person an Bord benötigt eine **Rettungsweste** (CE-, DIN- oder GS-Zeichen). Die Rettungsweste muss Mund und Nase einer erschöpft oder bewusstlos im Wasser liegenden Person in fünf Sekunden aus jeder Lage aus dem Wasser heben. Der Kopf muss in eine rückwärtige, ohnmachtssichere Wasserlage gebracht und dort stabil gehalten werden.

Aufblasbare Rettungswesten werden mit einer Gaspatrone (explosionsartig) aufgeblasen. Wasser, manchmal auch Spritzwasser, löst die Automatik aus. Automatikwesten können auch von Hand ausgelöst werden (Reißleine). Falls weder die Automatik noch die manuelle Auslösung funktioniert, kann die Weste mit dem Mund aufgeblasen werden. Automatikwesten müssen regelmäßig von einem Fachbetrieb gewartet werden. Eine fremde Weste sollte immer gründlich überprüft werden, bevor sie angelegt wird.

Rettungswesten werden nicht nur bei schlechtem Wetter, sondern auch bei Manövern oder Arbeiten an Deck angelegt. Kinder und Nichtschwimmer tragen am besten immer eine Rettungsweste.

Überprüfen von Automatik-Westen

– Gebrauchsanleitung lesen
– Wartungsplakette prüfen
– Gaspatrone unbeschädigt und fest verschraubt?
– Aufblas-Automatik optisch einwandfrei und mit dem Schwimmkörper ruck- und drehfest verbunden?
– Luftkammer verdreht?
– Knopf für Handauslösung griffbereit?
– Ventil klar zum Aufblasen mit dem Mund?
– Trillerpfeife vorhanden?
– Druckprobe: Schwimmkörper mit Atemluft prall füllen und 16 Stunden lang liegen lassen.

Rettungswesten sollten griffbereit liegen; Neulingen muss gezeigt werden, wie die Weste angelegt wird und wie sie sich im Ernstfall zu verhalten haben.

Crewmitglieder brauchen **Sicherheitsgurte** („**Lifebelts**") mit Sicherheitsleinen. Sie sollen verhindern, dass einer über Bord fällt. Der Skipper muss bei der Sicherheitseinweisung zeigen, wo die Sicherheitsleine eingeklickt werden kann (durchgebolzte Augen oder Strecktaue). Ungeeignet sind der Bug- und der Heckkorb, die Seereling, Handläufe und die Steuersäule.

Strecktaue sind Stahldrähte (rostfrei, 1 x 19, fünf Millimeter Durchmesser) oder gleich festes Gurtband. Gurtband rollt nicht weg, wenn man darauf getreten wird. Strecktaue liegen auf den Seitendecks. Bevor das Cockpit verlassen wird, klickt man sich ein und kann sich dann an Deck relativ frei bewegen. In schwerer See darf die Sicherheitsleine erst unter Deck wieder ausgehakt werden.

Die Sicherheitsrichtlinien verlangen als **Mann-über-Bord**-Rettungsmittel:
– eine mindestens fünfzehn Meter lange, schwimmende Wurfleine

– ein ohnmachtssicherer Rettungsschwimmkörper mit Treibanker; er soll verhindern, dass der Schwimmkörper vertreibt
– eine selbstzündende Leuchtboje

Empfohlen wird zudem:
– eine selbstaufrichtende Markierungsboje mit Treibanker, Flagge, selbstzündendem Licht, Trillerpfeife und Farbbeutel
– 1 Bergegurt
– zwei an Wanten angebrachte Haken, um daran eine Rettungstalje zu befestigen; so kann eine über Bord gefallene Person am besten geborgen werden

Mit einem **Seefunkgerät** kann im Notfall Hilfe von der umliegenden Schifffahrt und gleichzeitig von Rettungsleitstellen erbeten werden. Terrestrischer Seefunk wird betrieben auf

– UKW (Reichweite etwa 30 Seemeilen)
– Grenzwellen (etwa 250 Seemeilen)
– Kurzwellen (weltweit)

Es müssen laut Sicherheitsrichtlinien mindestens ein **UKW-Seefunkgerät**, ein UKW-Handsprechfunkgerät und eine **Notantenne** an Bord vorhanden sein.

SBS-Fragen 317, 318, 329; SKS-Fragen 109, 111, 113, 118 (Seemannschaft I); 70, 90, 92, 94 – 99 (Seemannschaft II)

GMDSS-Funkausrüstung

Die Abkürzung GMDSS steht für Global Maritime Distress and Safety System (Seite 135). Das weltweite maritime Seenot- und Sicherheitsfunksystem ist eine weltweit einheitliche Sammlung von Rechtsvorschriften und technischen Richtlinien. Dank GMDSS können Schiffe überall auf der Welt automatisch die zuständige SAR-Leitstelle (MRCC) und gleichzeitig die Schiffe in ihrer Nähe alarmieren. Und wichtige nautische Nachrichten, Warn- und Sicherheitsmeldungen werden den Schiffen von Land aus schriftlich übermittelt.

Alle Schiffe, deren Bruttoraumzahl größer als 300 ist, sind seit dem 1.2.99 mit GMDSS-Einrichtungen ausgerüstet. Seitdem wird Seefunk weltweit einheitlich nach den Vorschriften des GMDSS betrieben. Auf Sportbooten werden folgende GMDSS-Geräte eingesetzt:

DSC-Controller (Digital Selective Calling, digitaler Selektivruf) ergänzen die Sprechfunkgeräte. DSC ist eine digitale Anruftechnik. Mittels DSC kann

– per Knopfdruck ein Notalarm gesendet werden;

UKW-Sprechfunkgerät mit DSC; ca. 1000 € (HDW-Hagenuk)

dieser Alarm enthält die Schiffskennung und die aktuelle Position; sie wird vom GPS-Gerät automatisch hinzugefügt,
– ein Anruf an alle Funkstellen gesendet werden, um eine wichtige Meldung zu verbreiten,
– eine andere Funkstelle direkt angerufen werden, wenn deren Rufnummer (MMSI) bekannt ist.

NAVTEX-Geräte (Navigational Telex) sind Funkfernschreiber zum Empfang

– nautischer Warnungen
– Wettervorhersagen
– weiterübermittelter Notmeldungen
– Mitteilungen zu GPS und LORAN-C
– Informationen über Lotsendienste
– Eisberichte

In Deutschland werden nautische Warnnachrichten (NWN) vom **Seewarndienst Emden** für das gesamte deutsche Warngebiet und von den Verkehrszentralen herausgegeben. Der Zusatz „vital" weist auf eine lebensbedrohliche Gefahr hin.

EPIRBs (Emergency Position Indicating Radio Beacon) sind Seenotfunkbojen. Eine Epirb sendet auf 406 MHz Notsignale an Satelliten, sobald sie eingeschaltet wird oder ins Wasser

COSPAS-SARSAT-EPIRB 21 cm hoch; ca. 1200 € (HDW-Hagenuk)

fällt. Die Satelliten werden von **COSPAS-SARSAT**, betrieben, gemeinschaftlich von Russland, Frankreich, Kanada und den USA.

In der Basisversion fliegen vier Satelliten in 850 bis 1000 km Höhe auf festen polumlaufenden Bahnen, während sich die Erde unter ihnen dreht. Wegen der geringen Höhe kann jeder Satellit ein Gebiet von etwa 6000 km Durchmesser beobachten. Er kann einen Alarm also erst dann empfangen, wenn er die Epirb überfliegt. Um die Position zu ermitteln, muss noch ein zweiter Satellit über die Epirb fliegen. Dies dauert durchschnittlich 43 Minuten. Das neuere System nutzt zusätzlich noch vier geostationäre Satelliten. Damit kann es – außerhalb der Polargebiete – jeden Notalarm in wenigen Minuten an eine Rettungsleitstelle übermitteln. Die Position wird entweder von einem GPS-Navigator in der Epirb beigesteuert oder später von den polumlaufenden Satelliten ermittelt.

Mit einem Radar-Transponder für die Suche und Rettung (**SART**) können Schiffbrüchige im Nebel besser gefunden werden. Aktivierte Transponder erzeugen Notzeichen auf den Radarschirmen aller Schiffe in der Umgebung.

SKS-Fragen 33 – 35, 65 (Navigation)

Klassifikation

Germanischer Lloyd (GL)

Der Germanische Lloyd, Hamburg, ist die Organisation zur technischen Überwachung der Seefahrt in Deutschland. Er besteht seit 1867 und wird im Auftrag von Werften, Yachteignern oder Versicherern tätig. Mehr als hundert Regierungen haben ihn mit hoheitlichen Aufgaben betraut. Der GL hat Klassifikations- und Bauvorschriften entwickelt. Sie sind als Regelwerk der Technik anerkannt.

Wasserfahrzeugen, die in Übereinstimmung mit den Bauvorschriften des GL – Teil 3 „Wassersportfahrzeuge" – hergestellt und ausgerüstet werden, kann die **Klasse** des GL erteilt werden. Die Klassifikation umfasst den Schiffskörper, die Maschinenanlage und die elektrische Anlage, die schiffbauliche Ausrüstung, die Verschlusseinrichtungen (Seeventile) und das Rigg, wie es in den Vorschriften beschrieben ist. Auch Serienfahrzeuge können klassifiziert werden.

Ein Einzelbau der **Klasse + 100 A5** entspricht zu 100 % den Bauvorschriften des GL und muss nach einer Klassenperiode von fünf Jahren einer erneuten Prüfung unterzogen werden.

Beispiele für weitere Klassenbezeichnungen sind 90 A3, 80 A2 oder 70 A1. Die Zahlen 90, 80, 70 kennzeichnen den Unterhaltungszustand des Schiffskörpers im Verhältnis zu den Forderungen der Bauvorschriften, unter Berücksichtigung der zulässigen Abnutzungstoleranzen. Die Ziffern 3, 2, 1 bezeichnen die Dauer der Klassenperiode in Jahren.

Für Serienbauten heißt die + 100 A5 entsprechende Klasse „**Type Tested GL-100 A5**".

Bei reduziertem Prüfumfang (Hauptkomponenten des Rumpfes, Kiel, Ruder, Deck und Aufbauten) wird für Einzelbauten ein **Rumpfbauschein** (**Approved Hull Construction**) und für Serienbauten die Klasse „**Type Tested**" vergeben.

Wassersportfahrzeuge, die nur den Bedingungen für einen **eingeschränkten Fahrtbereich** genügen, erhalten kennzeichnende Zusätze, z. B. **Fahrtbereich II**. Damit sind Fahrten entlang der Küste möglich, und zwar in einem Seegebiet von 200 Seemeilen gemessen vom Festland bzw. von Inseln, die dem Festland vorgelagert und nicht weiter als 400 Seemeilen vom Festland bzw. einer anderen Insel entfernt sind.

Die Bauvorschriften des GL sollen anhand von zwei Beispielen – Cockpit und Seereling – in vereinfachter Form wiedergegeben werden.

Boden sowie Längs- und Querwände von **Cockpits** gelten als Hauptverbände und sind entsprechend zu bemessen. Cockpits müssen zum Schiffsinneren wasserdicht sein.

Der Cockpitboden muss in einer ausreichenden Höhe über der Schwimmwasserlinie liegen, sodass eingedrungenes Wasser unter vorhersehbaren Neigungen und Vertrimmungen des Fahrzeugs durch Entwässerungsrohre oder Wasserpforten unverzüglich abfließen kann.

Jedes Cockpit muss mindestens ein Entwässerungsrohr je Seite enthalten. Der Gesamtquerschnitt aller Rohre darf nicht kleiner sein als

– 25,0 cm^2 im Fahrtbereich I
– 12,5 cm^2 im Fahrtbereich II oder III
– 10,0 cm^2 im Fahrtbereich IV oder V

Cockpitentwässerungsrohre müssen die gleiche Festigkeit wie der umgebende Schiffskörper aufweisen; sie dürfen nur mit besonderer Genehmigung durch Schläuche ersetzt werden.

Jedes Fahrzeug muss unabhängig vom Fahrtbereich und der Fahrzeuggröße mit einer **Seereling** versehen sein, die folgenden Anforderungen entspricht:

Bei Fahrzeugen ab acht Meter Länge muss die Relingshöhe mindestens 600 mm betragen.

Zusätzlich zur Seereling sind ein Bugkorb und ein Heckkorb erforderlich.

Die Seereling sowie Bug- und Heckkörbe bieten das erforderliche Maß an Sicherheit nur, wenn die angrenzenden Flächen in allen vorhersehbaren Situationen auch sicher zu begehen sind. Es muss auf jeder Schiffsseite ein Verkehrsweg von ausreichender Breite und rutschsicherer Ausführung sowie eine Fußreling an der Bordkante von mindestens 20 mm Höhe vorhanden sein.

Der Abstand der Relingsstützen darf 2,15 Meter nicht überschreiten.

Der Abstand der Durchzüge voneinander oder vom Deck darf 300 mm nicht überschreiten.

CE-Zeichen

Der Inhalt der EG-Richtlinie „Sportboote" ist als 10. Verordnung zum Gerätesicherheitsgesetz am 16.6.1996 in deutsches Recht übernommen worden. Danach müssen seit dem 16.6.1998

– neue Sportboote
– gebrauchte Sportboote, die aus einem Drittland (nicht zur EU gehörig) importiert werden

die technischen Anforderungen der Richtlinie erfüllen (**CE-Zeichen**). Die Auslegung der technischen Anforderungen erfolgt – sofern vorhanden – durch Normen und technische Regeln. Ein privater Import eines Bootes etwa aus den USA ist dann nicht mehr ohne weiteres möglich. Die Richtlinie gilt für Sportboote zwischen 2,5 und 24 Meter Rumpflänge; ausgenommen sind:

– Rennboote (z. B. Admiral's Cupper)
– Kanus, Kajaks, Gondeln, Tretboote
– Surfbretter
– Jet-Skis
– originale, einzelne Nachbauten historischer Boote, die im Wesentlichen mit den ursprünglichen Baumaterialien gebaut wurden
– Experimental-Fahrzeuge
– Eigenbauten, die nicht innerhalb von fünf Jahren nach Fertigstellung in der EU auf den Markt gebracht werden
– Fahrzeuge mit bezahlter Mannschaft, die der kommerziellen Personenbeförderung dienen
– Tauchboote
– Luftkissenfahrzeuge
– Tragflächenboote

An der Steuerbordseite des Spiegels muss sich ein fest angebrachtes **Rumpfkennzeichen** befinden. Es gibt (in codierter Form) an:

– Herstellerland
– Hersteller
– Seriennummer
– Monat und Jahr der Herstellung
– Modelljahr

An jedes Boot muss zudem eine **Herstellerplakette** angebracht werden mit

– Herstellername
– Bootskategorie
– zulässiger Höchstlast – Personenzahl und maximale Zuladung
– CE-Zeichen, Prüfstelle
– Zusatzangaben, etwa die höchste zulässige Motorisierung

Mit der **Kategorie** legt der Hersteller fest,

– in welchem Fahrtgebiet
– bis zu welcher Windstärke
– bis zu welcher charakteristischen Wellenhöhe

ein Boot sicher benutzt werden kann. So darf eine Fahrt, bei der mehr als Windstärke acht auftreten kann, grundsätzlich nur mit einem Boot der Kategorie A unternommen werden. Wer bei solchen Wetterverhältnissen mit einem Boot einer niedrigeren Kategorie Schiffbruch erleidet, muss mit Schwierigkeiten rechnen. Dies könnte als Verstoß gegen die seemännische Sorgfaltpflicht (Grundregel der SeeSchStrO) angesehen werden und als grobe Fahrlässigkeit u. a. den Verlust des Versicherungsschutzes nach sich ziehen.

Mit jedem Boot muss ein **Benutzerhandbuch** ausgeliefert werden. In der **Konformitätserklärung** muss der Lieferant erklären, dass das Fahrzeug der EG-Richtlinie Sportboote entspricht und darin muss er die Normen und technischen Regeln aufführen, nach denen das Boot gebaut wurde. Ab zwölf Meter Rumpflänge muss auch angegeben werden, wie die Einhaltung der grundlegenden Sicherheitsanforderungen der Richtlinie überprüft wurde.

Kategorie

A Hochsee
Ausgelegt für ausgedehnte Fahrten, bei denen Wetterverhältnisse mit einer Windstärke über acht und signifikante Wellenhöhen über vier Meter auftreten können und die diese Boote weitgehend aus eigener Kraft bestehen können.

B Außerhalb von Küstengewässern
Ausgelegt für Fahrten außerhalb von Küstengewässern, bei denen Windstärken bis einschließlich acht und signifikante Wellenhöhen bis einschließlich vier Meter auftreten können.

C Küstennahe Gewässer
Ausgelegt für Fahrten in küstennahen Gewässern, großen Buchten, Flussmündungen, Seen, Flüssen, bei denen Wetterverhältnisse mit einer Windstärke bis einschließlich sechs und signifikante Wellenhöhen bis einschließlich zwei Meter auftreten können.

D Geschützte Gewässer
Ausgelegt für Fahrten auf kleinen Seen, schmalen Flüssen und Kanälen, bei denen Wetterverhältnisse mit einer Windstärke bis einschließlich vier und signifikante Wellenhöhen bis einschließlich 0,5 Meter auftreten können.

SBS-Frage 29; SKS-Fragen 5 – 7 (Seemannschaft I); 9 – 11 (Seemannschaft II)

Wahrer Wind, scheinbarer Wind

Wind wird nach der Richtung benannt, aus der er weht. Ostwind kommt aus Osten, Westwind aus Westen. Die Windstärke kann in Beaufort (Bft), in Knoten (kn) oder Metern pro Sekunde (m/s) angegeben werden. **Wahren Wind** nennt man den Wind an einem festen Ort. Die Flaggen an einem frei stehenden Flaggenmast zeigen den wahren Wind an. Sobald sich ein Schiff vorwärts bewegt, ist es dem **Fahrtwind** ausgesetzt. Er kommt immer von vorne und zwar mit derselben Geschwindigkeit, mit der sich das Fahrzeug bewegt. Der Fahrtwind wirkt auf den wahren Wind ein, er wandelt ihn in den **scheinbaren Wind** um. Der

scheinbare Wind heißt auch **relativer Wind** oder **Wind an Bord**. Auf Kursen gegen den Wind, selbst wenn der wahre Wind genau seitlich einfällt, verstärkt der Fahrtwind den wahren Wind. Je weiter der wahre Wind dagegen von achtern kommt, umso mehr schwächt der Fahrtwind den wahren Wind ab. Das kennt jeder vom Radfahren. Bei achterlichem Wind wirken wahrer Wind und Fahrtwind gegeneinander. Deshalb wird ein Segelboot auf Vorwindkurs bei wenig Wind sehr langsam.

Der scheinbare Wind erzeugt die Windkraft.

Frei wehende Trimmfäden – richtiger Segeltrimm

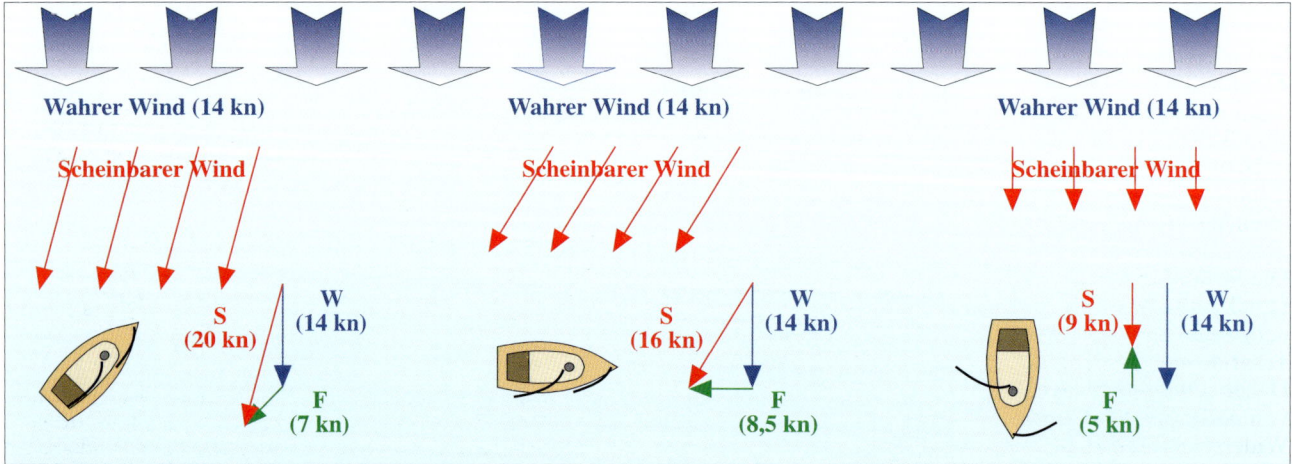

Auf ein segelndes Boot wirken der wahre Wind W und der Fahrtwind F ein. Die Resultierende (Winddreieck) heißt scheinbarer Wind S. Ein Windrichtungsanzeiger, der mit einem Log verbunden ist, kann auch den wahren Wind anzeigen.

SKS-Fragen 51 (Wetter); 41, 42 (Seemannschaft I)

Antrieb

Antrieb durch Widerstand

Auf Vorwindkurs segelt ein Boot mit Rückenwind; der schiebt das Boot. Die Segel werden quer zum Wind gestellt und bieten dem Wind **Widerstand** (Antrieb durch Widerstand). Da bauchige Formen mehr Widerstand erzeugen als flache, sollen die Segel bei achterlichem Wind möglichst bauchig getrimmt werden.

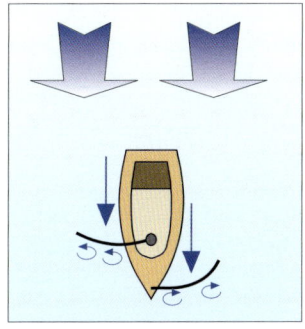

Antrieb durch Widerstand. Bei achterlichem Wind bieten die Segel dem Wind Widerstand. Ein bauchiges Segelprofil vergrößert den Widerstand (Fallschirm).

Antrieb durch Auftrieb

Auf Amwindkurs segelt ein Boot spitz gegen den Wind. Sein Antrieb basiert dann auf einem Gesetz der Strömungslehre. Nach der Bernoulli-Gleichung ist der statische Druck umso kleiner, je schneller das Medium (Luft) strömt. Zwischen Groß- und Vorsegel verengt sich der Windkanal, die Luft wird noch einmal beschleunigt. Dadurch sinkt der Druck, es entstehen Saugkräfte.

Die Strömungs- und Druckverhältnisse an einem Segel sind jetzt einer Tragfläche vergleichbar. Daher spricht man auch von **Auftrieb**. Unnötiger Widerstand bremst nur. Am Wind müssen die Segel flach getrimmt werden.

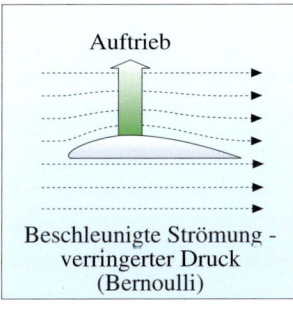

Auftrieb einer Tragfläche

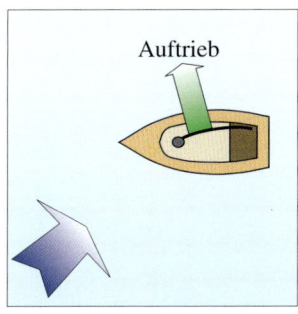

Auftrieb eines Segels

Scheinbarer Wind

1 Segel, Rigg und Rumpf erzeugen Windwiderstand Ww – in Richtung des scheinbaren Windes.

2 Das Profil des Segels lässt den Wind außen (in Lee) schneller als innen (in Luv) vorbeistreichen.

3 Am Segel entstehen Auftriebskräfte – hier vereinfacht als eine Kraft A am Schwerpunkt des Bootes dargestellt.

4 Die Summe aus Auftrieb A und Windwiderstand Ww ist die Gesamtkraft des Segels S.

5 Die Gesamtkraft S erzeugt eine Vortriebskraft V und eine Querkraft Q (Abdrift, Krängung).

6 Im Wasser bremst die Reibung R des Rumpfes; Kiel K oder Schwert wirken gegen die Querkraft.

7 W ist die Gesamtkraft, die das Wasser auf den Rumpf ausübt. Sie wirkt gegen S.

8 Ihre Summe ergibt die Fahrt durchs Wasser FdW (Richtung und Geschwindigkeit des Bootes).

Antrieb durch Auftrieb und Fahrt durchs Wasser

Segeltrimm

Drei Einstellungen machen den Segeltrimm aus:

– Anstellwinkel
– Twist (Verwindung)
– Profil

Anstellwinkel

Den Winkel zwischen der Richtung des scheinbaren Windes und der Stellung eines Segels (Tangente am Vorliek) nennt man **Anstellwinkel**. Er wird am besten über den Holepunkt der Schot eingestellt. Segelt das Boot durch Auftrieb (Amwind- bis Halbwindkurs), so ist der Anstellwinkel besonders wichtig. Ist der Anstellwinkel zu groß, so wirkt die Gesamtkraft zur Seite und nicht nach vorne. Statt mit hoher Geschwindigkeit zu laufen, krängt und vertreibt das Boot. Auf Raumwind- und Vorwindkursen (Antrieb durch Widerstand) wächst der Anstellwinkel bis auf 90°.

Twist (Verwindung)

Am Masttopp weht der Wind stärker als unten. Die Bodenreibung macht sich dort oben weniger bemerkbar. Der scheinbare Wind kommt daher unten stärker von vorne und in der Höhe mehr von der Seite. Der Anstellwinkel soll unten und oben gleich sein. Dazu muss das Segel getwistet werden. Eine solche Verwindung nennt man **Twist**.

Der **Twist des Großsegels** wird am Wind über die Großschotspannung verändert (Schot dicht = wenig Twist; Schot loser = mehr Twist). Er wird am Achterliek kontrolliert und ist an der obersten Segellatte gut erkennbar. Ohne tiefer in die Details zu gehen, kann empfohlen werden, die Großschot so zu spannen, dass die oberste Segellatte parallel zum Baum steht.

Auf Raum- und Vorwindkursen muss die Schot gefiert werden. Sie kann jetzt nicht mehr den Twist regulieren, dafür ist nun der Baumniederholer zuständig. Je dichter der Baumniederholer, desto weniger Twist.

Der **Twist des Vorsegels** wird über die Längsposition des Vorschot-Holepunktes eingestellt (siehe Abbildung). Holepunkt nach vorne verringert den Twist; Holepunkt nach hinten erhöht ihn. Mit zunehmendem Wind sollte auch der Twist größer werden.

Je mehr Wind, desto mehr Twist.

Anstellwinkel zu groß; durch die seitwärts gerichtete Gesamtkraft G wird der Vortrieb V klein und die Krängung groß.

Richtiger Anstellwinkel: viel Vortrieb, wenig Abdrift und Krängung, weil G nach vorne gerichtet ist.

Ein richtiger Anstellwinkel bringt mehr Vortrieb.

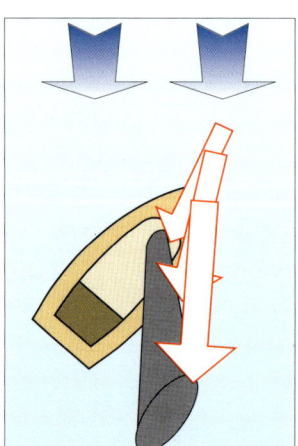

Der scheinbare Wind verändert sich mit der Höhe.

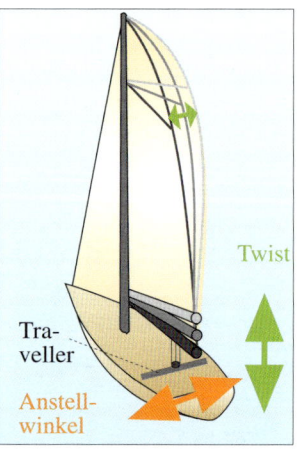

Einstellung von Twist und Anstellwinkel

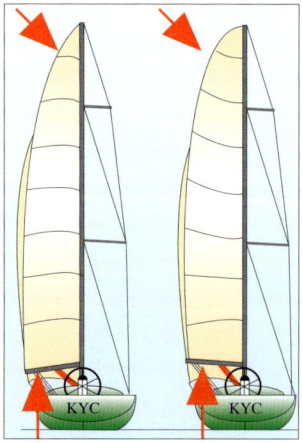

Den Twist mit dem Baumniederholer verändern

SKS-Fragen 52, 84, 85, 88 (Seemannschaft I)

Segeltrimm

Profil

Das Verhältnis von Profiltiefe zur Profillänge heißt **Segeltiefe**. Typische Segeltiefen liegen zwischen 10 % und 18 %. Ein Segel mit großer Tiefe heißt **bauchig**, eines mit wenig Tiefe **flach**. Bauchige Segel erzeugen mehr Kraft, aber auch mehr Widerstand als flache.

Bei schwachem Wind wird Kraft gebraucht, also bauchige Segel.

Mit zunehmendem Wind werden die Segel immer flacher getrimmt. Bei starkem Wind bringt auch ein flaches Segel genügend Kraft, aber weniger Widerstand, weniger Krängung und weniger Abdrift.

Wie wird das Großsegel flach getrimmt? Schot dicht, Unterliek und Großfall durchsetzen und den Mast mit dem Achterstag nach achtern biegen. Das Vorsegel wird genauso eingestellt: Schot und Fall dicht setzen.

Wenn auf Raum- und Vorwindkursen großer Widerstand erwünscht ist, werden die Segel bauchig getrimmt.

Segel mit der größten Tiefe vorn bringen viel Auftrieb. Sie verzeihen Steuerfehler eher und sind bei unruhigem Wasser wirkungsvoller als Segel, deren **größte Tiefe weit achtern** liegt. Sie sind am Wind vorteilhaft. Ihr Anstellwinkel ist kleiner,

sodass mehr Höhe gesegelt werden kann. Segel mit der größten Tiefe hinten killen jedoch leicht.

Wenn sie nicht ganz korrekt getrimmt sind, flattern sie. Deshalb sind sie auch schwerer zu steuern (enger Steuerspielraum).

Aufrecht segeln

Moderne Yachten sollten möglichst aufrecht gesegelt werden. Schräglage erhöht die Luvgierigkeit und den Wasserwiderstand. Auch treibt das Boot stärker ab. Deshalb bei zunehmendem Wind die Segel flach trimmen, die Holepunkte nach Lee versetzen – und rechtzeitig das Großsegel reffen.

Trimmfäden

Trimmfäden am Vorliek des Vorsegels und am Achterliek des Großsegels machen sichtbar, wie die Luft am Segel entlangströmt. Bei Antrieb durch Auftrieb soll der Wind gleichmäßig (laminar) über die Segel streichen. Dann liegen die Fäden ruhig am Segel an, sie wehen horizontal.

Wehen die **Trimmfäden am Groß** nicht nach achtern aus, sollte die Spannung der Großschot und des Achterstags verändert werden.

Die **Trimmfäden an der Genua** können am besten mit der Schot verändert werden. Auch der Holepunkt ist sehr wichtig.

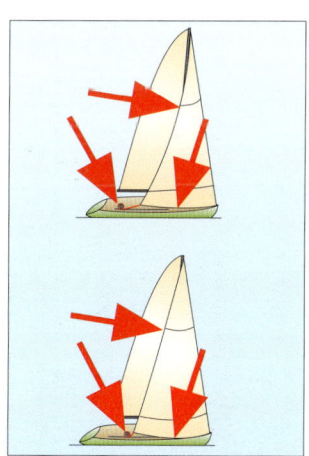

Der Holepunkt bestimmt den Twist der Genua.

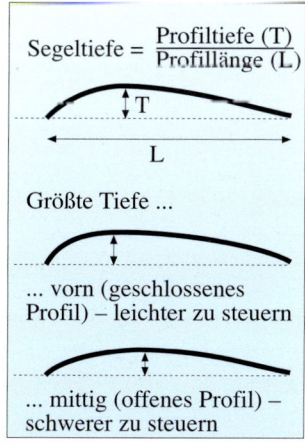

$$\text{Segeltiefe} = \frac{\text{Profiltiefe (T)}}{\text{Profillänge (L)}}$$

Größte Tiefe ...

... vorn (geschlossenes Profil) – leichter zu steuern

... mittig (offenes Profil) – schwerer zu steuern

Segeltiefe und Position der größten Tiefe

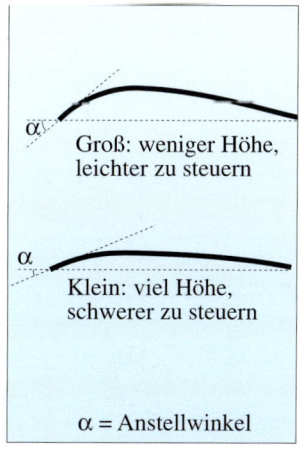

Groß: weniger Höhe, leichter zu steuern

Klein: viel Höhe, schwerer zu steuern

α = Anstellwinkel

Auch die Segeltiefe beeinflusst den Anstellwinkel.

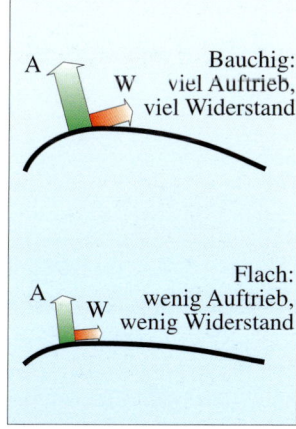

Bauchig: viel Auftrieb, viel Widerstand

Flach: wenig Auftrieb, wenig Widerstand

Auftrieb, Widerstand, Tiefe eines Segels

SKS-Fragen 17, 43, 46, 48 – 52 (Seemannschaft I)

Luvgierigkeit

Diese Yacht segelt bei steifem Wind (7 Bft) unter doppelt gerefftem Groß. Das ist bei dieser Windstärke nicht optimal. Das Schiff liegt schlecht auf dem Ruder; bei jeder Krängung luvt es an und der Rudergänger muss ständig den Kurs korrigieren. Moderne Yachten segeln in schwerer See besser nur unter Vorsegel – also ohne Großsegel. Dadurch liegt der Segeldruckpunkt weit vorne und gleicht die Luvgierigkeit aus. Bei zunehmendem Wind sollte immer erst das Großsegel gerefft und dann geborgen werden. Erst wenn der Wind noch weiter zunimmt, wird das Vorsegel verkleinert. Das kann – bei einer Rollanlage – aus dem Cockpit gemacht werden.

SKS-Frage 18 (Seemannschaft I)

Luvgierigkeit

Segeln ist ein Sport mit zwei Elementen, mit Wind und mit Wasser. Der Wind wirkt auf den **Segeldruckpunkt S** (siehe Seite 197) ein. Die Gesamtkraft des Windes wird zerlegt in die Vortriebs- und die Querkraft. – Das Wasser übt Gegenkräfte auf den **Lateraldruckpunkt L** aus – die Querkraft und die Reibung. Die Querkraft drückt von Lee aus seitlich auf den Kiel. Die Bremsreibung ergibt sich aus dem Wasserwiderstand des Rumpfes, sie wirkt nach hinten.

Liegt der Segeldruckpunkt senkrecht über dem Lateraldruckpunkt, so segelt das Boot – auch ohne gesteuert zu werden – geradeaus. Liegt der Segeldruckpunkt dahinter oder liegt er bei starker Krängung in Lee, so **giert** (zieht) das Boot nach **Luv**. Dann muss ständig gegengesteuert werden. Das bremst und der Rudergänger muss kräftig am Ruder ziehen.

Luvgierigkeit kann behoben werden, indem

– aufrecht gesegelt wird (Großschot fieren, Traveller nach Lee)
– der Segeldruckpunkt L nach vorne (reffen) und
– der Lateraldruckpunkt L nach achtern verlagert wird (Ballast nach achtern stauen)

Ganz selten liegt der Segeldruckpunkt S vor dem Lateraldruckpunkt L. Dann entsteht **Leegierigkeit**. Sie ist umgekehrt zu beheben:

– krängend segeln
– Segeldruckpunkt nach achtern
– Lateraldruckpunkt L nach vorne verlagern

Etwas Luvgierigkeit (5° Ruderlage) ist durchaus erwünscht, da sich das Boot dann gefühlvoller steuern lässt. Bei starker Krängung giert die Yacht so stark nach Luv, dass sie in den Wind schießt (dreht). Die Segel killen dann und das Boot richtet sich wieder auf.

Sonnenschuss unter Spinnaker. Stark krängend schießt die Yacht in den Wind und dann richtet sie sich wieder auf.

Segeldruckpunkt S und Lateraldruckpunkt L liegen nahezu senkrecht übereinander. Bei aufrechter Schwimmlage segelt das Boot auch ohne Ruder geradeaus.

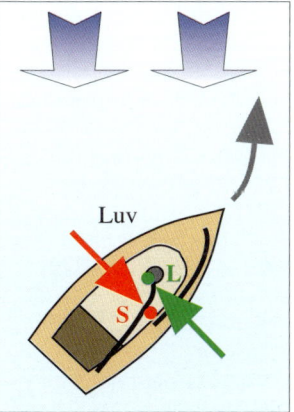

Luvgierigkeit Teil 1. Der Segeldruckpunkt S liegt hinter dem Lateraldruckpunkt L. Die Querkräfte drehen das Schiff nach Luv. Es muss ständig gegengesteuert werden.

Luvgierigkeit Teil 2. Bei Krängung wandert der Segeldruckpunkt nach Lee und der Lateraldruckpunkt nach Luv. Nun drehen Vortriebs- und Bremskraft das Boot nach Luv.

Kurse

Alle Kurse, auf denen der *wahre* Wind vorlicher als querab (seitlich) kommt, nennt man **Amwindkurse**. Auf Amwindkurs macht das Schiff also Luvraum gut. Dies entspricht einem Einfallswinkel des *scheinbaren* Windes von etwa 20° bis etwa 70°.

Ein Schiff segelt **hoch am Wind** oder **hart am Wind**, wenn es – bei vertretbarer Geschwindigkeitseinbuße – in möglichst kleinem Winkel gegen den *wahren* Wind anläuft.

Bei wenig Seegang, also bei schwachem Wind oder unter Landabdeckung kann eine gut segelnde Yacht in einem Winkel von etwa 30° gegen den *wahren* Wind laufen; bei höheren Wellen werden nur noch etwa 45° erreicht. Je kleiner der Winkel, mit dcm das Boot gegen den wahren Wind segelt, desto kürzer ist beim Kreuzen der Weg – umso langsamer wird aber auch die Geschwindigkeit. Auf Amwindkurs gilt: Abfallen erhöht die Geschwindigkeit, verlängert aber auch den Weg; Anluven verringert die Fahrt, aber der zu segelnde Weg wird kürzer.

Der optimale Winkel ist erreicht, wenn die Luvgeschwindigkeit am größten ist. **Luvgeschwindigkeit** (VMG, velocity made good) ist die gedachte Geschwindigkeit, mit der sich das Boot genau gegen den Wind bewegt. Mit einem Windinstrument, das die VMG anzeigt (Seite 169), kann ein Boot am Wind optimal gesteuert werden.

Kommt der *scheinbare* Wind genau von der Seite, so segelt das Boot auf **Halbwindkurs**. Wenn der scheinbare Wind achterlicher als querab einfällt, segelt das Schiff auf **Raumwindkurs**. Bei Wind genau von achtern heißt der Kurs **Vorwindkurs**. Dann kommen der wahre und der scheinbare Wind aus derselben Richtung.

Das Wort Bug ist mit zwei Bedeutungen belegt. **Bug** nennt man das vordere Schiffsende und auch die Seite, auf der das Großsegel steht: **Backbordbug** oder **Steuerbordbug**.

Auch der Begriff **Luv** wird in doppeltem Sinn gebraucht. Zum einen bezeichnet Luv die Richtung, aus der der Wind kommt. Zum anderen heißt Luv (genauer die Luvseite) die dem Großsegel gegenüberliegende Seite eines Segelbootes. Dementsprechend ist **Lee** die Richtung, in die der Wind weht und auch die Bootsseite, auf der das Großsegel steht.

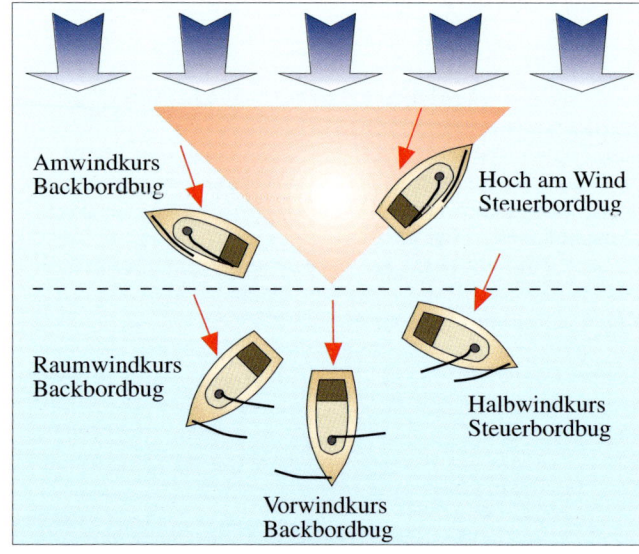

Der Kurs bezieht sich auf die an Bord erkennbare Richtung des scheinbaren Windes – hier als rote Pfeile angegeben.

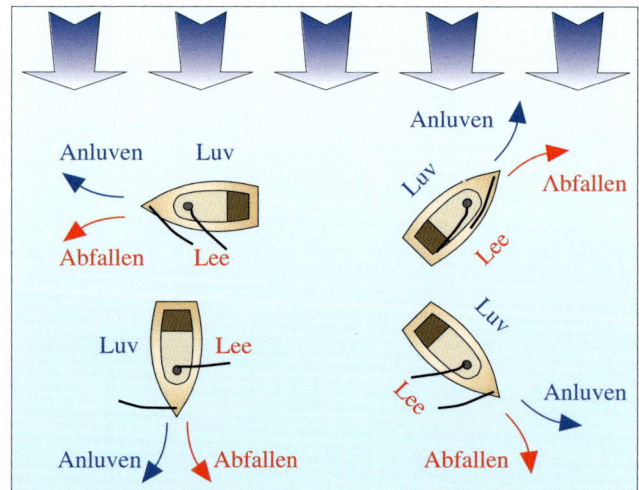

Die Luvseite – oder kurz Luv – ist die dem Großsegel gegenüberliegende Bootsseite; Lee ist die Seite, auf der das Großsegel steht. Eine Kursänderung nach Luv heißt anluven, eine Kursänderung nach Lee abfallen.

Wende, Halse, Patenthalse

Um unter Segeln gegen den Wind voranzukommen, muss ein Boot kreuzen. Mit **Kreuzschlägen** abwechselnd auf Steuerbordbug und auf Backbordbug nähert es sich seinem Ziel. Zwischen je zwei Kreuzschlägen wird gewendet. Um zu **wenden**, luvt das Schiff zunächst an. Der Segeldruck nimmt dabei ab und das Boot richtet sich auf. Mit dem vorhandenen Schwung dreht das Fahrzeug – mit dem Bug voran – durch den Wind. Jetzt wechseln Großsegel und Fock die Seite. Wenn der Bug genau in den Wind zeigt, sind die Segel drucklos. Daher kann auch bei starkem Wind gefahrlos gewendet werden.

Das ist beim **Halsen** anders. Auch hier wechseln die Segel die Seite – jedoch unter vollem Winddruck, da das Heck durch den Wind dreht. Würde das Großsegel unkontrolliert auf die andere Seite schlagen, so wären Sach- oder Personenschäden – wenn ein Mensch vom überkommenden Großbaum getroffen wird – nicht auszuschließen. Auch könnte das Schiff aus dem Ruder laufen und im schlimmsten Fall sogar kentern.

Bei steifem Wind ist daher eine Wende einer Halse vorzuziehen. Eine solche Wende (siehe Abbildung unten) nennt man **Q-Wende**.

Halsen ohne Kursänderung heißt **Schiften**. Geschiftet wird auf Vorwindkurs, indem der Großbaum auf die andere Seite genommen wird. Oft wird das Groß nach Backbord geschiftet, um Seglern auf Steuerbordbug nicht ausweichen zu müssen.

Passiert auf Vorwind- oder Raumwindkursen ein Steuerfehler, dann schlägt das Großsegel vehement auf die andere Seite. Dieses Manöver heißt **Patenthalse**. Eine ungewollte Patenthalse kann für die Crew – und bei Starkwind auch für das Schiff – sehr gefährlich werden. Ein **Bullenstander** kann eine unfreiwillige Patenthalse verhindern.

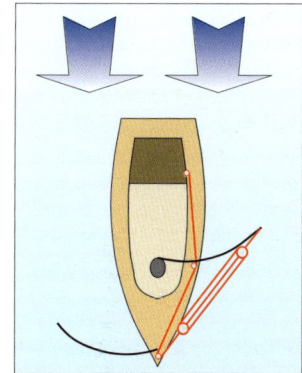

*Um zu verhindern, dass vor dem Wind der Großbaum plötzlich auf die andere Seite schlägt, wird ein **Bullenstander** gesetzt. Nach einer Patenthalse steht der Baum in Luv. Mithilfe einer Talje (Flaschenzug) kann er auf die andere Seite gelassen werden.*

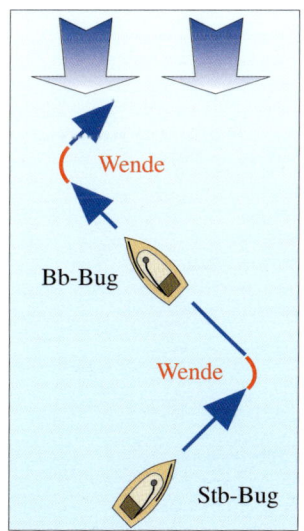

Kreuzen

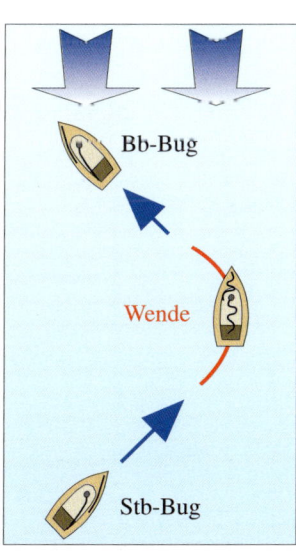

Wende

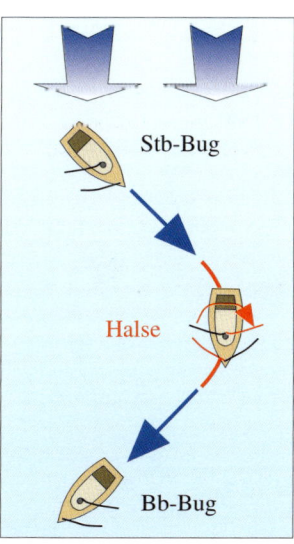

Halse

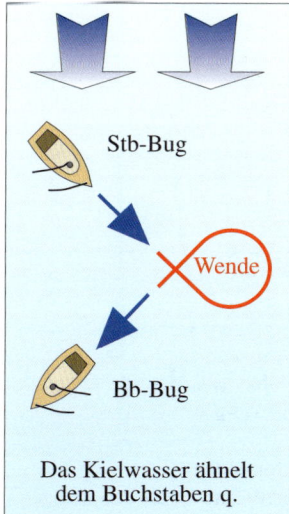

Q-Wende

SKS-Fragen 87, 104 (Seemannschaft I)

Bindereff

Das klassische Reff ist ein Bindereff. Es ist technisch einfach aufgebaut, also im Schadensfall leicht reparierbar. Das gereffte Segel steht gut. Nachteilig ist die zum Teil harte und nicht ungefährliche Arbeit an Deck, die beim Reffen geleistet werden muss. So wird ein Reff eingebunden:

Schritt 1: Andirken des Großbaums
Zum Reffen muss das Großfall lose gegeben werden. Sollte der Baum nicht auf einem starren Baumniederholer (Rohrkicker) aufliegen, muss zuvor die Dirk dichtgeholt und belegt werden. Sonst würde der Baum auf Deck schlagen.

Schritt 2: Reffkausch an den Reffhaken hängen
Das Großfall wird so weit gefiert, dass die vordere Reffkausch an den Reffhaken am Lümmelbeschlag gehängt werden kann. Dazu muss die Großschot etwas lose gegeben werden. Danach wird das Großfall wieder hart durchgesetzt.

Schritt 3: Hintere Reffkausch mit dem Smeerreep auf den Großbaum ziehen
Mit dem Smeerreep (oder dem Reffstander) wird – über eine Winsch – die Reffkausch am Achterliek auf den Baum gezogen.

Das Smeerreep (oder der Reffstander) hält die

Wenn die Reffbändsel eingebunden werden, bevor die Reffkausch auf den Baum gezogen ist, reißen die Reffgatchen aus dem Segel. Schritt 4 darf nicht vor Schritt 3 kommen.

hauptsächliche Belastung des Reffs. Das Reff ist nun eingebunden, die Großschot kann wieder dichtgeholt und es kann weitergesegelt werden.

Schritt 4: (kann entfallen) Überhängendes Großsegel auftuchen
Hängt das Segel weit runter und stört es die Sicht, so wird es mit Reffbändseln aufgetucht. Die Reffbändsel werden durch Reffgatchen durch das Segel gezogen und um den Baum gebunden.

Sehr praktisch ist das **Einleinen-Reffsystem** (single-line-reef). Es ist ein Bindereff, kann aber aus dem Cockpit heraus mit einer einzigen Leine bedient werden. Damit werden Vorliek und Achterliek des Großsegels gleichzeitig niedergeholt. Ein Reffhaken ist nicht vorhanden. Zum Reffen muss also das Cockpit nicht verlassen werden. Reparaturen sind schwieriger, weil die Leinen zum Vorliek und zum Achterliek durch den Großbaum laufen.

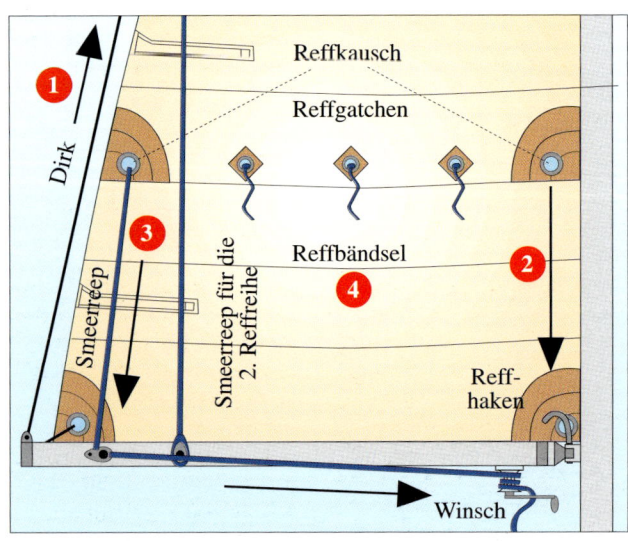

Bindereff ungerefft, die obere Reffreihe ist nicht sichtbar

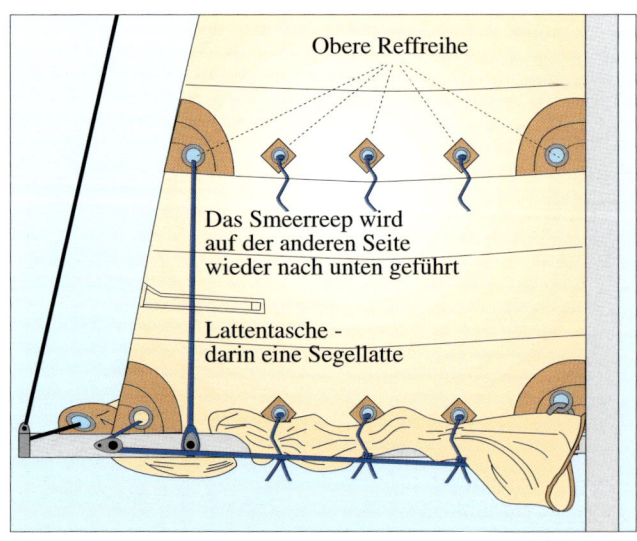

Bindereff, 1. Reff eingebunden, oben die 2. Reffreihe

SKS-Fragen 16, 85, 86 (Seemannschaft I)

Rollanlagen

Bei Fahrtenseglern stehen Rollanlagen hoch im Kurs. Es gibt sie für Groß- und Vorsegel. Das Großsegel wird i. A. im Mast auf- und abgewickelt, das Vorsegel wird um das Vorstag gedreht. Dies ist nicht nur wesentlich leichter als herkömmliches Reffen, sondern auch sicherer, weil das Cockpit nicht verlassen werden muss.

Ein **Rollgroß** lässt sich viel schneller und einfacher setzen und bergen als ein herkömmliches Segel. Es wird im Frühjahr hochgezogen und fortan nur noch aus dem Mast heraus- und wieder hineingerollt. Das schätzen ältere Segler, aber auch viele Chartercrews besonders. Ein Rollgroß wird auch auf kürzeren Strecken mal eben ausgerollt, wo sonst aus Bequemlichkeit nur motort wird.

Das vertikale Einrollen eines Segels verlagert den Segelschwerpunkt nach vorne; die Luvgierigkeit wird verringert. Der Ruderdruck kann durch Ein- oder Ausrollen leicht eingestellt werden.

Rollgroßsegel müssen flach geschnitten sein und haben – wenn überhaupt – nur kurze, senkrecht stehende Segellatten. Rollgroßsegel stehen schlechter und se-geln vor allem am Wind langsam. Ein Boot mit Rollsegeln ist oft langsamer als ein kleineres Boot mit normalen Segeln. Sportliche Segler lehnen daher ein Rollgroß ab.

Die Vorstellung, in schwerer See eine Havarie an der Rollanlage beheben, in den Mast klettern und vielleicht sogar das Segel aus dem Mast schneiden zu müssen, hält viele Blauwassersegler von Rollsegeln ab. Hinzu kommen Probleme mit der Ersatzteilversorgung in fernen Häfen. Ein Rollgroß verschlechtert auch die Stabilität deutlich; mit Rollanlage und Segel ist der Mast viel schwerer.

Bei **Rolleinrichtungen für den Großbaum** stehen die Segel wesentlich besser, aber es kann Probleme mit dem Einrollen geben, wenn der Baum nicht genau waagerecht steht. Da ein Rollbaum mächtig und schwer ist, wird er vor allem auf Maxiyachten eingesetzt.

Beliebter als Rollgroß- sind **Rollfockanlagen**. Damit werden große Genuas auch von kleinen Crews beherrschbar; das Vorsegel kann vom Cockpit aus eingerollt werden.

Als Reffmethode hat dies jedoch nicht nur Vorteile. Zunächst steht ein teilweise eingerolltes Vorsegel viel schlechter. Wird mit zunehmendem Wind eine Rollgenua immer weiter verkleinert, besteht die Gefahr, das Tuch zu überlasten und das Segel damit zu beschädigen. Das Wechseln einer Rollfock in schwerer See ist für eine kleine Crew schwierig, weil die Fock nicht mit Stagreitern am Vorstag gehalten wird und daher schwer zu bändigen ist. Wenn überhaupt, ist dies nur auf Raum- oder Vorwindkurs möglich, wenn das Vorsegel im Windschatten des Groß steht.

Manche Schiffe sind daher mit zwei Rollfocks ausgestattet. Bei stärkerem Wind wird die Genua eingerollt und ein kleineres Vorsegel aus schwererem Tuch ausgerollt. Gewendet werden kann allerdings nur, wenn das vordere Vorsegel eingerollt oder die kleinere Rollfock an den Mast genommen ist.

Bei Sturm ist bereits *eine* aufgerollte Fock ein Risiko, da sie zu viel Gewicht in das Rigg bringt und dem Wind zusätzliche Angriffsfläche bieten würde (nicht zu reden von zweien). Zudem besteht die Gefahr, dass die aufgerollte Fock im Sturm zunächst flattert, dann reißt und schließlich teilweise ausgerollt am Vorstag weht und das Rigg damit das Schiff gefährdet.

Rollanlagen machen das Reffen leicht. Mit zunehmendem Wind werden die Segel einfach eingerollt.

SKS-Fragen 19, 20 (Seemannschaft I)

Beidrehen, beiliegen, Mann über Bord

Soll ein Segelboot nur wenig Fahrt machen und in ruhiger Lage gehalten werden, so dreht man bei. Zum **Beidrehen** wird gewendet, ohne dabei die Fock- oder die Großschot loszuwerfen.

Auf dem neuen Bug macht das Boot kaum noch Fahrt. Das Ruder muss nach Luv gelegt werden, damit das Schiff nicht durch die backstehende Fock abfällt und wieder Fahrt aufnimmt.

Beigedreht liegt das Schiff relativ ruhig und es treibt auch nur wenig ab. Beidrehen kann man, um

– in schwerer See zu reffen
– etwas zu reparieren
– einen Überbordgefallenen zu bergen
– ein anderes Boot längsseits kommen zu lassen

Beiliegen nennt man das lange Beidrehen. Beiliegen ist die klassische Art, einen Sturm abzuwettern. Je stärker der Wind, umso kleiner müssen die Segel sein – im Sturm sind Trysegel und Sturmfock am besten. Wenn der Sturm so heftig wird, dass ein Schiff überhaupt keine Segel mehr tragen kann, ist auch ein Beiliegen unmöglich.

Beiliegen war früher die klassische Möglichkeit, um schwere See abzuwettern. Abseits der Schifffahrtsrouten und fernab der Küsten wurde das Boot pottendicht verschlossen und unter Deck auf besseres Wetter gewartet. Es hat sich jedoch gezeigt, dass moderne Yachten nicht so gut beiliegen wie die alten Schiffe.

Mann über Bord!

Wer über Bord fällt, ist in Lebensgefahr! Der Ruf „Mann über Bord!" alarmiert die gesamte Crew. Damit der Ernstfall sofort erkannt wird, wird im Training „Boje über Bord!" gerufen. Eine Übung ist mit dem Ernstfall nicht zu vergleichen: Eine Boje ist viel leichter an Bord zu nehmen als ein Mensch. Auch muss das Mann-über-Bord-Manöver mit einem Crewmitglied weniger (vielleicht ohne Skipper) durchgeführt werden: Schließlich fehlen Stress und Chaos bei der Übung. Drei Schwierigkeiten muss die Crew im Ernstfall bewältigen:

1. die Person im Wasser nicht aus den Augen verlieren
2. das Schiff schnell an die Person manövrieren
3. die Person lebend bergen

Mit dem Quick-Stopp-Manöver kriegt man die ersten zwei Probleme am besten in den Griff. Es funktioniert auch bei Starkwind. Doch wie soll der Mensch im Wasser geborgen werden? Nur wenn er schnell gefunden wird und noch nicht unterkühlt ist, darf ein Mensch aufrecht geborgen werden

– über die Badeplattform
– über die Badeleiter
– im Bergegurt am Spi-

Fall oder (besser) mit Rettungstalje am Want
– am ausgefahrenen Großbaum mit der Großschot

Andernfalls droht der Bergungstod – jeder fünfte Geborgene stirbt nach der Rettung! Um das zu verhindern, muss eine unterkühlte oder geschwächte Person unbedingt waagerecht geborgen werden. Das geht auf einer Yacht wohl nur mit einem kleinen Vorsegel. An Hals und Schothorn belegt wird es mit dem Fall über Bord gelassen. Die Person im Wasser muss in das Segel gezogen, mit dem Fall an Deck gehievt und sofort medizinisch versorgt werden. Die Reling muss vorher abgebaut werden.

Keinesfalls darf ein Überbordgefallener an der Bordwand festgebunden und in den nächsten Hafen transportiert werden. Das würde er nicht überleben.

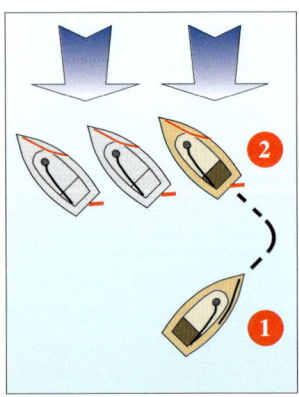

Zum Beidrehen wende man mit belegter Fockschot und lege das Ruder nach Luv.

Beiliegen im Sturm; die Wirbelschleppe in Luv soll Wellen dämpfen.

SBS-Fragen 326, 327; SKS-Fragen 109, 110, 112 (Seemannschaft I); 90, 91, 93 (Seemannschaft II)

Mann-über-Bord-Manöver

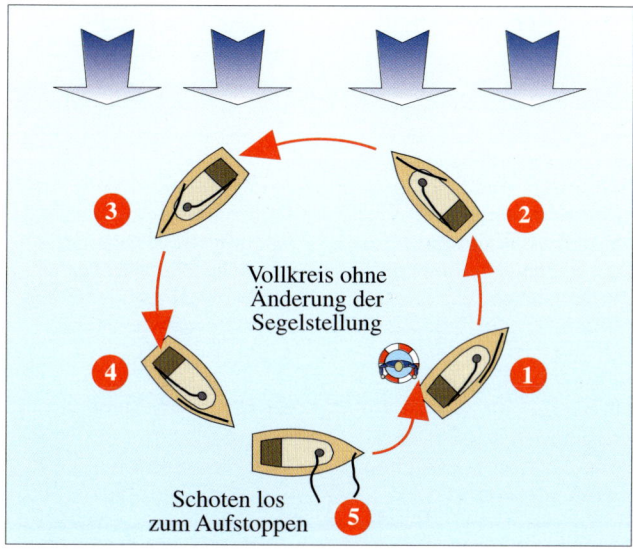

Das Quick-Stopp-Manöver ist für kleine Crews besonders geeignet. Der Mann ist schnell wieder erreicht.

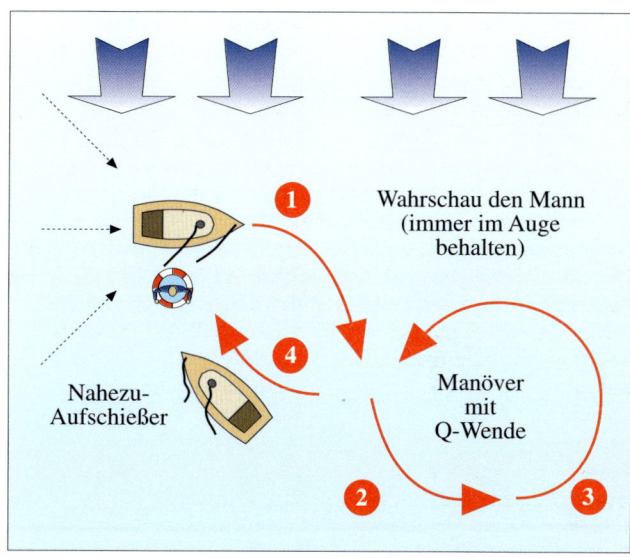

Ein umstrittenes Rettungsmanöver – kompliziert, langwierig, mit Gefahr den Mann aus den Augen zu verlieren

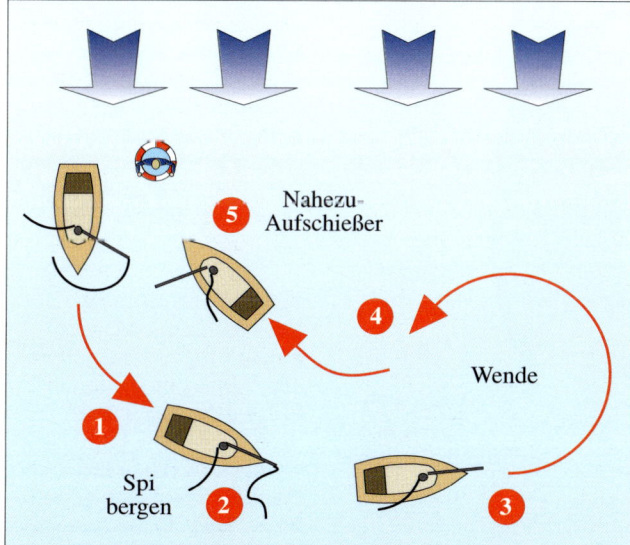

Mann-über-Bord-Manöver unter Spi. Spinnaker bergen; notfalls Spi-Schoten fliegen lassen und mit Maschine zurück

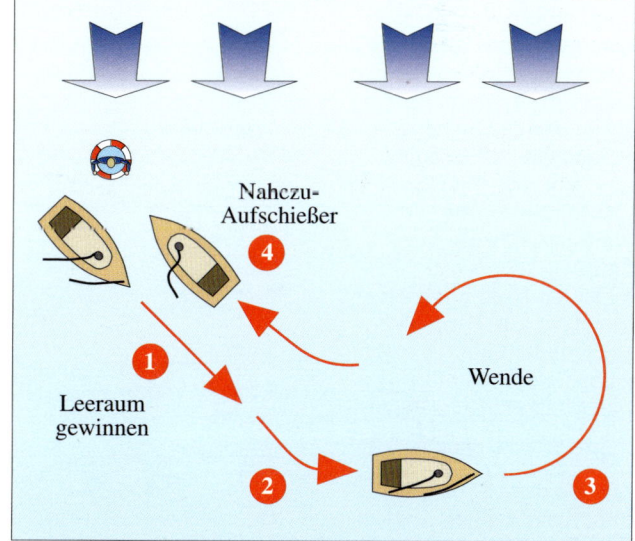

Wird nicht genügend Leeraum gewonnen, so kann kein Aufschießer gefahren und das Boot nicht aufgestoppt werden.

Spinnaker

Der **Spinnaker** ist ein ballonförmiges Vorsegel aus leichtem Nylon, das auf Halb- bis Vorwindkursen gefahren wird. Seine Größe beträgt auf einem 10-m-Schiff etwa 90 m², und auf einer Yacht von 15 m Länge ungefähr 220 m². 1937 verteidigte die amerikanische *Ranger* den America's Cup mit einem 1675 m² großen Spinnaker.

Der Spinnaker wird – im Gegensatz zum Blister – mit zwei Schoten fliegend gesegelt. Die Luvschot heißt **Achterholer**; sie führt vom Hals des Spi außen am Schiff vorbei zum Heck. Die Leeschot heißt **Schot**; auch sie verläuft außerhalb von Wanten und Reling zum Heck. Nach einer Halse wird der bisherige Achterholer zur Schot und die bisherige Schot zum Achterholer.

Zur Stabilisierung wird der Spinnaker an einem Spinnakerbaum gefahren. Er ist am Mast eingehängt und wird mit **Toppnant** und **Niederholer** in einer waagerechten Stellung gehalten. Durch sein äußeres Ende läuft der Achterholer.

Der **Blister** (Seite 180) ist eine Kombination aus Genua und Spinnaker. Aus gleichem Tuch, aber etwas kleiner als der Spi wird

sein Hals nicht an einem Baum, sondern am Vorstag befestigt und über eine Talje niedergeholt. Es entfallen Baum mit Toppnant und Niederholer sowie die Luvschot (Achterholer).

Die Manöver sind dadurch sehr viel einfacher als beim Spinnaker. Der Blister kann flach getrimmt (Talje am Vorstag) und auch auf vollem Amwindkurs gefahren werden. Auf den übrigen Kursen hingegen bringt er weniger als ein Spinnaker.

Setzen des Spinnakers

Je nach Bootsgröße, Ausstattung und Zweck (Fahrten- oder Regattasegeln) gibt es verschiedene Möglichkeiten, den Spi zu setzen und zu bergen. Im Folgenden wird das bei Fahrtenseglern übliche Manöver beschrieben (zunächst ohne Spinnakerschlauch).

Schritt 1: Kontrolle
Wenn der Spi nicht richtig gepackt ist, wird er sich beim Setzen vertörnen und große Schwierigkeiten

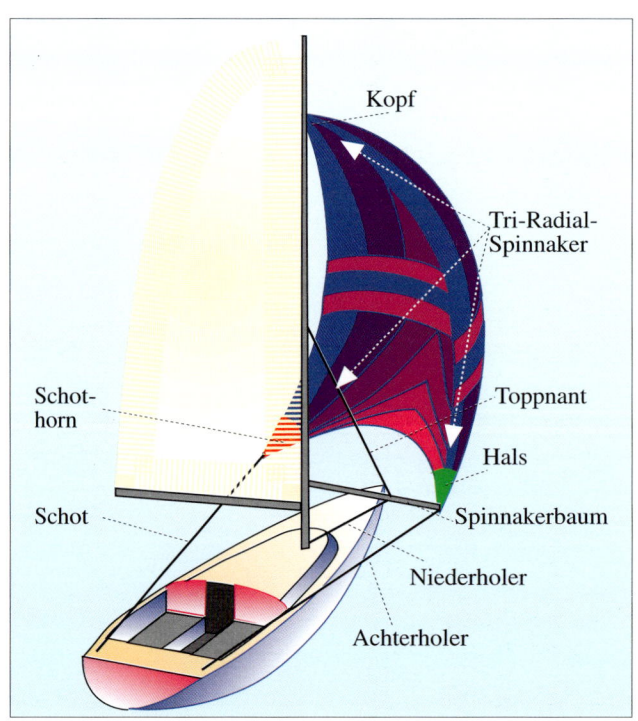

Kopf

Tri-Radial-Spinnaker

Schot-horn

Schot

Toppnant

Hals

Spinnakerbaum

Niederholer

Achterholer

machen. Der Spi liegt einsatzbereit im Sack, wenn

– die drei Ecken Kopf, Hals und Schothorn *und*
– die Lieken vom Kopf zum Hals und vom Kopf zum Schothorn obenauf liegen (vom Kopf ausgehend beide Lieken bis zum Hals oder Schothorn durch die Hände führen)

Schritt 2: An Deck
Den Spisack auf das Vordeck bringen und in Lee an der Reling befestigen; Kopf, Hals und Schothorn aus dem Sack ziehen. Die Schoten anschlagen und außen um Wanten, Stage und Reling herum zum Achterdeck (und durch den Block auf die Winsch) führen. Das Spifall in Lee der Fock, unter dem Unterliek der Fock her, zum Kopf des Spi führen und einhängen. Wenn Schoten oder Fall nicht richtig geführt sind, gibt es Probleme.

Schritt 3: Spibaum
Den Baum am Mast einhängen (bei einem schweren Baum den Toppnant zu Hilfe nehmen). Durch die vordere, an Deck liegende Baumnock (Baumende) wird der Achterholer geführt. Den Baum mit dem Toppnant anheben, bis er waagerecht hängt, dann den Niederholer durchset-

Spinnaker

zen, sodass der Baum weder aufwärts noch abwärts schwenken kann.

Schritt 4: Setzen

Auf Raumwindkurs gehen und Spi hochziehen, dabei mit den Schoten das Schothorn und den Hals auseinander ziehen, sodass sich der Spi richtig entfaltet. Wichtig: Der Spi wird immer im Windschatten des Vorsegels gesetzt.

Schritt 5: Trimm

Achterholer so dicht nehmen, dass der Baum fast quer zur Richtung des scheinbaren Windes zeigt. Schot so weit lose geben, dass das Vorliek gerade nicht einfällt. Zuletzt das Vorsegel bergen.

Gefahren beim Spinnakersegeln

Je weniger Erfahrung die Crew hat, umso weniger ist sie in der Lage, auch bei stärkerem Wind den Spinnaker zu setzen, zu segeln und zu bergen.

Auf Halbwindkurs kann nur bei mäßigem Wind Spinnaker gefahren werden, da andernfalls die Krängung zu stark wird (in einer Bö schießt das Schiff in den Wind).

Unter Spinnaker ist eine Yacht nur eingeschränkt manövrierbar. Wenn bei starkem Wind unter Spi eine Person über Bord geht, ist es sehr schwer, sie zu retten.

Wird auf Vorwindkursen so stark abgefallen, dass der Wind bereits aus Lee kommt, so fällt der Spinnaker ein und wickelt sich dabei um das Vorstag. Wenn der Rudergänger nicht sofort anluvt, kann – im schlimmsten Fall – der Spi mit Bordmitteln nicht mehr befreit werden.

Sollte sich der Spinnaker um das Vorstag gewickelt haben und nicht mehr gelöst werden können, so kann versucht werden, das Großsegel zu bergen und unter Maschine so lange Kreise zu fahren, bis der Spinnaker wieder frei ist.

Vor dem Wind oder fast vor dem Wind sollte nie mit Autopilot unter Spinnaker gesegelt werden.

Halsen unter Spinnaker (Schiften)

Der Spinnaker wird in drei Schritten geschiftet.
– Auf Vorwindkurs abfallen und den Spinnakerbaum vom Mast und Achterholer lösen; der Baum hängt jetzt am Toppnant.

– Spibaum nach Lee schwenken und zuerst in die Schot, dann am Mast einhängen.
– Zuletzt den Großbaum schiften (überbringen).

Weil bei großen Spinnakern der Spibaum nur schwer oder gar nicht in eine unter Belastung stehende Schot eingehängt werden kann, fährt man ab etwa 100 m² Spinnakerfläche zwei Schoten und zwei Achterholer. Davon ist nur jeweils eine aktiv, die andere hängt unbelastet. Beim Halsen wird der Spibaum in die inaktive Schot gepickt. Sie wird nach der Halse zum Achterholer.

Bergen des Spinnakers

Der Spinnaker sollte stets im Windschatten des Vorsegels geborgen werden.

Schritt 1: Raumwindkurs

Das Boot auf Raumwindkurs bringen, Vorsegel setzen. Den Spinnaker so hinter das Vorsegel ziehen, dass er drucklos wird. Bei stärkerem Wind Spischot so weit lose geben, bis der Spinnaker einfällt.

Schritt 2: Spi bergen

Ein oder zwei Crewmitglieder sitzen an der Reling in Lee auf dem Vor-

deck und ziehen den Spi unter dem Unterliek der Fock direkt in den Sack oder unter Deck, sodass er dabei nicht wieder Luft kriegt. Ist bei Starkwind ein Aufenthalt auf dem Vordeck zu gefährlich, kann der Spinnaker auch unter dem Großbaum hindurch direkt in das Cockpit gezogen werden. Schoten und Fall abschlagen, Baum einholen und Spi für den nächsten Einsatz vorbereiten (siehe Setzen des Spinnakers, Schritt 1).

Spinnakerschlauch

Erscheint das Setzen und Bergen eines Spinnakers zu schwierig (das schafft sogar eine Zwei-Mann-Crew), so kann der Spi mit Schlauch gefahren werden.

Der Spinnaker befindet sich (im Sack) in einem Schlauch. Er wird in Lee der Fock im Schlauch gesetzt. Wenn der Spi oben ist, wird der Schlauch hochgezogen, sodass sich der Spinnaker entfaltet.

Am unterem Ende des Schlauches sitzt ein Trichter. Zum Bergen wird er über den Spinnaker gezogen. Der Spi sollte dabei wieder im Windschatten des Groß- oder Vorsegels stehen.

Ankern

Um Gewicht zu sparen oder um den Anker bequem stauen zu können, werden manche Yachten mit unzulänglichem Ankergeschirr ausgerüstet. Dies rächt sich dann, wenn das Schiff bei Sturm einen geschützten Ankerplatz verlassen muss, weil der Anker nicht mehr hält. Für jedes Schiff kann der Augenblick kommen, etwa bei einem Ruderbruch in Küstennähe, wo allein der Anker es vor der sicheren Zerstörung bewahren kann.

Anker

Die Haltekraft eines Ankers basiert auf zwei Eigenschaften:

– Gewicht
– Eingraben oder Verhaken

Anker, deren Haltekraft vor allem durch ihr Gewicht erzielt wird, nennt man **Gewichtsanker**. Anker, die ihre Zugfestigkeit vor allem ihrem Vermögen, sich einzugraben, verdanken, heißen **Patentanker**. Für beide Typen gilt:

– Schwere Anker halten besser als leichte
– Anker halten am besten an einer Kette, schlechter an einer Trosse (Leine)
– Je länger die Kette oder Trosse, desto höher ist die Haltekraft
– Der Ankergrund muss geeignet sein

Der klassische Gewichtsanker ist der **Stock-** oder **Admiralitätsanker**. Auf stark verkrautetem oder steinigem Grund gibt es keine Alternative zum Stockanker. Er hat sich als Allroundanker bewährt,

wird aber wegen seines hohen Gewichts und seiner unhandlichen Konstruktion auf modernen Yachten kaum noch eingesetzt. Auch der **Pilzanker** und der **Klappdraggen** sind Gewichtsanker.

Moderne Anker sind Patentanker. Ihre Konstruktion zielt darauf ab, dass sich der flach über den Grund gezogene Anker eingräbt.

Zahlreiche Patentanker wurden entwickelt; die folgenden sind vom Germanischen Lloyd als **Anker mit hoher Haltekraft** anerkannt:

– Bruce-Anker
– Suncor-Anker
– CQR-Anker
– Danforth-Anker
– D'Hone-Anker
– Heuss-Spezial-Anker
– Pool-Anker

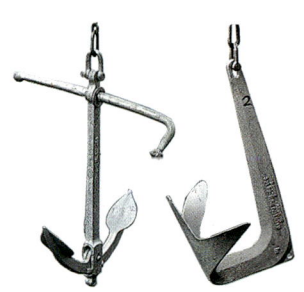

Stockanker   Bruce-Anker   CQR-Anker   Danforth-Anker

Auszug aus den Klassifikations- und Bauvorschriften „Schiffstechnik" des Germanischen Lloyd Teil 3 Wassersportfahrzeuge, Ausgabe 1993				
Deplacement D [t]	Gewicht des 1. Ankers [kg]	2. Ankers [kg]	Ankerkette Länge [m]	Nenndicke [mm]
bei 3,00	12,0	10,0	24,0	6,0
bei 4,00	13,0	10,5	25,0	6,0
bei 5,00	13,5	11,0	26,0	7,0
bei 6,00	15,0	13,0	27,0	7,0
bei 8,00	17,0	15,0	29,0	8,0
bei 12,00	21,0	18,0	32,5	8,0

Die angegebenen Ankergewichte gelten für „Anker hoher Haltekraft". Der erste Anker sollte ein herkömmlicher Stockanker sein. Sein Gewicht muss um 25 % größer sein als in Spalte 2 angegeben.

Bügelanker   Klappdraggen   D'Hone-Anker   Fortress-Anker

SKS-Fragen 23, 148, 151, 152 (Seemannschaft I); 15, 129, 132, 133 (Seemannschaft II)

Ankern

Der **CQR-Anker** (**C**oastal **Q**uick **R**elease) – auch **Pflugscharanker** genannt – verfügt über eine Haltekraft vom mindestens Zwanzigfachen, höchstens Sechzigfachen seines Gewichts. Er wird auf vielen Yachten ständig am Bug gefahren, sodass er schnell fallen kann und nicht erst an Deck geholt werden muss. Mit einer langen Kette und einer elektrischen Ankerwinsch (**Ankerspill**) stellt er ein hervorragendes Ankergeschirr dar.

Der **Danforth-Anker** weist eine Haltekraft bis zum Hundertfachen seines Gewichts auf. Seine großflächigen, scharfen Flunken können an den Schaft geklappt werden, sodass er sich flach stauen lässt. Der Danforth-Anker wird oft als Zweitanker (Heckanker) eingesetzt.

Ankerkette, Ankertrosse

Wenn es nur um das Ankern geht, ist eine Kette einer Trosse weit überlegen. Das Eigengewicht der Kette wirkt selbst wie ein kleiner Anker. Die Kette zieht den Ankerschaft auf den Grund, unterstützt damit das Eingraben und verkleinert den zum Schwojen benötigten Raum. Auch wirkt eine nahezu senkrecht hängende Kette ruckdämp-fend. Schließlich kann sie nicht an einer scharfen Steinkante durchscheuern.

Ohne Ankerwinsch ist eine Kette schlecht zu handhaben. Wer möchte mit bloßen Händen einen Anker an einer Kette aufholen! Durch ihr Gewicht verschlechtert die Kette natürlich auch die Segeleigenschaften – zumindest bei Regatten.

Eine Ankertrosse ist leichter und handlicher als eine Kette, schamfilt (scheuert) aber schnell auf hartem Grund. Dafür lässt sie sich notfalls zum Schleppen oder Festmachen verwenden. Die Bruchlast einer Trosse ist nicht schlechter als die einer Kette. Ein Kompromiss sind Anker-trossen mit Kettenvorläufer oder Trossen mit Bleieinlage an einem Ende.

Ein **Reitgewicht** wird an der Ankerleine herabgelassen, um die Leine niederzuhalten. Das Reitgewicht erhöht die Haltekraft und verhindert dadurch starkes Einrucken.

Eine Ankertrosse sollte an den Anker geschäkelt sein. Ein Knoten setzt die Bruchlast erheblich herab und könnte in glattem Tauwerk slippen. Eine Ankerkette hingegen muss mit einem Taustropp am Schiff befestigt werden, um die Kette notfalls kappen zu können.

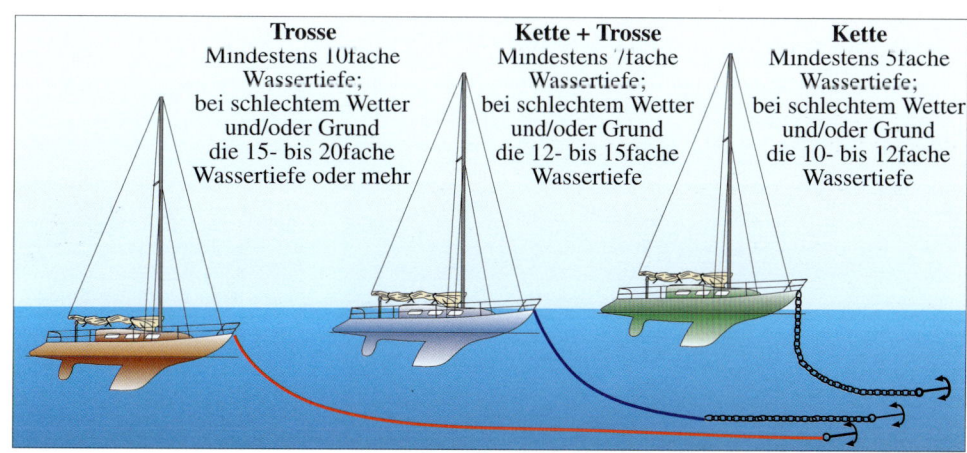

Trosse	Kette + Trosse	Kette
Mindestens 10fache Wassertiefe; bei schlechtem Wetter und/oder Grund die 15- bis 20fache Wassertiefe oder mehr	Mindestens 7fache Wassertiefe; bei schlechtem Wetter und/oder Grund die 12- bis 15fache Wassertiefe	Mindestens 5fache Wassertiefe; bei schlechtem Wetter und/oder Grund die 10- bis 12fache Wassertiefe

Die Ketten- oder Trossenlänge („Ausstich") kann auf tiefem Wasser etwas reduziert werden, wenn Ankerplatz und -grund es zulassen. Zu viel Kette ist besser als zu wenig.

SBS-Frage 271; SKS-Fragen 141, 142, 146, 147, 153, 154 (Seemannschaft I); 122, 123, 127, 128, 134, 135 (Seemannschaft II)

Ankern

Ankerplatz, Ankergrund

Der richtige Ankerplatz und der richtige Ankergrund sind das A und O für sicheres Ankern.

Ein **Ankerplatz** muss Schutz vor Wind und Wellen bieten und das Wasser darf nicht zu tief sein.

Eine lauschige Ankerbucht kann zur Falle werden, etwa wenn der Wind dreht und zunimmt oder plötzlich Fallwinde von umliegenden Bergen herabrauschen.

Bei auflandigem Wind darf vor einer Küste grundsätzlich nicht geankert werden. Aber auch die Leeküste einer Insel kann bei Sturm zum Ankern ungeeignet sein (Refraktion, siehe Seite 167).

Der Ankerplatz muss schließlich groß genug sein, damit ausreichend Kette

oder Trosse gesteckt werden kann und das Schiff genügend Raum zum Schwojen hat, nicht mit anderen Booten kollidiert und nicht auf einem Flach festkommt.

In Gezeitenrevieren muss geprüft werden, ob auch bei Niedrigwasser die Wassertiefe noch reicht.

In Seekarten sind Ankerplätze ausgewiesen. Hier interessieren natürlich nicht die Reeden, sondern nur die Ankerplätze speziell für die Sportschifffahrt.

Die Haltekraft eines Ankers hängt vom **Ankergrund** ab. **Sand** ist ein guter Ankergrund. Großflächige Anker (Danforth, Fortress) haben hier ihre Stärken.

Auch **Lehm** ist ein guter Ankergrund. Am besten halten hier Anker mit spitzen, scharf angeschliffenen Flunken (Bügelanker).

Ungeeignet ist **Felsen**. Allenfalls schlanke Haken finden daran Halt (CQR-Anker). **Seegras** ist für Patentanker ein schlechter Grund. In dichten Bewuchs können sich leichte Anker nicht eingraben. Sie verhaken sich bestenfalls im Gras und reißen dann aus.

Auch im **Schlamm** und **Kies** hält ein Patentanker nur, wenn er in festen Grund darunter gelangt und sich dort vergräbt. Seegras, Schlamm und Kies erfordern schwere Anker.

Zeigt das Wasser am Ankerplatz unterschiedliche Färbungen, so lasse man den Anker möglichst auf hellem Grund fallen. Helle Farbe entsteht durch Sandgrund.

Auskunft über den Ankergrund kann auch ein Handlot mit **Lotspeise** (Fett am Lotgewicht) geben.

Ankermanöver

Ankermanöver werden auch auf Segelyachten unter Maschine gefahren. Das ist bequemer, als unter Segeln vor Anker zu gehen. Zuerst müssen Anker und Trosse klargemacht werden. Die Trosse sollte in Buchten an Deck liegen; bei einer Ankerkette mit Ankerwinsch entfällt das, hier muss nur die Kupplung der Kettennuss gelöst werden. Auf fremden Schiffen sollte man sich vergewissern, dass die Trosse auch wirklich am Schiff befestigt ist. So sind schon viele Anker verloren gegangen.

Eine **Ankerboje** ist ein kleiner Ball, der mit einer **Trippleine** am Ankerkreuz festgemacht ist. Die Boje markiert den Anker. Sie soll verhindern, dass ein anderes Boot seinen Anker so fallen lässt, dass dessen Kette über dem eigenen Ankergeschirr liegt. Sollte

Ein Bügelanker gräbt sich in lehmigen Grund.

CQR-Anker in einer Ankerhalterung, dahinter Ankerspill

SKS-Fragen 143 – 145, 145, 148, 149, 155 (Seemannschaft I); 124 – 126, 129, 130, 136 (Seemannschaft II)

Ankern

der Anker mit fremden Ankern, an einem Stein oder einem Kabel unklar kommen, kann der Anker an der Trippleine nach hinten freigezogen werden.

Zum Ankern läuft man zunächst genau in Windrichtung. Das Schiff muss aufstoppen, bevor der Anker fällt. Es darf nicht über den Anker laufen. Damit ausreichend Trosse gesteckt werden kann, muss der Anker weit in Luv vom Liegeplatz fallen. Der Anker darf nicht geworfen werden, sondern er soll langsam auf den Grund gleiten, damit sich die Trosse nicht um die Ankerflunken wickelt. So könnte kein Anker halten.

Nun wird genau mit dem Wind langsam achteraus gelaufen. Dabei wird ständig Ankerleine ins Wasser geworfen, sodass der Anker nicht belastet wird. Der Anker soll möglichst tief einsinken, bevor er sich eingräbt. Auch das Eingraben selbst soll gefühlvoll geschehen. Falsch wäre es, den Anker durch Zug auf die Trosse einzurucken. Anker und Boot brauchen – vor allem in strömenden Gewässern – etwas Zeit zum **Eintörnen** (Einschwingen).

Wenn die Trosse vibriert, pflügt der Anker durch

den Grund. Er hält nicht. Aber auch wenn die Trosse nicht vibriert, muss geprüft werden, ob der Anker gefasst hat. Dazu können die Wassertiefe gelotet, der Abstand zu anderen Schiffen beobachtet und markante Objekte an Land gepeilt werden. Hält der Anker nicht, muss er aufgeholt und das Manöver wiederholt werden.

Vor Anker liegend darf das Schiff keinesfalls sich selbst überlassen werden. Eine Person, die auch weiß, was im Ernstfall zu machen ist, sollte **Ankerwache** gehen. Sie beobachtet, ob

– sich das Wetter ändert
– der eigene Anker hält
– das Boot frei schwojt
– ein Schiff in Luv auf das eigene zutreibt

Verschlechtert sich das Wetter, so muss mehr Kette gesteckt und/oder ein Reitgewicht aufgesetzt werden. In einer ruhigen Nacht reicht es aus, die Lage etwa alle drei Stunden zu kontrollieren.

Um ankerauf zu gehen, läuft man unter Maschine langsam zum Anker. Dabei wird die Trosse eingeholt. Ein elektrisches Ankerspill holt die Kette auf und leitet sie automatisch in den Kettenkasten.

Steht die Trosse senkrecht, bricht sie den Anker aus dem Grund. Bewegt sich der Anker nicht, kann – falls vorhanden – mit der Trippleine der Anker nach hinten gezogen werden. Hat sich der Anker an einer fremden Kette verhakt, kann man versuchen, sie mit einem Draggen anzuheben. Schlimmstenfalls muss ein Taucher den Anker klarmachen. Ist auch das unmöglich, muss der Anker aufgegeben werden.

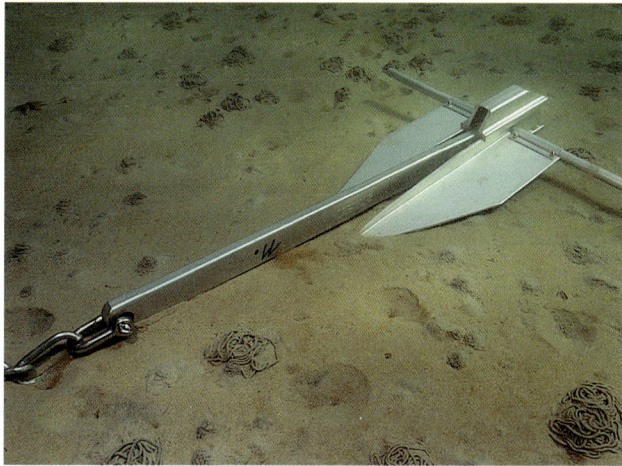

Ein Plattenanker ist auf Sand gefallen ...

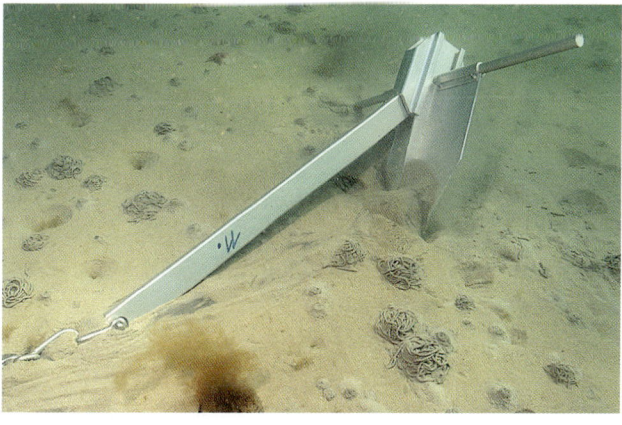

... und gräbt sich langsam ein.

SBS-Fragen 272, 273; SKS-Fragen 150, 156 (Seemannschaft I); 131, 137 – 139 (Seemannschaft II)

Ankern

Vermuren, Verkatten, Verwarpen, Gesetzliche Vorschriften

Vermuren heiß, ein Schiff vor zwei Buganker zu legen (**offene Muring**). Vorteil: Das Schiff braucht weniger Fläche zum Schwojen. Die Haltekraft verbessert sich nur wenig. Ein Sonderfall ist das **Tidenmuring**.

beide Anker und schäkelt die zweite Trosse mit einem Muringschäkel an die erste Kette.

Schließlich muss die erste Kette so weit ausgelassen werden, dass die Yacht über beide Trossen hinwegschwojen kann – ein ziemlich aufwändiges Manöver.

Verkatten heißt, zwei Anker an einer Kette auszubringen. Das erhöht die Haltekraft erheblich (etwa die doppelte Haltekraft wie beim Vermuren).

Der vordere Anker, der **Kattanker**, ist der leichtere; er muss mehr als die Wassertiefe vom Hauptanker entfernt sein, damit

Das Verholen eines Bootes mit einem leichten Anker nennt man **Verwarpen** oder **warpen**. Der dafür eingesetzte Anker wird als **Warpanker** bezeichnet.

Ein Fahrzeug vor Anker muss bei Tage einen **schwarzen Ball** und bei Nacht ein **weißes Rundumlicht** führen (KVR).

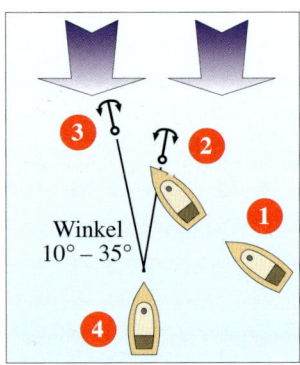

Offene Muring

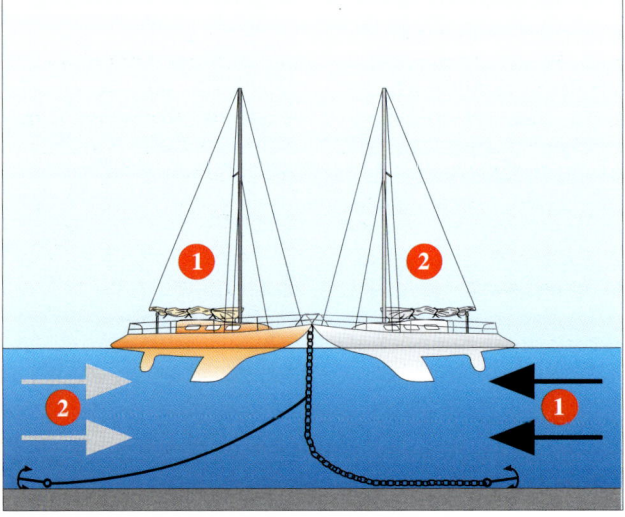

Tidenmuring

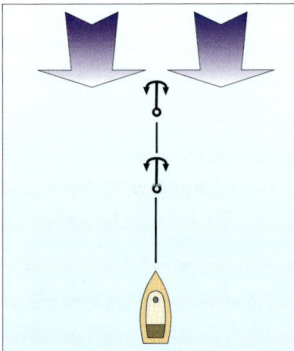

Verkatten

Dabei wird ein Anker stromaufwärts, der andere stromabwärts ausgebracht, sodass das Schiff je nach Stromrichtung vor einem der beiden Anker liegt.

Nachdem der erste Anker gefallen ist, muss so viel Kette gegeben werden, bis sich das Boot an der Stelle befindet, wo der zweite Anker liegen soll.

An der ersten Kette verholt man sich zurück zwischen

Mit dem Vermuren nicht zu verwechseln ist das Liegen an einer **Muringboje**. Dies ist eine von der Hafenverwaltung mit solidem Grundgeschirr ausgelegte Boje, an der ein Schiff festmachen kann. Muringbojen können in oder vor einem Hafen liegen.

sich die Anker aufholen lassen. Es ist nicht einfach, die beiden Anker auszubringen und später wieder zurück an Bord zu holen.

Daher verkattet man zwei Anker nur, wenn durch Sturm oder Seegang der Ankerplatz unsicher wird.

Ankert ein Fahrzeug in der Nähe des Fahrwassers oder auf einer Reede, so muss ständig Ankerwache gegangen werden (SeeSchStrO).

Ankerball, Ankerlicht und Ankerwache sind für Fahrzeuge unter zwölf Meter Länge auf den von der Strom- und Schifffahrtspolizei als Anker- und Liegestellen bekannt gemachten Wasserflächen nicht erforderlich (SeeSchStrO).

SKS-Fragen 23 (Seemannschaft I); 15 (Seemannschaft II)

Anlegen unter Segeln

Wenn die Maschine streikt, warten die meisten Segler lieber vor der Hafeneinfahrt auf Schlepphilfe einer anderen Yacht, als unter Segeln in den Hafen einzulaufen. Nur auf kleineren Booten, wie den Folkebooten oder H-Booten, ist das Anlegen unter Segeln genauso alltäglich wie unter Motor.

Zum Anlegen muss aufgestoppt werden – im Allgemeinen gegen Wind und – sofern vorhanden – Strom. Wenn Wind und Strom nicht in gleicher Richtung setzen, wird gegen den Strom angelegt und – wie beim Nahezu-Aufschießer – mit den Segeln die Fahrt reguliert. Das verlangt Erfahrung im Anlegen unter Segeln und im Anlegen bei Strom. In diesem Buch wird nur das Anlegen ohne Strom angesprochen.

Um aufzustoppen, läuft ein Boot genau gegen den Wind; die Segel killen (flattern) und der Wind bremst das Schiff ab. Dieses Manöver heißt **Aufschießer**.

Mit einer tonnenschweren Yacht einen Aufschießer zu machen, verlangt sehr viel Gefühl und Erfahrung. Der Aufstoppweg ist von der Windstärke, der Wellenhöhe, der Bootsform und dem Bootsgewicht ab-

---

Anlegen unter Segeln

– Manöver mit der Crew genau besprechen.

– Hafenplan, Fender, Bootshaken, Wurfleine und Heckanker bereitlegen.

– Segel klar zum Fallen.

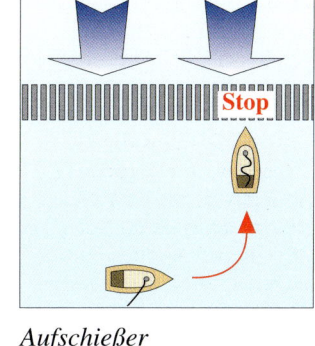

Aufschießer

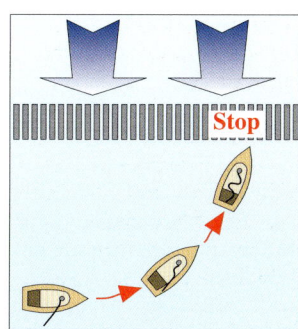

Nahezu-Aufschießer

---

hängig. Er muss auf etwa einen Meter genau passen. Stoppt das Schiff einen halben Meter zu früh, kann ein Crewmitglied vom Bug auf die Brücke springen und das Boot heranziehen. Ist der Aufschießer einen halben Meter zu lang, kann das Schiff am Bugkorb abgehalten werden. Dies ist bei GFK-Booten bis zu zwölf Meter Länge möglich.

Eine gute Alternative ist ein **Nahezu-Aufschießer**. Hierzu läuft ein Boot mit killenden Segeln in spitzem Winkel gegen den Wind. Durch den fehlenden Antrieb wird es immer langsamer. Anders als beim Aufschießer kann aber das Segel ein wenig dicht geholt und wieder Fahrt aufgenommen werden, wenn der Aufstoppweg zu kurz bemessen ist. Beim Nahezu-Aufschießer setzt man die Aufstoppstrecke daher

zunächst etwas zu groß an und hilft dann mit den Segeln etwas nach. Auch bei Boje-über-Bord-Manövern werden Nahezu-Aufschießer gefahren.

Mit dem Heckanker lässt sich ein Schiff gut aufstoppen. Er muss früh geworfen werden, damit er sich eingraben kann. In engen Häfen ist dazu jedoch selten genug Platz.

Das grundlegende Problem beim Anlegen unter Segeln besteht also immer darin, die Fahrt aus dem Schiff zu kriegen. Also rechtzeitig das Vor- oder das Großsegel bergen, je nachdem wie das Schiff besser manövriert. Natürlich kann in engere Hafenteile nur mit langsamster Fahrt eingelaufen werden. Mit einem Aufschießer kann notfalls noch Fahrt aus dem Schiff genommen werden.

Ist der Wind nicht zu stark, so kommt man selbst in enge Hafenteile ohne Maschine – und ohne Segel. Hier schiebt man das Boot an Pfählen oder anderen Yachten weiter.

Ist der gewünschte Liegeplatz nur schwer zu erreichen, macht man zunächst in der Nähe fest, am besten an einem Pfahl. Eventuell kann man sich von dort aus zum gewünschten Platz treiben lassen.

Vielleicht kann man auch hier wieder an dem Pfahl Schwung holen und so ein Stück weiter zum Liegeplatz gelangen.

Bei starkem Wind wird es schwierig. Er drückt auf den Mast und treibt den Bug nach Lee, sobald das Boot langsamer wird. Dann kann das Boot mit langen Leinen zum Liegeplatz verholt werden.

SBS-Frage 264; SKS-Frage 94 (Seemannschaft I)

Festmachen

Festmacheleinen

Drei Anforderungen werden an Festmacher gestellt: Sie müssen eine hohe Bruchlast besitzen, elastisch und abriebfest sein. Eine hohe Bruchlast ist selbstverständlich. Elastische Leinen lassen das Boot nicht so stark rucken und schonen die Klampen. Je länger die Leine, umso höher die Elastizität. Festmacher sollten so geführt werden, dass sie möglichst lang sind. Ruckminderer aus Gummi oder Federn sind vor allem in kurzen Leinen gut. Sie ersetzen aber nicht eine gute elastische Leine. Alte Schoten sind als Festmacher ungeeignet; sie recken überhaupt nicht. Einen abriebfesten Mantel sollten Festmacher besitzen, weil sie oft unbemerkt am Boot oder Steg scheuern. Wird eine Scheuerstelle entdeckt, schützt man sie am besten mit einem Lappen oder einem übergezogenen Schlauchstück.

Festmachen in Boxen

In Boxen wird eine Yacht normalerweise mit zwei Vorleinen (Bugleinen), die schräg zum Steg geführt werden, und zwei Achterleinen (Heckleinen) zu den hinteren Pfählen festgemacht. Achtern führt man die Festmacher am besten über Kreuz.

In einer kurzen Box wirken die Vor- und Achterleinen fast quer zum Schiff. Sie begrenzen nur die Bewegung zur Seite. Deshalb müssen noch lange Springs ausgebracht werden, damit die Yacht sich nicht nach vorne oder hinten bewegen kann. An acht Leinen liegt das Schiff auch in einer kurzen Box sicher.

Der Schwell vorbeifahrender Schiffe lässt manchmal die Masten benachbarter Boote aneinander schlagen. Dann müssen die Yachten so festgemacht werden, dass die Masten gegeneinander versetzt sind.

Änderungen des Wasserstandes

Auch in gezeitenfreien Revieren kann der Wasserstand schwanken. Festmacher brauchen daher immer etwas Lose. Schwimmpontons steigen und fallen mit dem Wasser. Hier wird nicht viel Lose benötigt. An festen Brücken sieht es anders aus.

Bei anhaltendem Starkwind steigt oder fällt der Wasserstand manchmal so stark, dass das Schiff in seinen Leinen hängt. Damit der Hafenmeister oder Nachbarn ohne umständliche Kletterpartie die Festmacher verlängern können, sollte – bei längerer Abwesenheit – auf der Brücke ausreichend Leine liegen.

Wird das Schiff verlassen, so müssen alle Seeventile geschlossen, der Hauptschalter des Bordnetzes ausgeschaltet und der Elektro-Landanschluss abgezogen werden. Bei Gewitter könnte sonst ein Blitz hierüber Erde finden.

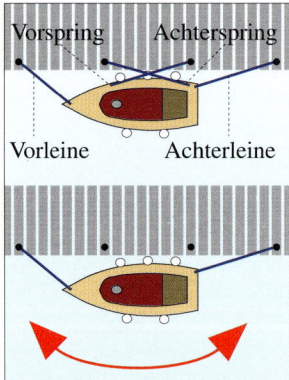

Vorspring   Achterspring

Vorleine   Achterleine

Auch längsseits benötigt man zum Festmachen mindestens vier Leinen: die Vor- und die Achterleine sowie die Vor- und die Achterspring. Durch die Springs werden Drehbewegungen des Schiffes verhindert.

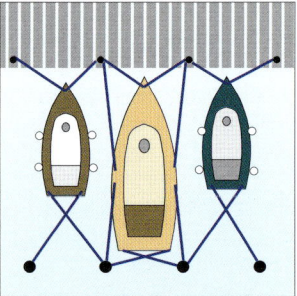

Richtiges Festmachen in Boxen: Die Heckleinen verlaufen über Kreuz. Die Masten sind versetzt und können nicht aneinander schlagen.
Das Schiff in der Mitte liegt in einer zu kurzen Box. Durch lange Springs werden die Bewegungen nach vorne und achtern kontrolliert.

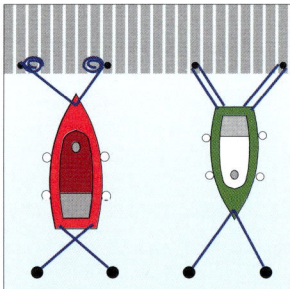

Links: Wenn das Boot für längere Zeit verlassen wird, sollte auf der Brücke genügend Leine liegen. Bei stärkeren Wasserstandsschwankungen können die Leinen vom Steg aus nachgeführt werden.
Rechts: Die Heckleinen sind auf Slip gelegt und können vom Boot aus bedient werden.

SBS-Frage 270, 278, 279; SKS-Fragen 74, 75, 78, 89, 90, 95, 96 (Seemannschaft I); 60, 61, 64, 79, 80 (Seemannschaft II)

Behandlung der Segel

Schlagen verhindern!

Segel dürfen nicht im Wind schlagen, ja nicht einmal flattern. Deshalb sollen die Achterliekleinen im Groß- und Vorsegel so gespannt sein, dass kein Liek flattert.

Vor Sonnenlicht schützen!

Sonnenlicht macht das Tuch brüchig. Sobald ein Segel geborgen ist, soll es mit einer Persenning abgedeckt oder in einem Sack verstaut werden.

Empfohlene Windstärke einhalten!

Die schnellste Art, eine Genua zu beschädigen ist, sie bei Windstärken zu fahren, für die sie nicht vorgesehen ist. Wenn das Windlimit nicht auf das Schothorn gestempelt ist, sollte es – nach Angaben des Segelmachers – deutlich darauf geschrieben werden. Wird das Windlimit in einer Bö überschritten, sollte die Schot etwas gefiert werden. Wird das Windlimit dauernd überschritten, muss das Segel gewechselt werden.

Scheuern vermeiden!

Segel dürfen nirgends scheuern. Wenn sie an Salingen, Wanten oder Backstagen schamfilen, sind sie schnell kaputt. Eine Genua darf nicht so dicht genommen werden, dass sie eine Saling berührt.

Trocken und zusammengefaltet verstauen!

Segel sollen nach Gebrauch von Salz gereinigt, getrocknet, zusammengelegt und verstaut werden. Das Segel nicht immer an denselben Falten zusammenlegen.

Ein Spinnaker soll lose im Segelsack oder Bergeschlauch verstaut werden. Er darf keinesfalls auch nur kurzzeitig in feuchtem Zustand verpackt werden, weil dunklere Farben auf hellen ausbluten können und sich durch Feuchtigkeit Schimmel bildet.

Schäden sofort beseitigen!

Ein kleiner Schaden kann unter Belastung schnell weiterreißen. Man kontrolliere die Segel regelmäßig auf Risse und lose Fäden. Mit selbstklebendem Segeltuch können kleine Schäden provisorisch ausgebessert werden. Auch die Lattentaschen (siehe Abbildung auf Seite 204) müssen überprüft werden.

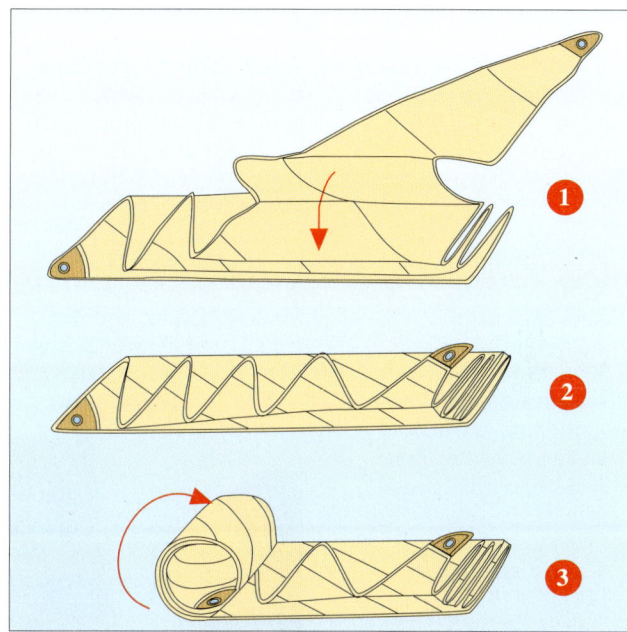

Zusammenlegen eines Segels

Mit einer Persenning wird das Großsegel vor Regen und UV-Strahlung geschützt.

SKS-Fragen 12, 15 (Seemannschaft I)

Starten der Maschine

Eine Maschine starten

Ein Auto wird angelassen und schon kann es losfahren. Das geht bei einem Boot nicht so einfach. Ein Boot wird so gestartet:

– Elektro-Hauptschalter einschalten
– Kraftstoffmenge prüfen
– Seeventil für Kühlwassereinlass öffnen
– Kraftstoffventile öffnen
– Motorraum auf Wasser-, Kraftstoff- und Öl-leckagen kontrollieren
– Kühlflüssigkeitsstand prüfen
– Ölstand prüfen
– Stopp-Griff hinein-schieben
– fünf bis zehn Sekunden vorglühen
– Wendegetriebe auskup-peln, etwas Gas geben
– Anlasserknopf drücken
– Maschine kurz warm-laufen lassen

Die grau gedruckten Punkte müssen nicht unbedingt vor jedem Anlassen gemacht werden.

Achtung! Explosionsgefahr beim Start eines Benzinmotors. Benzingase können aus dem Motor ausgetreten sein und sich im Motorraum gesammelt haben. Vor dem Anlassen muss das Motorraum-Gebläse etwa fünf Minuten lang laufen, um das Gas abzusaugen.

Wendegetriebe

Das Wendegetriebe kann die Drehrichtung der Propellerwelle umdrehen. Es wird meistens mit einem Hebel bedient. Mit ihm wird gleichzeitig geschaltet und Gas gegeben (Einhebelschaltung). Beim Umschalten von Vorwärts- auf Rückwärtsfahrt soll der Hebel ein bis zwei Sekunden lang in Neutralstellung gehalten werden. Der Kupplungsknopf wird dabei nicht gedrückt.

Vor dem Start den Kupplungsknopf eindrücken (= auskuppeln) und Hebel etwas vorschieben. Nach dem Anlassen den Gashebel zurück in Neutralstellung schieben; der Kupplungsknopf springt dann wieder heraus, die Maschine ist nun eingekuppelt.

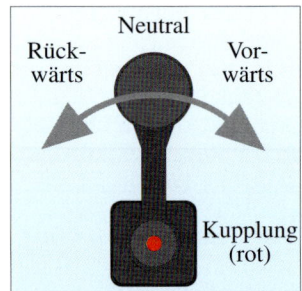

Einhebelschaltung: Gas und Schaltung in einem Hebel

Einfache Instrumententafel: links Drehzahlmesser mit Betriebsstundenzähler, darunter Warnanzeige mit Fenstern für Kühlwassertemperatur, Schmieröldruck, Generator und Vorglühen. Rechts die Abdeckkappe der Alarmsirene (oben), Kippschalter für Vorglühen und Alarmtest, Druckschalter Power on/off, Druckschalter Anlasser. Neben der Instrumententafel der Stoppgriff zum Abschalten des Motors (rausziehen).

SKS-Fragen 57, 58 (Seemannschaft I); 33, 34, 46, 47 (Seemannschaft II)

Technische Hinweise

Zweikreiskühlung

Ein Auto hat einen Kühler. Der Fahrtwind streicht daran vorbei und kühlt das Kühlwasser, das seinerseits den Motor kühlt. Ein Bootsmotor wird nicht durch Fahrtwind, sondern mit Seewasser gekühlt. Es fließt durch einen Wärmetauscher, den „Kühler" des Bootsmotors, und wird dann über den Auspuff wieder außenbords geleitet. Denn der Auspuff muss – anders als beim Auto – auch gekühlt werden, da er ja im Rumpf liegt. Aus dem Auspuff eines Bootsmotors treten also Abgase und das Wasser des **offenen Kühlkreislaufs** aus. Der **geschlossene Kreislauf** kühlt den Motor. Sein Kühlwasser gibt im Wärmetauscher die Motorwärme an den offenen Kühlkreis ab. Dieses Verfahren heißt **Zweikreiskühlung**.

Die Ansaugöffnung des offenen Kühlkreislaufs ist klein und kann verstopfen. Deshalb muss nach dem Anlassen geprüft werden, ob Kühlwasser aus dem Auspuff fließt. Falls nein, ist der offene Kühlwasserkreislauf unterbrochen. Möglicherweise ist nur das Seeventil für den Kühlwassereinlass verschlossen oder der Kühlwassereinlass ist verstopft. Das muss beseitigt werden.

Betrieb

Der Motor muss bei niedriger Drehzahl und unter geringer Last warmgefahren werden. In kaltem Zustand sollte er nie mit hoher Drehzahl laufen.

Der Anlasser darf nicht bei laufendem Motor betätigt werden. Der Startermotor und der Zahnkranz des Schwungrades könnten beschädigt werden. Auch darf der Anlasserknopf nicht gedrückt gehalten werden, wenn der Motor bereits angelaufen ist.

Ein Dieselmotor wird mit einem **Stoppgriff** ausgeschaltet. Dazu muss der Griff herausgezogen werden. Notfalls kann der Motor auch abgeschaltet werden, indem das Luftansaugrohr zugedrückt wird.

Um beim Segeln den Wasserwiderstand des Propellers möglichst klein zu halten, sollte bei einem feststehenden Propeller Leerlauf eingelegt sein (der Propeller soll mitdrehen). Bei einem Faltpropeller soll der Rückwärtsgang eingelegt sein (Hebel nach hinten schieben, der Propeller soll nicht drehen).

Der Motor sollte täglich mindestens fünfzehn bis dreißig Minuten lang laufen. So werden nicht nur die Batterien geladen, sondern auch Probleme beim Starten vermieden. Bei laufendem Motor darf das Boot nicht stark krängen, da sonst die Schmierölversorgung behindert oder sogar die Kühlung unterbrochen werden könnte (wenn der Kühlwassereinlass über Wasser liegt).

Bunkern

Diesel zu bunkern, erfordert keine besonderen Vorsichtsmaßnahmen. Zwei Hinweise zum Dieselvorrat: Der Tank darf nicht völlig leer gefahren werden; sonst müsste der Motor entlüftet werden. Bei längerem Stillstand oder seltener Benutzung soll der Tank möglichst voll sein. Andernfalls könnte sich Kondenswasser im Tank bilden und danach die Maschine nicht mehr anspringen (Wasserabscheider müsste entleert werden).

Beim Bunkern von **Benzin** besteht Explosionsgefahr. Selbst bei geerdeter Tankanlage muss vor dem Tanken ein Potenzialausgleich gemacht werden. (Zapfpistole kurz an den noch verschlossenen Tankdeckel halten). Die Benzingase, die aus dem Tank gedrückt werden, während das Bezin hineinläuft, dürfen nicht in das Bootsinnere gelangen (Explosionsgefahr).

Der Elektro-Hauptschalter (Motor) wird ausgeschaltet, wenn der Motor längere Zeit außer Betrieb bleibt. Auch das Seeventil (Kühlwasser) und die Kraftstoffventile sollten dann geschlossen werden.

Der Elektro-Hauptschalter darf nicht bei laufendem Motor ausgeschaltet werden, weil der Generator und der Spannungsregler sonst beschädigt werden können.

Fahrtstufe	Drehzahl	Kraftstoffverbrauch
Wirtschaftliche Marschfahrt	50 %	25 %
Höchste Marschfahrt	80 %	60 %
Volle Fahrt	90 %	80 %
Vollgasfahrt	100 %	100 %

SBS-Frage 312; SKS-Fragen 55, 56, 59, 61, 70 (Seemannschaft I); 31, 32, 35 – 37, 45, 48, 49 (Seemannschaft II)

Inspektionen

Inspektionen

Kleinere Inspektionen müssen gemäß Betriebsanleitung selbst durchgeführt werden.

Bei der **täglichen Inspektion** vor dem Start werden der Stand der Kühlflüssigkeit und des Schmieröls überprüft. Sind Leckagen am Motor erkennbar (Öl, Kraftstoff, Wasser)?

Bei der **Kontrolle der Kühlflüssigkeit** besteht Verbrennungsgefahr. Der Deckel darf bei heißem Motor nicht mit einer Drehung abgenommen werden. Dampf oder heiße Kühlflüssigkeit könnten herausspritzen. Der Deckel ist zunächst bis zum ersten Anschlag zu drehen; bevor er abgenommen wird, soll einen Moment gewartet werden. Der Füllstand sollte bis unter den Einfüllstutzen reichen bzw. bei einem separaten Ausgleichsbehälter zwischen den Min- und Max-Marken liegen. Zum Nachfüllen der Kühlflüssigkeit sollte nach Möglichkeit das gleiche Gemisch verwendet werden, das sich bereits in der Anlage befindet. Die Kühlanlage ist langsam zu füllen.

Der **Motorölstand** wird wie beim Auto mit dem Messstab überprüft. Der Füllstand darf niemals unter die untere Marke absinken. Angaben zur Qualität und Viskosität des Öls findet man in der Betriebsanleitung.

Nach jeweils 14 Tagen sind folgende Inspektionsarbeiten durchzuführen:

– **Ölstand-Kontrolle im Wendegetriebe** oder S-Antrieb.

– **Wasserabscheider überprüfen**.
Der Wasserabscheider trennt Wasser, das sich durch Kondensation im Tank gebildet hat oder durch einen undichten Tankdeckel eingedrungen ist, vom Kraftstoff. Bei vollem Wasserabscheider sind Wasser und Verunreinigungen über ein Ventil oder einen Stopfen abzulassen. Der Abscheider sollte erst einige Stunden nach Abstellen des Motors entwässert werden.

– **Keilriemenspannung kontrollieren**. Der Keilriemen darf sich nur etwa einen halben Zentimeter weit eindrücken lassen. Eine übermäßig hohe Spannung führt zu Lagerschäden, bei zu geringer Spannung kann der Keilriemen rutschen (quietscht manchmal). Den Keilriemen zu spannen, ist nicht schwer; der Generator wird gelöst und so weit verschoben, bis der Keilriemen die richtige Spannung hat. Ein verschlissener oder gerissener Keilriemen ist auszuwechseln. Etwa eine Betriebsstunde nach dem Auswechseln oder Nachspannen des Keilriemens ist die Spannung nochmals zu überprüfen.

– **Säurestand in den Batterien** prüfen. Warnung: Die Batterien enthalten Knallgas und extrem aggressive Schwefelsäure. Funken oder offene Flammen in der Nähe der Batterie können zu einer Explosion führen. Es ist eine Schutzbrille zu tragen. Wenn die Bleiplatten nicht mehr vollständig bedeckt sind, ist destilliertes Wasser nachzufüllen.

– **Seewasserfilter kontrollieren**. Seeventil schließen, Filter öffnen und ggf. reinigen.

Um **Korrosion** zu vermeiden, soll der Motor alle zwei Wochen einmal gestartet und warmgefahren werden. Wird das Boot voraussichtlich für mehr als 90 Tage nicht betrieben, sollten Maschine, Antrieb und Propeller eine Langzeitkonservierung erhalten.

Sichtkontrollen

Dicker Schmutz auf der Maschine zieht Feuchtigkeit an und kann Kriechströme und Probleme an der Elektrik auslösen. Nur an einer gepflegten und sauberen Maschine können Sichtkontrollen durchgeführt werden. Öl-, Wasser- oder Kraftstoffleckagen dürfen nicht auftreten und sind Anzeichen undichter Verschraubungen oder Dichtungen. Schwarzer Staub entsteht durch einen rutschenden Keilriemen oder nicht fluchtende Keilriemenscheiben.

Niemals in eine laufende Maschine greifen!

Hörkontrollen

Ungewöhnliche Geräusche der Maschine oder des Antriebs (Rasseln, Klappern, Klopfen, Schleifen) weisen immer auf Störungen hin. Eine frühzeitige Reparatur begrenzt den Schaden und vermeidet Ausfälle. Klappern unter dem Rumpf kann durch eine angefressene Zinkanode, die zum Schutz des Propellers vor Elektrolyse an der Propellerwelle (auch bei GFK-Yachten) angebracht ist, hervorgerufen werden.

SKS-Fragen 60, 69 (Seemannschaft I); 38, 59 (Seemannschaft II)

Störungen

Alarm Kühlflüssigkeit (Temperatur zu hoch)

Ist der Motor zu heiß geworden, sollte sofort Leerlauf eingelegt und ausgekuppelt werden. Sinkt dann die Temperatur? Falls nicht, den Motor ausschalten. Mögliche Ursachen für eine Überhitzung sind:

– Seewassereinlass verstopft
– Keilriemen rutscht
– Keilriemen gerissen
– zu wenig Kühlflüssigkeit
– Seewasserfilter verstopft
– Pumpenlaufrad defekt
– Thermostat defekt
– Temperaturgeber defekt
– Anzeigeinstrument defekt
– Luft im Kühlsystem

Bei Yachten mit Saildrive hat der Temperaturalarm häufig eine kleine Ursache: Eine Plastiktüte, eine Folie oder Seegras hat sich um den Saildrive gewickelt und den Kühlwassereinlass verstopft. Um den Fremdkörper wieder loszuwerden, muss man nur ein paar Mal vor- und rückwärts fahren. Die Fetzen treiben dann im Kielwasser.

Alarm Öldruck zu niedrig

Den Motor sofort ausschalten; ohne intakten Ölkreislauf tritt binnen Sekunden ein größerer Schaden ein. Nur wenige Ursachen lassen sich mit Bordmitteln beheben:

– zu wenig oder kein Öl
– Öldruckschalter defekt
– Masseschluss an Geberleitung

Auch wenn die Öldruckwarnung bei Vollgas verlöscht, muss der Motor sofort abgeschaltet werden. Diese Störung kann ebenfalls nicht mit Bordmitteln beseitigt werden.

Alarm Ladekontrolle (Generator)

Der Generator dient zur Stromerzeugung. Der Motor kann zunächst weiter betrieben werden, aber die Batterien werden nicht mehr geladen. Strom sparen! Ursachen, die ohne fremde Hilfe behebbar sind, können sein:

– Keilriemen gerissen oder zu locker
– Masseschluss an Geberleitung

Abgasfarbe

Weiß	Wasser im Abgas; Kühlsystem intakt?
Schwarz	Luftfilter verstopft?
Blau	Schmieröl im Kraftstoff; Ölstand zu hoch?

Startschwierigkeiten

Wenn der Anlasser nicht oder nur langsam dreht:
– Hauptschalter aus
– Batterie leer

Wenn der Anlasser normal läuft:
– Stoppgriff reingeschoben?
– Sicherung defekt?
– Lange genug vorgeglüht?
– Kraftstoffventil zu?
– Tank leer?
– Luft im Kraftstoffsystem?
– Wasserabscheider voll?

Motor würgt beim Einkuppeln ab:
– Propeller blockiert?
– Getriebe blockiert? (ausreichend Getriebeöl)
– Propellerwelle verbogen?

Motor bleibt nach dem Start stehen:
– Vakuum im Tank? (Die Tankbelüftung ist verstopft, wenn der Motor bei offenem Tankdeckel nicht stehen bleibt.)
– Luft im Kraftstoffsystem?
– Kraftstoff- oder Luftfilter verdreckt?

Warnung
Man verwende bei Startschwierigkeiten eines Dieselmotors niemals ein Start-Spray oder ähnliche Produkte! Die Glühkerzen könnten eine Explosion im Einlassrohr verursachen. Es besteht Verletzungsgefahr.

Entlüften des Kraftstoffsystems

Das Kraftstoffsystem muss entlüftet werden, wenn

– der Tank völlig leer gefahren wurde
– der Kraftstofffilter ausgewechselt worden ist
– Kraftstoffleitungen geöffnet wurden
– der Motor längere Zeit nicht benutzt wurde

Entlüftet wird mithilfe einer kleinen, am Motor befindlichen Handpumpe (siehe Betriebsanleitung). Im Kraftstoffsystem befinden sich eine oder mehrere Entlüftungsschrauben (siehe Betriebsanleitung), die nacheinander ein bis zwei Umdrehungen weit gelöst werden müssen.

Die Förderpumpe ist dann jeweils so lange zu betätigen, bis Kraftstoff blasenfrei austritt. Mit einem saugfähigen Lappen wird er aufgefangen.

Die Entlüftungsschrauben müssen – noch während der Kraftstoff austritt – wieder gut verschlossen werden. Sie sollten nach kurzem Betrieb des Motors nochmals auf Leckage überprüft werden.
Tipp: Wenn die Handpumpe schlecht arbeitet, den Motor kurzzeitig drehen lassen.

SKS-Fragen 62 – 64 (Seemannschaft I); 39 – 44, 50, 51, 53, 54, 71 (Seemannschaft II)

Hafenmanöver

Viel Erfahrung ist nötig, um eine Yacht in engen Häfen manövrieren zu können. Wie dreht das Boot? Wie stoppt es auf? Wie läuft es rückwärts? Das hängt ab von

– der Kiel- und Ruderform
– dem Tiefgang, aber auch der Wassertiefe
– dem Antrieb
– dem Winddruck auf den Mast (Segelboote)

Yachten mit Wellen- bzw. V-Antrieb manövrieren ganz anders als Boote mit S-Antrieb (siehe Abbildung auf Seite 185). Beim S-Antrieb strömt der Propeller das Ruder nur schlecht an; das Ruder wirkt erst, wenn das Schiff Fahrt macht. Sitzt dagegen der Propeller direkt vor dem Ruder, so dreht die Yacht aus dem Stand. Abgesehen davon lässt sich ein Boot mit S-Antrieb gut manövrieren.

Ein typisches Problem bei Wellen- oder V-Antrieb ist, dass der Propeller das Heck stark zur Seite versetzt – besonders wenn der Propeller auf einer schrägen Welle nahe am Heck sitzt. Ein solches Boot lässt sich kaum rückwärts fahren, weil bei Achterausfahrt das Heck besonders stark zu einer Seite zieht. Immer wieder muss dann Leerlauf eingelegt und gegengesteuert werden.

Ein **rechtsgängiger Propeller** dreht sich bei Vorwärtsfahrt von hinten gesehen rechtsherum. Dadurch schwenkt das Heck leicht nach Steuerbord; der Bug wird also etwas nach Backbord versetzt. Bei Fahrt achteraus dreht ein rechtsgängiger Propeller nach links und kann – besonders beim Anfahren – das Heck erheblich nach Backbord versetzen. Bei **linksgängigen Propellern** sind die Verhältnisse umgekehrt („Radeffekt").

Die Schiffsseite, zu der bei Rückwärtsfahrt das Heck versetzt wird, nennt man gelegentlich Schokoladenseite. An dieser Seite ist das Längsseits-Anlegen einfacher, weil beim Aufstoppen das Heck zugleich zur Brücke versetzt wird.

Auch beim Wenden auf engem Raum sollte die Schraubenwirkung beachtet werden. Entscheidend ist dabei immer das Verhalten bei Rückwärtsfahrt. Da ein rechtsgängiger Propeller bei Rückwärtsfahrt das Heck nach Backbord versetzt, unterstützt er das Wenden über Steuerbord.

Bei stärkerem Wind ist vor allem der Winddruck zu berücksichtigen. Sobald das Boot aufstoppt oder langsam läuft, wird der Bug nach Lee gedrückt.

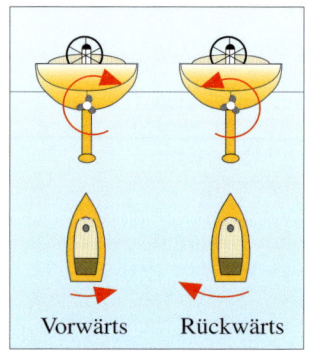

Die seitliche Schraubenwirkung ist bei Fahrt achteraus stärker (rechtsgängiger Propeller).

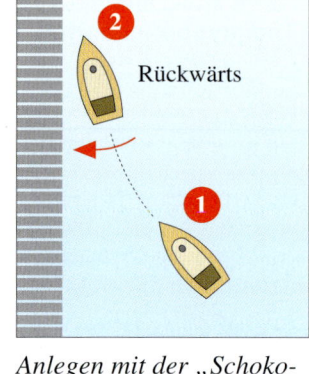

Anlegen mit der „Schokoladenseite" (rechtsgängiger Propeller). Aufstoppen versetzt das Heck zur Brücke.

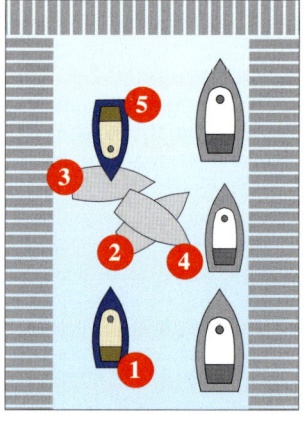

Wenden auf engem Raum mit Propellerhilfe. Ein rechtsgängiger Propeller zieht bei Fahrt achteraus das Heck nach Backbord und unterstützt so das Wenden über Steuerbord (siehe Manöverphasen zwei und drei). Deshalb wird auf engem Raum besser über Steuerbord gewendet.

Ein Außenborder darf nur mit leerem Vergaser hochgekippt werden, sonst läuft Kraftstoff ins Wasser. Wird der Benzinschlauch abgezogen, so brennt der Vergaser leer und dann geht der Motor aus. Jetzt kann kein Sprit mehr auslaufen. Das ist auch beim Transport oder Verstauen des Motors wichtig.

SBS-Fragen 274, 276, 277; SKS-Fragen 68, 97 (Seemannschaft I); 71, 73, 75 (Seemannschaft II)

Berufsschifffahrt

Größere Frachtschiffe verdrängen zwischen 20 000 und 500 000 Tonnen. Auf einer Yacht mit fünf bis zehn Tonnen kann man diese gewaltige Masse und

– die Geschwindigkeit
– die Sichtverhältnisse auf der Brücke
– die Aufstoppstrecke
– das Drehverhalten

eines solchen Schiffes kaum richtig einschätzen.

Viele gefährliche Situationen entstehen dadurch, dass auf Yachten die **Geschwindigkeit** eines Fracht- oder Fahrgastschiffes unterschätzt wird.

Aufbauten und Ladung können die Sicht behindern. Nach den IMO-Richtlinien müssen die **Sichtverhältnisse** von der Brücke freie Sicht nur auf den Horizont ermöglichen. Die Wasserfläche muss lediglich in einem vorausliegenden Sektor von 20° sichtbar sein. Dabei darf ein toter Winkel von zwei Schiffslängen – höchstens jedoch 500 Meter – vor dem Bug verdeckt bleiben. Wenn ein kleines Boot vor dem Bug eines solchen Schiffes herläuft, bleibt dem Brückenpersonal oft nichts anderes übrig, als zu hoffen, dass das Boot auf der anderen Seite wieder auftaucht.

Ausweichmanöver müssen auf großen Schiffen frühzeitig geplant werden; unter Umständen muss bereits bei einem Abstand von zwei bis drei Seemeilen ein Manöver des letzten Augenblicks eingeleitet werden.

Der **Notstoppweg** eines größeren Handelsschiffes beträgt je nach Schiffstyp, -größe und Beladung das 8- bis 15fache der Schiffslänge und dauert etwa zehn Minuten. Bei einem Notstopp riskiert der Rudergänger nicht nur Schäden an Maschine, Antrieb und Propeller, sondern auch ein unkontrollierbares Ausbrechen des Hecks.

Wenn auf einem großen Frachtschiff bei 12 – 27 kn (Marschfahrt) durch **Hartruderlage** eine Kursänderung eingeleitet wird, verlässt das Fahrzeug erst nach mehreren Schiffslängen seine bisherige Kurslinie, wobei zuerst das Heck in Gegenrichtung ausschwenkt. Diese Bewegung des Hecks heißt **Anschwenkverhalten**.

Man berücksichtige auch, dass heute meistens nur noch eine Person auf der Brücke sitzt, von der man nie genau weiß, was sie gerade macht. Mit einem **Manöver des vorletzten Augenblicks** (Seite 91)

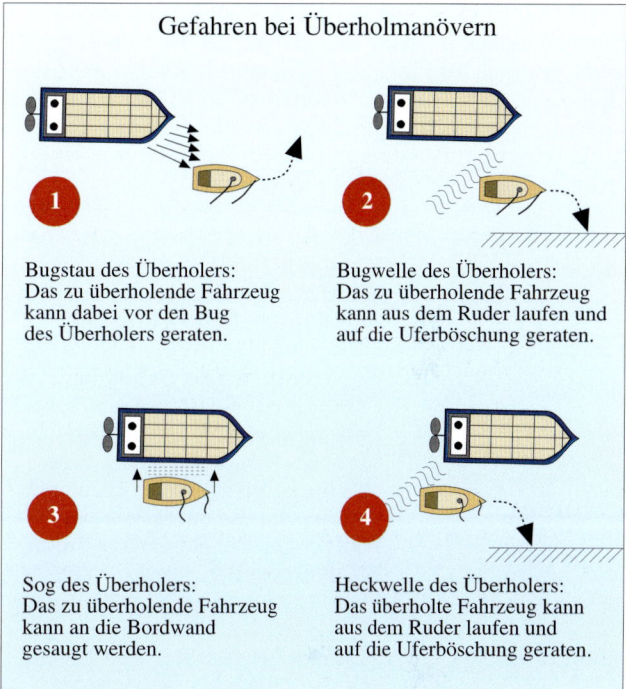

Gefahren bei Überholmanövern

1 Bugstau des Überholers: Das zu überholende Fahrzeug kann dabei vor den Bug des Überholers geraten.

2 Bugwelle des Überholers: Das zu überholende Fahrzeug kann aus dem Ruder laufen und auf die Uferböschung geraten.

3 Sog des Überholers: Das zu überholende Fahrzeug kann an die Bordwand gesaugt werden.

4 Heckwelle des Überholers: Das überholte Fahrzeug kann aus dem Ruder laufen und auf die Uferböschung geraten.

vermeidet man Gefahren. Wasser mit einer Tiefe von zehn Meter gilt für manche Schiffe bereits als flach. Auf flachem Wasser kann das Heck nach unten gesaugt werden. Dieser Effekt wird **Squat** genannt. Durch Squat kann die Steuerfähigkeit eingeschränkt werden oder sogar ganz verloren gehen.

Läuft ein Schiff nahe an einer Untiefe oder Uferböschung vorbei, kann es seitlich angesaugt werden und aus dem Ruder laufen (**Bankeffekt**).

Um Squat oder Bankeffekt zu vermeiden, können für ein größeres Schiff **Kursänderungen** nötig sein.

Sie werden durch Schallsignale angekündigt (Seite 105). Insbesondere in einem engen Fahrwasser ist damit zu rechnen, dass das Heck ausschwenkt. Hier ist ein großer Sicherheitsabstand erforderlich.

Bei **Fischern** sollte man immer auf plötzliche Kurs- und Geschwindigkeitsänderungen vorbereitet sein.

SBS-Fragen 263, 266, 275, 280; SKS-Fragen 157 – 162 (Seemannschaft I); 140 – 145 (Seemannschaft II)

Zehn Sicherheitsregeln für Wassersportler

Nach den Grundregeln für das Verhalten im Verkehr (Seite 112) hat auch ein Wassersportler die Vorsichtsmaßregeln zu beachten, die Seemannsbrauch oder besondere Umstände des Falls erfordern. Zur Erfüllung der seemännischen Sorgfaltspflicht gehört die Anwendung der folgenden vom Bundesamt für Seeschifffahrt und Hydrographie (BSH) aufgestellten Sicherheitsregeln.

Fahrzeugführer

1. Schätzen Sie Ihre Kenntnisse und Fähigkeiten richtig ein!

Auch wenn Sie die Befähigung zum Führen eines Sportbootes in einer Prüfung nachgewiesen haben, sammeln Sie zunächst am Tage praktische Erfahrung in geschützten Gewässern, die nur wenig von Fahrzeugen der Berufsschifffahrt befahren werden.

Fahrzeug

2. Machen Sie sich mit den Eigenschaften und der Einrichtung Ihres Fahrzeugs vertraut!
Ihr Fahrzeug muss für das vorgesehene Fahrtgebiet geeignet sein. Stellen Sie fest, ob Ihr Fahrzeug den Anforderungen für Fahrten in Küstennähe oder auf der hohen See genügt. Fahrzeug und Einrichtung müssen sich in einem fahr- und funktionstüchtigen Zustand befinden.

Sicherheitsausrüstung

3. Rüsten Sie Ihr Fahrzeug mit geeigneten Rettungsmitteln aus!
Zur Mindestsicherheitsausrüstung gehören eine Rettungsweste für jede Person an Bord, geeignete Mittel, um ein Feuer an Bord zu bekämpfen, und Signalmittel, um einen Notfall anzuzeigen, sowie Lenzvorrichtung (Pumpe, Eimer,

Ösfass) und Erste-Hilfe-Ausrüstung. Zur Orientierung empfehlen sich die Sicherheitsrichtlinien der Kreuzer-Abteilung des DSV. Die Sicherheitsausrüstung muss regelmäßig überprüft und gewartet werden.

Reiseplanung

4. Informieren Sie sich über das vorgesehene Fahrtgebiet!
Machen Sie sich mit den Schifffahrtsvorschriften und den Hilfen für die Navigation Ihres Fahrtgebietes vertraut. Für die Reiseplanung und -durchführung unerlässliche Hilfsmittel sind auf den neuesten Stand berichtigte Seekarten und Seebücher sowie Gezeitenkalender, Erfahrungsberichte und die von der Kreuzer-Abteilung des DSV empfohlenen Hafenhandbücher.

Wetter

5. Unterrichten Sie sich über die herrschenden und vorhergesagten Wetter- und Seegangsverhältnisse!

Treten Sie im Küsten- und Seebereich nie eine Fahrt an, ohne vorher den Wetterbericht gehört zu haben, und beobachten Sie stets die Wetterentwicklung im Vergleich mit den an Bord aufgenommenen Berichten. Der Seewetterbericht ist den allgemeinen Wettervorhersagen der Rundfunksender vorzuziehen. Der Deutsche Wetterdienst, Geschäftsfeld Seeschifffahrt in Hamburg erstellt gegen geringe Gebühren spezielle Törnberatungen für Wassersportler über Telefon, Telefax oder Telex mit Wettervorhersagen für bis zu fünf Tagen. Informieren Sie sich, ob im zu befahrenden Gewässer zurzeit meteorologische Gefahren auftreten

SBS-Fragen 8, 310

Zehn Sicherheitsregeln für Wassersportler

können (z. B. Mistral, Bora, tropischer Wirbelsturm).

Einweisung

6. Unterrichten Sie Ihre Besatzungsmitglieder und Gäste über die Sicherheitsvorkehrungen an Bord!

Zeigen Sie den Aufbewahrungsort der Rettungsmittel und üben Sie das Anlegen von Rettungsweste und Sicherheitsgurt („Lifebelt"). Erklären Sie den Umgang mit Seenotsignalmitteln. Erläutern Sie die für die Sicherheit wichtigen Einrichtungen des Fahrzeugs, wie Lenzeinrichtungen, Seeventile – vor allem am Pump-WC –, Feuerlösch-, Heiz- und Kocheinrichtungen.
Achten Sie darauf, dass Ihre Besatzungsmitglieder und Gäste sich an Bord sicher bewegen, Arme und Beine nicht außenbords hängen lassen und auf Segelbooten den Gefahrenbereich des Großbaums meiden. Bestimmen und unterweisen Sie ein geeignetes Besatzungsmitglied als Vertreter, falls Sie als Fahrzeugführer ausfallen sollten.

Mann über Bord

7. Treffen Sie Maßnahmen gegen das Überbordfallen, und prüfen Sie Möglichkeiten, Überbordgefallene zu bergen!

Lassen Sie rechtzeitig Rettungswesten und Sicherheitsgurte anlegen. Weisen Sie auf geeignete Befestigungspunkte für Sicherheitsgurte hin. Üben Sie regelmäßig Mann-über-Bord-Manöver. Prüfen Sie Möglichkeiten, und üben Sie das Anbordholen insbesondere von geschwächten Personen.

Nebel

8. Verlassen Sie keinen sicheren Ankerplatz bei Nebel!

Werden Sie von Nebel oder schlechter Sicht überrascht, möglichst umgehend Fahrwasser und Schifffahrtswege verlassen. Zum eigenen Schutz einen sicheren Ort aufsuchen und Fahrt unterbrechen. In jedem Fall sind bei verminderter Sicht die vorgeschriebenen Schallsignale zu geben. Sportfahrzeuge, insbesondere solche aus Holz oder Kunststoff, können ihre Radarauffassbarkeit durch einen Radarreflektor verbessern. Fahrzeuge mit Metallmast können ihre Radarauffassbarkeit durch eine aufrechte Bootslage erhöhen.

Berufsschifffahrt

9. Halten Sie sich von der Berufsschifffahrt nach Möglichkeit fern!

Meiden Sie Schifffahrtswege, und halten Sie sich im Fahrwasser so weit wie möglich rechts oder außerhalb des Fahrwassers, sofern dies ohne Gefahr möglich ist. Segelfahrzeuge dürfen beim Kreuzen im Fahrwasser die durchgehende Schifffahrt nicht behindern.

Ausguck

10. Halten Sie stets gehörigen Ausguck!

Hiermit stellen Sie sicher, dass Sie frühzeitig Kollisionssituationen, treibende Gegenstände oder andere Gefahren für Ihr Fahrzeug erkennen können. Durch Ihre Aufmerksamkeit können Sie Notlagen anderer Sportfahrzeuge entdecken und Hilfe leisten.

SBS-Fragen 8, 310, 326

Charter, Kojencharter

Charter, Kojencharter

Wer nicht über ein eigenes Boot verfügt und keine Mitfahr- oder Mitsegelgelegenheit in einem Verein oder im Freundeskreis hat, kann ein Boot oder auch nur eine Koje chartern.

Kojencharter heißt, den Preis für eine Koje und die anteiligen Gemeinkosten (Hafengebühr, Kraftstoff, Bordverpflegung) zu bezahlen und als Crewmitglied entsprechend den persönlichen Kenntnissen und Erfahrungen eingesetzt zu werden. Neben der Bereitschaft, sich in die Mannschaft einzuordnen und die nach Absprache festgelegten Aufgaben zu übernehmen, geht der Kojencharterer keine weitere Verpflichtung ein. Die Verantwortung für die Sicherheit der Besatzung und des Schiffes liegt beim Schiffsführer, den der Veranstalter stellt.

Eine andere Rechtslage ergibt sich, wenn eine Yacht (ohne Skipper) gechartert wird. Die Verantwortung des Schiffsführers ist in den Sicherheitsrichtlinien der Kreuzer-Abteilung (nebenstehender Auszug) festgelegt und gilt gleichermaßen für Charterskipper wie für Eigner, die als Schiffsführer eine Reise durchführen.

Eignung zum Schiffsführer

Der Schiffsführer übernimmt eine große Verantwortung. Auch wer die Befähigung zum Führen eines Sportbootes in einer Prüfung nachgewiesen hat, sollte zunächst am Tage in geschützten Gewässern praktische Erfahrungen sammeln. Um größere Seegebiete zu überqueren oder entfernte Häfen anzu-

Vor Fahrtantritt muss der Schiffsführer bestimmt werden.

Eine gemeinschaftliche Schiffsführung von mehreren Personen ist nicht zulässig.

steuern, sind nicht nur fachliche und charakterliche Eignung, sondern vor allem umfangreiche praktische Erfahrungen erforderlich.

Aus den Sicherheitsrichtlinien der Kreuzer-Abteilung des Deutschen Segler-Verbandes e. V.:

Verantwortung des Eigners bzw. des Schiffsführers

„Für die Sicherheit einer Yacht und ihrer Besatzung ist ausschließlich und zwingend der Eigner bzw. der Skipper (Vertreter des Eigners) verantwortlich. Sie müssen alles tun, um sicherzustellen, dass die Yacht gut ausgerüstet, seetüchtig und mit einer erfahrenen Besatzung bemannt ist, die körperlich in der Lage ist, schlechtes Wetter durchzustehen.

Er muss von der Solidität des Rumpfes, der Spieren, der Takelung, der Segel und des gesamten stehenden und laufenden Gutes überzeugt sein. Er muss sicherstellen, dass alle Sicherheitseinrichtungen ordentlich instand gehalten und verstaut sind und dass die Besatzung weiß, wo sie verstaut sind und wie sie zu bedienen sind. a) Der Schiffsführer muss den Nachweis über die Befähigung zur Führung von Yachten für das entsprechende befahrene Gebiet erbracht haben (Führerscheinvorschrift des DSV bzw. amtliche Führerscheinvorschriften). Die zum Ausweis für Schiff und Besatzung erforderlichen Papiere müssen an Bord sein.

b) Das Seh-, Farbunterscheidungs- und Hörvermögen der Besatzung soll den Anforderungen an Sportbootführerscheinbewerber genügen. Alle Besatzungsmitglieder sollen Freischwimmer sein. Der Führer der Yacht soll über das Sehvermögen und den Farbenunterscheidungssinn jedes Besatzungsmitglieds unterrichtet sein … "

Der Skipper einer Segelyacht muss über eine **leistungsfähige Crew** verfügen, die erfahren und körperlich in der Lage ist, schweres Wetter durchzustehen, und ihn als Schiffsführer akzeptiert. Mindestens ein Crewmitglied muss imstande sein, ein Mann-über-Bord-Manöver ohne Mithilfe des Skippers durchzuführen. Ein Stellvertreter des Schiffsführers sollte bestimmt werden.

Versicherung

Da es in der Sportschifffahrt (anders als im Kfz-Verkehr) keinen gesetzlichen Zwang zum Abschluss einer **Versicherung** gibt, sollte der Schiffsführer

– den Versicherungsumfang (Haftpflicht-, Kasko-, Insassenschutz) kennen
– einen Nachweis über die Zahlung der Versicherungsbeiträge fordern
– eine Skipper-Haftpflichtversicherung abschließen
– den Schiffseigner oder Vercharterer im Chartervertrag nicht von Ansprüchen Dritter freistellen (sonst zahlt die Skipper-Haftpflichtversicherung nicht)
– die Mitsegler Haftungsverzichtserklärungen unterschreiben lassen,
– prüfen, ob er eine Rechtsberatung benötigt

Eine unbekannte Yacht kennen lernen

Die ersten Informationen über eine unbekannte Yacht vermittelt der Vercharterer oder der Eigner im Rahmen der **Einweisung**.

Er fertigt ein Übergabeprotokoll an, in dem der Zustand von Schiff und Ausrüstung festgehalten wird. Für den Charterer ist es also nicht nur wichtig, bei dieser Einweisung viel mitzubekommen, sondern auch eventuelle **Mängel** und **Schäden** rechtzeitig zu erkennen und diese in das Übergabeprotokoll aufnehmen zu lassen. Denn für Schäden, die später auftreten, kann der Charterer haftbar gemacht und die Kaution ganz oder teilweise einbehalten werden.

Der Skipper ist daher gut beraten, für die Einweisung und für die Mängelsuche die verschiedenen Funktionsbereiche des Schiffes vorher auf die Crew aufzuteilen (Rollenplan):

– Deck, Außenhaut, Reling, Bug- und Heckkorb
– Dichtigkeit der Yacht (Bord-WC, Seeventile, Lenzpumpen, Luken)
– Navigation, Funk
– Maschine, Elektrik
– Ankergeschirr, Leinen
– Gasanlage, Heizung, Pantry
– Sicherheitseinrichtung,
– Rigg, Segel

Bilge kontrollieren

1. Wasser im Schiff?
2. Bilge von Schmutz gereinigt? (Grober Schmutz und Etiketten könnten bei einem Wassereinbruch die Lenzpumpen verstopfen.)
(Bilge = Raum unter den Bodenbrettern)

Der Schiffsführer muss vor Beginn einer Reise die **Seetüchtigkeit** der Yacht **überprüfen**. Dazu hat er sich von der Solidität des Schiffs zu überzeugen und zu untersuchen, ob die Ausrüstung ordentlich instand gehalten und funktionstüchtig ist. Es sollte auch kontrolliert werden, ob die im Bootszeugnis aufgeführte Ausrüstung vollzählig vorhanden ist.

Ergänzend zu der Einweisung durch den Eigner oder Vercharterer hat der Schiffsführer eine Sicherheitsbelehrung sowie eine

Vor Reiseantritt

1. Seetüchtigkeit;
2. Sicherheitsbelehrung;
3. Sicherheitsrolle;
4. Mannschaftstraining;
5. Wetterbericht;
6. Kraftstoff, Wasser, Lebensmittel;
7. Seekarten und Seebücher studieren.

technische Einweisung der Crew durchzuführen, deren Umfang von den Kenntnissen und Erfahrungen der Crew abhängt. Zur **Sicherheitsbelehrung** gehören u. a.

– Maßnahmen gegen das Überbordfallen
– Verhalten bei ...
... Mann über Bord,
... Seekrankheit,
... Feuer, Leckage
– Hinweise zum Gefahrenbereich Großbaum

sowie der Gebrauch von

– Rettungswesten
– Sicherheitsgurten
– Rettungsinsel
– Notsignalmitteln
– Lenzpumpen
– Feuerlöschmitteln
– Seefunkgerät
– Notsteuereinrichtung
– Erste-Hilfe-Ausrüstung
– Seeventilen

Die **technische Einweisung** umfasst

– Navigationsgeräte
– Positionslichter
– Windinstrumente
– Motor, Elektroanlage
– Funkgerät, Radio
– Ankergeschirr, Werkzeug
– Leinen, Fender
– Wasser- und Dieseltanks
– Lenzeinrichtungen
– Seeventile
– Bord-WC
– Bordapotheke
– Kocher mit Gasanlage
– Rigg, Segel, Winschen

Erst wenn Skipper und Crew die **Manövriereigenschaften** und das Verhalten des Schiffes (ggf. auch unter Segeln) kennen gelernt haben, kann die Reise beginnen. Mit den Manövriereigenschaften unter Maschine macht man sich am besten zuerst vertraut, indem noch im Ausgangshafen einige Hafenmanöver geübt werden:

– An- und Ablegen (längsseits und in Boxen, mit Fendern und Leinen)
– Aufstoppen
– Rückwärtsfahren
– Wenden auf engem Raum

Unter Maschine wird auch ausgelaufen. Danach sollte zuerst ein Ankermanöver gefahren und dabei der Gebrauch des Ankergeschirrs geübt werden. Auf Segelyachten werden auch die Standardmanöver unter Segeln trainiert:

– Segel setzen und bergen
– Wenden
– Halsen
– Boje-über-Bord-Manöver
– Beidrehen
– Segelwechsel sowie
– Reffen

Einweisung, Übergabe, Überprüfen der Seetüchtigkeit und Mannschaftstraining sollen im Logbuch vermerkt, Personen- und Fahrzeugpapiere vor Fahrtantritt überprüft werden.

SBS-Fragen 9, 310; SKS-Fragen 92, 124 – 130 (Seemannschaft I); 105 – 111 (Seemannschaft II)

Sicherheitsrolle, Wachdienst

Sicherheitsrolle

In der Sicherheitsrolle werden die Aufgaben und Stationen, die jedes Besatzungsmitglied im Notfall auszuführen oder einzunehmen hat, festgelegt. Durch eine Sicherheitsrolle wird ein panisches, unkoordiniertes Verhalten in einer plötzlichen Notlage vermieden. Eine Sicherheitsrolle ist also eine vorbeugende Maßnahme zur Erhöhung der Sicherheit von Schiff und Crew.

Die Sicherheitsrolle sollte mindestens folgende Sicherheitsmaßnahmen genau beschreiben:

– Benachrichtigung aller an Bord befindlichen Personen bei einem Unfall
– Rettung von über Bord gefallenen Personen
– Bekämpfen eines Feuers
– Verschließen aller See-

ventile und Borddurchlässe
– Suchen einer Leckage
– Ausrüsten der Rettungsinsel
– Klarmachen und Zuwasserlassen der Rettungsinsel,
– Treffen von lebensrettenden Sofortmaßnahmen bei Unfallverletzten
– Benachrichtigen der zuständigen Stellen (Deutsche Gesellschaft zur Rettung Schiffbrüchiger, Verkehrszentrale, Wasserschutzpolizei)

Wachdienst

Die Verordnung über den Wachdienst auf Seeschiffen (Wachdienstverordnung) gilt nicht nur für Berufsschiffe, sondern auch für alle gewerbsmäßig eingesetzten Sport- und Vergnügungsfahrzeuge.

Alle anderen Fahrzeuge, für die die Wachdienstverordnung nicht gilt, sollten die folgenden Grundsätze der Verordnung anwenden. Dies gehört zu den Regeln guter Seemannschaft:

Bei Fahrten von mehr als zwölf Stunden Dauer müssen eine Wacheinteilung und eine ordentliche Wachübergabe organisiert werden.

Bei der Zusammensetzung der Wache sind unter anderem folgende Gesichtspunkte zu berücksichtigen:

– Besetzung des Ruders
– Wetterbedingungen, Sichtverhältnisse und die Tageszeit (Tageslicht oder Dunkelheit)
– Nähe von Gefahren für die oder durch die Schifffahrt, die von dem Wachführer zusätzliche navigatorische Handlungen erfordert

– Erfahrung in der Bedienung der Navigationsgeräte einschließlich Radar und aller anderen Einrichtungen, die für die sichere Navigation benötigt werden
– Ausrüstung mit einer Selbststeueranlage
– Außergewöhnliche Anforderungen an die Wache, die sich durch besondere Umstände ergeben können

Es ist darüber hinaus sicherzustellen, dass

– auf dem Revier und bei hoher Verkehrsdichte
– bei verminderter Sicht
– wenn die Bauart des Fahrzeugs oder besondere Umstände es erfordern
– von Sonnenuntergang bis Sonnenaufgang

der Ausguck und das Ruder mit jeweils einer geeigneten und erfahrenen Person besetzt sind.

Sicherheitsrolle
(Beispiel Lecksuche)

Bei Verdacht auf ein Leck wird die Dichtigkeit wie folgt überprüft:

Vorpiek:	Ingrid	WC-Raum:	Gaby
Log-, Lotgeber:	Ingrid	Achterkajüte:	Gaby
Pantry:	Ingrid	Backskiste:	Heinz
Maschinenraum:	Klaus	Stopfbuchse:	Heinz
Kielbolzen:	Klaus	Ruderkoker:	Heinz

An die Lenzpumpe: Hans

Wachdienst auf Segelschiffen
(Beispiel für einen Wachplan)

00.00 bis 04.00 Uhr:	Mittelwache („Hundewache")
04.00 bis 08.00 Uhr:	Morgenwache
08.00 bis 12.00 Uhr:	Vormittagswache
12.00 bis 16.00 Uhr:	Nachmittagswache
16.00 bis 18.00 Uhr:	„Erster Plattfuß"
18.00 bis 20.00 Uhr:	„Zweiter Plattfuß"
20.00 bis 24.00 Uhr:	Abendwache

Die Einrichtung von Kurzwachen bezweckt einen Wechsel bei den Wachzeiten. Andere Wachdienste sind möglich.

Brandverhütung, Brandbekämpfung

Feuer an Bord bedeutet allerhöchste Gefahr. Wenn es nicht gelingt, den Brand während der Entstehung zu löschen, ist das Fahrzeug ohne fremde Hilfe nicht mehr zu retten. Folgende Empfehlungen zur Brandverhütung und -bekämpfung sollten beachtet werden.

Alle Personen an Bord

– Mit den Notausstiegen vertraut machen
– Über die Anordnung der Feuerlöscher unterrichten

Koch- und Heizeinrichtungen

– Hinweise des Herstellers beachten
– Leitungen und Verschraubungen regelmäßig auf Leckage überprüfen, jedoch nicht mit offener Flamme, sondern mit Schaum, Seifenwasser oder Leckagespray

– Auffangwannen für flüssigen Brennstoff kontrollieren und ggf. vorhandenen Brennstoff sofort beseitigen
– Überlaufmengen beim Befüllen von Vorratsbehältern sofort beseitigen; soweit möglich, Vorratsbehälter nicht im Bootsinneren befüllen

Elektrische Einrichtungen

– Befestigungen und Kabelklemmen regelmäßig überprüfen
– Festgestellte Mängel, auch bei Steckern und Schaltern, Steckdosen und Maschinen, unverzüglich beseitigen
– Beim Laden von Akkumulatoren Ladespannung kontrollieren und ggf. (Seite 187) gut lüften

Rauchen

– Am besten Rauchverbot unter Deck; sonst:

– Nicht in der Koje rauchen
– Brennende Zigaretten und Streichhölzer stets in Aschenbechern ablegen
– Kippen und Streichhölzer nicht achtlos wegwerfen

Feuerlöscheinrichtungen

– ABC-Pulverlöscher
– Für geschlossene Motorräume CO_2-Löscher; Erstickungsgefahr
– Regelmäßig warten
– Feuerlöscher gut sichtbar aufhängen, Hinweisschild
– Benutzte Feuerlöscher unverzüglich nachfüllen lassen
– Gelegentlich eine Brandbekämpfungsübung an Land durchführen

Im Brandfall

– Ruhe bewahren
– Nach Möglichkeit Luftzug unterbinden (vor den Wind gehen, den Wind „tot" laufen)
– Feuerlöscher erst am Brandherd betätigen
– Brand von unten bekämpfen
– Falls möglich, Löschmittelrest für eventuelle Rückzündung behalten
– Die Funktionsdauer (Spritzzeit) tragbarer Feuerlöscher beträgt je nach Größe sechs bis fünfzehn Sekunden.

Sollten die Feuerlöschmittel verbraucht, der Brand aber noch nicht gelöscht sein, so kann mit Wasser weiter gelöscht werden. Sonst versuche man, den Brand zu ersticken.

Das Deck sollte ständig mit Wasser gekühlt werden.

Amtliche Brandklasseneinteilung

Brandklasse	Art des brennenden Stoffes	Löschmittel
A	Brennbare feste Stoffe (außer Metall)	Wasser, Schaum Trockenlöschmittel
B	Brennbare flüssige Stoffe	Schaum, CO_2-Löscher Trockenlöschmittel
C	Brennbare Gase und Dämpfe	Trockenlöschmittel
D	Brennbare Leichtmetalle	Gesteinsstaub trockener Sand
E	Brennbare elektrische Einrichtungen	Trockenlöschmittel Schaum

Berciche mit erhöhtem Brandrisiko

Pantry	Maschine	Elektroanlage
Brand mit Feuerlöschdecke ersticken, Fettbrände nicht mit Wasser löschen.	Bei Maschinenbrand: CO_2-Löscher in den Maschinenraum entleeren, Kraftstoffhahn absperren, Vollgas bei Leerlauf.	Brennende elektrische Einrichtungen nicht mit Wasser löschen.
Offene Flamme nie ohne Aufsicht lassen.	Keine brennbaren Stoffe im Maschinenraum lagern.	Bei Schmorgeruch: Hauptschalter aus, Schmorstelle suchen.

Feuerlöschdurchlass

SBS-Fragen 319 – 322; SKS-Fragen 121 – 123 (Seemannschaft I); 102 – 104 (Seemannschaft II)

Sturm

Wind ab Stärke 9 heißt **Sturm**. Die Windgeschwindigkeit liegt dabei ständig über vierzig Knoten. Nicht nur der Wind, vor allem der **Seeschlag** gefährdet dann eine Yacht. Die See hat so viel Kraft, dass sie tonnenschwere Container vom Deck mancher Frachter spült. Mehr als zehn Meter hoch können sich die Wellen auftürmen – eine Horrorvorstellung, da auf einer Yacht zu sein.

Das Risiko, in einen Sturm zu geraten, ist klein, wenn man sich auch während der Reise ständig über die herrschenden und vorhergesagten Wetter- und Seegangsverhältnisse informiert. Bevor ein größeres Seegebiet überquert wird, sollte notfalls eine meteorologische **Törnberatung** beim Deutschen Wetterdienst eingeholt werden. Wie zahlreiche Weltumsegelungen beweisen, können selbst Ozeane überquert werden, ohne in einen Sturm zu geraten.

Reiseplanung

Der entfernteste Ort soll nach einem Drittel der Reisezeit erreicht werden, damit nicht die Rückreise unter Zeitdruck durchgeführt und bei unsicherer Wetterlage ein Hafen verlassen werden muss.

Wenn es nicht gelingt, rechtzeitig einen Schutzhafen anzulaufen, ist es für eine Yacht sicherer, einen Sturm auf offener See abzuwettern statt in Landnähe. Vor einer Luvküste (Legerwall) kann ein Schiff stranden. Nicht weniger gefährlich ist es, in eine Grundsee zu geraten. Aber auch in Lee einer kleinen Insel können sich gewaltige Seen aufbauen.

Vorbereitungen auf einen Sturm

An Deck müssen zunächst alle losen Teile gesichert werden. Leinen und Fallen festzurren; Luken, Oberlichter, Fenster verschließen; Deckslüfter abnehmen und die Öffnungen zuschrauben. Ein Beiboot darf nicht nachgeschleppt, es muss an Deck geholt und sorgfältig verzurrt werden; im Sturm würde es verloren gehen. Das gilt auch für die Rettungsinsel. Sie könnte durch Seeschlag aus ihrer Verankerung gerissen und über Bord gespült werden. Sie muss – eventuell unter Deck – so verstaut und verzurrt werden, dass sie auch bei einer Kenterung nicht umherfliegen kann. Die Positionslichter sollten noch einmal überprüft werden. Die Sturmbesegelung (Trysegel, Sturmfock) wird angeschlagen.

Liegt im **Cockpit** nichts herum, was die Cockpitentwässerung verstopfen könnte? Die Backskisten müssen gegen Wassereinbruch verriegelt werden. Überflüssige Winschkurbeln werden unter Deck verstaut. Um Stürze in grober See zu vermeiden, kann das Cockpit mit Leinen überspannt werden.

Der Skipper sollte mit seiner Crew alle im Sturm erforderlichen Maßnahmen besprechen. Die Wachen werden verkürzt. Die Freiwachen müssen sich erholen. Sie sollten schlafen, auf jeden Fall ruhen.

Thermoskannen sollten mit warmen Getränken oder Suppe gefüllt werden. Brote schmieren, Snacks vorbereiten; keinen Alkohol trinken. Sturmkleidung anziehen, Rettungswesten und Lifebelts anlegen.

Personen, die **seekrank** werden, sollten

– Medikamente einnehmen
– sich so lange wie möglich im Cockpit aufhalten und beschäftigt werden
– sich vor Auskühlung schützen
– sich möglichst nicht unter Deck begeben.

Wer seekrank geworden ist, schläft am besten. Seekranke müssen an Deck angeleint werden; sie dürfen nicht unbeaufsichtigt bleiben. Möglichst zwischendurch Zwieback oder Knäckebrot essen.

Unter Deck sind alle losen Teile, die bei starken Schiffsbewegungen oder einer Kenterung durch die Kajüte fliegen können, zu sichern. Die Seeventile werden geschlossen; die Bilge wird noch einmal gelenzt und von grobem Schmutz gereinigt. Um die Stabilität zu verbessern, muss schweres Staugut möglichst tief – und kenterfest – gelagert werden. Liegen Taschenlampen bereit?

Die Position wird in die Seekarte eingetragen und nun regelmäßig aktualisiert. Wichtig ist, alle benötigten Karten und Bücher sorgfältig zu studieren (Schutzküsten, Leeküsten, freier Seeraum, Gebiete mit Gefahr von Grundseen, Ströme, Arbeitskanäle von Küstenfunkstellen) und mögliche Alternativen zu bedenken. Wegen der Gefahr von Grundseen meide man alle Gebiete mit weniger als zehn Meter Wassertiefe. Kaps sollten großräumig umsegelt werden. Wichtig sind regelmäßige Luftdruckmessungen und Wetterbeobachtungen. Keinen Wetterbericht versäumen.

SBS-Frage 313; SKS-Frage 66 (Wetter); 102, 103, 140 (Seemannschaft I); 84, 85, 121 (Seemannschaft II)

Sturm

Wie sich eine Yacht bei Sturm verhält, hängt vor allem von ihrer Größe ab. Bei Windstärke acht wird auf einem 7-Meter-Boot um das Überleben gekämpft, während eine 14-Meter-Yacht noch sicher segelt.

Aber auch Schiffe gleicher Länge können völlig unterschiedliche Segeleigenschaften besitzen. Blauwassersegler haben ganz unterschiedliche Erfahrungen gemacht. Das zeigt, dass es keine universale Sturmtaktik gibt. Üblich ist:

– Beiliegen, eventuell mithilfe der Maschine
– Lenzen vor Topp und Takel, dabei Leinen nachschleppen
– Liegen vor Treibanker
– mit Sturmbesegelung aktiv segeln

Eine Yacht mit langem Kiel wird so lange wie möglich **beiliegen**. Mit einem in Luv festgelaschten Ruder überlässt man das Schiff sich selbst und wartet unter Deck ab. Dies ist jedoch nur so lange möglich, wie

– das Boot noch Segel tragen kann
– ausreichend Seeraum vorhanden ist
– nicht mit Kollisonsgefahr gerechnet werden muss

Im Sturm steigt die Kollisionsgefahr, weil ein kleines Boot im Seegang und Regen auf dem Radarschirm leicht übersehen werden kann.

Wenn die Yacht keine Segel mehr tragen kann, ist auch Beiliegen unmöglich. Unter **Lenzen vor Topp und Takel** versteht man, ohne Segel abzulaufen. Ein fünfzehn Meter hoher Mast hat etwa zwei Quadratmeter Windangriffsfläche. Deshalb kann eine Yacht selbst ohne Segel eine hohe Geschwindigkeit erreichen. Die **nachgeschleppten Leinen** sollen das Heck im Wind halten und verhindern, dass die Yacht in brechenden Wellen querschlägt und kentert. Wenn brechende Wellen von achtern unter das Schiff laufen, wird das Ruder nicht mehr ausreichend angeströmt. In schwerer See hängt es besonders vom **Vermögen des Rudergängers** ab, ob er brechende Seen aussteuern kann oder ob die Yacht unterschneidet, querschlägt und kentert. Kurze, steile, brechende Wellen sind typisch für die flachen Teile der Nordsee und viel gefährlicher als die langen Wellen, die sich in tiefen Ozeanen bilden.

Eine Alternative ist das **Liegen vor Treibanker**.

Der 29-jährige Franzose Thierry Dubois auf dem Rumpf seiner Yacht „Amnistie International", die kieloben im südlichen Pazifik treibt. Er hatte an dem französischen Vendée-Globe-Rennen für Einhandsegler rund um die Welt teilgenommen. 1999 verlor auch Isabelle Autissier (Seite 177) ihr Schiff in einer stabilen Kieloben-Lage. Solche Unfälle können in der Nordsee auch mit Fahrtenyachten (die keine Fluchtluke haben) passieren.

Damit soll den Wellen nicht das wenig geschützte Heck zugewendet werden, sondern der Bug. Damit das Schiff nicht schwojt und sich quer zu den Wellen legt, soll es mithilfe einer zweiten Leine am Heck im Winkel von etwa 20° zu den Wellen fixiert werden.

Diese Sturmtaktiken haben sich vor allem auf schweren Yachten bewährt. Auf leichten Schiffen wird – so lange es eben möglich ist – **aktiv gesegelt**. Empfohlen wird, quer zu den Wellen zu laufen und eine etwas weniger hohe Welle mit dem Bug voran zu überqueren (was bei Nacht und wenn Gischt die Sicht beeinträchtigt, nicht immer möglich ist). Dies ist nicht ungefährlich, denn sollte das Boot nicht über eine Welle kommen und achteraus treiben, drohen Kenterung und Ruderbruch.

Wird die vorgesehene Reisedauer überschritten, sollten die Angehörigen informiert werden, damit sie das Schiff nicht als **überfällig** melden und eine **Suche** veranlassen.

SBS-Fragen 282, 283, 311; SKS-Fragen 101, 105 (Seemannschaft I); 89 (Seemannschaft II)

Bruch im Rigg

Schäden im Rigg treten auf Fahrtenyachten nur selten auf, wenn das Rigg – vor und während der Saison – regelmäßig kontrolliert wird. Möglich sind ein Bruch

– des Mastes
– des Großbaums
– eines Wants
– eines Stags
– im laufenden Gut

Mastbruch

Der Mast könnte infolge von Materialermüdung oder durch lose gewordene Verstagung brechen. Wenn bei der Frühjahrsüberholung rostende Terminals und Beschläge ausgetauscht und das Drahttauwerk auf „Fleischhaken" untersucht werden, kann Materialermüdung ausgeschlossen werden.

Die langen Oberwanten können im Laufe der Segelsaison recken. Sie müssen dann nachgespannt werden. Die Mastkrümmung kann leicht festgestellt werden, indem während des Segelns an der Mastnut entlanggepeilt wird. Der Mast sollte auf Amwindkurs nicht zur Seite, sondern nach achtern gebogen sein.

Da bei einem Mastbruch meist starker Wind und

Bei Bruch im Rigg den Mast sofort entlasten. Wenden, wenn ein Want bricht; abfallen, wenn das Vorstag, anluven, wenn das Achterstag bricht.

entsprechender Seegang herrschen, wird der abgebrochene Maststummel heftig hin und her schwenken und kann ein Loch in den Rumpf oder das Deck schlagen.

Dann muss der lose Teil des Mastes festgezurrt und mit Fendern ummantelt werden. Danach werden die Segel geborgen und alle Teile des Guts aus dem Wasser gezogen. Wichtig ist, dass

– die Maschine nicht gestartet wird, solange noch Tauwerk im Wasser hängt; es könnte in die Schraube geraten und die Maschine lahm legen
– das Funkgerät ohne Antenne nicht benutzt werden kann; Senden ohne Antenne zerstört das Funkgerät

Oftmals gelingt es nicht, den schlagenden Mast zu bändigen. Dann muss er versenkt werden. Vielleicht können die Wanten und Stage an den Spannern gelöst werden. Sonst

Ein abgebrochener Maststummel kann im Seegang heftig schlagen und großen Schaden am Rumpf (Leckage), Rigg und Deck verursachen.

müssen sie mit einem Bolzenschneider gekappt oder durchgesägt werden. Manchmal ist der Mast nur abgeknickt. Dann muss auch er durchgesägt werden – und das alles auf einem heftig schaukelnden Schiff.

Der Mast sollte jedoch nicht in einem Fahrwasser versenkt werden, da er zu einem Schifffahrtshindernis werden könnte und dann aufwändig wieder geborgen werden müsste.

Bruch des Großbaums

Ein gebrochener Großbaum lässt sich nur selten provisorisch reparieren. Man birgt einfach das Großsegel und segelt unter Vorsegel weiter.

Bruch eines Wants oder eines Stages

Bricht ein Luvwant, so kommt meist auch sofort der Mast herunter. Kleine Fahrtenboote haben nur ein Want. Wenn das Luv-

Kräftige Bolzenschneider, Metallsägen, Schraubenschlüssel und Zangen sollen an Bord sein, um einen gebrochenen Mast versenken zu können.

want bricht, fällt der Mast sofort um. Rüttelt sich das Leewant los, passiert überhaupt nichts – solange nicht gewendet oder gehalst wird. Bricht nur eine von mehreren Wanten, muss der Mast sofort entlastet werden – wenden oder die Schoten loswerfen.

Auch wenn das Vor- oder das Achterstag brechen, kann ein Mastbruch nur verhindert werden, wenn der Mast sofort entlastet wird (auf Vorwindkurs bzw. auf Amwindkurs gehen, keinesfalls wenden). Beim Bruch des Vorstags hängt der Mast allein an dem in die Fock eingearbeiteten Vorliek. Beim Bruch des Achterstags geben nur nach achtern geführte Wanten dem Mast Halt.

Das gebrochene Want oder Stag kann mithilfe von Drahtseilklemmen repariert werden. Oder der Mast muss durch Fallen oder die Dirk provisorisch verstagt werden. Dann ist aber auch die Segelfläche zu verkleinern.

Leckbekämpfung

Mehr Stress, als dass plötzlich jede Menge Wasser im Schiff steht und der Untergang droht, ist an Bord einer Yacht kaum vorstellbar. Welche Crew wird ohne intensives Training dann noch koordiniert und zielstrebig handeln können? Sie wird ihr Schiff verlieren und das unterlassene Training kann später als grobe Fahrlässigkeit ausgelegt werden.

Kommt das Wasser wie aus heiterem Himmel in das Schiff oder hat es eine Kollision oder Havarie gegeben? Im ersten Fall dringt es durch einen Rumpfdurchbruch ein. Vielleicht war ein Seeventil nicht verschlossen und der Schlauch dahinter ist geplatzt. Wenn die Crew eine Sicherheitsrolle aufgestellt und sich auf diese Situation vorbereitet hat, dann wird sie die Lage schnell im Griff haben.

Auch nach einer Kollision oder Havarie muss das Leck gesucht werden – es können auch mehrere sein. Doch dann ist nicht nur ein Seeventil zu schließen. Jetzt müssen die Lecks provisorisch abgedichtet, sie müssen gesichert werden. Viel ist schon erreicht, wenn der Wassereinbruch so weit eingedämmt werden kann, dass die Lenzpumpen dagegen ankommen.

Dazu ist entscheidend, wie tief ein Leck unter Wasser liegt. Je tiefer ein Loch unter Wasser, desto höher ist der Wasserdruck und umso mehr Wasser dringt ein (siehe Tabelle). Jetzt muss das Schiff auf die Seite gelegt oder das Gewicht so verlagert werden, dass das Leck hoch, vielleicht sogar aus dem Wasser kommt. Und auch die Fahrt soll aus dem Schiff genommen werden.

Natürlich bedroht jeder Wassereinbruch die Sicherheit des Schiffes. Funkrechtliche Vorschriften verlangen in diesem Fall, eine **Dringlichkeitsmeldung** an die nächste Rettungsleitstelle zu übermitteln. Auch hierfür muss ein Crewmitglied verantwortlich sein. Jetzt darf nicht mehr lange überlegt werden; es muss

Eindringende Wassermenge durch ein Leck von 50 mm

Tiefe (cm)	Wassermenge (l/min)
20	230
40	330
60	410
80	480
100	520

im Schlaf wissen, was zu tun ist. Wer weiß, wann die Stromversorgung zusammenbricht.

Damit die Lenzpumpen jederzeit einsatzbereit sind, darf in der Bilge kein grober Dreck liegen. Er könnte die Pumpen verstopfen. Das Gleiche gilt für Etiketten auf Flaschen oder Konserven, die unten im Schiff lagern. Sie können sich lösen und die Pumpe ver-

Nach einem Wassereinbruch

1. Alarmruf „Wasser im Schiff!"
2. Alle Lenzpumpen in Betrieb nehmen
3. Leckstelle suchen
4. Schiff so trimmen, dass das Leck möglichst hoch liegt
5. Leck sichern (provisorisch abdichten)

stopfen. Vorsichtige Yachties entfernen daher alle Etiketten und beschriften Dosen und Flaschen mit wasserfestem Stift.

Jede größere **Havarie** kann ein Leck zur Folge haben. Eine Grundberührung, ein Mast- oder Ruderbruch kann einen Spannungsriss im Rumpf verursachen. Daher muss nach jeder Havarie die Bilge kontrolliert werden.

DSV-Sicherheitsrichtlinien

Nicht selten haben sich Seeventile festgesetzt. Sie können dann nicht mehr verschlossen werden. Die DSV-Sicherheitsrichtlinien fordern daher:

„Weichholzpflöcke, konisch angespitzt und von entsprechender Größe müssen in unmittelbarer Nähe eines jeden Rumpfdurchlasses sicher befestigt werden."

Mittel zur Lecksicherung

1. Konische (angespitzte) Weichholzpfropfen; sie können z. B. in ein defektes Seeventil geschlagen werden.
2. Eingefettete Lappen und Dichtungsmaterial (Fett, Werg) zum Stopfen von Löchern und Rissen.
3. Unterwasserkleber zum Abdichten kleiner Risse.
4. Leckschirm; wird von innen durch ein Loch gesteckt und aufgefaltet; für Löcher mit 6 cm Ø bis etwa 20 cm Ø.
5. Leckscheibe oder Leckschirm aus Weich-PVC.
6. Lecksegel (z. B. kleine Fock) wird von außen über das Leck gelegt (zusätzlich zum Leckschirm – üben!).
7. Holzplatten zum Verschalken (Verkleiden) z. B. eines Fensters oder Luks.
8. Eingefettetes Segeltuch, Polster, Kissen, Matratzen.

SBS-Frage 283; SKS-Fragen 21, 131, 132 (Seemannschaft I); 13, 109, 112, 113 (Seemannschaft II)

Grundberührung, Hilfeleistung, Bergung

Grundberührung

Eine Grundberührung bei langsamer Fahrt, etwa in einem Hafen, einer Ankerbucht oder einem Tidengewässer auf Sandgrund, ist harmlos. In allen anderen Fällen ist sie immer das Ergebnis eines schwer wiegenden Navigationsfehlers.

Während ein Langkieler auf das Unterwasserhindernis aufgleitet, wird ein moderner Kurzkieler mit einem Schlag aufgestoppt. Harter Grund kann hier erheblichen Schaden verursachen:

– Die Kielbolzen werden locker; Wasser dringt ein
– Der Kiel wird am hinteren Ende oder sogar auf ganzer Länge in den Rumpf gedrückt
– Der Motor löst sich aus seiner Verankerung
– Der Kiel deformiert

– Das Ruder kann beschädigt werden
– Propeller und -welle nehmen Schaden
– Leck in der Bordwand

Nach jeder Grundberührung muss so schnell wie möglich festgestellt werden, ob und wenn ja welcher Schaden entstanden ist. Nur so können Folgeschäden und gefährliche Seelagen vermieden werden. Es reicht nicht aus, das Boot von innen zu untersuchen, es muss an Land!

Kommt das Fahrzeug nicht aus eigener Kraft kurzfristig wieder frei, liegt eine **Strandung** vor. Bei starkem Seegang besteht die Gefahr, dass die Wellen das schutzlose Schiff mehrfach hart aufsetzen lassen und schließlich zerschlagen. Dann darf nicht gezögert werden. Jetzt muss sofort um Hilfe gerufen werden.

Freikommen

Eine am Rand eines Fahrwassers aufgelaufene Segelyacht mag mithilfe der Segel zunächst gedreht und dann stark gekrängt werden können, sodass sie schnell wieder freikommt. Solange aber die Tiefenverhältnisse um das aufgelaufene Schiff nicht genau bekannt sind, heißt die vernünftigste Empfehlung: mit Maschine oder Schlepphilfe rückwärts auf demselben Weg wieder von der Untiefe herunterfahren. Sonst kann versucht werden,

– den Anker mit einem Beiboot auszubringen und das Schiff an der Ankerleine freizuziehen
– das Schiff zu leichtern (Ausrüstung in ein Beiboot, Wassertank leeren)
– die Yacht zu krängen (eventuell ebenfalls mithilfe eines Ankers)

Bergung, Hilfeleistung

Bergung bedeutet, dass ein Schiff aus einer Notlage befreit wird, die die Besatzung alleine nicht überwinden kann. Von **Hilfeleistung** wird gesprochen, wenn ein Dritter die Besatzung nur dabei unterstützt, sich aus einer Notlage zu befreien. Die Kosten und Rechtsfolgen sind in beiden Fällen gleich.

Während für die Rettung von Menschenleben kein Anspruch auf Lohn (wohl aber auf Erstattung der dabei entstandenen Kosten) besteht, muss für die Rettung oder Bergung von Sachen **Bergelohn** bezahlt werden. Die Höhe ist abhängig vom Risiko und Schwierigkeitsgrad der Bergung, vom Wert der geborgenen Sache und vom erzielten Erfolg. Bevor fremde Hilfe angenommen wird, sollte kein fester Bergelohn, sondern die **Open Form** vereinbart werden. Dies bedeutet no cure, no pay – kein Erfolg, kein Geld.

Eine Bergung oder Hilfeleistung kann auch beim Berger Schaden verursachen. Dafür haftet der Havarist aber nur, wenn er den Schaden schuldhaft oder vorsätzlich herbeigeführt hat. Das dürfte aber nur in wenigen Fällen zutreffen.

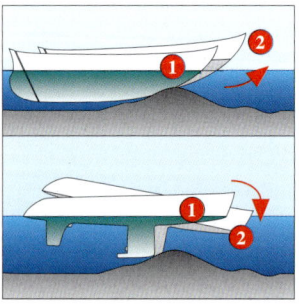

Grundberührungen von Lang- und Kurzkielern

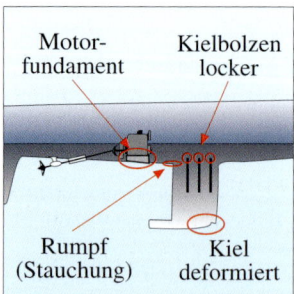

Typische Schäden nach hartem Auflaufen (Kurzkiel)

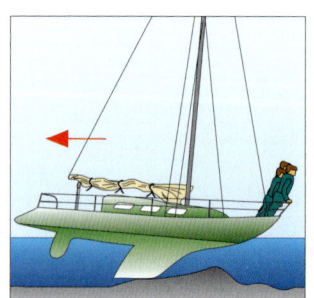

Freikommen durch buglastigen Trimm

SKS-Fragen 133 (Seemannschaft I); 114 (Seemannschaft II)

Schleppen

Wer bei Flaute gemütlich in den nächsten Hafen motort und dann einem anderen Boot, dessen Maschine streikt, **Schlepphilfe** anbieten möchte, muss nicht viel beachten: Die Leine sollte möglichst lang sein, keinen Knoten haben und sicher befestigt werden. Ein Knoten in der Schleppleine kann deren Bruchlast um die Hälfte senken. Natürlich darf die Leine keinesfalls in die Schraube kommen. Nicht ruckartig anfahren und der Rest läuft von selbst.

Das gleiche Manöver in schwerer See oder in einer Notlage verlangt ganz andere Überlegungen. Wie kann die Leine übergeben werden, ohne dass die Masten der in den Wellen schaukelnden Yachten aneinander stoßen und ohne dass die Fahrzeuge kollidieren? Wo und wie soll die Schleppleine festgemacht werden, um den viel höheren Belastungen standzuhalten? In welche Richtung soll zuerst gezogen und mit welcher Geschwindigkeit soll dann geschleppt werden?

Dies vereinbart man am besten über UKW-Sprechfunk. Eine reibungslose Kommunikation zwischen den Fahrzeugen ist eine Grundvoraussetzung, damit die Aktion gelingt.

Die **Schleppleine** muss stark genug sein, um auch ruckartigen Belastungen zu widerstehen. Steht keine Schleppleine zur Verfügung, so muss eine Anker- oder Festmacheleine aushelfen. Eine lange Leine gleicht ruckartige Belastungen besser aus.

Wenn eine elastische Perlonleine bricht, schnellt sie mit großer Kraft zurück und kann mit einem Peitschenschlag einen Menschen töten. Deshalb ist es so wichtig, dass die Schleppleine nicht geknotet wird.

Die Schleppleine soll an **Scheuerstellen** geschützt werden (Umwickeln, übergezogener Schlauch). Sie soll in kurzen Abständen kontrolliert werden. Sollten Scheuerstellen festgestellt werden, ist die Leine ein Stück lose zu geben, damit ein unbeschädigter Teil der Leine (ebenfalls schützen) der besonderen Beanspruchung ausgesetzt ist.

Viele Yachten sind mit zu kleinen oder zu schwachen Klampen ausgerüstet. Dann sollten die Kräfte mit einer **Hahnepot** auf zwei Klampen verteilt werden. Eine andere Möglichkeit ist, die Schleppleine von der Klampe weiter auf eine Schotwinsch zu führen. Gut eignet sich auch das Ankerspill.

Die Schleppleine sollte nicht am **Mast** befestigt werden. Wenn der Mast auf Deck steht, hält er größeren Zugbelastungen überhaupt nicht stand. Ist er durch das Deck bis auf den Kiel geführt, können Schäden an der Decksdurchführung entstehen.

Eine über Deck laufende Schleppleine soll stets am Steven festgelascht werden, damit nicht eine Relingstütze, der Bugkorb oder das Vorstag beschädigt werden, wenn das geschleppte Fahrzeug ausscheren sollte.

Beim schleppenden Fahrzeug wird die Schleppleine am besten in der Bootsmitte (Drehpunkt) befestigt. Das beeinträchtigt die Steuerung des Schleppers am wenigsten. Ist keine entsprechende Vorrichtung vorhanden, muss die Schleppleine auf Klampen, Pollern oder Winschen des Achterschiffes befestigt werden. Auch hier sollte die Belastung auf mehrere Punkte verteilt werden und die Leine darf nicht scheuern.

Ein Boot kann auch **längsseits geschleppt** werden. Dann braucht es nicht bemannt zu sein. Es ist mit Vor- und Achterleine sowie Vor- und Achterspring zu vertäuen. Wichtig: Das Heck des geschleppten Fahrzeugs soll dabei vor dem Heck des Schleppers liegen, damit der Verband steuerfähig bleibt.

Äußerst problematisch ist es, sich von einem Fischer oder Berufsschiff schleppen zu lassen. Sie erreichen auch mit dem geschleppten Fahrzeug mühelos eine Geschwindigkeit über der Rumpfgeschwindigkeit (Seite 175) des geschleppten Fahrzeugs. Doch das wird zu einer Katastrophe führen. Eine Motoryacht würde kentern, eine Segelyacht unterschneiden, abtauchen und sinken.

Ein Verdränger darf niemals schneller als seine Rumpfgeschwindigkeit geschleppt werden!

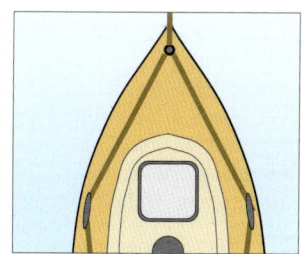

Die Schleppleine ist mit einer „Hahnepot" (Hahnenpfote) an zwei Klampen belegt (Verteilung der Kräfte) und zur Entlastung der Klampen nach achtern auf die Winschen geführt.

SBS-Fragen 268 – 270; SKS-Fragen 75, 76 (Seemannschaft I); 61, 62, 78 (Seemannschaft II)

Alarmierung über Sprechfunk

Das weltweit einheitliche Funksystem der Seeschifffahrt heißt **GMDSS** (Global Maritime Distress and Safety System). Es wurde zwischen 1992 und 1999 eingeführt und brachte eine in zwei Punkten völlig neue Rettungsphilosophie. Früher mussten die Schiffe fernab von den Küsten sich untereinander selbst helfen und die Rettung auch alleine organisieren. Eine Yacht auf hoher See musste darauf vertrauen, dass andere Schiffe ihre Notmeldung empfangen und ihr helfen.

Heute ist das anders. Jeder Notfall muss so schnell wie möglich an eine Rettungsleitstelle (MRCC) gemeldet werden. Sie koordiniert von Land aus die Rettungsmaßnahmen; sie entscheidet, welche Schiffe vor Ort an der Rettung teilnehmen und weist sie entsprechend an. Die zweite Änderung: Ein Schiff darf die Rettungsleitstelle nicht erst alarmieren, wenn es in Not geraten ist, sondern es muss schon eine Dringlichkeitsmeldung abgeben, wenn seine Sicherheit oder die eines Menschen bedroht ist. Jedes Schiff – auch eine Yacht – muss also in einem Notfall bei einer Rettungsleitstelle Alarm auslösen können und wenn seine Sicherheit bedroht ist, eine Dringlichkeitsmeldung abgeben können.

Ein Schiff darf daher nur solche Seegebiete befahren, in denen es mit seiner Funkausrüstung ein MRCC erreichen kann. Verfügt es lediglich über ein UKW-Funkgerät, so darf es auch nur in **A1-Gebieten** fahren. Hier ist sichergestellt, dass es jederzeit auf UKW Kontakt mit einer Rettungsleitstelle aufnehmen kann.

A2-Gebiete sind die Seegebiete außerhalb von A1, in denen per Sprechfunk auf Grenzwelle eine Verbindung zu einer Rettungsleitstelle hergestellt werden kann. Für A2-Gebiete benötigt ein Schiff eine Grenzwellen- und für **A3-Gebiete** eine Inmarsat-Satelliten-Funkanlage.

Heutiger Standard ist dabei ein DSC-Controller am Funkgerät. Er ist an einen GPS-Navigator angeschlossen. Um einen vollständigen Notalarm auszulösen, muss nur die SOS-Taste gedrückt werden. Einfacher und sicherer geht es nicht.

Grenzwellen-Sprechfunkgeräte findet man nur auf wenigen Yachten. Viele Eigner ziehen eine Seenotfunkboje (**Epirb**) vor. Eine Epirb sendet – wie ein DSC-Controller – automatisch einen vollständigen Notalarm mit Schiffskennung und Position. Zwei Epirb-Systeme, beide von **Cos-**

Seegebiet A1
Ein von der zuständigen Verwaltung festgelegtes Gebiet innerhalb der Sprechfunkreichweite mindestens einer UKW-Küstenfunkstelle, die ununterbrochen für DSC-Alarmierungen zur Verfügung steht.

Seegebiet A2
Ein von der zuständigen Verwaltung festgelegtes Gebiet (ohne Seegebiet A1) innerhalb der Sprechfunkreichweite mindestens einer GW-Küstenfunkstelle, die ununterbrochen für DSC-Alarmierungen zur Verfügung steht.

Seegebiet A3
Ein Gebiet (ohne Seegebiete A1 und A2) innerhalb der Überdeckung eines geostationären Inmarsat-Satelliten (70°N bis 70°S), der ununterbrochen für Alarmierungen zur Verfügung steht.

Seegebiet A4
Ein Gebiet außerhalb der Seegebiete A1, A2 und A3 (alle Gebiete jenseits von 70° Breite)

pas-Sarsat, stehen zur Auswahl. Die eine Variante arbeitet mit polumlaufenden, die andere mit geostationären Satelliten. Beide sind ausgereift, zuverlässig und haben ihre Praxistauglichkeit bewiesen. Über geostationäre Satelliten erreicht der Alarm schneller eine Rettungsleitstelle. Allerdings sind diese Epirbs auch teurer und größer.

Mit einer Epirb kann zwar im Notfall alarmiert, aber keine Dringlichkeitsmeldung übermittelt werden, wenn die Sicherheit bedroht ist. Eine Epirb ist eine zusätzliche Alarmierungsmöglichkeit, wenn das Funkgerät (etwa nach einem Wassereinbruch) ausfallen sollte, aber kein Ersatz dafür.

Um es klarzustellen: Sportboote *müssen* weder ein Funkgerät noch eine Epirb an Bord haben. Aber wenn eine Yacht in Not gerät, sind Funkgeräte und Epirbs die besten Möglichkeiten, Hilfe herbeizuholen. Deshalb gilt es als Verstoß gegen die seemännische Sorgfalt (und damit als grob fahrlässig), auf ein Funkgerät zu verzichten.

Die Deutsche Gesellschaft zur Rettung Schiffbrüchiger kann auch telefonisch alarmiert werden:
+49 421 536870
Sie organisiert nicht nur in Deutschland Hilfe, sondern weltweit. Doch Handy-Empfang ist auf See nicht überall möglich – und die Notfall-Position übermittelt ein Handy auch nicht.

SBS-Fragen 330, 331, 335; SKS-Fragen 139 (Seemannschaft I); 120 (Seemannschaft II)

Verhalten in Seenotfällen

Seenot! Das Schiff brennt lichterloh oder es sinkt – ein Albtraum, eine Apokalypse, im wahrsten Sinne des Wortes: unvorstellbar.

Panik kann auch schon vorher aufkommen, aber dennoch: Wann immer es dicke kommt auf See – den Seenotfall darf nur der Skipper ausrufen! Eigenmächtige Aktionen müssen notfalls gewaltsam unterbunden werden.

Unsachgemäß oder zum falschen Zeitpunkt eingesetzte Rettungsmittel sind unwiederbringlich verloren – möglicherweise mit katastrophalen Folgen für Schiff und Besatzung.

Bei einer Kollision oder bei Feuer an Bord tritt der Notfall schlagartig ein. In anderen Fällen, etwa bei Sturm entwickelt er sich langsam. Wichtig: Schon bevor der Notfall eingetreten ist, wenn die Sicherheit des Schiffes oder der Besatzung „nur" bedroht ist, muss bereits die nächste Rettungsleitstelle informiert werden. Ihr sollte so genau wie möglich übermittelt werden:

– derzeitiger Standort (am GPS-Navigator ablesen)
– Zustand des Fahrzeugs und der Besatzung
– Kurs und Fahrt
– Wetterverhältnisse

Wenn ein Schiff verlassen werden muss, drohen den Menschen viele Gefahren und jede kann tödlich sein:

– Unterkühlung
– Verdursten
– Ertrinken
– Erschöpfung

Deshalb gilt: An Bord bleiben, so lange es eben geht. Doch wenn das nicht mehr möglich ist und das Schiff verlassen werden *muss*, sollten folgende Hinweise beachtet werden:

Kein Alkohol! Alkohol vermindert die Reaktionsfähigkeit, fördert die Unterkühlungsgefahr, entzieht dem Körper Wasser und erhöht den Durst.

Mit den vorgeschriebenen Notzeichen (s. Seite 108) um Hilfe rufen! Nur damit wird ein Notfall auch erkannt.

Rettungsweste anlegen und so viel **wärmende Kleidung** wie möglich anziehen. Besonders geschützt werden müssen Füße und Nacken, weil der Mensch hier besonders viel Wärme verliert. Kleidungsstücke, die an Händen und Füßen zugebunden werden, sind optimal, auch Gummistiefel mit dicken Socken. Luft in der Kleidung erhöht im Wasser den Auftrieb.

Auch so viel wie möglich **trinken**, am besten warme, gesüßte Flüssigkeit.

Treibende Gegenstände – möglichst rot-weiße oder orangefarbige – sind aus der Luft gut auszumachen und sollten über Bord geworfen werden.

Im Wasser

– Am Fahrzeug oder an schwimmenden Teilen festhalten
– Unbedingt Kleidung und Schuhe anbehalten, Kälteschutz
– Nicht schwimmen, es sei denn, ein Boot ist in unmittelbarer Nähe
– Wärmeverlust möglichst gering halten, sich möglichst in Gruppen zu drei Schiffbrüchigen in Tuchfühlung im Wasser umarmen
– Sich aneinander festbinden
– Allein im Wasser, Beine anziehen, Arme verschränken, Wirbelsäule krümmen, sich klein machen, um den Wärmeverlust zu vermindern.

Ein Beiboot oder eine Rettungsinsel ausrüsten

Es gibt Situationen, in denen die Crew nichts als ihr Leben in die Rettungsinsel retten konnte. In anderen

Fällen bestand ausreichend Zeit zum Packen. Davon soll nun ausgegangen werden. Wichtig ist eine Packliste. Sie muss vor dem Auslaufen erstellt werden und nach Räumen sortiert sein. Was muss aus dem Kartentisch mitgenommen werden, was aus der Vorpiek? Dahinter steht jeweils, wer dafür verantwortlich ist. Hier einige Beispiele:

– Wasserkanister
– Notsignalkanister
– Decken, Kälteschutz
– warme Kleidung
– Getränke und Lebensmittel
– tragbares Sprechfunkgerät
– Notsender (Epirb)
– Rundfunkempfänger
– Taschenlampen
– Taschenmesser
– Tauwerk
– Fernglas
– Erste-Hilfe-Kasten
– Seekarten, Logbuch

Am wichtigsten ist Trinkwasser. Es sollte in nicht ganz vollgefüllten Kanistern (schwimmfähig) in der Backskiste bereitliegen. Die Kanister sollten mit einer Leine zusammengebunden und an der Insel befestigt werden. Auch die übrige Ausrüstung sollte nach Möglichkeit in wasserdichten Behältern verpackt und gesichert werden.

SBS-Frage 328; SKS-Fragen 134, 138 (Seemannschaft I); 115, 119 (Seemannschaft II)

In der Rettungsinsel

Rettungsinseln bieten alles andere als eine sichere Bleibe. Sie kentern und die Insassen ertrinken. Wie sollen Kenterschutzbeutel, die mit Wasser gefüllt sind, das verhindern? Sie reißen auseinander, sodass man froh sein kann, wenn man am Ende noch einen Gummischlauch zu packen kriegt. Der Boden wird so kalt, dass nach kurzer Zeit Unterkühlungsgefahr besteht. Schließlich droht nach einer Stunde in einer regendicht verschlossenen Insel Erstickungsgefahr. Niemals in eine Rettungsinsel umsteigen, solange das Boot noch schwimmfähig ist.

Einstieg und Aufenthalt

Die Rettungsinsel an Deck holen und die Reißleine an Bord des Schiffes belegen.

Die Insel sollte dort über Bord geworfen werden, wo sie nicht verloren geht und die Crew trocken einsteigen kann. Wird sie in Lee zu Wasser gelassen, kann der Winddruck auf die Insel so groß werden, dass die Reißleine bricht und die Insel vertreibt. Das kann in Luv nicht pas-

sieren. Hier besteht aber die Gefahr, dass der Wind unter die Insel fasst und sie in hohem Bogen nach Lee schleudert. Dabei kann nicht nur die Reißleine brechen, die Insel kann auch beschädigt werden.

Die Reißleine langsam bis zum Anschlag aus dem verschlossenen Container ziehen. Am Anschlag die Reißleine mit einem kräftigen Ruck ziehen, damit das Druckgasflaschenventil vollständig geöffnet wird. Die Insel wird nun aufgeblasen.

Sollte die Insel auf dem Dach im Wasser liegen, versucht man zunächst von Bord des Schiffes aus, die Insel aufzurichten. Ist dies nicht möglich, muss ein kräftiges, an einer Leine gesichertes Besatzungsmitglied vom Wasser aus die Insel umdrehen.

Wichtig ist wie gesagt, trocken in die Insel zu gelangen. Dazu kann auf das Dach der Insel gestiegen und von dort durch die Einstiegsöffnung geklettert werden. Das Dach wird nur durch Luftschläuche gehalten. Es ist nicht nur schwierig – insbesondere

bei angelegter Rettungsweste –, sondern auch gefährlich (Kenter- und Ertrinkungsgefahr), aus dem Wasser in eine Rettungsinsel einzusteigen.

Die Rettungsinsel zunächst mit einer weiteren Leine sichern; die Leinenverbindung zum Mutterschiff so spät wie möglich aufgeben!

Die Zusatzausrüstung für den Aufenthalt in der Insel ist lebenswichtig; die der Insel beigepackte Ausrüstung reicht auch für eine kleine Crew nicht aus.

Falls ein Beiboot vorhanden ist, sollte es unbedingt mitgenommen werden, um Regen auffangen, Kleidung oder Ausrüstung trocknen oder der drangvollen Enge entfliehen zu können.

Der Wille zum Überleben ist ausschlaggebend für die Überlebenschancen. Mit Aufgaben, die den Lebenswillen stärken, und „moralischen" Maßnahmen (Erzählen, Singen, Kartenspiel) kann verhindert werden, dass die Schiffbrüchigen der Lebensmut verlässt.

Mittel gegen Seekrankheit sollten unbedingt einge-

nommen werden. Auch sehr seefeste Personen müssen in der Rettungsinsel mit Seekrankheit rechnen. Seekrankheit verschlechtert die Überlebenschancen.

Durchnässte Kleidung sollte möglichst sofort gewechselt, zumindest aber ausgewrungen werden. Bleibt Haut längere Zeit nass, schmerzt sie, bildet Blasen, dunkle Flecke und kann reißen. Sich gegenseitig wärmen.

Wenn Trinkwasser knapp ist, erstmalig am zweiten Tag trinken. Dabei die Lippen benetzen und Mund und Rachen durchspülen. Niemals Urin oder Seewasser trinken! Gefangenen Fisch nur mit Trinkwasser verzehren. Vorsicht auch vor Sonnenbrand!

Notsignale nur sparsam und nur auf Anweisung des Schiffsführers einsetzen. Notsignale erst abgeben, wenn die Schiffsaufbauten ganz zu sehen oder die Seitenlichter klar zu erkennen sind. Jedes Notsignal nach einer kurzen Pause wiederholen, damit ein Beobachter Sicherheit über das Notsignal erlangt.

Der Skipper entscheidet, ob, wie und wann das Schiff verlassen wird.

Ein wrackes Schiff ist besser als ein heiles Boot.

Verlasse im Notfall nie ein Schiff – es sei denn, es verlässt dich!

Seewasserfärber (orange) erleichtern die Ortung aus der Luft.

SKS-Fragen 135, 136 (Seemannschaft I); 116, 117 (Seemannschaft II)

Hilfe aus der Luft

Nähert sich ein Suchflugzeug oder ein Rettungshubschrauber, bricht Euphorie aus. Falsch! Noch sind die Schiffbrüchigen nicht geborgen. Jetzt unbedingt Ruhe und klaren Kopf bewahren. Keinesfalls das havarierte Fahrzeug oder die Rettungsinsel verlassen, auch wenn man entdeckt worden ist. Gruppen, die schon im Wasser treiben, müssen zusammenbleiben.

Nicht wassernde Flugzeuge können nur Rauchbojen und Ausrüstung abwerfen. Schiffe in Seenot können durch SAR-Luftfahrzeuge mit speziellem Hilfsgerät versorgt werden. Dazu gehören etwa Behälter mit verschiedenen Hilfsmitteln. Sie sind mit schwimmfähigen Leinen zusammengebunden.

Je nach Bedarf können folgende Geräte abgeworfen werden:

– Rettungsflöße
– Schwimmfähige Funkbaken und/oder -geräte,
– Seewasserfärber, Rauchsignale
– Fallschirmleuchtkugeln
– Lenzpumpen

SAR-Hubschrauber können ein Besatzungsmitglied auf das havarierte Schiff, die Rettungsinsel oder zu im Wasser treibenden Schiffbrüchigen hinablassen.

Zum Abbergen bzw. zum Aufheißen von Personen aus dem Wasser stehen diverse Rettungsgeräte zur Verfügung. Am häufigsten wird die Rettungsschlinge eingesetzt. Damit können gesunde Personen schnell abgeborgen werden, jedoch nicht Kranke oder Schwerverletzte. Für sie gibt es spezielle Körbe und Tragen.

Zum Abbergen sollte fest anliegende Kleidung und auch eine Kopfbedeckung getragen werden.

Rettung aus der Luft

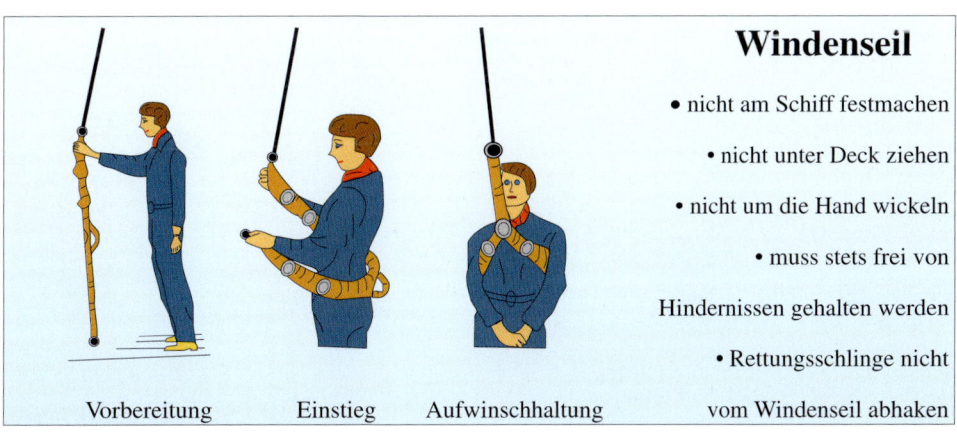

Windenseil

• nicht am Schiff festmachen

• nicht unter Deck ziehen

• nicht um die Hand wickeln

• muss stets frei von

Hindernissen gehalten werden

• Rettungsschlinge nicht

vom Windenseil abhaken

Vorbereitung   Einstieg   Aufwinschhaltung

Anlegen einer Rettungsschlinge

SBS-Frage 342; SKS-Fragen 137 (Seemannschaft I); 118 (Seemannschaft II)

Knoten

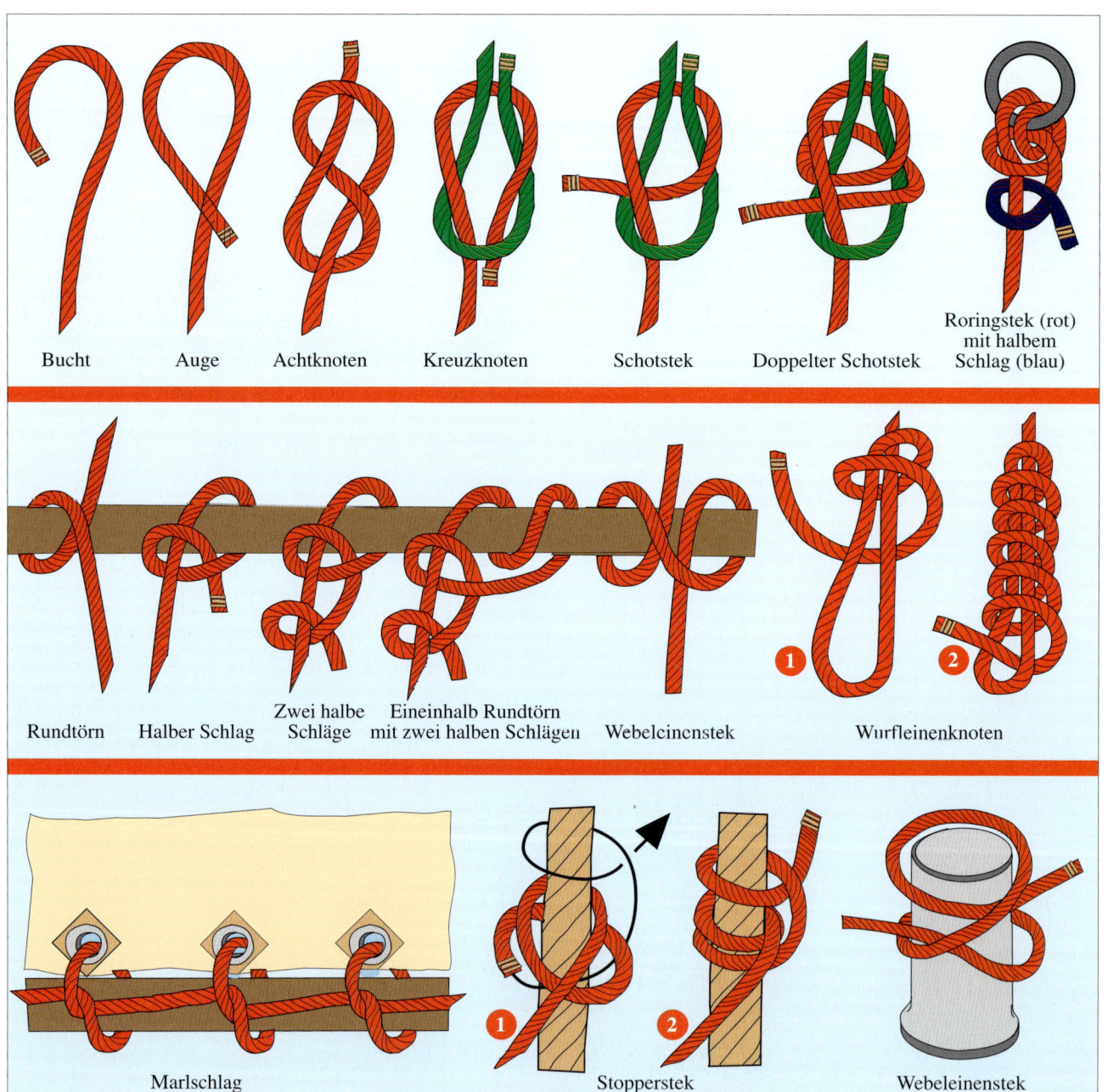

Bucht · Auge · Achtknoten · Kreuzknoten · Schotstek · Doppelter Schotstek · Roringstek (rot) mit halbem Schlag (blau)

Rundtörn · Halber Schlag · Zwei halbe Schläge · Eineinhalb Rundtörn mit zwei halben Schlägen · Webelcinenstek · Wurfleinenknoten

Marlschlag · Stopperstek · Webeleinenstek

Knoten, Kurzspleiß, Takeln

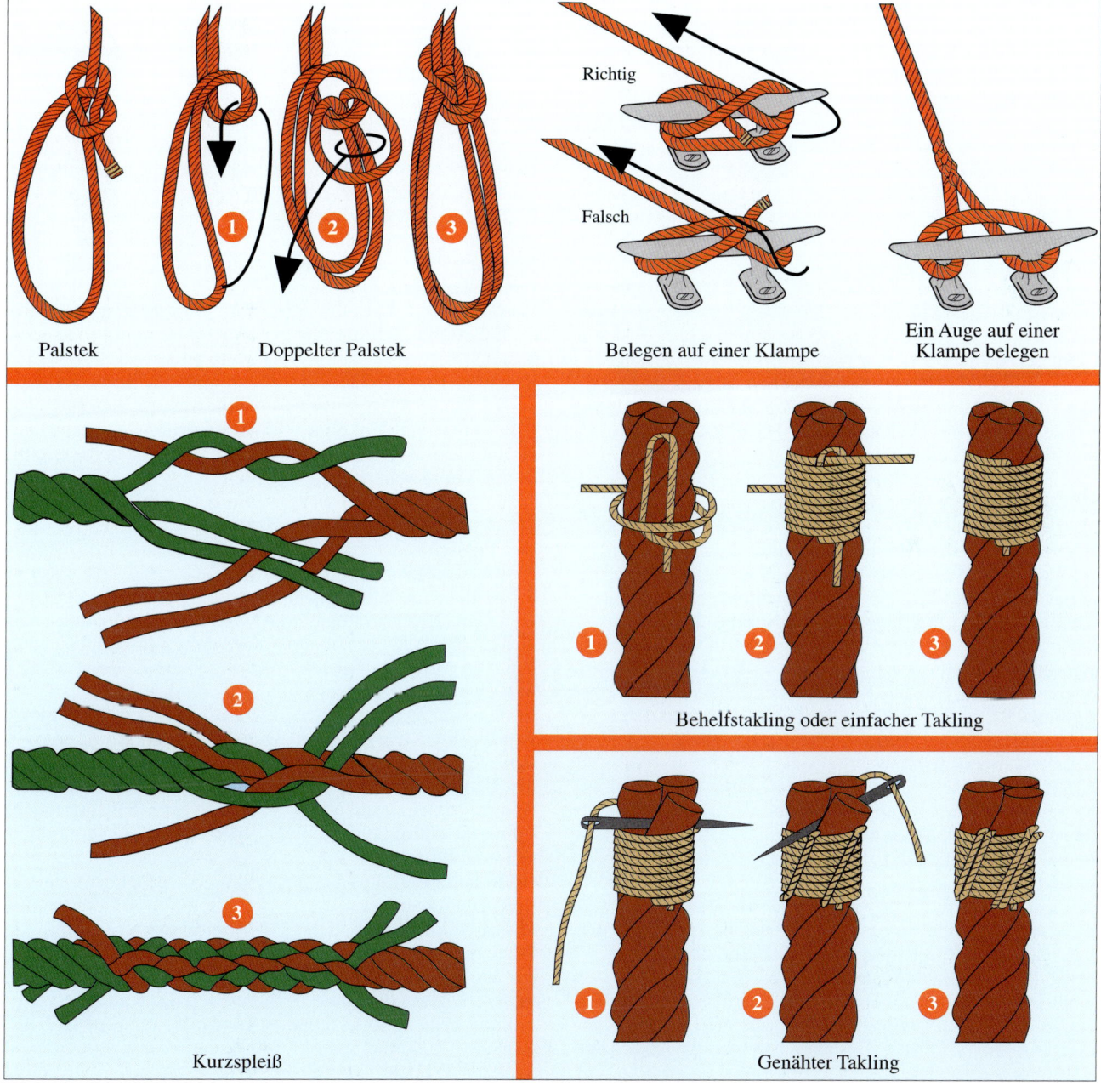

Palstek

Doppelter Palstek

Richtig

Falsch

Belegen auf einer Klampe

Ein Auge auf einer Klampe belegen

Kurzspleiß

Behelfstakling oder einfacher Takling

Genähter Takling

Tauwerk

Tauwerk ist die Sammelbezeichnung für alle an Bord benutzten Leinen. Es wird nach dem Material in Kunst- oder Chemiefaser-, in Naturfaser- und in Draht-Tauwerk unterschieden. In den Augen vieler Segler stellt das Tauwerk an Bord eine Visitenkarte des Schiffes dar. Vergammelte, angeraute oder ausgefranste Leinen sowie falsche Knoten lassen Skipper und Crew in keinem guten Licht erscheinen.

Ein Tau nennt der Seemann **Leine** oder **Ende**. Anfang und Ende einer Leine sowie kurze Stücke heißen **Tampen**. Dickes Tauwerk wird als **Trosse**, dünnes als **Bändsel** oder **Garn** bezeichnet. Man unterscheidet **geschlagenes** und **geflochtenes** Tauwerk. Geschlagenes Tauwerk besteht meist aus drei Kardeelen; es wird von geflochtenem Tauwerk zunehmend verdrängt. Das äußere Geflecht wird als **Mantel**, der innere Strang als Kern oder **Seele** bezeichnet. Aufgabe des Mantels ist es, die Leine griffig zu machen und sie gegen **schamfilen** (Abrieb) zu schützen; für hohe Bruchlast und geringe Dehnung sorgt allein die Seele. Tauwerk ist heute eine Wissenschaft für sich geworden; wer ein Schiff mit Tauwerk ausrüsten will,

sollte sich zunächst Informationsmaterial eines Herstellers beschaffen.

Tauwerk kann in zwei Gruppen eingeteilt werden: in Festmacher, Anker- und Schleppleinen sowie in Schoten und Fallen. Erstere müssen elastisch sein, um auch extremen Ruckbelastungen gewachsen zu sein, und dürfen nicht durchscheuern. Letztere müssen dehnungsarm sein; Schoten benötigen einen griffigweichen Mantel, während Fallen in Curry- oder Hebelklemmen nicht verschleißen dürfen.

Auf Schiffen von etwa zehn Meter Länge haben Festmacher eine Stärke von 16 mm. Vor- und Achterleinen sollten die doppelte Schiffslänge haben, damit die Konstruktionsdehnung zum Tragen kommen kann, während Springs etwa eineinhalbfache Schiffslänge besitzen sollten.

Als Reserve sollte man zumindest noch eine etwa vierzig Meter lange, 16 mm starke Leine haben, die auch zum Sichern eines Päckchens, als Schleppleine oder zur Verlängerung der Ankerleine dienen kann.

Eine **Bucht** (Seite 240) ist Ausgangsbasis vieler Knoten; sie ist offen. Ein **Auge** (Seite 240) ist eine Tau-

werkschlinge, die lose gelegt oder dauerhaft sein kann (gespleißt). Mit einem **Achtknoten** werden Tampen gesichert, die nicht aus einem Block ausrauschen sollen. Der **Kreuzknoten** dient zum Verbinden gleich starker Enden aus gleichem Material, wohingegen ungleiche Enden mit einem **Schotstek** verbunden werden. In der Bordpraxis wird er immer als **doppelter Schotstek** gesteckt. Da er in glattem Kunstfasertauwerk häufig besser als ein Kreuzknoten hält, knotet man mit dem doppelten Schotstek oft auch zwei gleiche Enden zusammen.

Der **Palstek** dient zum Festmachen an Pfählen, Ringen usw., wenn ein Auge benötigt wird, das sich nicht zusammenziehen soll. Der **doppelte Palstek** wird in ein doppelt gelegtes Ende gesteckt. Mit einem **Roringstek** kann an einem Ring festgemacht werden. Ein **Rundtörn** erhöht den Reibungswiderstand einer Leine; er ermöglicht, schwere Lasten aus der Hand zu fahren.

Halbe Schläge sind vielfältig einsetzbare Knoten, die auch zur Sicherung auf andere Knoten gesetzt werden können. Zwei halbe Schläge bezeichnet man auch als **Webeleinenstek**.

Er kann gesteckt (etwa um eine Griffleiste oder einen Relingsdraht) und geworfen werden (um einen Pfahl). Mit dem **Marlschlag** wurden früher Segel an einem Baum angeschlagen; heute wird er etwa zum Auftuchen des Großsegels um den Großbaum benutzt, wenn dies mit einer langen Leine erfolgt (anstelle mehrerer kurzer **Zeisinge**). Der **Stopperstek** erlaubt, eine Leine an ein laufendes Ende anzustecken, etwa, um mehrere Boote an einer Schlepptrosse zu schleppen. Hinsichtlich der Festigkeit von Leinen ist zu beachten, dass Knoten die Bruchlast um bis zu 50 % verringern können.

Kunstfasertauwerk lässt sich nicht so gut spleißen wie Naturfaserleinen. Neben dem **Kurzspleiß** (siehe vorangehende Seite) gibt es noch den Aug-, den Rück- und den Langspleiß. Er wird – auch wegen seiner geringen Haltbarkeit – nicht mehr verwendet. Auch einen **Takling** macht man auf Kunstfasertauwerk nur selten, etwa wenn verhindert werden soll, dass die Seele einer Leine in den Mantel rutscht. Um das Ausfransen von Kunstfaserleinen zu verhindern, werden die Kardeele verschweißt (mit einem Schneidegerät oder über einer Flamme).

SKS-Fragen 24, 25, 74 – 77 (Seemannschaft I); 16, 17, 60, 62, 63 (Seemannschaft II)

Arbeiten während der Saison

Viele Yachten liegen die meiste Zeit im Hafen. Lange Stillstandszeiten bekommen technischen Aggregaten selten gut.

Dazu kommt die so genannte Betriebsumgebung. Typisch sind Feuchtigkeit und starke Witterungseinflüsse: Rost, Schimmel und Verrottung sind die Folge.

Um die Funktion und den Wert zu erhalten, sind regelmäßige Kontrolle, Wartung, Pflege und auch Reparaturen notwendig. Wie oft welche Aggregate kontrolliert werden müssen, hängt vom Gerät und seinem Alter ab.

Manche Bootseigner haben eine Checkliste erstellt. Kontrolliert beziehungsweise gewartet werden müssen:

– Sicherheitseinrichtungen wie Lenzpumpen, Automatikwesten, Feuerlöscher, Rettungsinsel
– Positionslichter, Kompass, Navigations- und Funkgeräte etc.
– Verankerungen von Relingsstützen, Klampen, Decksausrüstung u. a.
– Elektrik (Korrosion, schlechte Kontakte)
– Bordakkus
– Maschine
– Bilge mit allen Rumpfdurchbrüchen
– Gasanlage

– Ankergeschirr
– Ruderanlage

und auf Segelyachten noch

– Segel, Schoten
– stehendes Gut (insbesondere Wantenspanner, Toggles, Splinte und Schäkel)
– laufendes Gut, insbesondere auf Fleischhaken; das sind einzeln herausstehende Drähte – erste Anzeichen von Materialermüdung; bei einem Fall können Fleischhaken auch durch zu kleine Umlenkscheiben entstehen.

Durch Kontrollen wird die Seetüchtigkeit eines Bootes erhalten. Sie gehören zu den Pflichten des Eigners und auch des Skippers. Der Schiffsführer

Sicher im Mast arbeiten – in einem Bootsmannsstuhl

muss nach einem Seeunfall möglicherweise nachweisen, dass er derartige Kontrollen durchgeführt hat (Versicherung, Bundesstelle für Seesicherheitsuntersuchung). Daher sollten sie in einem **Reparaturbuch** oder im Logbuch dokumentiert werden. Dies gilt auch für Arbeiten und Kontrollen, die im Winterlager, etwa von einer Werft, durchgeführt werden (Rechnungen aufbewahren).

Jedes Baumaterial verlangt regelmäßige **Pflege**. Holz wird schwarz, wenn Lackschäden nicht ausgebessert werden. Typisch für Stahlschiffe ist der Kampf gegen den Rost.

Auch Kunststoff muss regelmäßig gepflegt werden. Das **Gelcoat**, die äußere Schutzschicht, muss gereinigt und gewachst werden – oft mehrmals pro Saison. Alle Schäden sollten sofort beseitigt werden; oberflächliche Beschädigungen werden mit Polierwachs geglättet, tiefere Kratzer und Haarrisse müssen geschliffen, gereinigt und mit Gelcoat derselben Farbe gespachtelt werden.

Teakdecks benötigen nach klassischer Ansicht keine Pflege. Sie verlieren bald ihre braune Farbe und

werden hellgrau. So sollen sie sein. Aber Luft und Regen verschmutzen die Decks. Teakdecks sollten dann mit Chlorreiniger oder mit einem Dampfstrahler gesäubert werden. Teakdecks dürfen aber niemals konserviert werden. Danach sehen sie zunächst zwar ganz gut aus, wenig später aber schlimmer (und wertloser) als je zuvor.

Werkzeug und Ersatzteile für die Bereiche Rumpf und Deck, Motor und Elektro sowie Rigg und Segel müssen an Bord vorhanden sein. Auf Segelyachten wird auch ein **Bootsmannsstuhl** zum Arbeiten in der Takelage benötigt. Auch Kleinmaterial wie Bändsel, Tape, Ersatzschäkel, Splinte sowie Kombizange, Bordmesser, Schäkelöffner und Reservetauwerk wird oft gebraucht.

Winschen bleiben auch ohne Pflege jahrelang leichtgängig. Bei Problemen ist oft verharztes Fett, das eine der Sperrklinken arretiert, die Ursache. Die drehenden und gleitenden Teile können mit Kaltreiniger, Petroleum oder Dieselkraftstoff gereinigt werden. Die Teile müssen anschließend getrocknet und mit speziellem (seewasserfestem) Winschenfett geschützt werden.

SKS-Fragen 26, 27, 29 (Seemannschaft I)

Arbeiten nach Ende der Saison

Nach der Segelsaison sollten alle Boote aus dem Wasser geholt und an Land winterfest eingelagert werden – auch am Mittelmeer.

Zunächst wird mithilfe eines Mastenkrans das Rigg abgebaut. Danach wird die Yacht aus dem Wasser geholt und das Unterwasserschiff gereinigt, bevor der Bewuchs festgetrocknet ist. Hierbei sind die Umweltschutzbestimmungen zu beachten; Farb- und Anstrichreste müssen aufgefangen und entsorgt werden.

Anschließend wird das Schiff an seinen Lagerplatz transportiert und in einen Winterlagerbock gesetzt. Dabei ist zu unterscheiden, ob die Yacht auf ihrem Kiel stehen kann und nur gegen ein Umfallen abgestützt werden muss oder ob der Rumpf zusätzliche Auflagefläche benötigt. **Aufpallen** heißt das Unterlegen von Stapelhölzern und Keilen, das nicht nur für den sicheren Stand notwendig ist, sondern bei alten Holzbooten mit langen Überhängen

Lebensgefahr durch umkippende Yachten bei unsachgemäßem Aufpallen oder bei Verwendung unzureichender Lagerböcke.

Antifouling, das sich beim Reinigen löst, wird aufgefangen.

verhindern soll, dass sich der Rumpf verformt. In manchen Häfen (etwa Kieler Sportboothäfen) darf aus Sicherheitsgründen kein loses Pallmaterial verwendet werden.

Mindestens einmal pro Jahr ist eine eingehende **Inspektion** des gesamten Bootskörpers, des Riggs und der Ausrüstung erforderlich. Es empfiehlt sich, Rumpf und Ruderanlage vor dem Einlagern zu inspizieren, um notwendige Arbeiten rechtzeitig planen und ausführen zu können. Dazu gehört auch, dass das ganze Unterwasserschiff sorgfältig nach Blasenbildung untersucht wird. Dies ist Anzeichen eines **Osmoseschadens**. Er entsteht, wenn Wasser durch schadhaftes Gelcoat diffundiert und im GFK chemische Reaktionen auslöst. Ein

fortgeschrittener Osmosebefall erfordert, dass das schadhafte Laminat vollständig abgeschliffen wird, monatelang austrocknet und dann zusammen mit dem Gelcoat neu aufgebracht wird. Das übersteigt die technischen Möglichkeiten eines Laien.

Das Boot wird schließlich leer geräumt und **winterfest** gemacht:

– Der Motor muss konserviert werden; andernfalls würden die Zylinder festrosten – eine sehr wichtige Arbeit, die genau nach Betriebsanleitung erledigt werden muss
– Die Bordakkus müssen ausgebaut werden
– Restwasser muss aus allen Leitungen und Behältern abgelassen werden – Tanks, WC, Auspuff, Warmwasserboiler …

– Batterien müssen aus Geräten genommen werden; sie könnten auslaufen
– Die Gasflaschen müssen von Bord gebracht und die Gasanlage muss verschlossen werden
– Die Polster müssen von Bord genommen werden; sie werden sonst muffig
– Bewegliche Teile, etwa die Ruderanlage, müssen geschmiert werden
– Alle Türen, Schapps und Bodenbretter müssen geöffnet werden, damit das ganze Schiff durchlüftet wird
– Das Boot muss so mit einer Winterplane abgedeckt werden, dass die Luft zirkulieren kann und sich kein Schimmel bildet
– Die Segel sollten mit Süßwasser gereinigt, getrocknet und auf Schäden untersucht werden.

Um Kosten zu sparen, **überwintern** manche Schiffe **im Wasse**r. Bei starkem Frost soll das Wasser um den Rumpf eisfrei gehalten werden. Eine Beschädigung des Rumpfes mag so verhindert werden können, nicht aber Frostschäden im Rigg oder an Deck. Eine 6-monatige Trockenphase erhöht die Lebensdauer eines GFK-Rumpfes deutlich (Osmoseschaden). Dies gilt insbesondere für Yachten in warmen Gewässern.

SKS-Fragen 80, 82 (Seemannschaft I); 66, 68 (Seemannschaft II)

Arbeiten vor Saisonbeginn

Spätestens im Frühjahr müssen die Reparaturen durchgeführt werden. Um nichts zu übersehen und die Arbeiten vernünftig planen zu können, legt man eine **Liste der Reparaturarbeiten** an. Sie wird bereits während der Segelsaison geführt – häufig im Log- oder Reparaturbuch – und im Winterlager vervollständigt.

Typische Frühjahrsarbeiten sind der **Antifouling-Anstrich** des Unterwasserschiffes, um Bewuchs zu verhindern. Die Opferanode an der Propellerwelle muss ausgetauscht werden. **Opferanoden** sind aus Zink und werden am Rumpf, bei GFK-Yachten an der Propellerwelle angebracht, um Metallteile unter Wasser (Propeller und Welle) vor der Zerstörung durch Elektrolyse zu schützen. Opferanoden müssen jährlich ausgewechselt werden.

Kunststoff wird mit **Zwei-Komponenten-Lack** lackiert. Er ist ungewöhnlich dauerhaft, sofern er gut am Untergrund haftet. Zudem kann er später wie ein Auto poliert werden.

Die meisten Zwei-Komponenten-Lacke müssen bei warmem, trockenem Klima verarbeitet werden und trocknen schnell. Reste angemischter Zwei-Komponenten-Lacke sollten nicht unbeaufsichtigt gelassen werden (Hitzeentwicklung). Sie dürfen niemals in der Nähe leicht entzündlicher Gegenstände gelagert werden.

Durch jahrelangen Betrieb kann die **Pumpe des Bord-WC** schwergängig geworden sein. Dann müssen die WC-Leitungen ausgetauscht werden. In ihnen lagern sich Fäkalienreste ab.

Zum Schluss wird das Schiff gereinigt, zu Wasser gelassen und der Mast gestellt. Die neue Segelsaison kann endlich beginnen.

Frühjahrsarbeiten

Kranen

SKS-Fragen 53, 54 (Seemannschaft I)

Flaggen

Flaggen, Fahnen, Stander, Wimpel

Auf Yachten werden Flaggen, Stander und Wimpel geführt, jedoch keine Fahnen. **Flaggen** sind aus Stoff gefertigte Zeichen, die die Zugehörigkeit zu einer Körperschaft (Nation, Verein, Reederei) anzeigen. Mit den Flaggen des Flaggenalphabets (Seite 109) können auch Signale abgegeben werden.

Stander sind Flaggen in dreieckiger Form mit einem Höhen-Breiten-Verhältnis von 3:5. Die Mitgliedschaft in der Kreuzer-Abteilung oder in einem Club wird durch Stander (**Clubstander**) angezeigt.

Einzelne Flaggen des Flaggenalphabetes (Flagge B) sind **Doppelstander**. Sie haben einen Einschnitt am freien Liek.

Wimpel sind wesentlich flacher geschnittene Dreiecksflaggen (Höhen-Breiten-Verhältnis 10:3). Sie werden als **Zahlenwimpel** oder **Antwortwimpel** benutzt.

Fahnen sind Einzelstücke mit symbolischer Bedeutung, die nicht ohne weiteres durch ein gleichartiges Stück ersetzt werden dürfen. Sie werden an Bord nicht eingesetzt.

Nationalflagge, Gastlandflagge

Jedes seegehende Schiff, dessen Eigner Deutscher ist und seinen Wohnsitz im Geltungsbereich des Grundgesetzes hat, muss die Bundesflagge, kurz **Nationale** genannt, führen.

Es ist nicht gestattet, die Nationalflagge durch eine andere Flagge – etwa die **Europaflagge** – zu ersetzen.

Die Nationale soll das Seitenverhältnis 6:10 haben und an einem Flaggenstock gesetzt werden. Er soll etwa 40° geneigt sein, damit die Flagge auch bei Windstille erkennbar ist und am Heck – möglichst mittig oder etwas nach Steuerbord versetzt – angebracht sein. Unter Segeln wird die Nationale auch am Großsegel-Achterliek oder an der Gaffel, bei mehrmastigen Schiffen im Topp des hinteren Mastes geführt.

Auf hoher See, außerhalb des Hoheitsgebietes eines Landes, braucht die Nationale nicht geführt zu werden. Sie sollte gesetzt werden, wenn sich Kriegsschiffe oder Behördenfahrzeuge nähern. Yachten, die an einer Regatta teilnehmen, führen keine Nationale; dort ist sie das Zeichen, dass die Wettfahrt aufgegeben wurde.

In ausländischen Hoheitsgewässern muss zusätzlich zur Nationalflagge die **Gastlandflagge**, eine Nationalflagge des besuchten Landes, geführt werden. Sie wird unter der Steuerbordsaling gesetzt.

Werden mehrere Länder bereist, so wird jeweils nur die Flagge des Landes geführt, in dem man sich gerade befindet. Mit der Gastlandflagge wird angezeigt, dass sich das Schiff der Rechtsordnung des betreffenden Landes unterwirft. Kriegsschiffe führen keine Gastlandflaggen.

Ein von einer Auslandsfahrt heimkehrendes Schiff darf im deutschen Hoheitsgebiet am Tage der Heimkehr (sowie beim herbstlichen Absegeln) die Gastlandflaggen der besuchten Länder in der Reihenfolge des deutschen Alphabetes und in gleicher Größe untereinander an der Steuerbordsaling führen.

Als eine ausgesprochene Unhöflichkeit kann das Führen mehrerer Gastlandflaggen in ausländischen Gewässern oder Häfen angesehen werden (früher auf Kriegsschiffen Zeichen der unterworfenen Länder). Wer eine Gastlandflagge an der Backbordseite führt, die ja als weniger ehrenvoll angesehen wird, oder wer die Gastlandflagge tiefer als die Nationalflagge führt, kann in manchen Ländern Schwierigkeiten bekommen.

Ein Fahrzeug, das einen ausländischen Hafen angelaufen, aber noch nicht die Pass- und Zollformalitäten abgewickelt (**einklariert**) hat, führt **Flagge Q** an Backbord („An Bord ist alles gesund, und ich bitte um freie Verkehrserlaubnis").

Mit dem **3. Hilfsstander** (Seite 109) wird angezeigt, dass Zollgut an Bord ist. Er wird vor der zollamtlichen Abfertigung gesetzt und zwar beim und nach dem Einlaufen und beim Auslaufen.

Der 3. Hilfsstander oder Flagge Q wird an Backbord – unter dem Clubstander – gefahren (sofern der Clubstander nicht im Masttopp geführt wird).

Yachtgebräuche

Auch seemännische Traditionen sind dem Zeitgeist unterworfen. Welche Gebräuche an Bord gepflegt werden, legt der Eigner fest. Sie betreffen die

– Flaggenführung
– Höflichkeit und gegenseitige Rücksichtnahme

Verhalten in Häfen

Flaggenführung heißt zunächst, dass alle Flaggen in ordentlichem Zustand sind.

Flaggen werden bis dicht unter die Saling vorgeheißt. Auf See sollten nicht mehrere Flaggen untereinander gezeigt werden, um Verwechselungen mit Flaggensignalen – insbesondere mit dem Notsignal – auszuschließen.

Während auf See die Nationale oft auch bei Nacht gefahren wird, führt man in Häfen die Flaggen nur zur **Flaggenzeit**. Dies ist vom 1. Mai bis zum 30. September von 08.00 bis 21.00 Uhr, in den übrigen Monaten von 09.00 Uhr bis Sonnenuntergang, spätestens bis 21.00 Uhr. Ist zum Ende der Flaggenzeit kein Besatzungsmitglied an Bord, werden die Flaggen beim Verlassen des Schiffes niedergeholt. Nur der Clubstander weht auch bei Nacht.

Bei einer **Flaggenparade** setzen alle in einem Hafen liegenden Schiffe gleichzeitig ihre Flaggen und holen sie gleichzeitig nieder. Das erlebt man heute aber nur noch sehr selten. Wann die Flaggen vorgeheißt und wieder niedergeholt wurden, legte entweder ein im Hafen liegendes Kriegsschiff fest oder der gastgebende Verein.

Bei festlichen Anlässen wird eine **Flaggengala** veranstaltet. Dazu werden die Signalflaggen (keine Nationalflaggen!) in gleichen Abständen vom Bug über die Masten bis zum Heck so gesetzt, dass jeweils zwei Flaggen ein Stander oder Wimpel folgt.

Zu den Regeln der Höflichkeit gehört es, einlaufenden Yachten – vor allem denen mit kleiner Crew – **Hilfe bei Leinenmanövern** anzubieten. Nicht nur älteren Personen fällt der Sprung vom Bugkorb auf den Steg oder die Brücke schwer. Sie sind dankbar, wenn eine hilfreiche Hand die Festmacher an Land belegt oder diese auf Slip legt. Auch beim Ablegen wird fremde Hilfe gerne angenommen.

Während der Sommerferien sind manche Häfen so voll, dass es für eine einlaufende Yacht nicht immer leicht ist, einen Liegeplatz zu finden. Manchmal muss eine Yacht, die bereits einen Liegeplatz gefunden hat, um Erlaubnis gebeten werden, längsseits an ihr festmachen zu dürfen („im **Päckchen** liegen").

Es sollte selbstverständlich sein, diese Erlaubnis normalerweise zu geben. Eine nette Geste ist es, Fender an die freie Bordwand zu hängen und damit ein Längsseitsgehen anzubieten (während ein seitlich festgemachtes Beiboot zeigt, dass Anlegen nicht erwünscht ist. Das wird zu Recht als wenig kameradschaftlich empfunden.

Um an Land zu kommen, muss über die benachbar-ten Boote gestiegen werden. Dabei geht man immer über das Vordeck, um die an Bord befindlichen Personen möglichst wenig zu belästigen.

Muss eine im Päckchen liegende Yacht frühmorgens auslaufen, so sollte dies bereits am Vorabend mit den Crews der Nachbarschiffe besprochen werden.

Das Liegen auf engem Raum verlangt wie üblich Rücksichtnahme. Jede Lärmbelästigung sollte unterbleiben; laute Kommandos sind ebenso überflüssig wie Musik. Muss die Maschine warm laufen, dann nur möglichst kurz, um die Nachbarn nicht durch Abgase oder Maschinengeräusche zu belästigen.

Die Nachtruhe kann erheblich gestört werden, wenn bei stärkerem Wind Fallen gegen den Mast schlagen und dabei laut klappern. Auf der betreffenden Yacht ist oftmals niemand an Bord; als die Crew das Schiff verließ, wehte der Wind vermutlich so schwach, dass die Fallen nicht klapperten. Außen laufende Fallen und Leinen sollten im Hafen und vor Anker immer vom Mast weggebunden werden.

Yachten im Päckchen auf Helgoland

Kommandotafel des DSV

Kommandos sollen den geordneten Ablauf eines Manövers sicherstellen. Die Einzelaktionen sollen damit gesteuert und harmonisiert werden. Diese vom Deutschen Segler-Verband erstellte Kommandotafel soll der klaren und eindeutigen Verständigung zwischen Schiffsführung und Crew dienen. Sie ist als Richtlinie für Schulen und Clubs gedacht. Ihre Anwendung kann auch bei Prüfungen verlangt werden.

Kommando   **Rückmeldung**

Segelsetzen

Fock/Großsegel/Alle Segel   Fock/Großsegel/Alle Segel
  klar zum Setzen!   ... ist/sind klar zum Setzen.
Heiß Fock/Großsegel!

Segelbergen

Fock/Großsegel/Alle Segel   Fock/Großsegel/Alle Segel
  klar zum Bergen!   ... ist/sind klar zum Bergen.
Klar bei Fock-/Großfall!   Fock-/Großfall ist klar.
Hol nieder Fock/Großsegel!

Anluven

Hol an die Schoten/Großschot/Fockschot!
Neuer Kurs: Am Wind/Halber Wind!
Fest die Schoten!

Abfallen

Fier auf die Schoten/Großschot/Fockschot!
Neuer Kurs: Halber Wind/Vor dem Wind!
Fest die Schoten!
Fock an Backbord/Steuerbord!

Aufschießen

Klar zum Aufschießen!   Schoten sind klar.
Schoten los!

Wenden

(Hol an die Schoten!)
Klar zum Wenden!   Fock ist klar.
Rhe!
Über die Fock!
Neuer Kurs: ... !

Halsen

Klar zum Halsen!   Fock ist klar.
(Fier auf die Schoten!)   Großschot ist klar.
Hol dicht die Großschot!
Rund achtern!
Über vorn!
Fier auf die Großschot!
Neuer Kurs: ... !

Schiften

Klar zum Schiften des ...!   ...-Schot ist klar.
Hol dicht ...-Schot!
Über die Segel!
Fier auf ...-Schot!

Dirken

Klar bei Dirk!   Dirk ist klar.

Reffen

Klar zum Reffen!
Klar bei Großfall!   Großfall ist klar! Ist klar zum Reffen.
Lose auf Großfall!
... Törns reffen!   Ist gerefft.
Dicht Großfall!

Ruderführung

Backbord-/Steuerbordruder!   Backbord-/Steuerbordruder.
Hart Backbord/Steuerbord!   Hart Backbord/Steuerbord.

Kommandotafel des DSV

Komm auf!   Komm auf.
Mittschiffs!   Mittschiffs.
Recht so!   Recht so. ... Grad.
Stütz!   Stütz.
Kurs zwei drei Null!   Kurs zwei drei Null.
Neuer Kurs zwei drei Null!   ... Zwei drei Null liegen an.
Nach Backbord auf zwei drei   Nach Backbord auf ... gehen.
    Null gehen!   ... Zwei drei Null liegen an.

Ablegen vom Steg

Klar zum Ablegen über Backbord-/Steuerbordbug!
Klar bei Vor-/Achterleine!   Vor-/Achterleine ist klar.
Klar bei Vor-/Achterspring!   Vor-/Achterspring ist klar.
Los die ... Leine/Spring!   ... Leine/Spring ist los.
Alle Leinen los und ein!   Alles ist los und ein.
Fock/Großsegel back an ...!
Über die Fock/das Groß!

Anlegen am Steg (gegen den Wind)

Klar zum Anlegen an Backbord/Steuerbord!
Klar zum Bergen der Fock!
Klar bei Fockfall!   Fockfall ist klar.
Hol nieder Fock!
Klar zum Aufschießen!
Klar bei Großschot!   Großschot ist klar.
Großschot los!   Großschot ist los.
Klar bei Vor-/Achterleine,   ... ist klar.
Klar bei Vor-/Achterspring!   ... ist klar.
... Leine/ ... Spring an Land!
... Leine/ ... Spring langsam festhalten!
Boot so festmachen!
Großsegel bergen!
Alles aufklaren!

Anlegen am Steg (vor dem Wind)

Großsegel klar zum Bergen!   Großsegel klar zum Bergen.
Klar bei Dirk!   Dirk ist klar.
Andirken! Klar bei Großfall!   Großfall ist klar.
Klar zum Aufschießen!
Nach ...bord in den Wind gehen!

Hol nieder Großsegel!   Hol nieder Großsegel.
Weiter drehen bis vor den Wind!   Weiter drehen bis vor den Wind.
Großsegel auftuchen und bezeisen!
Fock an ...-bord!   Fock an ...-bord.
Fock klar zum Bergen!   Fock klar zum Bergen.
Klar bei Fockfall!   Fockfall ist klar.
Klar zum Anlegen an ...-bord!   Klar zum Anlegen an ...-bord.
Hol nieder Fock!   Hol nieder Fock.
Klar bei Achterleine!   Klar bei Achterleine.
Klar bei Vorspring!   Klar bei Vorspring.
...-Leine/ ...-spring an Land!   ...-Leine/ ...-spring an Land.
Boot langsam aufstoppen!
Vorleine/Achterspring an Land!   Vorleine/Achterspring an Land.
Boot so festmachen!   Boot so festmachen.
Alles aufklaren!

Anlegen an der Boje (gegen den Wind)

Klar zum an die Boje gehen!
Weitere Kommandos wie zuvor ...

Ablegen von der Boje

Klar zum Loswerfen!
Klar bei Vorleine!   Vorleine ist klar.
Hol dicht Vorleine!   Vorleine ist dicht.
Fock/Großsegel dicht an ... !
Los die Vorleine!   Vorleine ist los! Vorleine ist ein.
Über die Fock/das Groß!

Ankermanöver

Die Kommandos richten sich nach den zu fahrenden Manövern, das heißt, dass es zu einer Folge von Kommandos kommt, wie sie etwa bei den Manövern Wenden, Anluven, Abfallen, Aufschießen, Segelbergen, Segelsetzen, Halsen u. Ä. angewendet werden.

Boje über Bord, im Ernstfall: Mann über Bord

Das/die Manöver werden eingeleitet durch den Ruf: „Boje über Bord", im Ernstfall: „Mann über Bord". Danach ergibt sich eine Folge von Kommandos, die sich nach den zu fahrenden Manövern richtet.

Sportbootführerschein See

Allgemeines

1 Seite 80
Welche drei gesetzlichen Bestimmungen regeln den Verkehr auf den Seeschifffahrtsstraßen?

1. Die Kollisionsverhütungsregeln (KVR).
2. Die Seeschifffahrtsstraßen-Ordnung (SeeSchStrO).
3. Die Schifffahrtsordnung Emsmündung (EmsSchO).

2 Seite 81
Wo gelten die nachfolgend aufgeführten Verkehrsvorschriften:
1. Kollisionsverhütungsregeln (KVR),
2. Seeschifffahrtsstraßen-Ordnung (SeeSchStrO),
3. Schifffahrtsordnung Emsmündung?

1. Auf der hohen See und auf den mit dieser zusammenhängenden, von Seeschiffen befahrbaren Gewässern.
2. Auf den deutschen Seeschifffahrtsstraßen.
3. Im Mündungsgebiet der Ems und auf der Leda.

3 Seite 80
Welche Vorschrift gilt, wenn eine Bestimmung der Seeschifffahrtsstraßen-Ordnung bzw. der Schifffahrtsordnung Emsmündung mit den Kollisionsverhütungsregeln im Widerspruch steht?

Die Vorschrift der Seeschifffahrtsstraßen-Ordnung (SeeSchStrO) bzw. der Schifffahrtsordnung Emsmündung (EmsSchO).

4 Seiten 5, 81
Auf welchen Gewässern der Bundesrepublik Deutschland ist der Besitz des Sportbootführerscheins–See als Erlaubnis für das Führen eines Sportbootes oder eines Wassermotorrades vorgeschrieben; welche Sportboote sind davon ausgenommen?

1. Auf den deutschen Seeschifffahrtsstraßen.
2. Sportboote ohne Motorantrieb oder solche mit einer größten nicht überschreitbaren Nutzleistung von 3,68 Kilowatt (5 PS) oder weniger an der Propellerwelle.

5 Seiten 113, 226
1. Wer ist für die Befolgung der Verkehrsvorschriften verantwortlich?
2. Was ist zu tun, wenn vor Antritt der Fahrt nicht feststeht, wer Fahrzeugführer ist?

1. Der Fahrzeugführer oder sein Stellvertreter.
2. Der verantwortliche Fahrzeugführer muss bestimmt werden. Er muss zur Führung des Fahrzeugs berechtigt sein.

6 Seiten 80, 112
In welchen Fällen dürfen Sie weder ein Sportboot führen oder dessen Kurs oder Geschwindigkeit selbstständig bestimmen noch ein Wassermotorrad oder ein Segelsurfbrett fahren?

1. Wenn ich infolge körperlicher oder geistiger Mängel oder infolge des Genusses alkoholischer Getränke oder anderer berauschender Mittel in der sicheren Führung behindert bin.
2. Wenn ich eine Blutalkoholkonzentration von 0,5 ‰ oder mehr im Körper habe.

7 Seite 112
Was beinhaltet Absatz 1 der Grundregeln der Verordnung zu den Kollisionsverhütungsregeln (KVR), der Seeschifffahrtsstraßen-Ordnung (SeeSchStrO) und der Verordnung zur Einführung der Schifffahrtsordnung Emsmündung über das Verhalten im Verkehr?

1. Sicherheit und Leichtigkeit des Verkehrs müssen gewährleistet sein.
2. Kein anderer darf geschädigt, gefährdet oder unnötig behindert oder belästigt werden.
3. Vorsichtsmaßnahmen beachten, die Seemannsbrauch oder besondere Umstände erfordern.

8 Seiten 112, 224 ff.
Was verstehen Sie unter dem Begriff „seemännische Sorgfaltspflicht" und wie wird sie erfüllt?

1. Die Verpflichtung zur Beachtung von Vorsichtsmaßregeln über die Verkehrsvorschriften hinaus, die Seemannsbrauch oder besondere Umstände des Falles erfordern.
2. Zur Erfüllung der seemännischen Sorgfaltspflicht gehört auch die Anwendung der Sicherheitsregeln, die u. a. in der nautischen Veröffentlichung des Bundesamtes für Seeschifffahrt und Hydrographie „Sicherheit im See- und Küstenbereich" enthalten sind.

9 Seite 227
Welche Sicherheitsmaßnahmen sollte der Fahrzeugführer im Rahmen seiner seemännischen Sorgfaltspflicht vor Fahrtantritt zum Schutze und für die Sicherheit der Personen an Bord treffen?

Der Fahrzeugführer hat die Besatzungsmitglieder und Gäste
1. über die Sicherheitsvorkehrungen an Bord zu unterrichten,
2. in die Handhabung der Rettungs- und Feuerlöschmittel einzuweisen,

Sportbootführerschein See

3. auf geeignete Maßnahmen gegen das Überbordfallen hinzuweisen.

10 Seite 83

Was verstehen Sie unter dem Begriff „in Fahrt"?

Wenn ein Fahrzeug
– weder vor Anker liegt,
– noch an Land festgemacht ist,
– noch auf Grund sitzt.

11 Seiten 105, 106

1. Wie lang ist die Dauer eines kurzen Tons (●)?
2. Wie lang ist die Dauer eines langen Tons (▬)?

1. Etwa 1 Sekunde.
2. Etwa 4 – 6 Sekunden.

12 Seite 91

Was verstehen Sie unter dem Begriff „Manöver des letzten Augenblicks" und in welcher Situation ist es durchzuführen?

1. Ausweichmanöver des Kurshalters.
2. Es muss durchgeführt werden, wenn ein Zusammenstoß durch Manöver des Ausweichpflichtigen allein nicht mehr vermieden werden kann.

13 Seite 89

In welchem Fall gelten Sie als überholendes Fahrzeug?

Wenn ich mich einem anderen Fahrzeug aus einer Richtung von mehr als 22,5° achterlicher als querab (Bereich des Hecklichtes) nähere. Im Zweifelsfalle habe ich mich als überholendes Fahrzeug zu betrachten.

14 Seite 83

Was verstehen Sie unter dem Begriff „manövrierunfähiges Fahrzeug"?

Ein Fahrzeug, das wegen außergewöhnlicher Umstände nicht so wie vorgeschrieben manövrieren und daher einem anderen Fahrzeug nicht ausweichen kann (z. B. Ausfall der Ruder- oder Maschinenanlage).

15 Seite 83

Was verstehen Sie unter dem Begriff „manövrierbehindertes Fahrzeug"?

Ein Fahrzeug, das durch die Art seines Einsatzes behindert ist, so wie vorgeschrieben zu manövrieren, und daher einem anderen Fahrzeug nicht ausweichen kann (z. B. Tonnenleger, Kabelleger, Bagger).

16 Seiten 83, 93

Was verstehen Sie unter dem Begriff „verminderte Sicht"?

Sichteinschränkung durch Nebel, dickes Wetter, Schneefall, heftige Regengüsse oder ähnliche Umstände.

17 Seite 93

Welche Maßnahmen müssen Sie bei verminderter Sicht treffen?

1. Es muss mit sicherer, den verminderten Sichtverhältnissen angepasster Geschwindigkeit gefahren werden.
2. Es müssen Schallsignale gegeben werden.
3. Es müssen Positionslichter eingeschaltet werden.
4. Es muss Ausguck gegangen werden.

18 Seiten 83, 104

1. Wann gilt ein Fahrzeug unter Segel als Maschinenfahrzeug?
2. Welches zusätzliche Signal führt es am Tage?

1. Wenn es gleichzeitig mit Maschinenkraft fährt.
2. Einen schwarzen Kegel, Spitze unten.

19 Seiten 88, 89

Welche Seite wird als Luv-, welche als Leeseite bezeichnet?

Die dem Wind zugekehrte Seite wird als Luvseite, die dem Wind abgekehrte Seite als Leeseite bezeichnet.

20 Seite 99

Wann und in welchem Zustand müssen Positionslaternen an Bord sein?

Sie müssen ständig und gebrauchsfertig mitgeführt werden.

21 Seiten 94, 98

Wann müssen die Lichter von Fahrzeugen geführt oder gezeigt werden?

Von Sonnenuntergang bis Sonnenaufgang und bei verminderter Sicht.

22 Seite 112

1. Welcher Zeitraum gilt als „am Tage"?
2. Welcher Zeitraum gilt als „bei Nacht"?

1. Von Sonnenaufgang bis Sonnenuntergang.
2. Von Sonnenuntergang bis Sonnenaufgang.

Sportbootführerschein See

23 Seite 99
Wozu dient die Lichter-
führung?

Sie zeigt die Fahrtrichtung
und Lage eines Fahrzeugs an.

24 Seiten 94, 98
Welche Vorschriften regeln
die Ausrüstung, Anordnung
und Anbringung der Positionslaternen, Sichtzeichen und
Schallsignalanlagen auf
Fahrzeugen?

1. Die KVR.
2. Die SeeSchStrO.
3. Die Schifffahrtsordnung
   Emsmündung (EmsSchO).

25 Seite 98
Welche Positionslaternen,
Sichtzeichen und Schall-
signalanlagen dürfen Sie
verwenden?

Solche, deren Baumuster vom
Bundesamt für Seeschifffahrt
und Hydrographie (BSH) zur
Verwendung zugelassen sind.

26 Seite 87
Was verstehen Sie unter dem
Begriff „Verkehrstrennungs-
gebiet"?

1. Es sind bekannt gemachte
   Schifffahrtswege, die durch
   Trennlinien oder -zonen in
   Einbahnwege geteilt sind.
2. Sie dürfen jeweils nur in
   Fahrtrichtung rechts der
   Trennlinie oder Trennzone
   befahren werden.

27 Seiten 83, 88
Was verstehen Sie unter dem
Begriff „in Sicht befindlich"?

Wenn jedes Fahrzeug vom
anderen optisch wahrgenommen werden kann.

28 Seiten 84, 93
Wie haben Sie allgemein
Ihre Geschwindigkeit einzu-
richten?

Jedes Fahrzeug muss mit einer
„sicheren Geschwindigkeit"
fahren, d. h. es muss sich der
Verkehrslage, den Sicht- und
Witterungsverhältnissen
anpassen und jederzeit
aufgestoppt werden können.

29 Seiten 94, 195
Was bedeutet 1. das CE-Zei-
chen und 2. worauf haben
Sie beim Betrieb eines Sport-
bootes als verantwortlicher
Fahrzeugführer zu achten?

1. Das CE-Zeichen bedeutet,
   dass die Sicherheitsanforderungen der EU an Bau und
   Ausrüstung bei Inbetriebnahme des Sportbootes erfüllt worden sind.

2. Trotzdem habe ich als verantwortlicher Schiffsführer
   beim Betrieb eines Sportbootes darauf zu achten,
   dass vor Antritt der Fahrt
   alle sicherheitsrelevanten
   Systeme geprüft worden
   sind und während der Fahrt
   die im Schiffsbetrieb auftretenden Gefahrenquellen
   laufend überprüft werden.

Kollisionsverhütungsregeln (KVR)

30 Seiten 94, 100
Sie sehen folgendes Fahrzeug:

Was ist das für ein Fahrzeug?

Maschinenfahrzeug in Fahrt
von weniger als 50 Meter
Länge.

31 Seiten 94, 100
Sie sehen folgendes Fahrzeug:

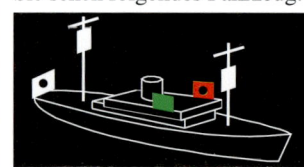

Welches Fahrzeug muss diese
Lichter führen?

Maschinenfahrzeug in Fahrt
von 50 und mehr Meter Länge.

32 Seiten 95, 100
Sie sehen folgenden Schleppverband:

Sportbootführerschein See

1. Was ist das für ein Schleppverband?
2. Was bedeutet es, wenn das schleppende Fahrzeug zusätzlich drei Rundumlichter senkrecht übereinander – das obere und untere rot, das mittlere weiß – führt?

1. Schleppverband in Fahrt von 200 Meter Länge oder weniger.
2. Der Schleppverband ist manövrierbehindert.

33   Seiten 95, 100
Sie sehen folgenden Schleppverband:

1. Was ist das für ein Schleppverband?
2. Was bedeutet es, wenn das schleppende Fahrzeug zusätzlich drei Rundumlichter senkrecht übereinander – das obere und untere rot, das mittlere weiß – führt?

1. Schleppverband in Fahrt von mehr als 200 Meter Länge.
2. Der Schleppverband ist manövrierbehindert.

34   Seiten 95, 98
Welche Lichter führen geschleppte Fahrzeuge?

Seitenlichter rot und grün und ein weißes Hecklicht.

35   Seiten 95, 104
Was bedeutet es, wenn jedes Fahrzeug eines Schleppverbandes einen schwarzen Rhombus führt?

Schleppverband von mehr als 200 Meter Länge.

36   Seiten 96, 100
Sie sehen folgendes Fahrzeug:

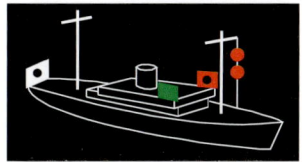

Was ist das für ein Fahrzeug?

Ein manövrierunfähiges Fahrzeug in Fahrt.

37   Seiten 96, 100
Sie sehen folgendes Fahrzeug:

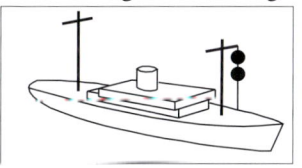

Was ist das für ein Fahrzeug?

Ein manövrierunfähiges Fahrzeug mit Fahrt durchs Wasser.

38   Seiten 96, 104
Sie sehen folgendes Fahrzeug:

Was ist das für ein Fahrzeug?

Ein manövrierunfähiges Fahrzeug.

39   Seiten 96, 104
Welche Signalkörper haben Sie zu führen, wenn Ihr Fahrzeug von 12 und mehr Meter Länge manövrierunfähig ist?

Zwei schwarze Bälle senkrecht übereinander.

40   Seiten 96, 97, 100
Welche Lichter haben Sie zu führen, wenn Ihr Fahrzeug von 12 und mehr Meter Länge manövrierunfähig ist, und zwar
1. in Fahrt (ohne Fahrt durchs Wasser),
2. mit Fahrt durchs Wasser?

1. Zwei rote Rundumlichter senkrecht übereinander.
2. Zwei rote Rundumlichter senkrecht übereinander und zusätzlich die Seitenlichter und das Hecklicht.

Sportbootführerschein See

41 Seiten 96, 100

Sie sehen folgendes Fahrzeug:
Was ist das für ein Fahrzeug?

Ein manövrierbehindertes Fahrzeug in Fahrt.

42 Seiten 96, 100

Sie sehen folgendes Fahrzeug:

Ein manövrierbehindertes Fahrzeug mit Fahrt durchs Wasser von 50 und mehr Meter Länge.

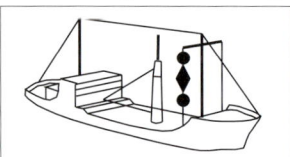

Welches Fahrzeug muss diese Lichter führen?

43 Seiten 96, 104

Sie sehen folgendes Fahrzeug:

Ein manövrierbehindertes Fahrzeug.

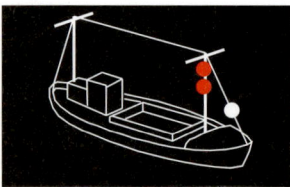

Was ist das für ein Fahrzeug?

44 Seiten 97, 100

Sie sehen folgendes Fahrzeug:

Ein Grundsitzer von weniger als 50 Meter Länge.

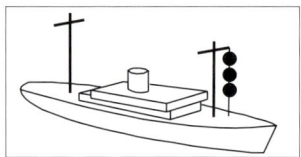

Was ist das für ein Fahrzeug?

45 Seiten 97, 104

Sie sehen folgendes Fahrzeug:

Ein Grundsitzer.

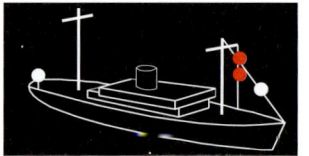

Was ist das für ein Fahrzeug?

46 Seiten 97, 100

Sie sehen folgendes Fahrzeug:

Ein Grundsitzer von 50 und mehr Meter Länge.

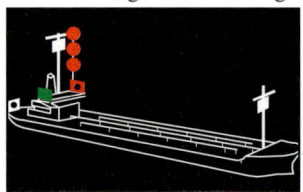

Welches Fahrzeug muss diese Lichter führen?

47 Seiten 97, 100

Sie sehen folgendes Fahrzeug:

Ein tiefgangbehindertes Fahrzeug von 50 und mehr Meter Länge in Fahrt.

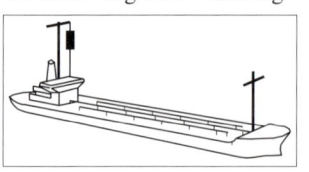

Welches Fahrzeug muss diese Lichter führen?

48 Seiten 97, 104

Sie sehen folgendes Fahrzeug:

Ein tiefgangbehindertes Fahrzeug in Fahrt.

Was ist das für ein Fahrzeug?

Sportbootführerschein See

49 Seiten 96, 100
Sie sehen folgendes Fahrzeug:

Welches Fahrzeug muss diese Lichter führen?

Ein fischender Trawler (Fischereifahrzeug) mit Fahrt durchs Wasser von 50 und mehr Meter Länge.

50 Seiten 96, 100
Sie sehen folgendes Fahrzeug:

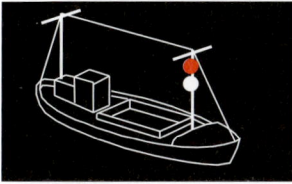

Was ist das für ein Fahrzeug?

Ein fischendes Fahrzeug in Fahrt, das nicht trawlt, z. B. ein Treibnetzfischer.

51 Seiten 96, 104
Sie sehen folgendes Fahrzeug:

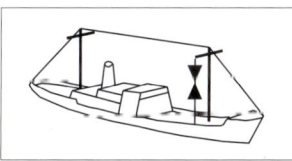

Was ist das für ein Fahrzeug?

Ein fischendes Fahrzeug in Fahrt.

52 Seite 83
Was verstehen Sie unter dem Begriff „fischendes Fahrzeug"?

Ein Fahrzeug, das mit Netzen, Leinen, Schleppnetzen oder anderen Fanggeräten fischt, welche seine Manövrierfähigkeit einschränken.

53 Seiten 95, 98
Welche Fahrzeuge führen nur Seitenlichter rot und grün und ein weißes Hecklicht?

Segler, Ruderboote und geschleppte Fahrzeuge.

54 Seiten 95, 98
Was für eine Laterne kann ein Segelfahrzeug von weniger als 20 Meter Länge anstelle der Seitenlichter und des Hecklichtes führen?

Eine Dreifarbenlaterne an oder nahe der Mastspitze.

55 Seiten 95, 98
Welche Lichter darf ein Fahrzeug unter Ruder führen oder zeigen?

Es darf die Seitenlichter und das Hecklicht oder eine Dreifarbenlaterne führen. Andernfalls ist ein weißes Licht gebrauchsfertig zur Hand zu haben, das rechtzeitig gezeigt werden muss, um einen Zusammenstoß zu verhüten.

56 Seiten 83, 95, 98
Welche Lichter muss ein Fahrzeug unter Segel, das gleichzeitig mit Maschinenkraft fährt, führen?

Die für ein Maschinenfahrzeug vorgeschriebenen Lichter.

57 Seiten 95, 99
Welche Lichter kann bzw. muss ein Maschinenfahrzeug in Fahrt von weniger als 7 m Länge, dessen Höchstgeschwindigkeit 7 Knoten nicht übersteigt, führen?

Tragen Sie die Lichter unter Angabe der Farben und Sichtwinkel ein, geben Sie an, in welcher Mindesthöhe das Topp- oder Rundumlicht über den Seitenlaternen geführt werden muss und geben Sie ferner an, welche Erleichterung anstelle der beiden Seitenlaternen zulässig ist.

Das Topp- oder Rundumlicht muss mindestens 1 Meter höher als die Seitenlaternen geführt werden.

Anstelle der beiden Seitenlaternen kann eine Zweifarbenlaterne geführt werden.

Sportbootführerschein See

1. kann:

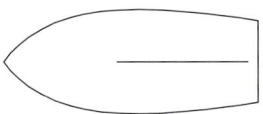

1. kann:

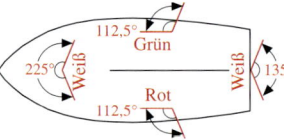

2. muss, soweit möglich:

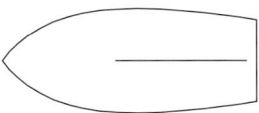

2. muss, soweit möglich:

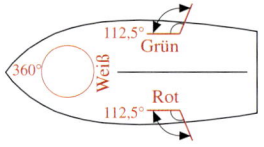

3. muss mindestens:

3. muss mindestens:

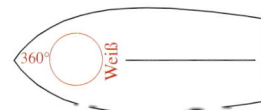

58 Seiten 95, 99

Welche Lichter kann bzw. muss ein Maschinenfahrzeug in Fahrt von weniger als 12 Meter Länge führen? Tragen Sie die Lichter unter Angabe der Farben und Sichtwinkel ein, geben Sie an, in welcher Mindesthöhe das Topp- oder Rundumlicht über den Seitenlaternen geführt werden muss, und geben Sie ferner an, welche Erleichterung anstelle der beiden Seitenlaternen zulässig ist.

1. kann:

1. kann:

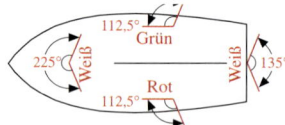

2. muss mindestens:

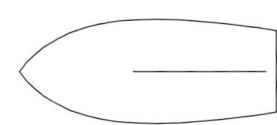

59 Seiten 95, 99

Welche Lichter muss ein Maschinenfahrzeug in Fahrt von 12 und mehr, jedoch weniger als 20 Meter Länge führen?

Tragen Sie die Lichter unter Angabe der Farben und Sichtwinkel ein, geben Sie an, in welcher Mindesthöhe das Topplicht über dem Schandeckel geführt werden muss und geben Sie ferner an, welche Erleichterung anstelle der beiden Seitenlaternen zulässig ist.

60 Seiten 95, 99

Welche Lichter muss ein Maschinenfahrzeug in Fahrt von 20 und mehr, jedoch weniger als 50 Meter Länge führen?

Tragen Sie die Lichter unter Angabe der Farben und Sicht-

2. muss mindestens:

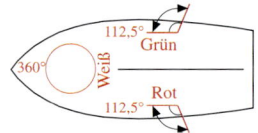

Das Topp- oder Rundumlicht muss mindestens 1 Meter höher als die Seitenlaternen geführt werden.

Anstelle der beiden Seitenlaternen kann eine Zweifarbenlaterne geführt werden.

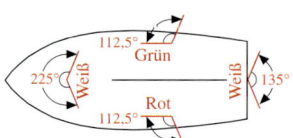

Höhe des Topplichtes über dem Schandeckel: Mindestens 2,50 Meter.

Anstelle der beiden Seitenlaternen kann eine Zweifarbenlaterne geführt werden.

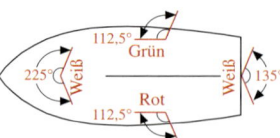

Sportbootführerschein See

winkel ein, und geben Sie ferner die Mindesthöhe des Topplichtes über dem Schiffskörper an.

Höhe des Topplichtes über dem Schiffskörper: Mindestens 6 Meter oder in einer der Breite des Fahrzeugs mindestens gleichkommenden Höhe; es braucht jedoch nicht höher als 12 Meter angebracht zu sein.

61 Seiten 97, 100

1. Was für ein Licht muss ein Ankerlieger von weniger als 50 Meter Länge führen?
2. Was für einen Signalkörper muss ein Ankerlieger führen?

1. Ein weißes Rundumlicht an gut sichtbarer Stelle.
2. Einen schwarzen Ball an gut sichtbarer Stelle.

62 Seiten 97, 100

Sie sehen folgendes Fahrzeug:

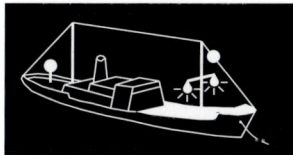

Welches Fahrzeug muss diese Lichter führen?

Ein vor Anker liegendes Fahrzeug von 100 und mehr Meter Länge.

63 Seiten 105, 107

Sie hören bei verminderter Sicht mindestens alle zwei Minuten einen langen Ton mit der Pfeife (▬). Welches Fahrzeug gibt dieses Signal?

Ein Maschinenfahrzeug, das Fahrt durchs Wasser macht.

64 Seiten 105, 107

Sie hören bei verminderter Sicht mindestens alle zwei Minuten zwei aufeinander folgende lange Töne mit der Pfeife (▬ ▬). Welches Fahrzeug gibt dieses Signal?

Ein Maschinenfahrzeug in Fahrt, das seine Maschine gestoppt hat und keine Fahrt durchs Wasser macht.

65 Seiten 105, 107

Sie hören bei verminderter Sicht mindestens alle zwei Minuten drei aufeinander folgende Töne mit der Pfeife, und zwar lang, kurz, kurz (▬ ●●). Welche Fahrzeuge geben dieses Signal?

1. Ein manövrierunfähiges Fahrzeug in Fahrt.
2. Ein manövrierbehindertes Fahrzeug in Fahrt oder vor Anker.
3. Ein tiefgangbehindertes Fahrzeug in Fahrt.
4. Ein Segelfahrzeug in Fahrt.
5. Ein schleppendes oder schiebendes Fahrzeug in Fahrt.
6. Ein fischendes Fahrzeug in Fahrt oder vor Anker.

66 Seiten 105, 107

Sie hören bei verminderter Sicht mindestens alle zwei Minuten drei aufeinander folgende Töne mit der Pfeife, und zwar lang, kurz, kurz (▬ ●●), und im Anschluss daran vier aufeinander folgende Töne mit der Pfeife, und zwar lang, kurz, kurz, kurz (▬ ●●●). Welches Fahrzeug gibt das letztgenannte Signal?

Ein geschlepptes Fahrzeug oder das letzte bemannte Fahrzeug eines Schleppverbandes in Fahrt.

67 Seiten 105, 107

Was für ein Schallsignal muss ein Segelfahrzeug in Fahrt von 12 und mehr Meter Länge bei verminderter Sicht geben?

Mindestens alle zwei Minuten drei aufeinander folgende Töne mit der Pfeife, und zwar lang, kurz, kurz (▬ ●●).

68 Seiten 105, 107

Welches Schallsignal muss ein Fahrzeug in Fahrt von weniger als 12 Meter Länge bei verminderter Sicht geben, wenn es die sonst vorgeschriebenen Schallsignale nicht geben kann?

Mindestens alle zwei Minuten ein kräftiges Schallsignal, das mit den vorgeschriebenen nicht verwechselt werden kann.

Sportbootführerschein See

69 Seiten 105, 107
Sie hören bei verminderter Sicht mindestens jede Minute etwa 5 Sekunden lang rasches Läuten der Glocke.

5 s

Welches Fahrzeug gibt dieses Signal?

Ein Fahrzeug vor Anker von weniger als 100 Meter Länge.

70 Seiten 105, 107
Sie hören bei verminderter Sicht mindestens jede Minute etwa 5 Sekunden lang rasches Läuten der Glocke und unmittelbar danach ungefähr 5 Sekunden lang rasch den Gong schlagen.

5 s   5 s

Welches Fahrzeug gibt dieses Signal?

Ein Fahrzeug vor Anker von 100 und mehr Meter Länge.

71 Seiten 105, 107
Welches zusätzliche Schallsignal darf jeder Ankerlieger bei verminderter Sicht geben, um einem sich nähernden Fahrzeug seinen Standort anzuzeigen?

Mit der Pfeife kurz, lang, kurz

(• ▬ •).

72 Seite 85
Wie stellen Sie fest, ob die Möglichkeit der Gefahr eines Zusammenstoßes besteht?

Wenn sich der Abstand zum anderen Fahrzeug verringert und sich die Kompasspeilung nicht oder nicht merklich ändert. Im Zweifelsfall ist die Gefahr als bestehend anzunehmen.

73 Seiten 88, 89
Zwei in Sicht befindliche Segelfahrzeuge nähern sich im freien Seeraum oder außerhalb des Fahrwassers so, dass die Möglichkeit der Gefahr eines Zusammenstoßes besteht. Welches Fahrzeug muss dem anderen ausweichen, wenn sie den Wind **nicht** von derselben Seite haben?

Es muss dasjenige ausweichen, das den Wind von Backbord hat.

74 Seiten 88, 89
Zwei in Sicht befindliche Segelfahrzeuge nähern sich im freien Seeraum oder außerhalb des Fahrwassers so, dass die Möglichkeit der Gefahr eines Zusammenstoßes besteht. Welches Fahrzeug muss dem anderen ausweichen, wenn sie den Wind von derselben Seite haben?

Es muss das luvwärtige Fahrzeug dem leewärtigen Fahrzeug ausweichen.

75 Seiten 88, 89
Wie hat sich ein Segelfahrzeug im freien Seeraum oder außerhalb des Fahrwassers zu verhalten, wenn es mit dem Wind von Backbord ein Segelfahrzeug in Luv sichtet und nicht mit Sicherheit feststellen kann, ob das andere Fahrzeug den Wind von Backbord oder von Steuerbord hat und die Möglichkeit der Gefahr eines Zusammenstoßes besteht?

Es muss ausweichen.

76 Seite 90
Wie müssen sich zwei in Sicht befindliche Maschinenfahrzeuge verhalten, die sich einander auf entgegengesetzten oder fast entgegengesetz-

Jedes Fahrzeug muss seinen Kurs nach Steuerbord ändern.

Sportbootführerschein See

ten Kursen nähern, um die Möglichkeit der Gefahr eines Zusammenstoßes zu vermeiden?

77 Seite 90
Welches von zwei in Sicht befindlichen Maschinenfahrzeugen, deren Kurse einander so kreuzen, dass die Möglichkeit der Gefahr eines Zusammenstoßes besteht, ist ausweichpflichtig?

Dasjenige Fahrzeug muss ausweichen, welches das andere an seiner Steuerbordseite hat.

78 Seite 92
Wie hat sich ein Maschinenfahrzeug im freien Seeraum oder außerhalb des Fahrwassers gegenüber einem in Sicht befindlichen Segelfahrzeug zu verhalten, wenn die Möglichkeit der Gefahr eines Zusammenstoßes besteht?

Das Maschinenfahrzeug muss ausweichen.

79 Seite 92
Wie hat sich ein Maschinenfahrzeug im freien Seeraum oder außerhalb des Fahrwassers gegenüber einem in Sicht befindlichen manövrierunfähigen Fahrzeug zu verhalten, wenn die Möglichkeit der Gefahr eines Zusammenstoßes besteht?

Das Maschinenfahrzeug muss ausweichen.

80 Seite 92
Wie hat sich ein Maschinenfahrzeug im freien Seeraum oder außerhalb des Fahrwassers gegenüber einem in Sicht befindlichen manövrierbehinderten Fahrzeug zu verhalten, wenn die Möglichkeit der Gefahr eines Zusammenstoßes besteht?

Das Maschinenfahrzeug muss ausweichen.

81 Seite 92
Wie hat sich ein Maschinenfahrzeug im freien Seeraum oder außerhalb des Fahrwassers gegenüber einem in Sicht befindlichen fischenden Fahrzeug zu verhalten, wenn die Möglichkeit der Gefahr eines Zusammenstoßes besteht?

Das Maschinenfahrzeug muss ausweichen.

82 Seite 92
Wie hat sich ein Segelfahrzeug im freien Seeraum oder außerhalb des Fahrwassers gegenüber einem in Sicht befindlichen manövrierunfähigen Fahrzeug zu verhalten, wenn die Möglichkeit der Gefahr eines Zusammenstoßes besteht?

Das Segelfahrzeug muss ausweichen.

83 Seite 92
Wie hat sich ein Segelfahrzeug im freien Seeraum oder außerhalb des Fahrwassers gegenüber einem in Sicht befindlichen manövrierbehinderten Fahrzeug zu verhalten, wenn die Möglichkeit der Gefahr eines Zusammenstoßes besteht?

Das Segelfahrzeug muss ausweichen.

84 Seite 92
Wie hat sich ein Segelfahrzeug im freien Seeraum oder außerhalb des Fahrwassers gegenüber einem in Sicht befindlichen fischenden Fahrzeug zu verhalten, wenn die Möglichkeit der Gefahr eines Zusammenstoßes besteht?

Das Segelfahrzeug muss ausweichen.

Sportbootführerschein See

85 Seiten 92, 97, 104
Sie sehen folgendes Fahrzeug:

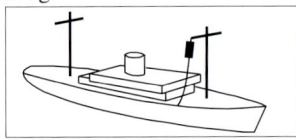

Wie verhalten Sie sich gegenüber diesem Fahrzeug?

Ich darf die sichere Durchfahrt des Fahrzeugs nicht behindern.

86 Seiten 92, 97, 100
Sie sehen folgendes Fahrzeug:

Wie verhalten Sie sich gegenüber diesem Fahrzeug?

Ich darf die sichere Durchfahrt des Fahrzeugs nicht behindern.

87 Seite 91
Wie verhalten Sie sich als Kurshalter vor Einleitung des Manövers des letzten Augenblicks gegenüber einem ausweichpflichtigen Fahrzeug?

Kurs und Geschwindigkeit sind zunächst beizubehalten und dem Ausweichpflichtigen ist besondere Aufmerksamkeit zu widmen.

88 Seiten 85, 91
Wie verhalten Sie sich als Ausweichpflichtiger gegenüber einem Kurshalter?

Ich muss das Ausweichmanöver frühzeitig, durchgreifend und klar erkennbar durchführen.

89 Seite 88
Wie hat sich ein überholendes Fahrzeug zu verhalten?

Es hat dem zu überholenden Fahrzeug auszuweichen.

90 Seite 93
Wie haben Sie sich zu verhalten, wenn Sie bei verminderter Sicht anscheinend vorli-

1. Ebenfalls Schallsignale geben.
2. Fahrt so weit verlangsamen, dass Steuerfähigkeit

cher als querab das Schallsignal eines anderen Fahrzeugs hören?

noch erhalten bleibt.
3. Erforderlichenfalls muss jegliche Fahrt weggenommen werden.
4. Vorsichtig manövrieren, bis die Gefahr eines Zusammenstoßes vorüber ist.

91 Seiten 91, 104
Wie verhalten Sie sich als Kurshalter, wenn Sie feststellen, dass ein anderes Fahrzeug seiner Ausweichpflicht nicht nachkommt und die Gefahr einer unmittelbar bevorstehenden Kollision besteht?

1. Ich gebe mindestens 5 kurze Töne mit der Pfeife.
2. Ich führe das Manöver des letzten Augenblicks durch.
3. Es ist so zu manövrieren, wie es zur Vermeidung eines Zusammenstoßes am dienlichsten ist.

92 Seiten 105, 106
Welche Bedeutung haben die folgenden von Maschinenfahrzeugen gegebenen Schallsignale:
1. ein kurzer Ton (●),
2. zwei kurze Töne (●●)?

1. Kursänderung nach Steuerbord.
2. Kursänderung nach Backbord.

93 Seiten 105, 106
Welche Bedeutung hat folgendes von Maschinenfahrzeugen gegebene Schallsignal: drei kurze Töne (●●●)?

Antrieb läuft rückwärts.

94 Seiten 105, 106
Welche Bedeutung hat folgendes Schallsignal: mindestens fünf kurze, rasch aufeinander folgende Töne (●●●●●)?

Ein Ausweichpflichtiger wird auf seine Ausweichpflicht aufmerksam gemacht.

95 Seiten 105, 107
Welche Bedeutung hat folgendes Schallsignal bei ver-

Ein Ankerlieger macht ein sich näherndes Fahrzeug auf

minderter Sicht: ein kurzer Ton, ein langer Ton, ein kurzer Ton (● ▬ ●)?

96 Seite 87

Was ist bei der Benutzung eines Verkehrstrennungsgebietes zu beachten?

97 Seite 87

Was ist hinsichtlich des Querens der Einbahnwege von Verkehrstrennungsgebieten zu beachten?

98 Seite 87

Sie fahren in einem Verkehrstrennungsgebiet auf dem Einbahnweg in der allgemeinen Verkehrsrichtung:

1. Nach welchen Regeln müssen Sie in diesem Bereich fahren und ausweichen?

eine gefährliche Annäherung aufmerksam.

1. Auf dem entsprechenden Einbahnweg in der allgemeinen Verkehrsrichtung fahren.
2. So weit wie möglich von der Trennlinie oder der Trennzone klarhalten.
3. In der Regel an den Enden des Einbahnweges ein- oder auslaufen; bei seitlichem Ein- oder Auslaufen hat dies in einem möglichst kleinen Winkel zur allgemeinen Verkehrsrichtung zu erfolgen.

1. Das Queren ist möglichst zu vermeiden.
2. Falls gequert werden muss, hat dies möglichst mit der Kielrichtung im rechten Winkel zur allgemeinen Verkehrsrichtung zu erfolgen.
3. Die Kielrichtung des querenden Fahrzeugs muss auch dann einen rechten Winkel zur allgemeinen Verkehrsrichtung bilden, wenn das Fahrzeug durch Wind oder Strom versetzt wird.

1. Nach den Kollisionsverhütungsregeln (KVR).

2. Wie haben Sie sich als Maschinenfahrzeug in einem Einbahnweg gegenüber einem Maschinenfahrzeug zu verhalten, das den Einbahnweg von Steuerbord kommend quert, wenn die Möglichkeit der Gefahr eines Zusammenstoßes besteht?
3. Wie haben Sie sich als Segelfahrzeug beim Queren eines Verkehrstrennungsgebietes gegenüber einem Maschinenfahrzeug zu verhalten, das auf einem Einbahnweg in der allgemeinen Verkehrsrichtung fährt?

99 Seite 87

Wie hat sich ein Fahrzeug von weniger als 20 Meter Länge oder ein Segelfahrzeug in Verkehrstrennungsgebieten zu verhalten?

100 Seiten 96, 104

Sie sehen folgendes Fahrzeug:

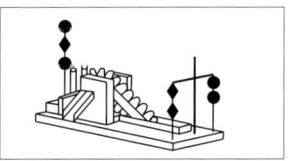

1. Was ist das für ein Fahrzeug?
2. Wie müssen Sie an diesem Fahrzeug vorbeifahren?

101 Seiten 96, 104

Sie sehen folgendes Fahrzeug im Fahrwasser:

2. Ich muss ausweichen.
3. Ich darf die sichere Durchfahrt des Maschinenfahrzeugs nicht behindern.

Es darf die sichere Durchfahrt eines dem Einbahnweg folgenden Maschinenfahrzeugs nicht behindern.

1. Ein manövrierbehindertes Fahrzeug, das baggert oder Unterwasserarbeiten ausführt und dabei die Schifffahrt behindert.
2. An der Seite, an der sich zwei schwarze Rhomben senkrecht übereinander angeordnet befinden.

Sportbootführerschein See

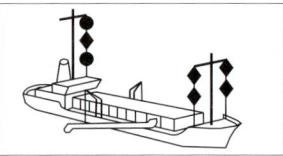

1. Was ist das für ein Fahrzeug?
2. Wie müssen Sie an diesem
   Fahrzeug vorbeifahren?

1. Ein manövrierbehindertes
   Fahrzeug, das im Fahrwasser baggert oder Unterwasserarbeiten ausführt und dabei die Schiffe an keiner
   Seite behindert.
2. An der Seite, die in meiner
   Fahrtrichtung rechts liegt.

1. Was bedeutet dieses Signal?
2. Wie verhalten Sie sich beim
   Passieren dieses Fahrzeugs?

1. Taucherarbeiten.
2. Ausreichenden Abstand
   halten, mit äußerster
   Vorsicht passieren.

102   Seiten 96, 101

Sie sehen folgendes Fahr-
zeug:

1. Was ist das für ein Fahrzeug?
2. Wie müssen Sie an die-
   sem Fahrzeug vorbeifahren?

1. Ein manövrierbehindertes
   Fahrzeug, das baggert oder
   Unterwasserarbeiten ausführt und dabei die Schifffahrt behindert.
2. An der Seite, an der sich
   zwei grüne Rundumlichter
   senkrecht übereinander
   angeordnet befinden.

Seeschifffahrtsstraßen-Ordnung (SeeSchStrO)

105   Seiten 81, 110

Wo ist festgelegt, welche
Wasserflächen Seeschiff-
fahrtsstraßen sind?

106   Seite 80

Welche örtlichen Sondervorschriften zusätzlich zur Seeschifffahrtsstraßen-Ordnung
(SeeSchStrO) und zur Schifffahrtsordnung Emsmündung
gibt es, und was ist darin
geregelt?

In § 1 der Seeschifffahrtsstraßen-Ordnung (SeeSchStrO)
und § 1 der Einführungsverord-
nung zur Schifffahrtsordnung
Emsmündung (EmsSchEV).

Die Bekanntmachungen der
Wasser- und Schifffahrts-
direktionen (WSD) Nord und
Nordwest zur Seeschifffahrts-
straßen-Ordnung und zur
Schifffahrtsordnung Ems-
mündung, die besondere örtli-
che Regelungen enthalten und
Hinweise für die einzelnen
Seeschifffahrtsstraßen geben.

103   Seiten 96, 101

Sie sehen folgendes Fahrzeug
im Fahrwasser:

1. Welches Fahrzeug muss
   diese Lichter führen?
2. Wie müssen Sie an diesem
   Fahrzeug vorbeifahren?

1. Ein manövrierbehindertes
   Fahrzeug mit Fahrt durchs
   Wasser von 50 und mehr
   Meter Länge, das im Fahr-
   wasser baggert oder Unter-
   wasserarbeiten ausführt und
   dabei die Schiffe an keiner
   Seite behindert.
2. An der Seite, die in meiner
   Fahrtrichtung rechts liegt.

107   Seite 101

Sie sehen folgendes Fahrzeug:

1. Was ist das für ein Fahrzeug?
2. Welche Sonderstellung
   hat es?

1. Fahrzeug des öffentlichen
   Dienstes im Einsatz.
2. Es darf von den Verkehrsvorschriften abweichen.

104   Seiten 97, 109

Sie sehen auf einem Fahrzeug
folgende Flagge:

108   Seite 101

Sie sehen Leuchtkugeln mit
weißen Sternen:
1. Wer gibt dieses Signal?
2. Wie verhalten Sie sich?

1. Fahrzeuge der Bundes-
   wehr, des Bundesgrenz-
   schutzes oder Maschinenfahrzeuge, die Schieß-

Sportbootführerschein See

scheiben schleppen, bei Übungen.
2. Ausreichend Abstand halten.

109 Seite 110
Was sind Fahrwasser im Sinne der Seeschifffahrtsstraßen-Ordnung (SeeSchStrO) und der Schifffahrtsordnung Emsmündung?

1. Es sind Wasserflächen, die durchgehend durch Fahrwasserseitenbezeichnung begrenzt oder gekennzeichnet sind,
2. binnenwärts der Flussmündungen auch nicht gekennzeichnete Wasserflächen, die für die durchgehende Schifffahrt bestimmt sind.

110 Seite 110
Welches ist – außer in Wattgebieten – die Steuerbordseite eines Fahrwassers?

Es ist die Seite, die ein von See kommendes Schiff an seiner Steuerbordseite hat.

111 Seite 111
Was verstehen Sie unter dem Begriff „Wassermotorräder"?

Motorisierte Wassersportgeräte, z. B. Wasserbob, Wasserskooter, Jetbike oder Jetski sowie sonstige gleichartige Geräte.

112 Seite 112
Welche besondere Verpflichtung hat ein Fahrzeugführer, dessen Fahrzeug mit einer UKW-Sprechfunkanlage ausgerüstet ist?

Er ist verpflichtet, die von der Verkehrszentrale gegebenen Verkehrsinformationen und -unterstützungen abzuhören und zu berücksichtigen.

113 Seiten 101, 109
Sie sehen folgendes Fahrzeug (tags, nachts):

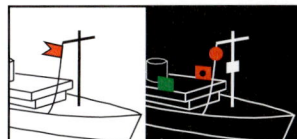

Was bedeutet die rote Flagge bzw. das rote Rundumlicht?

Ein Fahrzeug, das bestimmte gefährliche Güter befördert, oder ein nicht entgaster Tanker, von dem eine Gefahr ausgehen kann.

114 Seiten 98, 101
Welches Licht muss ein Fahrzeug unter Segel von weniger als 12 Meter Länge oder ein Fahrzeug unter Ruder auf der Seeschifffahrtsstraße führen, wenn es die nach den Kollisionsverhütungsregeln (KVR) vorgeschriebenen Lichter nicht führen kann?

Ein weißes Rundumlicht.

115 Seite 98
Wann darf ein Maschinenfahrzeug von weniger als 7 Meter Länge auf Seeschifffahrtsstraßen nicht fahren, wenn es die nach den Kollisionsverhütungsregeln (KVR) vorgeschriebenen Lichter nicht führen kann?

Es darf in der Zeit, in der die Lichterführung vorgeschrieben ist, nicht fahren, es sei denn, dass ein Notstand vorliegt.

116 Seite 98
Wann darf ein Fahrzeug unter Segel von weniger als 12 Meter Länge oder unter Ruder auf Seeschifffahrtsstraßen nicht fahren, wenn es nicht mindestens ein weißes Rundumlicht führen kann?

Es darf in der Zeit, in der die Lichterführung vorgeschrieben ist, nicht fahren, es sei denn, dass ein Notstand vorliegt.

117 Seite 98
Wie muss sich ein Fahrzeug auf Seeschifffahrtsstraßen bei einem Notstand verhalten, wenn es die vorgeschriebenen Lichter nicht führen kann?

1. Eine elektrische Leuchte oder Laterne mit einem weißen Licht ständig gebrauchsfertig bereithalten.
2. Zur Verhütung eines Zusammenstoßes das weiße Licht rechtzeitig zeigen.

118 Seite 101
Was für ein Licht müssen Sie auf einem Sportboot setzen, wenn Sie festgemacht haben und keine ausreichende Beleuchtung vom Ufer her vorhanden ist?

Ein festes weißes Rundumlicht mittschiffs an der Fahrwasserseite.

Sportbootführerschein See

119   Seite 105

Welches Schallsignal müssen Sie, wenn es die Verkehrslage erfordert, beim Einlaufen in andere Fahrwasser und Häfen und beim Auslaufen aus ihnen geben?

Einen langen Ton als Achtungssignal.

120   Seite 105

Sie hören 2 Gruppen von je einem langen und vier kurzen Tönen:

(▬ ●●●●   ▬ ●●●●)

Was bedeutet dieses Schallsignal?

Allgemeines Gefahr- und Warnsignal.

121   Seite 105

Wie lautet das „Allgemeine Gefahr- und Warnsignal"?

2 Gruppen von je einem langen und vier kurzen Tönen:

(▬ ●●●●   ▬ ●●●●)

122   Seite 105

Wann ist das „Allgemeine Gefahr- und Warnsignal" zu geben?

Wenn ein Fahrzeug ein anderes gefährdet oder durch dieses selbst gefährdet wird.

123   Seite 105

Sie hören in jeder Minute mindestens fünfmal hintereinander mit jeweils 2 Sekunden Zwischenpause einen kurzen und einen langen Ton (● ▬ ● ▬ usw. 2 s):
1. Was bedeutet dieses Schallsignal?
2. Wie haben Sie sich zu verhalten?

1. Bleib-weg-Signal, Gefahr durch gefährliche Güter.
2. Sofort den Gefahrenbereich verlassen, Feuer und Zündfunken möglichst vermeiden (Explosionsgefahr).

124   Seite 116

Wie haben sich Fahrzeuge zu verhalten, die
1. in das Fahrwasser einlaufen,
2. das Fahrwasser queren,
3. im Fahrwasser drehen,
4. ihre Anker- und Liegeplätze verlassen?

Sie haben die Vorfahrt der im Fahrwasser fahrenden Fahrzeuge zu beachten.

125   Seite 116

Wie haben Segelfahrzeuge im Fahrwasser, die nicht deutlich der Richtung eines Fahrwassers folgen, untereinander auszuweichen?

Sie haben untereinander nach den Regeln der KVR auszuweichen, wenn sie dadurch vorfahrtberechtigte Fahrzeuge nicht gefährden oder behindern.

126   Seite 114

Wo muss im Fahrwasser grundsätzlich gefahren werden?

So weit wie möglich rechts.

127   Seite 114

Was muss ein Fahrzeug, das außerhalb des Fahrwassers fährt, durch seine Fahrweise klar erkennen lassen?

Es muss klar erkennbar sein, dass das Fahrwasser nicht benutzt wird.

128   Seite 116

Nach welchen Regeln muss außerhalb des Fahrwassers ausgewichen werden?

Nach den Kollisionsverhütungsregeln (KVR).

129   Seiten 114, 115

Wo ist das Überholen verboten?

1. In der Nähe von in Fahrt befindlichen nicht freifahrenden Fähren.
2. An Engstellen.
3. In unübersichtlichen Krümmungen.
4. In Schleusenbereichen.
5. Innerhalb von Strecken, die durch Überholverbotszeichen gekennzeichnet sind.

130   Seite 125

Sie sehen folgendes Sichtzeichen:

Was bedeutet dieses Sichtzeichen?

Überholverbot für alle Fahrzeuge.

Sportbootführerschein See

131   Seite 125
Wo muss ein wartepflichtiges Fahrzeug vor einer Brücke, einem Sperrwerk oder einer Schleuse anhalten, solange die Durchfahrt nicht freigegeben ist?

In ausreichender Entfernung oder, wenn vorhanden, vor dem Halteschild.

132   Seite 120
Wo darf ein wartepflichtiges Fahrzeug vor einer Brücke, einem Sperrwerk oder einer Schleuse nicht festmachen?

An den Leitwerken oder Abweisedalben.

133   Seiten 119, 125
Wo darf Wasserski gelaufen, Wassermotorrad oder mit einem Kite- oder Segelsurfbrett gefahren werden?

1. Außerhalb des Fahrwassers, wenn es nicht von der Wasser- und Schifffahrtsdirektion durch Bekanntmachung verboten ist.
2. Im Fahrwasser auf Abschnitten, die durch die Wasser- und Schifffahrtsdirektion bekannt gemacht oder durch blaue Tafeln mit dem weißen Symbol eines Wasserskiläufers, eines Wassermotorrades oder eines Segelsurfers bezeichnet sind.

134   Seite 119
Wann darf kein Wasserski gelaufen, Wassermotorrad oder mit einem Kite- oder Segelsurfbrett gefahren werden?

Bei Nacht und bei verminderter Sicht und während der bekannt gemachten Verbotszeiten.

135   Seite 119
1. Wie haben sich die Führer von Zugbooten der Wasserskiläufer sowie Wassermotorradfahrer und Kite- oder Segelsurfer bei Annäherung an Fahrzeuge zu verhalten?

1. Sie haben auszuweichen.

2. Wie hat sich der Wasserskiläufer dabei zu verhalten?

2. Der Wasserskiläufer hat sich im Kielwasser des Zugbootes zu halten.

136   Seite 119
Nach welchen Vorschriften haben Führer von Zugbooten der Wasserskiläufer, Fahrer von Wassermotorrädern und Kite- oder Segelsurfer untereinander auszuweichen?

Entsprechend den Regeln der KVR.

137   Seite 120
Wo ist Ankern verboten? (Nennen Sie mindestens 4 Stellen oder Bereiche.)

1. Im Fahrwasser.
2. An engen Stellen und in unübersichtlichen Krümmungen.
3. Im Umkreis von 300 m von schwimmenden Geräten, Wracks und sonstigen Schifffahrtshindernissen, von Kabeltonnen sowie von Stellen für militärische und zivile Zwecke.
4. Vor Hafeneinfahrten, Anlegestellen, Schleusen und Sielen sowie in den Zufahrten des NOK.
5. Innerhalb von Fähr- und Brückenstrecken.
6. 300 m vor und hinter Ankerverbotszeichen.

138   Seite 120
Wo dürfen Sie mit Ihrem Fahrzeug nicht anlegen bzw. nicht festmachen? (Nennen Sie mindestens 4 Stellen, Bauwerke oder Bereiche.)

1. An Sperrwerken, Strombauwerken, Leitwerken, Pegeln, festen und schwimmenden Schifffahrtszeichen.
2. An engen Stellen und in unübersichtlichen Krümmungen.
3. Vor Hafeneinfahrten und an Anlegestellen, die nicht für Sportboote bestimmt sind.
4. Innerhalb von Fähr- und Brückenstrecken.
5. An Stellen, die durch die

Sportbootführerschein See

Sichtzeichen „Festmache-verbot" und „Liegeverbot" gekennzeichnet sind.

139 Seiten 121, 123
Was unternehmen Sie, wenn für Ihr Fahrzeug die Gefahr des Sinkens im Fahrwasser besteht?

Es ist so weit wie möglich aus dem Fahrwasser zu bringen, um eine Beeinträchtigung der Schifffahrt zu vermeiden.

140 Seiten 121, 123
Was unternehmen Sie, um die Schifffahrt zu warnen, wenn Ihr Fahrzeug gesunken ist?

Stelle des gesunkenen Fahrzeugs behelfsmäßig kennzeichnen und die Schifffahrts-polizeibehörde benachrichtigen.

141 Seite 122
Wann und zu welchem Zweck dürfen Sportfahrzeuge ohne Lotsen die Zufahrten und den Nord-Ostsee-Kanal benutzen?

Während der bekannt gemachten Tagfahrzeiten, ausgenommen bei verminderter Sicht.

142 Seite 122
Bei welchem Signal dürfen Sportfahrzeuge ohne Lotsen von den Kanalreeden in die Zufahrten und in die Schleusen des Nord-Ostsee-Kanals einfahren?

Wenn ein weißes unterbrochenes Licht gezeigt wird.

143 Seite 122
In welchen besonderen Vorschriften ist die Durchfahrt durch den Nord-Ostsee-Kanal geregelt?

1. Im Abschnitt „Ergänzende Vorschriften für den Nord-Ostsee-Kanal" der SeeSch-StrO.
2. In der Bekanntmachung der WSD Nord zur SeeSchStrO.

144 Seite 122
Sie sehen im Nord-Ostsee-Kanal an einem Weichensignalmast drei unterbrochene rote Lichter übereinander:
1. Was bedeutet dieses Signal?

1. Ausfahren für alle Fahrzeuge verboten.
2. Aufhebung des Signals abwarten – ggf. hinter der rechten Dalbenreihe.

2. Wie haben Sie sich dann in der Weiche zu verhalten?

145 Seite 125
Sie sehen an Land folgendes Sichtzeichen:

Was bedeutet dieses Sichtzeichen?

1. Begegnungsverbot an einer Engstelle.
2. Vorfahrtsregelung beachten.

146 Seite 125
Sie sehen an Land folgendes Sichtzeichen:

Was bedeutet dieses Sichtzeichen?

Die Geschwindigkeit durch das Wasser in km/h, auf dem Nord-Ostsee-Kanal über Grund in km/h, die nicht überschritten werden darf; hier 12 km/h.

147 Seite 124
Sie sehen eines der folgenden Sichtzeichen (tags, nachts):

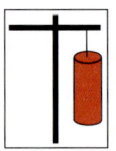 

1. Was bedeutet dieses Sichtzeichen?
2. Wie haben Sie sich zu verhalten?

1. Schutzbedürftige Anlage.
2. Sog und Wellenschlag vermeiden.

148 Seite 105
Sie hören folgendes Schallsignal – 4 kurze Töne (●●●●):
1. Was bedeutet dieses Signal?
2. Wie verhalten Sie sich?

1. Brücke, Sperrwerk, Schleuse kann vorübergehend nicht geöffnet werden.
2. Fahrt unterbrechen, Freigabe abwarten.

Sportbootführerschein See

149 Seite 125

Sie sehen an Land folgendes Sichtzeichen:

Was bedeutet dieses Sichtzeichen?

Geschwindigkeitsbeschränkung, Sog und Wellenschlag vermeiden.

150 Seite 125

Sie sehen folgendes Sichtzeichen:

Was bedeutet dieses Sichtzeichen?

Geschwindigkeit von 8 km/h (4,3 sm/h) Fahrt durch das Wasser, die innerhalb eines Mindestabstandes von 500 m von der jeweiligen Uferlinie wegen Badebetriebes nicht überschritten werden darf.

151 Seite 25

Sie sehen folgende Tonne:

Was bedeutet diese Tonne?

Gesperrt für Maschinenfahrzeuge und Wassermotorräder wegen Badebetriebes.

152 Seite 119

Welche Höchstgeschwindigkeit dürfen Sie vor Stellen mit erkennbarem Badebetrieb – außerhalb des Fahrwassers – in einem Abstand von 500 Meter und weniger vom Ufer nicht überschreiten?

8 km/h (4,3 sm/h) Fahrt durch das Wasser.

153 Seite 125

Sie sehen folgendes Sichtzeichen:

Was bedeutet dieses Sichtzeichen?

Mindestabstand in Metern, der in der nachfolgenden Strecke vom Aufstellungsort der Tafel (hier 40 m von der in Fahrtrichtung rechten Seite) an eingehalten werden muss.

154 Seite 125

Sie sehen folgendes Sichtzeichen:

1. Was bedeutet dieses Sichtzeichen?
2. Wie haben Sie sich zu verhalten?

1. Anhalten vor beweglichen Brücken, Sperrwerken und Schleusen.
2. Vor dem Sichtzeichen anhalten, warten, bis die Durchfahrt freigegeben wird.

155 Seite 125

Sie sehen folgendes Sichtzeichen:

1. Was bedeutet dieses Sichtzeichen?
2. Wie haben Sie sich zu verhalten?

1. Ankerverbot.
2. In einem Abstand von weniger als 300 m beiderseits des Sichtzeichens nicht ankern.

Sportbootführerschein See

156 Seite 25

Sie sehen eines der folgenden Schifffahrtszeichen (hier ohne Beschriftung):

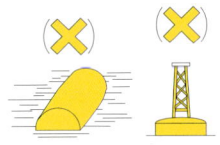

1. Was kennzeichnet dieses Schifffahrtszeichen?
2. Wo entnehmen Sie die Bedeutung dieses Schifffahrtszeichens?

1. Kennzeichnung besonderer Gebiete und Stellen, z. B. Warngebiete, Fischereigründe.
2. Die Bedeutung kann der Seekarte entnommen und aus der Beschriftung des Schifffahrtszeichens erkannt werden.

157 Seite 125

Sie sehen folgende Sichtzeichen:

Was bedeuten diese Sichtzeichen?

1. Festmacheverbot.
2. Liegeverbot.

158 Seite 125

Sie sehen folgendes Sichtzeichen:

1. Was bedeutet dieses Sichtzeichen?
2. Wie haben Sie sich zu verhalten?

1. Abgabe eines Schallsignals.
2. Das in der Zusatztafel angegebene Schallsignal – hier ein langer Ton – ist zu geben.

159 Seite 125

Sie sehen folgende Sichtzeichen:

Was bedeuten diese Sichtzeichen?

1. Wasserflächen im Fahrwasser, auf denen das Wasserskilaufen erlaubt ist.
2. Wasserflächen im Fahrwasser, auf denen das Fahren mit Wassermotorrädern erlaubt ist.

160 Seite 125

Sie sehen folgendes Sichtzeichen:

Was bedeutet dieses Sichtzeichen?

Ende einer Gebots- oder Verbotsstrecke.

161 Seite 15

Woran können Sie erkennen, dass ein militärisches Warngebiet wegen Schießübungen für die Schifffahrt gesperrt ist?

An bestimmten Tag- und Nachtsignalen, die nach der Schifffahrtspolizeiverordnung der WSD Nord für militärische Sperr- und Warngebiete an entsprechenden Signalstellen und auf Sicherungsfahrzeugen gezeigt werden.

162 Seite 25

Sie sehen eines der folgenden Schifffahrtszeichen:

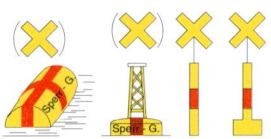

1. Was bezeichnet dieses Schifffahrtszeichen?
2. Wie haben Sie sich zu verhalten?

1. Sperrgebiet.
2. Befahren für alle Fahrzeuge verboten.

Sportbootführerschein See

163
Seite 109

Sie sehen folgende Flagge:

1. Was bedeutet dieses Flaggensignal?
2. Wer zeigt dieses Signal?

1. Anhalten.
2. Fahrzeuge des öffentlichen Dienstes.

164
Seiten 105, 109

Sie sehen oder hören folgendes Licht- bzw. Schallsignal: einmal kurz, einmal lang, zweimal kurz: (● ▬ ● ●).
1. Was bedeutet dieses Signal?
2. Wer gibt dieses Signal?

1. Anhalten.
2. Fahrzeuge des öffentlichen Dienstes.

165
Seite 124

Sie sehen eines der folgenden Sichtzeichen (tags, nachts):

1. Was bedeutet dieses Sichtzeichen?
2. Wie haben Sie sich zu verhalten?

1. Dauernde Sperrung einer Seeschifffahrtsstraße.
2. Weiterfahrt verboten.

166
Seite 124

Beschreiben Sie das Körperzeichen und Lichtsignal für die dauernde Sperrung einer Seeschifffahrtsstraße.

1. Drei Körperzeichen übereinander, oben ein schwarzer Ball, in der Mitte ein schwarzer Kegel – Spitze unten –, unten ein schwarzer Kegel – Spitze oben.
2. Drei feste Lichter übereinander, das obere rot, das mittlere grün, das untere weiß.

167
Seite 125

Sie sehen folgendes Sichtzeichen:

1. Was bedeutet dieses Sichtzeichen?
2. Wie haben Sie sich zu verhalten?

1. Dauernde Sperrung einer Teilstrecke der Seeschifffahrtsstraße.
2. Weiterfahrt in der Teilstrecke verboten.

168
Seite 105

Sie hören auf der Seeschifffahrtsstraße 2 Gruppen von je drei langen Tönen:
(▬ ▬ ▬
▬ ▬ ▬)
1. Was bedeutet dieses Signal?
2. Wie haben Sie sich zu verhalten?

1. Sperrung der Seeschifffahrtsstraße.
2. Weiterfahrt verboten.

169
Seite 124

Sie sehen an Brücken, Sperrwerken oder Schleusen folgende feste Lichter:

1. Was bedeutet dieses Sichtzeichen?
2. Wie haben Sie sich zu verhalten?

1. Brücke, Sperrwerk oder Schleuse geschlossen.
2. Durchfahren oder Einfahren verboten.

170
Seite 124

Sie sehen an Brücken, Sperrwerken oder Schleusen folgende feste Lichter:

Sportbootführerschein See

1. Was bedeutet dieses Sichtzeichen?
2. Wie haben Sie sich zu verhalten?

1. Diese Anlage ist dauernd
   gesperrt.
2. Durchfahren oder Einfahren verboten.

Bezeichnung der Fahrwasser

174   Seite 25

Sie sehen folgende Tonne:

Was bezeichnet diese Tonne?

1. Kennzeichnung der Zufahrt
   zu Fahrwassern von See.
2. Kennzeichnung der Mitte
   von Schifffahrtswegen.

171   Seite 125

Sie sehen an einer Brücke folgende Tafeln:

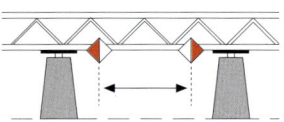

Was bedeuten diese Sichtzeichen?

Die Brückenöffnung darf nur
innerhalb des durch die
beiden Tafeln begrenzten
Raumes durchfahren werden.
Dies gilt nicht für kleine
Fahrzeuge (Fahrzeuge von
weniger als 12 m Länge).

175   Seite 25

Sie sehen folgende Tonne:

Was bezeichnet diese Tonne?

Von See beginnend die erste
Tonne der Steuerbordseite eines Fahrwassers.

172   Seite 125

Sie sehen folgende Sichtzeichen:

1.

2.

Was bedeuten diese Sichtzeichen?

1. Fährstelle, freifahrende
   Fähre.
2. Fährstelle, nicht freifahrende Fähre.

176   Seite 25

Sie sehen folgende Tonne:

Was bezeichnet diese Tonne?

Von See beginnend die erste
Tonne der Backbordseite eines Fahrwassers.

173   Seite 124

Sie sehen eines der folgenden
Sichtzeichen (tags, nachts):

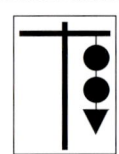 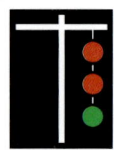

Was bedeutet dieses Sichtzeichen?

Außergewöhnliche Schiff-
fahrtsbehinderung.

177   Seite 25

Sie sehen eines der folgenden
Schifffahrtszeichen:

Welche Seite des Fahrwassers
bezeichnet dieses Schifffahrtszeichen?

Die Steuerbordseite des Fahrwassers.

Sportbootführerschein See

178 Seite 25

Sie sehen eines der folgenden Schifffahrtszeichen:

Welche Seite des Fahrwassers bezeichnet dieses Schifffahrtszeichen?

Die Backbordseite des Fahrwassers.

179 Seite 25

Welche Beschriftung tragen die Fahrwassertonnen
1. an der Backbordseite,
2. an der Steuerbordseite?

1. Fortlaufende gerade Nummern.
2. Fortlaufende ungerade Nummern.

180 Seite 25

Welchen Anstrich und welche Toppzeichen haben die Fahrwassertonnen
1. an der Backbordseite,
2. an der Steuerbordseite?

1. Rot, stumpfe Toppzeichen.
2. Grün, spitze Toppzeichen.

181 Seite 68

Sie sehen folgendes feste Schifffahrtszeichen:

1. Welche Seite des Fahrwassers bezeichnet dieses Schifffahrtszeichen?
2. Wo findet es überwiegend Verwendung?

1. Die Steuerbordseite des Fahrwassers.
2. In den Wattengebieten.

182 Seite 68

Sie sehen eines der folgenden festen Schifffahrtszeichen:

1. Welche Seite des Fahrwassers bezeichnet dieses Schifffahrtszeichen?
2. Wo findet es überwiegend Verwendung?

1. Die Backbordseite des Fahrwassers.
2. In den Wattgebieten.

183 Seite 25

Sie sehen folgende Tonne:

Was bezeichnet diese Tonne?

Steuerbordseite des durchgehenden Fahrwassers, Backbordseite des abzweigenden Fahrwassers.

Hinweis des Autors: *abzweigend*, da es die erste Bb-Tonne (HN 2) des Fahrwassers HN ist.

184 Seite 25

Sie sehen folgende Tonne:

Was bezeichnet diese Tonne?

Backbordseite des durchgehenden Fahrwassers, Steuerbordseite des einmündenden Fahrwassers.

Hinweis des Autors: *einmündend*, da es die achte (letzte) Stb-Tonne (GN 15) des Fahrwassers GN ist.

185 Seiten 21, 23

Was bedeuten folgende Abkürzungen?
1. Oc (2) R. Whis /
   Hl-Tn. Ubr. (2) r.?
2. Fl (2) G / Blz. (2) gn.?
3. Oc. WRG. 12 M /
   Ubr. w/r/gn. 12 sm?

1. Heultonne mit unterbrochenem Feuer, Gruppe 2, rot.
2. Blitzfeuer Gruppe 2, grün.
3. Unterbrochenes Feuer mit weißem und rotem und grünem Sektor, Nenntragweite 12 sm.

Sportbootführerschein See

4. LFl / Blk.
5. Bell / Gl-Tn.?
6. Dir / Lt-F.?

4. Blinkfeuer.
5. Glockentonne.
6. Leitfeuer.

186 Seite 25
Welche Kennung und Farbe haben die Feuer der Leuchttonnen an der Backbordseite des Fahrwassers?

Rotes Blitzfeuer, rotes Funkelfeuer oder rotes unterbrochenes Feuer.

187 Seite 25
Welche Kennung und Farbe haben die Feuer der Leuchttonnen an der Steuerbordseite des Fahrwassers?

Grünes Blitzfeuer, grünes Funkelfeuer oder grünes unterbrochenes Feuer.

188 Seite 25
Welche Kennung und Farbe hat das Feuer der Leuchttonnen in der Mitte von Schifffahrtswegen oder zur Kennzeichnung der Zufahrt zu Fahrwassern von See?

Weißes Gleichtaktfeuer oder weißes unterbrochenes Feuer.

Bezeichnung der Gefahrenstellen

189 Seite 24
Sie sehen eines der folgenden Schifffahrtszeichen:

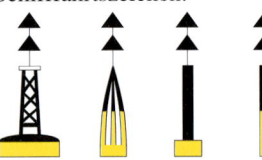

1. Was bezeichnet dieses Schifffahrtszeichen?
2. Wie verhalten Sie sich beim Passieren?

1. Es zeigt eine allgemeine Gefahrenstelle an und liegt, erkennbar an seiner Farbgebung und seinem Toppzeichen, nördlich von ihr.
2. Ich passiere nördlich.

190 Seite 24
Sie sehen eines der folgenden Schifffahrtszeichen:

1. Was bezeichnet dieses Schifffahrtszeichen?
2. Wie verhalten Sie sich beim Passieren?

1. Es zeigt eine allgemeine Gefahrenstelle an und liegt, erkennbar an seiner Farbgebung und seinem Toppzeichen, östlich von ihr.
2. Ich passiere östlich.

191 Seite 24
Sie sehen eines der folgenden Schifffahrtszeichen:

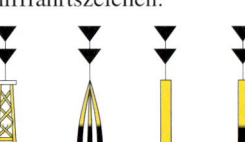

1. Was bezeichnet dieses Schifffahrtszeichen?
2. Wie verhalten Sie sich beim Passieren?

1. Es zeigt eine allgemeine Gefahrenstelle an und liegt, erkennbar an seiner Farbgebung und seinem Toppzeichen, südlich von ihr.
2. Ich passiere südlich.

192 Seite 24
Sie sehen eines der folgenden Schifffahrtszeichen:

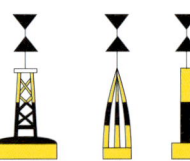

1. Was bezeichnet dieses Schifffahrtszeichen?
2. Wie verhalten Sie sich beim Passieren?

1. Es zeigt eine allgemeine Gefahrenstelle an und liegt, erkennbar an seiner Farbgebung und seinem Toppzeichen, westlich von ihr.
2. Ich passiere westlich.

193 Seite 24
Sie sehen das weiße Feuer einer Leuchttonne mit folgender Kennung:

Sportbootführerschein See

oder

1. Was bezeichnet diese Kennung?
2. Wie verhalten Sie sich beim Passieren?

1. Es zeigt eine allgemeine Gefahrenstelle an und liegt, erkennbar an der Kennung, nördlich von ihr.
2. Ich passiere nördlich.

194   Seite 24

Sie sehen das weiße Feuer einer Leuchttonne mit folgender Kennung:

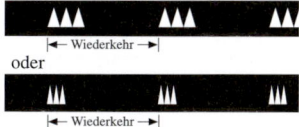

oder

1. Was bezeichnet diese Kennung?
2. Wie verhalten Sie sich beim Passieren?

1. Es zeigt eine allgemeine Gefahrenstelle an und liegt, erkennbar an der Kennung, östlich von ihr.
2. Ich passiere östlich.

195   Seite 24

Sie sehen das weiße Feuer einer Leuchttonne mit folgender Kennung:

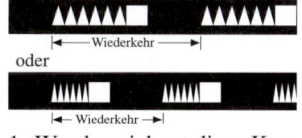

oder

1. Was bezeichnet diese Kennung?
2. Wie verhalten Sie sich beim Passieren?

1. Es zeigt eine allgemeine Gefahrenstelle an und liegt, erkennbar an der Kennung, südlich von ihr.
2. Ich passiere südlich.

196   Seite 24

Sie sehen das weiße Feuer einer Leuchttonne mit folgender Kennung:

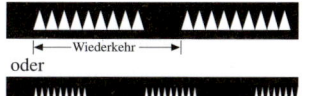

oder

1. Was bezeichnet diese Kennung?
2. Wie verhalten Sie sich beim Passieren?

1. Es zeigt eine allgemeine Gefahrenstelle an und liegt, erkennbar an der Kennung, westlich von ihr.
2. Ich passiere westlich.

197   Seite 24

Sie sehen eines der folgenden Schifffahrtszeichen:

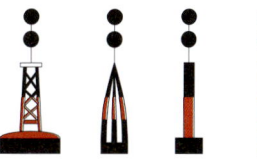

1. Was bezeichnet dieses Schifffahrtszeichen?
2. Wie verhalten Sie sich beim Passieren?

1. Es zeigt eine Einzelgefahrenstelle an, erkennbar an seiner Farbgebung und seinem Toppzeichen.
2. Ich kann an allen Seiten passieren.

198   Seite 24

Sie sehen das weiße Feuer einer Leuchttonne mit der Kennung Fl. (2):
1. Was bezeichnet dieses Feuer?
2. Wie verhalten Sie sich beim Passieren?

1. Es zeigt eine Einzelgefahrenstelle an, erkennbar an der Kennung.
2. Ich kann an allen Seiten passieren.

199   Seite 24

Sie sehen folgende doppelt ausgelegte Schifffahrtszeichen:

Sportbootführerschein See

1. Was bezeichnen diese Schifffahrtszeichen?
2. Wie verhalten Sie sich beim Passieren?

1. Sie zeigen eine neue Gefahrenstelle an, erkennbar an ihrer Farbgebung und ihrem Toppzeichen, und liegen südlich von ihr.
2. Ich passiere südlich.

Befeuerung

200   Seite 22
Welche Farbe eines Festfeuers treffen Sie einlaufend in der Regel bei Hafeneinfahrten
1. an der Backbordseite,
2. an der Steuerbordseite an?

1. Rot.
2. Grün.

201   Seite 22
Was verstehen Sie unter einem Leitfeuer, und wozu dient es?

Es ist ein Sektorenfeuer verschiedener Kennungen und Farben (ein weißer Leitsektor und zwei farbige Warnsektoren), das ein Fahrwasser bezeichnet.

202   Seite 22
Wie navigieren Sie mithilfe eines Leitfeuers?

Ich muss mit meinem Fahrzeug in Fahrtrichtung rechts des durch den weißen Leitsektor gekennzeichneten Fahrwassers fahren.

203   Seite 22
Wenn Sie von See kommend auf ein Leitfeuer zufahren und aus dem weißen Leitsektor in den roten Warnsektor kommen, nach welcher Seite müssen Sie den Kurs ändern?

Nach Steuerbord.

204   Seite 22
Wenn Sie von See kommend auf ein Leitfeuer zufahren und aus dem weißen Leitsektor in den grünen Warnsektor kommen, nach welcher Seite müssen Sie den Kurs ändern?

Nach Backbord.

205   Seite 22
1. Was verstehen Sie unter einem Richtfeuer?
2. Wie navigieren Sie danach?

1. Es besteht aus einem Ober- und einem Unterfeuer.
2. Ich halte zunächst Ober- und Unterfeuer in Deckpeilung und fahre dann in Fahrtrichtung rechts der Richtfeuerlinie.

206   Seite 22
Was verstehen Sie unter einem Quermarkenfeuer und wozu dient es?

Ein Sektorenfeuer verschiedener Kennungen und Farben (zwei weiße Ankündigungssektoren und ein farbiger Kursänderungssektor), das auf eine erforderliche Kursänderung im Fahrwasser hinweist.

207   Seite 22
Wie navigieren Sie mithilfe eines Quermarkenfeuers?

Ich muss mit meinem Fahrzeug beim Übergang von dem weißen Ankündigungssektor in den folgenden farbigen Kursänderungssektor meinen Kurs ändern.

208   Seite 22
Was verstehen Sie unter einem unterbrochenen Feuer?

Die Lichterscheinungen sind stets länger als die Verdunkelungen.

209   Seite 22
Was verstehen Sie unter einem Blinkfeuer?

Die Lichterscheinungen sind stets kürzer als die Verdunkelungen. Ein Blink ist mindestens zwei Sekunden lang.

210   Seite 22
Was verstehen Sie unter einem Blitzfeuer?

Die Lichterscheinungen sind stets kürzer als die Verdunkelungen. Ein Blitz ist weniger als zwei Sekunden lang.

211   Seite 22
Was verstehen Sie unter einem Funkelfeuer bzw. einem schnellen Funkelfeuer?

Schnell aufeinander folgende Lichterscheinungen (50 oder 60 bzw. 100 oder 120 Lichterscheinungen / Minute).

Sportbootführerschein See

212 Seite 22
Was verstehen Sie unter einem Gleichtaktfeuer?

Die Lichterscheinungen und Verdunkelungen sind von gleicher Dauer.

213 Seite 22
Welche verschiedenen Kennungen von Leuchtfeuern gibt es?

Festfeuer, unterbrochenes Feuer, Gleichtaktfeuer, Blinkfeuer, Blitzfeuer, Funkelfeuer, schnelles Funkelfeuer.

214 Seite 22
Was verstehen Sie unter der Wiederkehr eines Leuchtfeuers?

Das ist der Zeitraum vom Einsetzen einer Taktkennung bis zum Einsetzen der nächsten gleichen Taktkennung.

Umweltschutz, Befahrensregelungen

215 Seite 130
Wie haben Sie sich beim Befahren von Naturschutzgebieten und Nationalparken zu verhalten?

Befahrensregelungen (örtliche Befahrensverbote, zeitliche Befahrensbeschränkungen, festgesetzte Höchstgeschwindigkeiten und dergleichen) beachten.

216 Seite 130
Welche Sondervorschriften enthalten die örtlichen Befahrensregelungen in den Naturschutzgebieten und Nationalparken?

Befahrensverbote, zeitliche Befahrensbeschränkungen, Geschwindigkeitsbeschränkungen, besondere Regelungen für das Wasserskilaufen, das Fahren mit Wassermotorrädern und das Segelsurfen.

217 Seite 130
Wie können Sie mithelfen, die Lebensmöglichkeiten der Pflanzen- und Tierwelt in Gewässern und Feuchtgebieten zu bewahren und zu fördern?

Indem ich mich umweltbewusst verhalte und hierbei insbesondere die „Zehn goldenen Regeln für das Verhalten von Wassersportlern in der Natur" beachte, die von den Wassersportverbänden und dem Deutschen Naturschutzring erarbeitet wurden.

218 Seite 130
Warum sollen Sie sich von Schilf- und Röhrichtzonen sowie von dicht bewachsenen Uferzonen möglichst weit fernhalten?

Weil diese Zonen vielfach Rast- und Brutplätze besonders schutzwürdiger Vögel oder Fischlaichplätze sind.

219 Seiten 74, 130
Sie stellen während einer Fahrt mit Ihrem Motorboot fest, dass sich Öl in der Bilge angesammelt hat. Was tun Sie mit dem ausgelaufenen Öl?

In einem geeigneten Behälter sammeln und im nächsten Hafen bei einer Altölsammelstelle entsorgen.

220 Seite 130
Was können Sie als Führer eines Sportbootes tun, um einen Beitrag zur Reinhaltung der Gewässer zu leisten?

Sämtliche Abfälle einschließlich Öle und Betriebsstoffe an Bord in geeigneten Behältern sammeln und an Land vorschriftsmäßig entsorgen.

221 Seiten 130, 244
Durch welche Maßnahmen können Sie Schadstoffeinleitungen in die Gewässer verringern?

1. Durch den Einsatz umweltfreundlicher 2-Takt-Öle.
2. Durch den Einsatz von bleifreiem Benzin.
3. Durch die Nutzung moderner Speichertanktechnik.
4. Durch die sorgfältige Auswahl und den Einsatz von Antifoulingfarben.

222 Seite 130
Wo finden Sie Informationen über das umweltgerechte Verhalten in der Schifffahrt?

1. Bei den Wassersportverbänden und -vereinen.
2. Bei den Hafen- und Schifffahrtsbehörden
3. In Befahrensregelungen für Naturschutzgebiete und Nationalparke.
4. In den Kartenwerken und Büchern zum Umweltschutz.

Sportbootführerschein See

Navigation

223 Seite 71 ff.

Welche amtlichen nautischen Veröffentlichungen geben Aufschluss über die für das Fahrtgebiet benötigten Angaben?

Seekarten, Leuchtfeuerverzeichnis, Seehandbücher, Gezeitentafeln oder -kalender, Atlas der Gezeitenströme, Jachtfunkdienst, Nachrichten für Seefahrer, Bekanntmachungen für Seefahrer.

224 Seiten 15, 76

Welche Angaben enthalten die Nachrichten für Seefahrer (NfS) und die Bekanntmachungen für Seefahrer (BfS)?

Sie enthalten alle Veränderungen hinsichtlich Betonnung, Befeuerung, Wracks und Untiefen sowie andere die Schifffahrt betreffende Maßnahmen und Ereignisse.

225 Seite 15

Wo können Sie von den Bekanntmachungen für Seefahrer (BfS) Kenntnis erlangen?

An den dafür eingerichteten Aushangstellen (z. B. in Häfen und Schleusen).

226 Seiten 73, 74

Wo finden Sie Angaben über Schifffahrtsangelegenheiten, insbesondere Hinweise auf Schifffahrtsvorschriften der Länder, deren Küsten, Häfen und Naturverhältnisse?

In den See- und Hafenhandbüchern.

227 Seiten 15, 76

Wovon sollten Sie sich vor Gebrauch einer Seekarte überzeugen?

Dass die Karte auf den neuesten Stand berichtigt ist.

228 Seite 15

Woran erkennen Sie, ob die Seekarte auf den neuesten Stand berichtigt ist?

An dem letzten amtlichen Berichtigungsdatum, das sich in der Regel an der linken Seite des unteren Kartenrandes befindet.

229 Seite 73

In welcher Maßeinheit werden in deutschen Seekarten die Tiefen angegeben?

In Meter und Dezimeter.

230 Seiten 20, 21, 71

Wo finden Sie Angaben über die Zeichen, Abkürzungen und Begriffe in den deutschen Seekarten?

In der INT 1/Karte 1 des Bundesamtes für Seeschifffahrt und Hydrographie (BSH).

231 Seiten 23, 74

Wo finden Sie die für die Navigation wichtigen Beschreibungen der Schifffahrtszeichen, Angaben über deren Befeuerung und Angaben über Signalstellen?

Im Leuchtfeuerverzeichnis, im Seehandbuch und in den Seekarten.

232 Seiten 19, 72

Wo entnehmen Sie in der Seekarte die Seemeilen?

Am rechten oder linken Kartenrand in Höhe des Standortes.

233 Seite 14

1. Was verstehen Sie unter einer Seemeile?
2. Wie lang ist eine Seemeile (in Metern)?

1. Sie ist die Länge einer Bogenminute auf einem größten Kreis der Erdkugel (z. B. Äquator).
2. 1852 m.

234 Seite 13

Was verstehen Sie unter dem Geschwindigkeitsbegriff „Knoten"?

Das sind die in einer Stunde zurückgelegten Seemeilen.

235

Wie errechnen Sie die Zeit in Minuten, die ein Fahrzeug benötigt, um eine bestimmte Distanz bei bekannter Geschwindigkeit abzulaufen?

$$\text{Zeit in min} = \frac{\text{Distanz in sm x 60 min/h}}{\text{Geschwindigkeit in sm/h}}$$

236

Wie errechnen Sie die Geschwindigkeit (in Knoten) eines Fahrzeugs bei bekannter Distanz (in Seemeilen) und Zeit (in Minuten)?

$$\text{Geschwindigkeit (kn)} = \frac{\text{Distanz (sm) x 60}}{\text{Zeit (min)}}$$

Sportbootführerschein See

237 Seite 26
Was verstehen Sie unter dem rechtweisenden Kurs (Winkelangabe)?

Es ist der Winkel zwischen rechtweisend Nord und der Rechtvorausrichtung des Fahrzeugs.

238 Seite 19
Wie entnehmen Sie aus der Seekarte den Kartenkurs?

Durch Messen des Winkels zwischen rechtweisend Nord und der beabsichtigten Richtung des Weges über Grund.

239 Seite 26
Was verstehen Sie unter dem missweisenden Kurs (Winkelangabe)?

Es ist der Winkel zwischen missweisend Nord und der Rechtvorausrichtung des Fahrzeugs.

240 Seite 27
Was verstehen Sie unter dem Magnetkompasskurs (Winkelangabe)?

Es ist der Winkel zwischen Magnetkompass-Nord und der Rechtvorausrichtung des Fahrzeugs.

241 Seite 27
Was verstehen Sie unter Missweisung (Winkelangabe)?

Es ist der Winkel zwischen rechtweisend Nord und missweisend Nord.

242 Seite 27
Was verstehen Sie unter Magnetkompassablenkung (Winkelangabe)?

Es ist der Winkel zwischen missweisend Nord und Magnetkompass-Nord.

243 Seite 27
Woraus setzt sich die Magnetkompassfehlweisung zusammen?

Es ist die Summe aus Magnetkompassablenkung und Missweisung.

244 Seite 27
Wo entnehmen Sie die Missweisung und ihre jährliche Änderung?

Aus der dem Standort nächstgelegenen Kompassrose oder den entsprechenden Angaben in der Seekarte.

245 Seite 27
Woraus entnehmen Sie die Ablenkung (Deviation)?

Aus der für das betreffende Schiff aufgestellten Ablenkungstabelle (Deviationstabelle).

246 Seite 26
Wie verwandeln Sie den rechtweisenden Kurs in den zu steuernden Magnetkompasskurs?

Durch Anbringung der Missweisung und der Ablenkung oder der Fehlweisung mit entgegengesetztem Vorzeichen.

247 Seite 26
Wie verwandeln Sie den Magnetkompasskurs in den rechtweisenden Kurs?

Durch Anbringung der Ablenkung und der Missweisung oder der Fehlweisung mit richtigem Vorzeichen.

248 Seite 30
Was ist eine Peilung?

Das Feststellen der Richtung eines bekannten, feststehenden Objektes durch Winkelmessung, um eine Standlinie zu erhalten, auf der sich das Schiff befindet.

249 Seiten 31, 39
Wie erhalten Sie eine Standlinie?

Durch die Peilung eines bekannten, feststehenden Objektes und Eintragung der rechtweisenden Peilung in die Seekarte.

250 Seite 39
Was ist eine Kreuzpeilung?

Die Peilung zweier feststehender und bekannter Objekte in dichter Zeitfolge, die in einem möglichst rechten Winkel (90°) zueinander stehen.

251 Seite 39
Wie erhalten Sie mithilfe einer Kreuzpeilung Ihren Standort?

Durch Eintragung der rechtweisenden Peilungen zweier feststehender und bekannter Objekte als Standlinien in die Seekarte; ihr Schnittpunkt ist der Standort.

252 Seite 18
Was verstehen Sie unter
1. Stromversetzung?
2. Windversetzung?

1. Die Versetzung des Schiffes über Grund in Richtung und Distanz, die durch Gezeiten- oder Meeresströmungen verursacht wird.
2. Die Versetzung des Schiffes über Grund in Richtung und Distanz, die durch Wind verursacht wird.

Sportbootführerschein See

253   Seite 18

Was verstehen Sie unter dem Koppelort?

Das ist der Schiffsort, der unter Berücksichtigung der gesteuerten Kurse und zurückgelegten Distanzen und aller vorhersehbaren Einflüsse rechnerisch und zeichnerisch ermittelt wird.

254   Seite 10

Was müssen Sie bei der Aufstellung eines Magnetkompasses an Bord beachten?

1. Sein Steuerstrich muss mit der Kiellinie zusammenfallen oder parallel dazu verlaufen.
2. Der Kompass muss gut ablesbar sein.
3. Die Nähe von Eisenteilen und elektrischen Geräten soll vermieden werden.

255   Seiten 56, 64

Was verstehen Sie unter
1. Ebbe,
2. Flut?

1. Fallen des Wassers vom Hochwasser zum folgenden Niedrigwasser.
2. Steigen des Wassers vom Niedrigwasser zum folgenden Hochwasser.

256   Seiten 56, 64

Was verstehen Sie unter einer Tide?

Das ist der Zeitraum zwischen einem Niedrigwasser und dem nächstfolgenden Niedrigwasser.

257   Seiten 56, 64

Was ist
1. Niedrigwasser?
2. Hochwasser?

1. Der Eintritt des niedrigsten Wasserstandes beim Übergang vom Fallen zum Steigen.
2. Der Eintritt des höchsten Wasserstandes beim Übergang vom Steigen zum Fallen.

258   Seiten 56, 65

Was verstehen Sie unter dem Begriff „Tidenhub"?

Das ist der Unterschied zwischen den Höhen des Hoch- und des Niedrigwassers.

259   Seiten 59, 61

Wo finden Sie für einen bestimmten Ort die Angaben

In den Gezeitentafeln oder dem Gezeitenkalender des Bundesamtes für Seeschifffahrt und Hydrographie (BSH).

über Hoch- und Niedrigwasserzeiten und den Tidenhub?

260   Seiten 59, 61, 74

Wie lange sind Gezeitentafeln und Gezeitenkalender gültig?

Nur für das Jahr, für das sie herausgegeben sind.

261   Seiten 71 ff., 10 ff.

Was gehört zur Mindestausrüstung für die sichere Navigation?

1. Seekarten für die Sportschifffahrt, Seehandbücher, Leuchtfeuerverzeichnis, Jachtfunkdienst, Gezeitentafeln oder Gezeitenkalender, Bleistift, Zirkel und Kursdreiecke.
2. Kompass.
3. Lot.
4. Log.
5. Peileinrichtung.
6. Fernglas.

Manövrieren

262   Seite 84

Wie müssen Sie in engen Gewässern Ihre Fahrt einrichten?

Vorsichtig und langsam fahren; Sog und Wellenschlag vermeiden.

263   Seite 223

Warum soll ein kleines Fahrzeug nicht dicht an ein großes in Fahrt befindliches Fahrzeug heranfahren?

Es kann durch dessen Bug- oder Heckwelle kentern oder durch den Sog mit dem Fahrzeug kollidieren.

264   Seite 215

Warum soll man möglichst gegen Strom und Wind anlegen?

Weil sich das Fahrzeug dabei besser manövrieren lässt.

265   Seiten 84, 115

Wie verhalten Sie sich beim Begegnen mit anderen Fahrzeugen in einem engen Fahrwasser?

Geschwindigkeit herabsetzen und ausreichenden Passierabstand halten.

Sportbootführerschein See

266 Seite 223
Welche Gefahren können entstehen, wenn ein größeres Fahrzeug Sie überholt?

Mein Fahrzeug kann durch Stau, Sog oder Schwell aus dem Kurs laufen und kollidieren oder querschlagen, in flachen Gewässern auf Grund laufen; Gefahr des Überbordfallens.

267 Seiten 114, 115
Wie ist ein Überholmanöver durchzuführen?

Zügig und im ausreichenden Abstand und nur dann, wenn die Verkehrslage es erlaubt.

268 Seite 235
Wie lang sollte eine Schleppleine bei starkem Seegang sein?

Mindestens 2- oder 3fache Wellenlänge.

269 Seite 235
Was ist zu beachten, wenn ein Sportboot geschleppt werden soll?

1. Die Schleppleine ist den Seegangsverhältnissen anzupassen, ein ruckartiges Steifkommen der Schleppleine ist zu vermeiden.
2. Die Schleppgeschwindigkeit darf nicht größer sein als die Geschwindigkeit, die der Anhang freifahrend bei Verdrängerfahrt erreichen kann.

270 Seiten 216, 235
Wie vertäuen Sie Ihr Boot, wenn es längsseits geschleppt wird?

Durch 2 Querleinen (vorn und achtern je eine) sowie durch eine Vor- und eine Achterspring. Das Heck des schleppenden Fahrzeugs soll über das Heck des geschleppten Fahrzeugs hinausragen.

271 Seite 211
Wie viel Ankerkette bzw. -leine soll man normalerweise beim Ankern ausstecken?

Mindestens die dreifache Wassertiefe bei Kette oder die fünffache bei Leine.

272 Seite 213
Woran können Sie erkennen, ob der Anker hält?

1. Wenn beim Handauflegen auf die Ankerkette oder -leine kein Rucken zu verspüren ist.
2. Wenn sich die Ankerpeilung nicht ändert.

273 Seite 213
Warum sollen Sie sich die Ankerpeilungen aufschreiben?

Um mit späteren Kontrollpeilungen festzustellen, ob der Anker hält.

274 Seite 222
Welches ist der günstigste Anlaufwinkel beim Anlegen in stromfreien Gewässern?

Ein möglichst spitzer Winkel.

275 Seiten 167, 223
Welche äußeren Einflüsse können sich auf die Manövrierfähigkeit Ihres Bootes auswirken?

Wind, Seegang, Strom, Sog, Wassertiefe.

276 Seite 222
Was verstehen Sie unter einer rechts- bzw. linksgängigen Schraube?

Bei Vorwärtsgang dreht sich, von hinten gesehen, eine rechtsgängige Schraube nach rechts, eine linksgängige nach links.

277 Seite 222
Nach welcher Seite dreht sich im Allgemeinen das Heck im Rückwärtsgang bei einer rechts- bzw. linksgängigen Schraube?

Bei einer rechtsgängigen Schraube nach Backbord, bei einer linksgängigen nach Steuerbord,

278 Seite 216
Was müssen Sie beim Festmachen Ihres Fahrzeugs beachten?

Es ist so festzumachen, dass das Fahrzeug sicher liegt und sich nicht losreißen kann. Wind, Strom und Wasserstandsänderungen sind zu berücksichtigen.

279 Seite 216
Welche Vorkehrungen sollten Sie neben dem sicheren Festmachen treffen, wenn Sie Ihr festgemachtes Fahrzeug für längere Zeit verlassen?

1. Alle Seeventile schließen.
2. Hauptschalter des Bordnetzes ausschalten.

280 Seite 223
Warum müssen Sie bei geringer Wassertiefe mit der Geschwindigkeit heruntergehen?

1. Zur Verbesserung der Steuerfähigkeit.
2. Zur Vermeidung einer Grundberührung durch das Absenken des Hecks.

Sportbootführerschein See

281 Seite 119
Welche Geschwindigkeit müssen Sie in engen Gewässern wählen, in denen am Ufer festgemachte Fahrzeuge liegen?

Eine Geschwindigkeit, bei der gefährlicher Sog oder Wellenschlag vermieden wird.

282 Seite 231
Womit kann ein steuerunfähiges Sportboot mit dem Bug in den Wind gehalten werden?

Mit dem Treibanker oder anderen geeigneten schwimmfähigen Gegenständen.

283 Seiten 231, 233
Warum ist es wichtig, bei starkem Seegang die Fahrt des Sportbootes zu vermindern?

Um Schäden durch Seeschlag möglichst zu vermeiden

Wetterkunde

284 Seiten 141, 171
Was bedeutet folgendes Zeichen in der Wetterkarte?

Windrichtung: NW;
Windstärke: Bft 3;
Bewölkung: wolkenlos.

285 Seiten 140, 142
Welche Angaben liefert Ihnen die Beaufort-Skala?

1. Einheiten der Windstärke von 0 bis 12.
2. Die Auswirkungen des Windes auf die See.

286 Seiten 138, 141
Wie wird der Luftdruck in der Wetterkarte dargestellt und in welcher Maßeinheit wird er angegeben?

1. Durch Isobaren
2. In Hektopascal (hPa).

287 Seiten 140, 141
Welche Schlüsse können Sie aus raschen Luftdruckänderungen ziehen?

Schnelle Wetteränderung; bei fallender Tendenz Wetterverschlechterung, bei steigender Tendenz Wetterverbesserung.

288 Seiten 140, 141, 153
Was bedeutet rasches Fallen des Luftdrucks?

In der Mehrzahl der Fälle Starkwind- oder Sturmgefahr.

289 Seite 140
Was können Sie für eine Wetterentwicklung erwarten, wenn in unseren Breiten der Luftdruck um mehr als 1 Hektopascal in der Stunde fällt?

Es gibt Starkwind oder Sturm.

290 Seiten 139, 141
Was bedeuten die um einen Hoch- oder Tiefdruckkern in der Wetterkarte abgebildeten Linien und wie werden sie bezeichnet?

Linien, die Orte gleichen Luftdruckes miteinander verbinden. Es sind Isobaren.

291 Seite 141
Erklären Sie folgende Abbildung:

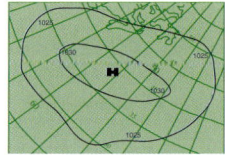

1. Hochdruckgebiet.
2. Isobaren mit Luftdruckangaben in Hektopascal (hPa).

292 Seiten 141, 152, 153
Erklären Sie folgende Abbildung:

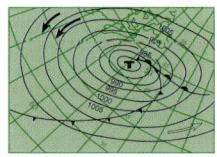

1. Tiefdruckgebiet auf Nordbreite mit Warm- und Kaltfront.
2. Isobaren mit Luftdruckangaben in Hektopascal (hPa).
3. Warme und kalte Luftströmungen.

293 Seite 170
Nennen Sie mindestens 4 Möglichkeiten, einen Wetterbericht zu erhalten.

1. Rundfunk.
2. Deutscher Wetterdienst, Geschäftsfeld Seeschifffahrt in Hamburg.
3. Küstenfunkstellen.
4. Private Informationsdienste.
5. Zeitung.
6. Fernsehen.
7. NAVTEX.

294 Seiten 142, 170
Für welche Windstärken wird eine Starkwindwarnung herausgegeben?

Für Windstärken 6 und 7 der Beaufortskala.

Sportbootführerschein See

295   Seiten 142, 170
Für welche Windstärken wird eine Sturmwarnung herausgegeben?

Für Windstärken 8 und mehr der Beaufortskala.

296   Seite 143
Was verstehen Sie unter Landwind und wann tritt er in der Regel auf?

1. Ablandiger Wind von geringer Stärke.
2. Meistens nachts.

297   Seite 143
Was verstehen Sie unter Seewind und wann tritt er in der Regel auf?

1. Auflandiger Wind schwacher bis mäßiger Stärke.
2. Meistens nachmittags.

298   Seiten 149, 153
Welche Zuggeschwindigkeit und -richtung haben Tiefdruckgebiete in der Regel in unseren Breiten?

1. Fünf bis vierzig Knoten.
2. Von West nach Ost.

299   Seite 142
Was verstehen Sie in amtlichen Wetterberichten unter „schwachem Wind"?

Wind bis zur Stärke 3 der Beaufortskala.

300   Seite 142
Was verstehen Sie in amtlichen Wetterberichten unter „mäßigem Wind"?

Wind der Stärke 4 der Beaufortskala.

301   Seite 142
Was verstehen Sie in amtlichen Wetterberichten unter „frischem Wind"?

Wind der Stärke 5 der Beaufortskala.

302   Seite 142
Was verstehen Sie in amtlichen Wetterberichten unter „schwerem Sturm", „orkanartigem Sturm", „Orkan"?

Wind der Stärke 10, 11 bzw. 12 der Beaufortskala.

303   Seite 142
Sie hören im Wetterbericht die Meldung: Sturm aus Südwest, rechtdrehend. Was bedeutet das?

Der Sturm drcht in Richtung West (im Uhrzeigersinn).

304   Seite 142
Sie hören im Wetterbericht die Meldung: Sturm aus Südost, rückdrehend. Was bedeutet das?

Der Sturm dreht in Richtung Ost (entgegen dem Uhrzeigersinn).

305   Seite 158
Woran erkennt man ein aufziehendes Gewitter?

1. Turmartige, mächtige Haufenwolken.
2. Ein eventuell vorhandener Wind schläft zunächst ein, frischt danach wieder auf und kommt aus einer anderen Richtung.
3. Aus einem auf Mittelwelle geschalteten Rundfunkgerät ertönen lange vor Gewitterausbruch starke Störgeräusche.

306   Scitc 158
Welche Gefahren kann ein Gewitter mit sich bringen?

1. Böen bis Orkanstärke mit Winddrehungen.
2. Blitzschlag.
3. Starke Regenfälle oder Hagelschlag mit verminderter Sicht.

Sicherheit

307   Seiten 86, 93
Wie haben Sie Ihre Fahrweise im Fahrwasser bei verminderter Sicht aufgrund seemännischer Sorgfaltspflicht einzurichten, wenn Ihr Fahrzeug nicht über die technische Ausrüstung, insbesondere zur Ortung anderer Fahrzeuge und zur Positionsbestimmung des eigenen Fahrzeugs verfügt?

1. Das Fahrwasser verlassen;
2. wenn dies nicht möglich ist, im Fahrwasser äußerst rechts halten.
3. Möglichst Flachwassergebiet aufsuchen und ankern.

Sportbootführerschein See

308 Seiten 93, 112
Welche Sicherheitsmaßnahmen treffen Sie an Bord aufgrund der seemännischen Sorgfaltspflicht neben den in den Kollisionsverhütungsregeln vorgeschriebenen Verhaltensmaßregeln bei verminderter Sicht?

1. Radarreflektor aufheißen, falls nicht fest angebracht. Ist kein Radarreflektor an Bord, Fahrzeug möglichst in waagerechte Schwimmlage bringen.
2. Alle Navigationsanlagen, z. B. Radar, Echolot, sorgfältig gebrauchen.
3. In einem Revier mit Landradarberatung die Radarberatung über UKW-Sprechfunk mithören.

309 Seite 159
Wie verhalten Sie sich bei Gewittergefahr? (Nennen Sie mindestens 4 Maßnahmen.)

1. Hafen oder zumindest Landschutz aufsuchen.
2. Ggf. Segel stark reffen, besser ganz wegnehmen.
3. Sonstige Maßnahmen wie in schwerem Sturm ergreifen (z. B. alle Gegenstände seefest laschen, Rettungsweste und Sicherheitsgurt anlegen).
4. Funkanlagen abschalten.
5. Möglichst keine Metallteile berühren.
6. Position ermitteln und in die Seekarte eintragen.

310 Seiten 224, 225, 227
Welche Sicherheitsmaßnahmen treffen Sie vor dem Auslaufen?

Insbesondere:
1. Überprüfung der Rettungs- und Sicherheitsmittel.
2. Belehrung der Besatzung über Rettungs- und Sicherheitsmaßnahmen.
3. Wetterbericht und nautische Warnnachrichten einholen.
4. Namen der an Bord befindlichen Personen und geplante Reiseroute an Land hinterlassen.

Die Seenotleitung Bremen der Deutschen Gesellschaft zur

311 Seite 231
Was soll ein Bootsführer unternehmen, wenn er Grund zur Annahme haben muss,

dass er vermisst wird und dadurch eine Suchaktion ausgelöst worden ist?

312 Seite 219
Welche Sicherheitsmaßnahmen sind für das Tanken zu treffen? (Nennen Sie mindestens 4 Maßnahmen.)

313 Seite 230
Welche Sicherheitsmaßnahmen treffen Sie auf See vor Eintritt von schwerem Wetter (Starkwind, Sturm)?

314 Seite 188
Warum ist Flüssiggas gefährlich?

315 Seite 188
Wo sollen die Gasbehälter einer Flüssiggasanlage gelagert werden?

316 Seite 188
1. Was ist vor Inbetriebnahme einer Flüssiggasanlage zu prüfen und

Rettung Schiffbrüchiger und Angehörige benachrichtigen.

Insbesondere:
1. Motor abstellen.
2. Alle offenen Feuer aus, nicht rauchen.
3. Keine elektrischen Schalter betätigen.
4. Alle Räume verschließen und nach dem Tanken wieder gut lüften.
5. Zur Vermeidung elektrostatischer Ladung ist die Zapfanlage zu erden.

1. Alle Öffnungen vor Wassereinbruch sichern.
2. Lose Gegenstände festzurren.
3. Rettungsweste und Sicherheitsgurt mit Sorgleine anlegen, diese in Augbolzen, Strecktau oder Laufleine einhaken und andere Rettungsmittel bereithalten.
4. Unter Umständen Schutzhafen anlaufen.

1. Es bildet mit Luft ein explosionsfähiges Gemisch.
2. Es ist schwerer als Luft und kann sich daher unbemerkt im Bootsinneren sammeln.

1. Möglichst an Deck, geschützt vor Sonneneinstrahlung.
2. Sonst in einem besonders abgeschlossenen Raum für Gasbehälter, der in Bodenhöhe eine Öffnung nach außenbords hat.

1. Die Leitungen und Anschlüsse müssen dicht sein, Kocher und Heizgeräte müs-

Sportbootführerschein See

2. zu beachten, wenn die Flüssiggasanlage außer Betrieb gesetzt wird?

317 Seite 190 ff.
Was gehört zur Mindestausrüstung für die Sicherheit des Fahrzeugs und der an Bord befindlichen Personen? (Nennen Sie mindestens 8 Gegenstände.)

318 Seite 192
Wie oft müssen Sie Ihr aufblasbares Rettungsfloß und Ihre aufblasbare Rettungsweste warten lassen?

319 Seiten 191, 229
Welche Löschmittel dürfen Sie keinesfalls bei einem Brand in der elektrischen Anlage einsetzen?

320 Seiten 191, 229
1. Welcher Feuerlöscher ist für Sportboote zweckmäßig?
2. Wie oft müssen Sie einen Feuerlöscher überprüfen lassen?

321 Seiten 191, 229
Was ist zu tun, wenn es am Motor brennt?

---

sen einwandfrei arbeiten.
2. Haupthahn und andere Absperrventile schließen.

1. Ohnmachtssichere Rettungsweste mit Signalpfeife für jede Person.
2. Sicherheitsgurte (Lifebelts) in ausreichender Anzahl.
3. Rettungsring mit Wurfleine und Leuchte.
4. Notsignale.
5. Erste-Hilfe-Kasten.
6. Feuerlöscher.
7. Lenzpumpe, Eimer und Ösfass.
8. Riemen oder Paddel, Bootshaken.
9. Taschenlampe.
10. Anker mit Kettenvorläufer und Leine sowie Treibanker.
11. Radarreflektor.
12. Schleppleine.

Mindestens alle 2 Jahre oder die Herstellerangabe beachten.

Schaum und Wasser.

1. ABC-Pulverlöscher.
2. Mindestens alle 2 Jahre.

1. Kraftstoffzufuhr abstellen, Motor mit möglichst hoher Drehzahl weiterlaufen lassen.

---

2. Brand mit nasser Decke abdecken oder mit ABC-Pulverlöscher bekämpfen.
3. Luftzufuhr verhindern.

1. Luftzufuhr verhindern.
2. Feuerlöscher erst am Brandherd in Tätigkeit setzen.
3. Das Feuer möglichst von unten bekämpfen.

322 Seiten 191, 229
Welche Maßnahmen ergreifen Sie, um einen Brand mit dem Feuerlöscher wirksam zu bekämpfen?

323 Seiten 132, 134
Was ist nach schaden- oder gefahrdrohenden Vorkommnissen im Sinne des Seesicherheits-Untersuchungs-Gesetzes (SUG) unbedingt zu tun?

Das schaden- oder gefahrdrohende Vorkommnis ist unverzüglich der Bundesstelle für Seeunfalluntersuchung (BSU) in Hamburg zu melden; dabei sind möglichst die in § 7 der Verordnung über die Sicherung der Seefahrt vorgeschriebenen Angaben über Ort, Zeit und Verlauf des Vorkommnisses, Art des Schadens und über das Schiff und die beteiligten Personen zu machen.

324 Seite 132
Wie verhalten Sie sich nach einem Zusammenstoß?

1. Erste Hilfe leisten und so lange am Unfallort bleiben, bis ein weiterer Beistand nicht mehr erforderlich ist.
2. Vor der Weiterfahrt alle erforderlichen Schiffs- und Personendaten einschließlich Versicherung austauschen.

325 Seiten 132, 133
Welches Gesetz und welche Verordnung enthalten neben der Seeschifffahrtsstraßen-Ordnung und der Schifffahrtsordnung Emsmündung Vorschriften über das Verhalten nach einem Zusammenstoß und bei sonstigen schaden- oder gefahrdrohenden Vorkommnissen?

1. Das Seesicherheitsuntersuchungsgesetz.
2. Die Verordnung über die Sicherung der Seefahrt.

Sportbootführerschein See

326 Seiten 206, 225

Was ist sofort zu tun, wenn jemand über Bord gefallen ist?

1. Ausruf: „Mann über Bord" und Rettungsring zuwerfen.
2. Gut Ausguck halten und sofort Maschine stoppen.
3. Mann-über-Bord-Manöver ausführen.

327 Seite 206

Wie können Sie nach einem Mann-über-Bord-Manöver eine erschöpft im Wasser treibende Person möglichst schnell und sicher an Bord bekommen?

1. Leinenverbindung zwischen Boot und Person im Wasser herstellen.
2. Leinenbuchten über die Bordwand hängen, wenn vorhanden Badeleiter herunterklappen bzw. ausbringen.
3. Mit dem Großbaum und der Großschot oder über eine Badeleiter oder mithilfe von Rettungsmitteln Person an Bord holen.

328 Seite 237

Was ist zu tun, wenn Ihr Fahrzeug gekentert ist?

1. Möglichst am Fahrzeug bleiben.
2. Besatzung zusammenhalten.
3. Unnötigen Kräfteverschleiß vermeiden (Unterkühlungsgefahr).
4. Aufmerksamkeit zur Hilfeleistung erregen.

329 Seite 192

Wie verhindern Sie das Überbordfallen von Personen bei starkem Seegang?

1. Sicherheitsleinen spannen.
2. Sicherheitsgurt anlegen und einpicken.

Notsignale

330 Seiten 108, 236

In welcher Situation dürfen Notsignale gegeben werden?

331 Seiten 108, 236

Welche Notsignale können gegeben werden? (Nennen Sie mindestens 8 Signale.)

Wenn Gefahr für Leib und Leben der Besatzung und daher die Notwendigkeit zur Hilfe besteht.

1. Leuchtrakete mit einem roten Leuchtstern oder rote Handfackel.
2. Orangefarbenes Rauchsignal.
3. Dauerton eines Nebelsignalgerätes.
4. Langsames Heben und Senken der seitlich ausgestreckten Arme.
5. Morsesignal SOS durch Licht- oder Schallsignale.
6. Mayday durch Sprechfunk.
7. Seewasserfärber.
8. Radartransponder.
9. Signale einer Seenotfunkbake.
10. Flaggensignal NC.
11. Ball über oder unter Flagge.
12. Knallsignale in Zwischenräumen von ungefähr einer Minute.
13. Flammensignal.

332 Seiten 108, 132

Sie sehen auf See einen roten Leuchtstern oder eine rot brennende Handfackel.
1. Was bedeuten diese Signale?
2. Wie verhalten Sie sich?

1. Seenotfall.
2. Hilfe leisten, ggf. weitere Hilfe anfordern.

333 Seiten 108, 132

Sie hören von einem Schiff anhaltendes Ertönen eines Nebelsignalgerätes.
1. Was bedeutet dieses Signal?
2. Wie verhalten Sie sich?

1. Seenotfall.
2. Hilfe leisten, ggf. weitere Hilfe anfordern.

334 Seiten 108, 132

Sie hören oder sehen folgendes Morsesignal: Dreimal kurz, dreimal lang, dreimal kurz
(●●● ▬ ▬ ▬ ●●●).
1. Was bedeutet dieses Signal?
2. Wie verhalten Sie sich?

1. Seenotfall.
2. Hilfe leisten, ggf. weitere Hilfe anfordern.

Sportbootführerschein See

335 Seiten 108, 132, 236
Sie hören über Sprechfunkgerät: Mayday, Mayday,
Mayday.
1. Was bedeutet dieses Signal?
2. Wie verhalten Sie sich?

1. Seenotfall.
2. Hilfe leisten, ggf. weitere
Hilfe anfordern.

336 Seiten 108, 132
Sie sehen ein Schiff, das folgendes Flaggensignal gesetzt
hat:

1. Was bedeutet dieses Signal?
2. Wie verhalten Sie sich?

1. Seenotfall.
2. Hilfe leisten, ggf. weitere
Hilfe anfordern.

337 Seiten 108, 132
Sie sehen auf einem Schiff
eines der folgenden Signale:

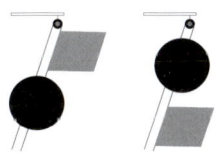

1. Was bedeutet dieses Signal?
2. Wie verhalten Sie sich?

1. Seenotfall.
2. Hilfe leisten, ggf. weitere
Hilfe anfordern.

338 Seiten 108, 132
Sie sehen auf einem Schiff
ein orangefarbenes Rauchsignal:
1. Was bedeutet dieses Signal?
2. Wie verhalten Sie sich?

1. Seenotfall.
2. Hilfe leisten, ggf. weitere
Hilfe anfordern.

339 Seiten 108, 132
Sie sehen auf einem Schiff eine Person stehen, die ihre
seitlich ausgestreckten Arme
wiederholt langsam auf und
ab bewegt:
1. Was bedeutet dieses Signal?
2. Wie verhalten Sie sich?

1. Seenotfall.
2. Hilfe leisten, ggf. weitere
Hilfe anfordern.

340 Seite 108
Warum dürfen Seenotsignale
nur bei einem Seenotfall verwendet werden?

Weil bei ihrer Anwendung
der gesamte Seenotrettungs-
dienst an der Küste alarmiert
wird.

341 Seite 108
Welches Seenotsignal können
Sie mit einer Leuchte geben?

Das Lichtsignal dreimal kurz,
dreimal lang, dreimal kurz.
(●●● ▬▬▬ ●●●)

342 Seite 239
Wie verhalten Sie sich bei
Hilfeleistung durch einen
Hubschrauber?

1. Fahrzeug in den Wind legen.
2. Soweit möglich, Antennen,
Stagen usw. entfernen.
3. Rettungsschlinge mit dem
Zugpunkt nach vorn über
den Kopf unter die Arme
streifen und Arme
abwärts winkeln.
4. Anweisungen der Hub-
schrauberbesatzung Folge
leisten.

Kartenaufgaben

Fragen 343 bis 362: s. beigefügte Seekartenausschnitte.

Sportküstenschifferschein

Navigation

1   Seite 71

Worauf müssen Sie als Schiffsführer vor Reiseantritt hinsichtlich der Seekarten und Seebücher achten?

Auf Vollständigkeit der Unterlagen und deren Berichtigung auf den neuesten Stand.

2*   Seiten 17, 45, 72

Warum muss in der GPS-Navigation das jeweilige Kartendatum unbedingt berücksichtigt werden?

Weil sich das von GPS verwendete Bezugssystem WGS 84 (World Geodetic System 1984) von anderen verwendeten Bezugssystemen (Kartendatum) unterscheiden kann.

3*   Seiten 17, 45

Welche Differenzen können zwischen WGS 84 und anderen Bezugssystemen auftreten?

Die Differenzen von φ und λ liegen im Allgemeinen in der Größenordnung von 0,1 kbl bis 1 kbl, also etwa von 20 bis 200 m. Es können größere Unterschiede auftreten.

4*   Seite 17

Wo finden Sie in der Seekarte Angaben über das benutzte Bezugssystem und ggf. entsprechende Korrekturhinweise?

Am Kartenrand unter dem Titel.

5*   Seiten 17, 45

Wie lautet ggf. der Korrekturhinweis bezüglich GPS in der Seekarte, wenn das benutzte Kartendatum (z. B. ED 50) und WGS 84 nicht übereinstimmen?

Durch Satellitennavigation (z. B. GPS) erhaltene Positionen im WGS 84 sind 0,... Minuten nordwärts/südwärts und 0,... Minuten westwärts/ostwärts zu verlegen, um mit dieser Karte übereinzustimmen.

6*   Seite 15

Woran erkennen Sie, bis wann eine deutsche Seekarte „amtlich" berichtigt ist?

Am Berichtigungsstempel des BSH oder einer amtlichen Seekartenberichtigungsstelle auf der Seekarte unten links.

7   Seite 16

Woran erkennen Sie, bis wann eine britische Seekarte „amtlich" berichtigt ist?

Am Berichtigungsstempel auf der Rückseite der Seekarte.

8   Seite 16

Was bedeutet der Stempel auf der britischen Seekarte: Corrected up to N.T.M. 3595 1998?

Seekarte ist berichtigt bis zur Mitteilung Nr. 3595 der Admiralty Notices to Mariners (N.T.M.) in 1998.

9*   Seite 76

Welche Angaben enthalten die Nachrichten für Seefahrer (NfS)?

In den NfS werden für die sichere Schiffsführung wichtige Maßnahmen, Ereignisse und Veränderungen auf den Seeschifffahrtsstraßen, auf der hohen See in den Hoheitsgewässern anderer Staaten im europäischen und angrenzenden Bereich bekannt gegeben.

10*   Seite 76

In welcher Sprache werden die Nachrichten für Seefahrer (NfS) verfasst?

Die Angaben erfolgen in deutscher und in englischer Sprache.

11   Seite 74

Welche Angaben enthalten deutsche und britische Leuchtfeuerverzeichnisse?

Beschreibung der Leuchtfeuer, Feuerschiffe und Großtonnen sowie deren geografische Lage.

12*   Seite 74

Welche Seezeichen werden in den britischen List of Lights und in deutschen Leuchtfeuerverzeichnissen nicht angegeben?

Tonnen kleiner als 8 m Höhe.

13   Seiten 21, 74, 123

Wo finden Sie Angaben über die Merkmale der Schifffahrtszeichen?

1. In den Leuchtfeuerverzeichnissen bzw. in der List of Lights sowie auszugsweise in den Seekarten.
2. In der Karte 1/INT 1 des BSH.
3. Schwimmende Schifffahrtszeichen zusätzlich in der Anlage I zur SeeSchStrO (z. B. Tonnen des Lateral- bzw. Kardinalsystems).

14*   Seite 23

Worauf beziehen sich die Höhenangaben der Leuchtfeuer in Leuchtfeuerverzeich-

In Gewässern mit Gezeiten (z. B. Nordsee) auf mittleres Hochwasser, in gezeitenlosen

---

* Nur die Fragen mit rot gedruckten Nummern werden als Prüfungsfragen in der schriftlichen Prüfung verwendet.

Sportküstenschifferschein

nissen in der Nord- und Ostsee?

15 Seiten 15, 73, 74
Wo finden Sie Angaben über
Brückensignale?

16[*] Seite 73
Welche Themen (Grobglie-
derung) enthalten die Seehandbücher des BSH?

17 Seiten 22, 26
Wie werden Richtungsanga-
ben in nautischen Veröffentlichungen gemacht?

18[*] Seite 22
In welchem Quadranten liegt
der rote Warnsektor eines
Leitfeuers mit der Angabe
rot 030° – 042°?

19[*] Seite 22
Was sind Leitfeuer (direction
lights)?

20[*] Seite 22
1. Was sind Richtfeuer
(leading lights)?
2. Wann befindet man sich
auf einer Richtfeuerlinie?

Gewässern (z. B. Ostsee) auf
mittleren Wasserstand.

In den See- und Hafenhandbüchern und in den Seekarten.

1. Schifffahrtsangelegenheiten,
2. Naturverhältnisse,
3. Küstenkunde und Segel-
anweisungen.

1. rechtweisend in Grad,
2. im Uhrzeigersinn
(rechtsherum) zählend.

Im Südwest-Quadranten.
Angegeben sind die Peilungen
zum Leuchtfeuer.

Leitfeuer sind Einzelfeuer,
die durch Sektoren verschiedener Farbe oder Kennung
(Leit- oder Warnsektoren)
im Allgemeinen ein Fahr-
wasser, eine Hafeneinfahrt
oder einen freien Seeraum
zwischen Untiefen bezeichnen.

1. Richtfeuer sind Feuer, die
als Unter- und Oberfeuer
in Deckpeilung als Richt-
feuerlinie (RFL) beispielsweise einen Kurs im Fahr-
wasser, durch eine Hafen-
einfahrt oder im freien Seeraum zwischen Untiefen
bezeichnen.
2. Ein Schiff befindet sich in
der RFL, wenn Unter- und
Oberfeuer senkrecht unter-/
übereinander erscheinen.

21[*] Seite 22
Was ist ein Torfeuer?

22[*] Seite 23
Was ist Tragweite eines Feuers?

23[*] Seite 23
Was ist Nenntragweite eines
Feuers?

24 Seite 23
Wovon hängt die Tragweite
eines Feuers ab?

25[*] Seite 23
In der Seekarte finden Sie bei
einem Leuchtfeuer die Eintragung: 18M. Was bedeutet
diese Angabe?

26[*] Seiten 23, 38
Was ist Sichtweite eines Feuers? Wovon hängt sie ab?

Ein Torfeuer sind zwei Feuer
gleicher Höhe, gleicher
Lichtstärke und gleicher
Kennung, die zu beiden
Seiten der Fahrwasserachse
einander genau gegenüber
(rechtwinklig zur Fahr-
wasserachse) und von der
Fahrwassermitte gleichweit
entfernt angeordnet sind.

Unter Tragweite versteht man
denjenigen Abstand, in dem
ein Feuer einen eben noch
deutlichen Lichteindruck
im Auge des Beobachters hervorruft.

Nenntragweite ist die Tragweite eines Feuers für einen
definierten Wert (Sichtwert =
Faktor 0,74), der einer meteorologischen Sichtweite am
Tage von 10 sm entspricht.

Sie hängt u. a. ab
1. von der Lichtstärke (Helligkeit) des Feuers und
2. vom Sichtwert (Lichtdurch-
lässigkeit der Atmosphäre).

Es ist die Nenntragweite, hier
18 Seemeilen.

Sichtweite ist die Entfernung,
auf die ein Leuchtfeuer über
die Erdkrümmung (Kimm)
hinweg vom Beobachter ge-
sehen werden kann.
Sie hängt ab:
1. von der Feuerhöhe und
2. von der Augeshöhe des
Beobachters.

[*] Nur die Fragen mit rot gedruckten Nummern werden als Prüfungsfragen in der schriftlichen Prüfung verwendet.

Sportküstenschifferschein

27 Seiten 23, 38

Wie müssen sich Tragweite und Sichtweite zueinander verhalten, damit das Verfahren zur Ortsbestimmung „Feuer in der Kimm" angewandt werden kann?

Die Tragweite muss mindestens gleich der Sichtweite sein.

28 Seite 38

Wo findet man Tabellen zur Ermittlung des Abstandes eines Feuers in der Kimm?

In deutschen und britischen Leuchtfeuerverzeichnissen.

29 Seiten 20, 21

Wo sind die in Seekarten verwendeten Symbole und Abkürzungen erklärt?

In der Karte 1/INT1 des BSH.

30 Seite 15

Wer veröffentlicht die Bekanntmachungen für Seefahrer (BfS) und was umfassen diese Veröffentlichungen?

1. Die BfS werden von der Wasser- und Schifffahrtsverwaltung des Bundes und für die kommunalen Häfen von den Hafenverwaltungen herausgegeben und veröffentlicht.
2. Sie enthalten Angaben über wichtige Maßnahmen und Ereignisse auf den Seeschifffahrtsstraßen und der ausschließlichen Wirtschaftszone, also umfassende Informationen über alles, was auf den Revieren und in Küstengewässern der Bundesrepublik Deutschland an Gefahren und Änderungen beachtet werden muss.

31 Seite 15

Wie werden die Bekanntmachungen für Seefahrer (BfS) der Sportschifffahrt zur Kenntnis gebracht?

Die BfS werden an den amtlichen Aushangstellen (z. B. bei Wasser- und Schifffahrtsämtern, Hafenverwaltungen, WSP-Dienststellen, Schleusen, Yachthäfen) für das betreffende Seegebiet, in dem die Aushangstelle liegt, und für die angrenzenden Reviere und Gebiete zur Kenntnis gebracht.

1. Änderungen an Befeuerung, Betonnung und Landmarken,
2. veränderte Wassertiefen,
3. Wracke, Schifffahrtshindernisse, Rohrleitungen usw.,
4. Bauarbeiten, Baggerarbeiten, militärische Übungen und damit zusammenhängende Sperrungen oder Behinderungen.

32 Seite 15

Zählen Sie die am häufigsten vorkommenden Ereignisse und Maßnahmen auf, über die die Bekanntmachungen für Seefahrer (BfS) unterrichten.

33 Seiten 15, 193

Wer gibt die nautischen Warnnachrichten (NWN) heraus und von wem werden sie verbreitet?

Nautische Warnnachrichten (NWN) werden von den Verkehrszentralen und dem Seewarndienst Emden für das gesamte deutsche Warngebiet herausgegeben und über Funk verbreitet. Der Rundfunksender Deutschlandfunk verbreitet alle über Funk abgegebenen NWN und auch andere regional begrenzte NWN, die insbesondere für die Sportschifffahrt von Wichtigkeit sein können (z. B. militärische Übungen, gefährliche Wracke auf den Hauptschifffahrtswegen).

34 Seiten 15, 193

Was bedeutet der Zusatz „vital" bei einer nautischen Warnnachricht (NWN)?

Die NWN erhält den Zusatz „vital", wenn die Warnung auf eine lebensbedrohende Gefahr hinweist.

35 Seiten 112, 193

Welche Besonderheit bezüglich des Zusatzes „vital" bei einer nautischen Warnnachricht (NWN) gibt es für die Sportschifffahrt?

Vitale nautische Warnnachrichten für die Sportschifffahrt aus dem Zuständigkeitsbereich der Verkehrszentralen werden während der Zeit vom 1. April bis zum 31. Oktober an den Seewarndienst zur Verbreitung über ausgewählte private und öffentlich-rechtliche Rundfunkanstalten weitergeleitet.

Sportküstenschifferschein

36 Seite 76

Wer gibt die Nachrichten für Seefahrer (NfS) heraus und wie und wie oft erfolgt die Herausgabe?

Die NfS werden vom BSH in Heftform und im Internet herausgegeben und erscheinen einmal wöchentlich.

37 Seite 76

Welche Unterlage steht Ihnen zur Verfügung zur Berichtigung von britischen Seekarten, die nicht von den NfS erfasst werden?

Die britischen Notices to Mariners.

38 Seite 76

1. Was sind P-Nachrichten?
2. Wie verfährt man mit diesen Nachrichten im Berichtigungsverfahren?

1. P-Nachrichten sind solche, die eine bevorstehende (preliminary) Maßnahme ankündigen.
2. Wegen der begrenzten Geltungsdauer werden keine Berichtigungen auf der Grundlage von P-Nachrichten vom BSH bzw. amtlichen Seekartenberichtigungsstellen durchgeführt. Deshalb müssen vor Gebrauch jeder Seekarte die noch gültigen P-Nachrichten erfasst und in der Karte vermerkt werden.

39 Seite 76

1. Was sind T-Nachrichten?
2. Wie verfährt man mit diesen Nachrichten im Berichtigungsverfahren?

1. T-Nachrichten sind solche, die über einen zeitweiligen (temporary) Zustand unterrichten.
2. Wegen der begrenzten Geltungsdauer werden keine Berichtigungen auf der Grundlage von T-Nachrichten vom BSH bzw. amtlichen Seekartenberichtigungsstellen durchgeführt. Deshalb müssen vor Gebrauch jeder Seekarte die noch gültigen T-Nachrichten erfasst und in der Karte vermerkt werden.

40 Seiten 15, 72

Worauf muss beim Ansteuern einer Küste bei der Auswahl von Seekarten geachtet werden? Begründen Sie Ihre Antwort.

Seekarten mit größtmöglichem Maßstab verwenden. Nur in diesen Karten sind alle Schifffahrtszeichen und weitere für die Navigation wichtigen Informationen eingetragen.

41 Seite 27

Was müssen Sie bei Kursberechnungen hinsichtlich der in der Seekarte angegebenen Ortsmissweisungen beachten?

Die für ein bestimmtes Jahr angegebene Missweisung muss mittels der in der Seekarte angegebenen jährlichen Änderung für das aktuelle Jahr berichtigt werden.

42 Seite 76

Was müssen Sie bei der Benutzung von amtlichen deutschen Sportbootkarten beachten?

Sie werden nach dem Druck weder vom BSH noch von den Seekartenvertriebsstellen berichtigt. Sie müssen also vom Nutzer nach dem Kauf vor Benutzung über die NfS auf den aktuellen Stand berichtigt werden.

43 Seite 141

Nach welcher Faustregel können Sie m/s in Knoten umrechnen?

Doppelt so viele Knoten (kn) wie m/s oder m/s multipliziert mit 2 = kn.

44 Seite 13

Was müssen Sie beachten, wenn Sie die mit Loggen ermittelte Fahrt z. B. für das Arbeiten in Seekarten berücksichtigen wollen?

Die üblichen Logmethoden liefern ausschließlich die Fahrt durch das Wasser (FdW). Um die Fahrt über Grund (FüG) zu ermitteln, müssen Stromrichtung und Stromgeschwindigkeit berücksichtigt werden.

45 Seite 46

Welche Fahrt zeigen GPS-Geräte an?

Die Fahrt über Grund (FüG).

46 Seite 46

Welchen Kurs zeigen GPS-Geräte an?

Den Kurs über Grund (KüG).

Sportküstenschifferschein

47 Seite 18
Warum müssen Sie Ihre Position regelmäßig in die Seekarte eintragen?

48 Seite 18
Was ist die Besteckversetzung (BV)?

49 Seite 18
Welche Ursachen kann die Besteckversetzung (BV) haben?

50 Seite 39
Warum sollte der Winkel zwischen zwei Peilungen nicht kleiner als 30° und nicht größer als 150° sein?

51 Seite 44
Warum sind regelmäßige Kompasskontrollen erforderlich?

52 Seiten 57, 70
Wodurch können auch in gezeitenlosen Revieren erhebliche Wasserstandsschwankungen und Strömungen (z. B. Triftstrom) hervorgerufen werden?

53 Seite 41
Welche navigatorischen Vorbereitungen treffen Sie vor einer Fahrt in Dunkelheit?

Um Abweichungen von der Kurslinie frühzeitig und sicher zu erkennen und um ggf. den Kurs zu berichtigen.

Richtung (rw) und Entfernung (in sm) vom Koppelort (O_k) zum beobachteten Ort (O_b), bezogen auf den gleichen Zeitpunkt.

Die BV kann folgende Ursachen haben:
1. ungenaues Steuern und Koppeln
2. Kursfehler (z. B. ungenaue Steuertafel) und
3. fehlende oder unvollständige Berücksichtigung von Strom und Wind.

Weil der gefundene Standort sonst keine ausreichend sichere Positionsbestimmung ergibt.

Zur Überprüfung der Funktionsfähigkeit des Kompasses und der Werte in der Ablenkungstabelle.

Durch Stärke, Dauer und Richtung des Windes oder „Zurückschwappen" aufgestauter Wassermassen (z. B. Ostsee).

1. Kurse und Kursänderungspunkte möglichst vorausbestimmen,
2. Untiefen und Hindernisse in der Karte besonders kennzeichnen,

3. in der Seekarte markieren, welche Leuchtfeuer wann und wo in der Kimm erscheinen und
4. Wegstrecke nach unbefeuerten Tonnen absuchen.

54 Seite 39
Welche Möglichkeiten der terrestrischen Ortsbestimmung muss man kennen?

55 Seite 39
Nennen Sie zwei Möglichkeiten der Ortsbestimmung, wenn Sie nur ein Objekt mit bekannten Merkmalen (z. B. Leuchtturm) in Sicht haben.

56 Seite 26
Welche Nordrichtungen werden in der Navigation unterschieden? Erläutern Sie diese kurz.

57 Seite 27
Nennen Sie die Winkel zwischen den Nordrichtungen (rwN, mwN, MgN).

1. Kreuzpeilung,
2. Peilung und Abstand (Feuer in der Kimm, Radarabstand),
3. Peilung und Lotung.

1. Peilung und Abstand (Feuer in der Kimm, Radarabstand),
2. Peilung und Lotung.

1. rwN: rechtweisend Nord ist die Richtung eines Meridians zum geografischen Nordpol.
2. mwN: missweisend Nord ist die Richtung des erdmagnetischen Feldes zum magnetischen Nordpol, abhängig von Schiffsort und Datum (Jahr). In diese Richtung stellt sich eine ungestörte Magnet-(Kompass-)nadel ein.
3. MgN: ist die Richtung zu Magnetkompass-Nord. In diese Richtung zeigt die durch das schiffsmagnetische Feld beeinflusste Kompassnadel an Bord.

1. Mw: Missweisung ist der Winkel zwischen rwN und mwN.

Sportküstenschifferschein

2. Abl: Ablenkung (Abl) oder Deviation (Dev) ist der Winkel zwischen mwN und Kompassnord (MgN).

58 Seite 27
Nennen Sie den Winkel zwischen den Nordrichtungen rwN und MgN.

Der Winkel zwischen rwN und MgN ist die Fehlweisung (Fw) (Abl + Mw = Fw).

59 Seite 27
Wo finden Sie die erforderlichen Werte der Missweisung? Worauf ist dabei zu achten?

1. Die Missweisung findet sich in der Seekarte eingedruckt für ein bestimmtes Jahr.
2. Dieser Wert muss mit der ebenfalls in der Seekarte angegebenen jährlichen Änderung auf das Jahr der Benutzung berichtigt werden.

60 Seiten 27, 32
Wo finden Sie die erforderlichen Werte der Ablenkung (Abl)? Worauf ist dabei zu achten?

1. Die Abl wird einer Ablenkungstabelle entnommen.
2. Die Abl ist abhängig vom anliegenden Kurs.

61 Seiten 27, 32
Warum muss für jedes Fahrzeug eine eigene Ablenkungstabelle (Steuertafel) erstellt werden?

Die Ablenkungstabelle kann auf jedem Schiff andere Werte haben.

62 Seiten 30, 31
Worauf müssen Sie achten, wenn eine Magnetkompasspeilung (MgP) auf eine rechtweisende Peilung (rwP) beschickt werden soll?

Abl für den anliegenden MgK (Magnetkompasskurs) aus der Steuertafel (Ablenkungstabelle) entnehmen; an die so erhaltene mwP (missweisende Peilung) die für das laufende Jahr der Seekarte entnommene Mw anbringen.

63 Seite 43
Unter welchen Voraussetzungen ergibt sich eine brauchbare Standlinie aus einer Lotung?

Der Meeresgrund muss ausreichend regelmäßig und ausreichend steil ansteigen/abfallen.

64 Seiten 24, 25
Neben den Fahrwassertonnen liegen auf den Seeschifffahrtsstraßen weitere Schifffahrtszeichen aus, die für die Sportschifffahrt besonders wichtig sind. Welche Schifffahrtszeichen sind das?

Sonderzeichen zur Bezeichnung von Sperrgebieten und Kardinalzeichen für allgemeine Gefahrenstellen.

65 Seiten 15, 25, 193
Aus welchen nautischen Publikationen können Sie Sperr- und Verbotsgebiete mit ihren Grenzen ersehen?

Aus den Seekarten, Bekanntmachungen für Seefahrer (BfS) und Nautischen Warnnachrichten (NWN).

66 Seite 25
Welche Sonderzeichen kennzeichnen Reeden, besondere Gebiete oder Stellen, z. B. Warngebiete?

Gelbe Fasstonnen, Leuchttonnen, Spierentonnen oder Stangen.

67 Seite 25
Welche Sonderzeichen kennzeichnen Sperrgebiete?

Gelbe Fasstonnen, Leuchttonnen, Spierentonnen oder Stangen mit einem breiten roten Band. Beschriftung auf Fasstonne oder Leuchttonne mit schwarzen Buchstaben: „Sperrgebiet" oder „Sperr-G."

68 Seite 25
Welche Farbe haben Feuer auf Sonderzeichen, wenn vorhanden?

Farbe gelb.

69 Seite 25
Was bedeutet das Ausliegen der folgenden Schifffahrtszeichen: weiße Fasstonne, Kugeltonne oder Stange mit einem – von oben gesehen – rechtwinkligen gelben Kreuz bzw. bei Stangen mit einem breiten gelben Band?

Fahrverbot für Maschinenfahrzeuge und Wassermotorräder auf wegen Badebetriebs gesperrten Wasserflächen.

Sportküstenschifferschein

70   Seite 56

Wie stehen Sonne und Mond winkelmäßig zur Erde bei Springzeit und bei Nippzeit? (Die Springverspätung soll hier unberücksichtigt bleiben.)

Bei Springzeit befinden sich Mond und Sonne in einer Ebene mit der Erde, bei Nippzeit stehen die Verbindungslinien Erde/Sonne und Erde/Mond im rechten Winkel zueinander.

71   Seiten 59, 64

Erklären Sie den Begriff Alter der Gezeit!

Das Alter der Gezeit gibt an, in welcher Phase (Nippzeit, Mittzeit, Springzeit) sich das aktuelle Tidengeschehen befindet.

72   Seite 56

Warum findet man z. B. bei Bezugsorten in der Nordsee bzw. dem Englischen Kanal zeitweise nur ein Hoch- bzw. Niedrigwasser pro Tag?

Die Umlaufzeit des Mondes um die Erde dauert im Mittel 24 h 50 min (Mondtag) gegenüber dem mittleren Sonnentag (= 24 h). Deshalb „rutscht" das letzte HW oder NW zeitweise in den nächsten Tag.

73   Seiten 57, 58

Weshalb und wie können die tatsächlichen Wasserstände von den Angaben in den Gezeitentafeln teilweise erheblich abweichen?

Keine Berücksichtigung von ggf. bedeutenden Wasserstandsänderungen durch Wind und/oder sehr hohen bzw. sehr niedrigen Luftdruck. Das Hochwasser bzw. das Niedrigwasser können höher oder niedriger sein als angegeben und früher oder später eintreten.

74   Seite 73

Worauf beziehen sich die Tiefenangaben in Seekarten in den deutschen Gewässern der Ost- und Nordsee?

Auf Kartennull (KN).

75   Seiten 60, 73

Was ist Kartennull?

Kartennull (KN) ist die Bezugsfläche für die Tiefenangaben in einer Seekarte.

76   Seite 73

Wie ist Kartennull (KN) in der Ost- und Nordsee und im Englischen Kanal definiert? Wo finden Sie die entsprechenden Angaben zur Kartennullebene?

In der Ostsee entspricht KN dem mittleren Wasserstand. Im Englischen Kanal und in der Nordsee entspricht KN dem niedrigstmöglichen Gezeitenwasserstand (LAT, Lowest Astronomical Tide). Die Kartennullebene ist in der jeweiligen Seekarte beschrieben.

77   Seite 63

Was müssen Sie bedenken, wenn Sie die Wassertiefe außerhalb der Niedrigwasserzeit loten?

Beim folgenden Niedrigwasser wird die Wassertiefe geringer sein als zum Zeitpunkt der Lotung.

78   Seiten 60, 73

Was ist die Kartentiefe?

Die Kartentiefe (KT) ist die auf Kartennull bezogene Wassertiefe. Kartentiefe ist Wassertiefe abzüglich Höhe der Gezeit.

79   Seite 60, 73

Mit welcher Wassertiefe können Sie bei einer Lotung normalerweise mindestens rechnen?

Mit der Kartentiefe.

80   Seiten 56, 57

Welche Bedeutung hat die Angabe „Springzeit" für die Wasserstände in Gezeitengebieten?

Zur Springzeit sind besonders hohe Hochwasser und besonders niedrige Niedrigwasser zu erwarten.

81   Seite 57

Welche Bedeutung hat die Angabe „Nippzeit" für die Wasserstände in Gezeitengebieten?

Zur Nippzeit sind besonders niedrige Hochwasser und besonders hohe Niedrigwasser zu erwarten.

Sportküstenschifferschein

82   Seite 66

Welche Bedeutung haben die Angaben „Nippzeit" bzw. „Springzeit" für die Gezeitenströme?

Zur Springzeit setzen die Gezeitenströme z. T. deutlich stärker als zur Nippzeit.

83   Seite 66

Wo können Sie Informationen über Gezeitenströme in Küstengewässern finden?

1. In Gezeitenstromatlanten, Seehandbüchern,
2. in Seekarten aus Gezeitenstromtabellen, die bezogen sind auf die Hochwasserzeiten des dort genannten Bezugsortes.

84   Seite 20

Auf einer Seekarte finden Sie in Küstennähe die Tiefenangabe 2,3. Was bedeutet das?

Der Ort der Zahl liegt 2,3 m über Kartennull und kann trockenfallen.

85   Seite 60

In welchem Zusammenhang stehen Kartentiefe (KT), Wassertiefe (WT) und Höhe der Gezeit (H)?

WT - H = KT oder
KT + H = WT
(Lösung auch als Skizze möglich).

86   Seiten 61, 63

Warum ist es wichtig, die Uhrzeit einer Lotung festzuhalten?

Um anhand der Gezeitentafel feststellen zu können, ob das Wasser steigt oder fällt.

87   Seite 65

Was ist ein Pegel?

Eine Skala zur Anzeige des Wasserstandes.

88   Seiten 57, 59, 60

Welchen Einfluss kann der Wind auf die Gezeiten haben?

Der Wind kann Strömungen und Wasserstandsänderungen hervorrufen, die zu den Gezeitenströmen und den Gezeiten hinzutreten, sodass die gesamte Wasserbewegung mehr oder weniger von den bloßen Gezeitenerscheinungen (zeitlich und/oder in der Höhe) abweicht.

89   Seite 45

Wie kann man feststellen, ob die GPS-Position genau bzw. zuverlässig ist?

1. Durch den vom Empfänger angezeigten HDOP-Wert (Horizontal Dilution of Precision = Satellitenverteilung).
2. Durch die vom Empfänger angezeigte Anzahl der getrackten Satelliten.
3. Durch Vergleich mit anderen Navigationssystemen und der Koppelposition.

90   Seite 45

Wie groß ist die typische und realistische Genauigkeit von Positionen, die mit GPS oder DGPS ermittelt werden?

1. GPS: 10 – 20 m bei einer Wahrscheinlichkeit von etwa 95 %.
2. DGPS: 1 – 10 m bei einer Wahrscheinlichkeit von etwa 95 %.

91   Seite 46

Wo muss man mit ungenauen Anzeigen des GPS rechnen?

1. Bei Abschattung der GPS-Antenne.
2. In der Nähe von Flughäfen und in der Nähe von Fernsehsendern.
3. In der Nähe von Marineeinrichtungen
4. Bei Nutzung von UKW-Geräten und anderen elektronischen/elektrischen Geräten an Bord.

92   Seite 45

Was bedeutet die Abkürzung GPS und welchen Inhalt hat GPS?

GPS = Global Positioning System. Hierbei handelt es sich um ein weltweites und jeder Zeit verfügbares Satelliten-Navigationssystem, das durch Zeit- und Abstandsmessung eine genaue Ortsbestimmung ermöglicht.

Sportküstenschifferschein

93   Seite 46

Was bedeutet die Abkürzung DGPS und nach welchem Prinzip arbeitet DGPS?

DGPS = Differential Global Positioning System. Hierbei handelt es sich um eine regionale Verbesserung der Ortsbestimmung. Dabei werden von Referenzstationen über Funk Korrekturwerte für die GPS-Messwerte an die Schiffe übertragen.

94   Seite 46

Was ist bei Anbringung einer GPS-Antenne zu beachten?

1. Sie muss ringsum freie Sicht (ohne Abschattungen) haben.
2. Einwandfreie Erdung.

95   Seite 45

Was bewirkt die Bedienung der MOB-Taste bei GPS-Geräten?

1. Die Position zurzeit des Tastendrucks wird gespeichert.
2. Rechtweisende Peilung (rwP) und Distanz zu diesem Punkt werden angezeigt.

96   Seite 45

Was bedeutet die Aussage „Die Ortsgenauigkeit beträgt 100 m mit einer Wahrscheinlichkeit von 95 %“?

Das Schiff befindet sich mit einer Wahrscheinlichkeit von 95 % in einem Fehlerkreis von 100 m Radius um den beobachteten Ort. Also jede 20. Ortsbestimmung (5 %) ist ungenauer als 100 m.

97   Seite 45

Wie kann man feststellen, ob die GPS-Position genau bzw. zuverlässig ist?

1. Durch den vom Empfänger angezeigten HDOP (horizontal dilution of precision = Satellitenverteilung).
2. Durch die vom Empfänger angezeigte Anzahl der getrackten Satelliten.
3. Durch Vergleich mit anderen Navigationssystemen und der Koppelposition.

98   Seite 45

Was ist bei der Eintragung eines GPS-Ortes in eine Seekarte zu beachten?

Das Bezugssystem muss übereinstimmen. Dieses kann geschehen durch:
1. Auswahl und Einstellung des Kartenbezugssystems im Empfänger.
2. Manuelle Verschiebung des GPS-Ortes um die in der Seekarte angegebenen N/S- und E/W-Korrekturen.
3. Verwendung von Seekarten, die auf dem System WGS-84 beruhen.

99   Seite 47

Was ist ein Wegpunkt?

Geografische Koordinaten eines anzusteuernden Punktes.

100   Seite 45, 70

Was bedeutet WGS-84 und was wird damit erreicht?

1. Globales Bezugssystem, World Geodetic System 1984.
2. Mit diesem System (= Referenzellipsoid bei GPS) wird weltweit eine optimale Anpassung an die reale Form des gesamten Erdkörpers erreicht.

101   Seiten 49, 51, 52

Wodurch können Radarechos von kleinen Fahrzeugen und Tonnen auf den Sichtschirmen von Radargeräten verschwinden?

1. Durch Seegang und/oder Niederschlag,
2. durch falsche Bedienung,
3. durch zu große Entfernung,
4. durch Gieren des eigenen Fahrzeugs bei relativ vorausorientierter Radardarstellung (head up).

102   Seiten 49, 51, 52

Wie kann man mit Radar den eigenen Schiffsort bestimmen?

1. Peilung eines Objektes gibt einen Peilstrahl als Standlinie.
2. Abstandsmessung mit dem VRM (Variable Range Marker) gibt einen Abstandskreis als Standlinie.

Sportküstenschifferschein

103 Seite 50
Wie kann man ggf. verhindern, dass sich Echoanzeigen von Zielen (z. B. zwei Tonnen, zwei Molenköpfe) überlappen?

1. Kurze Impulslänge wählen.
2. Messbereich verkleinern.

104 Seiten 10 ff., 40
Welche Navigationsgeräte sollten Sie auf einer Yacht auch bei Kurzfahrten nahe der Küste mindestens an Bord haben?

Steuerkompass, Peilkompass, Lot, Log, Uhr.

105 Seiten 10 ff., 40, 71 ff.
Was gehört zur navigatorischen Mindestausrüstung einer Yacht in Küstengewässern? Nennen Sie mindestens sechs Beispiele.

1. Steuerkompass,
2. Peileinrichtung,
3. terrestrisches- oder satellitengestütztes Funknavigationsgerät,
4. Log,
5. Lot,
6. Fernglas,
7. Barometer,
8. Weltempfänger für Rundfunk,
9. Seebücher und auf den neuesten Stand berichtigte Seekarten für das zu befahrende Seegebiet
10. Logbuch,
12. Uhr/ Zeitmesser.

106 Seite 10
Welchen Vorteil hat ein Kugelkompass gegenüber einem Flachglaskompass?

1. Der Kugelkompass kann auch bei größerer Krängung noch als Messinstrument benutzt werden.
2. Die Kugelform verbessert die Ablesbarkeit der Kompassrose (Vergrößerungseffekt).

107 Seiten 10, 11
Was beeinflusst die Ablenkung eines Kompasses dauerhaft?

Veränderung des magnetischen Zustandes an Bord, z. B. Einbauten und Lageänderung von Ausrüstungsgegenständen.

108 Seite 10
Was beeinflusst die Ablenkung eines Kompasses vorübergehend?

Elektronische Geräte (z. B. Radio, Handy), magnetisierte Gegenstände (z. B. Werkzeug, Peilkompass) und Gleichstromleitungen in der Nähe des Kompasses.

109 Seite 10
Welchen Abstand muss magnetisierbares Material vom Magnetkompass haben?

Mindestens 1 Meter.

Sportküstenschifferschein

Schifffahrtsrecht

1 Seite 80
Was sind „Sicherheitszonen"
im Sinne der Verordnung zu
den KVR?

2* Seite 80
Die Verordnung zu den KVR
verbietet die Führung eines
Fahrzeugs, wenn man infolge
des Genusses alkoholischer
Getränke in der sicheren
Führung des Fahrzeugs
behindert ist. Welchen örtlichen Geltungsbereich hat die
vorgenannte Verordnung?

3* Seite 80
Bei welcher Atem- oder Blutalkoholkonzentration darf
man laut Verordnung zu den
KVR ein Fahrzeug nicht
mehr führen?

4* Seite 82
Die KVR regeln u. a. das
Verhalten der Schiffsführun-
gen bei Kollisionsgefahr.
Was ist bei der Auslegung
und Befolgung der KVR zu
berücksichtigen?

5* Seite 82
Welche Grundregeln für das
Verhalten im Verkehr enthal-

Sicherheitszonen sind Wasserflächen im Umkreis von 500 m
von Plattformen, Bohrinseln,
Forschungsanlagen u. a., die
nicht befahren werden dürfen.

Die Verordnung gilt auf Seeschifffahrtsstraßen und für
Schiffe, die die Bundesflagge
führen, seewärts der Begrenzung des Küstenmeeres der
Bundesrepublik Deutschland
(also weltweit), soweit nicht
in den Hoheitsgewässern
anderer Staaten abweichende
Regelungen gelten.

Ein Fahrzeug darf nicht führen, wer 0,25 mg/l oder mehr
Alkohol in der Atemluft oder
0,5 Promille oder mehr Alkohol im Blut oder eine Alkoholmenge im Körper hat, die zu
einer solchen Atem- oder Blutalkoholkonzentration führt.

Bei der Auslegung und Befolgung der KVR sind stets alle
Gefahren der Schifffahrt und
des Zusammenstoßes sowie
alle besonderen Umstände
einschließlich Behinderungen
der betroffenen Fahrzeuge gebührend zu berücksichtigen,
die zum Abwenden unmittelbarer Gefahr ggf. auch ein Abweichen von diesen Regeln
erfordern können (z. B. Abweichen von der Kurshaltepflicht,
wenn der Ausweichpflichtige
nicht angemessen handelt).

Die KVR befreien nicht von
den Folgen, die durch unzu-

ten die KVR, die ein Fahrzeug, dessen Eigentümer,
Schiffsführer oder Crew
zu berücksichtigen haben,
auch wenn keine konkrete
Regel anwendbar ist?

6* Seite 87
Was sind Verkehrstrennungsgebiete? Wie sind sie zu befahren?

7 Seite 83
Was ist ein manövrierunfähiges Fahrzeug?

8 Seite 83
Was ist ein manövrierbehindertes Fahrzeug?

9* Seite 83
Nennen Sie mindestens drei
Beispiele für manövrierbehin-
derte Fahrzeuge.

reichende Einhaltung der
KVR oder unzureichende
Vorsichtsmaßnahmen entstehen, d. h. allgemeine seemännische Praxis oder besondere
Umstände des Falles können
über die Mindestanforderun-
gen der KVR hinausgehende
Maßnahmen erfordern.

1. Verkehrstrennungsgebiete
sind Schifffahrtswege, die
durch Trennlinien oder
Trennzonen in Einbahn-
wege geteilt sind.
2. Diese dürfen nur in Fahrtrichtung rechts der Trenn-
linie/Trennzone befahren
werden, aber unter Nutzung
der vollen Breite des Einbahnweges.

Manövrierunfähig ist ein
Fahrzeug, das wegen außergewöhnlicher Umstände (z. B.
Ruderbruch) nicht regel-
gerecht manövrieren und daher einem anderen Fahrzeug
nicht ausweichen kann.

Manövrierbehindert ist ein
Fahrzeug, das durch die Art
seines Einsatzes behindert ist
(z. B. Bagger, Kabelleger),
regelgerecht zu manövrieren,
und daher einem anderen Fahrzeug nicht ausweichen kann.

1. Tonnenleger, Kabelleger,
Rohrleger im Einsatz,
2. Bagger, Vermessungs-
fahrzeuge im Einsatz,
3. Versorger im Einsatz,
4. Flugzeugträger im Einsatz,
5. Minenräumfahrzeuge im
Einsatz,

---

* Nur die Fragen mit rot gedruckten Nummern werden als Prüfungsfragen in der schriftlichen Prüfung verwendet.

Sportküstenschifferschein

6. Fahrzeuge während eines Schleppvorganges, bei dem das schleppende Fahrzeug und sein Anhang erheblich behindert sind, vom Kurs abzuweichen.

10 Seite 84

Was ist unter sicherer Geschwindigkeit zu verstehen?

Das Fahrzeug muss jederzeit innerhalb einer solchen Entfernung zum Stehen gebracht werden können, dass ein Zusammenstoß vermieden wird.

11 Seite 97

Ab welcher Länge müssen Sportfahrzeuge mit den Lichtern/Signalkörpern ausgerüstet sein, die bei Manövrierunfähigkeit zu setzen sind?

Fahrzeuge ab 12 m Länge.

12* Seite 111

Sie sehen in der Dämmerung in der Nordsee in der Zufahrt zur Jade einen großen Tanker mit der üblichen Lichterführung, auf dem kurze Zeit später die Lichter rot-weiß-rot senkrecht übereinander zusätzlich zu den Fahrtlichtern gesetzt werden. Welche rechtliche Bedeutung hat die geänderte Signalgebung für Sie?

Beim Erreichen des Geltungsbereiches der SeeSchStrO kennzeichnet sich der Tanker als Wegerechtschiff, das als manövrierbehindertes Fahrzeug gilt. Diesem so gekennzeichneten Fahrzeug muss im Falle einer Kollisionsgefahr ausgewichen werden.

13* Seite 96

Welche Lichter müssen manövrierbehinderte Fahrzeuge (außer Minenräumfahrzeugen) führen
1. ohne Fahrt durchs Wasser (FdW)?
2. mit FdW?
3. vor Anker?

1. ohne FdW: rot-weiß-rot senkrecht übereinander,
2. mit FdW: rot-weiß-rot senkrecht übereinander und Lichter eines Maschinenfahrzeugs (Topplicht(er), Seitenlichter, Hecklicht),
3. vor Anker: rot-weiß-rot senkrecht übereinander und Ankerlicht(er).

14* Seite 96

Wie sind manövrierbehinderte und manövrierunfähige Fahrzeuge am Tage bezeichnet?

1. manövrierbehindert: Ball – Rhombus – Ball senkrecht übereinander,
2. manövrierunfähig: zwei Bälle senkrecht übereinander.

15 Seiten 83, 95, 96

Wie müssen Sie Ihr Fahrzeug unter Segel bei Tage und bei Nacht kennzeichnen, wenn Sie gleichzeitig mit Maschinenkraft fahren?

1. Bei Tage einen Kegel – Spitze unten – gut sichtbar über dem Vorschiff.
2. Bei Nacht Lichterführung eines Maschinenfahrzeugs entsprechender Größe.

16* Seite 94

Was müssen Sie hinsichtlich der Zeiten der Lichterführung beachten?

Die Lichter müssen geführt werden
1. zwischen Sonnenuntergang und Sonnenaufgang,
2. bei verminderter Sicht auch zwischen Sonnenaufgang und Sonnenuntergang.

17* Seite 95

Sie sehen am Tage ein Fahrzeug, augenscheinlich kürzer als 50 m, mit dem Sichtzeichen Rhombus, dahinter in gleichbleibendem Abstand ein weiteres Fahrzeug mit dem gleichen Signalkörper.
1. Worum handelt es sich?
2. Wie sind die Fahrzeuge bei Nacht gekennzeichnet?

1. Es handelt sich um einen Schleppverband länger als 200 m (Heck des Schleppers – Heck des Anhangs).
2. Der Schlepper führt nachts drei weiße Topplichter senkrecht übereinander, Seitenlichter, Hecklicht und das gelbe Schlepplicht über dem Hecklicht. Der Anhang führt Seitenlichter und Hecklicht.

18* Seite 107

Man hört bei Nebel folgendes Schallsignal mit der Pfeife ▬●● (lang-kurz-kurz) unmittelbar gefolgt von ▬●●● (lang-kurz-kurz-kurz) etwa jede Minute. Worum handelt es sich dabei?

Es ist das Schallsignal eines Schleppverbandes in Fahrt (schleppendes Fahrzeug: lang, kurz, kurz ▬●●; Anhang: lang, kurz, kurz, kurz ▬●●●).

* Nur die Fragen mit rot gedruckten Nummern werden als Prüfungsfragen in der schriftlichen Prüfung verwendet.

Sportküstenschifferschein

19 Seite 107
Bei Nebel im Küstenbereich fahrend, hört man etwa jede Minute folgendes Signal: drei Glockenschläge, dann ca. fünf Sekunden lang rasches Läuten einer Glocke, dann drei Glockenschläge. Wer gibt dieses Signal?

Dieses Signal gibt ein Fahrzeug auf Grund unter 100 m Länge.

20 Seiten 96, 107
Sie sehen ein Fahrzeug mit folgender Lichterführung:

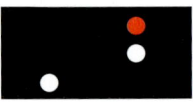

1. Worum handelt es sich?
2. Welches Schallsignal müsste dieses Fahrzeug bei unsichtigem Wetter geben?

1. Treibnetzfischer (Fahrzeug, das nicht trawlt) in Fahrt oder vor Anker mit ausgebrachtem Fanggerät, das waagerecht weiter als 150 m ins Wasser reicht. (Das untere weiße Licht kann auch das Hecklicht sein).
2. Schallsignal ▬●● (lang-kurz-kurz) mindestens alle 2 Minuten.

21 Seite 96
Sie sehen nachts auf See zwei rote Lichter senkrecht übereinander wie folgt:

Worum handelt es sich?

Um ein manövrierunfähiges Fahrzeug in Fahrt ohne Fahrt durchs Wasser.

22 Seite 96
Die Lichteranordnung eines Fahrzeugs ändert sich plötzlich von

in

Was schließen Sie daraus?

Ein manövrierunfähiges Fahrzeug in Fahrt ohne Fahrt durchs Wasser (FdW) hat FdW aufgenommen, da man jetzt auch das Bb-Seitenlicht sieht.

23 Seite 84
Was bestimmen die KVR über das Ausguckhalten?

Es muss jederzeit durch Sehen und Hören sowie durch jedes andere verfügbare Mittel gehöriger Ausguck gehalten werden, der einen vollständigen Überblick über die Lage und die Möglichkeit der Gefahr eines Zusammenstoßes gibt.

24 Seiten 86, 110
Was bestimmen die KVR über das Verhalten von Fahrzeugen von weniger als 20 m Länge oder von Segelfahrzeugen im Fahrwasser einer Seeschifffahrtsstraße?

Fahrzeuge von weniger als 20 m Länge oder Segelfahrzeuge dürfen nicht die Durchfahrt eines Fahrzeuges behindern, das nur innerhalb eines engen Fahrwassers oder einer Fahrrinne sicher fahren kann. Sie müssen, wenn es die Umstände erfordern, frühzeitig Maßnahmen ergreifen, um genügend Raum für die sichere Durchfahrt des anderen Fahrzeugs zu lassen.

25 Seite 87
Was ist eine Küstenverkehrszone?

Das Gebiet zwischen der Küste und der landwärtigen Begrenzung eines Verkehrstrennungsgebietes.

26 Seite 87
Welche Fahrzeuge dürfen die Küstenverkehrszone benutzen, ohne einen Hafen innerhalb der Küstenverkehrszone anzusteuern?

Zur Entlastung des Verkehrstrennungsgebietes u. a. Fahrzeuge von weniger als 20 m Länge und Segelfahrzeuge.

27 Seite 93
Wie müssen Maschinenfahrzeuge ohne Radar bei verminderter Sicht ihre Fahrweise einrichten?

Maschinenfahrzeuge müssen mit sicherer Geschwindigkeit fahren, die den gegebenen Umständen und Bedingungen der verminderten Sicht angepasst ist.

Sportküstenschifferschein

28 Seite 93
Wie müssen sich Segelfahrzeuge ohne Radar bei verminderter Sicht verhalten? Was gehört dabei zu den Regeln guter Seemannschaft?

1. Segelfahrzeuge müssen mit sicherer Geschwindigkeit fahren, die den gegebenen Umständen und Bedingungen der verminderten Sicht angepasst ist.
2. Bei Segelfahrzeugen, die eine Maschine an Bord haben, gehört das Bereithalten der Maschine zu den Regeln guter Seemannschaft.

29 Seite 93
Wie müssen sich Fahrzeuge ohne Radar bei verminderter Sicht verhalten, wenn sie voraus das Schallsignal eines anderen Fahrzeuges hören?

Jedes Fahrzeug, das anscheinend vorlicher als querab das Schallsignal eines anderen Fahrzeuges hört, muss seine Fahrt auf das für die Erhaltung der Steuerfähigkeit geringstmögliche Maß verringern. Erforderlichenfalls muss es jegliche Fahrt wegnehmen und in jedem Fall mit äußerster Vorsicht manövrieren, bis die Gefahr eines Zusammenstoßes vorüber ist.

30 Seiten 91, 106
Sie segeln in der Nordsee bei guter Sicht. Ihnen kommt in stehender Peilung ein Maschinenfahrzeug entgegen, das keine Anstalten macht, seiner Ausweichpflicht nachzukommen. Geben Sie in einer sinnvollen Reihenfolge an, was von Ihnen zu unternehmen ist. Welche dieser Maßnahmen sind zwingend vorgeschrieben?

1. Über Funk versuchen, das andere Fahrzeug auf seine Ausweichpflicht aufmerksam zu machen.
2. Schallsignal: mindestens 5 kurze, rasch aufeinander folgende Pfeifentöne geben (●●●●●).
3. Ggf. Ergänzung zu 2.: Lichtsignal von mindestens 5 kurzen, rasch aufeinander folgenden Blitzen.
4. Manöver des vorletzten Augenblicks fahren.
5. Manöver des „letzten Augenblicks" fahren.
Zwingend vorgeschrieben sind die Maßnahmen nach 2. und 5.

31 Seiten 90, 106
Auf einem Segelfahrzeug unter Motor sieht man nachts fast recht voraus ein näher kommendes Fahrzeug mit folgender Lichterführung: oben ein weißes Licht, seitlich darunter ein grünes Licht, zeitweise rechts von dem grünen Licht auf gleicher Höhe auch ein rotes Licht. Um was für ein Fahrzeug handelt es sich, was ist von Ihnen und was ist auf dem anderen Fahrzeug zu unternehmen?

Es handelt sich um ein Maschinenfahrzeug von weniger als 50 m Länge, das im Seegang oder durch schlechtes Steuern giert. Man muss annehmen, dass sich zwei Maschinenfahrzeuge auf entgegengesetzten oder fast entgegengesetzten Kursen nähern und die Möglichkeit der Gefahr eines Zusammenstoßes besteht. Beide Fahrzeuge müssen den Kurs nach Steuerbord ändern und dieses durch einen kurzen Ton (●) anzeigen.

32 Seite 87
Wie muss man sich verhalten, wenn man gezwungen ist, ein Verkehrstrennungsgebiet zu queren?

Die Kielrichtung (rwK) muss möglichst rechtwinklig zur allgemeinen Verkehrsrichtung zeigen.

33 Seite 117
Wie muss man sich verhalten, wenn man einen betonnten Schifffahrtsweg (z. B. in der Ostsee) queren will?

Die Ausweichregeln der KVR beachten.

34 Seite 85
Wie ist die Gefahr eines Zusammenstoßes sicher erkennbar?

Wenn die Kompasspeilung zu einem anderen Fahrzeug steht und sie sich einander nähern.

35 Seite 85
Wie müssen Sie Ausweichmanöver durchführen?

1. Möglichst frühzeitig,
2. durchgreifend, sodass das andere Fahrzeug rasch meine Absicht erkennen kann und um mich gut klar zu halten.

36 Seite 85
Wie müssen Sie sich verhalten, nachdem Sie ein vorgeschriebenes Ausweichmanöver durchgeführt haben?

Der Erfolg des Manövers ist laufend zu überprüfen, bis das andere Fahrzeug klar passiert ist.

Sportküstenschifferschein

37   Seiten 88, 95

Sie segeln mit Wind von Steuerbord und sehen nachts in Luv ein einzelnes rotes Licht, das in stehender Peilung näher kommt.
1. Was ist das für ein Licht?
2. Wer muss ausweichen? (Begründung)

1. Das Licht ist das Backbordlicht eines Segelfahrzeugs in Fahrt.
2. Das Segelfahrzeug in Luv muss ausweichen, entweder weil es den Wind von Backbord hat oder weil (wenn mit Wind von Stb. segelnd) es luvwärts steht.

38   Seiten 88, 95

Sie segeln mit Wind von Backbord und sehen nachts in Luv ein einzelnes grünes Licht, das in stehender Peilung näher kommt.
1. Was ist das für ein Licht?
2. Wer muss ausweichen? (Begründung)

1. Das Licht ist das Steuerbordlicht eines Segelfahrzeugs in Fahrt.
2. Mein Fahrzeug muss als leewärtiges Fahrzeug ausweichen, weil ich (mit Wind von Backbord segelnd) nicht erkennen kann, von welcher Seite das andere Fahrzeug den Wind hat.

39   Seiten 89, 95

Sie segeln nachts mit raumem Wind und machen gute Fahrt. Sie sehen an Steuerbord voraus ein einzelnes weißes Licht in (nahezu) stehender Peilung. Näher kommend verschwindet das weiße Licht gelegentlich und es erscheint stattdessen in etwa gleicher Höhe und links davon ein rotes Licht. Jeweils kurzfristig sind beide Lichter gleichzeitig zu sehen.
1. Worum handelt es sich bei diesen Lichtern?
2. Wer muss ausweichen? (Begründung)

1. Man sieht das Hecklicht und/oder Bb-Seitenlicht eines Segelfahrzeugs in Fahrt, das im Seegang giert.
2. Mein Fahrzeug nähert sich aus dem Hecklichtsektor des anderen Fahrzeugs. Es steht eben auf dessen Sektorengrenze und muss als überholendes Fahrzeug ausweichen. Im Zweifel (hier Sektorengrenze!) muss ich mich als Überholer betrachten.

40   Seiten 89, 92, 96

Sie segeln nachts mit raumem Wind und sehen nahezu achteraus die Lichterführung rot-

weiß-rot senkrecht übereinander näher kommen. Zusätzlich sehen Sie neben zwei Topplichtern links ein grünes und rechts ein rotes Licht auf gleicher Höhe.
1. Was bedeuten diese Lichter?
2. Wer muss ausweichen? (Begründung)

2. Dieses Fahrzeug nähert sich im Hecklichtsektor und muss deshalb als Überholer ausweichen.

41   Seite 88

Welcher Zeitpunkt ist im freien Seeraum entscheidend für die Verantwortlichkeit (hier Ausweichpflicht) der Fahrzeuge untereinander?

Der Augenblick des ersten Insichtkommens. Eine spätere Änderung der Lage der Fahrzeuge zueinander verändert nicht die Verantwortlichkeit.

42   Seite 91

Ein anderes Fahrzeug muss Ihnen ausweichen. Welche Verpflichtung nach KVR haben Sie?

1. Mein Fahrzeug ist Kurshalter, d. h., es muss Kurs und Geschwindigkeit beibehalten.
2. Mein Fahrzeug darf zur Abwendung eines Zusammenstoßes manövrieren, sobald erkennbar wird, dass das andere Fahrzeug nicht angemessen (= regelgerecht) manövriert (Manöver des vorletzten Augenblicks).
3. Mein Fahrzeug muss zweckdienlich manövrieren, wenn ein Manöver des Ausweichpflichtigen allein einen Zusammenstoß nicht mehr vermeiden kann (Manöver des letzten Augenblicks).

43   Seiten 88, 92

Welchen Fahrzeugen muss ein Segelfahrzeug ausweichen?

1. Einem manövrierunfähigen Fahrzeug,
2. einem manövrierbehinderten Fahrzeug,
3. einem fischenden Fahrzeug,

1. Man sieht ein manövrierbehindertes Fahrzeug mit FdW (Topp-, Seitenlichter).

Sportküstenschifferschein

4. ggf. einem anderen Segelfahrzeug, abhängig von der
Segelstellung in Bezug auf
den Wind.

44   Seiten 85, 86, 92

1. Wie muss sich ein Sportfahrzeug gegenüber einem
tiefgangbehinderten Fahr-
zeug verhalten?
2. Schlagen Sie entsprechende
Maßnahmen/Manöver vor.

1. Das Sportfahrzeug muss
vermeiden, die sichere
Durchfahrt eines tiefgangbehinderten Fahrzeugs
zu behindern.
2. Dieses kann durch eine
frühzeitige Kursänderung,
Geschwindigkeitsänderung
oder beides geschehen.

45   Seiten 86, 87

Wo unterliegt Ihr Segelfahrzeug bzw. Ihre Motoryacht
unter 20 m Länge einem
Nicht-Behinderungsgebot?

1. In engen Fahrwassern.
2. Auf dem Einbahnweg eines
Verkehrstrennungsgebietes
(VTG) gegenüber Maschi-
nenfahrzeugen im VTG.

46   Seite 97

Welchen Abstand muss man
von Minenräumfahrzeugen
halten?

Mindestens 1000 m.

47   Seiten 90, 94, 106

Auf einer Motoryacht A sieht
man nachts etwa recht voraus
Topplicht und beide Seitenlichter eines Fahrzeugs B. Die
Lichter werden rasch heller.
1. Was ist B?
2. Wie ist die Situation zu
klären?

1. B ist ein Maschinenfahrzeug
von weniger als 50 m Länge
in Fahrt.
2. A und B müssen ihren Kurs
so nach Stb. ändern, dass
sie einander an der Bb-Seite
passieren. Dabei müssen A
und B das Signal „ein
kurzer Ton" (•) geben.

48   Seiten 90, 91, 94

Auf einer Motoryacht A erkennt man nachts etwa zwei
Strich an Bb. folgende Lich-

1. B ist ein Maschinenfahrzeug
von weniger als 50 m Länge
in Fahrt, dessen Stb-Seite
man sieht.

ter des Fahrzeugs B, die rasch
näherkommen.

Die Kompasspeilung zum
Fahrzeug B ändert sich dabei
nur geringfügig.
1. Worum handelt es sich bei
Fahrzeug B?
2. Wer muss ausweichen?
3. Was muss Fahrzeug A tun?

49   Seiten 90, 92

Welchen Fahrzeugen muss
eine Motoryacht ausweichen?

1. Manövrierunfähigen Fahrzeugen,
2. manövrierbehinderten Fahrzeugen,
3. fischenden Fahrzeugen,
4. Segelfahrzeugen,
5. ggf. einem anderen Maschinenfahrzeug.

50   Seiten 90, 91, 106

Auf einer Motoryacht A sieht
man nachts etwa querab an
Stb. ein einzelnes weißes
Licht in (nahezu) stehender
Kompasspeilung. Näher kommend erkennt man unterhalb
des weißen Lichtes und etwas
rechts davon ein rotes Licht
(Fahrzeug B).

1. Worum handelt es sich?
2. Was müssen jeweils beide
Fahrzeuge tun?
(Begründung!)

2. B muss ausweichen, weil es
die Motoryacht A an seiner
Stb-Seite hat.
3. Die Motoryacht A muss
Kurs und Geschwindigkeit
beibehalten.

1. Topplicht und später Bb
Seitenlicht eines Maschinen-
fahrzeuges B von weniger
als 50 m Länge in Fahrt.
2. A muss ausweichen, weil es
B an seiner Stb-Seite hat. A
muss das Signal „ein kurzer
Ton (•)" geben.
3. B muss Kurs und Geschwindigkeit beibehalten.

Sportküstenschifferschein

51 Seiten 96, 97, 107

Eine Motoryacht, Länge 8 m, treibt nachts manövrierunfähig in der Nordsee und sieht ein großes Fahrzeug direkt auf sich zukommen. Welche Maßnahmen hat das Fahrzeug zu ergreifen?

Ein Fahrzeug von weniger als 12 m Länge, das die zwei roten Rundumlichter senkrecht übereinander nicht führt, muss folgende Maßnahmen ergreifen:

1. Durch jedes andere verfügbare Mittel anzeigen, dass es manövrierunfähig ist, z. B. über UKW-Sprechfunk oder durch ein Schallsignal oder Lichtsignal lang, kurz, kurz (▬■●●).
2. Bei weiterer Annäherung das andere Fahrzeug mit einer starken Handlampe anleuchten und so auf sich aufmerksam machen.
3. Führen eines weißen Rundumlichtes, das mit keinem anderen Licht verwechselt werden kann.
4. Abfeuern eines Signals „weißer Stern" oder „Blitz-Knall".
5. Sofort bei Eintritt der Manövrierunfähigkeit Verkehrszentrale informieren (wenn vorhanden).

52 Seiten 86, 110

Wie sind Fahrwasser der SeeSchStrO im Sinne der KVR eingestuft?

Fahrwasser der SeeSchStrO gelten als enge Fahrwasser im Sinne der KVR.

53 Seite 117

Erläutern Sie den Begriff „durchgehende Schifffahrt" auf einem Fahrwasser einer Seeschifffahrtsstraße.

Die durchgehende Schifffahrt umfasst alle Fahrzeuge (gleichgültig zu welchem Zweck betrieben), die deutlich dem Fahrwasserverlauf einer Seeschifffahrtsstraße folgen. Dem Fahrwasserverlauf folgen, bedeutet nach allgemeiner Verkehrsauffassung ein Abweichen von nicht mehr als ±10° von der Richtung des Fahrwassers.

54 Seite 112

Was fordern die Grundregeln für das Verhalten im Verkehr?

Jeder Verkehrsteilnehmer
1. muss die Sicherheit und Leichtigkeit des Verkehrs gewährleisten,
2. darf andere (nicht nur Verkehrsteilnehmer!) nicht schädigen, gefährden oder mehr als unvermeidbar behindern oder belästigen.

55 Seite 113, 190

Welche verkehrsrechtliche Verantwortung hat der Schiffsführer?

1. Befolgung der Vorschriften im Verkehr, u. a. KVR, SeeSchStrO.
2. Ausrüstung/Einrichtung seines Fahrzeugs zum Führen und Zeigen von Lichtern und Signalkörpern und Geben von Schallsignalen.

56 Seiten 81, 110

Auf welchen Wasserflächen sind die Verkehrsvorschriften der SeeSchStrO zu beachten?

1. Wasserflächen zwischen der Küstenlinie bei mittlerem Hochwasser oder der seewärtigen Begrenzung der Binnenwasserstraßen und einer Linie von drei Seemeilen Abstand seewärts der Basislinie,
2. den durchgehend durch laterale Zeichen (Tonnen) begrenzten Wasserflächen der seewärtigen Teile der Fahrwasser im Küstenmeer,
3. Wasserflächen zwischen den Ufern bestimmter Binnenwasserstraßen.

57 Seite 110

Was sind Fahrwasser im Sinne der SeeSchStrO?

Fahrwasser sind die Teile der Wasserflächen, die durch Tonnen (laterale Zeichen) begrenzt oder gekennzeichnet sind oder die, soweit das nicht der Fall ist, auf den Binnenwasserstraßen für die durchgehende Schifffahrt bestimmt sind.

Sportküstenschifferschein

58   Seite 80

Welche verkehrsrechtlichen Bestimmungen gelten auf deutschen Seeschifffahrtsstraßen?

Auf deutschen Seeschifffahrtsstraßen gelten:
1. die KVR,
2. die SeeSchStrO, ggf. die Bekanntmachungen der Wasser- und Schifffahrtsdirektionen (WSD) Nord und Nordwest,
3. ggf. die Hafenordnungen.

59   Seiten 80, 116

Wo und unter welcher Bedingung gelten im Geltungsbereich der SeeSchStrO die KVR?

Die KVR gelten im gesamten Geltungsbereich der SeeSchStrO innerhalb und außerhalb der Fahrwasser, soweit die SeeSchStrO nicht ausdrücklich etwas anderes bestimmt (z. B. Vorfahrt – Grundsatz des Vorranges der spezielleren Rechtsvorschrift vor der allgemeineren).

60   Seiten 116, 117

Wie haben Segelfahrzeuge in einem Fahrwasser der SeeSchStrO untereinander auszuweichen, wenn sie nicht deutlich der Richtung eines Fahrwassers folgen?

Sie haben untereinander nach den Regeln der KVR auszuweichen, wenn sie dadurch vorfahrtberechtigte Fahrzeuge nicht gefährden oder behindern.

61   Seiten 101, 105, 121

Auf der Elbe hören Sie nachts vor sich von einem Fahrzeug, das zusätzlich zu seinen Fahrtlichtern ein rotes Rundumlicht führt, fortwährend das Schallsignal kurz-lang. Um welches Schallsignal handelt es sich, wann ist es zu geben und wie verhalten Sie sich?

Es handelt sich um das Bleibweg-Signal, das von einem Fahrzeug gegeben wird, bei dem bestimmte gefährliche Güter oder radioaktive Stoffe frei werden oder drohen frei zu werden oder es besteht Explosionsgefahr. Man hat sich mit seinem Fahrzeug möglichst weit von dem anderen Fahrzeug zu entfernen (sicherer Abstand) und darf keine elektrischen Schalter bedienen; kein offenes Feuer.

62   Seite 105

Wann ist von einem Fahrzeug auf einer Seeschifffahrtsstraße das allgemeine Gefahr- und Warnsignal zu geben und wie lautet es?

Gefährdet ein Fahrzeug ein anderes Fahrzeug oder wird es durch dieses selbst gefährdet, hat es soweit möglich rechtzeitig das Schallsignal zu geben: ▬ ●●●● , ▬ ●●●● (ein langer Ton, vier kurze Töne; ein langer Ton, vier kurze Töne).

63   Seite 122

Nennen Sie die speziellen Verhaltensregeln für Sportfahrzeuge im Nord-Ostsee-Kanal (NOK).

1. Sportfahrzeuge dürfen in der Regel die Zufahrten und den NOK lediglich zur Durchfahrt und ohne Lotsen nur während der Tagfahrzeiten und nicht bei verminderter Sicht benutzen.
2. Sportfahrzeuge müssen ihre Kanalfahrt so einrichten, dass sie vor Ablauf der Tagfahrzeit eine für Sportfahrzeuge bestimmte Liegestelle erreichen können.
3. Bei plötzlich auftretender verminderter Sicht dürfen Sportfahrzeuge in den Weichengebieten hinter den Dalben oder an geeigneten Liegestellen festmachen.

64   Seite 122

Welche speziellen Fahrregeln haben Sportfahrzeuge im Nord-Ostsee-Kanal (NOK) einzuhalten?

1. Das Segeln ist auf dem NOK verboten.
2. Sportfahrzeuge mit Maschinenantrieb dürfen zusätzlich die Segel setzen.
3. Ein motorbetriebenes Sportfahrzeug darf nur ein Sportfahrzeug schleppen.

65   Seite 122

Während der Durchfahrt durch den Nord-Ostsee-Kanal (NOK) wird man auf einem Sportboot von Nebel überrascht. Was ist zu unternehmen?

Schnellstmöglich in einem Weichengebiet hinter den Dalben oder an geeigneten Liegestellen festmachen.

Sportküstenschifferschein

66 Seiten 122, 124

Sie sehen vor dem Einlaufen in den NOK in Brunsbüttel folgende Lichtsignale:

1. ein unterbrochenes rotes Licht
2. ein unterbrochenes weißes Licht über einem unterbrochenen roten Licht
3. ein unterbrochenes weißes Licht.

Geben Sie die Bedeutung dieser Signale an.

1. Einfahren verboten.
2. Freigabe wird vorbereitet.
3. Sportfahrzeuge können einfahren.

67 Seite 118

Erläutern Sie den Begriff „Vorfahrt beachten".

„Vorfahrt beachten" begründet eine Wartepflicht. Wer die Vorfahrt zu beachten hat, muss rechtzeitig durch sein Fahrverhalten erkennen lassen, dass er warten wird. Er darf nur weiterfahren, wenn er übersehen kann, dass die Schifffahrt im Fahrwasser nicht beeinträchtigt wird. Ggf. hat der Wartepflichtige seinen Kurs und/oder seine Geschwindigkeit zu ändern (gilt rechtlich nicht als Ausweichen!).

68 Seite 118

Erläutern Sie den Begriff „Vorfahrt haben".

„Vorfahrt haben" gilt nur für ein im Fahrwasser fahrendes oder dem Fahrwasserverlauf folgendes Fahrzeug. Das bedeutet, dass andere Fahrzeuge, die in das Fahrwasser einlaufen wollen, dort drehen oder an- und ablegen wollen, mit diesem Vorhaben warten müssen, bis das vorfahrtberechtigte Fahrzeug vorüber ist. „Vorfahrt haben" bedeutet aber nicht: Vorfahrt erzwingen! Ggf. muss ein vorfahrtberechtigtes Fahrzeug Maßnahmen zur Verhinderung einer drohenden Kollision ergreifen.

69 Seiten 116, 118

Wie hat sich ein in das Fahrwasser einlaufendes Fahrzeug gegenüber im Fahrwasser fahrenden Fahrzeugen zu verhalten?

Es muss die Vorfahrt der Fahrzeuge im Fahrwasser beachten, d. h., es muss warten, bis das Fahrwasser frei ist. Es muss rechtzeitig durch sein Fahrverhalten erkennen lassen, dass es warten wird.

70 Seiten 116, 118

Wie hat sich ein den Ankerplatz oder Liegeplatz verlassendes Fahrzeug gegenüber im Fahrwasser fahrenden Fahrzeugen zu verhalten?

Es muss die Vorfahrt der Fahrzeuge im Fahrwasser beachten, d. h., es muss warten, bis das Fahrwasser frei ist. Es muss rechtzeitig durch sein Fahrverhalten erkennen lassen, dass es warten wird.

71 Seiten 86, 114

Welche Fahrregeln muss ein Sportfahrzeug beachten, wenn es der Richtung des Fahrwassers folgt?

Beim Fahren im Fahrwasser muss das Sportfahrzeug sich so nahe am äußeren Rand des Fahrwassers an seiner Steuerbordseite halten, wie dieses ohne Gefahr möglich ist.

72 Seite 114

Was muss ein Sportfahrzeug in Bezug auf das Fahrwasser beachten, wenn es außerhalb des Fahrwassers fährt?

Außerhalb des Fahrwassers ist so zu fahren, dass klar erkennbar ist, dass das Fahrwasser nicht benutzt wird.

73 Seite 115

Wie müssen sich Segelfahrzeuge verhalten, die dem Fahrwasserverlauf folgend sich auf (nahezu) entgegengesetzten Kursen begegnen?

Jedes Fahrzeug muss nach Steuerbord ausweichen.

74 Seite 117

Was bedeutet „Queren eines Fahrwassers" im Sinne der SeeSchStrO?

Queren bedeutet deutliches Abweichen vom Fahrwasserverlauf, nach allgemeiner Verkehrsmeinung mehr als 10° (z. B. Kreuzen eines Segelfahrzeuges über die gesamte oder auch nur teilweise Fahrwasserbreite).

Sportküstenschifferschein

75 Seite 119

Wie müssen Sie die Geschwindigkeit Ihres Sportbootes einrichten, wenn Sie außerhalb eines Fahrwassers an Stellen mit erkennbarem Badebetrieb vorbeifahren?

Höchstgeschwindigkeit 8 km/h im Abstand von weniger als 500 m vom Ufer.

76 Seite 96

Sie sehen auf der Elbe bei Nacht ein Fahrzeug mit der nachfolgenden Lichterführung.

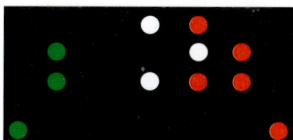

Um was für ein Fahrzeug handelt es sich? Was bedeuten die beiden roten und grünen Lichter senkrecht übereinander?

Manövrierbehindertes Fahrzeug, Länge wahrscheinlich 50 m oder mehr, von vorn mit Fahrt durchs Wasser, das Unterwasserarbeiten ausführt (z. B. baggert).

Passierseite an Stb. (zwei grüne Rundumlichter übereinander), Passierbehinderung an Bb-Seite (zwei rote Rundumlichter übereinander).

77 Seite 96

Sie sehen auf der Elbe bei Tage ein Fahrzeug mit den nachfolgenden schwarzen Signalkörpern, dessen Bugwelle man klar erkennen kann.

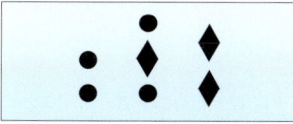

Um was für ein Fahrzeug handelt es sich? Was bedeuten die beiden schwarzen Bälle und die beiden schwarzen Rhomben senkrecht übereinander?

Entgegenkommendes manövrierbehindertes Fahrzeug von vorn, mit Fahrt durchs Wasser, das Unterwasserarbeiten ausführt (z. B. baggert).

Passierseite an Bb. des Baggers (zwei schwarze Rhomben übereinander), Passierbehinderung an Stb-Seite des Baggers (zwei schwarze Bälle übereinander).

78 Seite 25

Beim Passieren von Cuxhaven sichten Sie elbabwärts segelnd an Ihrer Stb-Seite die Tonne 32a. Um was für eine Tonne handelt es sich, welche Bezeichnung hat die nächste Tonne?

Es handelt sich um eine Backbordfahrwassertonne; die nächste Tonne hat die Aufschrift 32.

79 Seite 95

Welche besondere Lichterführung/Kennzeichnung ist vorgeschrieben, wenn ein Motorsportfahrzeug ein anderes Sportfahrzeug schleppt?

Motorsportfahrzeuge, die andere Sportfahrzeuge schleppen, gelten nicht als schleppende Maschinenfahrzeuge im Sinne der KVR. Daher keine besondere Lichterführung/Kennzeichnung.

80 Seite 122

Welche besonderen Bestimmungen gelten auf dem Nord-Ostsee-Kanal (NOK) für Sportfahrzeuge beim Schleppen?

1. Ein motorbetriebenes Sportfahrzeug darf nur ein Sportfahrzeug schleppen.
2. Das geschleppte Sportfahrzeug darf nur eine Höchstlänge von weniger als 15 m haben.
3. Die Mindestgeschwindigkeit beim Schleppen muss 9 km/h betragen.

81 Seite 124

Während einer Revierfahrt erkennen Sie ein Signal an Land, jeweils schwarze Signalkörper:

1. Was bedeutet dieses Signal?
2. Welches Signal wird stattdessen nachts gezeigt?

1. Außergewöhnliche Schiffahrtsbehinderung.
2. Nachts: Rundumlichter rot-rot-grün senkrecht übereinander.

Sportküstenschifferschein

82 Seite 112
Welche Blutalkoholkonzentration bzw. welcher Grenzwert darf lt. SeeSchStrO nicht erreicht werden, damit kein Fahrverbot besteht?

Eine Blutalkoholkonzentration von 0,8 Promille darf nicht überschritten werden.

83 Seite 129
Was müssen Sie beim ersten Anlaufen eines ausländischen Hafens beachten?

Die Einreise-, Gesundheits- und Zollformalitäten sind zu erledigen.

84 Seite 129
1. Was ist ein Flaggenzertifikat?
2. Für welche Fahrzeuge kann es ausgestellt werden?

1. Vom BSH ausgestellter Ausweis, mit dem das Recht und die Pflicht zum Führen der Bundesflagge nachgewiesen wird.
2. Für Fahrzeuge unter 15 m Lüa („nicht registerpflichtige Fahrzeuge").

85 Seite 129
Was ist das Schiffszertifikat, wer stellt es aus, ab welcher Schiffslänge ist es vorgeschrieben?

Das Schiffszertifikat ist der Nachweis, dass ein Schiff im Seeschiffsregister eingetragen ist. Ausgestellt wird es vom Registergericht. Vorgeschrieben ist es ab 15 m Rumpflänge.

86 Seite 81
Was versteht man unter dem Begriff „Küstenmeer"?

Die seewärts der Küstenlinie bei mittlerem Hochwasser oder der Basislinie gelegenen Meeresgewässer bis zu einer Breite von 12 sm.

87 Seite 81
Was versteht man unter dem Begriff „innere Gewässer"?

Als „innere Gewässer" bezeichnet man die Gewässer landwärts der Basislinien.

88 Seite 81
Was versteht man unter dem Begriff „Basislinie" und wo finden Sie diese?

Als Basislinie bezeichnet man die Grenze zwischen den inneren Gewässern (eines Staates) und dem Küstenmeer. Basislinien sind in Seekarten eingezeichnet.

89 Seiten 133, 134
Welche Aufgaben hat die Bundesstelle für Seeunfalluntersuchung?

1. Amtliche Untersuchung eines Schaden oder Gefahr verursachenden Vorkommnisses (Seeunfall) im Zusammenhang mit dem Betrieb eines Schiffes (z. B. Kollision zwischen zwei Fahrzeugen) und Ermittlung der Umstände, durch die es zu dem Seeunfall gekommen ist.
2. Herausgabe von Untersuchungsberichten und insbesondere Sicherheitsempfehlungen zur Verhütung von Seeunfällen.

90 Seite 133
Wann liegt ein Schaden oder Gefahr verursachendes Vorkommnis (Seeunfall) im Sinne des Seesicherheitsuntersuchungsgesetzes (SUG) vor? Nennen Sie mindestens drei Merkmale!

1. Schiffsverlust, Auf-Grund-Laufen, Kollision eines Schiffes,
2. Tod oder Verschollenheit oder schwere Verletzung einer Person,
3. maritimer Umweltschaden oder sonstiger Sachschaden,
4. Gefahr für einen Menschen oder ein Schiff,
5. Gefahr eines schweren Schadens an einem Schiff, einem meerestechnischen Bauwerk oder der Meeresumwelt.

Sportküstenschifferschein

91 Seiten 132, 133, 134
Was müssen Sie nach einem Seeunfall veranlassen? Wie kann es umgesetzt werden?

Den Seeunfall unverzüglich der Bundesstelle für Seeunfalluntersuchung melden.
Das kann in einem deutschen Einlaufhafen auch über die Wasserschutzpolizei bzw. im Ausland über die zuständigen Hafenbehörden veranlasst werden.

92 Seiten 132
Welche Angaben müssen der Bundesstelle für Seeunfalluntersuchung gemeldet werden? Nennen Sie mindestens fünf dieser Angaben!

Es sind folgende Angaben zu melden:
1. Name und derzeitiger Aufenthalt des Meldenden
2. Ort (geografische Position) und Zeit des Unfalls,
3. Name, Rufzeichen und Flagge des Schiffes sowie die zu diesem Schiff gehörende Rufnummer (MMSI) des mobilen Seefunkdienstes
4. Typ, Verwendungszweck
5. Name des Betreibers des Schiffes
6. Name des verantwortlichen Schiffsführers
7. Herkunfts- und Zielhafen des Schiffes
8. Anzahl der Besatzungsmitglieder und weiterer Personen an Bord
9. Umfang des Personen- und Sachschadens
10. Darstellung des Verlaufs des Vorkommnisses
11. Angaben über andere Schiffe, die am Unfall beteiligt sind
12. Wetterbedingungen
13. Darstellung der Gefahr einer Meeresverschmutzung.

93 Seiten 132, 133
In welcher Vorschrift ist geregelt, welche Angaben der Bundesstelle für Seeunfalluntersuchung bei einem Schaden oder Gefahr verursachenden Ereignis (Seeunfall) gemeldet werden müssen?
Wer ist verantwortlich für die Meldung?

1. Geregelt in der Verordnung zur Sicherung der Seefahrt.
2. Verantwortlich für die Meldung sind der Schiffsführer, bei dessen Verhinderung ein anderes Besatzungsmitglied bzw. ggf. auch der Betreiber des Schiffes, falls keine der vorgenannten Personen dazu in der Lage ist.

94 Seite 134
Was sind Seeämter und was sind Ihre Aufgaben?

Seeämter sind bei den Wasser- und Schifffahrtsdirektionen Nord und Nordwest gebildete Untersuchungsausschüsse zur Untersuchung der Frage, ob gegenüber einem Verfahrensbeteiligten ein Fahrverbot ausgesprochen oder ein Befähigungszeugnis bzw. ein amtlicher Führerschein der Sportschifffahrt entzogen werden muss.

95 Seite 74
Welche behördlichen Veröffentlichungen für Wassersportler geben Ihnen rechtliche Informationen und Hinweise über das Verhalten auf Seeschifffahrtsstraßen?

1. Sicherheit auf dem Wasser – Leitfaden für Wassersportler,
2. Sicherheit im See- und Küstenbereich – Sorgfaltsregeln für Wassersportler.

96 Seite 121
Sie sehen von Ihrem Sportfahrzeug aus in der Nordsee nördlich von Helgoland eine noch unbekannte Gefahr, z. B. einen treibenden Container. Was haben Sie zu unternehmen?

Man muss dies auf dem schnellsten Weg – direkt oder über eine Verkehrszentrale bzw. Küstenfunkstelle – dem Seewarndienst Emden mitteilen.

Sportküstenschifferschein

97*   Seite 130

Welche Befahrensregelungen gelten für die Schutzzonen I in den Nationalparken im deutschen Wattenmeer außerhalb der speziellen Schutzgebiete?

Das Verlassen der Fahrwasser zwischen 3 h nach Hochwasser und 3 h vor dem folgenden Hochwasser ist untersagt. In der übrigen Zeit beträgt für Sportfahrzeuge die Höchstgeschwindigkeit außerhalb des Fahrwassers 8 kn und generell im Fahrwasser 12 kn.

98   Seite 130

Wo sind die Grenzen der Schutzzonen I und der speziellen Schutzgebiete in den Nationalparken aufgeführt?

In den Seekarten.

99*   Seite 130

Welchen Zweck soll das MARPOL-Übereinkommen erfüllen?

Das MARPOL-Übereinkommen soll die Verschmutzung der Meere verhindern.

100   Seite 130

Was sind Sondergebiete im Sinne des MARPOL-Übereinkommens in Europa?

Ostsee, Nordsee und Mittelmeer.

101*   Seite 130

Was ist nach dem MARPOL-Übereinkommen für die Sportschifffahrt in Sondergebieten grundsätzlich verboten?

Das Einleiten von Öl, Schiffsabwässern, Schiffsmüll und anderen Schadstoffen.

102   Seite 130

Gilt das MARPOL-Übereinkommen grundsätzlich auch für Sportfahrzeuge?

Das MARPOL-Übereinkommen gilt grundsätzlich für alle Schiffe, somit auch für Sportfahrzeuge.

103*   Seite 74

Woraus können Sie Informationen über Entsorgungsmöglichkeiten in deutschen Sportboothäfen entnehmen?

Aus der BSH-Broschüre „Entsorgungsmöglichkeiten für Öl, Schiffsmüll und Schiffsabwässer – eine Übersicht für die Sport- und Kleinschifffahrt".

104*   Seite 130

Wie ist auf Sportfahrzeugen mit ölhaltigem Bilgenwasser zu verfahren, wenn die Bedingungen, unter denen nach MARPOL das Lenzen zulässig ist, nicht eingehalten werden können?

Es muss im Hafen entsorgt werden.

105   Seite 130

Was ist hinsichtlich der Entsorgung von Müll in Nord- und Ostsee und im Mittelmeer zu beachten (Begründung)?

Da Nord-, Ostsee und Mittelmeer Sondergebiete nach MARPOL sind, darf dort kein Müll in die See entsorgt werden.

106*   Seite 130

Welche Müllanteile dürfen in Sondergebieten nicht auf See entsorgt werden?

Synthetische Seile, Netze, Segel, Kunststofftüten u. Ä., Papiererzeugnisse, Lumpen, Glas, Metall, Steingut, Schalungs- oder Verpackungsmaterial.

---

* Nur die Fragen mit rot gedruckten Nummern werden als Prüfungsfragen in der schriftlichen Prüfung verwendet.

Sportküstenschifferschein

Wetterkunde

1*   Seite 140
Was ist Wind und wie entsteht er?

Wind ist bewegte Luft. Die Bewegung entsteht durch die Druckunterschiede zwischen Hoch- und Tiefdruckgebieten.

2*   Seite 138
Was ist der Taupunkt?

Der Taupunkt ist die Temperatur, auf die Luft abgekühlt werden muss, damit sie mit Feuchtigkeit gesättigt ist. Es setzt Kondensation (Taubildung) ein.

3   Seite 138
In welcher Größe wird in der Schifffahrt die Luftfeuchtigkeit allgemein angegeben?

Relative Feuchtigkeit in Prozent.

4*   Seite 171
Nennen Sie mindestens sechs Parameter, aus denen sich eine Wetterbeobachtung an Bord zusammensetzt.

Windrichtung, Windstärke, Luftdruck, aktuelles Wetter, Bedeckungsgrad, Wolken, Seegang, Strom, Temperatur und ggf. Luftfeuchte.

5   Seiten 141, 142
1. In welcher Maßeinheit wird die Windstärke angegeben?
2. In welchen Maßeinheiten wird die Windgeschwindigkeit angegeben?

1. Nach der Beaufortskala (Bft).
2. In kn, m/s und km/h.

6*   Seite 141
1. Wie heißen die Linien gleichen Luftdrucks?
2. In welcher Maßeinheit wird der Luftdruck angegeben?

1. Isobaren.
2. Hektopascal (hPa) oder vereinzelt auch noch in Millibar (mb, auch mbar).

7*   Seite 158
Welche Gefahren kann ein Gewitter mit sich bringen?

1. Böen bis Orkanstärke,
2. plötzliche Winddrehungen,
3. Regen- oder Hagelschauer mit zum Teil starker Sichtminderung,
4. Blitzschlag.

8   Seiten 156, 158
Wann entstehen besonders starke Gewitter?

Besonders zum Ende einer hochsommerlichen Schön-wetterperiode im Zusammenhang mit Kaltfronten.

9   Seite 171
Welche Skala wird für die Angabe der Windrichtung in Seewetterberichten bei:
1. den Vorhersagen und Aussichten,
2. den Stationsmeldungen verwendet?

1. Die 8-teilige mit Auflösung in 45°-Stufen.
2. Die 16-teilige mit Auflösung in 22,5°-Stufen.

10   Seite 170
Ab welcher Windstärke werden Orkanwarnungen herausgegeben?

Ab Windstärke 10 Bft, erfahrungsgemäß mit Böen 12 Bft.

11*   Seite 142
1. Welche Skala wird für die Schätzung der Windstärke verwendet?
2. Was verstehen Sie unter mäßigem Wind, was unter Starkwind?

1. Die 12-teilige Beaufortskala.
2. Mäßiger Wind bedeutet Stärke 4 der Beaufortskala, Starkwind 6 und 7 Bft.

12*   Seite 170
Welche amtlichen Veröffentlichungen enthalten Sendezeiten und Frequenzen für Seewetterberichte
1. für Europa,
2. Europa und weltweit?

1. Das Handbuch „Nautischer Funkdienst und der „Jachtfunkdienst",
2. Die „Admiralty List of Radio Signals Volume 3".

13*   Seite 170
Nennen Sie sechs Möglichkeiten, um Wetterinformationen an Bord zu erhalten.

Hörfunksender (UKW, KW, MW, LW), Küstenfunkstellen, Verkehrszentralen, NAVTEX, SafetyNet (Satcom), Online-Dienste (z. B. SEEWIS-Online des Deutschen Wetterdienstes, u. a. T-Online), RTTY (Funkfernschreiben), Faksimile (Wetterfax), Faxpolling (z. B. SEEWIS-Fax des Deutschen Wetterdienstes), Telefonabruf, Törnberatung.

* Nur die Fragen mit rot gedruckten Nummern werden als Prüfungsfragen in der schriftlichen Prüfung verwendet.

Sportküstenschifferschein

14 Seiten 146, 147
Welche Bedeutung für die Wetterentwicklung hat ein Halo um die Sonne und ein Hof um den Mond?

Wolkenaufzug, meist Cirrostratus. Ggf. Niederschlag und Wetterverschlechterung.

15 Seiten 145
Bei welchen Wolkenformen müssen Sie mit erhöhter Böigkeit rechnen?

Bei Haufenwolken, besonders beim Cumulonimbus (Schauer- und Gewitterwolke).

16 Seite 146
1. Welche Formen von Wolken gibt es?
2. Nennen Sie sechs der zehn Haupttypen!

1. Es gibt Haufenwolken und Schichtwolken.
2. Cirrus, Cirrostratus, Cirrocumulus, Altostratus, Altocumulus, Nimbostratus, Stratocumulus, Stratus, Cumulus, Cumulonimbus.

17 Seite 145
1. Welche Höhen unterscheidet man bei Wolken?
2. Welche Höhen haben sie etwa in den gemäßigten Breiten?

1. Tiefe, mittelhohe und hohe Wolken.
2. Tiefe Wolken zwischen 0 und 2 km, mittelhohe Wolken zwischen 2 und 7 km und hohe Wolken zwischen 7 und 13 km.

18 Seite 145
Woraus bestehen hohe Wolken?

Aus kleinen Eiskristallen.

19 Seiten 146, 147, 158
Woran erkennt man bei Wolkenbildung eine kräftige Gewitterentwicklung?

Am Cumulonimbus, wenn er in großer Höhe einen ambossförmigen Schirm hat.

20 Seite 140
Welche Wolken kündigen oft schon vormittags kräftige Wärmegewitter an?

Altocumulus castellanus (mittelhohe, türmchenartige Haufenwolken).

21 Seite 141
Wie verhält sich der Wind in Bodennähe auf der Nordhalbkugel zwischen Hoch- und Tiefdruckgebieten?

Er weht rechtsherum aus dem Hochdruckzentrum heraus und linksherum in den Tiefdruckkern hinein.

22 Seite 152
1. Was ist eine Front?
2. Welche Fronten unterscheidet man im Allgemeinen?

1. Front ist die vordere Grenze einer Luftmasse in Bewegungsrichtung.
2. Warm-, Kalt- und Okklusionsfronten.

23 Seite 153
Wie verhält sich typischerweise der Luftdruck
1. vor,
2. während und
3. nach dem Durchzug einer Kaltfront?

1. Der Luftdruck ist gleichbleibend oder fällt nur wenig.
2. Während des Durchgangs der Front erreicht der Luftdruck seinen tiefsten Wert
3. Der Luftdruck steigt wieder deutlich an.

24 Seite 141
Was lässt sich aus der Darstellung der Isobaren in einer Wetterkarte erkennen?

Windrichtung und Druckgefälle; je enger sie liegen, desto größer ist das Druckgefälle und desto stärker ist der Wind.

25 Seite 141
Warum weht der Wind nicht parallel zu den Isobaren (Begründung)?

Durch die Bodenreibung ist der Wind ruckgedreht (gegen den Uhrzeigersinn).

26 Seite 141
1. Wie weht der Wind über See in Bodennähe um ein Tiefdruckgebiet?
2. Mit wie viel Grad Änderung in der Windrichtung müssen Sie etwa rechnen?

1. Der Wind weht nicht parallel zu den Isobaren, er ist rückgedreht und weht in das Tief hinein.
2. Ein bis zwei Strich bzw. ca. 10° bis 20°.

27 Seite 141
1. Wie weht der Wind über See in Bodennähe um ein Hochdruckgebiet?
2. Mit wie viel Grad Änderung in der Windrichtung müssen Sie etwa rechnen?

1. Der Wind weht nicht parallel zu den Isobaren, er ist rückgedreht und weht aus dem Hoch hinaus.
2. Ein bis zwei Strich bzw. ca. 10° bis 20°.

28 Seite 149
Welche Verlagerungsgeschwindigkeiten haben Tiefdruckgebiete: 1. schnelle?
2. mittlere?
3. langsame?

1. schnelle: 30 bis 50 kn.
2. mittlere: 15 bis 30 kn.
3. langsame: bis 15 kn.

Sportküstenschifferschein

29 Seiten 148, 149
Wie entstehen Tiefdruck-
gebiete?

Durch das Aufeinandertreffen
von kalten Luftmassen aus
hohen Breiten und subtropischen warmen Luftmassen.

30 Seite 140
Welche Windverhältnisse
herrschen in der Nähe des
Zentrums eines Hochdruck-
gebiets?

Meist schwache umlaufende
Winde.

31 Seite 141
In welchem Abstand werden
Isobaren international darge-
stellt oder gezeichnet?

Im Abstand von 5 hPa oder
im Abstand von 4 mbar.

32 Seiten 154,155
Welche Sicht- und Wetterverhältnisse erwarte Sie typischerweise
1. vor oder nahe der Warmfront,
2. im Warmsektor,
3. hinter der Kaltfront?

1. Sichtverschlechterung
durch Niederschlag, bedeckt,
länger andauernder Regen.
2. Diesig oder mäßige Sicht,
Wolkenauflockerung,
zeitweise Regen.
3. Sichtbesserung, meist gute
Sicht. Schauer mit zum Teil
kräftigen Böen.

33 Seiten 141, 151
Welche Windrichtungen er-
warten Sie an den Punkten 1,
2, 3, 4, 5 eines Tiefdruckgebiets auf der Nordhalbkugel?

1. Nordost (NE).
2. Süd (S).
3. Südwest (SW).
4. Nordwest (NW).
5. Umlaufenden Wind.

34 Seite 152
Um welche Arten von Fronten
handelt es sich in der folgenden Abbildung, die mit 1, 2
und 3 bezeichnet sind?

1. Okklusionsfront
(Tiefausläufer).
2. Warmfront.
3. Kaltfront.

35 Seite 152
1. Was sind Luftmassengrenzen?
2. Welche Luftmassengrenzen
kennen Sie? Nennen Sie
mindestens zwei Beispiele!

1. Luftmassengrenzen sind
Fronten. Sie trennen Luftmassen unterschiedlicher
Temperatur und Luftfeuch-
tigkeit.
2. Kaltfront, Warmfront, Okklusion.

36 Seite 164
Mit welchen lokalen Windsys-
temen müssen Sie insbesondere im Mittelmeer rechnen?

Mit der Landwind-/Seewind-
zirkulation.

37 Seiten 164, 165
Nennen Sie mindestens drei
regionale Windsysteme im
Mittelmeer, die beim küstennahen Segeln im Mittelmeer
besonders beachtet werden
müssen!

Mistral, Scirocco, Bora, Mel-
temi/Etesien

38 Seiten 158, 164
Zu welcher Jahreszeit treten
im Küstenrevier bevorzugt
Gewitter auf?

Im (Spät-)Sommer und
Herbst.

39 Seite 151
Welche Änderung der Wind-
richtung erwarten Sie beim
Durchzug einer Kaltfront?

Der Wind dreht recht, mindestens 60° bis 90°.

Sportküstenschifferschein

40   Seite 157

Wo bilden sich Tröge um ein Tiefdruckgebiet?

Auf der Rückseite von Tiefdruckgebieten in hochreichender Kaltluft. Ein Trog folgt typischerweise einer Kaltfront.

41   Seite 171

Welche Front wird auch als Ausläufer bezeichnet?

Die Okklusion.

42   Seite 143

Wodurch und wie entsteht am Tage Seewind?

Das Land erwärmt sich bei Sonneneinstrahlung tagsüber stärker als das Wasser. Über Land steigt die erwärmte Luft auf. Das dabei entstehende Bodentief wird durch Seewind (Wind von See) aufgefüllt.

43   Seiten 143, 145

Welche Wolkenform zeigt sich am späten Vormittag über Land am Himmel und kündigt Seewind an?

Haufenwolke (Cumulus).

44   Seite 143

Welche Windgeschwindigkeiten in Knoten oder Beaufort erreicht der Seewind etwa
1. im Mittelmeer,
2. in Nord- und Ostsee?

1. Bis zu 25 kn oder Bft 6.
2. Bis 15 kn, in Einzelfällen bis 20 kn oder Bft 4/5, in Einzelfällen Bft 5/6.

45   Seite 143

Zu welcher Tageszeit müssen Sie mit Seewind rechnen?

Von mittags bis zum frühen Abend.

46   Seite 143

Welche Windänderung kann der einsetzende Seewind bewirken?

Er verändert den vorher wehenden Wind zum Teil erheblich in Richtung und Stärke.

47   Seite 143

Wodurch und wie entsteht nachts Landwind?

Das Land kühlt sich bei geringer Bewölkung stark ab. Das Wasser ändert seine Temperatur an der Oberfläche dagegen nur geringfügig. Über dem Wasser steigt daher erwärmte Luft auf. Das dabei entstehende Bodentief wird durch Landwind (Wind von Land) aufgefüllt.

48   Seite 143

Welche Windgeschwindigkeiten erreicht nachts der Landwind?

Er weht allgemein schwächer als der Seewind, etwa 1 bis 2 Beaufort.

49   Seite 143

Wann müssen Sie im Laufe eines Tages mit Landwind rechnen?

Von Mitternacht bis früh morgens.

50   Seite 141

Im Internet finden Sie auf einer Wetterseite eine Vorhersagekarte mit Windpfeilen. In welcher Höhe über dem Erdboden/der Wasseroberfläche gelten die vorhergesagten Windgeschwindigkeiten?

Meistens etwa 10 Meter über dem Erdboden/der Wasseroberfläche.

51   Seite 167, 196

Sie segeln mit Ihrer Yacht raumschots. Nach der nächsten Tonne müssen Sie anluven. Wie wird sich die wahre Windgeschwindigkeit auf Ihrem Windmesser/Anemometer entwickeln?

Sie bleibt unverändert.

Sportküstenschifferschein

52 Seite 170

Welche Windsituation ist mit der Formulierung „Nordwest 6" bezüglich

1. der Schwankungsbreite in Windrichtung und
2. der Schwankungsbreite in der Windstärke (Böen) verbunden ?

1. Die Schwankung in der Windrichtung kann bis zu 45 Grad um die Hauptwindrichtung betragen, also von Westnordwest (WNW) bis Nordnordwest (NNW).
2. Es können Böen auftreten, die etwa 1 bis 2 Beaufort über dem Mittelwind liegen.

53 Seite 170

Was ist mit dem Zusatz „Schauerböen" bei der Windvorhersage verbunden?

Besonders während der Passage und auf der Rückseite von Kaltfronten treten in der näheren Umgebung von Schauern Böen auf, die den Mittelwind um 2 Beaufort überschreiten können.

54 Seiten 158, 170

Warum werden Gewitterböen in der Windvorhersage zusätzlich angegeben?

Besonders im Sommer können bei Schwachwindlagen Gewitter mit Böen auftreten, die Sturm- oder Orkanstärke erreichen können.

55 Seite 170

Wie ist der Aufbau von Seewetterberichten?

Hinweise auf Starkwind oder Sturm, Wetterlage, Vorhersagen, Aussichten und Stationsmeldungen.

56 Seiten 143, 160

Welche lokalen Effekte, die das vorherrschende Windfeld stark verändern, können in Seewetterberichten nur eingeschränkt berücksichtigt werden?

U. a. Land-Seewind-Zirkulation, Düsen- und Kapeffekte.

57 Seite 170

1. Wann werden Starkwindwarnungen verbreitet?
2. Welche Bezeichnung hat die Starkwindwarnung im internationalen Sprachgebrauch?

1. Bei erwarteten oder noch andauernden Windstärken zwischen 6 und 7 Beaufort.
2. Near-gale warning.

58 Seite 170

1. Wann werden Sturmwarnungen verbreitet?
2. Welche Bezeichnung hat die Sturmwarnung im internationalen Sprachgebrauch?

1. Bei erwarteten oder noch andauernden Windstärken mindestens 8 Beaufort.
2. Gale warning.

59 Seite 167

Welche Wellenhöhe wird bei der Angabe des Seegangs in Seewetterberichten verwendet?

Die kennzeichnende (charakteristische) Wellenhöhe.

60 Seite 167

1. Wie ist die kennzeichnende (charakteristische) Wellenhöhe definiert?
2. Womit müssen Sie rechnen?

1. Mittlere Höhe der gut ausgeprägten (Mittel des oberen Drittels) – nicht extremen – Wellen.
2. Einzelne Wellen können das 1,5fache der kennzeichnenden Wellenhöhe erreichen.

61 Seite 141

Was bedeutet rechtdrehender bzw. rückdrehender Wind ?

Rechtdrehend bedeutet Änderung der Windrichtung im Uhrzeigersinn. Rückdrehend bedeutet Änderung der Windrichtung gegen den Uhrzeigersinn um mindestens 45°.

62 Seite 170

Sie hören am Ende des Seewetterberichts die Stationsmeldungen. Was sagen Windrichtung und Windgeschwindigkeit gegenüber den Verhältnissen auf See aus?

Durch die Umgebung der Wetterstation kann die Windrichtung verfälscht werden. Die Windgeschwindigkeit ist meist reduziert, in Einzelfällen auch erhöht.

63 Seite 171

Welche Sichtweiten umfasst der Begriff „diesig"?

Sichtweiten über 1 km bis 10 km (ca. 0,5 sm bis 3 sm).

Sportküstenschifferschein

64   Seite 170

Seegebiete sind international festgelegt. In welchen amtlichen Veröffentlichungen können Sie nachlesen, wo sich das Seegebiet „Fischer" befindet?

Im Handbuch „Nautischer Funkdienst", „Jachtfunkdienst" für die Nord- und Ostsee" oder die „Admiralty List of Radio Signals Volume 3".

65   Seite 170

Sie wollen einen Törn in einem für Sie fremden Seegebiet fahren. Wo können Sie sich über mittlere Windverhältnisse für bestimmte Jahreszeiten oder Monate informieren?

In den entsprechenden Hafen- und Revierführern. Außerdem z. B. in Monatskarten.

66   Seiten 140, 160, 230

1. Was für Wetter muss meistens erwartet werden, wenn der Luftdruck über einen Zeitraum von 3 Stunden um 10 hPa fällt?
2. Was muss bei einem an Bord beobachteten starken Luftdruckfall beachtet werden?

1. Schwerer Sturm.
2. Der Kurs und die Fahrt des Schiffes in Bezug auf das Tiefdruckgebiet.

67   Seite 153

Wie verändert sich der an Bord beobachtete Luftdruckfall, wenn sich ein Fahrzeug mit Westkurs dem Zentrum eines ostwärts ziehenden Tiefdruckgebiets nähert?

Der Luftdruckfall wird verstärkt.

68   Seite 161

Mit welchen Windverhältnissen müssen Sie rechnen, wenn Sie im Hafen liegen und der Wind ablandig weht?

Die im Hafen vorherrschenden Windgeschwindigkeiten entsprechen nicht den Verhältnissen auf der freien See.

69   Seite 161

Mit welchen Windverhältnissen müssen Sie rechnen, wenn Sie in einem relativ ungeschützten Hafen liegen und der Wind auflandig weht?

Die im Hafen vorherrschenden Windgeschwindigkeiten entsprechen etwa den Verhältnissen auf der freien See.

70   Seite 160

Warum verstärkt sich der Wind in engen Durchfahrten?

Durch den Düseneffekt (Trichtereffekt) in Durchfahrten. Dabei wird die Luftströmung zusammengepresst und beschleunigt.

71   Seite 160

Mit welcher Windentwicklung ist zu rechnen in
1. Luv und
2. in Lee
von Kaps oder Inseln?

1. Die Windrichtung ändert sich in Luv des Kaps zum Teil stark und verläuft oft parallel zum Kap. Die Windgeschwindigkeit nimmt zu.
2. Die Windrichtung kann bei besonders hohen Gebirgen auch umlaufend werden. Die Windgeschwindigkeit ist meist schwach, kann dafür örtlich aber sehr böig sein (Fallwinde).

72   Seite 160

Welche Windverhältnisse erwarten Sie in der Nähe von Steilküsten
1. bei auflandigem
2. und bei ablandigem Wind?

1. Der Wind wird durch Küstenführung zum Teil beschleunigt, wenn er nahezu auflandig oder parallel zur Küste weht.
2. Weht der Wind ablandig, muss örtlich mit umlaufenden Winden und erhöhter Böigkeit (Fallwinden) gerechnet werden.

73   Seite 143

Wie wird sich das Wetter wahrscheinlich entwickeln, wenn der Wind am Abend
1. abflaut oder
2. zunimmt?

1. Langsames Abflauen des Windes ist oft ein Zeichen für gutes Wetter.
2. Windzunahme am Abend kündigt häufig Starkwind, Sturm und Regen an.

Sportküstenschifferschein

74 Seite 157
1. Womit müssen Sie auf der Nordhalbkugel rechnen, wenn nach Durchzug einer Kaltfront der Wind rückdreht und der Luftdruck wieder fällt?
2. Wie nennt man die Wetterlagen?

1. Meist deutliche Wetterverschlechterung mit erneut auffrischendem Wind bis Sturmstärke.
2. Troglage.

75 Seite 157
Welche Windverhältnisse erwarten Sie auf der Nordhalbkugel während der unmittelbaren Passage eines markanten Troges?

Der Wind dreht recht, meist über 60° bis 90°. Winde bis Orkanstärke besonders auf der Rückseite eines Troges.

76 Seite 144
Wie entsteht Nebel?

Zufuhr von Feuchte, Mischung von Luftmassen mit hoher Feuchtigkeit und verschiedener Temperatur, Abkühlung der Luftmasse.

77 Seite 93
Wie ist Nebel definiert?

Sichtweite unter 1000 Meter.

78 Seiten 144, 163
1. Wie entsteht Kaltwassernebel?
2. Zu welcher Jahreszeit tritt diese Nebelart in europäischen Gewässern bevorzugt auf?

1. Warme und feuchte Luftmassen werden durch den kalten Untergrund (Meer) unter den Taupunkt abgekühlt.
2. Überwiegend April, Mai und Juni.

79 Seite 144
1. Wie entsteht Warmwassernebel?
2. Zu welcher Jahreszeit tritt diese Nebelart in europäischen Gewässern bevorzugt auf?

1. Kalte Luft strömt über warmes Wasser. Durch Verdunstung an der Wasseroberfläche kommt es bei hoher Differenz zwischen der Luft- und Wassertemperatur zur Feuchtesättigung.
2. Überwiegend September, Oktober und November.

80 Seite 144
1. Wie entsteht Strahlungsnebel?
2. Wo ist diese Nebelart anzutreffen?

1. Nach Sonnenuntergang kann sich bei klarem Himmel die bodennahe Luftschicht über Land unter den Taupunkt abkühlen.
2. Besonders auf Flüssen und engen Durchfahrten, außerdem durch seewärtige Windverdriftung in Küstennähe.

81 Seite 166
Wodurch kann es im Mittelmeerraum in besonderen Fällen zur Sichtreduktion kommen?

Bei bestimmten Wetterlagen kann mit der Luftmasse transportierter Saharastaub die Sicht stark vermindern.

82 Seite 167
Woraus besteht Seegang?

Aus Windsee und Dünung.

83 Seite 167
Was verstehen Sie unter Windsee?

Seegang, der durch den Wind am Ort oder in der näheren Umgebung angefacht wird.

84 Seite 167
Wovon hängt die Höhe der Windsee ab?

Windgeschwindigkeit, Fetch (Windwirklänge) und Wirkdauer des Windes.

85 Seite 167
1. Was verstehen Sie unter Dünung?
2. Was kann einsetzende hohe Dünung andeuten?

1. Seegang, der dem erzeugenden Windfeld vorausläuft sowie abklingender (alter) Seegang.
2. Einen eventuell aufziehenden Sturm.

86 Seite 167
Was verstehen Sie unter der Wellenhöhe?

Der senkrechte Abstand zwischen Wellenberg und Wellental.

87 Seite 167
Was verstehen Sie unter der Wellenlänge?

Der horizontale Abstand zwischen zwei Wellenbergen.

Sportküstenschifferschein

88*   Seite 167

Welchen Seegang müssen Sie erwarten, wenn Sie küstennah bei ablandigem Wind fahren?

89*   Seite 167

1. Welchen Seegang müssen Sie erwarten, wenn Sie küstennah bei auflandigem Wind fahren?
2. Welche Gefahr besteht bezüglich der Entwicklung des Seegangs außerdem?

90*   Seite 167

1. Was verstehen Sie unter einer Grundsee?
2. Welche Höhen kann sie erreichen?

91   Seite 167

Wie verändert sich Seegang, wenn Wind und Meeresströmungen (z. B. Gezeitenstrom) entgegengesetzte Richtungen haben?

92   Seite 167

Wie verändert sich Seegang, wenn Wind und Meeresströmungen (z. B. Gezeitenstrom) die gleiche Richtung haben?

93*   Seite 167

1. Was verstehen Sie unter einer Kreuzsee?
2. Geben Sie drei Beispiele an, wo mit Kreuzsee zu rechnen ist!

94   Seite 167

Welcher Seegang ist in Lee kleiner Inseln zu erwarten?

Der Seegang wird nicht so hoch sein wie auf der freien See, da der Fetch (Windwirklänge) nur sehr kurz ist.

1. Der Seegang wird ähnlich ausgeprägt sein wie auf der freien See, da genügend Fetch (Windwirklänge) vorhanden ist.
2. Dort wo das Wasser flacher wird oder im Bereich von Untiefen muss mit Brechern und Grundseen gerechnet werden.

1. Meereswellen mit besonders hohen Brechern, die durch Untiefen oder Küstennähe entstehen.
2. Etwa das 2,5fache der charakteristischen Wellenhöhe.

Die Wellen werden kürzer und steiler.

Die Wellen werden länger und flacher.

1. Windsee und Dünung laufen aus unterschiedlichen Richtungen heran.
2. Kurz vor und beim Durchzug einer Kaltfront oder eines Troges sowie in der Nähe des Tiefkerns.

Kreuzlaufende See, die meist kurz und kabbelig ist.

95*   Seite 167

Welche Faktoren können die Länge und Höhe des Seegangs erheblich verändern?

96*   Seite 167

Im Internet finden Sie auf einer Wetterseite eine Vorhersage für die Höhe der Dünung. Können Sie daraus den vorherrschenden Wind ableiten?

97   Seite 168

Mit welchem Messinstrument wird an Bord die Windgeschwindigkeit gemessen?

98   Seite 168, 169

Welche Windgeschwindigkeit zeigt das Anemometer an, wenn das Fahrzeug Fahrt durchs Wasser macht?

99*   Seiten 157, 168

1. Warum sollten Luftdrucktendenzen an Bord beobachtet und aufgezeichnet werden?
2. In welchem zeitlichem Abstand sollte man den Luftdruck aufzeichnen?

100   Seite 168

Mit welchem Messinstrument wird an Bord der Luftdruck gemessen?

101*   Seite 142

1. Wie bestimmen Sie an Bord die Windstärke, wenn keine Windmessanlage vorhanden ist?
2. Wie bestimmen Sie an Bord die Windrichtung, wenn keine Windmessanlage vorhanden ist?

Wassertiefe sowie Meeres- und Gezeitenströmungen.

Nein. Dünung kann vorhanden sein, auch wenn kein Windfeld unmittelbar vorhanden ist.

Mit einem Anemometer.

Die scheinbare Windgeschwindigkeit.

1. Eventuelle Wetterveränderungen (z. B. Trog, Annäherung eines Tiefdruckgebiets) können registriert werden.
2. Mindestens alle 4 Stunden.

Mit dem Barometer oder Barograf.

1. Die Windstärke wird geschätzt mithilfe der Beaufortskala in Anlehnung an das Seegangsbild.
2. Die Windrichtung wird anhand der Verlagerung der Wellenkämme geschätzt.

---

* Nur die Fragen mit rot gedruckten Nummern werden als Prüfungsfragen in der schriftlichen Prüfung verwendet.

Sportküstenschifferschein

Seemannschaft I (für die Antriebsart „Antriebsmaschine und unter Segel")

1[*]   Seite 174
Was versteht man im Bootsbau unter Gelcoat?

Die äußere Schutzschicht eines Bauteils aus glasfaserverstärktem Kunststoff.

2   Seite 174
Was versteht man beim GFK-Bootsbau unter Sandwichverfahren (GFK = glasfaserverstärkter Kunststoff)?

Zwischen zwei GFK-Schichten wird eine Zwischenlage zur Versteifung einlaminiert, z.B. aus Balsaholz.

3   Seite 174
Welchen Vorteil hat die Sandwich-Bauweise gegenüber der Massivbauweise bei GFK-Yachten (GFK = glasfaserverstärkter Kunststoff)?

Große Steifheit, Verwindungsfestigkeit, geringes Gewicht, gute Isolierung.

4   Seite 174
Beschreiben Sie die Vor- und Nachteile von Stahl als Baumaterial für Yachten!

Vorteile: zuverlässiges, problemloses Baumaterial mit sehr hoher Festigkeit und langer Lebensdauer.
Nachteile: hohes Gewicht, Rostanfälligkeit.

5   Seite 195
Was bedeutet der Begriff „Kategorie" im Zusammenhang mit dem CE-Zeichen für Wassersportfahrzeuge?

Mit der Kategorie legt der Hersteller fest, in welchem Fahrtgebiet, bis zu welcher Windstärke und bis zu welcher charakteristischen Wellenhöhe das Fahrzeug sicher betrieben werden kann.

6[*]   Seite 195
Welche Kategorien können im Zusammenhang mit dem CE-Zeichen für Wassersportfahrzeuge vergeben werden?

1. A Hochsee,
2. B Außerhalb von Küstengewässern,
3. C Küstennahe Gewässer,
4. D Geschützte Gewässer.

7[*]   Seite 195
Was bedeutet die im Zusammenhang mit dem CE-Zeichen für Wassersportfahrzeuge angegebene Kategorie „B Außerhalb von Küstengewässern"?

Das Fahrzeug ist ausgelegt für Fahrten außerhalb von Küstengewässern, in denen Windstärken bis einschließlich 8 Bft und signifikante Wellenhöhen bis einschließlich 4 m auftreten können.

8[*]   Seite 182
Beschreiben Sie den Aufbau einer Radsteuerung mit Seilzügen!

Das Rad dreht ein Zahnrad, über das eine Kette in der Steuersäule nach unten verläuft. Die Kette ist mit den Steuerseilen verbunden, welche über Umlenkrollen zum Ruderquadranten führen.

9   Seite 181
Wie nennt man die Teile des stehenden Gutes, die den Mast nach vorn, achtern und seitlich verankern?

Stagen und Wanten.

10[*]   Seite 181
1. Wozu dienen Backstagen?
2. Bei welchen Takelungen werden sie vor allem gefahren?

1. Zum zusätzlichen Abstagen des Mastes nach achtern.
2. Bei Gaffel- und 7/8-Takelung und anderen nicht toppgetakelten Yachten.

11   Seite 181
Was ist das laufende Gut?

Tauwerk, das zum Setzen, Bergen oder Bedienen der Segel oder anderer Teile der Takelage dient.

12[*]   Seite 217
Was gehört zur regelmäßigen Pflege der Segel?

1. Nasse Segel so schnell wie möglich trocknen,
2. Segel vor Sonnenlicht schützen,
3. Salzwasserreste abspülen,
4. Beschädigungen umgehend beseitigen.

[*] Nur die Fragen mit rot gedruckten Nummern werden als Prüfungsfragen in der schriftlichen Prüfung verwendet.

Sportküstenschifferschein

13 Seite 190
Warum sollten Vorsegel für schweres Wetter im Unterliek hochgeschnitten sein?

Damit überkommende Seen nicht ins Segel schlagen und so Rigg und Segel belasten.

14 Seiten 180, 190
Was ist ein Trysegel und wie wird es gefahren?

Ein Schwerwettersegel, das anstelle des Großsegels mit losem Unterliek gefahren wird.

15 Seite 217
Warum soll man das Schlagen eines Segels vermeiden, vor allem bei stärkerem Wind?

Um Beschädigungen zu vermeiden.

16 Seite 204
Wozu dienen Segellatten?

Zur Profilierung des Segels, damit das Achterliek nicht einklappt.

17 Seite 199
Wozu dient ein Cunningham-Stropp?

Zur Regulierung der Vorliekspannung des Segels, um es so zu trimmen.

18 Seite 200
Welche Segel sollte eine Segelyacht in der Küstenfahrt mindestens an Bord haben?

1. Reffbares Großsegel,
2. reffbare Rollfock oder Vorsegel verschiedener Größen,
3. Sturmfock.

19 Seite 205
Wozu dient eine Vorsegel-Rollreffeinrichtung?

Mit ihr wird das Vorsegel um das Vorstag gerollt und kann stufenlos verkleinert werden.

20 Seite 205
Wozu dient eine Großsegel-Rollreffeinrichtung?

Mit ihr wird das Großsegel entweder im Mast oder im Baum aufgerollt und kann stufenlos verkleinert werden.

21 Seite 233
Wozu dient der Lenzkorb am Ansaugstutzen einer Lenz-

Der Lenzkorb verhindert Verunreinigungen und Verstop-

pumpe und wie erhalten Sie seine Funktionsfähigkeit?

fungen der Lenzpumpe. Er muss regelmäßig überprüft und gereinigt werden.

22 Seite 190
Welche Lenzvorrichtungen und -möglichkeiten sollten auf jeder seegehenden Yacht vorhanden sein?

Zwei voneinander unabhängige Bilgenpumpen, von denen eine über Deck bedienbar ist, sowie 2 Pützen mit Leinen.

23 Seiten 190, 210, 214
Warum sollten Sie mehr als einen Anker an Bord haben, möglichst unterschiedlicher Art?

1. Als Ersatz bei Verlust,
2. zum Verwarpen oder Verkatten,
3. um unterschiedliche Ankergründe berücksichtigen zu können,
4. um bei schwerem Wetter oder in Tidengewässern vor 2 Ankern liegen zu können.

24 Seite 242
Wie viele Fender und Festmacheleinen sollten Sie mindestens an Bord haben?

4 Festmacheleinen und 4 Fender.

25 Seite 242
Was sollte auf jeder Yacht außer Festmacheleinen, Fallen und Schoten an Tauwerk vorhanden sein?

Reservetauwerk, Wurfleine, Schlepptrosse und Ankerleine.

26 Seite 243
Für welche unterschiedlichen Reparaturbereiche sollten Sie Ersatzteile und Werkzeug an Bord haben?

1. Segelreparaturen,
2. Reparaturen an Rumpf und Rigg,
3. Motorreparaturen,
4. Elektroreparaturen und
5. Reparaturen an Schlauchleitungen.

27 Seite 243
Welches Werkzeug sollten Sie zur Segelreparatur an Bord haben?

Segelhandschuh, Segelnadeln, Segelgarn, Wachs, Zange und selbstklebendes Segeltuch.

Sportküstenschifferschein

28 Seite 232
Ihr Mast ist gebrochen, eine Bergung ist nicht möglich. Welche Werkzeuge benötigen Sie, um die Takelage zu kappen?

Bolzenschneider, Metallsäge mit Ersatzblättern, Schraubenschlüssel und verschiedene Zangen.

29 Seite 243
Welches Kleinmaterial und Kleinwerkzeug muss an Bord jederzeit greifbar sein?

Zeisinge, Bändselwerk, Tape, Reserveschäkel; Schäkelöffner, Bordmesser und Kombizange.

30 Seiten 183, 190
Womit muss insbesondere eine Yacht mit Radsteuerung zusätzlich ausgerüstet sein und warum sollten alle Mitsegler mit dieser Einrichtung vertraut sein?

Mit einer Notpinne. Sie muss im Notfall in kürzester Zeit einsatzbereit sein.

31 Seite 74
Wo finden Sie amtliche Informationen über die Ausrüstung und Sicherheit von Sportbooten, die auch bei der Beurteilung von Sportbootunfällen herangezogen werden?

1. „Sicherheit im See- und Küstenbereich – Sorgfaltsregeln für Wassersportler", herausgegeben vom BSH,
2. „Sicherheit auf dem Wasser, Leitfaden für Wassersportler", herausgegeben vom Bundesministerium für Verkehr, Bau- und Wohnungswesen.

32 Seite 190
Warum müssen auf Yachten zusätzlich zu elektrisch oder motorgetriebenen Lenzpumpen auch Handlenzpumpen vorhanden sein?

Weil sie auch bei Strom- oder Motorausfall betätigt werden können.

33 Seite 188
Warum ist Flüssiggas (Propan, Butan) an Bord einer Yacht besonders gefährlich?

Es ist schwerer als Luft, sinkt nach unten und bildet mit Luft ein explosives Gemisch; es kann sich im Schiffsinneren (z. B. in der Bilge) sammeln.

34 Seite 189
Welche vier Bedienelemente besitzt ein mit Handpumpe betriebenes Bord-WC auf einer Yacht?

1. Seeventil und Spülwasserschlauch (Seewasser),
2. Handpumpe für Toilettenspülung,
3. Hebel zur Unterbrechung der Seewasserzufuhr (Handpumpe dient dann nur noch zum Abpumpen),
4. Abwasserschlauch (via Fäkalientank) zum Seeventil.

35 Seite 189
Beschreiben Sie in fünf Schritten die Bedienung eines Bord-WCs auf einer Yacht!

1. Seeventil für Seewasserspülung öffnen,
2. Handpumpe betätigen, sodass das Becken gespült wird und gleichzeitig die Fäkalien abfließen – ausgiebig spülen,
3. Seewasserzufuhr unterbrechen (Hebel umlegen),
4. Becken mit Handpumpe leer pumpen,
5. Seeventile für Zu- und Abfluss schließen.

36 Seite 178
Was versteht man unter der Stabilität eines Schiffes?

Unter Stabilität eines Schiffes versteht man seine Eigenschaft, in aufrechter Lage zu schwimmen und sich aus einer Krängung wieder aufzurichten.

37 Seite 178
Wovon hängt die Stabilität eines Schiffes in ruhigem Wasser ab? Nennen Sie Beispiele für äußere Momente, welche die Stabilität beanspruchen!

Die Stabilität eines Schiffes hängt ab von
1. seiner Geometrie (Form),
2. seiner Gewichtsverteilung im Schiff (Ausrüstung, Crew, Ballast).
Beispiele für eine Beanspruchung der Stabilität sind krängende Momente durch Seitenwind, Trossenzug oder Drehkreisfahrt bei schnellen Motoryachten.

Sportküstenschifferschein

38 Seite 178
Wovon hängt eine in ruhigem Wasser vorhandene Stabilität zusätzlich in schwerem Wetter ab?

Die Stabilität in schwerem Wetter hängt zusätzlich von Wellen und Seegang, besonders von brechenden Wellen, ab.

39 Seite 178
Was versteht man unter
1. Formschwerpunkt und
2. Massenschwerpunkt (Gewichtsschwerpunkt)? Welche Kräfte wirken in den beiden Punkten?

1. Im Formschwerpunkt F kann man sich die Masse des vom Schiff verdrängten Wassers vereinigt denken. In F wirkt die Auftriebskraft senkrecht zur Wasseroberfläche nach oben.
2. Im Massenschwerpunkt G kann man sich die Masse des Schiffes einschließlich Ausrüstung und Besatzung vereinigt denken. In G wirkt die Gewichtskraft senkrecht zur Wasseroberfläche nach unten.

40 Seite 178
Was geschieht bei einer Neigung des Schiffes, z. B. durch seitlichen Winddruck, solange sich die Lage des Massenschwerpunktes (Gewichtsschwerpunktes) nicht verändert?

Der Formschwerpunkt F wandert zur geneigten Seite aus, weil dort ein größerer Teil des Bootskörpers unter Wasser gelangt. Die Wirklinie der Auftriebskraft bekommt dadurch einen seitlichen Abstand zur Wirklinie der Gewichtskraft. Es entsteht ein Kräftepaar, der seitliche Abstand zwischen den Wirklinien ist der Hebelarm. Es entsteht ein aufrichtendes Moment, welches gleich dem Produkt aus Gewichtskraft und Hebelarm ist.

41 Seite 196
Erklären Sie mithilfe eines Vektorparallelogramms aus wahrem Wind (wW), Fahrtwind (Fw) und scheinbarem

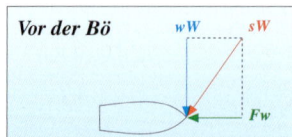

Wind, warum beim Einfallen einer Bö (Windzunahme) der scheinbare Wind raumt. (Zeichnung)

Während der Bö   wW   sW

Fw

Der „scheinbare Wind" fällt etwas achterlicher ein, er „raumt" und das Segelboot kann etwas höher an den „wahren Wind" gehen.

42 Seite 196
Auf Amwindkurs mussten Sie reffen. Ein entgegenkommendes Boot gleicher Größe segelt ungerefft. Wie erklären Sie das?

Der scheinbare Wind ist unterschiedlich stark. Er ist auf Amwindkursen stärker und auf Raumschot- oder Vorwindkursen schwächer als der wahre Wind.

43 Seiten 175, 176, 199, 201
Warum wird die Versetzung einer Yacht durch den Wind mit zunehmender Krängung größer?

Der Lateralplan wird kleiner, dadurch verringert sich der seitliche Widerstand des Schiffes im Wasser.

44 Seite 201
Welchen Einfluss hat zunehmende Krängung auf den Trimm eines Segelbootes? (Begründung)

Die Luvgierigkeit nimmt zu, weil der Segeldruckpunkt nach Lee auswandert.

45 Seite 201
Sie segeln am Wind, Krängung und Ruderdruck nehmen stark zu.
1. Wie bezeichnet man das Verhalten des Bootes?
2. Mit welchen Mitteln können Sie Krängung und Ruderdruck vermindern?

1. Luvgierigkeit.
2. Traveller nach Lee setzen und/oder Großschot (etwas) fieren, Großsegel reffen.

46 Seite 199
Welche Funktion hat ein Unterliekstrecker und wie kann damit der Trimm des Großsegels beeinflusst werden?

Er reguliert die Spannung des Unterlieks. Je nach Zugkraft wird der untere Teil des Großsegels flacher oder bauchiger.

Vor der Bö   wW   sW

Fw

Sportküstenschifferschein

47 Seite 180
Das Vorliek der Fock wirft Falten. Welches ist die häufigste Ursache?

Das Fall ist nicht genügend durchgesetzt.

48 Seiten 180, 199
Das Unterliek Ihres Vorsegels killt. Was ist die Ursache?

Der Holepunkt der Schot liegt zu weit vorne.

49 Seiten 180, 199
Das Achterliek Ihres Vorsegels killt. Was ist die Ursache?

Der Holepunkt der Schot liegt zu weit achtern.

50 Seite 199
Wozu dienen Windfäden am Segel?

Sie machen den Strömungsverlauf am Segel sichtbar, um das Segel optimal trimmen zu können.

51 Seite 199
1. Wann sollte ein Großsegel flach getrimmt sein?
2. Wie kann ein Großsegel flach getrimmt werden?

1. Bei Starkwind.
2. Dichtholen von Unterliek- und Vorliekstrecker, Dichtholen der Großschot, Durchsetzen des Großfalls, Spannen des Achterstags, Traveller nach Lee.

52 Seiten 198, 199
Mit welchen sechs Teilen des laufenden und des stehenden Guts können Sie ein Großsegel trimmen?

Großschot, Traveller, Unterliekstrecker, Cunningham-Strecker, Großfall, Achterstag.

53 Seite 245
Wozu dienen „Opferanoden" und wann sollten sie ausgewechselt werden?

Sie dienen dem Schutz gegen Schäden durch Elektrolyse. Anoden müssen nach einer Saison ersetzt werden, nicht erst wenn sie verbraucht sind.

54 Seite 245
Wie schützt man auf Kunststoffyachten den Propeller gegen Elektrolyse?

Durch eine Zinkanode auf der Propellerwelle.

55 Seite 219
Welche Sicherheitsmaßnahmen sind vor und beim Tanken von Diesel zu treffen?

1. Maschine abstellen,
2. offenes Feuer löschen (Rauchen einstellen),
3. Maßnahmen gegen Überlaufen treffen.

56 Seite 219
Wie können Sie beim Tanken Umweltverschmutzungen vermeiden?

1. Tanköffnung mit Ölbindetüchern umlegen,
2. möglichst an Zapfsäulen mit Zapfhahn tanken,
3. beim Tanken aus Kanistern großen Trichter mit Schlauch benutzen,
4. Nachfüllen aus Kanistern bei Wind und bewegter See möglichst vermeiden.

57 Seite 218
Wozu dient das Wendegetriebe eines Motors?

1. Zum Ein- und Auskuppeln des Propellers,
2. zum Umsteuern des Propellers auf Rückwärtsfahrt,
3. zur Drehzahluntersetzung.

58 Seite 218
Welche Maßnahmen sind vor dem Anlassen eines eingebauten Motors zu treffen?

1. Hauptstromschalter einschalten,
2. Kraftstoff- und Kühlwasserventile öffnen,
3. Getriebe auf „neutral" stellen.

59 Seite 219
Was sollte nach dem Anlassen des Motors kontrolliert werden?

1. Kühlwasserdurchlauf,
2. Öldruck- und Ladung,
3. Motorengeräusche und
4. Auspuffgase.

60 Seite 220
Was können erste Störungsanzeichen im Motorbetrieb sein?

Ungewöhnliche und fremde Motorengeräusche, Vibrationen, Verfärbung der Abgase, Aufleuchten der Ladekontrolle bzw. Öldruckkontrolle und die entsprechenden akustischen Warnungen.

Sportküstenschifferschein

61   Seite 219

Wie können Sie einen Dieselmotor abstellen, wenn die vorgesehene Abstellvorrichtung defekt ist?

1. Kraftstoffzufuhr unterbrechen.
2. Verschließen des Luftansaugrohres / der Luftansaugrohre.

62   Seiten 221

Der Dieselmotor Ihres Bootes startet nicht. Welche Fehler, die Sie selbst überprüfen können, könnten die Ursache sein?

1. Anlasserdrehzahl zu gering (Batterie zu schwach),
2. kein Kraftstoff im Tank,
3. Luft in der Kraftstoffleitung,
4. falsche Bedienung der Kaltstarthilfe (eventuell Vorglühen zu kurz),
5. Anlasser defekt.

63   Seite 221

Der Motor Ihres Bootes bleibt beim Einkuppeln stehen. Nennen Sie mögliche Ursachen.

1. Propellerwelle durch Tauwerk o. Ä. blockiert,
2. Schwerlauf des Getriebes wegen defekter Zahnräder, Lagerschaden, dickem Öl oder
3. verbogene Propellerwelle.

64   Seite 221

Während Sie unter Maschine laufen, steigt plötzlich die Kühlwassertemperatur stark an. Ihre Yacht ist mit einem Saildrive-Antrieb ausgestattet.
1. Welche typische Ursache hat der Temperaturanstieg, wenn eine technische Störung unwahrscheinlich ist?
2. Wie können Sie die Störung einfach beheben?

1. Fremdkörper (Folienstücke, Plastiktüten, Pflanzenteile o. Ä.) haben den Kühlwassereinlass verstopft.
2. Mehrmals abwechselnd vorwärts und zurückfahren, sodass sich die Fremdkörper vom Kühlwassereinlass lösen.

65   Seite 185

Welche Propeller werden auf Yachten mit Einbaumotor eingesetzt?

Festflügelpropeller, Faltpropeller, Drehflügel- und Verstellpropeller.

66   Seite 185

Was müssen Sie beim Aufstoppen unter Maschine mit einem Faltpropeller beachten?

Der Propeller entfaltet sich evtl. erst bei relativ hoher Drehzahl und der Wirkungsgrad ist geringer als beim Festflügelpropeller.

67   Seite 185

Mit welchen vier Angaben werden Propeller auf Yachten beschrieben?

Anzahl der Flügel, Größe ihrer Fläche, Durchmesser und Steigung.

68   Seite 222

Was sollten Sie beachten, wenn Sie den kleinen Außenborder mit eingebautem Tank Ihres Beibootes an Bord verstauen? (Begründung)

1. Tank und Vergaser müssen leer sein.
2. Lagerung an Deck oder in einer Backskiste mit Außenentlüftung, niemals unter Deck.
3. Restbenzin und entweichende Benzingase bilden mit Luft ein leicht entzündliches Gemisch.

69   Seite 220

Wozu dient ein Wasserabscheider in der Kraftstoffleitung?

In ihm sammelt sich das Kondenswasser aus dem Tank; dadurch werden Startschwierigkeiten vermieden.

70   Seite 219

Warum sollten Sie bei seltener Motorbenutzung den eingebauten Tank eines Dieselmotors möglichst vollgetankt halten?

Um Kondenswasserbildung zu verringern, was zu Startschwierigkeiten führen kann.

71   Seite 221

Welche Motor-Ersatzteile bzw. Schmierstoffe sollten Sie mindestens an Bord haben?

1. Impeller für die Wasserpumpe,
2. Reservekeilriemen,
3. Motorenöl,
4. Dichtungsmaterial.

Sportküstenschifferschein

72   Seite 186

1. Was bedeutet die Angabe einer Batteriekapazität „2x60 Ah"? (Begründung)
2. Welche Nettokapazität steht in dem Fall zur Verfügung? (Begründung)

73   Seite 186

Geben Sie die benötigte Strommenge (in Amperestunden) an, um bei einer 12-Volt-Anlage zwei Verbraucher mit je 24 Watt 10 Stunden betreiben zu können (mit Angabe der Berechnung)!

74   Seiten 216, 242

Wie muss Tauwerk beschaffen sein, das für Festmacheleinen, Anker- und Schlepptrossen verwendet wird?

75   Seiten 216, 235, 242

Wodurch können Sie verhindern, dass Festmacheleinen durch Schamfilen in Klüsen oder an Kanten an der Pier beschädigt werden?

76   Seiten 235, 242

Was müssen Sie hinsichtlich der Festigkeit bedenken, wenn Sie Leinen zusammenknoten?

77   Seite 242

Wodurch können Sie verhindern, dass bei Tauwerk aus unterschiedlichem Innen- und Außenmaterial die Seele in den Mantel rutscht?

1. Es handelt sich um 2 Batterien (Akkus) mit jeweils 60 Amperestunden, insgesamt also 120 Ah Nennkapazität.
2. Dem entspricht eine Nettokapazität von etwa 72 Ah, da ein Akku kaum über 80 % seiner Nennkapazität geladen werden kann – also bis 96 Ah – und nicht tiefer als 20 % seiner Nennkapazität – also bis 24 Ah – entladen werden darf.

Benötigte Strommenge je Verbraucher bei 12 Volt: 24:12 = 2 Ampere. Strommenge mal Anzahl der Verbraucher mal Anzahl der Stunden ergibt: 2 A x 2 x 10 h = 40 Ah

Es muss bruchfest und elastisch sein.

Durch einen gegen Verrutschen gesicherten Plastikschlauch, der über den Festmacher an die Scheuerstelle gezogen wird, hilfsweise mit Tuchstreifen („Schmartings").

Beim Knoten können Festigkeitsverluste bis zu 50 % auftreten.

Durch einen genähten Takling.

78   Seite 216

Wie sind längsseits liegende Fahrzeuge festzumachen? Ergänzen Sie die Skizze und benennen Sie die Leinen.

79   Seite 67

Wie können Sie mithilfe von zwei Fendern und einem Fenderbrett Ihr Boot festmachen, wenn die Pier mit vorspringenden Pfählen versehen ist? Ergänzen Sie die Skizze!

80   Seite 244

Was ist an Land beim Reinigen eines mit Antifouling behandelten Unterwasserschiffes zu beachten?

81   Seite 187

Ein funktionsfähiges elektrisches Gerät arbeitet an Bord nicht. Nennen Sie häufige Ursachen und was kann zur Behebung getan werden?

82   Seiten 174, 244

Warum müssen Schäden im Gelcoat unverzüglich beseitigt werden?

83   Seite 129

Welche Daten sollten mindestens an Bord dokumentiert werden?

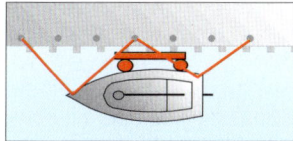

1. Wasser und Schmutz auffangen, nicht in Gewässer oder Kanalisation leiten,
2. Umweltschutzbestimmungen beachten.
3. Das Schiff sollte nur auf einem entsprechend ausgerüsteten Reinigungsplatz abgespritzt werden.

1. Schlechte Kontakte und Korrosion.
2. Kontakte fest anziehen, korrodierte Stellen mit feinstem Schleifpapier säubern, Kontaktspray verwenden.

Das Laminat unter der Gelcoatschicht nimmt sonst Wasser auf und wird dadurch beschädigt.

1. Namen und Funktionen der Crewmitglieder,
2. Beginn und Ende einer Fahrt und
3. in angemessenen Zeitabständen: Position, Kurs, Geschwindigkeit, Strömung, Wetter, Luftdruck.

Sportküstenschifferschein

84 Seite 198

Worauf müssen Sie vor dem Setzen des Großsegels achten? Welche Gefahr besteht nach dem Setzen, solange der Wind von vorne kommt?

1. Großschot und Baumniederholer müssen ausreichend Lose haben.
2. Das Großfall muss frei laufen und darf nicht vertörnt sein.
3. Verletzungsgefahr durch schlagenden Großbaum beachten.

85 Seiten 198, 204

Was tun Sie, wenn Ihr Großsegel unter der untersten Lattentasche einreißt?

1. Untere Latte entfernen.
2. Segel bis über den Riss reffen.

86 Seiten 181, 204

Beschreiben Sie die Schritte für den Reffvorgang mit dem Bindereff.

1. Sicherstellen, dass Dirk angeschlagen oder Baum durch stützenden Baumniederholer in der Höhe gehalten wird,
2. Fall fieren und Segel etwas herunterholen.
3. Segelhals in Reffhaken am Lümmelbeschlag einhaken und festsetzen,
4. Fall wieder dicht holen,
5. Segelschothorn (hintere Reffkausch) mit Schmeerreep oder Reffleine nach achtern auf den Baum holen und
6. eventuell loses Segeltuch auftuchen und mit Reffbändseln einbinden.

87 Seite 203

1. Wozu dient ein Bullenstander?
2. Wie wird er gefahren?

1. Er soll das ungewollte Überkommen des Großbaums bei achterlichen Winden verhindern.
2. Von der Baumnock zum Vorschiff.

88 Seite 198

Warum muss beim Segeln vor dem Wind oder mit raumem Wind der Baumniederholer entsprechend der Windstärke durchgesetzt werden?

Um das Steigen des Baumes zu verhindern.

89 Seite 216

Wenn gleich große Boote im Päckchen oder in der Box zusammenliegen, kann es zu Berührungen und Schäden in der Takelage kommen. Wie ist das zu verhindern?

Boote versetzt legen, damit die Masten nicht auf gleicher Höhe sind oder Boote im Wechsel Heck/Bug zur Pier legen.

90 Seite 216

Worauf ist beim Liegen in einer Box zu achten, wenn Schwell in den Hafen läuft?

Dass benachbarte Boote mit ihren Masten versetzt liegen und nicht gegeneinander schlagen.

91 Seite 158

Sie sind mit ihrer Segelyacht auf See. Was veranlassen Sie bei einem Gewitteraufzug?

1. Vorsegel rechtzeitig verkleinern,
2. Großsegel klar zum Reffen oder Bergen,
3. Schlechtwetterkleidung, Sicherheitsgurte und Rettungswesten anlegen,
4. Position in Karte eintragen.

92 Seite 227

Sie übernehmen in einem Hafen eine Ihnen unbekannte Yacht. Wie machen Sie sich zu Reisebeginn mit den Segeleigenschaften vertraut?

Nach dem Auslaufen Segelsetzen, Segelbergen, Reffen und Ausreffen und Sicherheitsmanöver üben.

93 Seite 232

Wie verhalten Sie sich nach einem Mastbruch, was müssen Sie veranlassen?

1. Nach Möglichkeit den Mast an Bord nehmen und sichern.
2. Falls nicht möglich, Mast und Wanten kappen, um Rumpfschäden zu vermeiden.

94 Seite 215

Von welchen Faktoren ist die Länge eines Nahezu-Aufschießers zu einer im Wasser treibenden Person abhängig?

Geschwindigkeit, Wind, Seegang, Strömung und Form und Gewicht des Bootes.

95 Seite 216

Sie wollen in eine Box einlaufen. Wie bereiten Sie die Achterleinen vor und machen sie fest?

Achterleinen mit Auge versehen (z. B. Palstek), möglichst früh über die Pfähle legen, bei seitlichem Wind zuerst über den Luvpfahl.

Sportküstenschifferschein

96   Seite 216

Beschreiben Sie in Stichworten die Vorbereitung eines Anlegemanövers.

97   Seite 222

Welchen Nachteil hat ein Saildrive-Antrieb, insbesondere bei Hafenmanövern?

98   Seite 184

Was ist ein Bugstrahlruder und wozu dient es?

99   Seite 184

Bei welchen Manövern können Sie ein Bugstrahlruder sinnvoll einsetzen?

100   Seite 184

Sie liegen längsseits mit der Steuerbordseite an einer Pier. Beschreiben Sie ein Ablegemanöver unter gleichzeitigem Einsatz von Bugstrahlruder und Maschine.

101   Seite 231

Wie können Sie im freien Seeraum auf einer Segelyacht einen Sturm abwettern?

---

1. Crew für Manöver einteilen.
2. Leinen und Fender bereitlegen.

Durch den großen Abstand zwischen Propeller und Ruder wird dieses nicht direkt angeströmt. Das kann die Manövrierfähigkeit beim Anfahren etwas verschlechtern.

Eine im Bug einer Yacht befindliche Röhre mit einem Propeller, mit dem ein Querschub und damit ein Drehen des Buges bei geringen Vorausgeschwindigkeiten erreicht werden kann.

1. Beim An- und Ablegen.
2. Beim Drehen auf engem Raum.

1. Hebel für Bugstrahlruder nach Backbord legen, sodass der Bug von der Pier weggedrückt wird (nach Backbord schwenkt) und gleichzeitig
2. Ruderlage deutlich nach Steuerbord und langsame Fahrt voraus, sodass das Heck nach Backbord ausschwenkt.
So wird das Schiff fast parallel von der Pier abgedrückt.

1. Durch Beiliegen; Lenzen vor Topp und Takel, dabei Leinen achteraus schleppen; Liegen vor Treibanker oder
2. unter Sturmbesegelung aktiv segeln und nach Möglichkeit brechende Seen aussteuern.

---

102   Seiten 69, 70, 167, 230

Warum kann das Anlaufen eines Hafens bei auflandigem Starkwind bzw. schwerem Wetter gefährlich werden?

103   Seite 230

Warum kann eine Leeküste bei schwerem Wetter einer Segelyacht gefährlich werden?

104   Seite 203

Mit welchem Manöver können Sie bei Starkwind das Halsen vermeiden? Beschreiben Sie das Manöver und vervollständigen Sie die Skizze durch Einzeichnen der Kurslinie.

105   Seite 231

Was erreicht man mit dem Ausbringen eines Treibankers bei schwerer See ?

106   Seite 67

Worauf müssen Sie achten, wenn Sie in Tidegewässern längsseits einer Pier festgemacht haben?

107   Seiten 69, 167

Sie kreuzen bei frischem Wind und mitlaufendem Strom (Wind gegen Strom) nach Luv auf. Welche Auswirkungen hat ein gegen den Wind setzender Strom auf den Seegang?

Gefahr durch Grundseen bzw. Kreuzseen. Möglichkeit von Querstrom.

Wenn die Yacht sich nicht freikreuzen kann, droht Strandung.

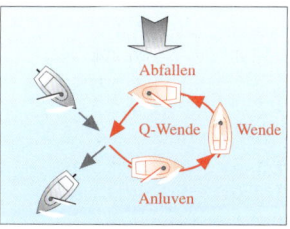

Man hält bei richtiger Leinenlänge den Bug im Wind und verringert die Driftgeschwindigkeit.

1. Die Wassertiefe muss auch bei Niedrigwasser ausreichen oder ein sicheres Aufsetzen muss gewährleistet sein.
2. Die Leinen müssen für den Tidenstieg oder -fall ausreichend lang sein. Bei größerem Tidenhub darf das Fahrzeug keinesfalls unbeaufsichtigt bleiben.

Durch den Strom entsteht eine kurze, steile und kabbelige See.

Sportküstenschifferschein

108   Seite 13

Wie wirkt sich mitlaufender Strom auf die Fahrt eines Fahrzeugs und die Loganzeige aus?

1. Der Strom erhöht die Fahrt über Grund.
2. Das Log zeigt dies nicht an.

109   Seiten 192, 206

Welche Hilfsmittel können Sie einsetzen, um einen Überbordgefallenen an Deck zu bekommen?

Bewegliche (und gesicherte) Badeleiter, evtl. Großschot, beschwerte Trittschlinge, Rettungstalje, Unterfangen mit kleinem Segel, Bergegurt, Dingi.

110   Seite 46, 206

Was ist sofort zu tun, wenn jemand über Bord gefallen ist?

1. Ruf: „Mensch über Bord!",
2. Rettungsmittel zuwerfen,
3. Ausguck halten, Mann im Auge behalten,
4. Maschine starten,
5. Mensch-über-Bord-Manöver,
6. Notmeldung abgeben,
7. ggf. Markierungsblitzboje werfen,
8. ggf. MOB-Taste eines satellitengestützten Navigationsgerätes drücken,
9. Bergung durchführen.

111   Seite 192

Welche Maßnahmen können gegen das Überbordfallen getroffen werden ?

1. Sicherheitsgurte anlegen und einpicken.
2. Anbringen von Strecktauen oder Laufleinen vom Bug zum Heck.
3. Hinweis auf Befestigungspunkte (Einpickpunkte für Karabinerhaken).

112   Seite 206

Nennen Sie die grundsätzlichen Schritte und ihre Ziele zur Rettung einer über Bord gegangenen Person.

1. Maschine starten,
2. Suche, Herstellung eines Sichtkontaktes zur über Bord gegangenen Person,
3. Mensch-über-Bord-Manöver, Annäherung an die im Wasser treibende Person und Herstellung einer ersten Leinenverbindung,

4. Bergung, sicheres und schnelles An-Bord-Nehmen der Person,
5. Erste Hilfe, Betreuung,
6. ggf. Dringlichkeitsmeldung oder Notalarm abgeben.

113   Seiten 46, 192

Mit welchen Hilfsmitteln können Sie den Bezugspunkt (internationaler Begriff: Datum) für die Suche nach einem Überbordgefallenen sichern?

1. Markierungsblitzboje,
2. MOB-Taste eines satellitengestützten Navigationsgerätes (z. B. GPS) bzw. LORAN-C-Gerätes.

114   Seiten 190 – 192

Was gehört u. a. zur Sicherheitsausrüstung z. B. einer 10-m-Yacht? Nennen Sie mindestens sechs Ausrüstungsgegenstände.

1. Lenzpumpen und Pützen,
2. Lecksicherungsmaterial,
3. Feuerlöscher,
4. Werkzeug und Ersatzteile,
5. Seenotsignalmittel,
6. Handlampen,
7. Funkeinrichtung,
8. Anker,
9. Erste-Hilfe-Ausrüstung,
10. Radarreflektor und
11. Rettungsmittel.

115   Seiten 190 – 192

Was gehört zur Sicherheitsausrüstung der Besatzung in der Küstenfahrt?

1. Rettungsweste und Sicherheitsgurt (Lifebelt) für jedes Besatzungsmitglied,
2. Rettungsfloß (Rettungsinsel),
3. Rettungskragen mit Tag- und Nachtsignal und
4. Erste-Hilfe-Ausrüstung mit Anleitung.

116   Seite 192

Wie erhalten Sie Kenntnis über das nächste Wartungsdatum einer Rettungsinsel?

Die runde auf der Insel klebende farbige Serviceplakette oder das bei der letzten Wartung mitgelieferte Zertifikat geben Auskunft über den nächsten Wartungstermin.

Sportküstenschifferschein

117 Seite 192

Worauf müssen Sie bei Ihren Automatikrettungswesten hinsichtlich der Funktionssicherheit achten?

Auf regelmäßige Wartung. Wartungsfälligkeit erkennbar an der farbigen Serviceplakette.

118 Seite 192

Was ist auf Deck einer Yacht ein Strecktau (auch Laufleine genannt) und wozu dient es?

Ein neben der Fußreling verlaufender Draht oder eine starke Leine zwischen Cockpit und Vorschiff straff gespannt zum Einpicken der Sicherheitsleine (Lifebelt).

119 Seite 191

Welche Seenotsignalmittel sollten Sie an Bord haben? Nennen Sie mindestens sechs Beispiele.

1. Handfackeln, rot,
2. Handraketen, rot,
3. Rauchfackeln oder Rauchtopf, orange,
4. Signalpistole mit Munition,
5. Seewasserfärber,
6. Signalflaggen N und C,
7. Signallampe,
8. Seenotfunkboje.

120 Seite 191

Welche Feuerlöscheinrichtungen sollten an Bord sein?

1. Feuerlöscher (ABC-Pulverlöscher und eventuell CO_2-Löscher),
2. Pütz zum Löschen von Bränden fester Stoffe,
3. Feuerlöschdecke,
4. Löschdurchlass für geschlossene Motorräume, der das Löschen von Bränden mit CO_2-Löschern ohne Sauerstoffzutritt ermöglicht.

121 Seite 229

Welcher Feuerlöscher ist für Sportboote geeignet und wo ist er an Bord anzubringen?

1. Der ABC-Pulverlöscher, für geschlossene Motorräume der CO_2-Löscher.
2. Der Feuerlöscher muss gebrauchsfertig und leicht erreichbar sein; CO_2-Löscher nicht im Schiffsinneren unterbringen (Erstickungsgefahr bei Leckage).
3. Er soll in der Nähe der Maschinenräume, der Kombüse

sowie der Koch- oder Heizstelle montiert sein.

122 Seite 229

Wie wird die ständige Funktionssicherheit eines Feuerlöschers sichergestellt?

1. Durch Einhaltung des vorgeschriebenen Prüftermins, ersichtlich auf der Prüfplakette.
2. Anhand der Bedienungsanweisung muss man sich mit der Handhabung vertraut machen.
3. Der Feuerlöscher muss vor Feuchtigkeit und Korrosion geschützt werden.

123 Seite 229

Wie wird ein Brand an Bord wirksam bekämpft?

1. Alle Öffnungen schließen,
2. Brennstoffzufuhr (Hauptschalter) unterbrechen,
3. Feuerlöscher erst am Brandherd betätigen,
4. Feuer von unten und von vorn bekämpfen,
5. Löschdecke einsetzen,
6. Flüssigkeitsbrände nicht mit Wasser bekämpfen.

124 Seite 227

Was ist vor Reisebeginn beim Seeklarmachen zu überprüfen und zu beachten? Nennen Sie mindestens sechs Beispiele.

1. Seetüchtigkeit der Yacht,
2. Zahl und Zustand der Segel,
3. Treibstoffvorrat,
4. Navigationsunterlagen,
5. Sicherheitseinweisung der Besatzung,
6. Rettungsmittel,
7. Seenotsignale,
8. Trinkwasser- und Proviantvorräte,
9. Funktionsfähigkeit des Motors,
10. Funktionsfähigkeit der elektronischen Navigationsgeräte,
11. Lenzeinrichtungen,
12. Feuerlöscher,
13. Boots- und Personalpapiere,
14. Betriebsfähigkeit der UKW-Seefunkstelle.

Sportküstenschifferschein

125 Seite 227
Was gehört zur Sicherheitseinweisung der gesamten Besatzung vor Reisebeginn? Nennen Sie mindestens sechs Beispiele.

Einweisung in Gebrauch und Bedienung
1. der Rettungswesten und Sicherheitsgurte,
2. der Rettungsinsel,
3. der Signalmittel,
4. der Lenzpumpen,
5. der Seeventile und des Bord-WC,
6. der Kocheinrichtung,
7. der Feuerlöscher,
8. der Motoranlage,
9. der Elektroanlage,
10. des Rundfunkgerätes und der UKW-Seefunkstelle,
11. Verhalten bei „Mensch-über-Bord",
12. Erkennen und Verhalten bei Seekrankheit.

126 Seite 227
In welche technischen Einrichtungen/Ausrüstungen muss der Schiffsführer die Besatzung vor Reiseantritt unbedingt einweisen? Nennen Sie mindestens sechs Beispiele.

1. Ankergeschirr,
2. Lenzeinrichtung,
3. Feuerlöscheinrichtungen,
4. Motoranlage,
5. Seeventile,
6. UKW-Sprechfunkgerät,
7. MOB-Taste vom satellitengestützten Navigationsgerät (z. B. GPS) bzw. LORAN-C-Gerät,
8. Seenotsignalmittel,
9. Notrudereinrichtung.

127 Seite 227
Welche Sicherheitsmaßnahmen sind vor jedem Auslaufen durchzuführen? Nennen Sie mindestens sechs Beispiele.

1. Wetterbericht einholen,
2. Kontrolle der Sicherheitsausrüstung,
3. Kontrolle von Motor und Schaltung,
4. Kontrolle der nautischen Geräte,
5. Kontrolle der Bilge,
6. Überprüfen des Wasser- und Kraftstoffvorrats,
7. Kontrolle der Schall- und Lichtsignaleinrichtung,

128 Seite 227
Warum sollten alle Crewmitglieder Lage und Funktion sämtlicher Pumpen und Ventile kennen?

129 Seiten 189, 227
Warum sollte die Crew in die Funktion des Bord-WC eingewiesen werden?

130 Seite 227
Warum sollte die Crew vor Reisebeginn in die Funktion des Ankergeschirrs und die Durchführung eines Ankermanövers eingewiesen werden?

131 Seite 233
Wie verhalten Sie sich, wenn Ihr Schiff leckgeschlagen ist?

132 Seite 233
Was tun Sie, wenn Ihr Schiff leckgeschlagen ist und das Wasser im Schiff trotz aller Maßnahmen weiter steigt?

8. Kontrolle der Positionslaternen,
9. Bereitlegen der Seekarten und nautischen Veröffentlichungen.

Damit im Bedarfsfall sie jeder bedienen kann.

Weil durch unsachgemäße Bedienung Wasser ins Bootsinnere gelangen kann.

Damit jeder den Anker sicher ausbringen und einholen kann.

1. Meldung abgeben.
2. Je nach Erfordernissen Fahrt aus dem Schiff nehmen.
3. Lenzpumpen betätigen, Lecksuche, Leck mit Bordmitteln abdichten.
4. Küste bzw. flaches Wasser ansteuern.
5. Fahrzeug so trimmen, dass Leckstelle aus dem Wasser kommt bzw. möglichst wenig unter Wasser ist.

1. Notzeichen geben, Funkmeldung abgeben, ggf. Radartransponder einschalten,
2. Verlassen des Bootes vorbereiten, Rettungswesten anlegen, Rettungsinsel klar machen.
3. Wenn möglich, ruhiges Flachwasser anlaufen und Schiff auf Grund setzen.

Sportküstenschifferschein

133 Seite 234
Welche Folgen können Grundberührungen und harte Stöße,
z. B. bei Anlegemanövern,
oder Kollisionen mit treibenden Gegenständen haben?

1. Eine Beschädigung der
   Bordwand kann eintreten.
2. Es kann Sinkgefahr entstehen.

134 Seite 237
Welche grundsätzliche Verhaltensweise sollte beachtet
werden, wenn Ihr Schiff in
Seenot kommt?

1. Ruhe bewahren und überlegt handeln.
2. Seenotalarm abgeben, ggf.
   Radartransponder einschalten.
3. Rettungsinsel klar machen.
4. Rettungsweste und Sicherheitsgurt anlegen.
5. So lange wie möglich an
   Bord bleiben.
6. Wärmende Kleidung
   anziehen.

135 Seite 238
Welche Maßnahmen treffen
Sie, bevor Sie von Ihrem
Fahrzeug in eine Rettungs-
insel übersteigen?

1. Rettungsweste und Sicherheitsgurt anlegen.
2. Warme Kleidung anziehen.
3. Nach Möglichkeit vorher
   reichlich warme Flüssigkeit
   trinken.
4. Soweit noch nicht geschehen,
   Proviant, Wasser, Seenotsignalmittel und ggf. Seenotfunkbake, Radartransponder und UKW-Hand-
   sprechfunkgeräte in die
   Rettungsinsel bringen.

136 Seite 238
Warum sollte ein sinkendes
Schiff im Notfall so spät wie
möglich verlassen werden?

1. Die Überlebensmöglich-
   keiten sind auf dem Schiff
   größer.
2. Ein Schiff ist besser zu orten.
3. Einstieg und Aufenthalt in
   der Rettungsinsel können
   sehr schwierig sein.

137 Seite 239
Erklären Sie die Handhabung
der Hubschrauberrettungs-
schlinge im Einsatz!

1. Bei offener Rettungsschlinge: zuerst den Karabinerhaken einpicken.
2. Mit dem Kopf und beiden
Armen in die Rettungs-
schlinge einsteigen.
3. Die Arme müssen nach
   unten gedrückt werden und
   die Hände sind zu schließen.
4. Das Windenseil muss frei
   hängen, es darf nicht an
   Bord befestigt werden.

138 Seite 237
Wann dürfen Notzeichen
gegeben werden?

Nach Feststellung des Notfalls,
auf Anordnung des Schiffsführers; bei unmittelbarer Gefahr für das Schiff oder Besatzung, die ohne fremde Hilfe nicht überwunden werden
kann.

139 Seite 236
Wann darf ein UKW-Sprech-
funkgerät auch ohne entsprechenden Befähigungsnach-
weis benutzt werden?

In Notfällen.

140 Seite 230
Worauf ist zu achten, wenn
Crewmitglieder seekrank
sind?

1. Aufenthalt im Cockpit beaufsichtigen und Crew-
   mitglieder gegen Über-
   bordfallen sichern,
2. Flüssigkeitsverlust ausgleichen (Wasser),
3. Crewmitglied anhalten,
   zur Kuste oder zum Horizont zu schauen,
4. mit Arbeiten beschäftigen.

141 Seite 211
Wozu dient ein Reitgewicht
(Gleitgewicht, Ankergewicht)
beim Ankern?

Es soll die Ankertrosse auf
den Grund ziehen, damit der
Anker nicht durch eine zu
steil ansteigende Trosse aus
dem Grund gebrochen wird.
Es wirkt ruckdämpfend.

142 Seite 211
Warum sollte beim Verwen-
den einer Ankertrosse ein
Kettenvorlauf benutzt werden?

Damit der Zug auf den Anker
nicht zu steil wird.

Sportküstenschifferschein

143 Seite 212
Welcher Ankergrund ist für die üblichen Leichtgewichtsanker
1. gut geeignet,
2. mäßig geeignet,
3. ungeeignet?

1. Sand, Schlick, weicher Ton und Lehm,
2. harter Ton und Lehm,
3. steinige, verkrautete und stark schlammige Böden.

144 Seite 212
Was müssen Sie bei der Auswahl eines Ankerplatzes beachten?

1. Der Ankerplatz sollte Schutz vor Wind und Wellen bieten.
2. Auf ausreichenden Platz zum Schwojen achten.
3. Mögliche Winddrehungen einplanen.

145 Seite 212
Welchen Ankergrund sollten Sie nach Möglichkeit meiden?

Steinige, verkrautete und stark schlammige Böden.

146 Seite 211
Wie können Sie die Haltekraft eines Ankers erhöhen, wenn Sie auf engem Raum (z. B. zwischen zwei Stegen) nicht die erforderliche Kettenlänge stecken können?

Mit einem Reitgewicht, um so den Anker besser am Boden zu halten.

147 Seite 211
Sie ankern in einer Bucht. Wie können Sie bei zunehmendem Wind die Haltekraft Ihres Ankers verbessern?

1. Mehr Trosse oder Kette stecken,
2. Reitgewicht verwenden.

148 Seiten 210, 212
Sie wollen auf verkrautetem Grund ankern. Ihnen steht ein Leichtgewichtanker und ein Stockanker zur Verfügung. Welchen benutzen Sie und warum?

Den Stockanker, weil er sich insbesondere auch aufgrund seines höheren Gewichtes besser eingräbt.

149 Seite 212
Wozu dient eine Ankerboje?

1. Sie zeigt die Lage des Ankers an.
2. Mit der Tripleine kann das Bergen eines unklaren Ankers unterstützt werden.

150 Seite 213
Wie erkennen Sie, ob der Anker hält?

1. Vibration von Kette oder Trosse prüfen,
2. Einrucken des Ankers prüfen,
3. durch wiederholtes Peilen und ggf. Schätzungen des Abstandes zu anderen Schiffen oder zu Landmarken,
4. falls GPS vorhanden ist, Ankeralarmfunktion einschalten.

151 Seite 210
Welche Ankerarten finden überwiegend auf Sportbooten Verwendung? Nennen Sie drei.

1. Patentanker.
2. Stockanker (einklappbarer Stock).
3. Draggen (klappbare Flunken).
4. Pflugscharanker.

152 Seite 210
Nennen Sie drei Ankertypen, die vom Germanischen Lloyd als Anker mit hoher Haltekraft anerkannt sind!

Bruce-Anker, CQR-Anker, Danforth-Anker, D'Hone-Anker.

153 Seite 211
1. Welches sind die Vorteile einer Ankerkette gegenüber einer Ankerleine?
2. Wie kombiniert man auf Yachten häufig die Systeme?

1. Die Kette unterstützt das Eingraben, verkleinert den Schwojeraum, wirkt ruckdämpfend, kann nicht an Steinen durchscheuern und erhöht die Haltekraft des Ankers.
2. Es wird zwischen Anker und Leine ein Kettenvorlauf von drei bis 5 Meter Länge gefahren

154 Seite 211
1. Warum soll eine Ankerleine nicht an den Anker geknotet werden?
2. Warum muss die Ankerkette mit einem Taustropp am Schiff bzw. im Kettenkasten befestigt werden?

1. Knoten reduzieren die Bruchlast einer Leine um bis zu 50 %.
2. Damit die Kette im Notfall schnell gekappt werden kann.

Sportküstenschifferschein

155 Seite 212

Sie wollen in einer Bucht ankern, in der das (ausreichend tiefe) Wasser unterschiedliche Färbungen zeigt. Wo wählen Sie den Ankerplatz? (Begründung)

Ich ankere auf hellem Wasser. Begründung: Der Grund ist hier sandig, der Anker hält gut. Dunkler Grund weist auf Bewuchs hin, wo der Anker schlecht hält.

156 Seite 213

Warum darf der Anker nicht zusammen mit seiner Leine am Ankerplatz über Bord geworfen werden?

Die Leine könnte mit dem Anker vertörnen und dadurch das Eingraben verhindern. Der Anker würde dann nicht halten.

157 Seite 223

Was müssen Sie bedenken, wenn ein großes Schiff auf Ihr Sportboot zukommt?

1. Andere Manövrierfähigkeit (größere Drehkreise, längere Stoppstrecken),
2. u.U. eingeschränkte Sicht des anderen Fahrzeugs insbesondere nach voraus,
3. Möglichkeit des Übersehen-Werdens, weil man sich im Radarschatten befindet,
4. Beeinträchtigung durch Bugwellen des großen Schiffes,
5. mögliche Beeinträchtigung der Manövrierfähigkeit des eigenen Bootes durch Windabdeckung.

158 Seite 223

Warum sollten Sie nicht zu dicht hinter dem Heck eines vorbeifahrenden Schiffes durchfahren?

Sog und Hecksee können das eigene Boot erheblich gefährden.

159 Seiten 91, 223

Was müssen Sie beim Passieren eines großen Schiffes bei dessen Kursänderungen, z. B. in einem kurvenreichen Fahrwasser beachten?

Bei einer Kursänderung schwenkt das Heck deutlich in die entgegengesetzte Richtung aus, also nach Backbord bei einer Kursänderung nach Steuerbord und umgekehrt.

160 Seiten 92, 223

Mit welchen Stoppstrecken und Stoppzeiten müssen Sie bei großen Schiffen in voller Fahrt rechnen?

Abhängig von Schiffstyp und -größe, Beladungszustand und Ausgangsgeschwindigkeit 8- bis 12fache Schiffslänge und bis zu 8 bis 12 Minuten Dauer (z. B. ein 300 m langes Containerschiff voll geladen aus 24 kn: Stoppstrecke ca. 2 sm, Stoppzeit ca. 12 Minuten).

161 Seiten 91, 223

Wie reagiert ein großes Schiff, wenn bei ca. 20 kn Fahrt ein Ausweichmanöver durch Hartruderlage eingeleitet wird?

Der Steven bewegt sich in Richtung der Hartruderlage, das Heck schlägt relativ weit zur entgegengesetzten Richtung aus. Das Schiff verlässt mit seinem Heck erst nach mehreren Schiffslängen seine bisherige Kurslinie, bewegt sich also zunächst in der alten Kursrichtung fort. Diese Strecke kann bei 300 m langen Containerschiffen 1,5 bis 2,5 Schiffslängen, d. h. ca. 500 bis 600 m betragen.

162 Seite 223

Auf vielen großen Schiffen ist die Sicht nach vorne eingeschränkt. Welchen Abstand vor einem Schiff müssen Sie als nicht einsehbar mindestens berücksichtigen?

Sichtbeschränkung nach voraus maximal 2 Schiffslängen oder 500 Meter.

163 Seite 191

Wie können Sie die Wahrscheinlichkeit erhöhen, im Radar von anderen Fahrzeugen gesehen zu werden?

Durch einen möglichst hoch und fest angebrachten passiven Radarreflektor bzw. besser noch durch einen „aktiven" Radarreflektor.

Sportküstenschifferschein

Seemannschaft II (nur Antriebsmaschine; für Motorbootfahrer, nicht für Segler)*

1 * Seite 174
Welche Bootsbau-Werkstoffe finden im Sportbootbau für den Rumpf überwiegend Verwendung?

1. GfK = glasfaserverstärkter Kunststoff,
2. Stahl,
3. Aluminium,
4. wasserfest verleimtes Sperrholz,
5. Massivholz.

2 Seite 164
Was versteht man unter einem Gleiter (schnelle Schiffe) und welche Fahreigenschaften hat solch ein Motorboot?

Schnelle Schiffe, deren Gewicht überwiegend von Auftriebskomponenten getragen wird (flache und breite Konstruktion) und die auf glattem Wasser bei höherer Geschwindigkeit in Gleitfahrt kommen. Bei Seegang schlagen die Boote hart auf, sodass die Konstruktionen stark beansprucht werden.

3 Seite 45
Was versteht man unter einem Verdränger und welche Fahreigenschaften hat solch ein Motorboot?

Konventionelle Schiffe – unabhängig vom Tiefgang –, deren Gewicht ausschließlich vom hydrostatischen Auftrieb getragen wird und deren Geschwindigkeit dementsprechend beschränkt ist (Rumpfgeschwindigkeit).

4 Seite 29
Was versteht man unter einem Halbgleiter und welche Fahreigenschaften hat solch ein Motorboot?

Halbgleiter sind stärker motorisierte Motorboote, die bauartbedingt bei schneller Fahrt nicht in Gleitfahrt geraten und daher stärkeren Wellengang verursachen können.

5 Seite 174
Was versteht man im Bootsbau unter Gelcoat?

Die äußere Schutzschicht eines Bauteils aus glasfaserverstärktem Kunststoff.

6 Seite 174
Was versteht man beim GFK-Bootsbau unter Sandwichverfahren (GFK = glasfaserverstärkter Kunststoff)?

Zwischen zwei GFK-Schichten wird eine Zwischenlage zur Versteifung einlaminiert, z. B. aus Balsaholz.

7 Seite 174
Welchen Vorteil hat die Sandwich-Bauweise gegenüber der Massivbauweise bei GFK-Yachten (GFK = glasfaserverstärkter Kunststoff)?

Große Steifheit, Verwindungsfestigkeit, geringes Gewicht, gute Isolierung.

8 Seite 174
Beschreiben Sie die Vor- und Nachteile von Stahl als Baumaterial für Yachten!

Vorteile: zuverlässiges, problemloses Baumaterial mit sehr hoher Festigkeit und langer Lebensdauer. Nachteile: hohes Gewicht, Rostanfälligkeit.

9 Seite 195
Was bedeutet der Begriff „Kategorie" im Zusammenhang mit dem CE-Zeichen für Wassersportfahrzeuge?

Mit der Kategorie legt der Hersteller fest, in welchem Fahrtgebiet, bis zu welcher Windstärke und bis zu welcher charakteristischen Wellenhöhe das Fahrzeug sicher betrieben werden kann.

10 Seite 195
Welche Kategorien können im Zusammenhang mit dem CE-Zeichen für Wassersportfahrzeuge vergeben werden?

1. A Hochsee,
2. B Außerhalb von Küstengewässern,
3. C Küstennahe Gewässer,
4. D Geschützte Gewässer.

* Für die Prüfung nur unter Antriebsmaschine wurden keine Fragebogen veröffentlicht.

Sportküstenschifferschein

11 Seite 195
Was bedeutet die im Zusammenhang mit dem CE-Zeichen für Wassersportfahrzeuge angegebene Kategorie „B Außerhalb von Küstengewässern"?

Das Fahrzeug ist ausgelegt für Fahrten außerhalb von Küstengewässern, in denen Windstärken bis einschließlich 8 Bft und signifikante Wellenhöhen bis einschließlich 4 m auftreten können.

12 Seite 182
Beschreiben Sie den Aufbau einer Radsteuerung mit Seilzügen!

Das Rad dreht ein Zahnrad, über das eine Kette in der Steuersäule nach unten verläuft. Die Kette ist mit den Steuerseilen verbunden, welche über Umlenkrollen zum Ruderquadranten führen.

13 Seite 233
Wozu dient der Lenzkorb am Ansaugstutzen einer Lenzpumpe und wie erhalten Sie seine Funktionsfähigkeit?

Der Lenzkorb verhindert Verunreinigungen und Verstopfungen der Lenzpumpe. Er muss regelmäßig überprüft und gereinigt werden.

14 Seite 190
Welche Lenzvorrichtungen und -möglichkeiten sollten auf jeder seegehenden Yacht vorhanden sein?

Zwei voneinander unabhängige Bilgepumpen, von denen eine über Deck bedienbar ist, sowie 2 Pützen mit Leinen.

15 Seiten 190, 210, 214
Warum sollten Sie mehr als einen Anker an Bord haben, möglichst unterschiedlicher Art?

1. Als Ersatz bei Verlust,
2. zum Verwarpen oder Verkatten,
3. um unterschiedliche Ankergründe berücksichtigen zu können,
4. um bei schwerem Wetter oder in Tidengewässern vor zwei Ankern liegen zu können.

16 Seite 242
Wie viele Fender und Festmacheleinen sollten Sie mindestens an Bord haben?

4 Festmacheleinen und 4 Fender.

17 Seite 242
Was sollte auf jeder Motoryacht außer Festmacheleinen an Tauwerk vorhanden sein?

Reservetauwerk, Wurfleine, Schlepptrosse und Ankerleine.

18 Seite 74
Wo finden Sie amtliche Informationen über die Ausrüstung und Sicherheit von Sportbooten, die auch bei der Beurteilung von Sportbootunfällen herangezogen werden?

1. „Sicherheit im See- und Küstenbereich – Sorgfaltsregeln für Wassersportler", herausgegeben vom BSH,
2. „Sicherheit auf dem Wasser, Leitfaden für Wassersportler", herausgegeben vom Bundesministerium für Verkehr, Bau- und Wohnungswesen.

19 Seite 190
Warum müssen auf Yachten zusätzlich zu elektrisch oder motorgetriebenen Lenzpumpen auch Handlenzpumpen vorhanden sein?

Weil sie auch bei Strom- und Motorausfall betätigt werden können.

20 Seite 188
Warum ist Flüssiggas (Propan, Butan) auf einer Yacht besonders gefährlich?

Es ist schwerer als Luft, sinkt nach unten und bildet mit Luft ein explosives Gemisch; es kann sich im Schiffsinneren (z. B. in der Bilge) sammeln.

Sportküstenschifferschein

21   Seite 189

Welche vier Bedienelemente besitzt ein mit Handpumpe betriebenes Bord-WC auf einer Yacht?

1. Seeventil und Spülwasserschlauch (Seewasser),
2. Handpumpe für Toilettenspülung,
3. Hebel zur Unterbrechung der Seewasserzufuhr (Handpumpe dient dann nur noch zum Abpumpen),
4. Abwasserschlauch (via Fäkalientank) zum Seeventil.

22   Seite 189

Beschreiben Sie in fünf Schritten die Bedienung eines Bord-WCs auf einer Yacht!

1. Seeventil für Seewasserspülung öffnen,
2. Handpumpe betätigen, sodass das Becken gespült wird und gleichzeitig die Fäkalien abfließen – ausgiebig spülen,
3. Seewasserzufuhr unterbrechen (Hebel umlegen),
4. Becken mit Handpumpe leer pumpen,
5. Seeventile für Zu- und Abfluss schließen.

23   Seite 178

Was versteht man unter der Stabilität eines Schiffes?

Unter Stabilität eines Schiffes versteht man seine Eigenschaft, in aufrechter Lage zu schwimmen und sich aus einer Krängung wieder aufzurichten.

24   Seite 178

Wovon hängt die Stabilität eines Schiffes in ruhigem Wasser ab? Nennen Sie Beispiele für äußere Momente, welche die Stabilität beanspruchen.

Die Stabilität eines Schiffes hängt ab von
1. seiner Geometrie (Form),
2. seiner Gewichtsverteilung im Schiff (Ausrüstung, Crew, Ballast).
Beispiele für eine Beanspruchung der Stabilität sind krängende Momente durch Seitenwind, Trossenzug oder Drehkreisfahrt bei schnellen Motoryachten.

25   Seite 178

Wo hängt eine in ruhigem Wasser vorhandene Stabilität zusätzlich in schwerem Wetter ab?

Die Stabilität in schwerem Wetter hängt zusätzlich von Wellen und Seegang, besonders von brechenden Wellen, ab.

26   Seite 178

Was versteht man unter
1. Formschwerpunkt?
2. Massenschwerpunkt (Gewichtsschwerpunkt)?
Welche Kräfte wirken in den beiden Punkten?

1. Im Formschwerpunkt F kann man sich die Masse des vom Schiff verdrängten Wassers vereinigt denken. In F wirkt die Auftriebskraft senkrecht zur Wasseroberfläche nach oben.
2. Im Massenschwerpunkt G kann man sich die Masse des Schiffes einschließlich Ausrüstung und Besatzung vereinigt denken. In G wirkt die Gewichtskraft senkrecht zur Wasseroberfläche nach unten.

27   Seite 178

Was geschieht bei einer Neigung des Schiffes, z. B. durch seitlichen Winddruck, solange sich die Lage des Massenschwerpunktes (Gewichtsschwerpunktes) nicht verändert? (Begründung)

Der Formschwerpunkt F wandert zur geneigten Seite aus, weil dort ein größerer Teil des Bootskörpers unter Wasser gelangt. Die Wirklinie der Auftriebskraft bekommt dadurch einen seitlichen Abstand zur Wirklinie der Gewichtskraft. Es entsteht ein Kräftepaar, der seitliche Abstand zwischen den Wirklinien ist der Hebelarm. Es entsteht ein aufrichtendes Moment, welches gleich dem Produkt aus Gewichtskraft und Hebelarm ist.

28   Seite 164

Was verstehen Sie unter „Trimm"?

Der Trimm ist der Unterschied zwischen dem vorderen und dem achteren Tiefgang.

Sportküstenschifferschein

29 Seite 164
Nennen Sie mögliche Trimm-lagen einer Motoryacht.

Ist der vordere Tiefgang größer als der achtere, ergibt dies einen vorlichen Trimm. Ist der achtere Tiefgang größer als der vordere, ergibt dies einen achterlichen Trimm. Sind beide gleich, liegt eine Yacht auf ebenem Kiel.

30 Seite 175
Was verstehen Sie unter Rumpfgeschwindigkeit und wovon ist sie abhängig?

Rumpfgeschwindigkeit ist die rechnerische Höchstfahrt eines Verdrängers. Sie ist abhängig von der Wasserlinienlänge.

31 Seite 219
Erklären Sie die wesentlichen Vorteile des Dieselmotors gegenüber dem Benzinmotor.

1. Der zum Betrieb erforderliche Kraftstoff (Diesel) ist weniger feuergefährlich als der für einen Benzinmotor.
2. Er hat einen geringeren Kraftstoffverbrauch.

32 Seite 219
Erklären Sie die wesentlichen Nachteile des Benzinmotors gegenüber dem Dieselmotor.

1. Das Benzin-Luftgemisch birgt Explosions- und Brandgefahr im Schiff.
2. Die Zündanlage kann stör-empfindlich gegen Feuchtigkeit und Nässe sein.
3. Der Motor hat einen höheren Kraftstoffverbrauch als der Dieselmotor.

33 Seite 218
Wozu dient das Wendegetriebe eines Motors?

1. Zum Ein- und Auskuppeln des Propellers,
2. zum Umsteuern des Propellers auf Rückwärtsfahrt,
3. zur Drehzahluntersetzung.

34 Seite 218
Wodurch unterscheiden sich Einhebel- und Zweihebel-schaltung?

1. Bei Einhebelschaltung werden Gas und Getriebe gleichzeitig bedient.
2. Bei Zweihebelschaltung werden Gas und Getriebe mit 2 Hebeln getrennt bedient.

35 Seite 219
Erklären Sie die Grund-struktur des Zweikreiskühl-systems bei der Motorküh-lung!

Das Zweikreiskühlsystem besteht aus einem geschlossenen inneren Süßwasserkreislauf mit eigenem Kühlwassertank und einem offenen Seewasserkreis-lauf. Beide Kreisläufe sind in einem thermostatgeregelten Wärmetauscher wärmetech-nisch miteinander verbunden. Der innere Süßwasserkreis-lauf durchfließt den Motor.

36 Seite 219
Welchen Vorteil hat die Zwei-kreiskühlung gegenüber der Einkreiskühlung?

Im Zweikreiskühlsystem wird im inneren geschlossenen Kühlwasserkreislauf Süßwas-ser gefahren. Dem geschlosse-nen Kühlwassersystem können Zusätze (z. B. Frostschutz-mittel) zugegeben werden. Ablagerungen durch Fremd-wasser werden verhindert. Durch eine thermostatische Regelung des Wärmeaustau-sches zwischen innerem und äußerem Kreislauf erreicht der Motor schneller seine Be-triebstemperatur, diese wird auch konstant gehalten.

37 Seite 219
Was sollte nach dem Anlas-sen der Maschine kontrolliert werden?

1. Kühlwasserdurchlauf,
2. Öldruck- und Ladung,
3. Motorengeräusche und
4. Auspuffgase.

Sportküstenschifferschein

38   Seite 220

Was können erste Störungsanzeichen im Motorbetrieb sein?

Ungewöhnliche und fremde Motorengeräusche, Vibrationen, Verfärbung der Abgase, Aufleuchten der Ladekontrolle bzw. Öldruckkontrolle und die entsprechenden akustischen Warnungen.

39   Seite 221

Der Dieselmotor Ihres Bootes startet nicht. Welche Teile der Kraftstoffanlage sollten überprüft werden?

1. Kraftstofffüllung.
2. Kraftstoffabsperrhahn.
3. Kraftstoffschläuche.
4. Kraftstofffilter.
5. Kraftstoffpumpe.

40   Seite 221

Der Benzinmotor Ihres Bootes startet nicht. Welche Teile der Kraftstoffanlage sollten überprüft werden?

1. Kraftstofffüllung.
2. Kraftstoffabsperrhahn.
3. Kraftstoffschläuche.
4. Kraftstofffilter.
5. Kraftstoffpumpe.
6. Vergaser.

41   Seite 221

Welche Ursachen können zu einer Anzeige eines zu geringen Öldrucks führen?

1. Ein verstopftes Ölsieb (Ölwanne),
2. ein zu geringer Ölstand,
3. ein verstopfter Ölfilter,
4. eine defekte Ölpumpe,
5. ein defektes Öldruckventil,
6. ein defektes Anzeigegerät.

42   Seite 221

Welche Ursachen kann das Aufleuchten der Warnlampe der Batterie-Ladekontrolle während des Betriebes haben?

1. Die Kabelverbindungen sind unterbrochen (oxidiert, lose oder gebrochen).
2. Der Keilriemen zum Antrieb der Lichtmaschine ist defekt und es erfolgt keine Stromerzeugung.
3. Der Regler oder die Lichtmaschine können defekt sein.

43   Seite 221

Welche Fehlerursachen kann eine schwarze Färbung der Auspuffgase haben?

Unvollständige Verbrennung durch
1. kalten Motor,
2. verschmutzten Luftfilter,
3. schlechte Kraftstoffqualität,
4. verstellte Einspritzpumpe,
5. Überlastung des Motors.

44   Seite 221

Welche Fehlerursachen kann eine weiße Färbung der Auspuffgase haben?

Verdampfung von Wasser durch z. B.
1. Kondensat im Auspuffsystem bei noch kaltem Motor.
2. Gerissener Zylinderkopf.
3. Defekte Zylinderkopfdichtung.

45   Seite 219

Welche Vorsichtsmaßnahmen müssen beim Tanken und Umfüllen von Brennstoffen getroffen werden?

1. Maschine abstellen.
2. Offenes Feuer löschen (Rauchen einstellen).
3. Keine elektrischen Schalter betätigen.
4. Alle Öffnungen schließen.
5. Tragbare Tanks möglichst außerhalb des Bootes befüllen.

46   Seite 218

Welche Maßnahmen sind vor dem Anlassen eines Dieselmotors zu treffen?

1. Hauptstromschalter einschalten.
2. Kraftstoff- und Kühlwasserventile öffnen.
3. Getriebe auf „neutral" stellen.
4. Kühlwasser prüfen (Zweikreiskühlsystem).

47   Seite 218

Welche Maßnahmen sind vor dem Anlassen eines Benzinmotors zu treffen?

1. Hauptstromschalter einschalten.
2. Motorraum mit Bilge entlüften.
3. Kraftstoff- und Kühlwasserventile öffnen.
4. Getriebe auf „neutral" stellen.
5. Kühlwasser prüfen (Zweikreiskühlsystem).

Sportküstenschifferschein

48 Seite 219
Wie kontrollieren Sie den ordnungsgemäßen Betrieb des Motors?

Kontrolle der Anzeigegeräte:
1. Öldruck und Öltemperatur,
2. Kühlwassertemperatur,
3. Motorendrehzahl,
4. Batterieladung und
5. außerdem auf Motorgeräusche, Vibrationen und Farbe der Auspuffgase achten.

49 Seite 219
Welche Maßnahmen treffen Sie nach dem Abstellen des Motors?

1. Kraftstoffventil schließen.
2. Hauptstromschalter (Batterie) ausschalten.
3. Seeventile schließen.

50 Seite 221
Während Sie unter Maschine laufen, steigt plötzlich die Kühlwassertemperatur stark an. Ihre Yacht ist mit einem Z-Antrieb oder Außenborder ausgestattet.
1. Welche typische Ursache hat der Temperaturanstieg, wenn eine technische Störung unwahrscheinlich ist?
2. Wie können Sie die Störung einfach beheben?

1. Fremdkörper (Folienstücke, Plastiktüten, Pflanzenteile o. Ä.) haben den Kühlwassereinlass verstopft.
2. Mehrmals abwechselnd vorwärts und zurückfahren, sodass sich die Fremdkörper vom Kühlwassereinlass losen.

51 Seite 221
Welche Fehlerursachen kann eine blaue Färbung der Auspuffabgase haben?

Zweitaktmotor: zu fettes Benzin-Öl-Gemisch. Es ist zu viel Schmieröl im Gemisch.
Viertaktmotor: zu viel Schmieröl, Ölabstreifringe bzw. Kolbenringe defekt.
In beiden Fällen verbrennt/verdampft Schmieröl.

52
Erklären Sie die Arbeitsweise in Bezug auf die Zündung beim Ottomotor und Dieselmotor!

Beim Ottomotor wird das zündfähige Benzin-Luft-Gemisch im Vergaser durch Einspritzung erzeugt und mit Fremdzündung durch die Zündkerze gezündet.
Beim Dieselmotor wird die angesaugte Luft hoch verdichtet und so erwärmt, dass der eingespritzte Dieselkraftstoff sich durch Eigenzündung in dieser komprimierten Luft entzündet.

53 Seite 221
Weshalb sollte dringend vermieden werden, dass beim Dieselmotor der Kraftstofftank leer gefahren wird?

In die Einspritzpumpe/Kraftstoffleitung würde Luft gelangen. Startversuche nach dem Tanken wären erfolglos. Vor dem Tanken müsste die Leitung und die Einspritzpumpe entlüftet werden. Ablagerungen sowie Kondenswasserbildung durch Temperaturschwankungen können entstehen.

54 Seite 221
Während der Fahrt lässt plötzlich die Motordrehzahl abrupt nach und der Motor geht beim Zurücklegen des Gashebels gänzlich aus. Was kann die Ursache sein?

Es ist möglicherweise ein schwimmender Fremdkörper (Leine, Trosse, Plane, Persenning o. Ä.) in den Propeller geraten und behindert bzw. blockiert ihn.

55 Seite 186
In welchen Bereichen werden an Bord Batterien eingesetzt?

Zum Starten und für das Bordnetz.

56 Seite 186
Was ist beim Laden von Batterien dringend zu beachten?

Die Batteriekästen bzw. -räume müssen ausreichend be- und entlüftet sein.

Sportküstenschifferschein

57   Seite 186

1. Was bedeutet die Angabe einer Batteriekapazität „2x60 Ah"? (Begründung)
2. Welche Nettokapazität steht in dem Fall zur Verfügung? (Begründung)

1. Es handelt sich um 2 Batterien (Akkus) mit jeweils 60 Amperestunden, insgesamt also 120 Ah Nennkapazität.
2. Dem entspricht eine Nettokapazität von etwa 72 Ah, da ein Akku kaum über 80 % seiner Nennkapazität geladen werden kann – also bis 96 Ah – und nicht tiefer als 20 % seiner Nennkapazität – also bis 24 Ah – entladen werden darf.

58   Seite 186

Geben Sie die benötigte Strommenge (in Amperestunden) an, um bei einer 12-Volt-Anlage zwei Verbraucher mit je 24 Watt 10 Stunden betreiben zu können (mit Angabe der Berechnung)!

Benötigte Strommenge je Verbraucher bei 12 Volt: 24:12 = 2 Ampere. Strommenge mal Anzahl der Verbraucher mal Anzahl der Stunden ergibt: 2 A x 2 x 10 h = 40 Ah

59   Seite 220

Was könnte zu möglichen Motorschäden bis hin zum Kolbenfresser führen?

1. Zu wenig Kühlwasser, Dampfblasen im Kühlwasserschauglas,
2. Kühlwassertemperatur zu hoch,
3. zu niedriger oder stetig fallender Öldruck,
4. zu wenig oder ungeeignetes Öl,
5. Fallende Drehzahl, zitternde Nadel im Drehzahlmesser, klopfende Motorgeräusche.

60   Seiten 216, 242

Wie muss Tauwerk beschaffen sein, das für Festmacheleinen, Anker- und Schlepptrossen verwendet wird?

Es muss bruchfest und elastisch sein.

61   Seiten 216, 235

Wodurch können Sie verhindern, dass Festmacheleinen durch Schamfilen in Klüsen oder an Kanten an der Pier beschädigt werden?

Durch einen gegen Verrutschen gesicherten Plastikschlauch, hilfsweise mit Tuchstreifen („Schmartings").

62   Seiten 235, 242

Was müssen Sie hinsichtlich der Festigkeit bedenken, wenn Sie Leinen zusammenknoten?

Durch einen Knoten können Festigkeitsverluste bis zu 50 % auftreten.

63   Seite 242

Wodurch können Sie verhindern, dass bei Tauwerk aus unterschiedlichem Innen- und Außenmaterial die Seele in den Mantel rutscht?

Durch einen genähten Takling.

64   Seite 216

Wie sind längsseits liegende Fahrzeuge festzumachen? Ergänzen Sie die Skizze und benennen Sie die Leinen!

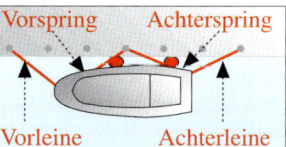

65   Seite 67

Wie können Sie mithilfe von zwei Fendern und einem Fenderbrett Ihr Boot festmachen, wenn die Pier mit vorspringenden Pfählen versehen ist? Ergänzen Sie die Skizze mit Leinen!

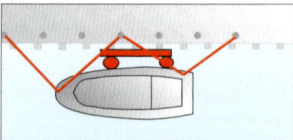

Sportküstenschifferschein

66 Seite 244

Was ist beim Reinigen eines mit Antifouling behandelten Unterwasserschiffes zu beachten?

1. Wasser und Schmutz auffangen, nicht in Gewässer oder Kanalisation leiten,
2. Umweltschutzbestimmungen beachten.
3. Das Schiff sollte nur auf einem entsprechend ausgerüsteten Reinigungsplatz abgespritzt werden.

67 Seite 187

Ein funktionsfähiges elektrisches Gerät an Bord arbeitet nicht. Nennen Sie häufige Ursachen und was kann zur Behebung getan werden?

1. Schlechte Kontakte und Korrosion.
2. Kontakte fest anziehen, korrodierte Stellen mit feinstem Schleifpapier säubern, Kontaktspray verwenden.

68 Seiten 174, 244

Warum müssen Schäden im Gelcoat unverzüglich beseitigt werden?

Das Laminat unter der Gelcoatschicht nimmt Wasser auf und wird dadurch geschädigt.

69 Seite 129

Welche Daten sollten an Bord mindestens dokumentiert werden?

1. Namen und Funktionen der Crewmitglieder.
2. Beginn und Ende einer Fahrt und
3. in angemessenen Zeitabständen: Position, Kurs, Geschwindigkeit, Strömung, Wetter, Luftdruck.

70 Seite 192

Welche Sicherheitsmaßnahmen müssen auch bei ruhigem Wetter bei Nachtfahrten beachtet werden?

1. Bei jeder Tätigkeit an Deck Rettungswesten und Sicherheitsgurt tragen.
2. Nur mit am Schiff eingepickter Sicherheitsleine über Deck gehen.

71 Seite 222

Was verstehen Sie unter Radeffekt des Schiffspropellers (Schraube)?

Radeffekt ist die seitliche Versetzung des Hecks durch die drehende Schraube.

72 Seite 185

Mit welchen vier Angaben werden Propeller auf Yachten beschrieben?

Anzahl der Flügel, Größe ihrer Fläche, Durchmesser und Steigung.

73 Seite 222

Wie wirkt der rechts- bzw. linksdrehende Propeller auf das Schiffsheck bei Rückwärtsfahrt?

Ein rechtsdrehender Propeller versetzt das Heck bei Rückwärtsfahrt nach Backbord, ein linksdrehender nach Steuerbord.

74 Seite 41

1. Wie drehen bei einem Zweischrauber in der Regel die Propeller?
2. Welchen manövriertechnischen Vorteil haben Yachten mit zwei Propellern?

1. Gegenläufig.
2. Mit zwei Propellern kann man nahezu auf der Stelle drehen, indem man einen Propeller vorwärts und einen Propeller rückwärts arbeiten lässt. Die Manövrierfähigkeit wird dadurch verbessert.

75 Seite 222

Warum gibt es bei einem Zwei-Schraubenschiff (in der Regel) keinen Radeffekt?

Die Drehrichtungen der Schrauben sind gegenläufig. So heben sich die jeweiligen Radeffekte gegenseitig auf.

76 Seite 184

Was ist ein Bugstrahlruder und wozu dient es?

Eine im Bug einer Yacht befindliche Röhre mit einem Propeller, mit dem ein Querschub und damit ein Drehen des Buges bei geringen Vorausgeschwindigkeiten erreicht werden kann.

Sportküstenschifferschein

77

Wann sollte aus Gründen der Sicherheit auf Motoryachten der Außenfahrstand besetzt werden?

1. Bei verminderter Sicht zum Wahrnehmen der Schallsignale.
2. Bei Manövern in engen Gewässern zur besseren Rundumsicht.

78 Seite 235

Warum empfiehlt sich beim Schleppen die Verwendung einer Hahnepot und wo sollte sie belegt werden?

1. Eine Hahnepot verteilt die Zugkräfte der Schleppleine (Durchführung am Bug) auf zwei Belegpunkte an den beiden Bootsseiten.
2. Zum Belegen eignen sich die kräftigeren Klampen für die Vorspring.

79 Seite 216

Sie wollen in eine Box einlaufen. Wie bereiten Sie die Achterleinen vor und machen sie fest?

Achterleinen mit Auge versehen. Möglichst frühzeitig über die Pfähle legen, bei seitlichem Wind zuerst über den Luvpfahl.

80 Seite 216

Beschreiben Sie in Stichworten die Vorbereitung eines Anlegemanövers.

1. Crew für Manöver einteilen,
2. Leinen und Fender bereitlegen.

81 Seite 41

Beschreiben Sie das Fahrmanöver mit einem Zwei-Schraubenschiff bei einer Drehung auf engem Raum über Steuerbord.

Ruder hart Steuerbord, Steuerbord-Maschine rückwärts, Backbordmaschine voraus.

82 Seite 184

Bei welchen Manövern können Sie ein Bugstrahlruder sinnvoll einsetzen?

1. Beim An- und Ablegen.
2. Beim Drehen auf engem Raum.

83 Seite 184

Sie liegen längsseits mit der Steuerbordseite an einer Pier. Beschreiben Sie ein Ablegemanöver unter gleichzeitigem Einsatz von Bugstrahlruder und Maschine.

1. Hebel für Bugstrahlruder nach Backbord legen, sodass der Bug von der Pier weggedrückt wird (nach Backbord schwenkt) und gleichzeitig
2. Ruderlage deutlich nach Steuerbord und langsame Fahrt voraus, sodass das Heck nach Backbord ausschwenkt.

So wird das Schiff fast parallel von der Pier abgedrückt.

84 Seiten 69, 167

Warum kann das Anlaufen eines Hafens bei auflandigem Starkwind bzw. schwerem Wetter gefährlich werden?

Gefahr durch Grundseen bzw. Kreuzseen. Möglichkeit von Querstromwirbeln.

85 Seite 230

Sie werden in Küstennähe von einem Sturm überrascht. Wie verhalten Sie sich mit einer Motoryacht?

1. Möglichst rasch versuchen, Hafen oder Landschutz anzulaufen.
2. Ggf. Motoryacht mit langsamer Fahrt gegen die See halten.
3. Sicherheitsmaßnahmen für die Besatzung treffen.

86 Seite 67

Worauf müssen Sie achten, wenn Sie in Tidegewässern längsseits einer Pier festgemacht haben?

1. Die Wassertiefe muss auch bei Niedrigwasser ausreichen oder es muss ein sicheres Aufsetzen gewährleistet sein.
2. Die Leinen müssen für den Tidenstieg oder -fall ausreichend lang sein. Bei größerem Tidenhub darf das Fahrzeug keinesfalls unbeaufsichtigt bleiben.

Sportküstenschifferschein

87 Seite 167

Sie fahren bei frischem Wind und mitlaufendem Strom (Wind gegen Strom) nach Luv. Welche Auswirkungen hat ein gegen den Wind setzender Strom auf den Seegang?

Durch den Strom entsteht eine kurze, steile und kabbelige See.

88 Seite 13

Wie wirkt sich mitlaufender Strom auf die Fahrt eines Fahrzeugs und die Loganzeige aus?

1. Der Strom erhöht die Fahrt über Grund.
2. Das Log zeigt dies nicht an.

89 Seite 231

Welcher Kurswinkel ist bei schwerer See am besten geeignet, um das Aufschlagen des Bootes zu verringern?

Ein Kurswinkel von 20° bis 25° bezogen auf die Wellenrichtung ist am besten geeignet, um hartes Aufschlagen zu verringern.

90 Seiten 192, 206

Welche Hilfsmittel können Sie einsetzen, um einen Überbordgefallenen an Deck zu bekommen?

Bewegliche (und gesicherte) Badeleiter, beschwerte Trittschlinge, Rettungstalje, Bergegut.

91 Seiten 46, 206

Was ist sofort zu tun, wenn jemand über Bord gefallen ist?

1. Ruf: „Mensch über Bord!",
2. Rettungsmittel zuwerfen,
3. Ausguck halten, Mensch im Auge behalten,
4. ggf. Maschine starten,
5. Mensch-über-Bord-Manöver fahren,
6. Notmeldung abgeben,
7. ggf. Markierungsblitzboje nachwerfen,
8. ggf. MOB-Taste eines satellitengestützten Navigationsgerätes drücken,
9. Bergung durchführen.

92 Seite 192

Welche Maßnahmen können gegen das Überbordfallen getroffen werden?

1. Sicherheitsgurte anlegen und einpicken.
2. Anbringen von Strecktauen oder Laufleinen vom Bug zum Heck.
3. Hinweisen auf Befestigungspunkte (Einpickpunkte für Karabinerhaken).

93 Seite 206

Nennen Sie die grundsätzlichen Schritte und ihre Ziele zur Rettung einer über Bord gegangenen Person.

1. Ggf. Maschine starten,
2. Suche, Herstellung eines Sichtkontaktes zur über Bord gegangenen Person,
3. Mensch-über-Bord Manöver, Annäherung an die im Wasser treibende Person und Herstellung einer ersten Leinenverbindung,
4. Bergung, sicheres und schnelles An-Bord-Nehmen der Person,
5. Erste Hilfe, Betreuung,
6. ggf. Dringlichkeitsmeldung oder Notalarm abgeben.

94 Seiten 46, 192

Mit welchen Hilfsmitteln können Sie den Bezugspunkt (internationaler Begriff: Datum) für die Suche nach einem Überbordgefallenen sichern?

1. Markierungsblitzboje,
2. MOB-Taste eines satellitengestützten Navigationsgerätes (z. B. GPS) bzw. LORAN-C-Gerätes.

95 Seiten 190 – 192

Was gehört u. a. zur Sicherheitsausrüstung z. B. einer 10-m-Yacht? Nennen Sie mindestens sechs Ausrüstungsgegenstände.

1. Lenzpumpen und Pützen,
2. Lecksicherungsmaterial,
3. Feuerlöscher,
4. Werkzeug und Ersatzteile,
5. Seenotsignalmittel,
6. Handlampen,
7. Funkeinrichtung,
8. Anker,
9. Erste-Hilfe-Ausrüstung,
10. Radarreflektor und
11. Rettungsmittel.

Sportküstenschifferschein

96 Seiten 190 – 192

Was gehört zur Sicherheitsausrüstung der Besatzung in der Küstenfahrt?

1. Rettungsweste und Sicherheitsgurt (Lifebelt) für jedes Besatzungsmitglied,
2. Rettungsfloß (Rettungsinsel),
3. Rettungskragen mit Tag- und Nachtsignal und
4. Erste-Hilfe-Ausrüstung mit Anleitung.

97 Seite 192

Wie erhalten Sie Kenntnis über das nächste Wartungsdatum einer Rettungsinsel?

Die runde auf der Insel klebende farbige Serviceplakette oder das bei der letzten Wartung mitgelieferte Zertifikat geben Auskunft über den nächsten Wartungstermin.

98 Seite 192

Worauf müssen Sie bei Ihren Automatikrettungswesten hinsichtlich der Funktionssicherheit achten?

Auf regelmäßige Wartung. Wartungsfälligkeit erkennbar an der farbigen Serviceplakette.

99 Seite 192

Was ist auf Deck einer Yacht ein Strecktau (auch Laufleine genannt) und wozu dient es?

Ein neben der Fußreling verlaufender Draht oder Gurt oder eine starke Leine zwischen Cockpit und Vorschiff straff gespannt zum Einpicken der Sicherheitsleine (Lifebelts).

100 Seite 191

Welche Seenotsignalmittel sollten Sie an Bord haben? Nennen Sie mindestens sechs Beispiele.

1. Handfackeln, rot,
2. Handraketen, rot,
3. Rauchfackeln oder Rauchtopf, orange,
4. Signalpistole mit Munition,
5. Seewasserfärber,
6. Signalflaggen N und C,
7. Signallampe,
8. Seenotfunkboje.

101 Seite 191

Welche Feuerlöscheinrichtungen sollten an Bord sein?

1. Feuerlöscher (ABC-Pulverlöscher und eventuell CO_2-Löscher),
2. Pütz zum Löschen von Bränden fester Stoffe,
3. Feuerlöschdecke,
4. Löschdurchlass für geschlossene Motorräume, der das Löschen von Bränden mit CO_2-Löschern ohne Sauerstoffzutritt ermöglicht.

102 Seite 229

Welcher Feuerlöscher ist für Sportboote geeignet und wo ist er an Bord anzubringen ?

1. Der ABC-Pulverlöscher, für geschlossene Motorräume der CO_2-Löscher.
2. Der Feuerlöscher muss gebrauchsfertig und leicht erreichbar sein, CO_2-Löscher nicht im Schiffsinneren unterbringen (Erstickungsgefahr bei Leckage).
3. Er soll in der Nähe der Maschinenräume, der Kombüse sowie der Koch- oder Heizstelle montiert sein.

103 Seite 229

Wie wird die ständige Funktionssicherheit eines Feuerlöschers sichergestellt ?

1. Durch Einhaltung des vorgeschriebenen Prüftermins, ersichtlich auf der Prüfplakette.
2. Anhand der Bedienungsanweisung muss man sich mit der Handhabung vertraut machen.
3. Der Feuerlöscher muss vor Feuchtigkeit und Korrosion geschützt werden.

104 Seite 229

Wie wird ein Brand an Bord wirksam bekämpft?

1. Alle Öffnungen schließen,
2. Brennstoffzufuhr (Hauptschalter) unterbrechen,

Sportküstenschifferschein

3. Feuerlöscher erst am Brandherd betätigen,
4. Feuer von unten und von vorn bekämpfen,
5. Löschdecke einsetzen,
6. Flüssigkeitsbrände nicht mit Wasser bekämpfen.

105 Seite 227

Was ist vor Reisebeginn beim Seeklarmachen zu überprüfen und zu beachten? Nennen Sie mindestens sechs Beispiele.

1. Seetüchtigkeit der Yacht
2. Treibstoffvorrat,
3. Navigationsunterlagen,
4. Sicherheitseinweisung der Besatzung,
5. Rettungsmittel,
6. Seenotsignale,
7. Trinkwasser- und Proviantvorräte,
8. Funktionsfähigkeit des Motors,
9. Funktionsfähigkeit der elektronischen Navigationsgeräte,
10. Lenzeinrichtungen,
11. Feuerlöscher,
12. Boots- und Personalpapiere,
13. Betriebsfähigkeit der UKW-Seefunkstelle.

106 Seite 227

Was gehört zur Sicherheitseinweisung der gesamten Besatzung vor Reisebeginn? Nennen Sie mindestens sechs Beispiele.

Einweisung in Gebrauch und Bedienung
1. der Rettungswesten und Sicherheitsgurte,
2. der Rettungsinsel,
3. der Signalmittel,
4. der Lenzpumpen,
5. der Seeventile und des Bord-WC,
6. der Kocheinrichtung,
7. der Feuerlöscher,
8. der Motoranlage,
9. der Elektroanlage,
10. des Rundfunkgerätes und der UKW-Seefunkstelle,

107 Seite 227

In welche technischen Einrichtungen/Ausrüstungen muss der Schiffsführer die Besatzung vor Reiseantritt unbedingt einweisen? Nennen Sie mindestens sechs Beispiele.

108 Seite 227

Welche Sicherheitsmaßnahmen sind vor jedem Auslaufen durchzuführen? Nennen Sie mindestens sechs Beispiele.

109 Seiten 227, 233

Warum sollten alle Crewmitglieder Lage und Funktion sämtlicher Pumpen und Ventile kennen?

11. Verhalten bei Mensch-über-Bord,
12. Erkennen von und Verhalten bei Seekrankheit.

1. Ankergeschirr,
2. Lenzeinrichtung,
3. Feuerlöscheinrichtungen,
4. Motoranlage,
5. Seeventile,
6. UKW-Seesprechfunkgerät,
7. MOB-Taste vom satellitengestützten Navigationsgerät (z. B. GPS) bzw. LORAN-C-Gerät,
9. Seenotsignalmittel,
10. Notrudereinrichtung.

1. Wetterbericht einholen,
2. Kontrolle der Sicherheitsausrüstung,
3. Kontrolle von Motor und Schaltung,
4. Kontrolle der nautischen Geräte,
5. Kontrolle der Bilge,
6. Überprüfen des Wasser- und Kraftstoffvorrats,
7. Kontrolle der Schall- und Lichtsignaleinrichtung,
8. Kontrolle der Positionslaternen,
9. Bereitlegen der aktuellen Seekarten und nautischen Veröffentlichungen.

Damit im Bedarfsfall sie jeder bedienen kann.

Sportküstenschifferschein

110 *Seiten 189, 227*
Warum sollte die Crew in die Funktion des Bord-WC eingewiesen werden?

Weil durch unsachgemäße Bedienung Wasser ins Bootsinnere gelangen kann.

111 *Seite 227*
Warum sollte die Crew vor Reisebeginn in die Funktion des Ankergeschirrs und die Durchführung eines Ankermanövers eingewiesen werden?

Damit jeder den Anker sicher ausbringen und einholen kann.

112 *Seite 233*
Wie verhalten Sie sich, wenn Ihr Schiff leckgeschlagen ist?

1. Meldung abgeben.
2. Je nach Erfordernissen Fahrt aus dem Schiff nehmen.
2. Lenzpumpen betätigen, Lecksuche, Leck mit Bordmitteln abdichten.
3. Lenzpumpen betätigen, Lecksuche, Leck mit Bordmitteln abdichten,
4. Küste bzw. flaches Wasser ansteuern.
5. Fahrzeug so trimmen, dass Leckstelle aus dem Wasser kommt bzw. möglichst wenig unter Wasser ist.

113 *Seite 233*
Was tun Sie, wenn Ihr Schiff leckgeschlagen ist und das Wasser im Schiff trotz aller Maßnahmen weiter steigt?

1. Notzeichen geben, Funkmeldung abgeben, ggf. Radartransponder einschalten.
2. Verlassen des Bootes vorbereiten, Rettungswesten anlegen, Rettungsinsel klarmachen.
3. Wenn möglich, ruhiges Flachwasser anlaufen und Schiff auf Grund setzen.

114 *Seite 234*
Welche Folgen können Grundberührungen und harte Stöße, z. B. bei Anlegemanövern, oder Kollisionen mit treibenden Gegenständen haben?

1. Eine Beschädigung der Bordwand kann eintreten.
2. Es kann Sinkgefahr entstehen.

115 *Seite 237*
Welche grundsätzliche Verhaltensweise sollte beachtet werden, wenn Ihr Schiff in Seenot kommt?

1. Ruhe bewahren und überlegt handeln.
2. Seenotalarm abgeben, ggf. Radartransponder einschalten.
3. Rettungsinsel klar machen.
4. Rettungsweste und Sicherheitsgurt anlegen.
5. So lange wie möglich an Bord bleiben.
6. Warme Kleidung anziehen.

116 *Seite 238*
Welche Maßnahmen treffen Sie, bevor Sie von Ihrem Fahrzeug in eine Rettungsinsel übersteigen?

1. Rettungsweste und Sicherheitsgurt anlegen.
2. Warme Kleidung anziehen.
3. Nach Möglichkeit vorher reichlich warme Flüssigkeit trinken.
4. Soweit noch nicht geschehen, Proviant, Wasser, Seenotsignalmittel und ggf. Seenotfunkbake, Radartransponder und UKW-Handsprechfunkgeräte in die Rettungsinsel bringen.

117 *Seite 238*
Warum sollte ein sinkendes Schiff im Notfall so spät wie möglich verlassen werden?

1. Die Überlebensmöglichkeiten sind auf dem Schiff größer.
2. Ein Schiff ist besser zu orten.
3. Einstieg und Aufenthalt in der Rettungsinsel können sehr schwierig sein.

Sportküstenschifferschein

118 Seite 239
Erklären Sie die Handhabung der Hubschrauberrettungsschlinge im Einsatz.

1. Bei offener Rettungsschlinge: zuerst den Karabinerhaken einpicken.
2. Mit dem Kopf und beiden Armen in die Rettungsschlinge einsteigen.
3. Die Arme müssen nach unten gedrückt werden und die Hände sind zu schließen.
4. Das Windenseil muss frei hängen, es darf nicht an Bord befestigt werden.

119 Seite 237
Wann dürfen Notzeichen gegeben werden?

Nach Feststellung des Notfalls auf Anordnung des Schiffsführers; bei unmittelbarer Gefahr für das Schiff oder die Besatzung, die ohne fremde Hilfe nicht überwunden werden kann.

120 Seite 236
Wann darf ein UKW-Sprechfunkgerät auch ohne entsprechenden Befähigungsnachweis benutzt werden?

In Notfällen.

121 Seite 230
Worauf ist zu achten, wenn Crewmitglieder seekrank sind?

1. Aufenthalt im Cockpit beaufsichtigen und Crewmitglieder gegen Überbordfallen sichern,
2. Flüssigkeitsverlust ausgleichen (Wasser),
3. Crewmitglied anhalten, zur Küste oder zum Horizont zu schauen,
4. mit Arbeiten beschäftigen.

122 Seite 211
Wozu dient ein Reitgewicht (Gleitgewicht, Ankergewicht) beim Ankern?

Es soll die Ankertrosse auf den Grund ziehen, damit der Anker nicht durch eine zu steil ansteigende Trosse aus dem Grund gebrochen wird. Es wirkt ruckdämpfend.

123 Seite 211
Warum sollte beim Verwenden einer Ankertrosse ein Kettenvorlauf benutzt werden?

Damit der Zug auf den Anker nicht zu steil wird.

124 Seite 212
Welcher Ankergrund ist für die üblichen Leichtgewichtsanker
1. gut geeignet?
2. mäßig geeignet?
3. ungeeignet?

1. Sand, Schlick, weicher Ton und Lehm,
2. harter Ton und Lehm,
3. steinige, verkrautete und stark schlammige Böden.

125 Seite 212
Was müssen Sie bei der Auswahl eines Ankerplatzes beachten?

1. Der Ankerplatz sollte Schutz vor Wind und Wellen bieten.
2. Auf ausreichenden Platz zum Schwojen achten.
3. Mögliche Winddrehungen einplanen.

126 Seite 212
Welchen Ankergrund sollten Sie nach Möglichkeit meiden?

Steinige, verkrautete und stark schlammige Böden.

127 Seite 211
Wie können Sie die Haltekraft eines Ankers erhöhen, wenn Sie auf engem Raum (z. B. zwischen zwei Stegen) nicht die erforderliche Kettenlänge stecken können?

Mit einem Reitgewicht, um so den Anker besser am Boden zu halten.

128 Seite 211
Sie ankern in einer Bucht. Wie können Sie bei zunehmendem Wind die Haltekraft Ihres Ankers verbessern?

1. Mehr Trosse oder Kette stecken,
2. Reitgewicht verwenden.

Sportküstenschifferschein

129 Seiten 210, 212

Sie wollen auf verkrautetem Grund ankern. Ihnen steht ein Leichtgewichtanker und ein Stockanker zur Verfügung. Welchen benutzen Sie und warum?

Den Stockanker, weil er sich insbesondere auch aufgrund seines höheren Gewichtes besser eingräbt.

130 Seite 212

Wozu dient eine Ankerboje?

1. Sie zeigt die Lage des Ankers an.
2. Mit der Tripleine kann das Bergen eines unklaren Ankers unterstützt werden.

131 Seite 213

Wie erkennen Sie, ob der Anker hält?

1. Vibration von Kette oder Trosse prüfen,
2. Einrucken des Ankers prüfen,
3. Durch wiederholte Peilungen und ggf. Abstandsschätzungen zu anderen Schiffen oder zu Landmarken,
4. Falls GPS vorhanden ist, die Ankeralarmfunktion einschalten.

132 Seite 210

Welche Ankerarten finden überwiegend auf Sportbooten Verwendung? Nennen Sie drei.

1. Patentanker.
2. Stockanker (einklappbarer Stock).
3. Draggen (klappbare Flunken).
4. Pflugscharanker.

133 Seite 210

Nennen Sie drei Ankertypen, die vom Germanischen Lloyd als Anker mit hoher Haltekraft anerkannt sind!

Bruce-Anker, CQR-Anker, Danforth-Anker, D'Hone-Anker.

134 Seite 211

1. Welches sind die Vorteile einer Ankerkette gegenüber einer Ankerleine?
2. Wie kombiniert man auf Yachten häufig die Systeme?

1. Die Kette unterstützt das Eingraben, verkleinert den Schwojeraum, wirkt ruckdämpfend, kann nicht an Steinen durchscheuern und erhöht die Haltekraft des Ankers.
2. Es wird zwischen Anker und Leine ein Kettenvorlauf von drei bis fünf Meter Länge gefahren

135 Seite 211

1. Warum soll eine Ankerleine nicht an den Anker geknotet werden?
2. Warum muss die Ankerkette mit einem Taustropp am Schiff bzw. im Kettenkasten befestigt werden?

1. Knoten reduzieren die Bruchlast einer Leine um bis zu 50 %.
2. Damit die Kette im Notfall schnell gekappt werden kann.

136 Seite 212

Sie wollen in einer Bucht ankern, in der das (ausreichend tiefe) Wasser unterschiedliche Färbungen zeigt. Wo wählen Sie den Ankerplatz? (Begründung)

Ich ankere auf hellem Wasser. Begründung: Der Grund ist hier sandig, der Anker hält gut. Dunkler Grund weist auf Bewuchs hin, wo der Anker schlecht hält.

137 Seite 213

Warum darf der Anker nicht zusammen mit seiner Leine am Ankerplatz über Bord geworfen werden?

Die Leine könnte mit dem Anker vertörnen und dadurch das Eingraben verhindern. Der Anker würde dann nicht halten.

138 Seite 213

Beschreiben Sie die Vorbereitung eines Ankermanövers!

1. Auswahl eines geeigneten Ankerplatzes anhand der Seekarte bzw. des Seehandbuchs (Meeresgrund/Wassertiefe geeignet?),
2. Ermitteln der Wind- und/ oder Stromrichtung und -stärke,

Sportküstenschifferschein

3. Klarmachen des Ankerge-schirrs und des Ankersignals,
4. mit langsamster Fahrt – Kurs gegen den Strom bzw. Wind – einen Ankerplatz ansteuern.

139 Seite 213

Beschreiben Sie wichtige Elemente eines Ankermanövers!

1. Geeigneten Ankerplatz aussuchen,
2. Ansteuerung planen (in der Regel gegen den Wind und/oder Strom)
3. bei langsamer Fahrt rückwärts über Grund den Anker fallen lassen,
4. Kette/Leine in Abhängigkeit von Wetter/Strom bis auf das 3- bzw. 5fache der Wassertiefe stecken,
5. Ankerball/Ankerlicht setzen,
6. Ankerposition feststellen, dokumentieren und ausreichend kontrollieren.

140 Seite 223

Was müssen Sie bedenken, wenn ein großes Schiff auf Ihr Sportboot zukommt?

1. Andere Manövrierfähigkeit (größere Drehkreise, längere Stoppstrecken),
2. u.U. eingeschränkte Sicht des anderen Fahrzeugs, insbesondere nach voraus,
3. Möglichkeit des Übersehen-Werdens, weil man sich im Radarschatten befindet,
4. Beeinträchtigung durch Bugwellen des großen Schiffes,
5. mögliche Beeinträchtigung der Manövrierfähigkeit des eigenen Bootes durch Sog und Hecksee.

141 Seite 223

Warum sollten Sie nicht zu dicht hinter dem Heck eines vorbeifahrenden Schiffes durchfahren?

Sog und Hecksee können das eigene Boot erheblich gefährden.

142 Seiten 91, 223

Was müssen Sie beim Passieren eines großen Schiffes bei dessen Kursänderungen, z. B. in einem kurvenreichen Fahrwasser, beachten?

143 Seiten 92, 223

Mit welchen Stoppstrecken und Stoppzeiten müssen Sie bei großen Schiffen in voller Fahrt rechnen?

144 Seiten 91, 223

Wie reagiert ein großes Schiff, wenn bei ca. 20 kn Fahrt ein Ausweichmanöver durch Hartruderlage eingeleitet wird?

145 Seite 223

Auf vielen großen Schiffen ist die Sicht nach vorne eingeschränkt. Welchen Abstand vor einem Schiff müssen Sie als nicht einsehbar mindestens berücksichtigen?

146 Seite 191

Wie können Sie die Wahrscheinlichkeit erhöhen, im Radar von anderen Fahrzeugen gesehen zu werden?

Bei einer Kursänderung schwenkt das Heck deutlich in die entgegengesetzte Richtung aus, also nach Backbord bei einer Kursänderung nach Steuerbord und umgekehrt.

Abhängig von Schiffstyp und -größe, Beladungszustand und Ausgangsgeschwindigkeit 8- bis 12fache Schiffslänge und bis zu 8 bis 12 Minuten Dauer (z. B. ein 300 m langes Containerschiff voll geladen aus 24 kn: Stoppstrecke ca. 2 sm, Stoppzeit ca. 12 Minuten).

Der Steven bewegt sich in Richtung der Hartruderlage, das Heck schlägt relativ weit zur entgegengesetzten Richtung aus. Das Schiff verlässt mit seinem Heck erst nach mehreren Schiffslängen seine bisherige Kurslinie, bewegt sich also zunächst in der alten Kursrichtung fort. Diese Strecke kann bei 300 m langen Containerschiffen 1,5 bis 2,5 Schiffslängen, d. h. ca. 500 bis 600 m betragen.

Sichtbeschränkung nach voraus maximal 2 Schiffslängen oder 500 Meter.

Durch einen möglichst hoch und fest angebrachten passiven Radarreflektor bzw. besser noch durch einen „aktiven" Radarreflektor.

6.2 Durchführung der theoretischen Prüfung

6.2.1 Die schriftliche Prüfung wird in zwei Prüfungsteilen gemäß Anlage 1 und 2 abgelegt:

– Bearbeitung eines Fragebogens mit einem wohl ausgewogenen Querschnitt von Fragen aus den Gebieten Navigation, Schifffahrtsrecht, Wetterkunde und Seemannschaft aus den Prüfungsgegenständen (Anlage 1) gemäß Fragenkatalog (Anlage 2) und
– Bearbeitung einer Kartenaufgabe

Es dürfen nur die auf der Prüfungsaufgabe vermerkten Hilfsmittel benutzt werden.

Der Prüfungsteil Fragebogen ist nicht bestanden, wenn der Bewerber von 60 erreichbaren Punkten nur 32 oder weniger Punkte erreicht. Erreicht der Bewerber 33 bis 38 Punkte, so ist eine mündliche Prüfung erforderlich. Erreicht der Bewerber 39 oder mehr Punkte, ist der Prüfungsteil Fragebogen ohne mündliche Nachprüfung bestanden.

Der Prüfungsteil Kartenaufgabe ist nicht bestanden, wenn der Bewerber von 30 erreichbaren Punkten nur 16 oder weniger Punkte erreicht. Erreicht der Bewerber 17 bis 19 Punkte, ist eine mündliche Prüfung erforderlich. Erreicht der Bewerber 20 oder mehr Punkte, ist der Prüfungsteil Kartenaufgabe ohne mündliche Prüfung bestanden.

Die ggf. erforderliche mündliche Prüfung dauert maximal 15 Minuten und findet in der Regel am Tag der schriftlichen Prüfung statt.

Die festgesetzte Bearbeitungszeit für den nachfolgenden Prüfungsteil beginnt erst nach Ablauf derselben für den vorangegangenen Prüfungsteil.

6.2.2 Zur Gewährleistung eines einheitlichen Prüfungsmaßstabes sind für die Prüfer Antwortvorschläge für die Bewertung der von den Bewerbern gegebenen Antworten vorgesehen. Die Antwort des Bewerbers braucht nicht wörtlich mit dem Antwortvorschlag übereinzustimmen. Die Bewertung der Beantwortung der Frage richtet sich danach, in welchem Umfang die gegebene Antwort mit dem sachlichen Inhalt, der Vollständigkeit und der fachlichen Terminologie des Antwortvorschlags übereinstimmt.

6.2.3 Die schriftliche Prüfung findet in zwei Teilen mit folgenden Bearbeitungszeiten statt:
1. Fragebogen   90 Minuten
2. Kartenaufgabe   90 Minuten

6.2.4 Die schriftliche Prüfung ist von mindestens einem Prüfer ständig zu beaufsichtigen.

6.3 Durchführung der praktischen Prüfung

Die praktische Prüfung gemäß Anlage 3 wird als Gesamtprüfung von mindestens zwei Prüfern abgenommen und kann in Gruppen durchgeführt werden.

Für die Abnahme der praktischen Prüfung hat der Bewerber eine geeignete, betriebsfähige und gehörig ausgerüstete Segel-/Motoryacht mit einem Schiffsführer zu stellen, der die Fahrerlaubnis haben muss. Die Prüfungskommission kann die Yacht ablehnen, oder falls die Prüfung bereits begonnen hat, abbrechen, wenn sie nicht verkehrssicher ist oder aufgrund ihrer Bauart, Sicherheitsausrüstung, Größe oder Tragfähigkeit ungeeignet ist. Das Gleiche gilt, wenn die Yacht nicht mit den Gegenständen ausgerüstet ist, die für die in der praktischen Prüfung auszuführenden Manöver erforderlich sind oder nicht für jede an Bord befindliche Person eine zugelassene Rettungsweste vorhanden ist.

Die Prüfung dauert für jeden Bewerber bis zu 30 Minuten und wird im Bereich der Ostsee, der Nordsee, des Mittelmeeres oder des Atlantiks durchgeführt. Jeder Bewerber muss mindestens die Pflichtaufgaben durchführen bzw. nachweisen, die sich aus der Anlage 3 ergeben. Im Übrigen hat der Bewerber die Manöver und Fertigkeiten durchzuführen bzw. nachzuweisen, die der Prüfer aus Anlage 3 auswählt.

Anlage 1 Theoretische Prüfung

Die theoretische Prüfung nach den Prüfungsrichtlinien hat eine maximal erreichbare Punktzahl
–   Fragebogen 60 Punkte
–   Kartenaufgabe 30 Punkte
und umfasst folgende Prüfungsfächer:

1. Prüfungsfach Navigation
1.1   Gebrauch von Seekarten und weiterer nautischer Veröffentlichungen
1.2   Kurs- und Peilungsverwandlung (ohne Peilscheibe)
1.3   Terrestrische Schiffsortbestimmung (ohne Vertikal- und Horizontalwinkel)
1.4   Stromnavigation
1.5   Terrestrische Kompasskontrolle
1.6   Gezeitenkunde
1.6.1 Gebrauch der Gezeitentafeln (ohne Berechnung der Höhe der Gezeit)
1.6.2 Anwendung der Gezeitenstromtabelle in der Seekarte
1.7   Magnetkompass
1.8   Elektronische Navigation
1.8.1 Aufbau und Gebrauch des Automatischen Identifizierungssystems AIS
1.8.2 Satelliten-gestütztes Funknavigationsverfahren (z. B. GPS)
1.8.3 Wegpunktnavigation

2. Prüfungsfach Schifffahrtsrecht
2.1   Allgemeines
2.1.1 Schiffspapiere
2.1.2 Logbuchführung
2.1.3 Ausrüstungspflicht (Seekarten, Seebücher und navigatorische und sonstige Sicherheitsausrüstung)
2.1.4 Flaggenrecht
2.1.5 Seeunfalluntersuchung
2.2   Seeverkehrsrecht
2.2.1 Kollisionsverhütungsregeln (KVR) in der jeweils geltenden Fassung (ohne Radarplotten)
2.2.2 Seeschifffahrtsstraßen-Ordnung in der jeweils geltenden Fassung (§§ 1–35, 37, 41–53) und nationale Ergänzungsvorschriften, soweit die Sportschifffahrt betroffen ist.
2.3   Umweltschutz im 12-sm-Bereich (MARPOL-Übereinkommen: Sondergebiete)

3. Prüfungsfach Wetterkunde
3.1   Allgemeine Begriffe aus der Wetterkunde
3.2   Wolkenformen

3.3   Druckgebilde
3.4   Land- und Seewind
3.5   Wichtige Wetterregeln
3.7   Nebel (Ursachen)
3.8   Seegang
3.9   Meteorologische Messgeräte

4. Prüfungsfach Seemannschaft
4.1   Das Segelfahrzeug
    – Yacht- und Bootsbau
    – Takelung, stehendes und laufendes Gut
    – Segel
    – Ausrüstung (allgemein)
    – Kenntnisse über Segelstellung, Stabilität, Rumpfgeschwindigkeit
    – Antriebsmaschine (Betrieb und Wartung)
    – Umgang mit Tauwerk
    – Bootspflege, Instandhaltung
4.2   Das Motorfahrzeug
    – Yacht- und Bootsbau
    – Ausrüstung allgemein
    – Kenntnisse über Trimm, Stabilität, Rumpfgeschwindigkeit
    – Antriebsmaschine (Betrieb und Wartung)
    – Umgang mit Tauwerk
    – Bootspflege, Instandhaltung
4.3   Führen einer Segelyacht
    – Vorbereitung
    – Manöver im Hafen und auf See
    – bei schwerem Wetter im Küstenbereich
    – in strömenden Gewässern
    – Mann-über-Bord
4.4   Führen einer Motoryacht
    – Vorbereitung
    – Manöver im Hafen und auf See
    – bei schwerem Wetter im Küstenbereich
    – in strömenden Gewässern
    – Mann-über-Bord
4.5   Sicherheitsausrüstung einschl. Funk
4.6   Seetüchtigkeit
4.7   Maßnahmen bei Notfällen
    – Kollision, Grundberührung, Feuer, Wassereinbruch usw.
    – Unfälle der Besatzung
    – Hilfeleistung und Rettung auf See
4.8   Ankern
    – Ankergeschirr
    – Auswahl der Ankerplätze
    – Ankermanöver
4.9   Manövrierverhalten (Kursänderungen, Aufstoppen, Geschwindigkeit, Tiefgang)
    – eingeschränkte Sicht

Anlage 2   Fragen- und Antwortenkatalog für die theoretische Prüfung
(s. Seite 280 ff.)

Grundlage der theoretischen Prüfung zum Erwerb des Sportküstenschifferscheins ist der als Anlage 2 zu den Durchführungsrichtlinien Sportküstenschifferschein veröffentlichte Fragen- und Antwortenkatalog.

Dieser Katalog stellt eingedenk des Ziels der Sportseeschifferscheinverordnung, einen Beitrag zur Sicherheit und Leichtigkeit des Verkehrs in den Küstengewässern, küstennahen Seegewässern und auf der hohen See zu leisten, eine Hilfe zur Ausbildung zum Sportküstenschifferschein dar. Er enthält musterhaft Fragen und Antworten zum Zeitpunkt der Veröffentlichung dieser Richtlinie. Hinsichtlich künftiger tatsächlicher oder rechtlicher Änderungen wird der Fragenkatalog im Sinne der Qualitätssicherung stets angepasst und dabei die Erfahrungen in der Prüfungspraxis berücksichtigt.

Der Rahmen des Inhalts der Prüfungsfächer bestimmt sich nach Anlage 1 zu den Durchführungsrichtlinien Sportküstenschifferschein.

Anlage 3 Praktische Prüfung

1.   Pflichtaufgabe
Rettungsmanöver
Durchführung eines Boje-über-Bord-Manövers
– unter Segel
– mit Maschinenantrieb

Wird die mit „nicht ausreichend" bewertete Pflichtaufgabe auch bei der Wiederholung mit „nicht ausreichend" bewertet, so ist die praktische Prüfung nicht bestanden.

2.   Sonstige Aufgaben
2.1   Seemannschaft / Fertigkeiten
    – Prüfung der Seetüchtigkeit der Yacht einschließlich der Sicherheitsausrüstung und deren Handhabung
    – Anwendung von Leinen beim An- und Ablegen (Spring, Vor- und Achterleine, Leine auf Slip)
    – Sicherer Umgang mit Tauwerk (Knoten, Belegen)
2.2   Wetterkunde
    – Ablesen der Wetterinstrumente Thermometer und Barometer, Beurteilen der Wetterlage und -entwicklung am Ort und zum Zeitpunkt der Prüfung
2.3   Navigation
    – Bestimmung von Kursen und des Schiffsortes unter Anwendung der terrestrischen und elektronischen Navigation
    – Arbeiten mit Steuerkompass und/oder Peilkompass
2.4   Motor, elektrische Anlage und Gasanlage
    – Motor:
      Kontrolle und Starten (z. B. Ölstand, Kühlwasser) Störungen (z. B. zu niedriger bzw. zu hoher Öldruck, Verhalten bei Ausfall des Kühlwassers, Warnleuchte Ladekontrolle erlischt nicht)
    – Elektrische Anlage:
      Kontrolle, Störungen (z. B. Batteriezustand, Batterieschaltung, Batterieladung / Eigen- und Fremdladung)
    – Gasanlage (z. B. Zündsicherung, Anschlüsse, Vorrat, Absperrung)
2.5   Seemannschaft / Manöver
Manöver mit Antriebsmaschine:
    – An- und/oder Ablegen
    – Drehen und/oder Aufstoppen auf engem Raum
    – Vorbereitung der Yacht für das Ein- und Auslaufen
    – Steuern nach Kompass und festen Seezeichen/Landmarken
    – Durchführen eines Ankermanövers
Manöver unter Segel:
    – Steuern nach Kompass und festen Seezeichen/Landmarken
    – Segelsetzen/Segelbergen
    – Einreffen und/oder Ausreffen in Fahrt
    – Beidrehen und/oder Aufschießer fahren, Wenden und/oder Halsen

Von den sonstigen Aufgaben dürfen maximal fünf Aufgaben gestellt werden, davon müssen drei mit ausreichend bewertet werden.